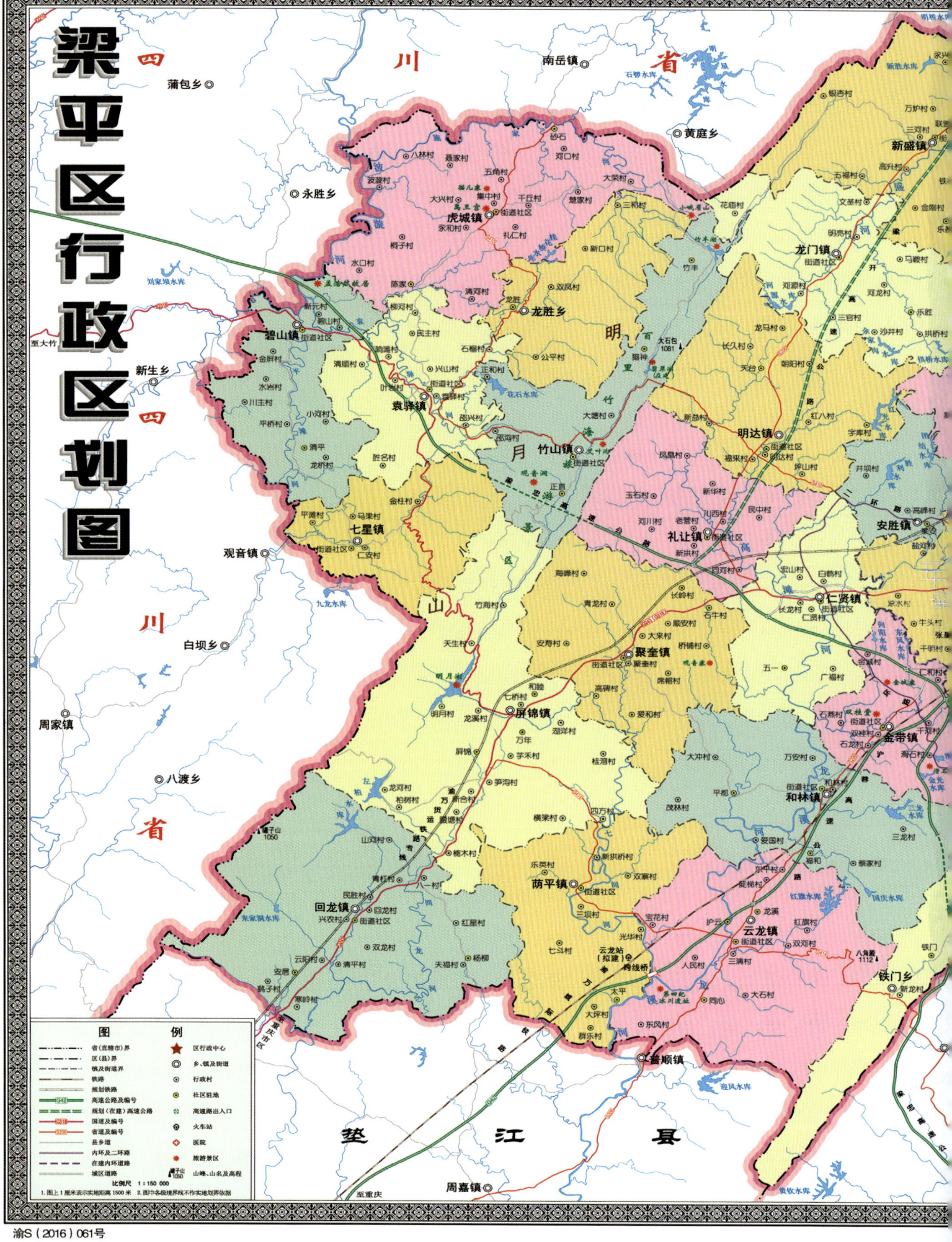

梁平区行政区划图
四川省
垫江县
蒲包乡
南岳镇
黄庭乡
永胜乡
新生乡
观音镇
白坝乡
周家镇
八渡乡
周嘉镇
普顺镇
至大竹
至重庆
虎城镇
龙胜乡
碧山镇
袁驿镇
竹山镇
七星镇
礼让镇
明达镇
龙门镇
新盛镇
安胜镇
仁贤镇
聚奎镇
屏锦镇
金带镇
和林镇
回龙镇
荫平镇
云龙镇
铁门乡
明月山
百里竹海
图例
省（直辖市）界
区（县）界
镇及街道界
铁路
规划铁路
高速公路及编号
规划（在建）高速公路
国道及编号
省道及编号
县乡道
内环及二环路
在建内环道路
城区道路
区行政中心
乡、镇及街道
行政村
社区驻地
高速路出入口
火车站
医院
旅游景区
山峰、山名及高程
比例尺 1：150 000
1. 图上1厘米表示实地距离1500米 2. 图中各级境界线不作实地划界依据

渝S（2016）061号

内部用图

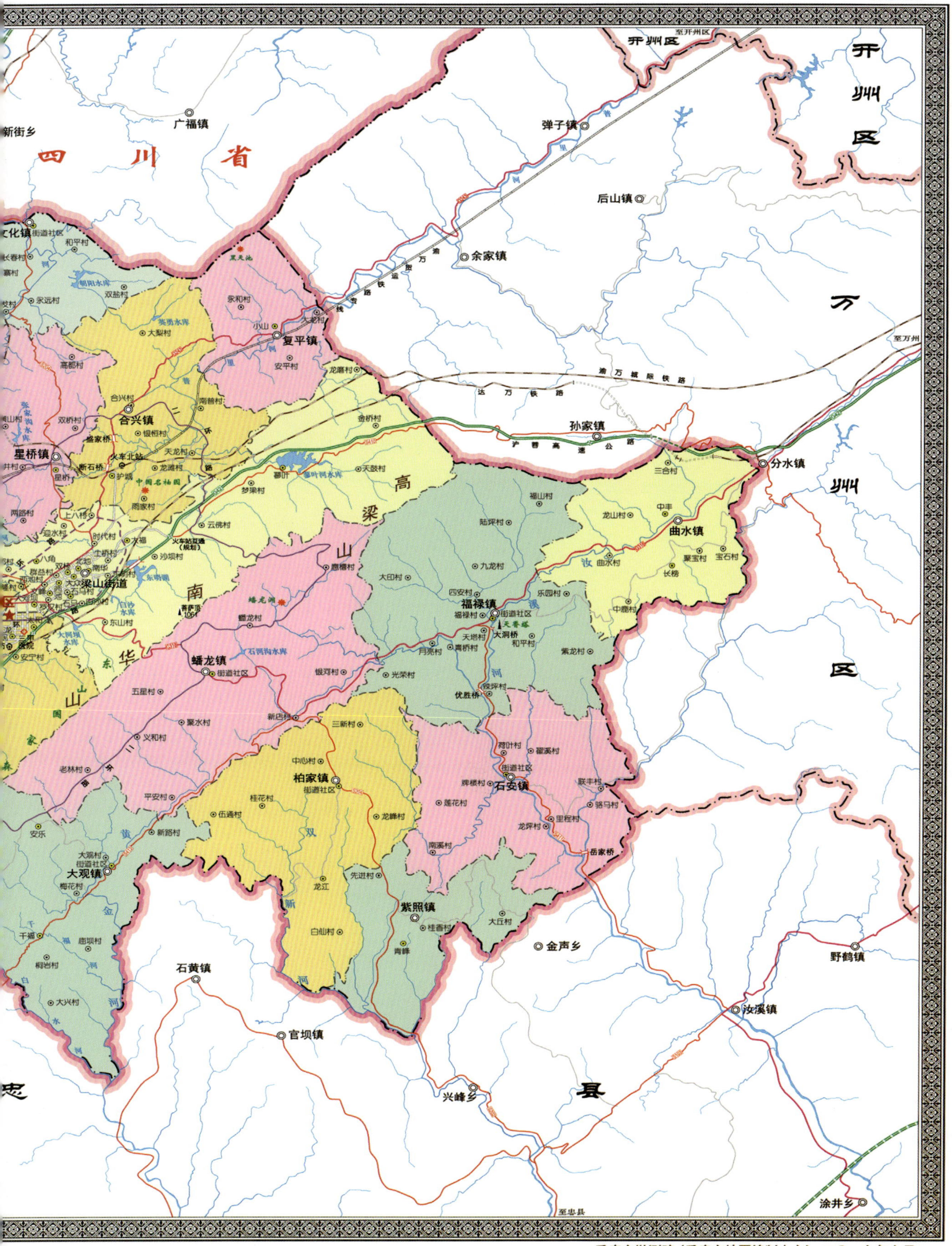

重庆市勘测院（重庆市地图编制中心） 二〇一七年六月

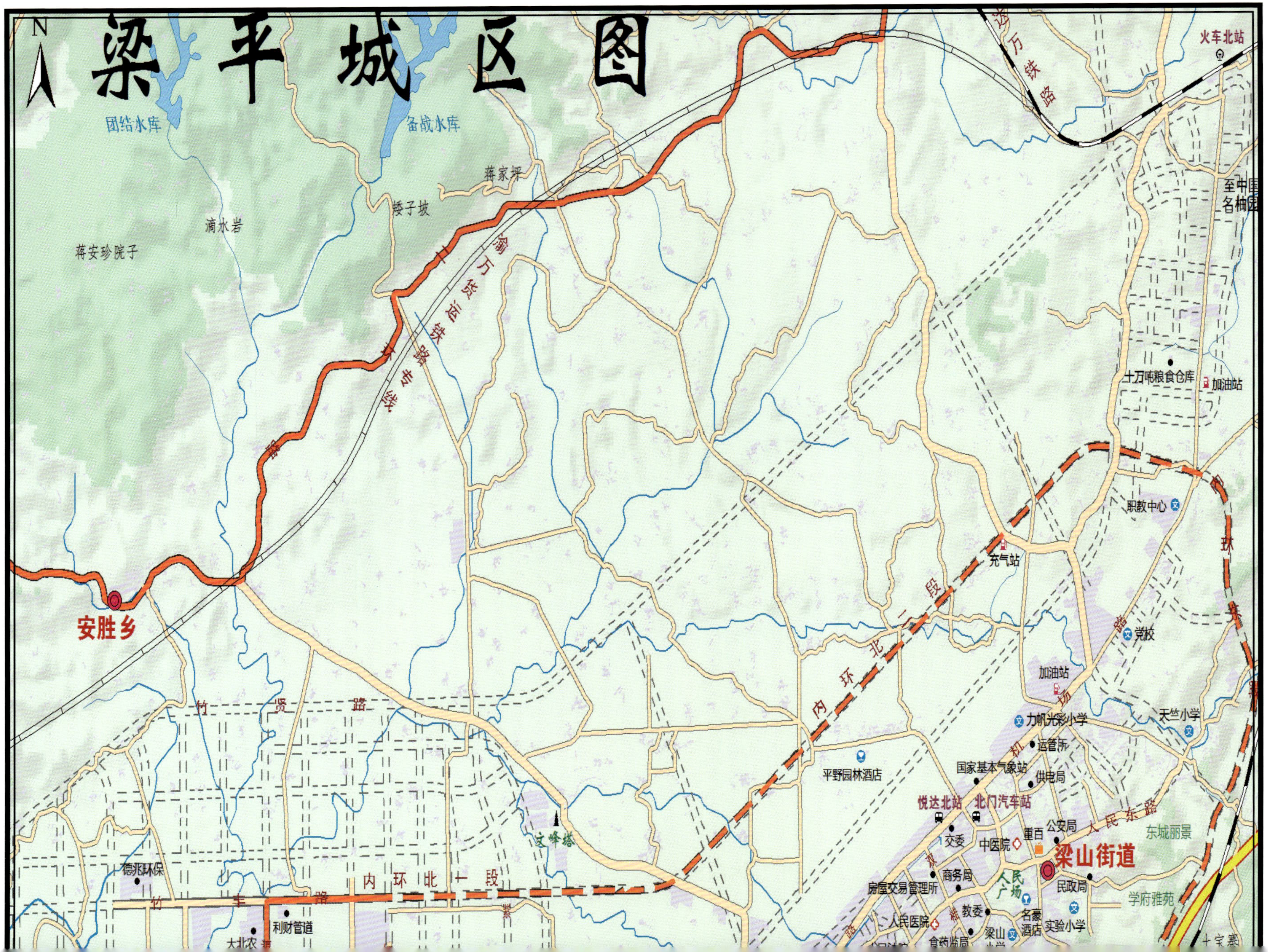
梁平城区图
N
团结水库
备战水库
蒋家坪
矮子坡
滴水岩
蒋安珍院子
安胜乡
渝万货运铁路专线
达万铁路
火车北站
至中国名柚园
十万吨粮食仓库
加油站
职教中心
充气站
党校
内环北二段
内环北一段
竹贤路
竹丰路
加油站
力帆光彩小学
天竺小学
运管所
国家基本气象站
供电局
平野园林酒店
悦达北站
北门汽车站
公安局
交委
中医院
重百
东城丽景
人民东路
梁山街道
文峰塔
德兆环保
商务局
人民广场
民政局
房屋交易管理所
学府雅苑
教委
名豪酒店
人民医院
实验小学
利财管道

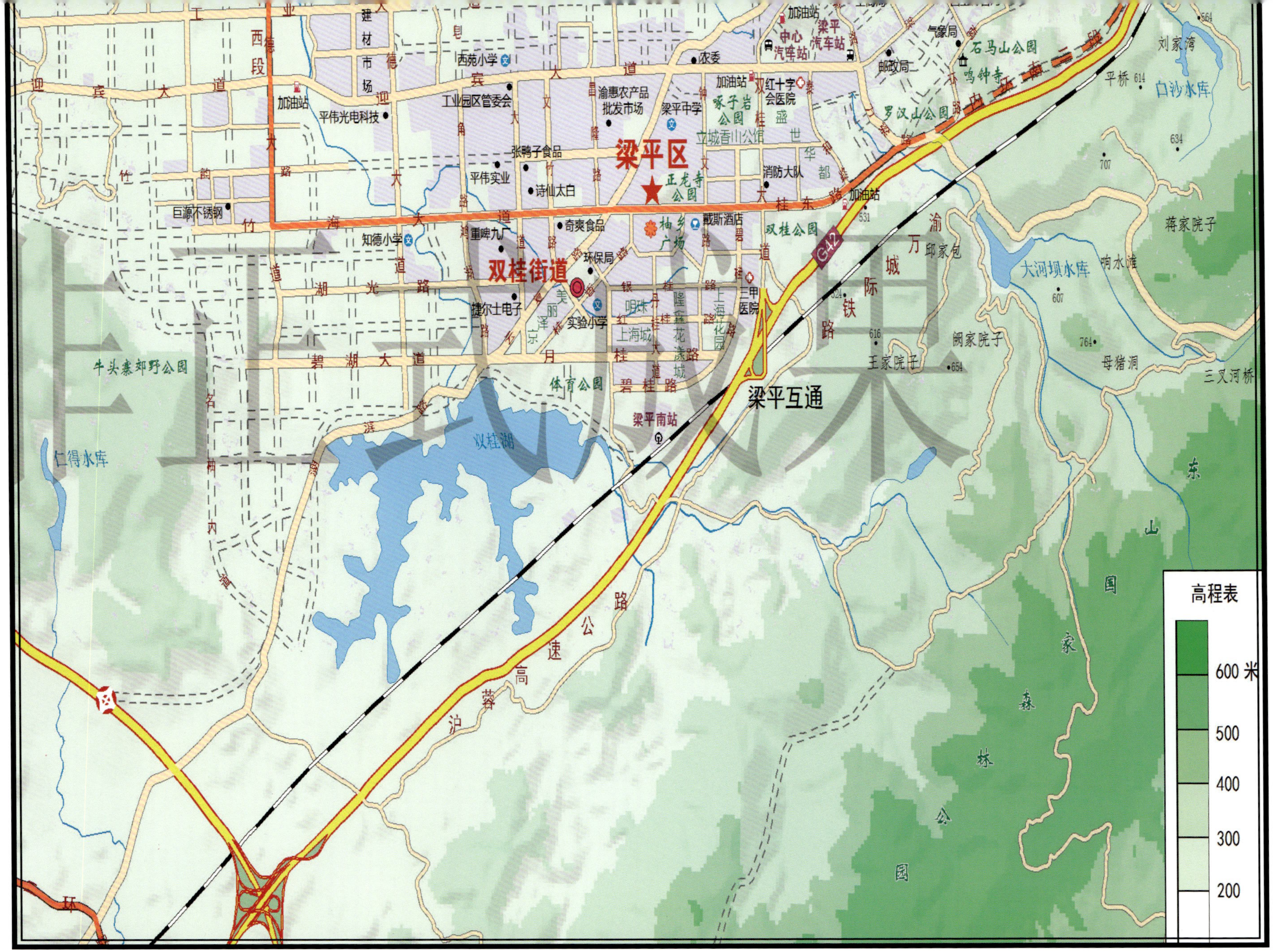

梁平区
双桂街道
梁平互通
梁平南站
双桂湖
大河坝水库
白沙水库
仁得水库
牛头寨郊野公园
体育公园
双桂公园
柚乡广场
正龙寺公园
冢子岩公园
罗汉山公园
石马山公园
鸣钟寺
中心汽车站
梁平汽车站
加油站
双红十字会医院
三甲医院
梁平中学
西苑小学
知德小学
实验小学
农委
邮政局
气象局
消防大队
戴斯酒店
环保局
奇爽食品
重啤九厂
捷尔士电子
诗仙太白
平伟实业
张鸭子食品
工业园区管委会
渝惠农产品批发市场
平伟光电科技
巨源不锈钢
立城香山公馆
建材市场
迎宾大道
西德段
竹海大道
湖光路
碧湖大道
碧桂路
上海城
明珠
渝万城际铁路
沪蓉高速公路
G42
印家包
王家院子
阙家院子
蒋家院子
响水滩
母猪洞
三叉河桥
平桥
刘家湾
东山国家森林公园
高程表
600 米
500
400
300
200

梁平区公路现状图

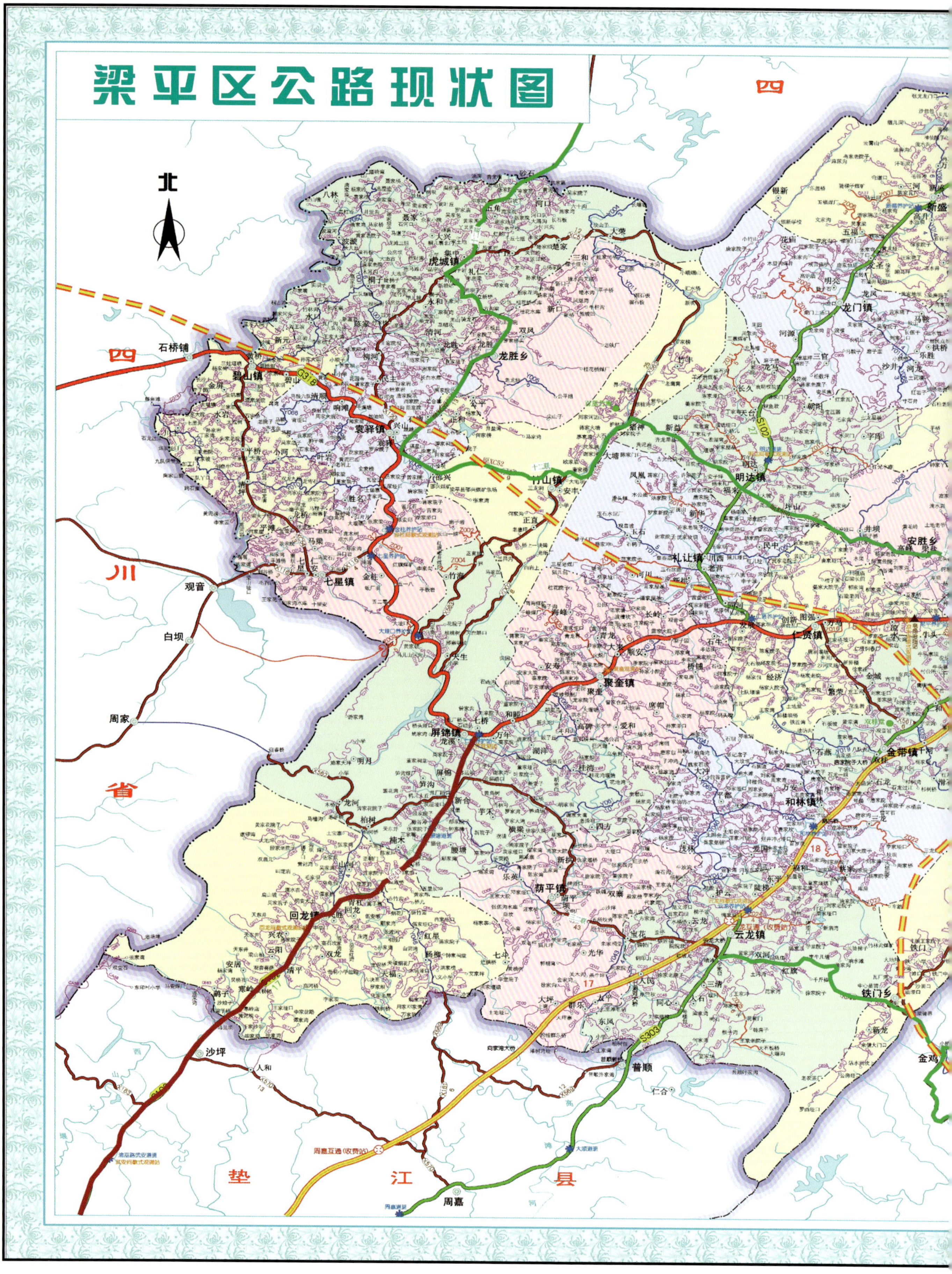

北
四
川
省
垫
江
县
石桥铺
观音
白坝
周家
沙坪
人和
周嘉
仁合
普顺
碧山镇
袁驿镇
七星镇
虎城镇
龙胜乡
竹山镇
礼让镇
明达镇
龙门镇
新盛
安胜乡
仁贤镇
聚奎镇
屏锦镇
金带镇
和林镇
荫平镇
回龙镇
云龙镇
铁门乡
金鸡
周嘉互通（收费站）

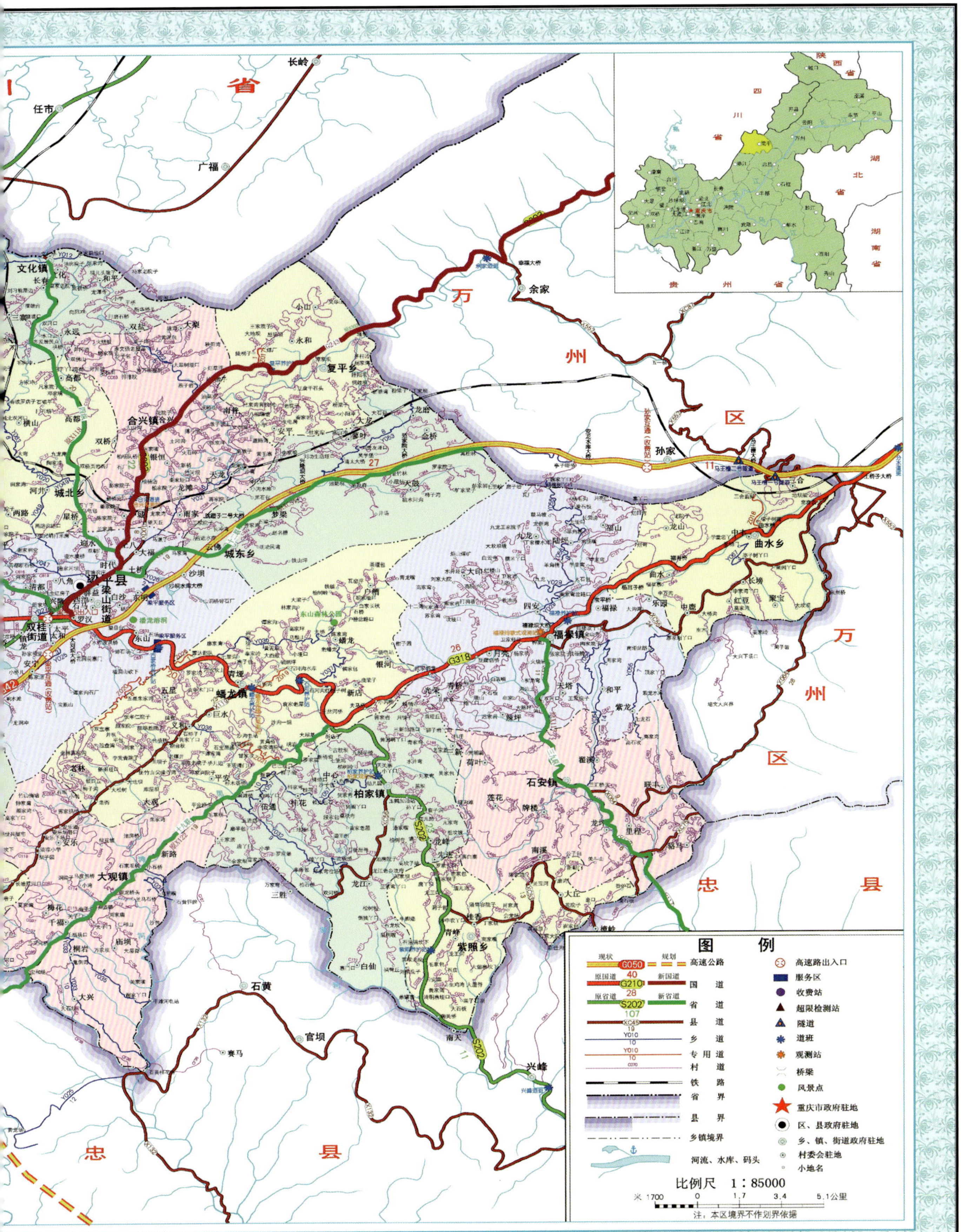

省
长岭
任市
广福
余家
万
州
区
孙家
文化镇
合兴镇
复平乡
城北乡
城东乡
梁山街道
双桂街道
福禄镇
曲水乡
蟠龙镇
柏家镇
石安镇
大观镇
紫照乡
石黄
官坝
兴峰
忠
县
陕西省
四川省
湖北省
湖南省
贵州省
图 例
高速公路
国道
省道
县道
乡道
专用道
村道
铁路
省界
县界
乡镇境界
河流、水库、码头
高速路出入口
服务区
收费站
超限检测站
隧道
道班
观测站
桥梁
风景点
重庆市政府驻地
区、县政府驻地
乡、镇、街道政府驻地
村委会驻地
小地名
比例尺 1：85000
注：本区境界不作划界依据

数字梁平

幅员画积	1892平方公里
年末户籍总人口	929227人
年末常住人口	653300人
地区生产总值	2981012万元
人均生产总值	45620元
财政总收入	407597万元
财政总支出	721830万元
全部工业增加值	1239325万元
农林牧渔业增加值	429896万元
固定资产投资总额	2476260万元
社会消费品零售总额	1031630万元
金融机构存款余额	3788584万元
金融机构贷款余额	1558231万元
城镇常住居民人均可支配收入	31599元
城镇居民恩格尔系数	34.1%
农村常住居民人均可支配收入	13671元
农村居民恩格尔系数	34.7%

梁平年鉴

LIANGPING NIANJIAN

2018

重庆市梁平区人民政府

图书在版编目（CIP）数据

梁平年鉴. 2018 / 重庆市梁平区人民政府编. --
北京：方志出版社，2018.12
ISBN 978-7-5144-3520-7

Ⅰ. ①梁… Ⅱ. ①重… Ⅲ. ①梁平区—2018—年鉴
Ⅳ. ①Z527.194

中国版本图书馆CIP数据核字（2019）第011036号

梁平年鉴（2018）

编　　者：	重庆市梁平区人民政府
责任编辑：	黄　彦
出 版 人：	冀祥德
出 版 者：	方志出版社
	地址　北京市朝阳区潘家园东里9号（国家方志馆4层）
	邮编　100021
	网址　http://www.fzph.org
发　　行：	方志出版社图书经销中心
	电话（010）67110500
经　　销：	各地新华书店
印　　刷：	重庆巴南彩印厂
开　　本：	889×1194　　1/16
印　　张：	24
插　　页：	28
字　　数：	675千字
版　　次：	2018年12月第1版　　2018年12月第1次印刷
印　　数：	0001~1000册

ISBN 978-7-5144-3520-7　　定价：280.00元

《梁平年鉴》编辑委员会

《梁平年鉴》编辑部

编 辑 说 明

一、以马克思列宁主义、毛泽东思想、邓小平理论、“三个代表”重要思想、科学发展观、习近平新时代中国特色社会主义思想为指导，坚持辩证唯物主义和历史唯物主义的立场、观点和方法。

二、《梁平年鉴》真实、全面、系统地记载和反映本行政区域自然、经济、政治、文化、生态等领域的情况，旨在为决策服务、为经济导航、为民众提供信息，为修志积累史料。

三、《梁平年鉴》2018年卷（总第7卷）记述时限为2017年1月1日至2017年12月31日，重大史实适当下延。本着存真求实，力求客观反映经济社会发展中取得的成绩，体现时代特征、地方特色、年度特点。本卷框架结构基本保持稳定，设有12个类目，分别是年度要闻、特辑、大事记、梁平概况、政治与法治、经济、社会事业、乡镇（街道）、文献、统计资料、光荣榜、附录。

四、《梁平年鉴》采取类目、分目、条目的编辑体例，少数分目下增设次分目，以字体、字号等版式设计区别不同层次。条目标题用【 】加黑体字表示。

五、《梁平年鉴》除采用国家新规定的统一计量单位之外，仍沿用“公顷”“吨”“公斤”等计量单位。为免累赘，凡直书月、日而未写年份，即为2017年，数据增加或减少多少未说明与某一年份比较，即为年鉴记载当年（2017年）与上年（2016年）比较。

六、《梁平年鉴》稿件均由区委各部委、区属各部门、各企事业单位、各人民团体、各乡镇（街道）政府（办事处）和驻梁部队提供，并经供稿单位领导审核。统计资料来源于区统计局，因统计口径等原因，一些单位报送的稿件中所用数据与统计资料数据不尽一致的，采用时以区统计局数据为准。

七、《梁平年鉴》稿件有撰稿人署名的于条目后右下角加（ ）表示，没有撰稿人署名的则用撰稿单位名称，同样加（ ）表示。

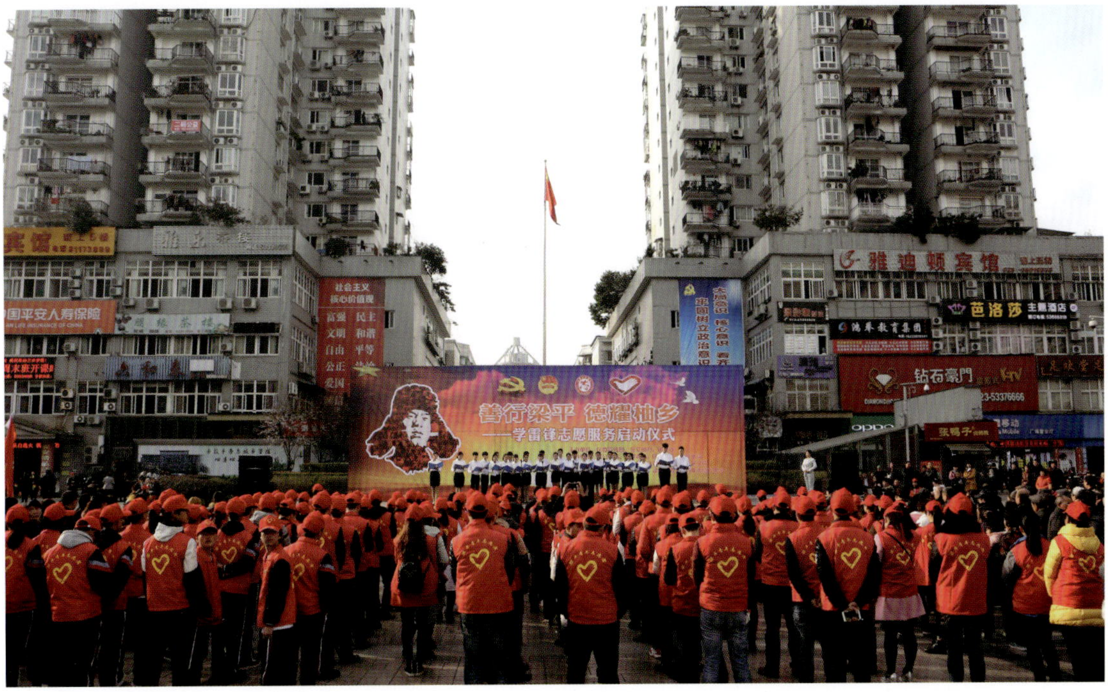

2017年3月1日，“善行梁平 德耀柚乡”学雷锋志愿服务启动仪式在区人民广场举行

2017年4月28日，梁平区“一环路”及城市干线公路开工仪式举行

2017年7月28日，梁平区承接特色产业招商暨特色产品供销合同集中签约

2017年9月22日，梁平区“三城同创”志愿服务活动启动仪式在区人民广场举行

2017年9月30日，梁平中学举行创建特色高中誓师大会

2017年10月16日，在北门影剧院广场举行喜迎党的十九大书画展

2017年10月27日，梁平区首届运动会开幕

2017年11月6日，区委宣讲团进村入户宣讲十九大精神

2017年11月29日～12月11日，全市校园足球总决赛在梁平举行

2017年12月，梁山灯戏《好人邓平寿》在北门影剧院首演。图为第六场拜寿

2017年梁平区全面实施城市棚户区改造项目，图为即将消失的西大街棚户区

2017年梁山街道老城综合治理后桂花小区整治“片”

2017年1月1日，梁平规划展览馆对外开放

2017年8月28日，明达至梁山段农村联网公路施工现场

2017年9月22日，西山片区垃圾中转站试运行

2017年11月18日，滨河公园蓄水开园第一天，游客在公园自拍留念

2017年新城区湿地公园成“城市绿肺”

2017年4月22日，乡风文明在行动，荫平镇村民集中清扫院坝卫生

2017年7月29日，治理后的龙溪河

2017年11月6日，村民义务开展河道清漂

2017年11月9日，重庆融康彩印包装有限公司工人正在手工粘贴盒子盒边

2017年10月20日，重庆海华道路护养有限公司沥青混合料搅拌站生产现场

2017年12月7日，科环亚塑料科技有限公司和合作方共同查看新型塑料合金钢土工格室生产情况

2017年平伟实业生产车间一角

2017年4月11日，梁平礼让渔业园，村民正在捕鱼

2017年6月21日，聚奎镇长岭村家庭种植农场百亩美国蛇李获丰收

2017年6月，梁山街道西红柿喜获丰收

2017年9月14日，蟠龙镇扈槽村秋收现场

2017年4月27日，重庆梁平第五届柚花节举行

2017年11月3日，重庆梁平第九届采柚节在合兴镇龙滩中华名柚园开幕

2017年12月9日，游客在双桂田园桂香天地奔跑

2017年12月10日，游客浏览滑石古寨

目 录

特 辑

大事记

梁平概况

政 治

经 济

社会事业

乡镇（街道）

文 献

统计资料

光荣榜

附　录

特　辑

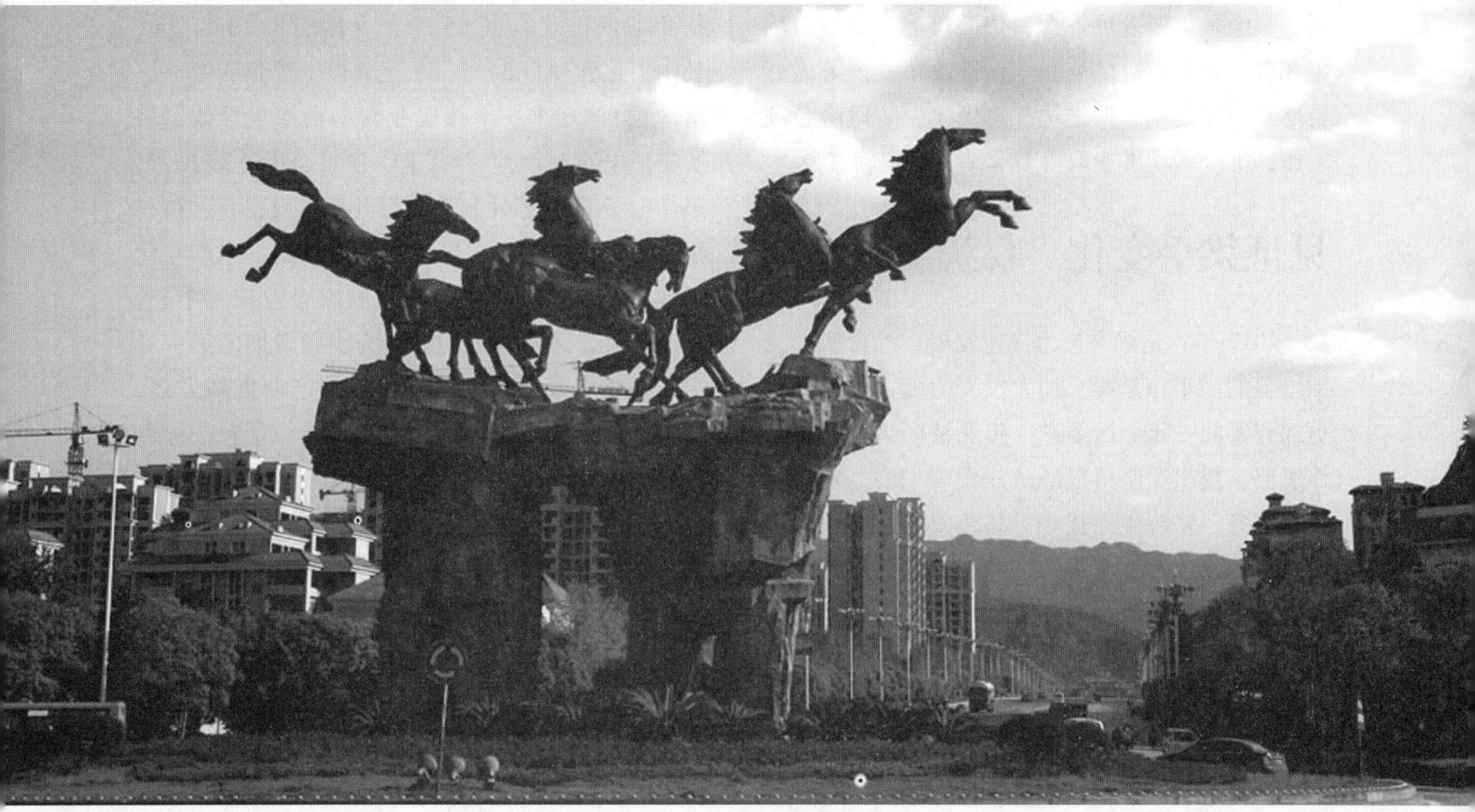

城市雕塑

特　　辑

拥抱新时代　践行新思想　实现新作为

2017 年，党的十九大开启了中国特色社会主义新时代，铸就了一座划时代的丰碑。梁平人民深学笃用习近平新时代中国特色社会主义思想，深入学习贯彻党的十九大精神，认真落实习近平总书记关于做好重庆当前工作的重要指示精神、视察重庆重要讲话精神，坚持稳中求进工作总基调，坚定贯彻新发展理念，按照市委、市政府决策部署，着力推进供给侧结构性改革，统筹做好稳增长、促改革、调结构、惠民生、防风险各项工作，推动各项事业取得新业绩、呈现新气象。

见证梁平变化　收获温暖幸福

2017 年，是梁平聚力提速发展、综合实力更加增强的一年；是梁平加大投资力度、发展基础更加夯实的一年。区委进一步厘清区情，完善工作思路，提出了坚持以经济建设为中心、发展是第一要务，坚持生态优先、绿色发展，加快推进新型工业化、新型城镇化，加快一二三产业融合发展的总体要求和“抓项目、强投资、促发展”的工作主题；确定了抓好新型工业化、新型城镇化、一二三产业融合发展、重大基础设施建设“四个板块”的重点‘明确了充分发挥好部门、乡镇和街道、重点国有企业“三条战线”作用，聚焦工业园区、双桂新城区、“一环路”等城市干线公路建设、老城综合治理、百里竹海景区建设、双桂田园景区建设、高速公路建设、亿联智慧小镇建设“八大战场”，推动工作任务提速提档落实。

【发展新局面】

——从工业看，工业集群化加速推进。2017 年 8 月至 11 月，扎实开展“工业经济百日攻坚”行动，完善招商引资办法，集中力量招商引资，推动签约项目尽快落地开工，在建项目尽快建成投产，现有企业稳定发展。2017 年全区签订工业招商项目正式合同 65 个，合同引资 185 亿元，其中上亿元项目 34 个、5 亿元以上项目 3 个，已落地项目 26 个；平伟实业新型功率半导体器件及集成电路封测生产线建设项目全面建成投产，杰伟电子 GPP 芯片制造项目开工建设；我区被科技部认定为国家功率半导体封测高新技术产业化基地，平伟实业正积极申报国家企业技术中心。与此同时，区坚持把创新作为引领发展的第一动力，不断培育发展新优势，加快产业创新发展，加快构建集成电路、智能制造、生态塑料、绿色食品加工特色产业集群。工业园区建成面积达 10 平方公里，入园企业 190 家，工业集群度达 71.5%、集中度达 64.3%，集群发展态势逐步显现。

——从农业看，农业现代化稳步提升。梁平农业发展方式转变明显，成效显著。狠抓梁平柚品牌化建设，全区梁平柚种植面积达 15 万亩（其中标准化柚园 2 万亩），年产梁平柚 9 万吨，产值 5 亿元；因地制宜发展生态渔业、优质粮菜。此外，农村电商发展迅猛，以梁平柚为主的特色农副产品线上线下销售额突破 10 亿元；国家农产品质量安全区正在积极创建。

——从旅游看，农旅文旅融合积极推进。充分挖掘田园风光、农耕文明、历史文化等自然人文资源优势，进一步厘清、丰富旅游发展思路，注重农旅文旅融合，加快全域旅游发展。双桂田园和百里竹海两大核心景区加快建设；蜀道难、万石耕春、百年张鸭子、龙滩·中华名柚园四大重点景区建设顺利启动；滑石古寨成功创建为国家AAAA级旅游景区，乡村旅游呈现出百花齐放的发展态势，最终实现各美其美，美美与共。

【城乡新变化】

——看城市，以“三城同创”为抓手。推动新城建设开发、老城综合治理、集镇功能完善，加快推进新型城镇化，建设山水田园城市、绿色幸福家园。2017年城市建成区达20平方公里，人口19万。双桂新城区一期12平方公里全面建成，二期8平方公里有序推进，渝万高铁梁平南站、全民健身中心、双桂湖公园北岸等重要功能设施相继投用。全面推进国家卫生区、国家森林城市、国家生态园林城市创建，完成36万平方米棚户区改造，整治违法建筑19.3万平方米，老旧小区改造、老城区生态修复和城市修补全面开展。

——看村镇，不断完善场镇功能。加强规范管理，城乡基础设施和基本公共服务一体化发展；加强环境整治、培育文明乡风，建设美丽宜居村庄，特色小镇、美丽乡村，各美其美、美美与共，城乡融合、乡村振兴让农民笑意写在脸上。

——看生态，天蓝地绿水清是梁平不懈努力的目标。2017年全区坚持生态优先、绿色发展，扎实抓好中央环保督察反馈意见整改，着力解决突出环境问题，加快淘汰落后产能、突出抓好水环境治理、持续推进乡风文明，深入实施“蓝天、碧水、宁静、绿地、田园”环保行动，保护好梁平的绿水青山。扎实推进农业面源污染治理，强化农村生活垃圾和生活污水治理，健康绿色的生活方式正在柚乡大地形成。

【民生新福祉】

——脱贫攻坚不断深化。小康不小康，关键看老乡。区制定出台“1+5+3”深化脱贫攻坚文件，筹措建立3000万元区级扶贫基金，以巩固提升脱贫成功防返贫、精准施策确保真脱贫、规范管理使用扶贫资金为抓手，对现有652户、1759名贫困人口实行精准“滴灌”，确保脱真贫、真脱贫。

——民生实事强力推进。完成178公里农村联网公路建设，开工建设“一环路”等城市干线公路，积极做好梁（平）开（江）高速、梁平至西沱高速公路建设前期工作，全区路网密度达218.5公里/百平方公里，行政村通客运率达100%；全面开工建设左柏水库、猎神水库；筹资5.5亿元开工建设西南大学附属梁平实验中学、枫叶学校、泰和路小学等10所学校，高质量通过全国义务教育发展基本均衡合格区认定，成功创建全国农村职业教育与成人教育示范区和重庆市学前教育改革发展示范区；区人民医院完成整体迁建投用，正积极创建“三甲”医院，加快推进区中医院改扩建，区精神卫生中心一期工程投入使用，开工建设区妇女儿童医院，平稳有序推进深化医药卫生体制改革。

——社会大局和谐稳定。牢固树立红线意识和底线思维，常态化抓好各领域安全和风险防控，突出抓好烟花爆竹和煤矿“打非治违”、森林防火、防汛和地质灾害防范，全区连续41个月未发生较大以上安全事故；科学合理管控债务，及时化解矛盾纠纷；严密防范、严厉打击各类违法犯罪活动，加强应急值班值守，全区社会大局和谐稳定。

【作风新常态】

2017年，梁平坚持全面从严治党，抓党建促发展。区委、区政府严格落实管党治党政治责任，坚持问题导向，全面加强党的建设。严肃党内政治生活，严明政治纪律和政治规矩，认真开展“三会一课”和主题党日活动，常态化制度化抓好“两学一做”学习教育。坚持“二十字”好干部标准，树立正确选人用人导向，把好干部、配班子，坚持严管干部与关心爱护干部相结合，干部队伍的活力、动力进一步激发。分类推进新形势下农村、社区、非公经济组织、社会组织等领域党组织建设，不断巩固和夯实党的执政基础。持之以恒正风肃纪，深入开展党风廉政建设和反腐败斗争，强化监督执纪问责。

2017年梁平农村居民收入稳步增长

2017年，梁平区强抓全域旅游发展，着力旧城改造，拓展园区建设，致力招商引资，推动电商发展，大力脱贫攻坚，加强社会化服务，为农村经济发展打下了坚实的基础，实现了农村居民收入稳步增长。

【农村居民收入特征】

农村居民收入增速减缓 2017年梁平区农村常住居民人均可支配收入达13671元，增长9.5%，较2016年减少1.3个百分点，增幅居渝东北生态涵养区第八位。

转移净收入增势最快 2017年梁平农村常住居民转移净收入3702元，增加379元，同比增长11.4%，增长速度居四大项收入之首。

工资性收入仍是拉动收入主要动力 2017年农村居民工资性收入增长了437元，占可支配收入比重的39%，仍是拉动农村居民收入增长的主要动力。

结构不断优化 就农村居民四大项收入构成单独来看，工资性收入和转移净收入贡献率降低，分别比上年减少7.9个百分比和1.8个百分比，经营净收入和财产净收入贡献率有所提高，较去年相比增加了9.6个百分比和0.1个百分比，工资性收入、经营净收入、转移净收入贡献率分别为36.9%、29.3%、32%，工资性收入贡献率“一家独大”的局面逐渐向“三头并进”的趋势发展。

2017年梁平农村住户收入情况表

指标名称	单位	本年	上年	比上年±	增幅（%）	占比		增长贡献率	
						2017年	2016年	2017年	2016年
可支配收入	元	13671.2	12485.3	1185.9	9.5	100.00	100.00	100.00	100.00
一、工资性收入	元	5325.1	4887.7	437.5	9.0	39.00	39.20	36.90	44.80
二、经营净收入	元	4152.7	3805.2	347.5	9.1	30.40	30.50	29.30	19.70
三、财产净收入	元	491.1	469.5	21.7	4.6	3.60	3.70	1.80	1.70
四、转移净收入	元	3702.3	3323.0	379.3	11.4	27.00	26.60	32.00	33.80

【农村居民增收因素】

脱贫攻坚力度大 2017年扶贫项目资金5108万元，较上年4400万元增加708万元，增16.09%。其中整合市级财政扶贫资金580万元，区财政后续扶贫资金1528万元，部门项目资金3000万元。主要用于18个贫困组脱贫攻坚，贫困人口的助学、大病救助和对低收入群体的再扶持。为10219户29531名建档立卡贫困人口解决了生产、生活困难，巩固脱贫成果防返贫和精准施策真脱贫。

土地流转有新增 2017年全区农村土地流转48.95万亩，全区农村土地流转率达51.3%，农村土地适度规模经营率40.8%，适度规模经营业主389个，规范合同签订率95%以上。按照“供需平衡、稳妥退地”模式，已有105户农民自愿退出承包经营权309.49亩。

涉农补贴落实广 一是农业支持保护补贴：重庆市财政局下达我区2017年的农业支持保护

补贴资金7471万元，较上年增加122万元，增1.66%。2017年种粮大户共有11836.1亩，共补贴资金272.2303万元，较上年增加53.7888万元，增24.62%；一般农户面积为469797.9亩，补贴资金6945.4925万元较上年减少38.2297万元，降0.55%，；两项共计7217.7228万元。二是农机购置补贴：截至12月1日，全年共销售各型补贴农机具4527台，受益户4632户，完成国家农机购置补贴资金569.887万元。

社会化服务强基础　按照“贸工农、产供销”一体化的产业发展目标，不断加大“外引内扶”工作力度，培育多元化新型农业生产经营队伍。农业企业：新认证区级龙头企业10家，累计达144家。到2017年年底，全区农业产业化龙头企业将达183家，其中市级龙头企业39家，区级龙头企业144家。；农民合作社：预计新增农民合作社49家，累计980家；家庭农场：立足提升传统农民，大力培育新型职业农民，新型职业农民达1000人。新增工商注册登记家庭农场101家，工商登记家庭农场累计747家；社会化服务组织：2.7万亩水稻和1.5万亩梁平柚全程社会化服务试点推广取得良好效果，目前正在牵头谋划2018年的社会化服务，争取到农业生产社会化服务资金700万元。

粮食产业稳面提质　为确保粮食安全，在城市扩张、基础设施建设、房屋修建等原因，耕地刚性减少的情况下，区相关职能部门采取推广国标Ⅲ级及以上优质稻、新建优质稻基地、推广水稻直播技术、集中育秧移栽等措施，实现在粮食生产相对稳定目标。据全面统计，今年，全区全年粮食作物播种面积113.69万亩，总产量预计39.58万吨，比上年分别增长0.27%和1.5%。其中：小春粮食播种面积19.42万亩，产量3.39万吨，比上年分别增长0.05%和0.59%。

2017年梁平城镇居民收入稳步增长

2017年梁平区政府深入推进供给侧结构性改革，积极应对经济下行压力，各项民生政策落实到位，增收措施务实有效，促进了城镇居民收入的稳步增长。

【城镇居民收入增长态势】　城镇居民收入突破3万元，但增速较上年同期有所回落。调查数据显示，2017年梁平区城镇居民人均可支配收入为31599元，首次突破3万元，绝对值增加2609元，同比增长9.0%，增幅同比回落0.7个百分点，分季度来看，一季度、上半年、前三季度和全年增速分别为9.5%，8.9%，8.7%和9.0%，可以看出今年1－4季度，城镇居民收入增速均较为平稳，二三季度增速有所回落，四季度增速有所回升。

【城镇居民收入增长情况】

城镇居民“四大项”收入齐增长　2017年梁平区城镇居民人均可支配收入稳步增长的同时，四大项收入均保持增长，其中工资性收入16749元，同比增长8.8%，绝对值增加1351元；经营性收入4748元，同比增长12.5%，绝对值增加527元；财产性收入2782元，同比增长6.6%，绝对值增加171元，转移性收入7321元，同比增长8.3%。绝对值增加560元。

2017年梁平区城镇
常住居民可支配收入增长情况表

指标名称	单位	本年	上年	比上年±	增幅（%）
可支配收入	元	31599	28990	2609	9.0
一、工资性收入	元	16749	15398	1351	8.8
二、经营性收入	元	4748	4221	527	12.5

续表

指标名称	单位	本年	上年	比上年±	增幅（%）
三、财产性收入	元	2782	2611	171	6.6
四、转移性收入	元	7321	6761	560	8.3

城镇居民收入主要依靠工资性收入 四项收入中，工资性收入增加值最多，占可支配收入的比重达到53%，仍然是城镇居民收入的主要来源，主要原因是：今年以来，全区在人力资源市场和乡镇场镇共举办现场招聘会55场，现场达成意向性就业人数6900余人，托底过渡安置就业困难人员1261人，实现城镇新增就业10906人，城镇登记失业人员就业3874人，就业困难人员就业1021人，城镇登记失业率为3.6%，比年度控制数4.2%低0.6个百分点。据对部分用人单位调查，目前，我区多数用人单位职工平均月工资2200～6500元，同比增加3%～10%。劳动报酬持续增长，工资性收入带动可支配收入增长4.7个百分点。

经营性收入在四项收入中增速最快 2017年，全区新发展市场主体6929户，其中个体工商户5727户，企业1113户。区内金融机构加大对创业人群的支持力度，截至11月底，各个银行中小微企业贷款余额为73亿元，比年初增加19亿元，同比增加25亿元，增长50.1%。民间资本积极性有效调动，税改政策落实得力，城镇居民自主创业、自我经营参与度提高，带动经营性收入快速增长12.5%，拉动可支配收入增长1.8个百分点。

利息、红利、出租房屋财产性收入的增长带动财产性收入的增长 2017年梁平区城镇居民财产性收入2782元，同比增长6.6%，其中利息收入776元，同比增长9.5%，红利收入344元，同比增长29.1%，出租房屋财产性收入393元，同比增长6.2%，三项收入的增长成为支撑财产性收入增长的主要因素。

民生政策给力，转移性收入平稳增长 2017年转移性收入对城镇居民收入增长的贡献率为21.5%，拉动收入增长1.9个百分点。主要原因是：养老金的增长，2017年梁平区共计46996人次领取城镇职工养老保险金94940万元，同比增加1445人，增加待遇8308万元。45035名退休人员享受养老保险待遇调整，人均月增加养老金116元。其中，调整企业退休人员18296名，人均月增资143元，调整城镇超龄人员征地农转非人员26739名，人均月增资98元。

城镇居民收入渠道拓展，收入结构进一步优化 综合各项收入增长情况看，梁平区城镇居民工资性收入占比较上年降低0.1个百分点，经营性收入占比提高0.5个百分点，财产性收入比重比上年下降0.2个百分点，转移性收入所占比重比上年下降0.2百分点，从数据可以看出，城镇居民以工资性收入为主的收入结构逐渐优化，经营性收入对城镇居民收入增长的支撑作用越来越大，收入增长渠道拓展，收入结构进一步优化。

大事记

夏日双桂湖

梁平区大事记

1 月

1 日

△国家统计局重庆调查总队总队长朋琳率重庆市第三次全国农业普查领导小组，到梁平双桂街道安宁村指导农业普查登记工作。

4 日

△国家安监总局党组成员、总工程师王浩水率队到梁平督导检查烟花爆竹生产企业转型发展工作。市政府副秘书长罗德，市安监局局长冉进红参加座谈会。

△市总工会副主席姚程武一行到梁平对困难劳模、困难职工（农民工）开展送温暖活动。

5 日

△区委副书记、区政府党组书记蒲继承主持召开第 122 次政府常务会议，研究争取国家激励支持任务分工，安全生产等工作，审议《降低实体经济企业成本工作方案》等事项。

6 日

△中国人民政治协商会议重庆市梁平区第十四届委员会第一次会议隆重开幕。周仁胜作县政协十三届常委会工作报告，廖文宪作提案工作情况报告。

7 日

△重庆市梁平区第十七届人民代表大会第一次会议隆重开幕。县人大常委会主任郑云山主持大会并宣布开幕，县长蒲继承作政府工作报告。

△出席区十七届人大一次会议、区政协十四届一次会议的代表、委员，先后到渝万城际铁路梁平枢纽站、双桂湖公园林荫广场、梁平工业园区、平伟光电二期、区规划展览馆等地视察。

△区委书记吴盛海会见韩中文化交流协会会长金荣哲、理事李钟喆以及三星集团原副社长崔丰德一行，并就做大做强梁平区光电产业，完善上下游产业链等事宜进行深入交流。

8 日

△区委书记吴盛海主持召开区委常委会 2016 年度民主生活会征求意见座谈会，面对面听取各界代表对区委常委会班子及成员在理想信念、政治纪律和政治规矩、作风、担当作为、组织生活、落实全面从严治党责任等方面的意见建议。

9 日

△中国人民政治协商会议重庆市梁平区第十四届委员会第一次会议胜利闭幕。大会宣布：周仁胜当选为区政协十四届委员会主席，廖文宪、陈命安、王峻波、蒋明书、唐天敏、周毅当选为区政协十四届委员会副主席。

10 日

△重庆市梁平区第十七届人民代表大会第一次会议胜利闭幕。大会选举郑云山为重庆市梁平区第十七届人民代表大会常务委员会主任，李志祥、扈先斌、李庆双、屈猛、戴晓稳为重庆市梁平区第十七届人民代表大会常务委员会副主任。选举蒲继承、陈道彬、唐军、唐诗平、胡立、雷旭东、徐勇、邱树洪为重庆市梁平区人民政府副区长。选举石溅泉为重庆市梁平区人民法院院长、王鸣隆为重庆市梁平区人民检察院检察长（根据地方组织法的规定，选出的人民检察院检察长，还须报经重庆市人民检察院提请重庆市人民代表大会常务委员会批准）。选举王显贵等 29 名同志为重庆市梁平区第十七届人民代表大会常务委员会委员，胡发海等 20 名同志为重庆市梁平区第十七届人民代表大会财政经济委员会、法制委员会、农业与农村委员会组成人员。

△重庆市梁平区第十七届人大常委会召开第一次会议，决定蒲继承为重庆市梁平区人民政府代理区长。区领导吴盛海、蒲继承、郑云山、陈

孟文、孙代勇、陈道彬、李志祥、扈先斌、屈猛、戴晓稳、李庆双、石溅泉、王鸣隆参加、应邀参加或列席会议。会议还审议通过了重庆市梁平区人民代表大会常务委员会《关于撤县设区有关事项的决定（草案）》，审议了重庆市梁平区人民政府《关于邱树洪同志任职的议案》。

11 日

△市经信委原主任吴冰等市企业联合会专家到梁平工业园区走访企业，并召开座谈会就工业发展进行交流。

△代理区长蒲继承主持召开区政府第 2 次常务会议，通报区政府班子成员分工事宜，对新班子及近期工作提出要求。

△市供销总社副主任申雄一行到梁平区调研供销工作并检查烟花爆竹销售安全。

12 日

△区委书记吴盛海到屏锦、聚奎两镇，看望慰问特困党员、低保户、离任村（社区）老干部、敬老院老人、失独家庭、受灾户、全国劳模。

13 日

△区委副书记、代理区长蒲继承先后到梁平工业园区、金带镇、和林镇，看望慰问劳动模范、离退休老干部、离任村干部、低保户、特困党员、敬老院老人。

△区人大常委会主任郑云山到梁山街道看望慰问困难老党员、困难群众和村社离任老干部。

△四川省社会科学院副院长、研究员、博导郭晓鸣一行莅梁开展农村集体资产股份权能改革第三方评估调研工作。

△川渝 7 县区五十四届联防护林经济协作委员会第十三小组会议在重庆市梁平区梁山街道召开。

16 日

△全区春节保供保畅通协调会议召开，会议安排部署了相关工作。

17 日

△区领导陈孟文、陈道彬、屈猛、唐诗平、胡立、徐勇、周毅分别到梁山街道、袁驿镇、蟠龙镇、复平乡、柏家镇、明达镇、七星镇、仁贤镇、合兴镇、曲水镇等地，走访慰问特困党员、离任村（社区）老干部、企业军转干部、离退休老干部、建档困难职工、五保户、失独家庭、在乡重点优抚对象。

△公安消防部队高等专科学校副政委赵云到重庆市梁平区慰问该校学生王勇军一家。

△市公安局 2017 年“公安文化基层行”到梁平区公安局云龙派出所开展春节慰问演出。

18 日

△17—18 日，区领导陈道彬、付云、李志祥、扈先斌、邱树洪、蒋明书、徐向阳分别到双桂街道、梁山街道、蟠龙镇、和林镇、紫照乡、聚奎镇、星桥镇、柏家镇，走访慰问受灾户、失独家庭、困难老党员、离任村（社区）老干部、离退休老干部、优秀人才、企业军转干部。

20 日

△忠县行管办到梁平区考察交流并联审批、网上审批改革、“互联网 + 政务服务”和窗口工作人员管理等工作。

21 日

△代理区长蒲继承主持召开区政府第 3 次常务会议，听取 2016 年度主要经济指标完成情况汇报，传达学习全国贯彻落实信用体系建设三个改革性文件视频会暨媒体通气会精神，审议了《梁平区 2017 年区级部门预算编制方案》等事项。

22 日

△区委书记吴盛海主持召开区委常委会 2016 年度民主生活会，进行自我检查、党性分析，开展批评和自我批评，明确整改方向和重点，进一步加强区委常委会班子建设。市委督导组到会指导。

△2017 年区春节联欢晚会在梁平会堂隆重举行。区委书记吴盛海、代理区长蒲继承、区人大常委会主任郑云山、区政协主席周仁胜等区领导与近千名市民一起观看演出。

△同时开通龙胜至梁平、龙胜至袁驿农村客运线路。

△“2014—2016年全区林业有害生物普查”成果通过市级验收。此次普查历时2年，覆盖全区33个乡镇（街道），2个国有林场，投入经费78.6万元，踏查点1922个，标准地608个，调查涉木场所20个。收集标本59种139套，收集影像102种。

23日

△区委书记吴盛海主持召开区委常委会会议，传达学习全市区县（自治县）党委书记落实全面从严治党责任述职评议会精神。

△全区优秀人才代表暨党外代表人士迎春座谈会召开。

△受区委书记吴盛海、代理区长蒲继承委托，区政协主席周仁胜到虎城镇看望慰问已故全国“双百”人物、基层干部的楷模邓平寿的家属。

△渝东北片区工业环保工作督查会在梁平区召开，市经信委工业园区处处长李忠云，梁平、万州、开州等11个渝东北片区相关负责人参会。

24日

△区委书记吴盛海率队到区电视台、梁平区供电分局、龙泉供水公司大井水厂、合兴镇公路养护站、驻梁某部队，看望慰问驻梁官兵和一线干部职工。

△区委副书记、代理区长蒲继承全程参加指导区经济信息委2016年度民主生活会。

△区领导陈孟文、李钟斌、戴晓稳、唐军、唐诗平、邱树洪、陈命安分别到袁驿镇、回龙镇、大观镇、礼让镇、区水务局、区安监局、铁门乡指导班子民主生活会或看望慰问困难党员、离任村干部和困难群众。

25日

△代理区长蒲继承，区政协主席周仁胜率队到区安监局、区煤管局、区公安局交巡警大队竹海大道执勤卡点、天然气公司GNG加气站、气矿梁平采输气作业区、区消防大队等地，看望慰问坚守在工作一线的干部职工，并对安全生产工作提出要求。随后，蒲继承又带队到梁山街道、双桂街道、金带镇、合兴镇等地，检查烟花爆竹经营场所、重点场所消防安全。

△2016年度全区农村“贫困母亲两癌救助”中央专项彩票公益金举行发放仪式。

2　月

3日

△区委书记吴盛海、代理区长蒲继承分别到区委办公室、区政府办公室、区发改委、区环保局、区农委、区财政局、区交委、区文化委、梁平工业园区等单位，检查节后上班情况并看望慰问一线干部职工。

6日

△区内企业用工现场招聘会在区人力资源市场（双桂城区行政中心4号楼三楼）举办。51家区内用人单位进场招聘，提供就业岗位1300余个，吸引3500余人进场求职。

7日

△区委书记吴盛海主持召开区委常委会会议，审定中共重庆市梁平区委常委会2017年工作要点，审定相关表彰事宜及系列推动实体经济发展相关方案、措施和办法。

△代理区长蒲继承主持召开区政府第4次常务会议，审议了梁平区《鼓励科技创新奖扶办法（试行）》《工业项目招商引资管理办法（暂行）》、2016年度安全生产目标考核结果及2017年安全生产工作要点等事项。

△重庆贤达集团副总经理华鹏一行莅梁考察，详细了解梁平投资环境，拟投资年产4万吨新型消毒剂项目，区环保局、区投资促进中心相关人员陪同考察。

8日

△农业部农产品质量安全监督检验测试中心（重庆）工作人员一行先后到曲水、云龙等5个乡镇对36种蔬菜、10种水果、4种食用菌类样品进行抽样检测，以此促进梁平申报创建国家农产品质量安全示范县。

9日

△全区创新驱动暨特色工业发展大会召开。

区委书记吴盛海出席会议并讲话，代理区长蒲继承总结分析了2016年创新驱动和工业经济发展的成绩和短板，全面安排部署了2017年工作。会议还表彰了一批推动梁平工业发展的先进典型，并发放奖金567万元。会上，授予梁平海螺水泥有限责任公司等12户企业“梁平区2016年度优秀工业企业”荣誉称号，各奖励10万元；中石油西南油气田分公司重庆气矿梁平采输气作业区等12户企业“梁平区2016年度重点纳税工业企业”荣誉称号，各奖励10万元；李述洲等12名企业家“梁平区2016年度优秀工业企业家”荣誉称号，各奖励5万元；中国农业发展银行梁平区支行等5家单位为“梁平区2016年度专项建设基金工作优秀组织单位”；重庆平伟实业股份有限公司等5家单位为“梁平区2016年度专项建设基金工作优秀实施单位”；给予马占峰等13名人士“梁平区2016年度招商引资贡献奖”表彰，各奖励1万元；给予区发改委、区财政局记集体三等功，各奖励2万元。同时，对2016年新获批认定及复审通过的9户国家高新技术企业、27户市级科技型企业、9户国家和市级知识产权优势企业及试点企业、3家市级科技研发机构、28个国家高新技术产品、1户研发投入及增长幅度较大的企业予以表彰和相应资金奖励。

△中国共产党重庆市梁平区第十四届纪律检查委员会第二次全体会议召开。区委书记吴盛海出席会议并讲话。区委常委、区纪委书记李德平主持会议并代表区纪委常委会作工作报告。

10日

△代理区长蒲继承主持召开区政府党组会议，传达学习全市卫生与健康大会主要精神，研究贯彻意见。

△2017年全区教育工作会召开，区领导张子玉、扈先斌、胡立、周毅参加会议。

△全区剧毒高毒高残留农药专项整治工作会召开。

11日

△2017年区文化消费季系列活动之元宵节文化活动在双桂城区柚乡广场举行，现场进行的文艺演出、彩龙船、舞龙、猜灯谜等一系列精彩的文化活动，吸引了万余市民观看。

13日

△由区人民政府主办，区委宣传部、区文化委承办，区文化馆、区文化遗产保护中心协办的首届重庆文化惠民消费季梁平主题活动暨第七届梁平区癞子锣鼓抢彩在双桂堂竹帘年画保护传承基地举行，来自全区的28支癞子锣鼓队参加角逐。

14日

△区领导陈孟文、张子玉、孙代勇、唐诗平带领区级相关部门到虎城镇、区委党校调研邓平寿干部学院建设情况，作出工作安排并提出相关要求。

15日

△区委书记吴盛海主持召开乡镇（街道）和部分区级部门党（工）委、党组书记落实全面从严治党责任述职评议会。区领导蒲继承、郑云山、周仁胜等出席会议。市委组织部组织一处副处长刘畅到会指导。

16日

△中共重庆市长寿区委书记赵世庆，区长巴川江，区委副书记左永祥率长寿区党政代表团先后到梁平区龙溪河流域云龙段、合兴镇万亩名柚园、梁平工业园区等地，考察了解水污染治理、工业和农业发展等方面情况。

△市国资委副主任徐万华率市剥离国有企业办社会职能第四督导组到梁平区，就剥离国企办社会职能和解决历史遗留问题工作进行专项督导。

17日

△全区成品油质量升级专项行动协调会召开，规范成品油市场经营秩序。

20日

△重庆枫叶国际学校校长王金英一行到梁平区协调解决梁平枫叶国际学校建设相关事宜。区委书记吴盛海会见了王金英一行，副区长胡立参加会见。

21 日

△区委书记吴盛海主持召开全区 2017 年乡风文明建设专题会，蒲继承、郑云山、周仁胜、陈孟文等区领导参加会议并讲话。区级有关部门和部分乡镇主要负责人在会上作经验交流。

△重庆市梁平区人大常委会召开法治政府建设专题调研座谈会议。区人大常委会主任郑云山对相关部门法治建设工作提出要求，区人大常委会副主任李庆双、屈猛、戴晓稳参加会议。

△中共重庆市委当代党员杂志社总编辑杨树弘一行到梁平区调研采访基层党建工作，先后深入到合兴镇龙滩村、工业园区党群服务中心、双桂街道皂角社区，重点了解采访了党员作用发挥、党建促经济社会发展等情况。

△由区政府主办，区委宣传部、区文化委承办，区文化馆、区文化遗产保护中心协办的首届重庆文化惠民消费季梁平主题活动暨第七届梁平癞子锣鼓抢彩决赛在北门影剧院举行。通过初赛脱颖而出的 12 支代表队经过激烈角逐，最终聚奎镇代表队荣获一等奖，和林镇代表队、龙门镇代表队荣获二等奖，礼让镇代表队、明达镇代表队、屏锦镇代表队（2 支）荣获三等奖，福禄镇代表队、碧山镇代表队、回龙镇代表队、仁贤镇代表队、礼让镇代表队荣获优秀奖。

△渝万高铁梁平南站春运期间，共发送列车 1560 趟，发送旅客 150277 人次。

△达万铁路梁平火车站春运期间，共发送列车 432 趟，其中增开列车 63 趟，发送旅客达 7.14 万余人次。

△区公安局交巡警大队春运期间，共出动警力 4716 人次，出动警车 1255 台次，启动 7 个执法服务站，劝导站 200 个，成立 2 个执法小分队，设置 5 个临时检查点，检查客运车辆 4500 台次，疏导车辆 28 万台次，交通纠违 15161 件，办理交通事故 920 件，电动车现场处罚 550 起，劝导纠正电动车交通违法放行 2565 起。

22 日

△党委（党组）中心组学习规则实施办法起草工作调研座谈会在梁平区召开，市委宣传部理论处副处长包家竹，梁平区委常委、宣传部部长张子玉，开州、垫江、忠县、云阳等区县相关负责人参加会议。

△市人才交流服务中心主任宋成一行到梁平区召开指导流动人员档案管理工作调研会，就如何规范化管理流动人员档案进行探讨，安排部署下一步工作。

23 日

△22—23 日，代理区长蒲继承率队到福建招商考察。

△区政法工作会议召开，区领导陈孟文、毛大春、李庆双、邱树洪、王峻波、石溅泉、王鸣隆、徐向阳参会议。

△区民政工作会召开，区领导扈先斌、徐勇、周毅参加会议。

△区城市管线建设工作会召开，副区长唐军参加会议。

24 日

△区委书记吴盛海主持召开区委常委会会议，传达学习全市卫生与健康大会精神，研究贯彻落实意见。

26 日

△25—26 日，由农民日报社主办的“宣传贯彻中央一号文件精神暨 2017 三农发展大会”在京召开。副区长唐诗平受邀参会。

27 日

△区委组织工作会议召开，区领导陈孟文、孙代勇出席会议。

△区政协召开第三次主席会议，学习习近平总书记在省部级主要领导干部学习贯彻六中全会精神研讨班上和中共中央政治局第三十九次集体学习会议上的重要讲话精神，审议区政协 2017 年工作要点、重点提案名单等。区政协主席周仁胜，副主席廖文宪、王峻波、蒋明书、唐天敏、周毅参加会议。

28 日

△区委书记吴盛海率队到梁山街道、屏锦镇，专题调研乡风文明建设工作。

△代理区长蒲继承主持召开区政府第 5 次常

务会议，传达学习中央、全市农业农村工作会议和脱贫攻坚会议精神，专题研究全区“三农”和扶贫工作；审议了城市内环干线公路建设等事项。

△区宣传思想文化工作会召开，区领导张子玉、扈先斌、周毅参加会议。

△区统战工作会召开，区领导李钟斌、唐军、廖文宪参会议。

△市商委副主任刘天高率市粮食集团一行到梁平区检查粮安工程落实情况。

△市水投集团副总经理陈方明一行到梁平龙泉供水公司，现场调研双桂新区拟建盐井河水厂工程项目进展及投资情况。

3　月

1 日

△团市委副书记吕杰一行到梁平区调研共青团工作、市民学校建设推进情况，并召开座谈会。

△“善行梁平　德耀柚乡”学雷锋志愿服务活动启动仪式在区人民广场举行。团市委副书记吕杰出席活动，区委副书记陈孟文宣布学雷锋志愿服务活动正式开始，区委常委、宣传部部长张子玉致辞。

2 日

△区委书记吴盛海会见了安徽海螺水泥股份有限公司副总经理丁锋一行。代理区长蒲继承，区委常委、常务副区长陈道彬参加会见。

△区“三农”工作会召开，代理区长蒲继承出席会议并讲话。

△区政协主席周仁胜一行到梁平工业园区调研创新驱动暨特色工业发展大会精神落实情况，并召开重点项目建设推进座谈会，研究梁平天胜电子有限公司、重庆中渝蓝盛科技有限公司等企业的建设推进有关事宜。

△万州海关关长戴钢一行到梁平区调研外经贸工作并召开座谈会。

3 日

△经济日报社农村部副主任瞿长福一行到梁平区梁山街道东明村、屏锦镇万年村等地采访农村集体资产产权制度改革。市农委副主任高兴明、副区长唐诗平陪同或接受采访。

△区工商质监食药监工作会召开。区领导胡立、雷旭东、王峻波参加会议。

6 日

△代理区长蒲继承主持召开区政府第 6 次常务会议，审议了《重庆市创建国家食品安全示范城市梁平区实施方案》《重庆市梁平区行政服务标准化工作实施方案》等事项。

7 日

△代理区长蒲继承率队到金带镇专题调研乡风文明建设，副区长唐军一同参加。

△区女企业家商会年会及“三八”节座谈会召开，区委常委、宣传部部长张子玉参加会议。

8 日

△区委书记吴盛海，代理区长蒲继承，区人大常委会主任郑云山，区政协主席周仁胜率梁平区党政代表团到万州区委、区政府考察学习。

△7—8 日，市财政局局长封毅一行到梁平区调研。

10 日

△市政府副市长刘桂平率队到梁平区调研商贸流通工作。

14 日

△区委书记吴盛海到百里竹海快速通道，百里竹海景区大地坝、老鹰窝景点建设现场，实地查看和听取汇报，调研百里竹海景区开发建设相关工作。

△代理区长蒲继承率队调研双桂湖公园、枫叶国际学校等重点项目建设，检查工程质量和安全生产。

△亚洲开发银行项目考察组一行到重庆市梁平区考察调研龙溪河流域生态经济项目并召开座谈会。

16 日

△区委书记吴盛海主持召开区委常委会会议，组织学习《关于六起落实全面从严治党主体

责任和监督责任不力被问责典型案例的通报》。

△区委书记吴盛海率队到城区大河坝片区、衡器社片区、农贸巷片区等棚户区改造工作重点区域，调研城区棚户区改造工作。

△区卫生计生工作会议召开，区领导张子玉、扈先斌、胡立、周毅参加会议。

△中航通用机场管理有限公司和重庆通航集团总经理一行到重庆市梁平区考察调研。

17 日

△区公安工作会议召开，区领导毛大春、李庆双、邱树洪、王峻波参加会议。

△重庆理工大学副校长何建国一行到梁平区职教中心考察办学情况，并就如何深入开展校地合作召开洽谈会。

20 日

△区财税金融审计统计国资机关事务工作会议召开，区领导陈道彬、李志祥、蒋明书出席会议。

△重庆市梁平区与国网万州供电公司召开电力工作推进会，就加快推进当前电力基础设施建设有关事宜进行了深入研究，并提出下一步工作措施。区领导付云及国网万州供电公司副总经理周厚强参加会议。

21 日

△重庆市梁平区与中国农业银行重庆市分行签署《共同推进梁平“面上保护、点上开发”示范区建设金融服务战略合作框架协议》。中国农业银行重庆市分行行长韩国强，区领导吴盛海、蒲继承、陈道彬、付云、蒋明书出席签约仪式。

△区政协主席周仁胜主持召开第四次主席会议，学习习近平总书记系列重要讲话精神，传达学习全国政协十二届五次会议精神，传达中纪委关于问责典型案例的通报，审议区政协有关工作规则。区政协副主席廖文宪、陈命安、王峻波、蒋明书、唐天敏、周毅参加会议。

△市国土房管局、市规划局、市旅游局等单位相关处室负责人，到梁平区金带镇滑石村实地调研村规多规合一编制工作，并召开座谈会。

△市统计局副巡视员邹德传一行到梁平区检查商贸统计工作。

22 日

△21—22 日，市旅游局党组成员、副局长陈一清一行到梁平区调研乡村旅游发展，实地察看合兴镇李子园、竹山镇百里竹海、金带镇滑石古寨等景点。

△市红十字会、市红十字基金会联合区红十字会，到铁门乡中心小学开展“童心 100 公益计划——关爱留守儿童读书助学活动”。为该校留守儿童捐赠价值 3.4 万元的学习、体育用品。区红十字会还为 10 名家庭困难的留守儿童发放红十字博爱助学金共 5000 元。

23 日

△区人力社保工作会议召开，区领导陈孟文、扈先斌、雷旭东、廖文宪出席会议。

△区教育系统党风廉政建设工作会议召开，区领导李德平、胡立出席会议并讲话。

△市福彩中心主任何亚雄一行到梁平区调研福利彩票工作。

24 日

△代理区长蒲继承主持召开区政府第 7 次常务会议，审议了《全面推进乡风文明建设工作方案》《开展农业项目财政补助资金股权化改革试点方案》以及一批招商引资项目等事项。

25 日

△24—25 日，农业部党组成员、副部长陈晓华率中央一号文件宣讲组到重庆市梁平区礼让镇、合兴镇考察调研，召开座谈会宣讲 2017 年中央一号文件。市政府副秘书长郑立伟，市农委主任路伟，区委书记吴盛海，区委副书记、代理区长蒲继承，副区长唐诗平一同调研或座谈。

27 日

△由市委宣传部、重庆市文化委员会主办的“奉献人民　放歌巴渝”——城乡文化互动工程暨 2017 年春季送演出进基层活动走进双桂街道皂角社区，为群众献上了一道精彩的文化盛宴。

28 日

△区委书记吴盛海主持召开区委常委会会议，审议《全面推进乡风文明建设工作方案》。

△市科委副主任徐青一行到重庆平伟实业股份有限公司二期、重庆巨源不锈钢制品有限公司、重庆捷尔士显示技术有限公司、生态塑料产业园等地调研梁平区创新驱动特色工业集群发展情况。

30 日

△重庆市交通委员会主任乔墩一行到梁平区调研经济社会及交通发展情况。

△区政协主席周仁胜主持召开区政协十四届二次常委会，传达学习全国政协十二届五次会议精神，审议通过区政协有关人事事项、相关工作规则、2017 年工作要点。

△区社科联文联召开第二次代表大会，选举产生新一届主席、副主席兼秘书长。区领导张子玉、扈先斌、唐军、周毅出席会议。

△区计生协召开第七届理事会，通过了区计生协第七届理事会更名和部分理事调整等事项，并选举胡立为区计生协会长、杨荣忠为常务副会长、唐显平为副会长。

31 日

△区全面推进乡风文明建设动员大会召开。吴盛海、蒲继承、郑云山、周仁胜等在家区领导出席会议。

△中国民航飞行学院院长关立欣一行到重庆市梁平区考察通航发展工作。

△区政府第一次廉政工作会议召开。区委副书记、代理区长蒲继承，区委常委、区纪委书记李德平以及全体在家区政府领导参会。

4 月

6 日

△代理区长蒲继承主持召开区政府第 8 次常务会议，审议了梁平城区控制性详细规划编制全覆盖、《城乡交通一体化发展实施方案（2017—2019）》等事项。

△垫江县、忠县、丰都县、梁平区四区县职业健康监管人员培训大会在梁平区召开。市安监局职业健康处处长潘光灿，副区长、区公安局局长邱树洪出席会议并讲话。

△市商务委特管处处长张莉华一行到梁平区调研再生资源回收体系建设工作。

7 日

△区慈善工作会议召开，副区长徐勇参加会议。

△市农委专家一行到梁平区紫照乡农业部高产高效小麦示范片，就小麦后期田间管理和病虫害防治进行实地培训。

△重庆市第二届“万步有约”职业人群健走激励大奖赛梁平赛区启动仪式在东门体育馆举行。

△中国工程院院士、华南理工大学建筑设计研究院院长何镜堂率非遗专家团队到重庆市梁平区考察。中国非遗保护协会会长马文辉、广东第二师范学院院长肖建彬等相关行业专家一同参加考察。

11 日

△“创新驱动区县行”主题采访活动走进梁平，市级媒体采访团通过实地采访和召开座谈会的形式，了解梁平区创新驱动发展情况及取得的成效。区委常委、工业园区管委会主任付云、市科委宣传统战与科普处处长陈永春参加采访和座谈。

△“2017 年全区中小学校园足球三级联赛”小学组 5 人制足球赛开赛，29 所小学共 29 支男子足球队将展开 103 场激烈比赛。

△10—11 日，江苏省常州市模具工业协会会长王镜澄一行到重庆市梁平区商务考察，就有关投资事宜进行深入交流，区委常委、梁平工业园区管委会主任付云陪同考察和座谈。

13 日

△12—13 日，浙江省宁波文具行业协会会长许观良、重庆市教玩具商会会长余成达一行到重庆市梁平区商务考察，就教文具项目投资事宜进行深入探讨交流。区委常委、梁平工业园区管委会主任付云陪同考察和座谈。

△市园林局巡视员马川一行到梁平区市政园林管理局督办创建国家园林县城工作开展情况，

并就创建工作提出了具体要求及指导意见。

14 日

△区交通工作会议召开，吴盛海、蒲继承、郑云山、周仁胜等区领导出席会议。

△代理区长蒲继承主持召开区政府第 9 次常务会议，审议梁平区《关于贯彻落实〈“健康重庆 2030”规划〉的实施意见》《全面推行“河长制”工作方案》等事项。

△区国有房（地）产清理工作会召开，会议要求进一步盘活利用好全区存量国有资产特别是闲置国有资产，科学合理配置国有资源，提高国有资产使用效益，确保国有资产保值增值。区委常委、常务副区长陈道彬出席会议并讲话。

△全市卫生计生信息统计工作会在梁平区召开，会议分析总结了 2016 年全市信息统计工作情况，研究部署了 2017 年的主要工作。市卫生计生委副主任王卫、副区长胡立参加会议。

△第六届重庆市区县报好新闻奖评选揭晓，梁平报共有 14 件作品获奖，其中获一等奖作品 3 件。

15 日

△市少年宫教务部一行在团区委相关人员陪同下调研了梁平区非遗文化在校外教育界的课程开设情况。

17 日

△代理区长蒲继承带队到浙江开展招商考察，区委常委、工业园区管委会主任付云一同参加。

18 日

△区委书记吴盛海先后到袁驿镇、碧山镇、虎城镇，对三镇经济社会发展和乡风文明建设工作进行调研。

△代理区长蒲继承带队到无锡市惠山区阳山镇学习考察田园综合体建设，副区长唐诗平，区政府办、区农委、区水务局有关负责人参加。

△区违法建筑整治工作指挥部召开工作例会，审议 2017 年违法建筑整治工作要点、分类处置方案、整治工作机制等相关事宜。区领导毛大春、唐军、雷旭东参会。

△区委常委、梁平工业园区管委会主任付云率队在浙江绍兴、宁波等地考察亚洲红纺织科技有限公司、宁波耐锐休闲用品有限公司，并与公司负责人就新材料纺织、塑料家居等项目有关事宜进行了深入交流。

△四川省大竹县政协考察团一行到重庆市梁平区实验小学、礼让初中、仁贤小学考察“减轻中小学生过重课业负担，提高中小学生综合素质”等工作。

20 日

△18—20 日，区委书记吴盛海先后对袁驿、碧山、虎城、福禄、曲水、双桂、和林、合兴、双桂街道、和林、合兴等地的经济社会发展和乡风文明建设工作进行调研。

△大禹节水集团股份有限公司党委书记、董事长王冲一行到重庆市梁平区考察。

△代理区长蒲继承带队到山东菏泽考察由亿联集团与天荣集团联合打造的创意家居项目。区领导付云、工业园区管委会负责人一同参加，亿联控股集团董事长严立淼、总裁包松安陪同考察。

△市人大财经委、重庆保监局一行到梁平区调研《中华人民共和国保险法》贯彻实施情况。

21 日

△市委改革办常务副主任罗蔺一行到梁平区梁山街道东明村、合兴镇护城村、礼让镇川西村调研农村改革工作并召开座谈会。

△区夏季消防检查动员部署暨第二季度消防工作例会召开。副区长、区公安局局长邱树洪参加会议。

△“柚花飘香·书香梁平”全民阅读系列活动启动仪式在双桂城区柚乡广场下广场举行。

24 日

△南京市委副书记龙翔一行先后到重庆市梁平区合兴镇、礼让镇、明达镇等地，对农村改革和农业产业发展进行考察。市委办公厅副主任张远洪，区领导吴盛海、陈孟文、徐勇陪同考察。

25 日

△代理区长蒲继承主持召开区政府第 10 次

常务会议，听取一季度全区经济与社会发展情况汇报，研究部署下阶段工作。

△区就业和人才服务局在区人力资源市场（双桂城区行政中心4号楼三楼）举办梁平区民营企业用工现场招聘会。此次招聘会有35家本地企业前来招人，共计提供岗位1500余个，吸引了3000余名求职者前来，当天达成就业意向520余人。

△市"名家进校园"阅读活动走进梁平区，著名儿童文学作家汤素兰到梁山小学和梁山小学城西校区，举办《踏上阅读之旅——读书帮你发掘世界的精彩》专题讲座和图书签名活动。

△区知识产权宣传活动周专题培训会召开，邀请市知识产权局规划发展处处长蒋其全等人，与参会人员共同探讨梁平区知识产权对企业发展的重要性，以及如何综合运用知识产权，使其成为企业发展的原动力。

26日

△吴盛海、蒲继承、郑云山、周仁胜等区领导到双桂城区渝万高铁梁平南站枢纽配套工程、体育场装修及后续工程、双桂湖公园北岸一期AB段景观工程、体育馆、游泳馆工程等地施工现场实地察看，并召开现场办公会对下一步工作做部署。会上，还举行了双桂新城开发建设管委会授牌仪式。

△重庆市荣昌区政协副主席段先明一行到梁平区考察城市建设工作，交流政协工作经验。

27日

△区委书记吴盛海主持召开区委常委会会议，通报日前调研乡风文明建设工作推进情况，听取全区一季度经济社会发展、1—4月招商引资及相关外出招商情况汇报。会议还审议了《关于贯彻落实〈"健康重庆2030"规划〉的实施意见》等议题，听取了相关工作汇报。

△全区推进城市提质改造暨违法建筑整治工作誓师大会在区人民广场举行。代理区长蒲继承出席会议并作动员讲话。区领导毛大春、李志祥、李庆双、唐军、雷旭东、王俊波及全区各部门、乡镇（街道）、相关单位负责人参加誓师大会。

28日

△重庆·梁平第五届柚花节在梁平区名柚园广场隆重开幕。市经信委总工程师赵刚，中塑协副理事长王占杰等嘉宾，吴盛海、蒲继承、郑云山、周仁胜等区领导出席开幕式。

△区"一环路"及城市干线公路正式开工，市经信委党组成员、总工程师赵刚，中国塑料加工工业协会副理事长、办公室主任王占杰，区领导吴盛海、蒲继承、郑云山、周仁胜等出席开工仪式。

△重庆长鸿环保科技有限公司奠基仪式在梁平工业园区举行。市经信委党组成员、总工程师赵刚，中国塑料加工工业协会副理事长、办公室主任王占杰，吴盛海、蒲继承、郑云山、周仁胜等区领导出席活动并为项目奠基。

△重庆融康彩印包装有限公司投产仪式举行。市经信委党组成员、总工程师赵刚，中国塑料加工工业协会副理事长、办公室主任王占杰，吴盛海、蒲继承、郑云山、周仁胜等区领导出席活动并参观融康彩印包装有限公司生产车间。

△以"挑战自我，超越极限，坚韧不拔，永不放弃"为主题的2017梁平职工四分马拉松赛举行。来自各乡镇（街道）、部门的117支队伍共1500余名职工参加比赛。

△在重庆·梁平第五届柚花节开幕式上，梁平区成功签约招商项目37个，计划总投资43.84亿元，设计产值63.56亿元。其中生态塑料项目23个，集成电路项目4个，不锈钢制品项目3个，其他工业项目3个，旅游、金融服务、物流等其他项目4个。

△梁忠高速金带互通工程正式破土动工。其中，梁忠高速金带互通及连接线长5.02公里，总投资3.65亿元，作为迎宾大道打造，按双向六车道建设；金带互通至双桂堂长4.39公里，预计投资3.25亿元，作为旅游大道打造，按双向四车道建设。

5 月

2 日

△共青团重庆市梁平区委员会第十六届五次全委（扩大）会暨五四表彰大会召开。区领导胡立、唐天敏出席并讲话。

3 日

△代理区长蒲继承主持召开区政府第 4 次区长办公会议，学习《中华人民共和国环境影响评价法》，审议了梁平区贯彻落实中央环保督察反馈意见整改方案、龙溪河流域水污染整治方案等事项，对当前防汛防地灾及安全生产工作进行再安排再部署。

△重庆市梁平区第十七届人大常委会第三次会议召开，区人大常委会主任郑云山主持会议，区领导孙代勇、陈道彬、李志祥、扈先斌、屈猛、戴晓稳、石溅泉、王鸣隆参加、应邀参加或列席会议。

△由市规划局、市地理信息中心发布的《重庆雕塑地图》标注的全市 60 处雕塑，梁平区正龙寺公园《万石耕春》、区中心汽车站转盘《跨越》两处特色鲜明的雕塑在列。

4 日

△区委书记吴盛海主持召开区委常委会会议，听取区委常委一季度分管、负责、联系的重点工作开展及二季度打算情况汇报。

△北京健康扶贫基金会常务副理事长刘小平、重庆市慈善总会副会长艾扬一行到梁平区考察基层医疗卫生服务建设情况。

△区义务教育及高中阶段招生工作会召开，区领导扈先斌、胡立出席会议。

△市规划局、市地理信息中心推出《重庆森林氧吧地图》，梁平区东山国家森林公园和百里竹海风景名胜区名列其中。

5 日

△区委理论学习中心组（扩大）学习会暨梁平大讲堂举行，党建研究专家黄苇町就“全面从严治党”作专题报告。

△区卫生与健康大会召开，区委书记吴盛海出席会议并讲话，蒲继承、郑云山、周仁胜、张子玉、胡立、周毅等区领导出席会议。

8 日

△推进“两学一做”学习教育常态化制度化工作会召开。吴盛海、蒲继承、郑云山、周仁胜等区领导出席会议。

△2017 年全国残疾人射击锦标赛于 5 月 4 日至 5 月 9 日在四川成都举行。重庆队共有 9 名队员参赛，梁平区运动员袁洪相斩获 10 米气步枪立射团体第一名、个人第一名，10 米气步枪卧射团体第一名、个人第三名，50 米小口径步枪卧射团体第一名、个人第二名。

9 日

△代理区长蒲继承率队到虎城、袁驿、龙胜调研督导生态文明建设、产业发展、汛期安全和交通建设等工作。

△区人大常委会主任郑云山率队到梁山街道龙磨村、金桥村、梦梁村、云佛村和八角社区调研乡风文明建设、河长制推进、长效扶贫和后进党组织整改等工作。

△全区群工系统推进会暨行政服务标准化工作动员会召开，区委常委、工业园区管委会主任付云参加会议。

△云阳县政协副主席张伟带领该县编办、城乡建委、国土房管局、规划局、行管办等部门负责人到梁平区考察“放管服”改革工作，就行政审批流程优化和服务方式创新等进行交流。

10 日

△区委书记吴盛海主持召开区规划委员会全体会议，审查并原则通过《梁平区规划委员会工作规则》《2017 年全区城乡规划工作要点》《2017 年全区城乡规划工作任务分解的通知》。

△区人大常委会主任郑云山率队到七星镇、龙胜乡调研经济社会发展、乡风文明建设、基层人大等工作。

△深圳市美视汇科技有限公司总经理孙红军、深圳伟鸿自动化设备有限公司董事长张木之一行到重庆市梁平区商务考察。

△区残疾人工作会召开，副区长徐勇出席会议。

△市煤监局、市煤管局局长方佳军一行到邵新煤化公司督查检查安全生产工作和关闭煤矿转型发展情况。

11 日

△区天然气安全工作会召开，区委常委、梁平工业园区管委会主任付云参会并提出工作要求。

△广州金日丰皮革制品有限公司董事长罗传胜、佛山皓川机电设备有限公司总经理谢鹏程一行到重庆市梁平区商务考察。

△2017 年全区中小学校园足球三级联赛落幕。初中组 8 人制足球赛中，屏锦中学、礼让中学、西大实中分别获得男子组冠、亚、季军，屏锦中学、荫平中学、礼让中学分别获得女子组冠、亚、季军。

12 日

△弘扬邓平寿精神研讨会在梁平区召开，市委党校副校长曾维伦等有关领导及专家到梁平区参加研讨并提出诸多宝贵意见和建议。区委书记吴盛海主持研讨会，区委副书记、代理区长蒲继承，区人大常委会主任郑云山，区政协主席周仁胜等区领导参加会议。

△区召开“5·12”国际护士节座谈会。区领导蒲继承、陈道彬、胡立，有关医疗卫生单位负责人、部分医生护士代表参会。

15 日

△全区宣传统战工作培训班在区委党校开班，区领导张子玉、李钟斌出席开班典礼并参加培训。

△区全面推行河长制专题培训会召开。

16 日

△区贯彻落实中央环保督察反馈意见整改工作动员会召开，传达贯彻全市整改工作会议精神，进一步深化、推进环保问题整改落实工作。

△14—16 日，区委常委、梁平工业园区管委会主任付云带队到广州等地开展招商活动。先后考察了佛山市今日丰皮革制造公司、清远瑞登皮革公司、清远江南人造革公司等企业，参加了中国塑协七届二次理事扩大会议和第三十一届中国国际塑料橡塑工业展，并与广东等省市塑协座谈，共商中国西部（重庆）塑料生态产业园招商及建设有关事宜。

17 日

△代理区长蒲继承主持召开区政府第 11 次常务会议，审议田园综合体（农田湿地）建设等工作。

18 日

△区委书记吴盛海主持召开区委常委会会议，听取 1—7 次区委常委会会议议定事项贯彻落实情况的汇报。

6　月

2 日

△柚乡群众大舞台系列活动之“周周讲、月月演”主题文化活动——区中老年艺术团专场在区文图大楼小剧场举行。

5 日

△区政协召开第五次主席会议，现场视察龙溪河流域梁平段水环境治理工作。区政协主席周仁胜，区政府副区长唐军，区政协副主席廖文宪、王峻波、蒋明书、唐天敏、周毅参加视察。

6 日

△区委书记吴盛海率队到重庆科环亚塑料科技有限公司、利财管道有限公司等企业生产现场和建设工地，对工业园区发展情况进行调研。

△代理区长蒲继承带领区政府办、区旅游局相关负责人到和林、屏锦、竹山等地调研乡村旅游发展。

8 日

△2017 年 4 月感动重庆月度人物发布会暨“梦想社区·幸福家园”主题日活动在梁平区合兴镇龙滩村举行。市委宣传部副部长、市文明办主任万相兰，区委书记吴盛海，重庆日报报业集团党委委员、纪委书记林平，重庆广电集团（总台）副总裁黄翔，区委常委、宣传部部长张子玉

参加活动，并为4月“感动重庆月度人物”颁发荣誉证书。梁平区柏家镇的李兴平因带领乡亲脱贫致富获评2017年4月“最美巴渝·感动重庆”月度人物。

△代理区长蒲继承主持召开区政府第13次常务会议，研究部署推进一环路及城市干线公路、百里竹海景区建设相关工作。会议还研究部署了迎接国务院第四次大督查及汛期安全生产等工作。

△2017年法规安全培训在梁平职教中心开班。区政协副主席陈命安出席开学典礼，全区交通系统、两客一危运输企业、梁平汇达公司相关负责人近50人参加培训。

△《重庆市梁平区自然灾害救助应急预案》专家评审会在区民政局召开。民政部紧急救援促进中心特聘教授蒋新红、市救灾处副处长甘显华等5名专家参加了此次评审会议。

△7—8日，深圳市美视汇科技有限公司总经理孙红军、深圳市巴马特科技有限公司总经理杨伟、深圳市光驰然照明科技有限公司总经理李志光一行到重庆市梁平区商务考察，洽谈LED照明产品制造项目事宜。

9日

△5—9日，区人大常委会组织部分委员和代表，先后深入福禄、袁驿、屏锦、竹山、金带及梁山、双桂等乡镇（街道），通过实地察看、召开座谈会听取汇报的方式，对《中华人民共和国城乡规划法》的贯彻实施情况进行执法检查。区人大常委会主任郑云山，副主任李志祥、李庆双、屈猛、戴晓稳及部分委员和区、（乡）镇人大代表参加检查。

10日

△代理区长蒲继承带领区应急办、区水务局、区环保局等部门负责人到新盛镇、龙门镇检查督导生态文明建设、河长制落实情况和汛期安全等工作。

12日

△重庆盐务集团总经理陶可一行到梁平区考察工作，副区长徐勇陪同。

13日

△12—13日，区委常委、梁平工业园区管委会主任付云带领区水务局、区投资促进中心负责人到甘肃省酒泉市考察大禹节水集团股份有限公司，并与该集团党委书记、副董事长王冲进行了深入交流，就有关投资事宜初步达成了一致意见。

△市总工会副主席姚程武一行到梁平工业园区职工服务中心、重庆巨源不锈钢制品有限公司实地检查基层工会改革示范单位工作。

14日

△四川省达州市开江县委书记罗建，县长周建平率党政考察团到重庆市梁平区，就梁开高速公路建设以及新盛河流域环境保护和治理工作进行交流对接。区委书记吴盛海，代理区长蒲继承参加考察和座谈。

15日

△重庆市梁平区召开全区干部大会，宣布市委关于梁平区委主要领导同志调整的决定：吴盛海不再担任中共重庆市梁平区委书记、常委、委员职务，任中共重庆市水利局党组书记；杨晓云任中共重庆市梁平区委委员、常委、书记。

16日

△“感恩生命、健康生活”—2017年梁平区全民禁毒宣传月启动仪式暨“一抹书香拒毒品”集中宣传活动在区职教中心举行。代理区长蒲继承宣布活动启动，区委常委、政法委书记毛大春致辞。

△市国土房管局党组成员、市地勘局局长周时洪带领市防汛防地灾专项督查组到梁平区，开展汛期安全工作督查，并召开座谈会。区领导蒲继承、毛大春、唐军陪同督查或参加会议。

△2016—2017年度重庆市“绿色学校”“绿色园丁”“绿色使者”评选结果揭晓，梁平区回龙镇杨柳完全小学被命名为重庆市“绿色学校”，梁山小学教师陈越、回龙镇初级中学学生曾凯分别获得重庆市“绿色园丁”和“绿色使者”称号。

18日

△中国元件行业协会理事长温学礼，中国半导体行业协会常务副理事长兼秘书长徐小田，中国电子学会副理事长刘汝林等 11 位国家半导体专家到重庆市梁平区，指导国家功率半导体封测高新技术产业化基地发展。

20 日

△重庆市旅游景区质量等级评定委员会公告，批准梁平滑石古寨景区为 AAAA 级景区。

23 日

△代理区长蒲继承带队到重庆国际博览中心参加第二十届中国（重庆）国际投资暨全球采购会（简称“渝洽会”）和第五届中国西部旅游产业博览会暨中国西部旅游互联网营销大会（简称“西旅会”），并到梁平展馆视察指导，向客商宣传推介梁平。

△代理区长蒲继承在重庆会见区“渝洽会”签约客商大禹节水集团股份有限公司党委书记、副董事长王冲先生，就推进双方合作进行深入交流。

△区人大常委会主任郑云山、副主任李志祥带队到和林镇调研生姜产业发展、乡村旅游和乡风文明建设等工作。

28 日

△区委书记杨晓云到屏锦镇，看望慰问老党员刘凤饶、张学义。

△代理区长蒲继承到云龙镇，看望慰问新中国成立前入党的老党员易达义和离任村（社区）老党员干部范仲生。

29 日

△区人大常委会主任郑云山主持召开重庆市梁平区第十七届人大常委会第四次会议，区领导孙代勇、李志祥、扈先斌、李庆双、屈猛、戴晓稳、雷旭东、石溅泉、王鸣隆参加、应邀参加或列席会议。

△区领导周仁胜、唐军一行到虎城镇调研城镇建设工作，实地察看了场镇街道综合整治情况，并对相关工作提出要求。

△区委书记杨晓云主持召开区委常委会第 17 次会议，传达学习国务院安委会安全生产巡查意见反馈视频会议和全市城市工作会议精神，审议通过《中国共产党重庆市梁平区委员会工作规则》《中国共产党重庆市梁平区第十四届委员会常务委员会工作规则》，并研究了其他事项。

30 日

△区人大常委会主任郑云山到梁山街道看望慰问困难党员。

△广东塑协会长符岸、汕头塑协佘桂锡会长一行到梁平工业园区、亿联商贸城、梁平规划展览馆等地进行实地考察并进行座谈。

△市级畜禽养殖污染治理工作专项督查组到梁平区开展专项督查。

7　月

1 日

△刚刚升级为 AAAA 级景区的梁平滑石古寨景区，成功举办了一场“滑石寨水上大冲关”比赛，吸引近 3000 人前来游玩，当日旅游综合收入近 10 万元。

4 日

△区河长办召开成员例会，专题研究“河长制”工作宣传报道方案及考核问责等河长制系列制度。

8 日

△2017 梁平·曲水第三届采李节在曲水镇聚宝村枇杷梁子开幕。

12 日

△区委书记杨晓云到梁平职教中心、梁山小学、梁平中学、区中医医院、区人民医院等地，调研城区教育和卫生工作。

△安胜乡、复平乡、紫照乡先后召开撤乡设镇干部大会，区领导陈孟文、孙代勇、扈先斌、屈猛、徐勇出席大会，宣布区委关于撤乡设镇有关文件，并就推动镇域经济社会发展和落实全面从严治党责任等工作提出要求。

△重庆市南川区副区长郑远学一行到梁平区考察农村改革和河道治理相关工作。

△区食品安全宣传周启动仪式在区人民广场

举行，现场发放食品药品安全相关资料，接受市民食用农产品快速检测，开展义诊活动等。

13日

△区委书记杨晓云到区委宣传部、区文化委、区新闻中心、区广播电视台等地，调研全区宣传思想文化工作。

15日

△第三军医大学西南医院到重庆市梁平区妇幼保健计划生育服务中心开展学术讲座、免费义诊、教学查房等科技惠民适宜技术下基层活动。

17日

△中国塑料加工工业协会常务副理事长兼秘书长朱文玮一行到重庆市梁平区考察。双方就如何强化生态塑料产业技术支撑、加大招商引资力度、营造更加优良的发展环境，加快建设中国西部（重庆）塑料生态产业园，推动梁平生态塑料产业加快发展、集群发展等方面达成了共识。区委书记杨晓云，代理区长蒲继承，区委常委、工业园区管委会主任付云参加座谈交流。

18日

△市环境督察组一行到梁平区调研中央环保督察整改情况，并召开座谈会，副区长唐诗平出席会议。

△17—18日，区政协调研组到大渡口区、酉阳县两地，考察调研乡村旅游发展情况。区政协副主席陈命安参加调研。

20日

△万州区法院组织召开了三峡库区环境司法与行政执法工作联席会，拟在梁平区试点建立环境资源矛盾纠纷多元化解平台，促进环境投诉及环境民事、行政、非诉、执行等矛盾纠纷快速化解。

△区委书记杨晓云主持召开区委常委会会议，研究上半年经济形势，部署下半年经济工作，听取全区2017年上半年平安建设工作情况。区委副书记、代理区长蒲继承，区委常委出席会议。区人大常委会、区政协党组主要负责人，区政府副区长等列席会议。

21日

△重庆平伟实业“自主可控功率半导体离散型智能制造车间建设”项目成功入选2017年国家智能制造专项拟支持企业名单，支持金额达6900万元。

△重庆市梁平区实验小学柚精灵合唱团在第八届中国少年儿童合唱节上获得“十佳最受欢迎少儿合唱团”荣誉称号。

△市改善农村人居环境工作领导小组办公室督查组到梁平区合兴镇“中国名柚园”，开展改善农村人居环境市级示范片创建情况专项督查，现场查看了生活污水处理，村庄绿化美化等基础设施建设。

△民建重庆市委专职副主委杨亚丽一行到梁平区调研持续巩固脱贫攻坚成果工作，听取脱贫攻坚成功经验和存在的困难，并提出相关要求。

23日

△区人民医院所有科室、患者顺利搬迁至双桂城区碧桂路16号区医院新址。

24日

△全区安全生产大排查大整治大执法动员部署暨三季度安全生产电视电话会议召开，落实全国全市安全生产电视电话会议要求，部署全区安全生产工作。代理区长、区政府安委会主任蒲继承出席会议并讲话。

25日

△区委书记杨晓云到双桂城区调研，并主持召开城市工作调研座谈会。

△2017年区征兵工作会议召开，代理区长、区征兵工作领导小组组长蒲继承出席会议并讲话。

△区委常委、梁平工业园区管委会主任付云带队到涪陵区考察学习产业招商方面的经验做法，实地参观了蓬威石化精对苯二甲酸（PTA）及华晨鑫源汽车生产项目，并围绕招商引资工作进行了座谈交流。

△区水稻机收部门联席会召开，副区长唐诗平参会。

△由市安监局、市教委和市总工会联合举办的重庆市2017年第六届“我身边的安全”美术

书法创作大赛结果揭晓，来自区实验小学的谭述华老师获美术类成人组一等奖，梁平中学柏小童同学获书法类少儿组三等奖。

26 日

△区委书记杨晓云到工业园区调研，并主持召开工业经济发展调研座谈会。区领导蒲继承、郑云山、周仁胜、陈孟文、陈道彬、付云参加调研或座谈会。

27 日

△重庆天然肠衣出口协会一行到梁平工业园区、重庆博之鸣畜产品有限公司参观考察并召开座谈会。区委常委、梁平工业园区管委会主任付云，市商委、市检验检疫局万州局相关负责人参加座谈或考察。

28 日

△重庆市梁平区举行承接特色产业转移招商项目暨特色产品供销合同集中签约活动，成功签约招商项目 39 个，计划总投资 42.1 亿元；区内企业与区内外各合作伙伴签订产品供销合同 42 个，采购金额总计 10.25 亿元。杨晓云、蒲继承、郑云山、周仁胜等区领导，市经信委总工程师赵刚，市工商联副主席王进，以及市级部门有关处室负责人，有关区县领导和企业家共计 300 余人出席活动。

△第十一届梁平啤酒节在渝万高铁梁平南站隆重开幕。区委常委、宣传部部长张子玉宣布啤酒节活动开幕。市旅游局副局长王定国为新评定的国家 AAAA 级旅游景区滑石古寨景区授牌。副区长徐勇致辞。区领导戴晓稳、蒋明书，市商务委外贸发展处副处长张勇峰出席开幕式。

△贵州省遵义市道真自治县委常委、政法委书记朱峻令一行到重庆市梁平区考察生活垃圾无害化处置工作。

△在由市民政局主办，市军休中心承办的“不老的军礼”—重庆市军队离退休干部庆祝建军 90 周年文艺会演上，梁平区军休中心、区中老年艺术团的 70 余名演职人员，为现场 2000 余名观众献上歌伴舞节目《共筑中国梦》，并荣获二等奖。

31 日

△区委书记杨晓云主持召开区委理论学习中心组集体学习研讨会，学习习近平总书记在省部级主要领导干部“学习习近平总书记重要讲话精神，迎接党的十九大”专题研讨班开班式上发表的重要讲话精神和关于经济工作的系列重要讲话精神以及新修改的《中国共产党巡视工作条例》，分析区上半年经济形势，专题研讨下半年经济工作。区委副书记、代理区长蒲继承，区人大常委会主任郑云山，区政协主席周仁胜，区委副书记陈孟文等全体市管领导参加学习研讨。

△区委书记杨晓云，区委副书记、代理区长蒲继承，区人大常委会主任郑云山，区政协主席周仁胜，区委副书记陈孟文分别带队到梁平人武部、区公安局消防大队、区军休中心、区武警中队、驻梁部队，走访慰问部队官兵。区领导陈道彬、戴晓稳、徐勇、周毅，人武部部长贾国辉、政委杨雄参加走访慰问。

△重庆市梁平区邀请国家科学技术部办公厅副主任、调研室主任、研究员胥和平作《坚持创新驱动　加快转型发展》专题讲座。区委常委、区委统战部部长李钟斌主持，区工商联执委会、行业商会等相关负责人聆听讲座。

8　月

1 日

△市委副书记唐良智到梁平区调研农业农村改革工作。

前往梁平区合兴镇龙滩村、护城社区和礼让镇川西村，与基层干部群众深入交流，同种养大户亲切座谈，详细了解农村土地承包经营权退出、新型农业经营体系建设、适度规模经营发展和梁平柚产业发展、渔业发展，以及扶贫工作开展情况。

△由市经信委主办的“智能制造 2017”项目活动启动仪式在重庆平伟实业股份有限公司举行，该活动旨在加快国家功率半导体封测高新技术产业化基地建设，助推创新驱动发展。

2日

△代理区长蒲继承主持召开区政府第16次常务会议，传达学习全国金融工作会议精神和7月28日市委常委会议精神，研究推进城区教育、卫生重点项目建设等事宜，审议一批招商引资协议。

△区政协召开第六次主席会议，传达学习全区半年经济工作会议精神，研究区政协十四届三次常委会筹备工作。

△区纪检监察系统学习贯彻《中国共产党巡视工作条例》专题会召开。

3日

△由市委宣传部、市委网信办、市记协主办，区委宣传部承办的重庆市第四届“好记者讲好故事”第四片区赛在梁平区文图馆举行，来自万州、梁平、开州、城口等11个区县的23名新闻工作者参赛。经过激烈角逐，来自梁平区广播电视台的方艳、丰都县广播电视台的吴银、开州区广播电视台宋善乐成功入围。

△市环保局尾气检测中心副主任夏汉荣一行到梁平，对2家机动车尾气检测站进行检查指导，并提出工作要求。

4日

△代理区长蒲继承主持召开“一环路”及城市干线公路建设指挥部第三次指挥长会议，研究项目建设重点工作。

5日

△历时5个月的“融康彩印”杯2017年梁平区业余足球联赛在红旗中学闭幕。本次比赛共有10支足球队300余名足球爱好者参加，经过18轮90场比赛，梁平公安足球队夺得桂冠。

7日

△区人大常委会主任郑云山组织召开不锈钢制品和环保装备制造产业招商组专题工作会，安排布置“工业百日攻坚”招商引资工作并提出要求。

△《梁平报》改版扩刊为《梁平日报》。

8日

△区政协召开十四届第三次常委会议，传达学习习近平总书记“7·26”重要讲话精神、全区上半年经济工作会议精神，通报上半年全区经济社会发展情况及下半年工作安排，并审议通过人事任免有关事项。区委书记杨晓云出席会议并讲话，区政协主席周仁胜对贯彻落实会议精神进行安排。

9日

△市公证体制改革专题调研座谈渝东北片区会在梁平区召开，市公证处相关负责人及万州、长寿、城口等13个区县相关负责人参加。

△代理区长蒲继承到福禄镇、石安镇调研督导脱贫攻坚、安全生产等工作。

△市规划局、市地理信息中心推出的《重庆云海地图》，罗列了全市45处云海观赏地，位于梁平区福禄镇东北角的佛印山上榜。

10日

△落户梁平工业园区的重庆惠梁机电配件有限公司开业。公司主要生产换向器及弹簧等电机配件，总投资4000万元，全面投产后年产值将达到7000万元以上。

△区委书记杨晓云到蟠龙镇调研，深入“二环路”蟠龙镇段“蜀岭雄风”观景台、唐家坡夯土民居建筑、蟠龙古洞风景区、千年古驿道—蜀道难·百步梯，听取介绍，了解当地避暑休闲纳凉资源和乡村休闲旅游发展情况。

△代理区长蒲继承主持召开区政府第17次常务会议，审议梁平区《工业经济百日攻坚行动方案》等事项。

11日

△区政协召开主席会议，集中学习区委书记杨晓云在区政协十四届3次常委会会议上的讲话精神，专题研究贯彻落实意见。

12日

△市政府副秘书长罗德一行到梁平区检查调研安全生产工作并召开座谈会。副区长、区公安局局长邱树洪及相关部门负责人参加调研和座谈会。

14日

△在全国人大原常委、重庆市原副市长、重

庆市湖北商会总顾问程贻举的率领下，重庆市湖北商会及顾问团一行到梁平区考察，就加强合作促进地区经济社会发展进行了深入座谈交流。区领导杨晓云、蒲继承、郑云山、周仁胜、付云陪同考察或座谈。

△重庆市梁平区微电影《柚乡陪审员》入围“砥砺奋进—做有梦想有追求的重庆人”第三届微电影大赛。

15 日

△区政协主席周仁胜带领梁山、双桂街道负责人，到大河河梁山、双桂街道段，督导检查“河长制”工作落实情况，沿河排查污染源，讨论河流整治方案。

△14—15 日，市林业局副局长王声斌一行到梁平区调研国家森林城市创建工作。

△由市委宣传部、市委网信办、市记协主办的重庆市第四届“好记者讲好故事”总决赛在渝北区电视台演播大厅举行，来自潼南、綦江、梁平等地的 18 名优秀新闻工作者入围决赛。经过激烈角逐，梁平区广播电视台记者、主持人方艳获得二等奖。

16 日

△区委理论学习中心组（扩大）学习会召开，深入学习《重庆市信访工作责任制实施细则》。市委宣讲团成员、市综治办副主任张强作宣讲报告。

△区人大常委会组织召开梁平区 2017 年上半年国民经济和社会发展计划执行情况调研座谈会。

△茶花现代家居用品股份有限公司董事长陈葵生一行到梁平区商务考察，先后参观了梁平工业园区福建籍企业——重庆奇爽食品有限公司和梁平融康彩印包装有限公司，听取了塑料孵化园建设情况介绍，并举行座谈就推进企业发展战略和要素保障等达成了共识。

△区 2017 年信访维稳工作会召开，区领导陈孟文、毛大春、李庆双、邱树洪、王峻波参加。

17 日

△区非公经济座谈会召开。会上，区委统战部等部门以及金融机构、有关企业负责人围绕“金融支持实体经济发展”进行了交流探讨、答疑解惑。

△代理区长蒲继承主持召开区政府第 18 次常务会议，审议 2017 年长江经济带重点任务和重点项目分工方案、梁平区公立医院综合改革等事项。

△区委书记杨晓云主持召开区委常委会会议并讲话，传达学习贯彻中央全面深化改革领导小组第三十七次会议精神、市委全面深化改革领导小组第十九次会议精神，听取宣传思想文化工作汇报，对推动全面深化改革和进一步加强宣传思想文化工作作安排部署。区委副书记、代理区长蒲继承，区委副书记陈孟文，区委常委出席会议。区人大常委会、区政协党组主要负责同志，区政府副区长等列席会议。会议还审议通过了“工业经济百日攻坚”行动方案、“三城同创”总体方案，听取了田园综合体相关工作情况汇报。

18 日

△区贯彻落实中央环保督察反馈意见整改推进会召开，代理区长蒲继承出席会议并讲话。

△扬州扬杰电子科技股份有限公司董事长梁勤一行到梁平区考察，参观了重庆平伟实业股份有限公司集成电路封装测试生产线，听取集成电路产业发展情况介绍，并落实了与平伟实业合作建设 GPP 芯片生产线相关事宜。

19 日

△区委书记杨晓云到聚奎镇深入稻田、香莲种植基地、鳝鱼养殖基地，调研“三农”工作。

23 日

△市政协副主席、市人民检察院副检察长李钺锋到梁平区调研了解平伟光电二期、区规划展览馆、区人民检察院，并召开座谈会听取梁平区经济社会发展及检察工作情况汇报，对下一步工作提出了要求。

△市农委副主任秦大春一行到梁平区聚奎镇爱和村等地调研农机工作。

△区委书记杨晓云到悦达汽车运输有限公司、区公路养护站、城区至明达道路施工现场、“二环路”星桥镇观景平台，实地察看并召开座谈会听取汇报，专题调研全区交通工作。

△代理区长蒲继承带队调研教育系统重点项目建设、秋季开学和梁平中学校园周边环境整治等工作。

24 日

△区委书记杨晓云主持召开区委常委（扩大）会议，传达学习贯彻渝东北片区各区县工作座谈会精神。区委副书记、代理区长蒲继承传达会议精神。区委副书记陈孟文，区委常委出席会议。区人大常委会、区政协党组主要负责人，区政府副区长参加会议。

△23—24 日，市水投集团副总经理陈方明一行到梁平区实地查看盐井河水厂施工现场，并对龙泉供水公司“两学一做”学习教育活动进行专项督查。

25 日

△代理区长蒲继承带队到双桂城区、工业园区调研“河长制”落实情况和秋季植绿工作，副区长唐诗平一同参加。

△区政协召开主席会议，传达学习市委书记陈敏尔在渝东北片区各区县工作座谈会上的讲话精神，通报区委、区政府有关会议精神，研究部署当前重点工作。区政协主席周仁胜、副主席廖文宪、王峻波、蒋明书、唐天敏、周毅参会。

△全市环境执法大练兵暨新《中华人民共和国环境保护法》配套办法执行情况推进会第四期会议在梁平区召开。

26 日

△第十一届梁平啤酒节，2017 年梁平特色夜市文化活动第三站，乾街夜生活畅享周活动拉开序幕。

28 日

△代理区长蒲继承主持召开区政府第 19 次常务会议，审议区《关于进一步加强国有资金投资工程建设项目招投标活动监管的通知》《预算公开评审办法》等事项。

29 日

△市科技创新平台建设渝东北片区工作座谈会在梁平区召开，市科委平台处一行和渝东北 11 个区（县）科委负责人参会。

△代理区长蒲继承带队到云龙镇暗访督导脱贫攻坚、“河长制”落实等工作。

△代理区长蒲继承带队调研区属公立医院综合改革工作。

30 日

△区人大常委会主任郑云山主持召开区十七届人大常委会第六次会议。会议听取审议了区人民政府《关于提请审议梁平区 2016 年度区级预算执行和其他财政收支审计报告的议案》，审议通过了区人民政府《关于提请审议区人民政府办理区十七届人大第一次会议代表议案、建议、批评和意见情况报告的议案》《关于提请审议梁平区 2016 年财政决算的报告议案》《关于提请审议梁平区 2017 年 1—6 月财政预算执行情况报告的议案》《关于提请审议梁平区 2017 年 1—6 月国民经济和社会发展计划执行情况报告的议案》。会议还审议通过了人事任免有关事项，颁发了任命书、组织新任命的同志举行了宪法宣誓仪式。

△区委书记杨晓云到百里竹海观景台、翡翠湖、竹丰湖环道、唐家院子、大梨坝民宿体验区、艾叶沟景区等项目建设现场，调研百里竹海景区建设和竹山镇工作。

31 日

△代理区长蒲继承带队到屏锦镇督导左柏水库建设、河库水系绿化等工作。

△市运管局党委书记周善元一行到梁平区调研驾培工作。

9　月

1 日

△市委群团改革试点“回头看”第三督察组到梁平区督察。

△国家教育部长江学者特聘教授、眼科学重庆市市级重点实验室主任杨培增教授到梁平区人

民医院举办“思维·艺术·人生”讲座，来自全区各级卫生系统代表共800余人参加听课。

△代理区长蒲继承带队调研双桂城区重点工程项目建设。

3日

△巫山县副县长陈松一行到梁平区合兴、安胜、明达等乡镇，考察改善农村人居环境工作。

4日

△区首届运动会广播体操比赛在城区东门体育馆举行，科教人社代表队摘得金牌，袁驿代表队获得银牌，建设系统代表队获得铜牌。

5日

△枫叶教育集团创始人、董事长任书良一行到梁平区考察。

△区委书记杨晓云到屏锦镇桂湾村，走访贫困户；到七涧河屏锦段，实地察看河流水体水质和周边环境保护情况，对扶贫和“河长制”工作开展暗访督导。

6日

△区委书记杨晓云先后来到袁驿镇民主村小、袁驿中学、红旗中学、梁平一中、实验小学、实验幼儿园等学校，走访慰问一线教师。

△区人大常委会主任郑云山带队到区工商局调研商事制度改革和小微企业发展并召开座谈会。

△区人大常委会主任郑云山到城东小学、合兴初中走访慰问一线教师。

7日

△市人大常委会副主任沈金强一行到梁平区调研经济社会发展和《重庆市人口与计划生育条例》实施情况。

△区委书记杨晓云主持召开区委常委会会议，深入学习贯彻市委陈敏尔书记在渝东北片区各区县工作座谈会上的讲话精神，听取双桂新城建设开发工作情况汇报，研究国有企业改革相关工作。

△代理区长蒲继承主持召开区政府第20次常务会议，审议推进国资国企改革、“三城同创”工作等事项。

△长寿区交委到梁平区学习考察“二环路”、农村联网公路建设。

8日

△代理区长蒲继承先后到西南大学附属梁平实验中学、双桂小学、双桂幼儿园等学校，走访慰问一线教职员工。

△区政协主席周仁胜到虎城初中、虎城镇楚家完小砂石村小走访慰问一线教职员工。

△市食药监局副局长石存玉一行到梁平区蟠龙镇，检查基层食品药品监管规范化建设及食品药品四大行动开展情况。

△区创建国家森林城市建设总体规划征求意见会召开，市林业规划设计院副院长周凯、副区长唐诗平参会。

9日

△市委常委、常务副市长吴存荣到梁平区调研，先后深入区人民医院、张鸭子食品公司、平伟光电二期、非遗文化保护和传承基地、金带特色旅游小镇，认真了解公立医院改革、集成电路产业、文化旅游发展、城市规划建设等有关情况。

10日

△重庆第二届汽车非金属材料技术与应用峰会参会嘉宾到梁平工业园区实地考察，并进行座谈交流。

△区首届运动会篮球（成年组男子）比赛在东门体育馆开赛。此次比赛共吸引全区28支篮球代表队，320余名运动员参赛。

12日

△区委书记杨晓云主持召开区委理论学习中心组集体学习研讨会，深入学习贯彻习近平总书记关于新型城镇化和城市工作的系列重要讲话精神，分析区城市工作面临的形势，专题研讨全区城市工作。区委副书记、代理区长蒲继承，区人大常委会主任郑云山，区政协主席周仁胜，区委副书记陈孟文等全体市管领导参加学习研讨。

△在四川大学望江校区体育馆举行的2017年全国青年跆拳道锦标赛上，由区文化委输送的梁平籍运动员郑绍红喜获女子42公斤级比赛第

5名。

13日

△区委书记杨晓云到柏家镇柏家水厂、中心卫生院、柏双公路、龙江社区、龙峰村、三新村、白仙村，调研水利、交通、卫生、脱贫攻坚、乡风文明、基层党组织建设等工作。

14日

△涪陵区副区长赵昌辉一行到梁平合兴镇就改善农村人居环境工作和乡风文明建设相关情况进行考察。

△区首届“人防专业队伍防空袭实兵演练”在柚乡广场拉开序幕，此次演练12支人防专业队，共计190余人参加。市民防办应急处处长管义坤一行到现场观摩演练。

△市林业局局长吴亚一行到梁平双桂城区、双桂湖国家湿地公园和百里竹海景区，实地调研区国家森林城市创建、双桂湖国家湿地公园建设以及百里竹海森林康养旅游发展等情况。

△由重庆市新闻工作者协会主办的第二十届重庆新闻奖正式揭晓。《梁平报》刊发选送的胡苹、高小华、陈巧创作的2016年4月7日1版（脱贫攻坚特刊）获新闻版面类二等奖，刘娅莎采写、陈巧编辑的《爸爸，我们不丢下你》获通讯类三等奖。

15日

△梁平区城市工作暨“三城同创”（创建国家卫生区、国家森林城市、国家生态园林城市）动员大会召开。区委书记杨晓云，区委副书记、代理区长蒲继承讲话，区委副书记陈孟文主持会议。区人大常委会主任郑云山、区政协主席周仁胜等全体市管领导干部出席会议。

18日

△代理区长蒲继承到德兆小康环保公司、城区污水处理厂二期扩建工地、啄子岩公园等地，调研指导“三城同创”工作。

△市乡村学校少年宫项目建设骨干人员培训班在梁平区实验小学开班。市委宣传部副巡视员龚云飞，区委常委、宣传部部长张子玉参加活动。

△区“一环路”等干线公路机场环线项目正式开工建设。该项目全长约3.5公里，按二级公路标准，采用双向两车道沥青路面，道路左侧人行道宽4米，道路右侧为2米宽绿化带。

△位于区行政服务中心（4号楼）一楼的区公共法律服务中心建成投运。

19日

△区委书记杨晓云到金带镇仁和场、桂香园苗木基地、金城寨玫瑰园、滑石寨景区、梵华禅境、漏米岩、金带镇场镇等地，调研金带镇场镇建设、景区景点建设营运和双桂田园推进情况。

△荣昌区政协副主席向元武一行到梁平区考察文旅融合发展情况，交流政协提案办理工作做法。

20日

△区人大常委会主任郑云山到梁山街道北池社区调研“三城同创”工作。

△《重庆市抗日战争时期人口伤亡和财产损失B系列丛书》编纂工作座谈会在梁平区召开，市委党史研究室副主任徐光煦，区委常委、宣传部部长张子玉，相关区县党史研究室负责人参加会议。

21日

△住建部国家园林县城考察组到梁平区评估指导，先后查阅了台账资料，听取区情汇报，实地察看园林绿化、市政设施、生态环境等工作内容并召开座谈会。

△2017年重庆市主城及渝东北片区工业园区工作座谈会在梁平区召开。市经信委副主任杨丽琼，区委常委、工业园区管委会主任付云，市国土房管局、市环保局、市规划局、市安监局、市经信委等部门相关负责人，主城及渝东北片区24个工业园区负责人参加会议。

△市档案局一行到梁平区检查档案实体安全、档案信息安全等工作。

25日

△国家农业部日前公示的“2017中国美丽休闲乡村推介名单”，重庆市梁平区曲水镇聚宝村榜上有名。

△区委书记杨晓云到梁平工业园区党群服务中心、职工文体活动中心和梁山街道文峰社区，实地了解并主持召开座谈会听取汇报，调研全区群团改革工作。

△区政府安委会召开扩大会议，传达贯彻中央、国务院，市委、市政府近期关于安全稳定工作的重要指示精神，全面安排部署四季度安全稳定各项工作。代理区长蒲继承出席会议并讲话。

△代理区长蒲继承主持召开区政府第21次常务会议，审议《进一步完善国有企业法人治理结构的意见》《区属重点国有企业负责人经营业绩考核和薪酬管理暂行办法》等事项，研究梁平区博物馆陈列布展建设等事宜。

26日

△区政协开展主席接待委员活动，先后到百里竹海旅游公路梁山至明达段、三蹬坡观景台等地现场视察近年来梁平城乡交通建设情况，并召开座谈会、提出相关建议。

△在梁平中学建校110周年前夕，区委书记杨晓云，区委副书记、代理区长蒲继承，区政协主席周仁胜到梁平中学调研。

△区委书记杨晓云到合兴镇龙滩中华名柚园、梁平火车站、李子园、合兴镇初中，实地察看并主持召开座谈会，调研合兴镇经济社会发展等工作。

△市质监局副局长何清泉到梁平区检查特种设备质量安全生产工作。

29日

△区委书记杨晓云主持召开区委常委会会议，认真学习贯彻习近平总书记在会见全国社会治安综合治理表彰大会代表时的重要讲话精神和市委关于做好十九大安保维稳工作相关要求，听取“三城同创”工作推进情况汇报。

△区委书记杨晓云，区委副书记、代理区长蒲继承先后来到梁山街道马房街北段道路建设现场、三台山临时停车场建设现场以及南园巷26号、梁山路225号老旧小区暨背街小巷整治现场，详细了解各个项目推进情况，听取老城综合治理工作情况介绍。

△区政协召开第七次主席会议，传达学习市政协四届第三十一次常委会、区县政协工作经验交流会精神和近期区委常委会精神，研究了党风廉政、提案办理、文史资料收集等重点工作。区政协主席周仁胜，副主席廖文宪、陈命安、蒋明书、唐天敏、周毅参加会议。

△全区安全稳定电视电话会议召开，传达近期市委、市政府领导关于安全生产批示精神，通报全区近期安全生产形势及暗访督查情况，并安排布置国庆、中秋及十九大前安全稳定工作。

10　月

9日

△国庆、中秋长假期间，梁平区接待游客超过45万人次，滑石古寨、双桂堂、百里竹海等重点旅游景区接待游客35.31万人次，旅游综合收入10229.1万元。

10日

△区政协主席周仁胜、副主席廖文宪到梁山街道石马山社区调研督导“三创”工作，并就老旧楼院“牛皮癣”治理、背街小巷保洁、小区管线规范、基础设施完善等“三创”重难点问题，与梁山街道和石马山社区研究了治理措施。

△区委书记杨晓云率队到百里竹海景区调研并现场办公。

11日

△区人大常委会调研组到屏锦镇调研电子商务进农村综合示范区建设情况，并召开现场座谈会提出工作要求。区人大常委会主任郑云山，副主任李志祥参加调研和座谈。

△10—11日，亚洲开发银行项目考察组一行到重庆市梁平区考察调研龙溪河流域生态经济项目并召开座谈会。

△市“问题地图”专项行动巡查组一行到梁平区召开全覆盖排查整治“问题地图”巡查工作会，并到现场抽查。

△市规划局、市地理信息中心发布《重庆零食地图》，梁平袁驿豆干登上零食地图。

12 日

△全区国有企业改革发展和党的建设工作召开。区委书记杨晓云出席会议并讲话，区委副书记、代理区长蒲继承作工作部署，区人大常委会主任郑云山，区政协主席周仁胜及部分在家市管领导干部参加会议。

△区人大常委会主任郑云山到梁山街道北池社区调研“三城同创”工作。

△区委、区政府召开2017年全区财政改革暨办公用房清理整改腾退工作会。

△代理区长蒲继承主持召开区政府第22次常务会议，听取落实《深化脱贫攻坚意见》《贫困组定点包干脱贫攻坚行动方案》等工作事宜。

13 日

△区政协主席周仁胜带领区民政局负责人，到大观镇大兴村贫困组走访慰问贫困户，逐户了解致贫原因，讨论脱贫方案。

△全区电子商务进农村综合示范区建设专题调研座谈会召开。

△代理区长蒲继承率队调研双桂街道“三城同创”工作及“一环路”建设。

△代理区长蒲继承主持召开全区安全生产督查整改工作调度会议，区政府领导成员、区安委会成员单位负责人参加会议。

△代理区长蒲继承主持召开全区中央环保督察整改工作调度会议，区政府领导成员、相关责任单位负责人参加会议。

15 日

△市安监局党组书记、局长冉进红带队到梁平区检查指导迎十九大安全生产工作，并召开工作座谈会，提出相关要求。

16 日

△区委书记杨晓云主持召开区委常委会会议，听取全区“三城同创”工作推进情况汇报。

17 日

△梁平区召开“三城同创”文明劝导志愿者培训会，区委各部委、区级各部门等单位的210名志愿者代表参加。

△代理区长蒲继承到云龙镇督导脱贫攻坚、安全生产和“河长制”工作。

△李志雄、杨晓云、郑云山等17位市四届人大代表梁平联系组的代表们，先后到文化镇秦家寨花椒基地、金带镇奇爽食品有限公司千亩标准化柚园等项目，视察区特色农业产业发展情况。

19 日

△代理区长蒲继承到复平镇、合兴镇调研督导脱贫攻坚、“河长制”工作。

20 日

△内蒙古通辽市考察组一行到重庆市梁平区合兴镇护城村、礼让镇川西村等地，实地考察农村改革工作，并交流改革工作经验。

△代理区长蒲继承到区农委调研并召开专题会议，研究特色效益农业发展和“采柚节”相关事宜。

21 日

△代理区长蒲继承到礼让镇、文化镇调研特色效益农业发展，区农委、区林业局主要负责人一同参加。

△梁平区2017年“情暖童心　相伴成长”关爱服务项目团辅活动在双桂城区双桂幼儿园举行，全区63名困境儿童、133名爱心妈妈和33名乡镇（街道）专职副主席参加。

22 日

△代理区长蒲继承主持召开全区三季度重点项目和重点工程建设调度会议，研究推进重点项目和工程建设。

23 日

△区首届运动会趣味体育比赛在区全民健身中心拉开序幕，全区40个代表队的400余名运动员参加。

△22—23日，重庆市第七届全民健身运动会跆拳道比赛在合川区体育馆举行，经过顽强拼搏，梁平区代表队取得4金2银的好成绩。

24 日

△中国塑协七届二次常务理事扩大会议在重庆市梁平区召开。中国轻工业联合会副书记、中国塑协理事长王世成，中国塑协常务理事长兼秘

书长朱文玮出席会议。

△中国塑料行业产业集群工作会议在重庆市梁平区召开。中国轻工业联合会副书记、中国塑协理事长王世成，中国塑协常务理事长兼秘书长朱文玮，区领导李庆双、唐天敏参加会议。

25日

△24—25日，由中国塑料加工工业协会主办、中国塑协专家委员会、重庆市梁平区人民政府承办的“2017年中国塑料产业链发展高峰论坛暨2017年塑料加工业专家院士行阶段总结会”在重庆市梁平区举办。区委书记杨晓云，区委副书记、代理区长蒲继承，区人大常委会主任郑云山，区政协主席周仁胜等区领导，中国轻工业联合会党委副书记、中国塑料加工工业协会理事长王世成，市经信委总工程师赵刚，中国工程院院士蹇锡高，中国塑协常务副理事长兼秘书长朱文玮，长江学者特聘教授杨卫民，中国人民大学博士生导师张燕生以及中国塑协专家委员会的专家、学者和相关行业企业家参加座谈或出席开幕式、见证项目集中签约仪式。梁平区成功签订招商项目30个，计划总投资55亿元，设计总产值67.1亿元。其中，生态塑料项目13个，总投资22.6亿元，设计产值35.6亿元。

△代理区长蒲继承主持召开区政府第23次常务会议，听取2017年前三季度经济运行情况汇报，安排调度四季度经济工作。

△重庆市第三届保健按摩技能竞赛决赛在梁平区举行。市商务委党组成员孙华培，区领导戴晓稳、徐勇、蒋明书出席启动仪式。

△国家林业局湿地保护管理中心副处长闫晓红率队到重庆市梁平区，评估验收双桂湖国家湿地公园。

26日

△第三届中国（重庆）国际塑料工业展览会在重庆国际博览中心开幕。梁平工业园区利财管道、融康包装、初方休闲用品等10余家重点塑料企业参展。区委常委、梁平工业园区管委会主任付云参加开幕式并作中国西部（重庆）塑料生态产业园招商推介。

△区委书记杨晓云主持召开区委常委会会议，认真学习贯彻党的十九大精神，听取全区落实中央环保督察问题整改情况。

27日

△重庆市梁平区第一届运动会在双桂城区全民健身中心体育场开幕。市体育局局长丁洪、副局长张欣，杨晓云、蒲继承、郑云山、周仁胜等区领导，区级各部门、各乡镇（街道）、驻梁有关单位、有关企业负责人，全体运动员、教练员、裁判员、工作人员、志愿者，以及部分学校师生和群众共18000余人参加开幕式。

△梁平区举办“创建国家森林城市”义务植树活动。区委书记杨晓云，区委副书记、代理区长蒲继承，区人大常委会主任郑云山，区政协主席周仁胜等全体在家市管领导干部参加植树活动。

△市商务委副主任刘天高一行到梁平区调研，对梁平军粮加工基地工作给予肯定。

△区第一届运动会足球（成年男子组）决赛在双桂城区全民健身中心体育场落下帷幕。政法和驻梁部队代表队以4：2的比分战胜对手问鼎冠军，工业企业系统代表队获得亚军。

28日

△区第一届运动会篮球（男子成年组）决赛在东门体育馆举行。云龙镇代表队摘得桂冠，科教人社代表队获亚军。

29日

△双桂田园2017中国（重庆）梁平滑石论道围棋嘉年华活动进行，当天重庆市第三届围棋联赛颁奖仪式在滑石古寨举行。中国围棋协会副主席杨一、重庆市棋院副院长张奎，区领导陈孟文、张子玉、戴晓稳、徐勇、廖文宪出席颁奖仪式。

30日

△区委书记杨晓云到梁山街道调研。

△区第一届运动会田径决赛在双桂城区全民健身中心体育场举行。科教人社代表队揽获三枚金牌，政法和驻梁部队代表队获得两枚银牌，党政代表队获得一枚银牌，碧山镇、回龙镇、科教

人社等代表队分获三枚铜牌。

31日

△区人大常委会主任郑云山主持召开重庆市梁平区十七届人大常委会第七次会议。会议听取和审议区人民政府关于《电子商务进农村综合示范区建设情况的报告》，接受部分区人大代表辞职，审议通过了人事任免有关事项，颁发了任命书。

△区政协主席周仁胜、副主席廖文宪到梁山街道石马山社区调研督导“三城同创”工作。

△区第一届运动会武术比赛男子42式太极剑竞赛在梁山城区东门体育馆举行。双桂街道代表队周耀平荣获冠军，梁山街道代表队李世高与仁贤镇代表队余永华获得亚军，双桂街道代表队贵大明与金带镇代表队孙波获得季军。

△代理区长蒲继承到明达镇、仁贤镇，督导“河长制”、特色效益农业和农村电商等工作。

11　月

1日

△区政协召开2017年度重点提案办理民主评议座谈会，对区政协十四届一次会议第022号提案《关于盘活利用城区机关事业单位国有闲置资产的建议》办理情况进行民主评议。

△梁平区举行2017年网络安全培训暨应急演练，区委网络安全与信息化领导小组成员单位、全区关键信息基础设施单位、各乡镇（街道）宣传委员参加培训。

△区委书记杨晓云率队调研双桂田园景区建设并现场办公。

△重庆市合川区政协副主席、工业园区管委会常务副主任刘良金带队到梁平工业园区考察并进行座谈交流。

3日

△“双桂田园·金秋梁平”主题活动暨2017重庆·梁平第九届采柚节启动仪式在合兴镇中国名柚园广场盛大开幕。

△梁平区召开中央环保督察问题整改工作推进会，对突出环境问题整改工作进行再强调再部署。

△国家水利部建管司副司长李激扬一行到重庆市梁平区金带、聚奎镇等地，检查指导高效节水灌溉工程建设，市水利局副局长祝良华、副区长唐诗平陪同检查。

△区委书记杨晓云主持召开区委常委会会议并讲话，深入学习贯彻党的十九大精神、习近平总书记在瞻仰中共一大会址时的重要讲话精神，传达贯彻市委常委会以及渝东北片区经济工作座谈会精神，分析研究区前三季度经济形势，安排部署第四季度经济工作。

△重庆市梁平亿联智慧小镇建设项目举行签约仪式。市经信委党组成员、副巡视员艾万忠，区委书记杨晓云，区委副书记、代理区长蒲继承，区人大常委会主任郑云山，区政协主席周仁胜，亿联控股集团董事长严立森等出席签约仪式。

△重庆市梁平区第一届运动会闭幕式在双桂城区全民健身中心体育场举行。

5日

△广东省佛山市政协常委朱卫华，中金国泰控股集团董事长郑建龙，广东宏达集团董事长黄沃一行到重庆市梁平区，实地考察全域旅游投资项目。

7日

△重庆市梁平区举行2017年工业经济百日攻坚行动暨区内企业用工现场招聘会，共有31家用人单位进场招揽人才，提供1500余个就业岗位，当日进场求职1100余人，现场达成就业意向450余人。

△渝东北老体协第十三次联席会在梁平区召开，市老体协主席郑林华和万州、云阳等12个区县老体协负责人出席会议。

△6—7日，梁平农民体协代表队在潼南区参加重庆市农民柠檬采收运动会，获团体三等奖，选手邓中获得“大显身手巧包装”项目铜牌。

△中共重庆市梁平区委宣传部、区文联、区作协联合举办文学作品改稿会，邀请市作协主席

陈川等11位著名专家、学者、教授莅梁指导，对梁平区本土作者创作的文学作品作点评和提出修改意见。

8日

△7—8日，重庆市摄影家协会6名国家级会员组团到梁平区采风，宣传推介梁平柚、梁平旅游。

△市城管委副主任张淑钰一行到梁平区考核2017年园林绿化建设管护工作。

△代理区长蒲继承主持召开区政府第25次常务会议，审议梁平区2018—2020年城镇棚户区改造计划、闲置回居房处置工作方案等事项。

9日

△区委书记杨晓云到正龙寺公园、柚乡广场，高速路口转盘、双桂公园、高铁南站周边、双桂湖公园，窝子溪湿地公园、云复路等多处绿化提升改造和道路施工现场，调研新城建设开发管理工作。

△区人大常委会主任郑云山主持召开区十七届人大常委会第八次会议。会议听取和审议区人民政府关于《重庆市梁平智能制造智慧生活小镇招商引资项目的报告》，接受部分区人大代表辞职，审议通过了人事任免有关事项，颁发了任命书，举行了宪法宣誓仪式。

△湖南省张家界市桑植县政协副主席阙玉英一行到重庆市梁平区金带小学、双桂小学知德校区等地，考察学习交流义务教育学校标准化建设工作。

△重庆市市级文艺家协会会员深入学习贯彻习近平总书记系列重要讲话精神专题研讨班（梁平班）开班仪式在区文图馆举行。市文联党组成员、副主席杨矿，重庆市摄影家协会常务副主席王秐农作讲解。来自区作协、摄协等8个协会110余位会员入班学习。

△8—9日，区委常委、梁平工业园区管委会主任付云带队到吉林省长春市、通化市和天津市开展招商活动，并与相关企业负责人就有关投资事宜进行了深入交流。

△代理区长蒲继承、区政协主席周仁胜对区政协2017年25号重点提案《关于大力实施创新驱动战略促进传统产业优化升级的建议》办理情况召开专题协商会议，进行跟踪督办。

△市司法局一行到梁山街道北池社区考察第七批全国“民主法治示范社区”创建工作情况，并与15名居民代表进行座谈交流。

10日

△重庆市梁平区与北京东方园林环境股份有限公司签订全域旅游投资建设运营项目战略合作框架协议。

11日

△市中医药学会肺病专委会2017年学术年会在梁平区举行，市中医药学会肺病专委会主任委员杨德钱，区委常委、宣传部部长张子玉参加开幕式并致辞。

△7—11日，第七届世界传统武术锦标赛在四川省峨眉山市举行，重庆市梁平区职教中心运动员郎永波夺得男子c组传统剑术铜牌。

13日

△江西大筑集团公司到重庆市梁平区考察洽谈文化旅游产业合作。

14日

△区人大常委会主任郑云山到梁山街道金桥村二组调研深度贫困村脱贫攻坚工作。

△区政协开展2017年度重点提案第023号《关于加快新型工业化发展的建议》办理民主评议。

△10—14日，重庆市跆拳道冠军赛在长寿区体育馆举行。梁平区代表队运动员郑绍红勇夺女子甲组46公斤级桂冠，戚智乙获第三名。

15日

△学习贯彻党的十九大精神市委宣讲团报告会在梁平区举行。市委宣讲团成员、西南政法大学党委书记樊伟在报告会上作专题辅导报告。区委书记杨晓云主持会议，并对全区进一步学习宣传贯彻党的十九大精神进行安排。

△市老年大学协会渝东北片区第十七次协作会在梁平区召开，万州、云阳、开州等12个区县老年大学的负责人参加会议。

△区委书记杨晓云主持召开区委常委会会议，传达贯彻市委五届三次全会精神。

16日

△宏美达·梁平丝绸制造体验发布典礼举行，梁平首个工旅融合项目对外开放。市商委副巡视员王顺斌，渝中区区委常委、统战部部长章琳，副区长徐勇参加发布会。

△涪陵区女企业家协会到梁平区参观双桂湖国家湿地公园、双桂堂、梁平文化遗产保护中心、龙滩·中华名柚园，并到重庆梁平张鸭子食品有限公司、重庆天胜科技有限公司、重庆宏美达欣兴实业（集团）有限公司等企业交流学习。

17日

△区委书记杨晓云到区公安局智能交通指挥平台、喜雀河、东池巷小区整治现场、柚乡广场公厕整治提升现场，就区政协委员提出的《关于推进城市精细化管理的建议》重点提案进行督办。区政协主席周仁胜以及相关政协委员、市民代表参加督办。

20日

△区政协主席周仁胜到工业园区、梁山街道等地，走访妇联界、工商联界、科技界、经济界的政协委员，了解他们的工作和履职情况，征求委员对推进农副产品加工、“三城同创”及区政协工作的意见建议。

21日

△重庆市永川区政府一行到梁平区屏锦镇和睦村、屏锦镇、回龙镇等污水处理厂进行实地查看，考察污水处理厂及管网建设运营情况。

23日

△区政协召开第九次主席会议，深入贯彻党的十九大精神，传达学习市委五届三次全会精神，审议通过区政协十四届第四次常委会议程，安排布置岁末年初各项重点工作。区政协主席周仁胜，副主席廖文宪、王峻波、蒋明书、唐天敏、周毅参加会议。

24日

△市商务委副巡视员孙华培到梁平区调研指导商务经济运行工作并召开座谈会。

25日

△重庆市影像技术专业委员会2017年第四次季度学术活动在梁平区人民医院会议厅举行。

26日

△梁平区召开党外代表人士座谈会，就《中共重庆市梁平区委关于党的十九大精神在梁平落地落实的决定（讨论稿）》征求党外人士意见建议。

27日

△中国共产党重庆市梁平区第十四届委员会第二次全体会议召开，杨晓云代表区委常委会作讲话和工作报告。全会审议通过了《中共重庆市梁平区委关于党的十九大精神在梁平落地落实的决定》和全会决议。区委副书记、代理区长蒲继承作《决定（讨论稿）》的说明。区委委员、候补委员出席会议。不是区委委员、区委候补委员的市管干部、区纪委委员和乡镇（街道）、区级部门、企事业单位主要负责同志，以及部分市第五次党代会代表和区第十四次党代会代表等列席会议。

28日

△“品味巴渝文化　共享快乐生活”梁平区第二届文化消费季活动启动仪式在区全民健身中心举行。

29日

△全区宗教工作会议召开，深入学习贯彻习近平总书记的重要讲话和全国宗教工作会议精神，研究部署全区宗教工作。区委书记杨晓云出席会议并讲话。

△重庆市2017年校园足球联赛总决赛开幕式在梁平区职教中心举行，市委教育工委委员、市教委专职督学邓沁泉讲话并宣布开幕，区政府副区长胡立出席并致欢迎辞。

△由重庆理工大学重庆知识产权学院、国家知识产权培训（重庆）基地主办，区科委协办的“知识产权助力双创系列培训班——走进梁平”培训会在梁平工业园区党群服务中心举行。

△国家统计局农村司副司长侯锐一行到重庆市梁平区调研农业农村产业发展情况。

30日

△重庆市梁平区组队参加2017第五届成都国际旅游展，梁平柚、梁平非遗文化展演受欢迎。

12　月

1日

△市政府安委会督查组一行到梁平区督查道路运输、建筑施工、企业生产等领域安全生产工作，并召开督查情况反馈座谈会。

△梁平区举行第九届采柚节虎城专场启动仪式。市供销总社主任杨宏伟，区领导戴晓稳、徐勇参加活动。

△由市政协办公厅、市委宣传部主办的“参政议政巴渝行”集中采访活动走进梁平，来自《重庆日报》、重庆之声、《人民政协报》《重庆政协报》等多家媒体采访了梁平区龙溪河流域水环境治理情况。

△市中小企业局副局长王任林到平伟实业有限公司，为100余名企业员工宣讲党的十九大精神。

△市供销合作总社主任杨宏伟一行到梁平区新合储运有限责任公司、供销合作社农村日用品配送中心展示厅、双桂湖国家湿地公园等地，调研深化供销合作社综合改革和城市建设等工作。

5日

△市政府法制工作渝东北、渝东南片区第二次会议在梁平区召开。市政府法制办、15个区县政府法制机构相关负责人参会并围绕行政复议工作开展探讨交流。

△代理区长蒲继承主持召开区政府第26次常务会议，听取工业经济百日攻坚行动工作总结汇报，审议区《贯彻落实土壤污染防治行动计划工作方案》等事项。

△市委宣传部舆情信息处处长岳秋波一行到梁平区调研党的十九大精神学习宣传情况。

6日

△区委书记、百里竹海景区指挥部指挥长杨晓云到晒白兔、艾叶沟、琅井罐景区以及场镇环线道路建设现场，检查景区建设工作。

△市林业局组织项目查定专家组到梁平区，对中央财政林业科技推广项目——白夹竹低效林改造技术示范推广项目进行量化考核。

7日

△6—7日，区委副书记、代理区长蒲继承，区政协主席周仁胜，区委常委、统战部部长李钟斌带队到山东菏泽参加第五届中国淘宝村高峰论坛。参观考察了天华集团、天华电子产业园、天荣家居小镇、淘宝村优秀网售商品展，学习其他地区推进电子商务与传统农业、制造业、旅游业等产业融合发展的先进理念和成功经验。

△“榜样面对面”党的十九大精神宣讲团梁平分团示范活动在区文图馆举行。

△全区金融风险防控及打击非法集资工作推进会召开。

△区委书记杨晓云到梁忠高速公路梁平西出站口、仁贤村观音桥、五一社区、五一完全小学、长龙村便民服务中心、场镇等地，实地调研该镇经济社会发展和党建工作。

△市安监局安全生产宣传中心（信调中心）主任董林一行到区安监局调研。

8日

△文化部市场司司长李健、市文化委执法总队总队长方来珊一行到重庆市梁平区调研《深化文化市场综合执法改革的实施意见》贯彻落实情况，实地走访并召开座谈会。

△代理区长蒲继承带队到钎和镁、上口佳等企业调研创新驱动发展和食品安全工作。

△7—8日，区领导付云、扈先斌率队赴深圳、东莞招商考察。

11日

△代理区长蒲继承到金带镇调研双桂田园景区建设。

△10—11日，区委书记杨晓云率队到安徽海螺集团实地考察，并与海螺集团公司党委书记、董事长高登榜等企业负责人座谈。

12日

△区政协主席周仁胜主持召开区政协十四届4次常委会。宣讲中共十九大精神，传达区委十四届二次全会精神，通报梁平智能制造智慧生活小镇招商引资项目、梁平区创新驱动暨特色工业发展、工业百日攻坚行动、精准扶贫工作、现代商贸服务业发展、政协2017年度提案办理等情况，专题协商梁平区乡村旅游发展工作，审议通过人事任免事项，听取、审议并通过《政协重庆市梁平区委员会关于认真学习宣传贯彻中共十九大精神的意见》。

13日

△12—13日，区委理论学习中心组举行专题学习会，杨晓云讲话，蒲继承、郑云山、周仁胜等参加。

△市科委在梁平区召开重庆市人工智能技术创新重大主题专项项目评审暨启动会，平伟实业公司的“自主可控功率半导体离散型制造智慧工厂技术开发与示范”项目获批全市“流程型制造智慧工厂技术开发与示范应用”专项项目，天胜科技公司的“基于QLED柔性显示技术的智能腕表研发及产业化”项目获批全市“可穿戴智能终端开发与产业化”专项项目，并均正式启动。

14日

△区政协召开专题协商会，组织相关职能部门、部分政协委员和市民代表，围绕推进老城综合治理和“三城同创”进行协商建言。

△全区党外代表人士学习贯彻党的十九大精神区委宣讲团报告会举行。区委宣讲团成员、区委常委、统战部部长李钟斌作专题宣讲报告。

15日

△代理区长蒲继承到平伟实业有限公司宣讲党的十九大精神，全区工业企业负责人，一线党员职工代表共计80余人参加。

18日

△梁平区成功申报了1个市级“非遗”教育基地、2个市级“非遗”生产性保护基地和5个市级“非遗”项目代表性传承人，将进一步发挥文化传承的示范作用。

△区委书记杨晓云主持召开十四届区委全面深化改革领导小组第七次会议并讲话。会议专题听取区2017全面深化改革工作、投融资及国资国企改革工作推进情况汇报，研究部署下一阶段改革工作，审议了《关于加快推进屏锦镇转型发展的实施意见》。

19日

△区委书记杨晓云到福禄镇青桥村便民服务中心、绿色花椒基地、天香广场、佛印山景区、场镇等地，调研该镇经济社会发展，并慰问了建卡贫困户。

△代理区长蒲继承主持召开区政府第27次常务会议，审议区《农村人居环境综合整治三年攻坚行动工作方案》，研究城市管理执法体制改革、安全生产等事项。

20日

△区委书记杨晓云主持召开区委常委会会议并讲话，学习贯彻市委贯彻落实中央八项规定精神实施意见。

21日

△区委书记、区委党的建设工作领导小组组长杨晓云主持召开区委党的建设工作领导小组会议并讲话。深入学习贯彻党的十九大精神，按照新时代党的建设总要求，研究部署推进全区党的建设工作。

△代理区长蒲继承主持召开区政府第二次全体会议，学习贯彻党的十九大精神、中央经济工作会议精神，征求讨论《2018年政府工作报告》《2017年国民经济和社会发展计划执行情况及2018年计划草案的报告》《2017年财政预算执行情况和2018年财政预算草案的报告》的意见建议。

△市民宗委督察组一行到梁平区督查宗教工作情况并召开关于宗教工作专项督查座谈会。

△市行政许可标准化验收组到梁平区检查验收。

22日

△区人大常委会主任郑云山主持召开区十七届人大常委会第九次会议。会议听取和审议区人大常委会代表资格审查委员会《关于个别代表资

格变动的审查报告》；区人民政府《关于2016年度区级预算执行和其他财政收支审计发现问题整改情况的报告》《关于2017年区级财政预算调整方案（草案）报告的议案》；区人大常委会《关于举行梁平区第十七届人民代表大会第二次会议的决定》《关于加强区人民检察院提起公益诉讼工作的决定（草案）的议案》；区人大常委会主任会议《关于梁平区第十七届人民代表大会第二次会议相关事项的议案》；书面听取《关于组织区十七届人大代表开展2017年度集中视察活动情况的报告》；审议通过了人事任免有关事项，颁发了任命书，举行了宪法宣誓仪式。

△重庆市梁平区第六次归侨侨眷代表大会召开。市侨联副主席、秘书长刘松勇，区委副书记陈孟文出席会议并讲话。

△市教委关工委2017年渝东北片区工作会在梁平区召开。副区长胡立、市教委关工委以及万州、云阳、城口等10个区县教委关工委相关负责人参会。

△浙江省宁波市汽车零部件产业协会傅剑波秘书长一行到重庆市梁平区考察。

25日

△区残联第六次代表大会召开，听取和审议了区残联第五届主席团工作报告，选举产生了区残联第六届主席团委员、出席市残联第五次代表大会代表，推荐了市残联主席团委员人选，推举了执行理事会领导人员。

26日

△重庆市梁平区智慧小镇项目新闻发布会在市政府新闻发布中心举行。区领导蒲继承、张子玉、付云出席发布会。

△区委书记杨晓云到大河坝棚改现场、大河坝机械厂家属院、三横街道路建设现场、梁山大道老环卫所公厕改造和南门农贸市场建设现场、马房街和机场路合兴段道路建设现场、北门影剧院，详细了解棚改进展，听取居民对老旧小区改造意见建议，检查老城综合治理工作推进情况。

△从国家林业局传来消息，重庆市梁平区双桂湖通过国家湿地公园验收，正式成为“国家湿地公园”。

27日

△市水利局水库大坝安全隐患排查检查组第一组到梁平区蓼叶水库开展大中型水库大坝安全检查。

△代理区长蒲继承到竹山、碧山等镇调研百里竹海景区建设和品牌农业发展。

△26—27日，区委常委、梁平工业园区管委会主任付云带队参加浙江乐清重庆商会二届一次会员大会并作招商推介。

28日

△区委书记杨晓云到双桂公园、新城菜市场、帝豪时代广场、梁平南站、全民健身中心、双桂湖公园林荫广场、云复路与紫竹大道交叉口、竹海大道景观提升工程建设现场、名柚大道和工业园区盐河大道，实地检查基础服务设施配套建设推进情况和城市管理工作。

△区人大常委会视察区老城综合治理和双桂田园综合体建设情况。区人大常委会主任郑云山，区委副书记陈孟文，区委常委、政法委书记毛大春，区人大常委会副主任李志祥、扈先斌、李庆双、屈猛、戴晓稳参加视察或座谈。

29日

△代理区长蒲继承区主持召开区政府第29次常务会议，审议区属重点国有企业转型重组等事宜，传达学习市委常委会学习贯彻习近平总书记关于化解地方政府债务问题的重要讲话的会议精神。

△区政协召开第十二次主席会议，听取政协重庆市梁平区十四届二次会议筹备情况汇报，审议了大会有关材料和议程、日程等重要事项，并提交区政协十四届5次常委会决定。区政协主席周仁胜，副主席廖文宪、陈命安、王峻波、蒋明书、唐天敏、周毅，秘书长参加会议。

△梁平区开展2017年交通安全事故引发次生安全、环境事件综合应急救援演练。

△代理区长蒲继承主持召开会议，征求讨论《2018年政府工作报告（讨论稿）》《2017年国民经济和社会发展计划执行情况及2018年计划

草案的报告》《2017年财政预算执行情况和2018年财政预算草案的报告》及2018年重点民生实事的意见建议。

△区财税金融工作联席会召开。

30日

△市安监局督导组到梁平区召开烟花爆竹经营安全工作督导工作会。

31日

△全区烟花爆竹经营安全专项治理工作会召开。

△梁山灯戏《好人邓平寿》在区影剧院进行首次带观众彩排。

梁平概况

新区一瞥

梁平概况

基本情况

【沿革】 重庆市梁平区史称梁山县，西魏元钦二年（553年）置县，以境内有高梁山为名，治黄土坎（今聚奎镇）。宋开宝三年（970年）以万州石氏屯田务置梁山军（亦名高梁郡），军治今梁山街道，县治由黄土坎迁至梁山街道。元至元二十年（1283年），升梁山军为梁山州，领梁山县，隶夔州路。清雍正十二年（1734年），改隶忠州直隶州。民国元年（1912年），以道统县、梁山县隶川东道。民国18年（1929年），直隶四川省政府，民国24年（1935年）川政统一，全省划为18个行政督察区，梁山县隶第十行政督察区。解放初，梁山县隶川东人民行政公署大竹专区。1952年12月，因县名与山东省梁山县同名，经中央人民政府政务院批准改为梁平县。1953年10月大竹专区撤销后，梁平县先后由四川省万县专区、万县地区、万县市管辖，1998年2月，梁平县属重庆市直管。2016年12月，国务院批准撤县设区，2017年1月10日，梁平县撤县设区挂牌。

【地理】 梁平区位于重庆市东北部，地理坐标北纬30°25′～30°53′，东经107°24′～108°05′，辖区面积1890平方公里。东邻万州区，南连忠县、垫江县，西界四川省大竹县，北接四川省开江县、达县。全区东西长65.35公里，南北宽52.1公里。最低海拔221米，最高海拔1221米。梁平县地貌由于地质构造、地层分布和岩性的控制，以及水文作用的影响，呈现出“三山五岭，两槽一坝，丘陵起伏，六水（六条河流）外流”的自然景观，形成山、丘、坝皆有而以丘陵为主的特殊地貌。境内有东山、西山和中山，均呈东北—西南走向，属大巴山脉。东山和西山为“一山两岭一槽型”，中山为“一山一岭型”。在东山和西山之间，有一块由湖泊沉积而成的平坝，即川渝东部第一坝“梁平坝子”，其面积约100平方公里。境内主要河流有高滩河、波漩河、新盛河、普里河、汝溪河、黄金河等6条，分别流入垫江县、四川达州、开江县、万州区和忠县。国道“318”线、渝宜高速公路和达（四川达州）万（重庆万州）铁路横贯全境，境内有一航空港——梁平机场。城区距重庆市主城区180公里，区人民政府驻双桂街道。

【气候】

气候概况　梁平区属于四川盆地东部暖湿亚热带气候区域。季风气候显著，四季分明，气候温暖，雨量充沛，日照偏少。2017年，主要气候特点：气温偏高，降水偏多，汛期（5—9月）涝重于旱，气象灾害总体较2016年偏轻。年平均气温为17.2℃，与常年相比偏高0.5℃，各月波动大；年降水量为1546.7毫米，较常年比较偏多；年日照时数为1219.6小时，较常年比较正常略偏少；入春接近常年、入夏偏早、入秋接近常年、入冬偏早。气象灾害特点：暴雨洪涝偏重，暴雨次数偏多，年内出现了8次区域性暴雨天气过程；年内共出现4段高温过程，分别出现在7月下旬至8月下旬，高温日数较常年偏多，较2016年偏轻；未出现气象干旱；低温连阴雨偏重。

气温　2017年，梁平区平均气温17.2℃，较常年偏高0.5℃。冬季气温8.2℃，与常年相比偏高1.2℃；春季气温16.6℃，与常年持平；夏季气温26.7℃，与常年相比偏高0.9℃；秋季气温17.5℃，与常年持平。年极端最高气温39.2℃（7月27日），极端最低气温－0.6℃（2

月9日、12月19日）。

年内各月气温波动较大，1、4、7、8、10、12月偏高，其中1、8月显著偏高2.0℃，7月偏高1.0℃以上；6、9月偏低，其中6月偏低0.6℃；其余月份正常。

降水　2017年，梁平年降水量达到1546.7毫米，与常年比较偏多25.4%。冬季降水量60.5毫米，与多年平均相比正常；春季降水量427.7毫米，较多年平均偏多38.6%；夏季降水量509.4毫米，较多年平均偏少8.1%；秋季降水量555.3毫米，较多年平均偏多80%。

降水量各月分布不均，2、4、5、6、9、10月偏多，其中10月显著偏多1.5倍，1、7、8、11、12月偏少；其中12月显著偏少7成。

日照　2017年，梁平年日照时数1219.6小时，较常年（1283.0小时）正常略偏少4.9%。冬季日照时数为141.0小时，较常年同期（127.8小时）偏多1成；春季日照时数为337.5小时，较常年同期（340.1小时）正常；夏季日照时数为563.9小时，较常年同期（527.6小时）正常略偏多6.8%；秋季日照时数为192小时，较常年同期（286.4小时）偏少33.0%。

年内各月日照波动大，2、4、5、7、8、11月偏多，其中2月偏多4成。1、3、6、9、10、12月偏少，9月显著偏少6成。

季节转换　2017年，梁平区在3月6日进入春天，入春时间接近常年，5月16日进入夏天，入夏时间较常年偏早；9月19日进入秋天，入秋时间接近常年，11月20日进入冬天，入冬天时间偏早。（区气象局）

【水文】　梁平位居长江干流与嘉陵江支流渠河的分水岭上，地势高于四周相邻区县，为毗邻地区溪河发源地，无客水过境。梁平区境内有6条主要河流（铜钵河、普里河、黄金河、龙溪河、新盛河、汝溪河），流域面积1892.13平方公里，年径流总量10.563亿立方米。河道干流长185.8公里，61条支流长691.5公里，年平均流量33.5立方米/秒。主要特征河流长度短，集雨面积不大，径流量不稳定。其中龙溪河干流最长为70.1公里，集雨面积最大为798.13平方公里，其余5条河流长度在36公里以内，集雨面积不超过280平方公里。这些河流发源于低山，上游较陡，平时流量小，大雨时山洪暴发易涨易退，流量变化大，水能蕴藏量不多，可开发量更少。

截至2017年年底，全区共有水情监测站点116个，其中水文站4个，遥测水位站22个，遥测雨量站90个，无线预警广播站218个。

（区水务局）

【环境】

大气环境　2017年，梁平城区环境空气质量优良天数为326天，占总天数的89.3%，首要污染物为细颗粒物（PM2.5）。可吸入颗粒物（PM10）年平均浓度0.065毫克/立方米、二氧化硫0.011毫克/立方米、二氧化氮0.023毫克/立方米，达到二级标准；细颗粒物（PM2.5）年均浓度为0.040毫克/立方米，未达到环境空气质量标准（GB3095－2012）中二级标准（标准限值为0.035毫克/立方米）。全年城区降尘平均值4.9吨/平方公里·月，降水pH范围5.69～6.37，均值为5.92，无酸雨样品检出。

水环境　城区3个集中式饮用水源大河坝水库、沙坝水库和蓼叶水库水质良好，水质达标率为100%。乡镇集中式饮用水源水质达标率为100%。龙溪河普顺断面（梁平出境）为Ⅲ类，与2016年相比，化学需氧量、氨氮和总磷年均浓度分别下降了21.2%、33.2%、37.5%。新盛河（任市河）、普里河水质为Ⅲ类，汝溪河、黄金河水质为Ⅱ类，满足其水域功能要求。

声环境　城区区域环境噪声平均值为54.8分贝，比2016年下降了0.1分贝。道路交通噪声平均值为65.7分贝，比2016年上升了0.7分贝。梁平县城区功能区噪声：昼间等效声级56.4分贝，夜间等效声级45.9分贝。（区环保局）

【自然资源】

陆生野生动物资源　梁平陆生野生动物有4

纲17目47科95属125种。两栖动物1目4科6属10种，蛙科种类6种，占60%，数量最多的是泽陆蛙，其次是黑斑侧褶蛙，再次是沼蛙。爬行动物1目5科12属12种，游蛇科种类6种，占50%，数量最多的是乌梢蛇。鸟类13目36科75属101种（其中留鸟68种，冬候鸟8种，夏候鸟20种，旅鸟5种），鹭科和鸫科种类较多，雀形目个体数量占绝对优势，国家Ⅱ保护动物4种。兽类2目2科2属2种。绿臭蛙、中国林蛙、峨眉林蛙、峨眉地蜥、赤颈鸭、黑冠鹃隼、赤腹鹰和黑脸噪鹛等8个物种为首次发现。

森林植物资源 梁平森林植物种类繁多，绚丽多彩，竹种质资源在重庆植物宝库中占有重要地位。梁平森林植被有3类、135科、363属、492种（竹类植物11属30种）。其中蕨类植物18科、28属、42种；裸子植物7科、11属、15种；被子植物110科、324属、435种。珍稀濒危树种13种，其中国家一级保护树种3种，二级保护树种10种。名木古树582株。由于人为活动影响，常绿阔叶林破坏较重，仅竹山、龙胜等地存有小片常绿阔叶混交林，主要品种有丝栗、多穗石栎、麻栎、栓皮栎、润楠、桢楠、香樟、檫木、山苍子、黑壳楠、三股筋、木荷、四照花、黄杞、化香、枫香等。次生天然林植被主要以马尾松、柏木和竹子为主。（区林业局）

【矿产资源】

煤炭 主要蕴藏在背斜翼部出露的三叠系上统须家河组地层，东山、西山、中山均有储量，一般煤层厚度0.3～0.5米，煤炭资源储量5112万吨，目前仅剩邵新煤矿生产，年产30万吨/年。

石膏 总储量2709万吨，主要分布于回龙镇左家坝至竹山镇白果坝，走向30多公里。

石灰石 总储量约4.5亿吨，石灰石矿产量400余万吨/年。

铁矿 地质储量371万吨，含铁量为19.1%～37%，矿体较薄，分布稀疏，品位较低，经济价值不大。

钾矿 地质储量35万吨，厚度0.6～0.8米，氧化钾含量7.9%～12.5%。

陶瓷土 总储量约30万吨。

天然气 梁平县境内有查明天然气资源储量6000多亿立方米，中国石油西南油气田公司重庆气矿设立梁平采输气作业区，在县境内有天然气井50口，其中生产井30口，观察井17口，回注井3口，有输、配气站5座。（区国土局）

【水资源】

地表水资源 梁平区地处高台，为溪河发源地，是一个水资源量较缺乏的区县，水资源主要取决于大气降水，无外来客水调剂。全区多年平均降水量1247.2毫米，多年平均径流总量10.563亿立方米，径流深557.5毫米。由于降水在地域分布上不平衡，径流量有明显差异，浅丘平坝地区853.13平方公里产生的径流量4.791亿立方米，占全区45.4%。低山604.37平方公里产生的径流量3.406亿立方米，占全区31.9%。深丘432.50平方公里产生的径流量2.366亿立方米，占全区的22.7%。

地下水资源 梁平区地下水资源比较丰富，含水层面积1855平方公里，年补给量1.24亿立方米。地下水补给主要靠降水，夏季多，冬季少。全区地下水出露较大的有28处，可开采量为0.19亿立方米。由于受地质构造的影响，梁平区地下水主要集中在东西两山顶部岩溶区，含水量0.649亿立方米，反映出由背斜到向斜不同的地下水类型：由碳酸盐岩类裂隙溶洞水→碎屑岩类裂隙孔隙水→基岩裂隙水的分布规律，富水性由强到弱的特点。

黄泥塘背斜核部是全区地下水蕴藏量最丰富的地区，有5067万立方米/年，占全区地下水总量40.7%。其次明月峡背斜核部为1423万立方米/年，占全区地下水总量11.4%。

梁平区地下水分布、补给量和可开发量表

类型		面积（KM^2）	补给量（M^2）	可开发（M^2）	已开发（M^2）	主要分布
松散岩类孔隙水		134	782	193	13	新盛、仁贤、礼让一带
碎屑岩类孔隙水		941	3405	180	60	西山北面坡
其中	构造裂隙水	276	966	60	20	
	红层承压水	665	2439	120	40	
碳酸盐岩类裂隙溶洞水		188	6490	1400	500	东西中山
基岩裂隙水		592	1770	127	27	平坝和浅丘
总计		1855	12447	1900	660	

水质　地表水天然水质，适宜人畜饮用、农田灌溉、水产养殖和工业用水，总硬度在1.54—8.97德度，永久硬度0.28德度，最高硬度0.56德度；暂硬度在1.26—8.69德度；负硬度为0德度；PH值7.0—7.9；阳离子含量每升65.2毫克，最少每升11.1毫克；阴离子含量最多每升201.2毫克，最少每升38.5毫克。（区水务局）

【旅游资源】　梁平旅游资源丰富，汇集了天下第一禅堂——双桂堂、全国五大竹海之首——百里竹海、千年古驿道——蜀道难、田园风光——万石耕春等一大批自然景色和人文景观；梁平文化底蕴深厚，有耕读传家的农耕文化、雄浑壮阔的禅宗文化、古韵悠远的非遗文化、热血奋勇的军事文化等，先后孕育了千载真儒来知德、禅宗巨擘破山海明、晚清书画奇僧竹禅等文化大师，拥有梁平竹帘、梁山灯戏、梁平木版年画、梁平癞子锣鼓、梁平抬儿调五项国家级非物质文化遗产；梁平旅游商品众多，有中国三大名柚之一的梁平柚、风味独特的百年张鸭子、回味无穷的袁驿豆干等美食，还有手工精细的竹帘、竹编、竹雕、乌木等精美工艺品，远近驰名。

巴渝第一大平坝——梁平坝子，沃野千里、碧田万顷，素有“四面青山下，蜀东鱼米乡，千家竹叶翠，百里柚花香”之美誉，有“小天府”之称。走进梁平，就如同走进了一幅山清水秀的锦绣画卷之中，山清、水秀、天蓝、景幽。梁平有美丽的田园风光、崭新的城市风貌、厚重的地方文化、苍翠的竹海山色、独特的名优产品。

双桂田园·农禅福地　梁平田园优势一枝独秀，兼具了徽州的多彩丘陵之胜和成都的平川田园之美。双桂田园位于梁平区金带镇，是以金带镇为主体，以“天下第一禅堂”双桂堂为圆心，凭借巴渝第一大平坝—梁平坝子，以山水景观和田园风光为依托，以农耕、非遗、禅宗文化为内核打造的大型田园风光类旅游度假景区；是依托双桂堂禅宗文化、山水田园风光、传统农耕文化等特色资源全力打造的国家级旅游度假区和国家AAAAA级景区，包括了双桂堂、双桂田园、滑石古寨三大景区组团。

双桂堂　又名“福国寺”“金带寺”“双桂禅院”，占地160余亩，因庙内两株神奇的桂花树而得名。双桂堂由破山禅师创建于明末清初。享有“天下第一禅堂”“西南佛教禅宗祖庭”之美誉，是全国重点寺庙和全国重点文物保护单位。

滑石古寨　该景区离城区9公里，距天下第一禅堂3公里。古寨屹立于青佛山顶，山下有两座湖，一为滑石湖，一为海明湖。城区二环公路穿越寨下，蜿蜒盘旋在景区，让游客饱享青山绿水眼福，观赏奇寨怪石风光。古寨初建于宋淳祐二年（1242年），高672米。因寨前大片山石裸露、陡斜、光滑而得名“滑石寨”。

百里竹海·康寿福地　百里竹海，逶迤于梁

平西北的明月山脉，距梁平城区 23 公里，1995 年与蜀南竹海一同被四川省批准为省级风景名胜区，重庆直辖后被批准为市级风景名胜区，是全国五大竹海景区面积最大的景区，正在打造全国知名主要旅游目的地、国家级旅游度假区、国家 AAAAA 级景区。

蜀道难　神奇蟠龙，历史悠久；儒道佛禅，人文厚重。横亘 30 多里的蟠龙古驿道是在悬崖之上靠人工开凿而成，至今保存较完好的古“国道”。这条古道东至银河桥，西接凉风垭，翻越了蟠龙山，在蟠龙境内蜿蜒 30 余里。特别是在陡峭的峡谷内如天梯壁立的共 108 步，人们称为“百步梯”。

万石耕春　中国丘区城市湿地连绵体，依托二环路沿线和城市郊区万亩良田的自然优势，做好农田景观策划工作，通过稻田荷田的合理规划、各种植被的有效种植，展示梁平万亩田园、湿地风光的无限魅力。

百年张鸭子　百年张鸭子是享有巴渝传统菜式声誉的百年卤烤鸭。“梁平张鸭子，一年卖出百万只”，在重庆任何地方都能够听到看到这个响亮的广告语，不仅体现了张鸭子火爆的生意，更是演绎了百年张鸭子的传承技艺。张鸭子，源自重庆梁平，以干、香、瘦特色闻名，四代祖传卤烤工艺，成为巴渝一大特产。

中华·梁平柚海　梁平区是全国最大的柚类产区之一，主产的梁平柚，果实硕大，芳香浓郁，汁多味甜，营养丰富，被称为“天然水果罐头”，与广西沙田柚、福建文旦柚并称为中国三大名柚，享有“中国名柚之乡”的美誉。中华·梁平柚海，位于梁平区合兴镇龙滩村、雨家村，距城区 3 公里，距梁平火车站 2 公里。梁平柚海从 2003 年规划建设，到目前，配套设施已基本建设完毕。柚仙路、柚丰路兵分左右，喜龙路穿园而过。（区旅游局）

【人口和民族状况】　2017 年，全区总人口 929227 人，其中城镇地区人口 306408 人，城镇地区人口占全区总人口比例为 32.97%；农村地区人口 622819 人，农村地区人口占全区总人口比例为 67.03%。总人口中男性 484596 人、占总人口的 52.15%，女性 444631 人、占总人口的 47.85%，男女性别比为 109：100。年度出生率为 4.89‰；死亡率为 3.99‰；自然增长率为 0.9‰。总人口中，汉族人口 926572 人，占总人口的 99.7%；少数民族人口 2655 人，其中人数较多的少数民族有土家族 931 人、苗族 462 人、壮族 381 人、侗族 171 人。（区公安局）

【宗教】　梁平区的宗教工作以贯彻落实党的宗教基本方针为原则，引导宗教与社会主义社会相适应，保持了宗教领域的和谐稳定。梁平区现有佛教、天主教、基督教三大宗教。双桂堂是全国重点寺庙，西南佛教圣地。

佛教　传入梁平较早，1951 年土改时，全区有寺庙 6 座，和尚 119 人，尼姑 15 人。“文化大革命”期间，僧侣大部分还俗或病故，寺庙大都毁坏，双桂堂因有驻军而得以保全。20 世纪 80 年代后，驻军撤出双桂堂，梁平区对双桂堂进行了一系列大规模的修缮，新建了罗汉堂、大门广场等，将双桂堂建成了著名的佛教朝拜圣地。2017 年，全区的佛教寺庙主要有双桂堂、鸣钟寺、峨眉寺。

天主教　清咸丰年间（1851～1861），法国天主教司马驿将天主教从渠县传入梁山（梁平）。1953 年，全县有天主教徒 663 人。1985 年 10 月，在县城石马山下新建 1 座天主教堂，建筑面积 400 平方米。2014 年，全县有天主教徒 3000 余人。

基督教　清代咸丰九年（1859 年），英籍吴姓牧师到梁山（梁平）传授基督教，时有教徒 20 余人，隶属重庆教区。1950 年，全区有基督教徒 150 人，“文化大革命”期间，宗教活动停止。1976 年，众教徒遵循“三自”精神（自传、自养、自治），进行正常的宗教活动。2014 年，全县有基督教徒 2000 余人。

国民经济与社会发展

【经济社会发展质量】 2017年，全区实现地区生产总值298亿元，同比增长（下同）8.9%（图1），其中三次产业增加值分别达到42.4亿元、162.5亿元和93.2亿元，分别增长4.8%、9.9%和9%，三次产业结构比优化为14.2:54.5:31.3；完成固定资产投资247.6亿元，增长9.6%；完成社会消费品零售总额103.2亿元，增长14.3%；实现一般公共预算收入21.5亿元，增长10.4%；全区存贷款余额分别达到379亿元、156亿元；城镇、农村常住居民人均可支配收入分别达31599元、13671元，分别增长9%、9.5%；市场主体总量达44210户；常住人口城镇化率44.3%；单位地区生产总值能耗下降2%，节能减排指标全面完成。

图1：2011—2017年梁平区GDP总量走势图

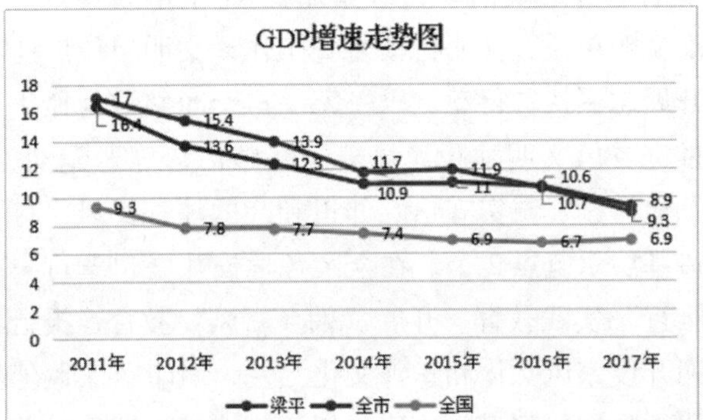

图2：2011—2017年梁平与全市、全国GDP增幅走势比较图

【产业融合发展】

现代工业全面提速　工业发展总量持续攀升。实现工业增加值120亿元，增长9.6%。规上工业企业增加4户，累计达134户。特色产业集群持续壮大。园区入驻企业突破200户，实现工业产值256亿元，其中，四大特色产业集群企业达133户，实现产值189.4亿元，增长22.2%，占园区工业总产值比重74%。营商环境持续优化。“放管服”改革实效明显，实行“一站式”“保姆式”服务，承接、取消、调整行政审批事项47项，清理公布50项区级行政审批中介服务事项；规范涉企收费，严格执行“一费制”；积极推行“互联网+政务服务”，纳入市网审平台政务服务事项487项。

现代服务业加快发展　商贸消费方面。名豪商圈提档升级、帝豪·时代城建成营业，柚乡广场商圈加快建设，园区亿联商圈特色夜市街纳入规划。乡镇商圈优化发展，袁驿镇成功申报市级商贸强镇。商品销售总额达176亿元，增长17.4%；住宿餐饮营业总额达30亿元，增长19%。旅游繁荣方面。精心打造双桂田园景区，加速推进百里竹海景区建设，谋划推进蜀道难、百年张鸭子、万石耕春、龙滩·中华名柚园精品旅游景区建设，推动乡村旅游蓬勃发展。滑石古寨成功创建AAAA级景区；先后举办柚花节、滑石论道围棋嘉年华等10余场大型活动。全年接待游客360万人次，旅游总收入13亿元，分别增长20%、30%。文化丰富方面。区全民健身中心投用，双桂体育馆、游泳馆主体完工；流动文化服务进村1400余场，第一届区运动会成功举办。金融服务方面。华西证券网上交易结算中心落户；保险业收入5.5亿元，金融业税收超1亿元。全年金融机构各项存款余额379亿元，各项贷款余额156亿元，存贷比达41%。

现代农业提质增效　农业持续增效。立足柚、竹、渔（鳅、鳝）三大特色产业优势，推动农业特色化、规模化、品牌化发展，基本建成万亩生态渔业园、万亩名柚园、万亩花椒产业园等特色产业基地；新改建标准化柚园2万亩；改造提质鱼（鳅）池5000亩，渔业产值3亿元；粮食和蔬菜产量分别达39.5万吨、54万吨。新认证“三品一标一产地一名牌”农产品88个。农业增加值增长5.1%。集体经济逐步壮大。构建产加销、贸工农一体化格局，新培育区级农业龙头企业20家、农民合作社49家、家庭农场101家；农村土地流转49万亩，适度规模经营率40.8%。农村持续增绿。以乡风文明为抓手，重点治理村庄环境，实施仁贤镇长龙村等25个行政村环境综合整治；投运5个污水处理厂；开展化肥、农药使用零增长行动；主要农作物秸秆综合利用率80%以上，农村人居环境有效改善。

【社会民生事业】

新城扩容提质 双桂城区一期功能配套日趋完善。基本建成梁平南站综合枢纽。建成窝子溪滨河公园等一批公园；实施新城增绿提质及灯饰亮化工程；完成丹桂大道、桂东路、银桂路等6条主干道绿化；双桂湖国家湿地公园建成开放。

老城完善双修 坚持问题导向，开展老城生态修复和城市修补，着重抓好污水管网、公共设施等建设；完成17.7万平方米城市棚户区改造和26万平方米违建整治；综合整治机场路、梁山路，重点规范名豪、西池、北池片区。

集镇特色发展 探索城镇化发展新思路，着力打造金带、屏锦市级特色小镇。合兴镇龙滩村市级农村人居环境改善示范片完成验收；创建国家绿色村庄6个、中国美丽休闲村庄1个、市级美丽宜居村庄4个。

坚持以人民为中心的发展思想，着力解决人民群众最关心、最直接的民生问题，共享改革发展新成果。精准扶贫有效开展，实行脱贫攻坚“双组长”制，整合区级扶贫专项基金3000万元，精准识别18个贫困组，精准脱贫522人，巩固提升9567户28073人脱贫成效，返贫率为零。提升公共服务水平，十大民生实事扎实推进。其中，区人民医院整体迁建营运，双桂小学知德校区如期开学，山坪塘整治全面完成。城乡居民养老保险、医疗保险参保率均超96%。就业形势稳定，城镇新增就业11817人、新增创业人数5650人。适龄人口入学率小学100%，初中99.8%，高中92.9%。普通高考重点本科上线1166人，上线率提高1.2个百分点。

（区发展改革委）

精神文明建设

【概况】 梁平区精神文明建设委员会办公室，属正局级财政全额拨款的行政单位，具体负责全区精神文明建设日常工作，核定行政编制2名，编制及人员在区委宣传部机关内调剂，设主任1名（由区委宣传部副部长兼任）、专职副主任1名，内设机构1个，内设综合科1人。2017年1月5日，因撤县设区，梁平县精神文明建设委员会办公室变更为重庆市梁平区精神文明建设委员会办公室。

2017年，全区精神文明建设工作坚持以邓小平理论、“三个代表”重要思想、科学发展观为指导，深入贯彻落实党的十八大和十八届三中四中五中六中全会精神，贯彻落实习近平总书记系列重要讲话精神，深入推进社会主义核心价值体系建设，着力深化群众性精神文明创建活动，大力推进志愿服务制度化，持续开展未成年人思想道德建设，努力提升市民文明素质和社会文明程度。

【群众性精神文明创建】 承办全国道德模范故事汇基层巡演活动，认真开展55个市级及其以上文明单位、文明村镇复查工作，文明单位广泛开展志愿扶贫行动。以一家一户干净整洁为抓手推进乡风文明建设，培养干净整洁、尊老爱幼、勤俭持家、诚实守信、邻里和睦的淳朴民风，打造基层示范点2个。在全区各学校开展“孝行·雅行”实践教育。开展“柚乡新风”教育，报台网开设家风文化和孝善文化专栏，编印《家风伴我行》梁平好家训好家风好家庭选编，评选最美家庭36户。

【文明礼仪宣传教育】 媒体媒介大力刊播“讲文明树新风”公益广告，创作的12幅法治年画公益广告在全市推广使用，央视《真诚沟通》栏目以梁平“中国好人”杨贤仁为主角拍摄公益广告，在央视多个频道滚动播出。强化旅游企业文明旅游管理，1个景区获市文明旅游景区，4人分别获文明游客、文明导游和文明旅游志愿者标兵称号，梁平获“寻找重庆文明旅游典范”优秀组织奖。结合露营节、采柚节等旅游节庆加强文明旅游宣传。每月开展“周六文明劝导我参与”活动，创编的梁山灯戏《大朋友小朋友》获全市文明交通宣传一等奖。制作“我是梁平人·我做文明人”等微信，进行网络传播。

【志愿服务】 健全和落实志愿服务招募注册、教育培训、记录管理、评价激励等制度，全面使用重庆“志愿云”信息系统，完善志愿服务站点，表彰奖励十佳志愿者、项目、村社和组织40个、2万元，新增志愿服务组织100个，新增注册志愿者9万人，注册志愿者人数达到17万人。以“善行梁平·德耀柚乡”为主题，常态化开展送关爱、送健康、送洁净、送文化、送礼仪和送平安“六送”志愿服务行动，“梁平年画技法辅导十百千计划”志愿服务项目获第三届中国青年志愿服务项目大赛金奖、第十一届全国优秀志愿服务奖、全国宣传推选学雷锋志愿服务“四个100”先进典型活动最佳志愿服务项目，“爱在柚乡·青春同行”“大手牵小手·节水一起走”获市级银奖，“重庆志愿服务季”“邓平寿志愿服务团”“我们一起奔小康”扶贫志愿服务活动等主题活动有声有色，石马山社区被评为重庆最美志愿服务社区，多人被评为最美“法帮义工”“好体育人”和最美环保、消防、交通志愿者。

【基层道德典型学习宣传】 在镇村、单位建立“好人榜”制度，在广场、公园等地建立“好人广场”，在报台网建立身边好人专栏专题，组织卫计、教育、公安、交通等行业开展“寻找最美”系列活动，9人获评“重庆好人”。编印《星星点灯》梁平身边好人事迹选编。开展“感动的力量”“我和雷锋合个影”等网络文明传播活动10多期。

【未成年人思想道德建设】 积极开展九童圆梦、清明祭英烈、学习争做美德少年、童心向党歌咏、向国旗敬礼、纪念红军长征胜利80周年、纪念一二·九运动等活动。在梁平中学举行第五届成人宣誓仪式，县长颁发成人证书并寄语青年学子。筹资17万元举办“柚乡家信·童书家风”第十二届少儿书信比赛，编印《心中的梁平》少儿书信大赛优秀作品集1000册。1部童剧、2首童谣获市级奖项，4人获评市“最美乡村教师”，3人获评市美德少年，1人被评为市十佳孝心少年，2人分别被评为市孝心少年、慈父慈母，柏家镇龙峰村被评为市慈孝村居，梁平获重庆美德少年展示活动优秀组织奖、“寻找重庆慈孝榜样”公益活动优秀组织奖。2人获市乡村学校少年宫优秀负责人、5人获优秀辅导员、2个项目获特色项目称号，梁平被授予“优秀组织奖”。在全市2016年度乡村学校少年宫考评中获得1个一等奖、4个二等奖、6个三等奖，新建乡村学校少年宫1所。大力开展“红樱桃行动”，建立健全“爱在身边”关爱困境儿童工作机制，打造竹海柚乡助学基金、“爱心妈妈”帮扶、“柚乡助学”行动、“爱心联盟”微心愿行动、“四季有爱”大家访等多个关爱困境儿童志愿服务品牌项目。梁平志愿者开展“冬日针爱”活动被人民日报海外版报道。 （区精神文明办）

网言网语·哲理

1.付出真心,才会得到真心,却也可能伤得最彻底。保持距离,才能保护自己,却也注定永远寂寞。

2.不要为那些不愿在你身上花费时间的人浪费你的时间。

3.真正的朋友,并不是在一起就有聊不完的话,而是在一起没有话说,也不会感到尴尬。

4.冷漠,有时候并不是无情,只是一种避免被伤害的工具。

5.对于世界而言,你是一个人。但是对于爱你的人而言,你就是他的全部,整个世界。

政　治

春茶采摘

政　　治

中共重庆市梁平区委

【概况】 中共重庆市梁平区委工作部门有：区纪委、区委办、区委组织部、区委宣传部、区委统战部、区委政法委、区委研究室、区编办；区委部门管理机构有：区委老干局、区信访办；区委直属事业单位有：区委党校、区委党史研究室；区委工作部门管理事业单位有：纪检监察信息中心、公共资源交易中心、党政专用通信网络管理中心、党员教育中心、干部档案管理中心、网络信息中心、新闻中心、广播电视台、民主党派服务中心、法学会、事业单位登记管理局、老年大学和信访信息中心。

2017 年，中共重庆市梁平区委紧密团结在以习近平为核心的党中央周围，在市委的坚强领导下，团结带领和紧紧依靠全区广大党员干部群众，深学笃用习近平新时代中国特色社会主义思想，深入学习宣传贯彻党的十九大精神，认真落实中央决策部署和习近平总书记关于做好重庆当前工作的重要指示精神、视察重庆重要讲话精神，全面落实市委五届三次全会等系列重要会议精神，按照统筹推进“五位一体”（经济建设、政治建设、文化建设、社会建设、生态文明建设，着眼于全面建成小康社会，实现社会主义现代化和中华民族伟大复兴）总体布局和协调推进“四个全面”（全面建成小康社会、全面深化改革、全面依法治国、全面从严治党）战略布局的要求，牢固树立和践行新发展理念，埋头苦干、克难奋进，扎实抓好梁平改革发展稳定和党的建设各项工作，为决胜全面建成小康社会奠定了坚实的基础。

【区委十四届二次全会】 2017 年 11 月 27 日，中国共产党重庆市梁平区第十四届委员会第二次全体会议召开。全会深入学习贯彻党的十九大精神和市委五届三次全会精神，听取和讨论了杨晓云代表区委常委会作的讲话和工作报告，审议通过《中共重庆市梁平区委关于党的十九大精神在梁平落地落实的决定》和全会决议。区委副书记、代理区长蒲继承作《决定（讨论稿）》的说明。全会对区第十四次党代会以来的工作作了总结。

【推进经济建设】 坚持以经济建设为中心、发展是第一要务，坚定不移走生态优先、绿色发展之路，把创新作为引领发展的第一动力，培育发展新优势，加快推进新型工业化、新型城镇化，加快产业创新发展、一二三产业融合发展。

推进工业集群化　加快构建集成电路、生态塑料、智能制造、绿色食品加工等特色产业集群。扎实开展工业经济百日攻坚行动，集中力量招商引资，推动签约项目落地开工，在建项目建成投产，现有企业稳定发展。2017 年共引进工业项目 90 个，利用内资 314 亿元，工业园区建成区面积达 10 平方公里，入园企业突破 200 家，工业集群度达 71.5%、集中度达 65%。

推进农业现代化　加快农业发展方式转变，有序推进全国农村改革试验区建设。下功夫狠抓梁平柚品牌化发展，种植面积达 1 万公顷（其中标准化柚园 1333.3 公顷），年产梁平柚 9 万吨，产值 5 亿元；因地制宜发展生态渔业、优质粮菜。大力发展农村电商，以梁平柚为主的特色农副产品线上线下销售额突破 10 亿元。积极创建国家农产品质量安全区。

推进农旅文旅融合发展　立足梁平区情，充分挖掘田园风光、农耕文明、历史文化等自然人文资源优势，进一步厘清、丰富旅游发展思路，注重农旅文旅融合，加快全域旅游发展。加快双桂田园和百里竹海两大核心景区建设，推进蟠龙蜀道、万石耕春、百年张鸭子、龙滩·中华名柚园等重点景区建设，滑石寨成功创建为国家4A级旅游景区，支持乡村旅游百花齐放、百家争鸣。

加快推进城镇建设　以创建国家卫生区、国家森林城市、国家生态园林城市为抓手，推动新城建设开发、老城综合治理、集镇功能完善，建设现代田园城市、美丽幸福梁平。全区常住人口城镇化率达到43.6%，城市建成区面积达到20平方公里，常住人口达到19万人。双桂新城一期12平方公里全面建成，二期8平方公里有序推进；完成36万平方米棚户区改造，整治违法建筑19.3万平方米，老城区生态修复和城市修补全面展开；不断完善场镇功能，加快推进美丽乡村建设。

加强生态文明建设　扎实抓好中央环保督察反馈意见整改，着力解决突出环境问题，保护好梁平的绿水青山。加快淘汰落后产能，有序推进明月山系28家非煤矿山退出，依法关闭23家烧结砖厂。突出抓好水环境治理，认真落实河长制，推进城镇污水处理设施建设，强力开展龙溪河流域综合整治，关闭搬迁整治畜禽养殖场97家，关停整治污染工业企业49家，依法查办环境违法案件54起。龙溪河等主要河流水质不断改善。持续推进乡风文明，加强农村人居环境整治。

【推进社会文化事业发展】　坚持以人民为中心的发展思想，切实解决人民最关心最直接最现实的利益问题，不断增强人民群众获得感、幸福感、安全感。

深化脱贫攻坚　筹措建立3000万元区级扶贫基金，以巩固提升脱贫成果防返贫、精准施策确保真脱贫、规范管理使用扶贫资金为抓手，对现有652户、1759名贫困人口实行精准“滴灌”，确保脱真贫、真脱贫。

推进民生实事　完成178公里农村联网公路建设，开工建设“一环路”等城市干线公路，积极做好梁（平）开（江）高速、梁平至西沱高速公路建设前期工作，全区路网密度达218.5公里/百平方公里，行政村通客运率达100%。全面开工建设左柏水库、猎神水库。高质量通过全国义务教育发展基本均衡合格区认定，筹资5.5亿元开工建设西南大学附属梁平实验中学、枫叶学校、泰和路小学等10所学校，成功创建全国农村职业教育与成人教育示范区和重庆市学前教育改革发展示范区。区人民医院完成整体迁建投用，正积极创建“三甲”医院，加快区中医院改扩建，区精神卫生中心一期工程投入使用，开工建设区妇女儿童医院，平稳有序推进深化医药卫生体制改革。

维护社会稳定　坚持稳定第一责任，严格落实“党政同责、一岗双责”，牢固树立红线意识和底线思维，常态化抓好各领域安全和风险防控，突出抓好烟花爆竹和煤矿“打非治违”、森林防火、防汛和地质灾害防范，全区连续42个月未发生较大以上安全事故，群众安全感指数继续保持全市前列。科学合理管控债务，及时化解矛盾纠纷。严密防范、严厉打击各类违法犯罪活动，加强应急值班值守。周密安排部署十九大安保维稳工作，切实打好了十九大安保维稳这场硬仗，全区社会大局和谐稳定。

【推进民主法治建设】　加强民主法治，营造充满活力、公平正义的发展环境。坚持党的领导、人民当家做主、依法治区有机统一，大力支持人大及其常委会依法履职，充分发挥人民政协协商民主重要渠道作用，鼓励社会监督和媒体监督，巩固和发展爱国统一战线，坚定不移走中国特色社会主义政治发展道路。不断健全基层党组织领导的基层群众自治制度，强化基层党组织在民主法治建设中的重要作用。总体来看，全面推进依法治区氛围更加浓厚，法治政府建设机制更加完善，权力监督网络更加细密，司法公信力全面提升，社会治理水平全面提高，普法教育宣传覆盖面进一步扩大，全社会尊法学法守法用法的氛围更加浓厚，为改革发展稳定提供了坚强法治保障。

【加强党的建设】 严格落实管党治党政治责任，坚持问题导向，全面加强党的建设。区委常委会班子牢固树立“一盘棋”思想，充分发挥总揽全局、协调各方的领导作用，认真贯彻地方党委工作条例，完善区委工作规则和区委常委会工作规则，严格执行民主集中制，不断提高把方向、谋大局、定政策、促改革的能力和定力，从严从实加强自身建设。抓好中央巡视“回头看”反馈意见整改落实，认真组织开展巡察工作。严肃党内政治生活，严明政治纪律和政治规矩，认真开展“三会一课”（支部党员大会、支部委员会、党小组会、党课）和主题党日活动，常态化制度化抓好“两学一做”（学党章党规、学系列讲话、做合格党员）学习教育。坚持“二十字”（信念坚定、为民服务、勤政务实、敢于担当、清正廉洁）好干部标准，树立正确选人用人导向，做好撤县设区后的干部配备调整工作，坚持严管干部与关心爱护干部相结合，干部队伍的活力、动力进一步激发。分类推进新形势下农村、社区、非公经济组织、社会组织等领域党组织建设，不断巩固和夯实党的执政基础。持之以恒正风肃纪，深入开展党风廉政建设和反腐败斗争，强化监督执纪问责。查处违反中央“八项规定”精神问题16件32人，其中给予党纪政纪处分20人。运用监督执纪“四种形态”处理314人。 （区委办）

重庆市梁平区人大常委会

【概况】 重庆市梁平区第十七届人民代表大会常务委员会（简称梁平区人大常委会）由重庆市梁平区第十七届人民代表大会第一次会议选举产生，共有组成人员35人，其中主任1人，副主任5人，委员29人。常委会机关下设“六委两室”，即：办公室、信访办公室、法制委、财经委、农委、人代工委、预算工委、社事工委，并有梁山街道人大工委、双桂街道人大工委2个派出机构。全区有两级人大组织，包括区人民代表大会及其常务委员会和31个乡镇人民代表大会；有四级人大代表，其中全国人大代表1人，市人大代表22人，区人大代表296人，乡镇人大代表1720人。

【区十七届人大第一次会议】 重庆市梁平区第十七届人民代表大会第一次会议于2017年1月6日至10日在双桂城区行政中心举行。

大会举行了三次全体会议和三次主席团会议，主要听取和审议了梁平县人民政府工作报告、梁平县人大常委会工作报告、梁平县人民法院工作报告、梁平县人民检察院工作报告；审查和批准了梁平县2016年国民经济和社会发展计划执行情况与2017年国民经济和社会发展计划草案的报告、梁平县2016年财政预算执行情况和2017年财政预算草案的报告；通过了关于梁平县人民政府工作报告的决议、关于梁平县2016年国民经济和社会发展计划执行情况及2017年国民经济和社会发展计划的决议、关于梁平县2016年财政预算执行情况和2017年财政预算的决议、关于梁平县人大常委会工作报告的决议、关于梁平县人民法院工作报告的决议、关于梁平县人民检察院工作报告的决议。

大会选举产生了重庆市梁平区第十七届人民代表大会常务委员会，主任郑云山、副主任李志祥、扈先斌、李庆双、屈猛（女）、戴晓稳和29名委员为区人大常委会组成人员；大会选举蒲继承、陈道彬、唐军、唐诗平、胡立（女）、雷旭东、徐勇、邱树洪为重庆市梁平区人民政府副区长；选举石溅泉为重庆市梁平区人民法院院长；选举王鸣隆为重庆市梁平区人民检察院检察长。大会还选举产生了重庆市梁平区第十七届人民代表大会法制委员会、财政经济委员会和农业与农村委员会等三个专门委员会。

【重大事项决定决议】 2017年，梁平区人大常委会依法作出重大事项决定决议9项，分别是关于撤县设区有关事项的决定、关于加快城市一环路等干线公路建设的决定、关于批准2017年梁平区政府债券资金使用方案的决议、关于撤销安胜乡、复平乡、紫照乡设立安胜镇、复平镇、紫照镇有关事项的决定、关于批准2016年区级财政决算的决议、关于重庆市梁平智能制造智慧生活小镇招商引资项目的决定、关于批准2017年区级财政预算调整方案的决议、关于举行梁平区第十七届人民代表大会第二次会议的决定、关于加强区人民检察院提起公益诉讼工作的决定。

【人大监督工作】 梁平区人大常委会依法开展人大监督和执法检查工作，全年听取和审议“一府两院”相关工作报告15项，提出审议意见7项，分别是关于区政府2016年法治政府建设情况报告的审议意见、关于区人民法院基本解决执行难工作情况报告的审议意见、关于区人民检察院侦查监督工作情况报告的审议意见、关于区人民政府办理区十七届人大第一次会议代表议案、建议、批评和意见情况的报告的审议意见、关于2017年1—6月财政预算执行情况报告的审议意见、关于我区2017年1—6月国民经济和社会发展计划执行情况报告的审议意见、关于电子商务进农村综合示范区建设情况的报告的审议意见。

【人事任免】 坚持党管干部和依法任免相统一，全年共审议“一府两院”及本会人事任免职议案18件。颁发干部任命书85人次，其中县政府组成部门主要负责人36人次，常委会办事机构负责人33人次，法检两院副职、庭长、副庭长、审判员等15人次，决定蒲继承为梁平区人民政府代理区长。根据《全国人民代表大会常务委员会关于实行宪法宣誓制度的决定》和《重庆市宪法宣誓实施办法》的相关要求，对所任命人员均举行了宪法宣誓仪式。免职11人次，其中区政府组成部门主要负责人6人次，常委会办事机构负责人3人次，法检两院2人次。接受23名区人大代表辞职，终止2名区人大代表资格，补选12名区人大代表。

【议案、建议办理情况】 梁平区十七届人大第一次会议期间，全区共收到人大代表建议124件（其中议案转建议4件、建议120件）。从内容上划分，涉及城乡基础建设53件（其中：交通22件、水利10件、城镇规划8件、基础建设6件、国土7件），占43%；经济发展31件（其中：发展改革3件、财政金融4件、工业企业7件、农业产业7件、旅游发展5件、商务流通5件），占25%；社会管理20件（其中：市政建设及管理13件、治安管理6件、环境保护1件、工商管理1件），占16%；民生保障16件（其中：教育教学2件、社会养老5件、人社保障6件、文化生活2件、医疗卫生5件），占13%；行政改革4件（其中：干部待遇2件、国有资产管理2件），占3%。

经各承办单位的共同努力，区十七届人大第一次会议的124件建议已全部办理完结并书面答复代表，办结率100%，收到代表反馈《征询意见表》201份，主动向代表电话征询意见34次，其中，对办理工作表示满意、基本满意的124件，占100%，对办理结果表示满意的122件，其中不满意的2件建议，办理单位均与代表进行面对面沟通，并采取了二次办理，最终代表分别表示满意、基本满意。

【人大调研】 按照市人大常委会的统一部署和区人大常委会2017年工作安排，区人大常委会组织成立专题调研检查组，积极配合市人大常委会开展《重庆市国有土地上房屋征收与补偿条例》《重庆市环境保护条例》《重庆市信访条例》等立法、修法调研，对《中华人民共和国固体废物污染环境防治法》《重庆市人口计生条例》实施情况和供销合作社服务“三农”情况开展专题调研。实施法律监督，对《中华人民共和国农业技术推广法》《中华人民共和国城乡规划法》贯彻实施情况进行执法检查，对全区乡风文明建设工作、公安局刑事侦查能力建设、全区公共文化服务现状、审计查出突出问题整改情况进行专题调研，形成调研报告7篇，提出工作意见和建议

28条，有力支持和推动了政府相关工作，为保持和促进全区经济社会建设持续、快速、健康发展做出了积极贡献。

【人大代表工作】 2017年，按照区委的决策部署，紧扣全区改革发展稳定大局，以强化代表履职培训为保障，组织新任区十七届人大代表200余人次参加集中培训，提高代表的履职能力，为开展代表主题活动，促进各级人大代表密切联系人民群众提供了坚强保障。市四届人大代表梁平联系组全年组织开展了4次集中视察活动，4次专题调研活动，撰写市代表视察报告4篇，市代表主题活动工作总结1篇。结合片区的乡镇（街道）人大工作座谈会，指导区乡两级人大代表开展好代表主题活动。区人大代表小组全年组织代表开展集中视察活动97次，参加的代表达到1125人次，其中全年组织代表开展集中视察活动4次以上的有10个代表小组；3次的有11个代表小组；2次的有12个代表小组。

【其他工作】 根据中央、市委和区委的统一安排部署，2017年，区人大常委会党组和机关党组坚持推进“两学一做”学习教育常态化深入化开展，组织全体机关党员认真学习党的十九大精神，深刻领会习近平新时代中国特色社会主义思想的历史地位和丰富内涵，对照《中共中央政治局关于加强和维护党中央集中统一领导的若干规定》《中共中央政治局贯彻落实中央八项规定实施细则》精神，深入查找常委会党组班子和机关党组班子自身存在的问题，全面彻底干净清除孙政才恶劣影响和薄熙来、王立军流毒，在思想上政治上行动上与以习近平为核心的党中央保持高度一致，坚定“四个自信”，增强“四个意识”，做到“四个服从”，进一步提升了做好人大工作的责任感、使命感。

在依法履职的同时，常委会主任、副主任积极参与亿联智慧小镇建设、老城综合治理、一环路建设、“三城同创”、双桂田园综合体建设、重点产业招商引资等全区重点工作，靠前指挥，统筹协调，建言献策，为推进我区重点项目建设、促进重点产业发展作出了积极贡献，受到区委的充分肯定。 （区人大办）

重庆市梁平区人民政府

【概况】 重庆市梁平区人民政府（简称“区政府”），在编人数9人。区政府工作部门27个，派出机构3个，其他机构2个。

2017年，在市委、市政府和区委的坚强领导下，在区人大常委会、区政协的监督和支持下，区政府深学笃用习近平新时代中国特色社会主义思想，深入学习贯彻党的十九大精神，认真落实习近平总书记视察重庆重要讲话精神，坚持稳中求进工作总基调，坚定贯彻新发展理念，按照市委、市政府决策部署和区委要求，着力推进供给侧结构性改革，统筹做好稳增长、促改革、调结构、惠民生、防风险各项工作，较好地完成了区十七届人大一次会议确定的主要目标任务。

【区政府全体会议】

区政府第十七届一次全体会议 2017年4月25日，在区政府常务会议室举行。会议听取了区政府有关部门负责人关于2017年一季度经济形势分析和二季度工作建议，区政府班子成员关于2017年一季度工作总结和二季度工作计划的汇报。

区政府第十七届二次全体会议 2017年12月21日，在行政中心2号楼203会议室举行。会议听取并原则同意区政府办刘明山关于《2018年政府工作报告（送审稿）》，区发展改革委胡晓中关于《梁平区2017年国民经济和社会发展计划执行情况及2018年计划草案（送审稿）》，区财政局唐俊义关于《梁平区2017年财政预算执行情况和2018年财政预算草案（送审稿）》的汇报。会议听取了区政府办滕厚斌关于《中华人民共和国行政复议法》主要内容的汇报。代理区长蒲继承对岁末年初工作进行了安排部署。

【经济发展】 2017年地区生产总值298.1亿元，同比（下同）增长8.9%；工业增加值123.9亿元，增长9.4%；固定资产投资247.6亿元，增长9.6%；一般公共预算收入达21.5亿元，增长10.4%；实现社会消费品零售总额103.2亿元，增长14.3%；常住人口城镇化率44.7%；城镇、农村常住居民人均可支配收入分别达31599元、13671元，增长9%、9.5%；经济社会发展质量呈现稳中向好态势。

致力结构调整，产业发展迈上新台阶 坚持以创新驱动为动力，促进特色工业加快集聚。引进工业项目90个，利用内资314亿元，增长30%；工业园区新入驻企业40户（突破200户），全区规上工业总产值达210亿元。新增国家高新技术企业8家、市级高新技术产品45个，市级高端和新型研发机构各1家。效益农业稳步提升，双桂田园综合体获批市级试点建设；新改建标准化柚园2万亩；改造提质鱼（鳅）池5000亩；建成连片花椒产业带2万亩。土地适度规模经营率提高到40.8%。现代服务业快速发展，帝豪·时代城和梁平南站商业区相继投用，村级电子商务服务点突破200个。滑石古寨获批AAAA级景区，双桂田园桂香人家等相继开园。全年接待游客360万人次，实现旅游总收入13亿元。银行业存贷比突破40%，实现保险业收入5.5亿元，华西证券网上交易结算中心落户梁平。

聚力“三城同创”，城乡面貌呈现新气象 坚持以人为本，统筹推进城乡一体化建设，城镇综合承载能力不断增强。新城开发扩容提速，梁平南站综合枢纽基本建成，城市主次干道、地下综合管廊、地税业务用房等公建项目加快建设。实施植绿增绿，人均绿地面积达36.6平方米。建成窝子溪等一批公园。城市配套设施日臻完善，入驻市场主体1267户，人气商气加快汇聚。老城治理全面启动，新改建城市污水管网55公里，改造老旧小区38个，整治背街小巷80条、违法建筑26万平方米；新建停车场、公厕、菜市场等公共服务设施，居住环境有效改善。集镇整治持续开展，12个乡镇集镇达到“九有六无四化”建设要求。金带、屏锦市级特色小镇和竹山市级全域旅游示范镇创建工作有力有效。

坚持绿色发展，环境改善实现新突破 持续实施环保“五大行动”，城乡环境明显改善。绿色低碳循环发展经济体系逐步构建，实施循环化改造项目10个，单位地区生产总值能耗降低2%，工业固体废弃物、农作物秸秆综合利用率分别超过82%、80%。全面推行“河长制”，水环境质量明显提高。整改销号中央环保督察反馈问题25个，落实措施20项。完善20个乡镇污水管网，实施25个行政村环境综合整治。关停搬迁畜禽养殖场97家，整治烧结砖厂36家，依法查办环境违法案件54起。划定生态保护红线，突出东山、百里竹海等国有林培育管理，实施天然林管护67.8万亩、森林提质3.7万亩、国土绿化5万亩。

聚焦深化改革，区域发展增添新动能 农村改革试点有序推进，完成316个村（社区）集体资产股份合作制改革；农村承包土地经营权抵押贷款余额达7500万元；农村集体产权制度改革等3项经验获农业部肯定。全面完成承担行政职能事业单位改革试点和城市管理体制改革。医药卫生体制改革不断深化，公立医院综合改革顺利实施，医疗联合体运行机制不断健全。“放管服”改革取得明显实效，编制并运行权责清单，完成行政许可标准化建设，群工系统高效运行；全面推行“双随机一公开”抽查监管和“多证合一”等商事制度改革，为企业减负超过1亿元。深化国资国企管理体制改革，40家区属国企整合重组为10家，健全国企“四自”机制，推动实体化发展；探索建立“投融建、借用还”一体化体制机制，规范推进全域旅游、生态环保等领域PPP投融资项目建设。

【社会事业发展】 坚持以群众需求为导向，推进教育、卫生、就业、社保、文化、体育、信访、民族、宗教、妇女、儿童、老龄、残疾人等社会事业稳步发展，扎实做好重点民生实事。深化精准脱贫，实行“双组长”制，落实区级扶贫专项基金3000万元，精准识别贫困组18个，精准脱贫522人，巩固提升9567户28073人脱贫成效，返贫率为零。建成双桂小学知德校区等学校5所。区精神卫生中心一期投用，升级村卫生室60个。城区文化馆图书馆免费开放，原创梁山灯戏《好人邓平寿》实现公演。建成50公里农村公路安保工程，17个行政村开通客运。实现村村通光纤，全域干道通信4G信号全覆盖。保障性住房分配入住3947套，新改造农村危房261户。新增城镇就业1.2万人，城镇登记失业率控制在3.5%以内；城乡居民养老保险、医疗保险参保率均超过96%；低收入群体保障水平稳步提高。推进平安梁平建设，抓实安全生产领域改革，开展大排查大整治大执法专项行动，安全生产事故、死亡人数分别下降25%、28%。深化“七五”普法，群众法治意识和法律素质不断增强，全区信访总量持续下降。加强社会治安综合治理，群众安全感不断提升。

【惠民工程】 坚持以人民为中心，聚焦城乡融合发展和民生改善，实施以治污、通畅、增绿、添设施为主的老城“双修”，开工建设城市一环路及干线公路，改造城市棚户区17.7万平方米。双桂湖国家湿地公园建成开放，区人民医院整体迁建营运。新建农村联网公路100公里。区全民健身中心投用，成功举办区第一届运动会。成功创建国家园林县城、国家生态原产地保护示范区。获批国家绿色村庄6个、中国美丽休闲乡村1个，镇村环境更加干净整洁。龙溪河、新盛河水质从Ⅴ类改善到Ⅲ类，全区河流水质均达到水域功能要求。城乡集中式饮用水源地水质达标率100%。城市污水处理率达95%，生活垃圾无害化处理率达100%。城区空气质量优良天数达326天。

【服务型政府建设】 始终坚持以人为本、执政为民，加快转变政府职能，不断增强执行力、凝聚力、公信力，政府自身建设迈上新台阶。认真落实全面从严治党要求，巩固深化“两学一做”学习教育成果。自觉履行党风廉政建设“一岗双责”，坚决整治“四风”，政风建设取得新成效。坚持依法行政，提请区人大审议议案15件，自觉接受人大、政协监督，认真办理人大代表建议和政协委员提案。严格执行重大行政决策法定程序，健全区政府议事决策机制，不断提升行政决策科学化、民主化、法治化水平。深入实施“互联网+政务服务”，强化行政监察、审计监督和政务督查，加强对公共资金、招标投标等领域监管，政府服务水平和效能明显提升。（区政府办）

政协重庆市梁平区委员会

【概况】 中国人民政治协商会议重庆市梁平区第十四届委员会（简称区政协）有政协委员242名，由中共界、无党派界、共青团界、总工会界、妇联界、工商联界、科协界、台联界、侨联界、文艺界、科技界、经济界、农业界、教育界、医卫界、少数民族界、宗教界、特邀界等18个界别组成。

中国人民政治协商会议重庆市梁平区第十四届常务委员会成员包括主席1名，副主席6名，秘书长1名，常务委员47名。

区政协机关设综合办事机构1个，即区政协办公室；工作机构4个，即区政协提案联络委、经济委、社事文史委、法制城环委；设置直属副处级事业单位1个，即区政协社情民意信息中心。

2017年，区政协常委会在中共重庆市梁平区委的坚强领导下，高举中国特色社会主义伟大旗帜，深学笃用习近平新时代中国特色社会主义思想，深入贯彻中共十九大精神，认真落实中央决策和市委要求，坚持团结民主主题，围绕统筹推进“五位一体”总体布局和协调推进“四个全面”战略布局，紧扣全区中心工作，认真履行政治协商、民主监督、参政议政职能，充分发挥社会主义协商民主重要渠道和专门机构作用，为推动梁平经济社会发展和决胜全面建成小康社会作出了积极贡献。

【全体委员会议】　区政协十四届一次会议，于2017年1月5日至1月9日在城区举行。

会议听取和审议了县政协第十三届常务委员会工作报告和县政协第十三届常务委员会提案工作报告；全体委员列席了重庆市梁平区第十七届人民代表大会第一次会议，听取了蒲继承所作的《政府工作报告》。

会议按照《中国人民政治协商会议章程》的规定，选举产生了政协重庆市梁平区第十四届委员会主席、副主席、秘书长和常务委员。周仁胜当选为政协重庆市梁平区第十四届委员会主席，廖文宪、陈命安、王峻波、蒋明书、唐天敏、周毅当选区政协副主席，谭佐祥当选区政协秘书长，王文波等39人当选为区政协常务委员。

会议期间，大会秘书处共收到212件提案（其中集体提案23件），经认真审查，决定立案182件（转作意见26件，转为社情民意信息4件），立案率85.8%。

【常务委员会会议】

第1次会议　1月9日，区政协十四届1次常委会举行。

会议宣布了区政协党组关于区政协各委室临时负责人的决定。

区政协机关不是政协常委的区管领导干部列席会议。

第2次会议　3月30日，区政协十四届2次常委会议召开。

会议传达学习全国政协十二届五次会议精神，审议通过区政协副秘书长以及办公室、各专委会负责人名单，审议通过全体会议工作规则、常委会议工作规则、专门委员会工作通则、提案工作规则、反映社情民意信息工作规则、调研视察工作规则、委员履职工作规则、委员履职考核办法、联系委员制度和区政协2017年工作要点。

会议指出，要认真学习贯彻全国“两会”精神，牢固树立“四个意识”，更加自觉地坚持中国共产党的领导，更加紧密地团结在以习近平为核心的中共中央周围，更加坚定地贯彻落实中共中央的各项决策部署。要准确把握人民政协民主监督的性质定位、根本原则、工作重点、方式方法，加强和改进人民政协民主监督工作。要切实遵守、自觉执行政协章程和区政协各项工作制度，推动政协工作规范化、程序化。

会议强调，要切实发挥好政协专委会的基础作用、委员的主体作用、界别的代表作用、机关的服务作用，抓好政协工作要点的落实，扎实开展好调研、视察、协商、监督、议政等各项履职工作，团结和带领各族各界人士为实现区第十四次党代会确定的目标而努力奋斗。

区委组织部负责人、区纪委派驻区政协机关纪检组组长、区政协机关不是常委的政协委员、副调研员列席会议。

第3次会议　8月8日，区政协召开十四届3次常委会议召开。

会议传达学习习近平总书记“7·26”重要讲话精神、全区半年经济工作会议精神，通报上半年全区经济社会发展情况及下半年工作安排，部分常委会组成人员围绕学习内容进行了发言，并审议通过人事任免有关事项。区委书记杨晓云出席会议并讲话，区政协主席周仁胜对贯彻落实会议精神进行安排。区委常委、区政府常务副区长陈道彬到会并通报相关情况。区政协副主席廖文宪主持会议。

区委办、区政府办、区委组织部负责人，区纪委派驻区政协机关纪检组组长，区政协机关不是常委的政协委员、副厅级干部、调研员、副调研员列席会议。

第4次会议　12月12日，区政协召开十四届第4次常委会议。

会议专题协商梁平区乡村旅游发展工作，区旅游局、区发展改革委、区农委、区商务局、区国土房管局、区城乡建委等部门汇报了乡村旅游发展情况，区政协调研组、政协常委围绕乡村旅游发展直言不讳找问题、提建议，形成了《关于加快乡村旅游发展的协商意见》，供区政府决策参考。

会议还通报了重庆市梁平区智能制造智慧生

活小镇招商引资项目、梁平区创新驱动暨特色工业发展、工业百日攻坚行动、精准扶贫工作、现代商贸服务业发展、政协2017年度提案办理等情况，听取并分组讨论审议通过《政协重庆市梁平区委员会关于认真学习宣传贯彻中共十九大精神的意见》。

区发展改革委、区经济信息委、区农委、区商务局、区科委、区国土房管局、区城乡建委、区旅游局等部门负责人列席会议。

【主席会议】

第1次会议　1月9日下午，区政协十四届第一次主席会议召开。

会议通报了区政协党组关于各委室临时负责人的决定。

会议还研究了周仁胜代表区政协党组和主席会议向区政协十四届常委会组成人员提出的增强"四个意识"、做政治上的明白人，围绕中心履职、做助推发展的带头人，发挥三大作用、做政协委员的领头雁的要求，希望常委会组成人员发挥表率作用，自觉履职，努力助推全区经济社会发展。

第2次会议　2月16日，区政协十四届第二次主席会议召开。

会议审议并原则同意《政协重庆市梁平区委员会机关（区政协综合办事机构、工作机构）主要职责、内设机构和人员编制方案》，提交区编委审定。

会议审议通过区政协领导班子成员工作分工事宜，决定主席、党组书记主持区政协全面工作；副主席廖文宪负责区政协常务工作，分管提案联络委；副主席陈命安分管法制城环委；副主席王峻波分管区政协办公室；副主席蒋明书分管区政协经济委；副主席唐天敏分管区政协社情民意信息中心；副主席周毅分管区政协社事文史委；秘书长谭佐祥负责区政协机关工作，协助副主席王峻波分管区政协办公室。

会议初步研究了区政协2017年度视察、调研、协商、重点提案督办等工作，待进一步完善后，提交第三次主席会议研究并报区委审定。

第3次会议　2月27日，区政协召开第三次主席会。

会议学习习近平总书记在省部级主要领导干部学习贯彻六中全会精神研讨班上和中共中央政治局第三十九次集体学习会议上的重要讲话精神，审议区政协2017年工作要点、重点提案目录等。

第4次会议　3月21日，区政协十四届第四次主席会议召开。

会议学习了习近平总书记2月21日在中央政治局会议上的重要讲话精神、习近平总书记3月4日在看望参加全国政协十二届五次会议的民进农工党九三学社委员时的重要讲话精神、全国政协十二届五次会议精神、中央关于领导干部报告个人有关事项规定和领导干部个人有关事项报告查核结果处理办法的有关精神，传达了中纪委关于六起落实全面从严治党主体责任和监督责任不力被问责典型案例的通报。

会议审议了区政协办公室、各专门委员会负责人人选名单，同意提请区政协十四届2次常委会审议。

会议审议了全体会议工作规则、常委会议工作规则、专门委员会工作通则、提案工作规则、反映社情民意信息工作规则、调研视察工作规则、委员履职工作规则、委员履职考核办法、委员联系工作规则以及区政协2017年工作要点，同意提请区政协十四届2次常委会审议。会议审议通过了主席会议工作规则、秘书长会议工作规则。

第5次会议　6月5日，区政协十四届委员会第六次主席会议召开。

会议现场视察龙溪河流域梁平段水环境治理工作，以实际行动助推全区生态环境建设。

当天，主席会议成员先后到梁山街道、双桂街道、云龙镇、荫平镇、屏锦镇等地部分河段，通过实地查看、听取汇报等方式，详细了解了龙溪河流域梁平段沿线部分乡镇水环境治理、保护等情况。

第 6 次会议　8 月 2 日，区政协十四届委员会第六次主席会议召开。

会议组织学习了习近平总书记“7·26”重要讲话精神。会议要求，要把学习领会“7·26”讲话作为当前重大政治任务。

会议要求，要学习贯彻好杨晓云书记、蒲继承区长的讲话精神，把半年经济工作会议精神作为当前和今后区政协工作的总遵循和总要求；要围绕中心、履职尽责，确保履职方向、履职重点与区委、区政府工作重点同频共振、同向发力，努力以新业绩新气象迎接党的十九大胜利召开。

会议通报了《区委办区政府办关于进一步规范办理领导干部外出请假和报备工作有关事项的通知》文件精神，要求区政协各市管干部外出必须按通知要求严格执行请假报备制度，区管干部参照执行。

会议确立了区政协有关工作制度。一是碰头会议制度。区政协主席、副主席、秘书长每周五上午九点召开碰头会议，互通工作信息，研究工作举措，除参加区委、区政府主要领导召集的会议或全区重要会议、活动外，原则上不得请假。二是沟通汇报制度。各专委会要积极主动向分管副主席做好工作汇报，涉及有关事项、有关文件要严格按程序汇报、送签。三是提前谋划好工作。梁平撤县设区后，对政协工作提出了新要求，要及早谋划筹备明年初政协全体会议的大会发言等工作。

会议审议了《区政协十四届委员会各专门委员会委员名单》。

第 7 次会议　9 月 29 日，区政协十四届委员会第七次主席会议召开。

会议传达学习了市政协四届第三十一次常委会、区县政协工作经验交流会精神和近期区委常委会精神。会议要求，要按照中央精神和市委要求，做学习上的带头人、政治上的明白人、事业上的实干家、为民服务的贴心人、廉政上的规矩人，深入做好迎接党的十九大胜利召开和学习宣传贯彻党的十九大精神各项准备工作，发挥好人民政协作用，为加快梁平发展贡献力量。

会议审议通过了《政协重庆市梁平区委员会提案办理协商办法》，听取了今年以来文史资料收集工作汇报，安排布置了当前重点工作。会议研究同意了十四届一次会议闭会期间提案《关于加快建设黑山羊养殖基地的建议》的立案。

第 8 次会议　10 月 31 日，区政协十四届委员会第八次主席会议召开。

会议传达学习了党的十九大精神和市委书记陈敏尔在全市领导干部大会上传达学习党的十九大精神的讲话精神。

会议通报了区政协关于督办 2017 年度重点提案办理的相关筹备工作。会议要求，中央、市委对开展重点提案督办和民主评议工作有着明确的要求，要按照工作安排，由分管主席牵头，相关委室做好各项筹备工作，重点对督办和民主评议重点提案的时间地点、参加人员、视察活动、汇报材料等进行细化落实，确保顺利完成此项工作。

会议还通报了今年区政协各项工作的推进情况。会议要求，要对表 2017 年区政协工作要点安排，逐项查漏补缺，有力有序推进各项工作。特别对部分欠时序的重点工作，要认真谋划、加快进度，确保完成全年目标任务。

第 9 次会议　11 月 23 日，主席周仁胜主持召开区政协十四届委员会第九次主席会议，副主席廖文宪、王峻波、蒋明书、唐天敏、周毅，秘书长谭佐祥参加会议。

会议深入贯彻党的十九大精神，传达学习市委五届三次全会精神，审议通过了区政协十四届第四次常委会议程。会议要求，区政协党组和主席会议成员要按照市委五届三次全会要求，深入学习贯彻党的十九大精神，牢固树立“四个意识”，切实做到思想上充分信赖、政治上坚决维护、组织上自觉服从、感情上深刻认同、行动上始终跟随，努力把十九大精神全面落实在梁平大地上。

会议还安排布置了区政协岁末年初各项重点工作。会议要求，要以党的十九大精神为指导，按照即将召开的区委十四届二次全委会的要求，抓好“双桂田园综合体”和“一环路”视察、“三城同创”专题协商、民生实事办理座谈会等各项工作，认真总结今年工作谋划明年工作，努力推动政协工作再上新台阶、再创新业绩。

第10次会议　12月11日，区政协十四届委员会第十次主席会议召开，现场视察双桂田园综合体和“一环路”建设情况。

当天，主席会议成员实地察看了双桂田园综合体和“一环路”建设情况，与项目业主进行深入交流，对基础设施建设、项目规划设计、环境整治等工作提出了要求。在随后召开的座谈会上，与会人员听取了双桂田园指挥部工作情况汇报，充分肯定双桂田园景区建设行动快、效果好。

第11次会议　12月12日，区政协十四届委员会第十一次主席会议召开。

会议传达学习了区委十四届二次全会精神，研究了区政协2018年度重点工作。

第12次会议　12月29日，区政协十四届委员会第十二次主席会议召开。

会议通报了区委有关政协重庆市梁平区十四届二次全体会议的批复，听取了政协重庆市梁平区十四届二次会议筹备情况汇报。审议了关于召开政协重庆市梁平区十四届二次全体会议的决定（草案）；审议了政协重庆市梁平区十四届二次全体会议议程、日程（草案），秘书处秘书长、副秘书长名单（草案），提案委员会成员名单（草案），特邀、列席人员范围（草案），执行主席编组名单、主持人名单（草案），提案截止时间的决定（草案）；审议了政协重庆市梁平区第十四届委员会常务委员会工作报告（草案），政协重庆市梁平区第十四届委员会常务委员会关于十四届一次全体会议以来提案工作情况的报告（草案）。

会议审议了政协重庆市梁平区十四届二次全体会议各讨论小组（联组）及召集人名单（草案）。

会议审定了政协重庆市梁平区十四届二次全体会议大会发言名单；审定了2017年度优秀提案、优秀社情民意信息（草案），决定表彰《关于推进城市精细化管理的建议》等12件提案为区政协2017年度优秀提案，《关于加强电动三轮车管理的建议》等10件社情民意信息为区政协2017年度优秀社情民意信息。

会议还审议了政协重庆市梁平区第十四届委员会第5次常委会议程（草案）。

【协商议政】　注重发挥人民政协的协商民主重要渠道和专门协商机构作用，聚焦改革发展稳定的重要问题，广泛开展民主协商。五年来，积极参与全市“十三五”规划、全面深化改革、全面依法治市和五大功能区建设等协商活动，代表渝东片区在市政协常委专题协商会上就加快渝东旅游发展、统筹城乡综合配套改革作大会发言。县政协全体会议围绕“一府两院”工作报告广泛协商；县政协常委会就我县“十三五”规划建议开展专题协商，社会各界围绕“十三五”时期的目标任务、发展思路、实现路径、主要措施等踊跃建言；就左柏水库建设开展专题协商，市政协主要领导带领市发改委、市水利局等部门负责人莅梁实地考察、充分协商，共同推动了左柏水库开工建设，实现了梁平人民的夙愿；围绕特色工业发展、效益农业发展、生态文明建设、城市规划建设、法制建设等开展协商，汇聚了各方智慧，为党政科学决策提供了参考。

【专题调研】　紧扣区委区政府高度重视、人民群众普遍关心的问题，组织政协委员深入实际、深入基层、深入群众开展调查研究。五年来，形成专题调研报告20余篇。积极参与融入长江经济带、高铁时代旅游发展、成渝万高铁经济走廊建设、构建渝东综合交通体系、页岩气勘探开发等专题调研，为全市区域经济发展建言献策，得到了市领导和市级相关部门肯定。集成电路产业发展、环保产业发展、统筹城乡发展、百里竹海旅游景区开发、水产业发展等多篇调研报告得到区委、区政府主要领导批示，有关部门认真落实，多项意见、建议被吸纳，转化成为推动产业转型升级、促进经济发展的有力措施。

【提案办理】 五年来，各党派团体、各族各界人士围绕全县经济社会发展，提出提案843件，区委、区政府、区政协领导督办了塑料产业发展、集成电路产业发展、城市棚户区改造、农村水环境治理、农村公路建设管理、特色农业产业发展等50余件重点提案，区委、区政府主要领导年年带头督办重点提案，带动全县各级各部门认真办理，有力地推动了一批事关全县经济发展大局和事关民生实事的重要事项、重点工程的顺利实施，得到了人民群众的一致好评。

【社情民意】 围绕道路互联互通、交通拥堵治理、分级诊疗服务、农村饮水安全、农村面源污染治理等提出提案、编发社情民意信息，促使一批人民群众普遍关注的热点、难点问题及时得到解决。五年来，涉及民生方面提案立案并办理360余件，编发涉及民生方面的社情民意信息60余期，30余篇信息被全国政协、市政协及有关部门回复和采纳，多篇信息得到市政协及区委、区政府领导批示，有力推动了惠民政策的落实。

【文史工作】 在市政协举办书画摄影展。参与承办和策划双桂堂建寺360周年暨破山祖师纪念会、来知德儒学思想国际研讨会等活动。编辑出版《梁平文化史话》。

【机关建设】 努力建设“学习型、服务型、创新型、和谐型、节约型”机关，不断加强机关思想建设、组织建设、作风建设，积极开展群众路线教育实践活动、“三严三实”专题教育、“两学一做”学习教育，切实加强制度建设和信息化建设，开通梁平政协网，建立委员履职服务平台，机关干部的政治觉悟和服务意识进一步增强，政协机关成为加强委员联络、增进委员友谊、服务委员履职的委员之家。 （区政协办）

纪 检 监 察

【概况】 中国共产党重庆市梁平区纪律检查委员会机关与重庆市梁平区监察局合署办公，实行一套工作机构，两个机关名称的体制，履行党的纪律检查和政府行政监察两种职能，对区委、区政府和市纪委、市监察局全面负责。2017年，区纪委监察局有内设机构11个（另区委巡察办设在区纪委），下属事业单位1个，人员编制37个（行政编制28个、事业编制7个、工勤编制2个）。区纪委委员21名，区一级党和国家机关设置派驻纪检组21个。

2017年，在市纪委、市监察局和区委、区政府的坚强领导下，坚守“专责”职能定位，认真履行监督执纪问责职责，扎实开展党风廉政建设和反腐败各项工作，坚定不移推进全面从严治党，取得明显成效。

【深学笃用习近平新时代中国特色社会主义思想】

学懂弄通做实党的十九大精神 印发《区纪委机关支部学习贯彻十九大精神实施方案》和《区纪委组织学习〈习近平七年知青岁月〉工作方案》，采取自学、集中学、撰写心得体会等方式读原著、悟原理。区纪委常委会牢固树立“四个意识”，依托“两学一做”学习教育，班子成员逐一轮流走上“纪检微课堂”讲台，紧紧围绕党章修正案、党的十九大报告、习近平新时代中国特色社会主义思想和中央纪委工作报告原文带领全体干部再学习、再领会、反复学、深入学，切实把党的十九大精神转化为做好全区纪检监察工作的强大精神动力和科学理论指导。

严明政治纪律和政治规矩 通过创办政务微信《莲花微报》、制作《永远在路上》电视栏目等方式，教育引导广大党员干部坚决、全面、主动、自觉地在思想上政治上行动上同以习近平同志为核心的党中央保持高度一致。加强对执行党的路线方针政策和决议情况的监督检查，重点对

全区2017年“10＋12＋3”重大项目中的36个重点项目推进情况进行专项督查。制定出台《重庆市梁平区非煤矿山关闭工作五项规定》，对在河长制工作、污水管网建设工作、新城建设中的慢作为情形进行严肃问责，坚决纠正和查处上有政策、下有对策，有令不行、有禁不止，欺骗组织、对抗组织等行为。

严肃党内政治生活　严格执行《关于新形势下党内政治生活的若干准则》，抓严抓实全区党的组织生活。紧紧扭住民主集中制这个核心，加强对党政机关领导班子主要负责人不直接分管人财物、“三重一大”事项集体决策、末位发言等制度执行情况的监督检查。从讲政治的高度去审视、警戒违反党的纪律的行为，坚决反对搞两面派、做两面人，深挖孙政才、薄熙来等反面典型的思想根源和政治根源，坚决肃清孙政才恶劣影响和薄熙来、王立军流毒，努力营造风清气正的政治生态。

【政治责任】

量化分解定责，防止责任虚化。协助区委制定印发《梁平区区领导和区级部门2017年党风廉政建设和反腐败分工责任制》，将党风廉政建设18项工作任务分解落实到13名牵头区领导和22个责任部门，进一步压实区委主体责任。制定印发《区纪委机关贯彻落实2017年党风廉政建设和反腐败工作任务分工方案》，将党风廉政建设和反腐败工作细化分解为7大共性目标和32项个性目标，并逐一落实到区纪委机关各室部，切实种好纪委监督“责任田”。

“一案双查”追责，防止问责口号化。精准用好问责这个利器，严格执行《重庆市实施〈中国共产党问责条例〉办法》，全年对20件案件中37名相关责任人落实全面从严治党责任不力的情形进行问责，有力释放“有权必有责、有责要担当、失责必追究”的强烈信号。

【作风建设】　立规明责形成硬约束。紧盯无视中央“八项规定”精神、公款吃喝潜入地下等老大难问题，从公务接待的主体、方式、地点等方面划定纪律红线。扎实开展深入落实中央八项规定精神和坚决整治“四风”以及深入开展群众身边的不正之风和腐败问题“两个专项整治行动”，明确对在“两个专项整治行动”中不宣传、不发动、不部署，自查自纠不认真、不负责，问题线索不报告、不处置，整改措施不到位、不彻底的，一律严肃追究责任，既追究党委（党组）的主体责任、纪检组织的监督责任又追究分管领导的领导责任。

摸排线索坚决出实招。按照自查自纠、现场抽查、提出问题、督促整改的方式，对全区独立核算的机关事业单位开展违规发放津补贴问题专项检查行动。制定印发《开展异地交叉摸排问题线索工作方案》，以“三查一核五问”为手段，结合专项整治行动重点领域，对全区各单位各部门开展全面深入摸排，主动发现问题线索。

执纪审查坚持动真格。坚持力度不减、节奏不变、尺度不松，严查快办各种顶风违纪行为，不讲特殊、不搞下不为例，坚决遏制“四风”问题反弹回潮。2017年，共查处违反中央八项规定精神问题18件36人，给予党纪政纪处分24人；查处发生在群众身边的不正之风和腐败问题28件46人，给予党纪政纪处分26人。

【体制机制改革】

提升政治巡察“震慑力”。建立健全巡察工作体制机制，制定《十四届区委巡察工作规划》。坚持政治巡察定位，聚焦坚持党的领导、加强党的建设、全面从严治党，将“发现问题，形成震慑”作为主要任务，有效发挥政治巡察“显微镜”和“探照灯”作用。

提升派驻机构“监督力”。严格执行纪检干部准入办法，严把派驻纪检组干部入口关，严格落实纪检监察干部“忠诚、干净、担当”的要求和“敢于监督、善于监督”标准，选优配强派驻纪检组工作力量。制定印发《中共重庆市梁平区纪委派驻机构监督执纪问责实施细则（试行）》《关于区纪委派驻纪检组行文有关事项的通知》。

健全完善派驻纪检组工作督办制度，要求各派驻纪检组按月报送工作计划、工作小结和纪检组成员遵守纪律规矩情况。

监察体制改革试点工作进入“施工期”。认真组织学习党中央关于深化国家监察体制改革试点工作决策部署，严格落实市委、市纪委和区委要求，在思想上政治上行动上同以习近平为核心的党中央保持高度一致。严格按照市委要求，结合梁平实际制定《重庆市梁平区深化国家监察体制改革试点工作实施方案》《中共重庆市梁平区纪律检查委员会重庆市梁平区监察委员会主要职责、内设机构和人员编制方案》《重庆市梁平区深化国家监察体制改革试点工作检察机关涉及转隶部门人员转隶工作方案》。制定各成员单位履责任务清单，将各项试点工作责任落实到人，明确各成员单位在区委领导下组织实施具体工作，加强各成员单位之间沟通协调，各司其职、各负其责，形成推动改革工作的强大合力。

【反腐败工作】

咬耳扯袖、红脸出汗，增强不想腐的思想自觉。对撤县设区后新提拔、平级转任的418名区管干部进行集中约谈，要求他们做到在政治上、廉洁上、作风上、担当上不出问题，把讲政治守规矩放在首要位置，始终保持清醒的头脑、牢记使命担当、坚守纪律底线、当好清廉表率。组织规划、建委、国土等部门100余名重点岗位干部旁听区公安局基层派出所涉嫌违纪违法为他人办理证件案的庭审过程。制定印发《践行“第一种形态”五个一活动方案》，要求有干部职工受到党纪政纪处分的单位充分运用纪律处分成果开展一次警示教育、一次谈心谈话、一次违纪苗头排查、一次组织生活会以及签订一份守纪承诺的“五个一”活动。

减少存量、遏制增量，强化不敢腐的持续震慑。2017年，区纪委共受理群众来信来访来电以及网络举报529件次，属检举控告类352件次，其中重复举报120件次，反映县处级领导干部69件。初核违纪线索240件，了结225件，谈话函询24件；立案审查违纪违法案件103件126人；结案101件，处分125人，其中党纪处分116人，政纪处分26人，双重处分17人。运用监督执纪“四种形态”处理314人，其中，第一种形态274人，占比67.7%；第二种形态78人，占比19.2%；第三种形态43人，占比10.6%；第四种形态10人，占比2.5%。

【队伍建设】

实施三项日常监管制度。一是严格请示报告制度。制定印发《中共重庆市梁平区纪委班子成员和基层纪检监察组织请示报告工作制度（试行）》，梳理细化9项全面工作情况、5项专题工作情况、5项发现问题情况和3个重大事项的请示报告内容。二是建立机关干部家访制度。制定印发《中共重庆市梁平区纪委机关职工家访暂行办法》，采取登门入户的访谈方式，深入了解受访职工家庭、家风，受访职工业余爱好、生活圈、朋友圈以及受访职工家庭存在的实际困难等情况，认真听取受访职工家属对纪检监察工作、加强党员教育管理监督等方面的意见建议，并对受访职工家属开展廉政教育提醒。三是健全纪委委员履责制度。制定印发《中共重庆市梁平区纪委关于进一步发挥区纪委委员作用的意见》，通过明确工作职责、建立工作制度、强化考核考评，推动区纪委委员履职尽责，回归职务本位。

扎实开展“四个一”队伍建设活动。开展一次严格的党性教育。组织召开党性分析专题组织生活会，52名基层纪检组织负责人在会上重温入党誓词，逐一进行深刻的党性分析，切实教育引导区管纪检干部牢固树立“四个意识”，坚定理想信念，坚守政治担当。开展一次系统的业务培训。组织全区120余名纪检干部开展以“监督执纪问责”为重点的业务培训，培训时长为一周。组织一次全面的能力测试。着重检测纪检干部党内法规知识和执纪审查能力，全区104名纪检干部参加考试，合格率达95%。建立一套完备的工作制度。制定印发《梁平区执纪审查安全工作“十五必须十五不准”》，落实纪检机关问责制度，规范并严格执行执纪审查审批程序和执纪审查组组长负责制度。

严肃查处违纪违规行为。坚持“零容忍”态度，严格核查反映纪检干部的问题线索，提高纪检干部“被监督”意识。2017 年，67 名区管纪检干部向区纪委报告了个人有关事项，1 名区管纪检干部因贯彻执行请假报告制度不力被警示约谈，并在全区纪检系统通报批评，2 名纪检干部因不如实报告个人有关事项被给予诫勉谈话。3 名纪检干部因开会迟到被通报批评，5 名纪检干部因履行监督责任不力被予以问责处理。

（区纪委）

组织工作

【概况】 中共重庆市梁平区委组织部是梁平区委负责组织、干部和人才工作的职能部门，内设 8 个科室，含办公室、干部一科、干部二科、人才科、干部教育科、干部监督科、组织一科、组织二科等；下属 2 个事业单位：区委党员教育中心（副处级事业单位）和区干部档案管理中心（正科级事业单位）。区委非公经济和社会组织党建工作委员会与区委组织部合署办公，下设非公工委综合科；区委直属机关工作委员会为挂牌机构，无人员编制。区委考核办公室设在区委组织部。

【十九大精神学习贯彻】 印发《全区各级党组织认真做好党的十九大精神学习宣传工作的通知》，明确学习要求、学习规则和学习方式等内容，通过党委（党组）理论学习中心组学习会、专题组织生活会、党员大会等会议，采取集中学习、专题研讨等方式，组织党员干部原原本本学、逐字逐句学、全员覆盖学。重点做好对基层党组织书记、“第一书记”和基层党务工作者学习情况的抽查检查，督促抓实抓好习近平新时代中国特色社会思想和党的十九大精神的学习，示范引领广大党员干部群众真正学懂弄通做实。依托市委党校举办的市管领导干部学习贯彻党的十九大精神专题培训班，通过视频连线，组织全区 600 余名市管副职领导干部和县处级领导干部分 4 期参加集中视频培训。各乡镇（街道）、区级部门结合自身实际，举办党的十九大精神专题培训示范班，按照管理党员 10% 左右的比例集中培训骨干党员，辐射带动广大党员积极深入学习；组织各级党组织书记围绕学习贯彻党的十九大精神，为基层党员上好专题党课；结合“三会一课”、支部主题党日等组织生活，依托党员远程教育等平台，每月列出具体学习主题，组织基层党员读原著、学原文、悟原理，坚持不懈地学习党的十九大精神。

【“两学一做”学习教育】 把学而懂、学而信、学而用作为衡量学习效果的基本标尺，推动“两学一做”学习教育常态化制度化。在学上深化拓展。将学习党章党规和习近平总书记系列重要讲话精神作为“必修课”，分专题细化必学篇目、列出研讨题目、推荐自学书目，推动各级党组织开展集中学习讨论 1.8 万余次。在改上深化拓展。坚持问题导向，认真组织基层党组织和党员干部查改在思想、作风方面存在的问题。迅速组织全区各级党组织坚决肃清孙政才恶劣影响和薄熙来、王立军流毒，营造风清气正的良好政治生态。在督上深化拓展。把“两学一做”学习教育情况作为评判党组织及书记履行管党治党责任的重要依据，对抓党建工作不力的责任人进行约谈，对抓党建不力的镇街书记进行调整。区委 12 个党建工作督导组，通过“定期指导 + 专项督查”方式，开展季度督查，先后参加督导单位“三会一课”、支部“主题党日”等组织生活 130 余次。在促上深化拓展。建立组织生活计划报备、活动纪实、现场指导、评价考核等制度，配套印发《党支部工作手册》《党员领导干部政治生活提醒卡》等资料，分领域分层级对组织生活进行规范。确定每月 10 日为支部“主题党日”活动日，明确集中学习、民主议事、党员讲微党课等 11 项内容，推动将中央的重大决策部署、市委的重要文件会议、区委的精神要求等认真落地落实。

【领导干部选任工作】 全面贯彻习近平总书记“二十字”好干部标准，既坚持事业发展需要与干部成长需要相结合，又以事业发展为上，把好干部及时发现出来、合理使用起来。一是坚持把政治标准放在首位，注重选拔牢固树立“四个意识”，坚定“四个自信”，坚决维护以习近平为核心的党中央权威和集中统一领导、全面贯彻执行党的理论和路线方针政策、忠诚干净担当的干部。二是坚持“知事识人、以事择人”，从事业需要出发，注重在改革创新、攻坚克难和艰苦环境中考察识别干部。从各级领导班子和干部队伍建设实际和经济社会发展需要出发，选拔合适干部。三是将干部的专长、潜质等与各地各单位的区域特点、资源禀赋、重点任务反复对比，选拔懂行、在行、内行的高素质专业化干部。四是注重选拔在重点工作实践中摸爬滚打、砥砺磨炼、实绩突出的干部，在艰苦复杂岗位干事，经过多岗位锻炼、经验丰富的干部。2017 年撤县设区后对区级部门（单位）、乡镇（街道）原县管领导干部进行了调整，提拔使用区管领导干部 473 名，其中区管正职领导干部 178 人、副职领导干部 295 人。同时，对标中央《防止干部“带病提拔”意见》《党委（党组）讨论决定干部任免事项守则》等规定要求，先后制定实施《干部选拔全程纪实操作细则》《处级非领导职务晋升方案》《规范科级领导职务干部选拔任用工作》等规范性文件。

【干部教育监督】 把年轻干部培养选拔的目标任务细化为具体的举措和项目，选派 6 名部门干部到乡镇（街道）任职、86 名乡镇干部到区级机关挂（任）职，丰富经历阅历、提升能力水平。以提升干部服务发展、改善民生、改革稳定能力为目标，开展特色工业、电子商务、生态文明建设、效益农业等专题培训，分层分级分类培训干部 6892 人次，推动全区 2087 名公务员全员参加重庆干部网络学院学习。按照“凡提必核”要求，重点抽查干部个人有关事项报告 338 人，处理存在瞒报问题的干部 46 人；坚持离任审计和任中审计相结合，对 14 个单位、21 名党政主要领导进行审计。畅通信访监测、举报渠道，接待群众来访 18 人次，处理涉组涉干信访案件 14 件。加强干部人事档案日常管理，任前审核干部人事档案 5000 余人次，补充各类档案 1000 余份。积极协调公安、人社、工商等部门，认真做好科级干部调整后出国境备案和规范公务员辞去公职后从业行为等工作。

【人才工作】 积极落实《重庆市促进科技成果转化股权和分红激励若干规定》《重庆市促进科技成果转化股权和分红激励实施办法》等文件要求，出台《梁平区创新驱动奖扶办法（试行）》（梁平府办发〔2017〕20 号），对从事企业管理、科技研发、市场营销的高层次人才，给予税收奖励，对高层次人才在梁创办科技型企业，给予创业资助和种子基金无息贷款支持。围绕集成电路、智能家居、生态塑料、绿色食品加工等产业项目，通过发挥院士工作站作用，深化与科研机构合作，汇聚高层次人才 25 名。组织实施区内企业用工招聘会、区外人才招聘会，促使 1200 余人与区内企业达成意向性就业协议。以企业为主体，以需求为导向，通过联络服务、指导帮助和规范激励等方式，创建创新创业团队 3 个。以科技研发项目、成果转化项目和市区人才精品项目为纽带，通过与电子科技大学、西南大学、东北大学、重庆大学等高校院所深度合作，创建申报“重庆平伟伏特集成电路封测应用产业研究院有限公司”“重庆巨源阿洛一新材料开发有限公司”等新型高端研发机构 5 家，研发各类新产品 21 个。选派市、区级科技特派员 80 名，深入基层开展技术服务，助推全区农业产业发展。按照市人社局各项文件要求，做好相应职务聘任及职称评审缺额申报工作，2017 年新聘任中高级职称人员 479 名，其中：正高级 6 名、副高级 164 名、中级 309 名。积极推进名教师工程，新创建梁平区中小学教师工作坊 8 个。

【基层组织建设】 坚持抓重点、补短板、提质量、上水平，深入推进基层党建重点任务落实。落实第一书记、驻村工作队和帮扶责任人责任，聚焦10个市级贫困村、18个市级贫困组、“四类人员”和新增贫困人口精准帮扶。合理安排党建工作经费2000余万元，健全完善基层服务体系；坚持找准症结，“一支一策”定措施，整顿软弱涣散党组织45个。逐步提高村（社区）干部待遇和村级组织运转经费，每年新增5000多万元。组建国企（金融）服务中心党委，设立国企基层党委4个，理顺国企党建工作领导体制；建立党建纪实工作制度，规范机关党组织生活，切实解决“灯下黑”问题；持续巩固提升非公经济和社会组织党组织“两个覆盖”，2017年度覆盖率分别达到85.54%、76.39%，组建率均为100%；在职权下放、资源下沉、统筹推进上用力，17个城市社区建立以党组织为核心，辖区各单位各行业互联互动的城市党建联动体系；严格党员发展和党员教育管理，处理违规发展党员问题3例，通报“三会一课”制度执行不到位党组织15个，全覆盖培训基层党组织书记1630人；印发《关于加强和规范党费工作的通知》，规范党费管理使用；管好用好群工系统、“12371”党建信息平台，推进信息技术在基层党建工作中的有效运用。

【党员发展教育管理】 2017年，全区共发展党员297名，其中35岁及以下党员206人，占69.3%，较上年增加3个百分点；大专及以上学历191人，占64.3%，较上年增加11个百分点；女党员127名，占42.7%，较上年增加11.4个百分点。2017年区管党费收入5303443.41元，支出3021327.6元，其中下拨下级党组织1278055.6元。走访慰问老党员、生活困难党员慰问资金134.726万元。向239名生活困难党员发放党内互助金72.4万元。发放党龄在40年以上未享受相关社会养老保险政策补贴的农村老党员和未享受离退休待遇的城镇老党员生活补贴943.892万元，全区共有7088名老党员享受补贴。组织开展党代表主题调研，落实区党代表工作经费保障机制，2017年为303名区党代表发放工作经费75.75万元。全区党员群众通过远程教育终端站点参学率连续12个月达100%。

【自身建设】 贯彻全面从严治党要求，打造讲政治、精业务、严制度、重服务的模范部门、过硬队伍，不断提升组织工作科学化水平。把坚定理想信念作为强化组工干部思想政治教育的头等大事，引导组工干部始终忠于党、忠于人民、忠于马克思主义信仰，带头维护习近平总书记在党中央和全党的核心地位，带头学习贯彻习近平新时代中国特色社会主义思想，自觉在思想上政治上行动上同以习近平为核心的党中央保持高度一致。抓实“两学一做”学习教育，严格按照党内组织生活的相关规定要求，通过专题部务会部、机关支部大会和党小组会对习近平总书记系列重要讲话和党章进行跟进学习，引导全体组工干部始终保持革命精神和革命斗志，时刻对照合格党员标准、对照好干部标准检身正己，用实际行动让党员干部群众感受到理想信念的强大力量。加强部机关支部建设，制定完善部机关“三会一课”“组织生活会”“支部学习”等7个制度，明确了严肃支部组织生活的35项具体内容措施，全年召开部机关组织生活会3次。推行“主题调研月”，以科室为单位到村（社区）、企业等基层单位调研，针对调研中发现的问题，提出具体解决措施，鼓励勤学多思。实行年度工作要点责任制，通过一月一通报、半年一总结、年底一考评的考评机制，推动各项工作落实。抓好廉洁教育，提高组工干部的自重觉悟，严守中央八项规定和市委实施意见精神，严守组织人事纪律，做到按本色做人、按角色办事，管住小节、守住底线，防止特权思想，以及跑风漏气、说情打招呼、为他人“站台”等违纪违法行为。支持驻部纪检组认真履职，让组工干部习惯在受监督和约束的环境中工作生活。

（区委组织部）

宣 传 工 作

【概况】 中共梁平区委宣传部为区委主管全县意识形态工作的综合职能部门，内设精神文明建设委员会办公室和5个职能科室，分别为文明办、文明建设科、办公室、理论科、宣教科、新闻科。机关行政编制为14名。区委网络安全和信息化领导小组办公室（挂区互联网信息办公室、区委对外宣传办公室牌子）设在区委宣传部。

2017年，梁平区宣传思想文化工作以迎接党的十九大和学习宣传党的十九大精神为主线，全力推进理论武装、舆论引导、对外宣传、价值引领、文化发展，营造了昂扬向上、团结奋进、锐意创新的浓厚氛围，为加快梁平经济社会发展提供了强大的精神动力、思想保证、舆论支持和文化条件。

【理论武装工作】

一是全面深化理论学习。办好“梁平大讲堂”，组织好区委理论学习中心组集中学习。下发中心组学习规则、基层党支部集中学习方案，编印《学习小辞典——习近平总书记系列重要讲话精神名词解释》5000余册在全区发放，赠阅党的十九大精神相关图书、《全面从严治党面对面》《习近平谈治国理政》（第二卷）等7万余册。推进全区学习型党组织建设，培育示范点2个。举办全区宣传思想文化系统理论培训班，收到良好效果。

二是生动开展理论宣讲。组织区委宣讲团、“六进”宣讲队、“榜样面对面”宣讲队，深入企业、农村、机关、学校、社区、军营、网络，多种形式开展党的十九大精神宣讲1200余场次。组建300余支共2000余人的农民宣讲队伍，深入农户家庭、田间地头宣讲。持续开展“理论龙门阵”五提升活动，举办“名嘴进百家”宣讲比赛。袁驿镇“古家河”宣讲团被评为全市基层理论宣讲先进集体。圆满完成党报党刊征订工作。

三是不断加强理论调研。积极开展课题调研，《重庆市基层群众精神文化需求调查》获得全市“年度优秀调研报告”第一名，宣传部被评为“先进单位”。区委中心组成员多篇理论调研文章在《重庆日报》《当代党员》等报刊发表。

四是牢牢把控意识形态。严格落实意识形态工作责任制，区委常委会听取汇报12次，专题研究5次，召开联席会议4次，分析研判工作中的重点、难点问题和解决措施。完善形成了“1+9”意识形态工作制度体系。建立意识形态场所数据库，签订敏感场所管控责任书50余份，每月定期巡查各类场所。全年意识形态工作领域无责任事故、无负面影响。

【舆论引导工作】

一是精心策划，持续讲好梁平故事。围绕党的十九大和全区重点工作，报台网等媒体策划推出专题专栏200余个。《梁平日报》多篇报道、言论得到《重庆报刊审读》高度评价。多部电视作品、新闻报道获国家级、市级奖，其中一篇新闻报道获第二十七届中国新闻奖三等奖，乡风文明新闻报道上了《人民日报》头条。成功承办全市“好记者讲好故事”片区赛，一名记者作为全市区县唯一代表，参加了全国比赛并荣获“优秀选手”称号，并受到中国记协通报表彰。

二是整合资源，推进媒体融合发展。《梁平报》升级改版为《梁平日报》。“梁平微发布”关注数达26万，发布数稳居全市第一；阅读量、点赞数位居区县前三；“家在梁平”APP下载量和注册量双双突破20万，多月获评全市“十佳新闻客户端”，视频直播成效显著，单条点击量突破80万，被新华社作为典型案例在全市通报表扬。@微播梁平全年发布微博8600余条，发布数、原创数保持区县前三，被市里转发17条，上榜优秀微博1条。区电视台获全市广电媒体融合发展创新奖，梁平手机台总浏览量突破300万，栏目单条点击量、月浏览量均在全市名列前茅。重新开播运行梁平人民广播电台。重庆有线数字信息平台“全域重庆·柚香梁平”成功上线运行。全力以赴完成党的十九大等重大安全保障任务，没有发生一起安全播出事故。

三是狠抓管制，打造清朗网络空间。健全完善《网络舆情管理办法》《重大以上突发事件舆论导控办法》《媒体约谈通报机制》，签订《网络安全责任书》《自媒体管理工作责任书》《跟帖评论自律管理承诺书》，多次约谈区内社会媒体负责人，下达网站整改通知书37份，清理关停违规网站14家，清理网络政治类谣言和有害信息300余条。组织开展网络安全专项检查以及宣传教育，对全区网信系统200余人进行了网络安全应急演练培训，网络应急处置能力不断提高。在本地私人网络平台设置正能量议题310余个。网络问政回复办结率排名全市前五。

【文化艺术工作】

一是基础设施日臻完善。全民健身中心投入使用，推进新区体育馆游泳馆建设，启动博物馆建设，完成文图两馆改扩建并正式向公众免费开放。箩斗寨中央广播电视节目无线数字化覆盖工程顺利通过市级验收。

二是文艺创作成果丰硕。修改完善《梁平区优秀文艺作品创作扶持和奖励办法》。组织开展双桂湖国家湿地公园摄影征文大赛、“双桂田园·竹韵柚香”摄影大赛等，举办多场作品研讨会和改稿会。多部美术、摄影作品，多首原创歌曲获市级奖项。多部梁山灯戏走进万盛等区县巡演。梁山灯戏《你的手我的眼》获市“五个一工程”奖，《好人邓平寿》好评如潮，即将公演，力争冲击全国“五个一工程奖”。

三是文化活动亮点纷呈。举办2017年春晚、“跨越——图说梁平五年辉煌成就展”，常态化开展柚乡群众大舞台“周周讲·月月演”活动，组织“渝州大舞台”送文化下乡演出，开展文化服务进村活动1400场。举办多场喜迎十九大诗歌朗诵音乐会、写生作品巡展和宣传文化系统学习贯彻十九大精神文艺演出。成功举办区第一届运动会，开幕式气势磅礴，震撼心灵，凝聚人心、鼓舞斗志，得到市体育局，区委、区政府和社会各界的充分肯定、广泛赞誉，被通报嘉奖。开展传统文化进校园活动，《实施“163”工程推动传统文化进校园》被作为基层典型案例上报中宣部。区梁山灯戏团获得第七届全国服务农民、服务基层文化建设先进集体荣誉。

四是文化产业蓬勃发展。开展文化消费季活动，累计向市民提供文化惠民消费礼包180万元，免费提供8000余册图书和400余件手工艺品，向市民发放现金优惠券30余万元。加大培育快速成长型小微企业10家，培育年营业收入超5000万元的民营文化企业“小巨人”3家。

【对外宣传工作】

一是全方位开展新闻外宣。积极参与“把习总书记的重要讲话精神落实在重庆大地上”“还看今朝——重庆篇”等媒体采访活动。开展啤酒节、“创新驱动区县行”等主题采访活动和外宣活动。制定多条采访线，策划召开新闻发布会8场。在中央及市级媒体刊播正面新闻报道2000余条。

二是多平台推介城市形象。打造柚花节、采柚节等对外宣传品牌活动，组织开展梁平柚五省市推介会、“彩铃梁平”等城市形象宣传活动6次。在市级报台网强势推介梁平形象，刊播城市形象宣传广告、图片集。创新推出《行走梁平 感知梁平》电视诗文专栏，深受欢迎。

三是广范围参加对外交流。非遗传承人徐家辉代表重庆到英国参加文化交流、癞子锣鼓代表重庆到陕西展演，组织梁平木版年画、梁平竹帘等传承人到成都、苏州、上海等地参加非物质文化交流，受到好评。

【文联工作】

一是队伍建设。顺利完成区文联换届工作，指导各协会完成协会换届改选，优化完善了各协会领导班子结构；成立传统戏曲协会，会员由712人增加到1008人。

二是文艺活动。举办“彭敏诗歌作品朗诵音乐会”“柚乡歌声”专题音乐会、“喜迎十九大.

共圆中国梦．诗歌朗诵音乐会”等多场文艺活动；认真组织开展学习贯彻党的十九大“六进”文艺宣传活动，用文艺的形式讴歌党、讴歌祖国、讴歌人民、讴歌英雄、讴歌新时代，宣传党的十九大精神。

三是采风活动。开展“双桂田园．竹韵柚香”梁平双桂堂写生、“走进梁平竹山”写生，到百里竹海、蟠龙蜀道、中华名柚园、铁门开展创作采风30余次，创作文学作品29万字、摄影作品200余件、美术作品30余件、书法作品300余件。举办庆祝重庆直辖20周年“行走梁平　感知梁平”电视诗文大赛、双桂湖国家湿地公园摄影征文大赛、“双桂田园·竹韵柚香”摄影大赛，组织参加“我爱重庆·精彩一日百万人拍重庆”摄影比赛，多件作品获奖参展。

四是作品研讨。举办长篇小说《逃离乡村》《花开龙门镇》、散文集《时光碎片》文学作品改稿会，《时光的记忆》《常乐诗词曲赋选》作品研讨会，获市文联、市作协肯定。

【社科联工作】

一是积极发挥“娘家人”作用，社团服务内畅外联。在区委领导和区委宣传部的关心下，将社科联所属社团的工作经费纳入区财政预算，保证了各社团活动的正常开展。严把学会审批、换届关，与民政局联合开展学会清理工作，密切配合做好年检工作。根据各社科团体的综合能力和活动开展情况，评定星级标准，构建起了社科联团体会员综合考核、动态调整、能进能出的制度机制，积极扶持优秀社团，整改提高落后社团。此外，进一步加强区内哲学社会科学类论坛讲座的管理，先后建立了“全区哲学社会科学类论坛、讲座、报告会、研讨会申报备案机制”，出台“全区哲学社会科学类讲座论坛场所内部管理流程”，建立“全区社科类讲座论坛场所”数据库，及时跟踪各社团各类学会学术活动，跟班到现场做好监管工作，进一步完善了场所管控机制，全面落实管控责任。

二是积极发挥“火炬手”作用，社科普及有声有色。全年围绕“党的十九大精神”和“乡风文明建设”等主题，积极打造服务品牌。针对基层社科普及的特点，打造了社科普及“十微宣教法”“1+X”社科知识微宣讲等特色活动、《学习小辞典——习近平总书记系列重要讲话精神名词解释》《且歌且行　微讲梁平》等科普读物和年度科普活动周等服务品牌，拟写了一批基层宣讲稿，创作了一首坝坝舞歌曲，编排了一台梁山灯戏，常态化深入社区、学校、企业等开展宣讲活动，活动现场发放宣传单和书籍，并通过有奖问答、微信微博分享有奖等形式增加活动趣味性，受到广大群众的欢迎。同时，按照群团改革工作的要求，将社科普及工作由“大众化”向“精准化”积极转变，以“税务学会”“国际税收研究会”等专业志愿者为主体组建科普小分队，开展“税收宣传月——科普知识进企业进社区进校园”系列活动。进一步增强社科工作的针对性和实效性。区的社科普及工作也得到市社科联的高度肯定，社科联主席彭莱、原秘书长屈刚先后被评为“全国社科普及工作先进个人”。

三是创新发挥“思想库”作用，社科研究稳中有进。积极探索“互联网+”工作模式，结合我区“群团之家”网站建设，探索建立集社科类课题选题征集、项目申报、成果发布、政策宣传、权益维护、学术活动、社科普及等功能为一体的综合服务平台。及时准确发布涉及社科工作者切身利益和学科研究方面的信息，尤其做好项目申报、成果评奖等方面的信息发布工作；团结区内社科工作者，主动在网上传播正能量、发出好声音，壮大网上主流思想舆论；连续4年承担了市级社科研究课题，并圆满完成了研究任务，课题成果先后多次获得市委领导的批示。今年，区社科联围绕区内重点工作和市社科联的重点工作任务，积极组织区内社科人士开展课题研究，目前即将结题。

同时，区社科联按照《章程》规定，圆满完成了换届和主席换选工作；在区委改革办的指导下，圆满完成了群团改革的各项工作任务。

（区委宣传部）

统 战 工 作

【概况】 中共重庆市梁平区委统战部是区委开展统一战线工作的专职工作机构，内设办公室、党外人士科、民宗侨台科、经济科4个科室，下属事业单位民主党派服务中心1个。现有人员编制13名，其中行政编制9名，事业编制2名，工勤人员2名。

2017年，在市委统战部的精心指导下，在区委的正确领导下，深入学习贯彻党的十九大、中央统战工作会议精神，深入学习贯彻习近平新时代中国特色社会主义思想，特别是视察重庆重要讲话及统一战线重要思想，深入贯彻落实《中国共产党统一战线工作条例（试行）》以及市委实施意见，紧紧围绕全区中心工作，结合梁平统战实际，团结拼搏、锐意进取，创造性地开展统战工作。

【教育引导工作】

重要会议及文件学习　组织全区统战系统以及统战成员专题学习党的十九大精神，专题学习习近平新时代中国特色社会主义思想，深入学习习近平总书记视察重庆时的重要讲话精神。通过学习，进一步增强了维护以习近平总书记为核心的党中央权威和集中统一领导的自觉性，增强“四个意识”，增强统一战线成员“五个认同”，坚定听党话、跟党走的信念，形成最大“公约数”，画出最大“同心圆”。全年召开两次统战工作会议，各乡镇（街道）主要负责人、宣传统战委员，区级各部门主要负责人、分管领导参加会议，分别学习传达了党的十九大精神、习近平新时代中国特色社会主义思想以及市委五届三次全会精神。

理想信念教育实践活动　邀请国家科技部副主任、调研室主任、研究员、中国城市经济学会中小城市经济发展委员会副主任胥和平为梁平区300名非公企业家作了《坚持创新驱动，加快转型发展》专题讲座，为非公企业创新发展、转型升级把脉定向，不断增强对社会主义的道路自信、理论自信、制度自信、文化自信。

统一战线理论教学工作　会同区委组织部将统一战线理论政策纳入专题培训班调训计划并督促落实，区委党校、区行政学校和区社会主义学院举办的11个主体班次和其他班次都将统一战线理论政策课程作为必修课纳入教学计划，并邀请区政协主席、统战部部长等区级领导及市社院专家为学员授课。会同区教委督促各试点学校将《梁平区中小学生统战知识简明读本》（小学、初中、高中版）所需课时列入教学计划，并配备兼职教师讲授。同时，成立读本使用督导小组，到各试点学校现场观摩听课，召开座谈会，听取学校领导、老师和学生对读本的意见建议，编写老师再针对问题修订读本，于今年秋季向全区各中小学免费发放。

【民宗侨台工作】

民宗领域稳定工作　深入贯彻落实全国全市宗教工作会议精神。区委常委会专题传达学习全市宗教工作会议精神，研究梁平区宗教相关工作。印发《关于加强和改进新形势下宗教工作的实施意见》，建立民族宗教工作联席会议制度，召开全区宗教工作会议，对全国全市宗教工作会议精神集中学习，并就加强和改进新形势下全区宗教工作进行了安排布置。不断提高宗教工作法治化水平。大力推进宗教活动场所、宗教教职人员水、电、气、视、讯、交通、网络、社保等基础保障全覆盖，认真了解少数民族宗教需求，推进宗教事务纳入社会公共事务管理。做好双桂堂修缮配套、基督教福音堂迁建及天主教神职楼新建工程的规划布局和风貌设计，加强宗教中国化引导。按照“是什么性质就按什么性质依法及时公正处理”的原则，采取联合执法和综合执法的形式，妥善取缔4处非法传教活动点。着力解决宗教领域突出问题。开展基层宗教工作调研，针对宗教领域存在宗教教职人员整体素质不高、基督教私设聚会点、佛教领域商业化、宗教活动场所管理力度不够等方面的问题，逐一核实形成问题清单，分析原因找准症结，明确责任单位，制定措施加强整改，使大部分共性问题得到改善，基层宗教工作力量得到加强。

宗教团体自身建设　全面提升宗教团体桥梁纽带作用。大力支持区佛教协会、区天主教爱国会、区基督教三自爱国会加强自身建设，协助建立健全各项规章制度，落实必要的工作人员、办公场所和工作经费，不断加强宗教团体作为党和政府联系宗教界的桥梁纽带作用。区佛教协会、区天主教爱国会均已落实办公场所和工作人员，区基督教三自爱国会设立了迁建期间临时办公点。同时，区财政为每个爱国宗教团体安排专项办公经费2万元，并逐步提高。不断规范宗教活动场所管理。建立退出机制、备案机制及定期上报宗教教职人员名单，进一步规范宗教教职人员认定和主要教职任职管理。深入开展“两乱一私设”清理整顿专项工作，对虎城镇乱建寺庙进行制止，对竹山镇“观音洞”制度不健全、管理混乱进行规范，对梁山街道、双桂街道、合兴镇、明达镇、云龙镇等地私设聚会点进行整治。积极开展和谐寺观教堂创建活动，推进宗教活动场所管理民主化，教风得到进一步好转，财务、税收管理更加规范。深入开展安全隐患排查整治活动，发现一起整治一起，确保宗教活动场所安全稳定。

加强党对宗教工作的领导　切实加强和改进党对宗教工作的领导，履行宗教工作主体责任，区委主要负责人作为宗教工作第一责任人，亲自过问、亲自布置宗教工作，对宗教领域的重大问题把关定向稳妥处置。区委常委会专题研究宗教工作，将宗教工作纳入社会治安综合治理网格化管理范畴，纳入区级部门和乡镇（街道）领导班子考核评价体系。区财政将宗教事务所需经费纳入常年预算，用于宗教界人士教育培训、宗教活动场所安全演练、宗教团体办公费用等。

对台侨务工作　2017年“珍珠班”毕业45名学生，一本30人，二本15人，三本2人，本科上线率100%。受资助的刘丽娜同学，更是获得了我区理科第一名的好成绩。积极协调梁平区回龙镇云阳闽商侨心小学建设工作，目前该项目工程建设完工，并投入使用，已招收了6个班的学生就读。积极组织参加由中国侨联、全国台联、《人民日报》海外版、中国国际广播电台、中央电视台、《快乐作文》杂志社等单位主办的18届世界华人学生作文大赛，今年共有6篇征文获奖，其中二等奖3名、三等奖3名，区侨联获得了优秀组织奖。南非华侨何艺女士捐资5万元用于梁平中学校园文化建设；侨眷王大希捐资3万元用于区非遗文化传承。

【民主党派工作】

政党协商计划　与区各民主党派、工商联、无党派人士代表多次商讨协商议题，会同区委办制定《重庆市梁平区2017年政党协商计划》，重点围绕“城镇污水管网建设与投运情况”“金融支持实体经济发展”“乡风文明建设”“区委全委会文件”“区政府工作报告”五个议题进行调研协商，并从相关部门抽调工作人员协助民主党派、工商联、无党派人士代表成立调研协商组，围绕“创新、协调、绿色、开放、共享”五大发展理念进行调研协商，形成调研报告经我部批转，区财政局、环保局等十余家单位对政党协商调研报告的意见进行落实与反馈。

民主党派组织建设　2017年向区财政申请拨付5万元办公室装修经费和10万元工作经费，为加强民主党派组织建设创造条件。

【党外人士工作】

教育培训　组织党外代表人士开展中国特色社会主义理论体系和社会主义核心价值体系理论培训，全年开展宗教人士培训班、党外代表人士个性化培训班、非公经济人士培训班、政协委员培训班，实现党外代表人士培训“全覆盖”，突出政治学习，强化思想认同，保持正确的政治方向。

个性化培养　制订了年度工作方案，动态物色调整充实了个性化培养名单，落实了挂职锻炼、政治培训、轮岗交流、安排使用等个性化培养措施，进一步推进了党外代表人士队伍建设，不断提高全区党外代表人士队伍建设质量。

党外人士政治、实职安排 安排党外人大办公室副主任1名，市党外人大代表占比44.44%，党外人大常委占比34.29%，党外人大代表占比35.69%；安排党外政协专委会主任1名，党外政协常委占比66.7%，党外政协委员占比60.2%；政府工作部门配备党外领导干部14名，其中党外正职1名；法院和检察院领导班子均配备党外领导干部；选派1名党外代表人士到万州区挂职锻炼。

联谊交友 制订《区级领导联系党外人士制度》，开展区级党员领导干部与党外代表人士暑期谈心活动，落实区级党员领导干部与党外代表人士联谊交友及“一对一”帮带制度，切实加强对党外代表人士的政治引导、思想疏导、工作指导，巩固共同思想政治基础。

民主监督 会同区纪委制订《梁平区党外代表人士履行党风廉政建设和反腐败民主监督职能的工作方案》，在23个相关部门安排党外代表人士担任特约监督人员，并建立完善了廉政工作情况通报制度、特约监督人员工作制度、专项工作检查参与制度、政风行风评议参与制度等工作制度。

党外知识分子工作 把知联会分成医卫组、教育组、农业组、新阶层组、综合组，组织引导知联会成员开展送医下乡、送教下乡、送科技下乡、送法下乡进企、扶贫济困等活动，受到社会好评。先后推荐10余名党外知识分子担任民主监督员，为其拓宽民主监督渠道、发挥专业优势特长参与社会治理提供重要保障，有效增强了社会责任感和使命感。

【经济统战工作】

优化非公经济发展环境 非公经济人士评价职能部门工作有序推进。按照《关于印发重庆市梁平区非公经济人士评价职能部门考核办法的通知》（梁平委〔2017〕10号）精神，积极做好《非公经济人士评价职能部门实施方案》和“两代表一委员”相关数据库建立等前期筹备工作。组织园区企业代表和区党代表、区人大代表、区政协委员中的非公经济代表人士近60人，对全区具有行政审批职能的37个部门的服务态度、服务质量、依法行政、政策落实、廉洁自律等情况进行了集中测评，测评结果已上报区考核办，将作为这些职能部门年终考核的重要依据。

干部进民企促发展 组织召开了干部进民企促发展活动第三批总结暨第四批启动会，对第三批干部进民企促发展活动开展情况进行了总结，对第四批干部进民企促发展活动进行了安排部署，并于7月召开了第四批10名被选派到企业挂职服务的干部半年座谈会，交流汇报半年来服务企业取得的成效、存在的问题和下半年服务措施。挂职干部用实实在在的服务行动，使企业深切感受到党和政府的关心，赢得了挂职企业的一致好评，为区构建“亲”“清”新型政商关系起到了示范引领作用。

“梁商看镇乡”活动 组织多名会员企业负责人赴安胜乡实地参观考察了万亩湿地公园项目规划情况，赴屏锦学习参观考察烟花爆竹企业转型发展的重庆富野食品科技有限公司、天宝山生态茶叶生产种植情况。区总商会副会长、重庆瑞丰米业有限责任公司董事长熊代福与安胜乡签订了“千亩绿色水稻种植项目”。

专题协商 开展《金融支持实体经济发展》政党协商专题调研活动，组织区民建支部会员、无党派代表人士和区财政局、区金融机构负责人赴江津、云阳学习借鉴2个区县金融支持实体经济发展的先进经验。对标找差，走访企业，全面收集掌握区金融支持实体经济发展方面存在的主要问题，形成《梁平区金融支持实体经济发展调研报告》，为区金融支持实体经济发展提出更为科学合理、操作性强的对策建议。（区委统战部）

机构编制

【概况】 梁平区机构编制委员会办公室现有机关行政编制4名、机关后勤服务人员编制1名，实有人员10名，核配领导3名。

2017年8月，撤销梁平区事业单位登记管理局，其承担的事业单位登记的行政许可、处罚和检查等行政职能划转区编办，由新设的事业单位登记管理科承担，保留重庆市梁平区事业单位登记管理局牌子。重庆市梁平区事业单位登记管理局4名参公人员整体划转到区编办。2016年度机构编制工作被市编办考核等次为第一名。

【行政体制改革】

行政审批制度改革　一是加大涉行政审批中介服务事项的清理规范力度，清理并公布了50项区级行政审批中介服务事项。二是加快行政许可标准化建设。围绕行政许可事项、流程、服务、受理场所与管理、监督检查评价五个方面扎实开展标准化工作。及时调整公开行政许可事项清单，并逐项明确了事项名称、实施机关、设定依据和适用范围等内容。根据流程图编制要求，规范使用了处理符号、流线符号以及特殊符号，并清晰地体现出了行政许可“受理、审查、决定”三大环节。

重点领域体制改革　一是统筹推进综合行政执法改革。结合承担行政职能事业单位改革试点工作，全面清理规范了履行行政执法职能事业单位职责，在交通、农业、城乡建设等重点领域组织实施了部门内综合执法改革，整合执法职能和执法力量，充实现有执法队伍，组建了综合执法队伍。二是积极推进纪律检查体制和国家监察体制改革。按照时间节点要求，积极做好派驻纪检组人员编制划转、机构设置调整等工作，全力助推纪委派驻机构全覆盖；详细摸排了涉改部门的相关职能及编制、内设机构、领导职数等情况，并积极对接区纪委监委的“三定”拟定事宜，为下一步平稳转隶、推进改革做好了准备工作。三是着力推进基层安全生产监管体制改革。厘清了区级部门安全生产监管职责，进一步优化了内设机构设置，落实了责任主体，强化安全监管职能；将乡镇（街道）安全生产监督管理办公室（科）由挂牌机构调整为独立设置的综合办事机构，明确了监管工作具体任务，并按乡镇类别配备了安全监管执法人员，基本形成了“横向到边、纵向到底”的安全生产监管体系。

撤县设区后续工作　一是印发了机构设置指导文件。二是完成了党政群机关及乡镇（街道）“三定”文件的修订完善工作。三是完成了事业单位的机构规格调整报批和“九定”文件的修订完善。四是配合机关事业单位完成了印章刻制和吊牌的更换工作。五是完成了县乡行政编制层级调整工作。

【机构编制管理】

控编减编工作　一是机构设置注重“控”，严禁新设行政类事业单位和经营类事业单位，确需设立的，坚持“撤一建一、合并设立、挂牌设立”。二是编制核定注重“挖”，打破单位编制终身制，实行“弱减强增、内部调剂”，力保民生重点领域需求。三是人员配备注重“效”，合理制定编制使用计划，确保“人尽其用”。

实名制管理　持续开展机构编制核查工作，落实专人负责实名制数据库的信息维护；完善了出入编办理流程，及时更新数据台账，确保了机构编制信息的真实性、完整性和时效性。

【事业单位分类改革】　梁平作为重庆市承担行政职能事业单位改革试点区，对改革试点工作精心组织、大胆探索、扎实推进，较好地完成了改革试点工作。一是做实职能清理规范。除学校、医院外，对168个区级事业单位进行了职能清理，将49个事业单位承担的1227项行政权力全部调整规范到位。二是落实方案不走样。按照批复的改革路径，完成了18个试点单位的机构编制调整事项，撤并整合后减少事业单位23个，规范了8个事业单位的名称称谓。三是妥善安置涉改人员。按照“人随事走”和“老人老办法、新人新政策”的原则，对258名涉改人员全部安置到位，涉改单位72名领导干部消化完成，未出现超编人员。通过改革，实现了“行政职能全面回归，机构总量有所减少”，进一步完善了职能配置、优化了组织结构、规范了政府运行。

【事业单位登记管理】 做好事业单位登记管理制度改革，全面实施网上登记管理。全年办理设立登记12件，变更登记790件，注销登记26件，补领2件；年度报告公示452件，加强事业单位日常监管，拟定《事业单位法人公示信息抽查流程》，对全区10个事业单位法人公示信息进行了实地核查。

党政群机关统一社会信用代码证书换发85件。（区编办）

人事人才工作

【概况】 重庆市梁平区人力资源和社会保障局为区政府工作部门，机关行政编制为25名，后勤服务人员事业编制为1名。设12个内设机构，分别是：办公室、政策法规科、公务员管理科、专业技术人员管理科、人力资源管理科、就业促进与劳务开发科、工资福利科、社会保障科、监督监察科、基金监督科、计划财务科、信息建设管理科。局属事业单位6个，分别是：区社会保险局、区就业和人才服务局、区劳动人事争议调解中心、区劳动保障监察支队、区人事档案管理服务中心、区退休干部活动中心。

【公务员队伍建设】 2017年上半年公开招录公务员（参公人员）26名；2017年下半年公开招录公务员（参公人员）7名；从优秀村（社区）干部中考试录用公务员3名；从2014年选聘大学生村干部中考试录用公务员6名。做好全区机关事业单位科级领导、非领导职务备案工作，已完成备案正科级（相似正科级）456人、副科级（相似副科级）257人，主任科员129人、副主任科员38人。完成2016年年度考核工作，给予485名同志嘉奖、56名同志记三等功。组织41人参加新录用公务员初任培训。积极开展2017年“重庆市人民好公仆”推荐活动，配合有关部门做好各项奖励表彰的推荐活动。

【专业技术人才队伍建设】 完成公开招聘教育事业单位工作人员、基层教育事业单位从基层订单培养计划人员中考核招聘、农村订单定向医学类大学毕业生考核招聘共282名（其中研究生6名），完成考核考核招聘基层医疗卫生机构紧缺实用专业技术人员和属地化医学类专科生20人，完成考核招聘卫生事业单位工作人员53名（其中研究生16名）考核工作，完成下半年公招及从2014年选聘大学生村干部中定向招聘乡镇（街道）事业单位工作共招聘93人。开展遴选（选聘）城区机关事业单位工作人员2次，遴选（选聘）机关事业工作人员28名。招募6名“三支一扶”大学生。

【事业单位人事管理工作】 完成166个乡镇（街道）事业单位及100多个区级部门事业单位的岗位设置调整工作。2017年新聘任中高级职称人员479名，其中：正高级6名、副高级164名、中级309名。完成了2016年高级职称评审通过人员的证书办理等工作，为362名见习期满大中专毕业生确定了专业技术职务任职（职称），向各高评委共推荐送评正高级11人，副高级194人，委托评审中级专业技术职务5人，教师系列中初级专业技术职务评审通过123人（其中：中级120人，初级3人），工程系列中初级专业技术职务评审通过38人（其中：中级29人，初级9人）。

【技能人才队伍建设】 托各民办学校，围绕全区重点产业发展搞好职业技能培训，开展包括服务业、制造业等10余大类近100个小项的培训，基本满足了不同领域劳动者的职业培训需要。于10月17日，在区工商职业培训学院举行2017年“柚乡杯”首届餐饮服务业技能提升活动开班仪式，来自名豪酒店、戴斯酒店、冲锋餐饮等50余家餐饮企业的120余名员工参加活动。此次活动以“提高服务技能、提升服务水平、推动行业发展”为主题，精心安排餐饮服务技能理论培训、实操培训、技能大赛、职业资格鉴定、培训工作总结及表彰5项内容，旨在通过活动搭建学员学习知识、掌握技能、提高素质的平台，为进一步做好梁平创建国家食品安全示范城市夯实基础，切实提高全区餐饮是的服务水平，塑造文明礼貌职业新形象。

【工资福利与退管服务】 及时了解周边区县平时考核调标和事业单位绩效工资高出部分核定的实施情况，为区领导决策当好参谋。及时审批撤县设区后机关事业单位工作人员职务（岗位）变动增加工资，及职位序列变化重新确定工资。全面贯彻落实各项补丁政策，审核兑现2016年度机关及参公事业单位工作人员年终一次奖金和2017年度应休未休假人员工资报酬，并牵头完善了梁平区事业单位绩效工资实施方案。认定工龄142人次，及时确定工龄认定后工资待遇。按政策规定保质完成各项特殊津贴的审批工作。2017年共办理退休150余人（不含教委），抓好退休职工两个待遇的落实，让“六个老有”充分得到体现。定期召开退休干部代表座谈会，了解他们的政治待遇、经济待遇落实情况，适时督查各单位执行情况。组织开展了宣传、表演、竞技比赛等活动，全年自行举办比赛、表演23次，出席县级及以上比赛22次、630人参赛，获得7银、5铜奖牌。

【转业干部安置】 接收2017年自主择业军队转业干部7名；计划安置军转干部3名（其中1名团职由组织部安置）；自主择业军转干随军家属安置1名。完成148名企业军转干部2017年生活困难补贴调标及重大节日慰问工作。（区人社局）

老干部工作

【概况】 2017年，梁平区老干部局有行政编制4人，事业编制2人（活动中心），实有在职职工5人。老年大学于12月底移交区民政局管理。

2017年，全区离休干部有38人，其中代管有4人，副处级以上退休干部339人，建初干部61人。

【“两学一做”】 2017年，全局以学习习近平总书记系列讲话精神为主题，开展集中学习9次、讨论6次，撰写心得体会12篇，班子成员为机关党员授课6次。

【老干部工作】 组织老干部开展“畅谈十八大以来发展变化、展望十九大胜利召开”活动，召开老干部座谈会3次，老干部撰写理论文件12篇，书画6幅。全年为老干部订阅报纸杂志21种、重要节日走访慰问老干部82人次，组织区“四大家”正职退休干部到万盛调研考察1次，组织市管退休干部参观新城建设1次，积极引导老干部开展“三城同创”活动（创国家卫生区、国家森林城市、国家生态园林城市），动员组织16名老干部成立3个劝导小组到所驻社区开展文明劝导活动。

【党建工作】 开展以“乡风文明”“缅怀革命先烈、重温入党誓词”等为主题的主题党日活动11次，开展党员进文峰社区4次，协助整治违章建筑、文明劝导、指导党建、法律咨询等活动。开展支部连线工作，给聚奎镇席帽村党员讲党课2次，同时一起参加种树、劳动2次。落实离退休支部书记、委员电话费、活动费等相关费用，为建立成都、重庆流动支部进行前期调研、准备等工作。

【关工委工作】 调整充实了关工委班子，聘请区政协原副主席刘学英担任关工委副主任和区教委及社区的两名退休干部专门从事关工委工作。全年订阅“中华魂”读本《辉煌与梦想》18410本，筹资13万元，结对帮扶贫困留守儿童40余人，发放慰问金2万余元。

【阵地建设】 2017年完成了老干部活动中心及老干部办公场地搬迁，活动中心面积由原来780平方米增加到1200平方米，老干部容纳率得到大大提升，改善了老干部活动环境，增加了棋牌室、健身房场地，添置更新了一批沙发、空调、麻将、棋牌、阅览室电脑等设备，重新装修了活动中心会场2个，同时按照区委安排，在新城新建老干部活动中心1个。（区老干局）

信访工作

【概况】 中共重庆市梁平区委梁平区人民政府信访办公室（以下简称区信访办）编制9名，实有人数10名，设主任1名，副主任3名，信访督查专员2名，内设综合科、接访科、办信科、维稳科、督查科。下设正科级事业单位梁平区信访信息中心，编制10名，实有人数10名。

2017年，全区信访维稳总体态势良好。全区共登记受理群众信访3542件次5490人次，同比件次上升37.50%、人次上升27.64%；群众到市上访98件次179人次，同比件次上升32.43%、人次上升55.65%，其中越级访7件次10人次，同比件次持平、人次下降44.44%；群众进京上访23件次23人次，同比件次下降45.24%、人次下降50.00%，其中越级访12件次12人次，同比件次上升20.00%、人次下降7.69%；无大规模到市进京集访、非访，无重特大事件、恶性事件发生。

【源头防范】

扎实开展矛盾纠纷排查化解 健全落实区、乡镇（街道）、村（社区）三级联动，强化对房地产市场、征地拆迁、环境保护、企业转型升级、城市棚户区改造、小区物业管理、房屋产权证办理等行业和领域的社会稳定风险预警、防范和管控，全年累计排查出各类矛盾纠纷291件，化解270件，化解率92.78%。

加强重大事项社会稳定风险评估 坚持“三不评估、三不通过”机制，切实做到“应评尽评、应缓则缓、当否则否”，全年对16项重大决策事项进行社会稳定风险评估，通过14项，暂缓实施2项。

抓好特殊敏感时期信访稳定工作 坚持实行稳定信息“日报送”、稳定形势“日研判”、重点问题“日交办”、重点人员“日点名”等制度，精心谋划重要节点期间的信访稳定工作，打赢了全国、全市、全区“两会”、区“党代会”、市第五次党代会、党的十九大等一系列敏感时期信访维稳“攻坚战”。

【信访处置】

开展信访突出问题专项治理 针对非法集资、房地产开发、环境保护三个领域矛盾多发、隐患较大的实际，在全区开展“3＋N”信访突出问题专项治理，共排查出各类矛盾纠纷116件，化解109件，化解率93.97%。

着力化解市级交办的信访件 坚持区级领导包案制度，着力化解国家和市级层面交办我区的疑难复杂信访问题。2017年，全区收到市级领导交办件6件，已办结6件，办结率100%；市联席办交办我区信访积案12件，已化解12件，化解率100%。

切实解决改革发展中的利益问题 制定《梁平区信访工作联席会议工作规则》，充分发挥联席会议作用，综合运用法律、政策、经济、行政等手段和教育、协商、调解、疏导等办法，着力化解影响全区稳定的突出问题。2017年，全区先后解决信访突出问题30余件；及时预防和妥善处置重大不稳定隐患苗头60余件。

【信访改革】

积极推进“阳光信访”建设 规范信访信息系统受理办理，深化网上信访代理，打造网上信访主渠道。全区343个代理点帮助群众代理信访事项367件，网上信访在全区信访中的占比达到50%以上。加强群众满意度评价工作，打造了袁驿、柏家、梁山3个群众满意度评价示范点，2017年，全区信访事项及时受理率、按期办结率均达100%，纳入满意度评价的信访事项参评率为65.70%、对信访部门满意率99.62%，对责任单位满意率99.75%。

积极推进“责任信访”建设　深入贯彻落实全国《信访工作责任制实施办法》和《重庆市信访工作责任制实施细则》，扎实开展信访工作“责任落实年”活动，邀请市宣讲团成员在“梁平大讲堂”向全区领导干部解读了《重庆市信访工作责任制实施细则》的核心要义。

积极推进“法治信访”建设　严格推进“诉访分离”，落实政府购买服务，聘请律师全程参与接访，对信访群众开展访前法律服务。2017年驻群众来访接待中心接访律师将138件信访问题成功引入法律渠道解决；加大信访复查复核案件办理力度，提高办理质量。2017年，全区受理复查复核信访件24件，已经办结24件。巩固拓展“违法上访、非法维权”专项治理成果，动态清理“五类”人员，2017年全区依法训诫违法上访人员62人、行政拘留11人、刑事拘留1人。

（区信访办）

行　政　服　务

【概况】　重庆市梁平区行政服务中心管理办公室为区政府派出机构，属正处级行政单位，编制5名，现有5人，设主任1名，副主任2名，内设综合科、监督（协调）科；下属事业单位重庆市梁平区公共资源交易中心，属正处级公益一类全额拨款事业单位，编制12人，现有12人，设主任1名，副主任3名，内设4个业务科室；下属事业单位重庆市梁平区行政服务中心，属正科级公益一类全额拨款事业单位，编制13名，现有9人，设主任1名，副主任2名，内设5个业务科室。区行政服务中心大厅办公面积6300多平方米，36个单位入驻（其中30个区级部门、4个公共服务单位、2个中介服务机构），集中办理530项行政审批服务事项；另设有人社、交巡警、交通分厅，办理对应事项。2017年共接办件389842件，较上年同期增长13.65%；累计收费约1.52亿元，较去年同期下降6.3%。

【行政审批制度改革】

简政放权　先后3批次公布承接、取消和调整行政审批事项目录，累计对应取消13项、调整3项、承接31项行政审批等管理事项，规范7项、清理保留50项行政审批中介服务事项。

涉企收费　牵头组织相关部门调整涉及工业企业优惠收费目录27项，对符合《梁平区工业项目招商引资管理办法（暂行）》的工业企业一律按优惠收费标准执行；严格执行一费制，将涉及园区企业的10项费用在两个时间段予以收取，初方、渝工科技、豪威尔等企业缴纳土地勘界费、基础防线等费用时已享受到“一费制”改革便利，有效规范了收费行为，切实减轻了园区企业负担。

行政许可标准化　健全行政许可标准化体系，围绕“事项管理、流程管理、服务规范、受理场所建设与管理、监督检查评价”制订标准37个。规范行政许可事项327项；简化审批流程，行政许可均控制为“受理、审查、决定”三个环节，总承诺时限在法定时限基础上压缩56.8%；审批部门在行政服务中心窗口设立首席代表，行政服务中心可现场办结行政许可事项201项，占行政许可事项总数的61%；推行文明服务、限时办结、延时服务等多方位标准服务，切实方便了群众、企业办事。

投资项目审批改革　编制了企业投资项目建设工程行政审批服务通用流程图，明确了各阶段必经的审批流程、审批事项、审批时限以及选择性办理事项，将一般企业投资项目压缩至54个工作日（备案类）和64个工作日（核准类）以内、工业园区企业投资项目压缩至30个工作日（备案类）和40个工作日（核准类）以内。落实首问负责制，制定出台了实施细则，明确了区发展改革委、区国土房管局、区城乡建委、区规划局等部门在投资项目审批服务中的首问责任。

“互联网＋政务服务”　电子政务外网覆盖至区行政服务中心、乡镇（街道）公共服务中心，互联网覆盖村（社区）便民服务中心，确保能顺利登录和访问市网审平台。区行政服务中心、乡镇（街道）公共服务中心的视频监控系统接入了市电子政务外网。在市网审平台增设总服务窗口登记和评价功能，引导申请人现场评价。32个区级部门487项政务服务事项纳入了市网审平台运行，截至2017年年底，通过市网审平台共受理58734件，办结58512件，办结率99.62%，按时办结率100%。

【服务方式】

“总服务窗口” 进一步完善了区行政服务中心创新设立的总服务窗口功能，通过实行“统一登记、统一送达、统一监管”三统一运行模式，把住了事项办理的“入口”和“出口”关，有力促进了各服务窗口办件效率的提升。同时还增设咨询引导功能，由熟悉行政审批法规政策及业务知识的工作人员当值，接受服务对象咨询，引导服务对象办理，全力打造了优质高效的便民服务窗口。2017年，总服务窗口共提供咨询服务16766人次，统一登记、统一送达行政许可承诺件3735件，按时（含提前）办结率100%，无一例超期颁发行政许可证件和不满意行为发生。

代办服务 组建了代办队伍，建立了代办服务标准化、信息共享、协同办理、上门服务、责任追踪等五项运行机制，编制了工业园区企业代办服务事项责任清单和所有办理事项流程清单，落实了代办人员跑企业、跑窗口、跑部门、跑现场的“一对一”全程免费代办服务。2017年，为37家园区企业免费代办319项行政审批服务事项，解决企业难题35个；为政府投资项目代办6项行政审批服务事项。

【服务平台】

“群工系统” “群工系统”覆盖全区52个区级部门、33个乡镇（街道）、343个村（社区），实现了村居公开、民事代办、惠民政策、扶贫帮困、求诊问医等服务功能。2017年，通过点对点和集中培训等方式共培训2000余人次，强化跟踪督办，认真落实“一通报两报告”、回访、办理反馈等制度。全年共受理群众诉求事项14555件，已办结14522件，办结率99.7%，位列全市第三、渝东北片区第二；已评价事项14492件，评价率99.8%；评价为满意的事项14486件，满意率99.8%；评价率和满意率均位列全市第一；未出现红、黄灯警告事项。区人力社保局、区卫生计生委负责人走进重庆群工（阳光重庆）广播热线节目直播间，受理群众诉求、阐释相关政策、解答群众疑惑，回应群众生产生活中的热点难点问题。

三级服务体系 全面建好了区行政服务中心，推进了区司法局公共法律服务中心、区公安局出入境及治安管理事项整体入驻；全区33个乡镇（街道）建成了规范的公共服务中心，涉及人力社保、民政救助、卫生计生、村镇建设、国土房管、惠农服务、食药监管、工商服务等领域的行政审批服务事项和人员进驻中心集中服务；全区343个村（社区）均已建成规范化的便民服务中心，村（社区）干部轮流值班制度落实到位，运行态势良好。 （区行管办）

机关事务管理

【概况】 梁平区机关事务管理局是区政府组成部门，内设办公室、综合管理科2科室，行政编制人数5名，机关工勤人员1名；下设机关后勤服务中心，同时挂公务车辆管理服务中心牌子，为公益一类按正科级管理的事业单位，中心内设4个机构，核定事业编制15名。另有行政中心物业、机关食堂、车管平台等服务外包劳务派遣人员120余名。

梁平区机关事务管理局主要负责全区机关事务的管理、保障、服务工作，制定实施全区机关事务和政务接待规章制度；负责全区重要公务接待，指导全区各单位公务接待工作，协助有关部门监督、管理接待经费；负责全区党政机关办公用房调配管理和行政中心集中办公区域后勤保障服务；负责全区公务用车管理；指导和监督区级机关后勤服务工作；负责全区公共机构节能监督管理工作。

【政务接待】 2017年，完成政务接待80批次3800人次。一是接待省部级领导莅梁视察12批次180余人次。二是接待兄弟区县到梁考察38批次600人次。三是负责大型活动接待30批次3000余人次。

【公车管理】 一是做好党政机关公务用车管理工作，全面实施公务用车“平台化、标志化”管理，优化公务车辆管理服务中心运行模式，派出12辆车到区政府办等10个单位，完成全区186辆公务车辆的标志化整改工作；二是严格遵照各级文件精神，2017年共审批报废处置车辆20辆（含黄标车处置7辆），拍卖处置车辆2辆，购置车辆10辆；调拨车辆编制3辆。

【机构节能】 一是加强节能宣传、教育和培训。2017年，开展“节能有我，绿色共享”公共机构节能宣传周活动。向公共机构发放节能宣传画报600余张，向市民发放节能宣传单1500余份；二是编写《梁平区公共机构节能知识汇编》，印发6300本，向全区公共机构节能单位发放；三是启动“十三五”公共机构节约能源资源规划编制工作，推进梁平区综合大楼创国家级节能示范单位创建工作；四是加强能耗统计与监测，建立梁平区重点能耗单位数据库，稳定节能工作联络员、能源统计人员队伍，加强公共机构能源资源消耗统计平台建设。

【后勤服务】 一是积极推进机关物业管理服务社会化、市场化、标准化，2017年培训安保人员300余人次，参加市级消防监控预警培训4人次，拦截非正规上访60余次，更换过期灭火器37个；二是会议中心、接待中心维修维护、提档升级，2017年完成防水维修20余处，天棚玻璃维修22处，保障全区各类会议500余场次。

【调配办公用房】 根据《重庆市党政机关办公用房管理实施办法》，建立健全配置、使用、调剂和处置等管理制度。全面清理、腾退、调配新老城区办公用房，增加行政中心党政机关的入驻率，进一步盘活办公用房资源，重新调配办公用房58处，调配面积25308.99平方米，全区超标准办公用房清理整改任务基本完成。

（区机关事务局）

社 会 团 体

梁平区总工会

【概况】 梁平区总工会行政编制6人，事业编制7人；在编在岗人员12人，其中事业人员6人，聘用工资集体协商指导员3人，聘用职工互助保障员3人。内设综合部、基层工作部，下辖职工服务中心。全区建立工会联合会31个，总工会3个，局工委17个，基层工会组织1362个，工会会员175952人。

【职工权益维护】 积极构建和谐劳动关系。一是积极开展“法律援助”。依托“千名律师”进企业行动，总工会聘请4名律师，全年服务职工1200余人次，办结20件职工（农民工）法律援助案件，每件援助案件给予困难职工（农民工）1000元补助。配合区人社局等部门妥善处理农民工工资欠薪案件35件，涉及农民工462人，欠薪金额1106.9万元。二是有序推进民主管理。把厂务公开同坚持职工代表大会制度结合，推动民主管理，工资集体协商工作。三是切实加强安全生产。协助全区各部门深入开展安全生产“大排查、大整治”活动，同时以“安康杯”为载体，加强职工安全生产教育。

【工会帮困扶贫】 积极开展春送岗位、夏送清凉、金秋助学、冬送温暖“四季帮扶”活动。2017年全区建档困难职工减少到1056人，发放“六节”慰问金66.18万元、大病救助资金27.4万元、金秋助学资金28万元。全区85个单位为2989名女职工及部分男职工家属购买“健康重庆、玫瑰人生”特殊疾病保险。与和林镇13户农村建卡贫困户签订了生姜产业扶贫协议，由区总工会发放补助资金2000元/户，建卡贫困户最低增收2万元以上。持续强化职工互助保障，2017年全区购买职工互助保障52704份，完成市总下达任务的183%。

【工会自身建设】 深入贯彻党的十九大精神和中央、市委群团改革工作部署，切实做好新形势下工会工作。一是建机制，完善内部运行制度，优化区总工会各部门职能，调整新一届领导班子分工，使职责明确，执行高效；健全日常管理机制，把各项工作纳入科学化、规范化、制度化管理轨道。二是强队伍，抓工会班子建设和工会干部队伍建设，改进工作作风，认真开展“两学一做”学习教育，持之以恒加强党风廉政建设和反腐败工作，增强班子凝聚力、战斗力；充分发挥兼挂职作用，注重基层工会干部选配，实行新任工会干部谈话机制，强化教育培训，将实体培训和网络培训有机结合，着力建设一支政治过硬、业务素质强、作风扎实的新时代工会干部队伍，提高履职能力。三是强基层，加强基层组织建设，促进工会组建率、职工和农民工入会率动态增长，做好建会入会台账。巩固乡镇（街道）、行业、部门工会组织架构，强化村（社区）工会组织力量，实现组织全覆盖和工作引导。运用“互联网+”基层工会建设，深化“新领域建会集中行动”和“农民工入会集中行动”，新增工会组织160家（其中单建工会18个，联合工会3个涵盖企业142家），新增会员3300人，全区建会率动态保持在97%，职工入会率保持在98%。工会组织和会员实名制率均保持100%。

（区总工会）

共青团梁平区委员会

【概况】 中国共产主义青年团重庆市梁平区委

员会（以下简称团区委）是区委领导下的先进青年的群众组织，是党和政府联系广大团员和青年的纽带，是广大青少年在实践中学习中国特色社会主义和共产主义的学校。团区委有行政编制4名，设书记1名，副书记1名，现实有人数3名。内设综合部、青少年工作部，下设事业单位重庆市梁平区青少年活动中心（简称青少年活动中心），全额事业编制6名，现有工作人员5名。

【青少年思想素质教育】 2017年，团区委先后开展了“青春喜迎十九大·不忘初心跟党走”主题宣讲活动800余场次、“不忘初心跟党走”主题团日活动743场次，2万余名团员青年参与。开展向上向善好青年走基层分享活动，模范引领效果凸显。“融创杯·快乐阳光”中小学生才艺大赛、“我在党旗下成长”“长大后我就成了你”职业体验等为主题教育活动成效显著。承办了中国教育学会“十三五”教育科研课题——青少年校外教育活动场所开展“非遗”课程教学实践研究开题会，梁平癞子锣鼓参加了全市的六一网络直播晚会的录播和采访，完成了非遗传承人走访和青少年非遗名师室搭建。拍摄了《无毒青春》微电影，编排禁毒文艺节目《明天会更好》，在全区范围内开展青少年毒品预防教育，教育引导广大青少年远离毒品、健康生活。牵头成立了青年禁毒志愿服务队、万年青社工组织。引入“问需”机制，围绕党政关心、青年关注的领域，先后开展“善行梁平·德耀柚乡”学雷锋志愿服务启动仪式、“献青春力量·建美丽家园”乡风文明青年志愿者在行动等大型志愿服务活动，组织200余名志愿者服务千人马拉松比赛、完成区运会400人志愿队伍的协调、组建、培训及服务工作；建立覆盖区、乡镇（街道）、村（社区）的“青年志愿河长”体系，招募“河小青”志愿者570人。“朝阳伴夕阳·爱心助老”、高考爱心送考车队、环境保护等志愿服务活动有序开展。梁平年画技法辅导荣获第三届中国青年志愿服务公益创业赛银奖，创业青年蒋丽英荣获全国农村青年致富带头人称号。

【青少年合法权益维护】 建成4所市级市民学校示范点，依托青年之家·城乡社区市民学校，采取“团组织+志愿组织+志愿者”的模式，累计组织100余名教师志愿者、西部计划志愿者、返乡在校大学生到市民学校为2000余名留守儿童开展了四点半课堂、周末课堂、假期陪护等服务活动；500余名留守儿童参加“12355”青春自护大讲堂、“情暖童心”素质拓展、暑假军事夏令营、开放日、红领巾研学等公益活动。“冬日阳光·温暖你我”活动全覆盖满足建卡贫困户中1900余名孩子的新年心愿。开展“柚乡助学”志愿帮扶项目，募集资金20余万元，帮助建卡贫困学生204人。依托“新芽计划”，为302户建卡贫困户开展为期2期的电子商务、种养殖大户培训，为贫困户提供智力支撑。

【团组织自身建设】 扎实开展从严治团暨“学习总书记讲话·做合格团员”教育实践活动，确定了38项具体措施；完成了300人的团支部书记培训；全区734名团支部书记进行了满意度测评，700余人次参加团支部书记应知应会知识测试和岗位实践能力大比武活动。落实团干部联系青年“4+1”“1+100”制度，全区各级团干部共联系不同领域青年4414人，开展各类线上线下活动900余次，90%的专挂兼职团干部的青年之友积分在100分以上。从严管好团员队伍，严把团员入口关，新发展团员2716名。相关工作被区内媒体报道123次，重庆卫视、《重庆日报》、人民网、《重庆青年报》等市级以上媒体报道19次；地税局团支部被评为市级五四红旗团支部，各级团组织和青年荣获市级以上表彰奖励40余人次。

（团区委）

梁平区妇女联合会

【概况】 重庆市梁平区妇女联合会（简称区妇联）是区委、区政府联系广大妇女的桥梁和纽带，基本职能是维护妇女的合法权益，促进男女平等。区妇联内设综合部、维权部，有行政编制

5个，事业编制3个，实有干部职工8名，配备主席1名、专职副主席2名、挂职副主席2名、兼职副主席2名。全区33个乡镇（街道）均建有妇联组织，配备妇联主席33名，专职副主席33名，均已按照中层干部正职配备；兼职副主席75名。区属妇委会26个，配备专（兼）职妇委会主任26名。全区268个行政村、75个社区配备妇联主席343名，副主席508名。

2017年，区妇联认真贯彻党的十九大精神，紧紧围绕“两学一做”常态化学习教育，按照中央、市委、区委群团改革要求，以建设“坚强阵地”和“温暖之家”为统领，以服务大局、服务妇女为宗旨，在妇联改革、改善民生、维护社会和谐稳定等重大问题中准确定位妇联工作重点，全区妇女儿童工作成绩显著，荣获重庆市妇联综合目标考核一等奖。

【妇女参政议政】 一是党政女领导干部人数增加。在本届区级党委及政府领导班子中，都配备了一名女性。10个区委工作部门领导班子中有8个配有女干部，占80%；27个政府工作部门领导班子中有15个配有女干部，占56%，其中有2个班子配有正职女干部。全区33个乡镇党政领导班子都配备了女性干部，配备率达100%。二是人大代表和政协委员中女性人数增加，比例提高。区人大代表中，女性代表数84人，占比达29.68%，其中有7名女性常委，占人大常委总数的28%。区政协委员中，女性委员数64人，占比达25.39%，其中有7名女性常委，占政协常委总数的14.58%。三是女性公务员和女性高级专业技术人员人数增加，比例提高。全区有545名女性公务员，比上年增加了2人，占全区公务员总数的25.32%，较上年增长了0.87%。全区机关事业单位中有高级专业技术人员988人，其中，女性有278人，占比达28.14%，同比增长1.08%。四是妇女在村（居）委员会中的地位有所提升。全区村（居）委会100%配备女委员，其中村委会中女委员有479名，占总数的36.64%，村委会主任中女性有49人，占比达18.28%。居委会中女委员有161人，占总数的38.3%。

【妇女儿童权益维护】 一是主动参与家事审判方式和工作机制试点工作。联合区人民法院、区综治办等6部门共同出台了《关于做好婚姻家庭纠纷预防化解工作的意见》。以区妇联维权部干部、人民陪审员、合适成年人、乡镇（街道）妇联专职副主席为主，先行试点组建家事审判辅助队伍，配合法院开展家事调查、心理疏导、调解、回访、帮教等工作。3月9日，市妇联、市高院组织万州、开州等区妇联、法院到梁平开展了家事审判诉调对接调研活动。积极参与合适成年人在场制度，区妇联2名合适成年人参与司法程序监督16人次。联合区法院在民政局婚姻登记处的婚姻家庭调解室，共同成功调解了296件涉及子女抚养、财产分割的离婚案件。在家事审判诉调对接案件中，区妇联主动联系法院，帮助2名受家暴威胁的妇女申请了人身安全保护令。二是大力开展维权宣传活动。全文翻印了《中华人民共和国妇女权益保障法》和《中华人民共和国反家庭暴力法》宣传册2万册，已分发至全区33个乡镇（街道）妇联。联合区公安局、区司法局、区人民检察院等部门开展了“守护花季”主题法治巡讲活动6场次，开展防校园暴力、禁毒法制知识、反家庭暴力进校园、进社区、进院坝活动40余场次，为13800余名中学生送去了法治知识。三是联动开展妇女权益维护工作。完善区、乡镇（街道）、村（社区）三级妇女信访接待站点。全区33个乡镇（街道）利用维权投诉站，为多名农村妇女解决了其在人身、财产、婚姻家庭、劳动和社会保障等权益领域遇到的问题。

【参与社会管理活动】

“巾帼建功”行动　推荐梁山小学大众校区语文教研组荣获全国巾帼文明岗称号；推荐天宝木胶董事长李成菊、合兴镇龙滩村妇联主席秦伦清为重庆市“三八红旗手”。指导女企业家商会召开年会，并组织女企业家商会40余人，前往涪陵区开展学习交流活动，展现女企业家风采。各乡镇（街道）机关妇委会相继开展岗位练兵、技能比武等活动。

“巾帼兴业”行动　联合区人社局开展“春风行动”，为520名妇女群众提供了就业服务和指导。2017年共计开展留守妇女就业技能培训22期，培训妇女人数达614人。推荐重庆市天翔科技有限公司开发的“高聚物环保复合材料的研发及产业化项目”获得重庆市“渝创渝新”女性创业大赛优胜奖。

“巾帼促农”行动　新培育“巾帼家庭农场”个，联合区农委扶贫办开展扶贫政策宣传、讲座及培训等活动15场次，为8820名贫困妇女提供了帮助。为妇女小微企业提供4万元的创业循环贷款。

【关爱“三留守”及特殊群体】

关爱留守老人　充分调动女企业家商会等社会组织志愿者的积极性，组织爱心志愿者到敬老院、贫困农村留守老人、空巢老人等特殊群体家中开展“志愿接力　爱心呼唤”活动。全年动员巾帼志愿者帮扶留守老人1000余次。在重阳节期间，以购买社会服务的形式，联合区民政局开展了“玫瑰之约　恩爱九九”活动，帮助40余对老年服务重拾年轻记忆。

关爱留守儿童　联动区民政局，共同推进留守儿童台账管理、更新等工作，会同区教委、团区委、区公安等部门开展留守儿童暑期培训、家教知识宣讲、禁毒知识宣传和反邪教知识普及等活动42场次，开展了“四类”重点农村留守儿童排查工作，帮助50余名失学辍学、无监护人、无户籍的农村留守儿童解决了难题。启动了梁平区“微爱留守·快乐暑期”关爱活动，各乡镇（街道）相继开展了暑期关爱留守儿童活动20场次，惠及1000余名留守儿童。

关爱留守妇女　着力推进“柚乡大嫂”互助组活动，全年开展各级各类留守妇女就业技能、农村实用技术培训等活动180场次；推荐申报柏家镇“洁美龙峰”互助组被评为重庆市十佳品牌互助组，合兴镇龙滩村农村留守妇女关爱服务项目已组织留守妇女开展健康知识、种养殖技术、心理疏导等活动24场次；开展“双学双比”技能比赛8场次。

关爱特殊群体　一是开展慰问帮扶活动。2017年，区妇联通过多方筹资，共筹集10.8万元，为全区640名贫困妇女、贫困儿童及其家庭送去了节日慰问品、慰问金等。二是开展助学活动。开展“春蕾圆梦”行动，为20名贫困女高中生、女大学生发放助学金3.2万元。三是开展“两癌”知识宣传活动。积极开展“送健康”义诊服务活动，为1300余名妇女群众提供了义诊服务和咨询，赠送图书300余册，发放宣传资料7000余份，提供法律咨询服务800余人。为提升农村妇女的身体健康水平，对“两癌”的认识和预防有更深的认识，各级妇联开展“两癌”宣传活动40余场次，发放宣传资料2.4万份，动员2万名农村留守妇女参加了“两癌”免费筛查。2017年，区妇联通过努力，积极争取到市、区两级帮扶资金64万元，帮扶了64名贫困“两癌”妇女。

【家庭建设】

开展寻找“最美家庭”活动　联合区委宣传部、区文明办开展了2017年寻找“最美家庭”活动，评选出2017年度最美家庭107户，推荐李国光家庭为全国“最美家庭”。吴文琼、卢贤友等4户家庭荣获重庆市“最美家庭”称号。在梁山、双桂、福禄、袁驿等6个片区开展了梁平区“家风力量　幸福守望”最美家庭事迹演讲比赛活动，组织2014年以来的57户最美家庭参赛，并评选出一、二、三等奖共18名。

平安家庭创建　区妇联和区综治办牵头，开展平安家庭宣传活动18场次、发放宣传手册8000余册，评选区级“平安家庭”1293户，目前各级组织已创建“平安家庭”22.7万户，创建率达70%；镇、区级平安家庭示范户4.86万户，示范户率达10%。

创新家教宣讲方式　联合区教委、区文明办等9部门印发《梁平区家庭教育五年规划（2016－2020年）》的通知，在屏锦镇举办了梁平区首个家庭教育宣传服务活动周启动仪式，为200余名家长提供家庭教育指导服务，发放价值4000余元的家庭教育指导书籍和宣传资料等共200余份。各乡镇（街道）妇联相继开展家教宣讲进农村、进院坝、进学校45场次。（区妇联）

梁平区红十字会

【概况】　梁平区红十字会属于区委领导的正处级群团组织。机关内设综合部和赈济救护部。核定参公事业编制4名，实有4名。其中，会长1名（由区领导兼任）、常务副会长1名（正处级）、副会长（兼秘书长）1名，机关工作人员2名。

【组织建设】　2017年4月19日，在梁山街道办事处五楼大会场成功召开了梁平区红十字会第一次会员代表大会。会上，市红十字会党组成员、副会长毛荣志和区委副书记陈孟文出席大会并分别就进一步做好区红十字会工作提出了希望和要求。大会全面总结了过去五年红十字工作取得的成绩，提出了今后五年区红十字会工作的指导思想和主要任务。审议通过了《关于梁平区红十字会工作报告的决议》，选举产生了新一届理事会、常务理事和红会班子，区级组织建设得到加强。

【“三救”工作】

抓救灾，努力帮助困难家庭渡难关。加强备灾救灾仓库管理，与乡镇及应急办建立起了灾情统计报送联动机制，进一步修改完善了《梁平区红十字会突发公共事件应急预案》。针对区部分镇乡遭受暴雨等自然灾害情况，及时向市红十字会上报灾情，争取中国红十字总会和市红十字会支持，先后为7个遭受暴雨等自然灾害的镇乡240户困难家庭发放总价值7.46万元的家庭温暖包和棉衣100余件。

抓救护，着力提高居民自救互救能力。围绕市红十字会目标任务，组织开展了红十字救护培训进机关、企业、社区、乡村、学校的“五进”活动80余场次，共计培训居民、学生和机动车驾驶员8500余人。其中，进5个乡村、3个社区培训340余人；进14个机关培训190余人；进20个企业培训470余人；进4所校园培训学生3500余名；进驾校培训机动车驾驶人员4000余人。通过大力普及救护知识，切实提高了居民和学生自救互救能力。区培训活动开展情况和工作亮点，先后在《中国红十字报》报道5篇、市红会报刊网站报道8篇、本地媒体报道4篇。2017年的救护培训工作获得市红会系统二等奖。

抓救助，聚力特殊弱势群体送温暖。利用各种渠道共募集救助资金38万余元，积极开展以“博爱助困、博爱助学、博爱助医、博爱助老”为内容的系列救助活动，救助困难群众700余人。在开展“博爱送万家”等活动中，为33个镇乡（街道）的165户特困家庭发放救助金3.3万元；为74名品学兼优、家庭困难的学生发放博爱助学金8.2万元；为首例遗体捐献者和首例器官捐献者的家庭送去慰问金2500元；为青少年儿童赠送《中小学消防安全教育读本》等图书6300余册，价值近12.2万元；申报儿童大病救助9人，疾病应急救助1人。与此同时，联合区红十字青年志愿服务队、博爱志愿服务队为环卫工人、困难党员、留守儿童、老人和妇女等发放款物计2.5万余元。

【“三献”工作】

扎实开展造血干细胞血样采集工作。积极组建造血干细胞捐献志愿者服务队伍，以救护培训“五进”活动、“五八”红十字纪念日以及第三个“世界骨髓捐献者日”集中宣传等为契机，大力开展造血干细胞捐献宣传活动，同时，利用全区集中无偿献血时间做好血样收集等工作，切实提高群众对造血干细胞捐献工作的认识和参与积极性。2017年，发放宣传折页和资料3000余份，全区有124人经血样采集成为造血干细胞志愿捐献者，光荣加入中华骨髓库。

积极参加无偿献血活动。配合区卫生计生委利用各种纪念日以及集中献血活动时机，采取发放宣传资料等方式，加强《中华人民共和国献血法》及献血有关知识的宣传，鼓励引导群众及机关事业单位职工参与无偿献血，2017 年献血人数达 10337 人次，献血总量 206.7 万毫升，为弘扬人道主义精神和缓解用血难问题做出了贡献。

加强遗体器官捐献宣传工作。充分利用“博爱周”主题宣传、无偿献血月活动时机，以制作宣传折页、活动展板、宣传单等载体，大力宣传普及遗体器官捐献知识，发放相关资料 2000 余份，2017 年接受遗体器官捐献志愿登记 6 人。截至目前，我会接受器官和遗体捐献志愿者登记共 28 例，实现成功捐献遗体 4 例、器官捐献 2 例。

【博爱家园项目】 区红十字会把争取实施博爱家园项目作为助力精准扶贫，提升农村社区幸福指数的有力抓手，按照项目计划要求，继续加大工作力度。2017 年，全面完成新加坡红会援建 3 个广场、1 个卫生室、1 个逃生步道共 5 个博爱家园项目硬件工程建设，完善了 5 个项目点基层组织建设，提供生计帮扶基金 21 万元。与此同时，争取到第二批香港红会援建总投资为 96 万元的 3 个博爱家园项目成功在云龙镇护云社区、同心社区和双河村启动并有序推进。

【人道文化宣传】 充分利用“5·8 世界红十字日”“世界骨髓捐献日”以及“全国防灾减灾日”等时机，围绕主题大力宣传红十字会相关法律法规、国际人道法和红十字运动知识，宣传“三救三献”核心业务，全年累计发放各种宣传资料 8000 余份，参加活动人员 1000 余人次。切实加强新闻宣传工作，在各级报刊、网站及时报道红会活动情况和工作亮点 100 余篇次，被重庆电视台和梁平电视台报道 8 次，为扩大红十字会的影响力营造了良好的社会舆论氛围。

（区红十字会）

梁平区工商业联合会

【概况】 重庆市梁平区工商业联合会（以下简称区工商联），是区委、区政府联系非公有制经济人士的桥梁纽带，是政府管理和服务非公有制经济的助手，具有统战性、经济性、民间性，以非公有制经济健康发展和非公有制经济人士健康成长为工作主题。区工商联机关行政编制 5 名，在编 5 人，内设综合部；下属事业单位 1 个——重庆市梁平区非公有制经济服务中心，事业编 3 名，在编 2 人。区工商联现有执委 116 人，其中企业副主席 22 人、副会长 15 人、常委 18 人、执委 55 人，工商联机关 6 人。2017 年年底，区工商联共有会员 2117 个，其中：企业会员 996 个、团体会员 41 个（乡镇、街道商会 33 个、行业商会 4 个、其他 4 个）、个人会员 1080 个。

【服务民企】

思想政治教育 深入开展“守法诚信、坚定信心”为重点的非公经济人士理想信念教育活动。7 月 31 日，区工商联邀请曾担任科技部办公厅巡视员、调研室主任的胥和平调研员莅梁作“坚持创新驱动 加快转型发展”专题讲座。非公企业代表人士、行业商会及其他直属商会负责人、乡镇（街道）商会代表近 260 人共同聆听了讲座。会上，胥和平调研员从“国家发展的优先战略”“把握全球产业变革大趋势”“依靠科技创新、加快转型发展”“营造创新发展好环境”四个方面系统解读和剖析了创新驱动发展的战略意义，详细介绍了当前科技发展的新趋势、新要求，并对如何推进全面创新改革提出看法，引导非公经济人士认清形势，勇于创新，直面机遇和挑战。

调研建言工作 一是积极参与“一家牵头、多家参与”课题调研活动。按照市工商联的统一安排，我联积极参与，形成了《企业负责人及企业高管的视野格局和能力的现状及存在的问题》调研报告。二是积极开展工商联界别政协委员视

察活动。10月26日，组织17名工商联界别政协委员赴龙滩村和全民健身中心现场视察了“12个农村电网改造升级项目”和“实现全域干道通信信号4G全覆盖工作”完成情况，听取了梁平供电分局和区经济信息委、移动公司、电信公司等单位负责人的情况介绍，委员们围绕2个视察项目进行了讨论交流、建言献策，全年工商联界别政协委员向区政协提交集体提案1件、个人提案19件。三是按照《区委办关于印发〈梁平区2017年政党协商计划〉的通知》(梁委办〔2017〕59号）精神，区工商联作为《金融支持实体经济发展》政党协商专题调研活动牵头单位，积极与区金融服务中心商议，组织区民建支部会员、无党派代表人士和区财政局、区金融机构负责人先后于5月25日、6月30日赴江津、云阳学习借鉴2个区县金融支持实体经济发展的先进经验。为对标找差，区工商联和区金融服务中心组织召开了金融机构负责人座谈会和走访企业，全面收集掌握我区金融支持实体经济发展方面的存在的主要问题，为区金融支持实体经济发展提出更为科学合理、操作性强的对策建议。

经济服务工作　一是积极做好非公经济代表人士评价职能部门工作。分别于7月13日、11月7日组织随机抽取的园区企业代表和区党代表、区人大代表、区政协委员中的非公经济代表人士对全区具有行政审批职能的37个部门的服务态度、服务质量、依法行政、政策落实、廉洁自律等情况进行了上半年、下半年集中测评，并做好相应的反馈、汇总、上报工作。该评价活动的开展有力地促进了区非公经济发展环境的不断改善。二是持续开展“梁商看镇乡”活动。为践行乡村振兴战略行动计划，区工商联积极引导城市资本下乡，组织开展了“梁商看镇乡”活动。先后开展“梁商看镇乡——走进安胜、走进屏锦”活动2次，组织近100名会员企业负责人赴安胜、屏锦乡实地参观考察万亩湿地公园项目规划情况、屏锦烟花爆竹基地转型发展情况、天宝山生态茶叶生产种植等情况。目前，“梁商看镇乡”活动已初见成效，区总商会副会长、重庆瑞丰米业有限责任公司董事长熊代福与安胜乡签订了“千亩绿色有机水稻种植项目”，落户屏锦镇的竹工艺品生产加工项目已正式投产。三是积极搭建法律维权平台。派职工参加企业劳动争议调解培训，被聘任为劳动人事争议调解员；全程参与工商联会员企业重庆博之鸣畜产品有限公司被盐务局没收食盐和罚款维权事件，成功维护了该公司的合法权益，为该公司挽回经济损失10余万元。四是积极开展招商引资工作。6月5日，区工商联组织召开民营企业家助推招商引资工作座谈会。工商联企业副主席（副会长）、常委20余人参加了座谈，会上，成立了区工商联招商引资工作小组，将20余名执委以上企业代表作为工商联招商引资工作组成员单位，每2个月召开一次座谈会，专题汇报、研究招商引资工作，每个成员单位每年至少提供1条以上有价值的招商信息，并陪同参与其招商引资；6月8日，工商联一行先后拜访了重庆建材商会、重庆巴中商会，宣传推介了区招商引资工作；6月22日，区工商联在区委常委付云带领下拜访重庆市肠衣协会；7月27日，重庆市肠衣协会会长伍鼎文一行30余人莅梁参观考察；7月28日，区工商联邀请重庆市工商联、南岸区政府、渝北区政府相关领导及企业家莅梁参加第十一届梁平啤酒节及商务考察活动。全年联合招商局签订项目投资协议1个，总投资1亿元。五是持续开展“干部进民企促发展”活动。1月12日，区工商联组织召开了干部进民企促发展活动第三批总结暨第四批启动会。会议对第三批干部进民企促发展活动开展情况进行了总结，对第四批干部进民企促发展活动进行了安排部署。并于年中、年底分别召开第四批干部进民企促发展活动座谈会，10名挂职干部汇报交流服务企业的措施、取得的成效、存在的问题，为构建“亲”“清”新型政商关系起到了很好的示范引领作用。

【商会建设】　一是搭建抱团发展平台。在工商联的指导下，2017年成立了梁平区信息资源共享商会、广东重庆梁平商会，福建重庆梁平商会各项筹建工作也在有序推进中，拟于2018年成立。二是积极组织开展商会活动。3月初，区女企业家商会召开座谈会，来自全区各行各业的60多名女企业家汇聚一堂，总结回顾2016年商会工作，安排2017年工作，交流企业发展心得，凝聚抱团发展共识。5月底，区信息资源共享商会在平野园林酒店举办为期2天的企业发展拓展培训大会，60多家企业300多位企业高管汇聚一堂，相互交流、取长补短、共谋发展。6月初，区建材家居装饰商会在新城商投世纪广场举办了第四届家装节，全区近40个建材家居品牌商家参加了活动，签订购货单598个，收取定金148万元，为参展商家带来近千万元的营业收入，行业商会的抱团作用得到了充分体现。7月初，区女企业家商会30余名会员在区妇联、工商联的组织下赴涪陵区学习商会建设先进理念。12月初，区青年企业家商会诚邀渝中区青商会莅梁开展交流活动。两区商会近60名会员共同分享商会建设心得及个人经商体验。12月底，建材家居装饰商会召开团拜会，会上总结了2017年商会工作，提出了2018年工作要求。（区工商联）

梁平区科学技术协会

【概况】 梁平区科学技术协会现有职工6人。职责定位：为科学技术工作者服务、为创新驱动发展服务、为提高全民科学素质服务、为党和政府科学决策服务。

2017年区科协在区委、区政府的领导下，认真贯彻落实《全民科学素质文化纲要》，围绕“四服务”的职责定位，扎实推进各项改革工作，组织体系不断完善，运行机制不断改进，工作保障不断加强。区科协切实转变职能职责，充分发挥广泛联系科技人员的优势，在创新驱动助力工程示范区、院士专家工作站建设以及招商引资方面成效明显。“科普为基业，科创为主业”的工作格局正在形成，区科协逐步进入区域经济建设主战场。2017年，区科协张小燕获得国家人社部、中国科协联合表彰“全国科协系统先进工作者”荣誉称号，“梁平县光华米业责任有限公司科普示范基地”获得中国科协、财政部联合表彰的“科普惠农兴村”先进单位。2017年区科协在重庆市科协系统年度考核中获得一等奖。

【青少年科普工作】 2017年共举办区级青少年科技竞赛活动2次，组织参加市级竞赛2次，获得市级奖项56人，先进个人13人；开展“科普大篷车”进校园、“三创”科普宣传进校园、反邪教科普知识宣传进校园等活动31次，促进了未成年人科学素质提升。

【巩固改革成果】 梁平区科协突出“科创”主业，以创新驱动助力工程、院士专家工作站建设及“科学招商、科学家招商”为抓手，积极进入区域经济建设主战场。一是创新驱动助力工程示范区建设推进有力。2017年区科协邀请全国和市级学会、科研院所80多名专家来梁开展调研与技术对接。企业咨询技术问题30余个，形成咨询报告或建议16个；区科协与重庆市中药研究院建立蝉花产业化研究合作项目1个，园区企业签订与科研院所、专家签订项目合同5个，落地项目3个，帮助企业解决了生产中的关键技术难题，实现了较好的经济和社会效益。二是院士专家工作站建设卓有成效。2017年新建成区级院士专家工作站一家。促成了中国科学院院士、西安电子科技大学副校长郝跃教授与平伟光电就建设“功率半导体院士专家工作站”以及与清华大学在平伟光电实施充电桩项目产业化达成了具体合作，双方合作项目现已有序开展。已成功建立“梁平区功率半导体院士专家工作站”。市级“中国西部（重庆）生态塑料产业院士专家工作站”作用发挥明显，2017年10月，梁平区举办了“2017年中国塑料产业链发展高峰论坛暨2017年塑料加工业专家院士行阶段总结会”，中国工程院院士蹇锡高，长江学者特聘教授杨卫明等近20名专家莅梁开展科技推送服务。为梁平区塑料产业发展提供了科技支撑和智力支持。蹇锡高院士与园区企业中财管道就中海油海底管道项目合作达成一致，在中财管道北京总公司支持下共同实施这一产业化项目。三是招商引资工作有新突破。2017 年区科协签订正式投资合同 1 个，协议引资 6000 万元，实现了招商引资的良好开局。

【“科技下乡”活动】 按照“贴近生活、贴近群众、贴近实际”的要求，以群众喜闻乐见的方式广泛传播科技知识，开展科技培训。实施“科普惠农兴村计划”，开展“扶贫攻坚”以及“双联双促双帮”工作，充分发挥“农科专家急诊室”作用，举办农村实用技术培训 136 次，发放种养殖技术资料 4.2 万余份，大力提升了农民科学素质。实施“社区科普益民计划”，面向社区居民开展科普知识进社区、进楼院等科普宣传教育活动 78 次；建立健全社区科普大学，新添加了投影仪等硬件设施，开设春、秋两季教学班，组织开展教学活动 82 次，不断提升社区居民科学文化素质。

【科普宣传活动】 2017 年开展了科技活动周、全国科普日、“防灾减灾日”、防范邪教宣传月、食品药品安全宣传周等大型科普活动 20 次，深入社区、学校开展“科普知识进万家”主题宣传活动 25 次，总计发放宣传资料 5 万余份，受益群众达到 10 余万余人次。积极对接“科普中国”、科普网络书屋、重庆数字科技馆等网络科普资源，利用梁平官方新媒体梁平手机报、梁平微发布、家在梁平 APP 通过发放红包等群众喜闻乐见的方式，推送科技知识 2400 多万条次，阅读量 100 多万条次；实施科普文化信息化资源系统集成与精准推送服务项目，在社区、科技教育特色学校等地安装“科普文化重庆云平台”终端 30 个；率先利用城市公交站台、移动公交车身等城市黄金广告资源，发布科普公益广告近 10000 余条次；在区行政中心综合大楼等地安装“科普之窗”3 处；制作“互联网 +”系列展架，打造 400 米报国公园科普画廊、园区科普画廊 2 处、LED 户外宣传显示屏 5 处，开启了科普宣传全媒体模式，打通科普资源“最后一公里”。

【科普惠农兴村】 联合农技协、科普示范基地等单位开展科技培训 30 次，培育市、区级农技协、科普示范基地 3 个，成功推荐“梁平县光华米业责任有限公司科普示范基地”获得中国科协和财政部联合表彰争取奖补资金 20 万元。

（区科协）

梁平区计划生育协会

【概况】 重庆市梁平区计划生育协会（以下简称区计生协）领导职数为 3 个，内设机构为 2 个，即综合部和基层工作部。协会机关在职职工 7 名，退休职工 2 名。

全区 33 个乡镇（街道）、343 个村（社区）均建有协会组织，建立会员小组 2710 个，会员中心户 6288 个，协会会员 9.1 万人。

2017 年在梁平区委领导下，区计生协协助政府组织会员群众更加紧密团结在以习近平同志为核心的党中央周围，听党话，跟党走，为落实全面两孩政策，营造良好家庭友好型社会，促进人口长期均衡发展与家庭和谐幸福做出了应有的贡献，是党和政府联系广大育龄群众的桥梁和纽带。

2017 年 8 月，因分工调整，区政府副区长雷旭东被提名为区计生协会会长，胡立不再担任区计生协会会长。

【生育关怀】

推进生育关怀精细化　实施新增失独家庭首次慰问必到制度。扎实落实“十个一”服务清单管理，即：登一次家门（找到常住地方），听一次倾诉（倾听他们的诉说和要求），拉一次家常（了解家庭基本情况），讲一次政策（宣讲他们应该享受的政策），抚一次情绪（心理疏导，安抚心灵伤痛），送一次温暖（代表党和政府送关怀慰问金 3000 元），建一支队伍（落实帮扶人员），买一份保险（购买一份住院护理保险），建一份档案（建立特殊家庭档案信息台账），代办一次服务（代办特扶家庭相关服务项目）。2017 年登门慰问新增失独家庭36户，发放慰问金10.8万元，对新增户开展谈心交流活动40分钟以上，确保了计生特殊家庭群体和谐稳定。

推进生育关怀务实化　落实“三项制度”多角度立体化维护特殊家庭权益。一是3+X帮扶制度：各基层协会为失独家庭建立有乡镇（街道）、村（社区）干部、签约医生为一小组的帮扶组，发放计生特殊家庭联系卡887张，每两月定期联系，予以看望问候或开展免费健康检查、家务劳作等帮扶项目，并及时准确收集、变更特殊家庭帮扶信息系统，全年开展帮扶活动5850次。二是特殊家庭住院护理保险制度：与大地保险梁平分公司签订三年合同，2017年1392人参保，投入保险费27.37万元，累计理赔589人，赔付89.95万元。三是春节全面慰问制度：元旦、春节期间，对全区失独、伤残、手术并发症三类特殊计生家庭，实行分类定额走访慰问全覆盖，2017年春节，区、镇（乡、街道）、村（社区）三级党政负责人共同参与计生特殊家庭慰问工作，全区投入定向资金80.47万元，慰问计生特殊家庭887户。

推进生育关怀多维化　一是关怀临时困难计生家庭。实地调查了解计生家庭突发困难，资助计生残疾家庭火灾毁损建房补助6000元，资助失独家庭D级危房改造补助5000元；救助因病困难家庭16户，发放救助金2.6万元。二是长年关爱计生学子。连续开展计生助学活动14年，2017年资助独生子女大学生21名，发放助学金7.8万元，推荐到其他群团单位资助大学生9名；加强留守儿童关爱，长期关注屏锦镇和睦村留守儿童之家，给予关爱经费5000元，与其开展活动并赠送图书送体育活动用品。三是关爱离任计生专干。落实好离任村计生专干定额补助长效机制，对男年满60周岁、女年满55周岁，担任过村计生专干累计达3年以上的离任村计生专干，每年给予定额补助。2017年向符合条件的610名村（居）离任计生专干及时足额发放慰问金12.2万元。

（区计生协会）

梁平区归国华侨侨眷联合会

【概况】　重庆市梁平区归国华侨侨眷联合会（简称梁平区侨联）是中共梁平区委领导由区归侨、侨眷组成的人民团体，是党和政府联系广大归侨、侨眷和海外侨胞的桥梁和纽带。2017年12月25日，梁平区第六次归侨侨眷代表大会召开，圆满完成换届工作。

【为侨服务】　宣传《中华人民共和国归侨侨眷权益保护法（修正案）》和《中华人民共和国归侨侨眷权益保护法实施办法》；开展调查研究，倾听归侨侨眷呼声、意见和要求；帮助归侨侨眷做好身份认定工作。积极支持侨企搞好生产经营活动，今年助推侨企引入侨资300余万元，侨资企业年产值达到亿元以上；积极开展招商引智活动，筛选8个招商引资项目在市侨联招商平台上发布，热情接待了西班牙少林禅文化公司董事长朱启辉先生回梁考察禅文化旅游项目，协调南非华侨何艺女士捐资5万元用于梁平中学校园文化建设，侨眷王大希同志捐资3万元用于区非遗文化传承；在“第十八届世界华人学生作文大赛”中，共有六篇征文获奖，其中二等奖3名、三等奖3名，区侨联获得优秀组织奖；积极协调梁平县回龙镇云阳闽商侨心小学建设工作，目前该项目工程建设完工，并投入使用，已招收了6个班的学生就读；高度重视“珍珠班”的管理工作，年资助金额达到30余万元。2017年毕业45人，一本30人、二本15人，本科上线率达到100%，受资助的刘丽娜同学，更是获得了梁平区理科第一名的好成绩。

（区侨联）

梁平区残疾人联合会

【概况】　梁平区残疾人联合会（以下简称区残联）内设综合部，业务部，行政编制4人，理事长1人，副理事长1人；下属公益类事业单位区残疾人服务所，与区残联机关合署办公，有事业编制5人。

2017年，在区委、区政府的坚强领导和市残联的正确指导下，区残联以习近平新时代中国特色社会主义思想和党的十九大精神为指导，认真贯彻落实中央、市委和区委关于残疾人事业的新部署新要求，残疾人事业取得更大进步，残疾人服务保障水平得到进一步提高。区残疾人工作获得2017年度全市残疾人工作综合目标考核优秀单位和2017年度重庆市残疾人稳定工作先进单位。

【康复工作】 残疾人康复服务能力和水平明显提升。贫困精神病患者服药救助500人，贫困精神病患者住院救助150人；转介26余名0－6周岁残疾儿童到重庆市康复定点机构参加康复训练；为肢体残疾人配发辅助器具270件；为4500多名有康复需求的残疾儿童和持证残疾人提供了精准康复服务。对全区374名康复协调员进行了业务培训，提升了他们的服务能力。

【教育就业】 一是选送5名视力残疾人到万州参加盲人按摩培训。二是对全区盲人按摩机构进行全面摸底，收集、审核、整理扶持补贴相关资料。三是投入120万元对80户贫困残疾人危房进行改造。四是投入10万元扶持5户残疾人养种业大户，投入20万元新建2个残疾人扶贫基地。五是认真实施“阳光家园”计划，投入47.1万元为471户无就业能力重度贫困残疾人进行居家托养。六是认真落实“两补贴”。协助区民政局为9600名贫困残疾人和重度残疾人发放生活补贴和护理补贴700余万元。七是为46名残疾大学生和残疾家庭大学新生资助12.8万元。为416名中小学生补贴28万元生活补贴。八是投入41.3296万元为22961名残疾人购买小额人身意外伤害保险。

【扶贫解困】 一是今年春节，区残联投入7万元慰问全区120名贫困残疾人、重度残疾人和因病因特殊情况致贫的残疾人。二是认真实施“阳光家园”计划，投入47.1万元为471户无就业能力重度贫困残疾人进行居家托养。三是投入120万元完成80户贫困残疾人危房改造。四是投入42万元为全区持证残疾人购买人身意外伤害保险，每人参保金额18元，最高可获赔1万元。

【宣传文体】 一是认真开展第二十七次“全国助残日”活动。5月18日，梁平区残联联合区总工会、团区委、区妇联等12个部门、单位和助残社会组织，在区人民广场举行了以“推进残疾预防，健康成就小康”为主题的全区第二十七次助残日宣传活动。当天，活动现场反复播放《残疾预防和残疾人康复条例》和《残疾人优惠政策选摘》。各部门、各单位工作人员向市民发放《重庆市残疾人保障条例》《残疾人优惠政策选摘》以及康复知识等宣传资料。此次活动共接受残疾人咨询1000余人次，发放相关宣传资料1000余份，接受义诊400余人次。二是宣传报道工作成绩显著。2017年在《中国残疾人》、重庆电视台、重庆市残联网站、《重庆残联通讯》、梁平区政府网站、梁平电视台、《梁平报》、政务信息等近几十家媒体刊发了宣传梁平残疾人事业的文章138篇，其中市级媒体以上15篇。三是认真开展“五个一”活动。11月7日，100名残疾人由20多辆车组成的爱心车队护送前往梁平区滑石古寨AAAA级风景区，开展了以“筑梦善行，共享芬芳”为主题的残疾人“五个一”活动，即组织残疾人朋友游一次园，读一次书，参加一次文化活动，参观一次展览，看一场电影。

【扶助维权】 残疾人的合法权益得到进一步维护。完善公开接访机制，全年未发生残疾人到市进京非正常上访和重大群体性事件，实现了非正常访和群体性事件“零目标”。及时准确地将信访件录入信访系统，做到了事事有回音，件件有着落，群众满意率100%。发放残疾人燃油补贴2名；为3名残疾人发放C5驾照补贴3000元，为5名残疾人申报了路桥费减免。投入36万元完成105户残疾人家庭无障碍改造。（区残联）

法　治

政法委及综治

【概况】　中国共产党重庆市梁平区委员会政法委员会（简称：区委政法委）为区委工作部门。重庆市梁平区社会治安综合治理委员会办公室与中共重庆市梁平区委政法委员会机关一个机构、两块牌子，中共重庆市梁平区委防范和处理邪教问题领导小组办公室挂靠中共重庆市梁平区委政法委员会。核定机关行政编制13名，机关后勤服务人员事业编制1名，内设5个职能科室。2017年末，实有在编在岗职工为12人。

【自身建设】　2017年，区委政法委始终坚持统筹统揽和立足部门本职"两手抓"要求，不忘初心，牢记使命，主动适应社会形势新变化，对标对表，细化工作举措，夯实工作责任，指导督促政法各部门始终坚持把政法队伍的思想政治建设放在首要位置，全面从严治党，推动"两学一做"（学党章党规、学系列讲话，做合格党员）常态化、制度化，认真落实党风廉政责任制，不断完善权力约束监督机制，培养干部清正廉洁的作风，努力筑牢信仰之基、补足精神之钙、把稳思想之舵，切实增强人民群众获得感、幸福感、安全感。2017年政法工作呈现"1345"工作亮点："1"个指数持续高居全市前列——市民调中心调查结果显示，全区2017年群众安全感指数达到97.80，在全市排名第五。"3"项指标持续下降——社会治安形势持续好转，全区八类主要刑事案件立案数、群众来信来访、安全事故等三项指标持续下降。"4"大建设达到全覆盖——村（社区）网格化建设全覆盖、乡镇（街道）和村（社区）综治工作中心建设全覆盖、专（兼）职治安巡逻队伍村（社区）全覆盖、治安巡逻车乡镇（街道）和社区全覆盖。"5"类案事件实现"零发生"——影响社会稳定的重大政治事件、暴力恐怖事件、个人极端事件、重大恶性刑事治安案件、一次死亡3人以上"民转刑"命案等五类案事件实现了"零发生"，展示了平安综治工作取得的新成效。

【平安建设】　以"渝安2号"打击整治专项行动为抓手，始终保持对入室盗窃、扒窃、电信网络诈骗等犯罪活动严打高压态势，社会治安状况持续向好。强化社会治安重点地区整治。通过"六个一"灵活宣传方式，大力开展"以打开路"的专项整治工作，3个A类、2个B类挂牌整治地区共发刑事案件194起，同比下降36.39%，均通过摘牌验收，整治效果良好。全区平安乡镇（街道）、平安村（社区）创建成功率均达到90%以上。

【社区治理】　社区（村）网格化服务管理工作扎实推进，全区33个乡镇（街道）全部推行网格化服务管理规范化建设，建立完善"信息全掌握、管理全方位、服务全覆盖、问题全化解、责任全落实"的动态化信息化精细化服务管理机制。在和林镇福和社区试点打造社区"微治理"基础单元——联防院落，切实增强农村院落对不安全不稳定因素预警预测预防能力。"六自"邻里自管会机制在全区所有老旧小区深入推行，重庆电视台《平安建设进行时》栏目拍摄专题片在全市推广。

【反邪教工作】　反邪教工作以确保党的十九大胜利召开为主线，坚持抓早打小，打防结合，一手抓警示教育不放松，一手抓防控打击不动摇，从严从细做实各项基础工作；坚持以问题为导向，扎实开展“敲门行动”、教育转化、网上斗争及打击其他类邪教等专项工作；建立健全了成员单位沟通协调机制、信息通报机制、工作报告制度等日常工作协调机制；对重点人员实施了分级管控，对在册涉邪教人员落实了乡镇（街道）分管领导、乡镇（街道）工作人员、派出所民警、村（社区）干部、亲属“五位一体”的帮教措施和“日点名”“月见面”“一人一专班”的防控制度；培养了一支“政治过硬、业务过硬、责任过硬、作风过硬”的基层反邪教工作队伍，组建了一支懂业务、勤钻研、愿奉献的教转能手队伍，培养了一支能写、善写、愿写的宣传队伍。通过谋全局，抓重点，强基础，做到了“三个确保”和“两个绝不”，实现了“五个零目标”发生。

【特殊人群服务管理】 流动人口管理方面，共清理登记出租房屋16811户，实现流动人员随迁子女入学率100%。严重精神障碍患者管理方面，开展严重精神障碍患者清查评估专项行动，建立一对一村级联合服务管理小组，落实精神病人监护人责任险；对符合条件的789名三级以上严重精神障碍患者监护人落实117万余元以奖代补资金。

（区委政法委）

公　安

【概况】 梁平县公安局成立于1950年1月，按照区委区政府关于“撤县设区”相关工作安排，于2017年1月16日设立重庆市梁平区公安局，为区政府工作部门。区公安局为正处级单位，现有内设机构21个、公安派出所27个，另有专业公安机构1个（森林警察支队）、现役机构1个（消防大队）、群团组织机构3个（工会、妇委会、团委）。区局党委班子成员共9名，其中局长1名、政委1名、常务副局长1名、副局长2名。2017年在编人数539人（其中民警506人、公务员3人、工勤人员4人、事业编制人员26人），警务辅助人员316人。

2017年，区公安局深入学习贯彻党的十九大精神，以习近平新时代中国特色社会主义思想为指引，严格落实“四句话、十六字”[1]总要求，以党的十九大安保维稳任务为全年工作主线，紧紧围绕维稳处突、破案打击、安全监管、服务民生、队伍建设等重点工作，社会治安大局持续平稳，区公安局荣获“重庆市优秀公安局”称号，区公安局交巡警支队车管所荣获“重庆市优秀公安基层单位”称号，1人荣记“重庆市特级优秀人民警察”称号，1人荣记“重庆市优秀人民警察”称号。全年打掉各类犯罪团伙25个，现行命案破案率保持100%，群众安全感、公安队伍满意度和公安执法公信力分别位列渝东北片区第2位、第6位、第9位。

【维护稳定】

不断强化反恐防暴工作。牵头制定梁平区《反恐怖主义工作责任制工作规定》《反恐预警响应工作措施》等配套实施办法，规范、完善了全区反恐工作组织体系。组织开展涉恐隐患排查整治工作，整改人员密集场所及“水电气油”等民生设施安全隐患48起，强化涉恐危险源专项治理，对全区31家易制爆危险化学品从业单位、26架无人驾驶航空器等开展了全面排查。督促反恐重点目标单位落实人防、物防、技防措施，完善了重点部位警用地理信息标注、视频监控时限升级、防冲撞物理隔离设施配备等。组织区级相关职能部门开展反恐应急演练32次，提升了全民反恐意识和应急实战能力。

圆满完成安保警卫任务。全年紧扣党的十九大安保维稳工作首要政治任务，投入社会面巡逻力量4000余人次，以最高的标准和要求，从严从实从细落实各项安保维稳措施，实现了公安部“三个不发生”[2]及市委“三个零”[3]“七个坚决防止”[4]的目标。主动适应安保工作任务新形势，圆满完成“一带一路”高峰论坛、金砖国家领导人峰会、市党代会、区首届运动会、职工千人四分马拉松赛及重大节日、敏感节点安保工作72次，受到区委区政府领导肯定性批示5次。滚动更新警卫基层基础信息4处，开展模拟情景演练18次，圆满完成二级加强警卫任务1次。

切实增强治安管控能力。全面收集社会面各类动态信息2448条，围绕业主物业纠纷、征地拆迁、涉众型经济犯罪利益群体等重点领域的不稳定因素，积极开展矛盾纠纷排查化解528起，深化情报信息研判，有效预警预防阻工、堵路、集访等群体性事件77起，确保了双桂新城重大项目建设、非煤矿山企业有序退出、公立医院综合改革等重大政策平稳落地。积极配合乡镇街道，全面落实重点人员分级分类管控，有效防止了滋扰破坏活动及"民转刑"案件发生。

全面强化网络安全管理。开展网络整治谣言和有害信息专项整治，坚持24小时网上巡查机制，及时巡查发现、处置有害信息148条、违法信息244条，落地查证52起，训诫2人，行政拘留1人，维护了网络秩序安全。充分发挥配侦部门职能作用，联合破获网络犯罪案件52起，打击处理犯罪嫌疑人46人。加强与区网信办等部门协作配合，建立健全网络安全风险监测预警、通报处置机制，成功应对"永恒之蓝"勒索病毒事件。强化上网场所管理，以公共无线上网场所为重点，落实网络用户实名制和安全管控系统建设250家，检查网吧120家，处罚违规网吧10家。

【打击和防范刑事犯罪】

严厉打击各类刑事犯罪　以"渝安2号""三打击一整治"等系列专项行动为牵引，不断深化扫黑除恶工作，打掉寻衅滋事、聚众斗殴等涉恶团伙2个，抓获涉恶犯罪嫌疑人15人。全力侦破影响群众安全感的侵财类犯罪，成功破获首例移动"伪基站"案和涉案200余万元的侵犯公民个人信息团伙案，全年电信网络诈骗发案238起、同比下降34.62%，在公安部打击"盗抢骗"犯罪专项行动中排名全市第1名。全力推进追逃工作，抓获网上逃犯156人、同比上升4.26%，在抓捕历年网上在逃人员专项工作中排名全市第2名。

集中整治突出治安问题　加大治安整治力度，全年查处治安案件4325起，治安处罚1183人。强力推进黄赌专项整治，查处涉黄涉赌类案件128起，打掉涉黄涉赌团伙1个，收缴赌博机2台，成功破获涉案19人的周某某等人开设赌场案。开展打击整治涉枪违法犯罪、"缉枪治爆"专项行动，起诉涉枪犯罪3人，查获枪爆危案件47起，行政拘留30人，收缴炸药12.6公斤、仿真枪17支、气枪14支、火药枪2支、管制刀具63把。对2个市级A类（梁山街道大众社区、西池社区）、2个区级B类（双桂街道大河坝社区、新盛镇街道社区）常态挂牌地区和1个市级A类（合兴镇）动态挂牌地区进行重点整治，顺利摘牌。积极开展"护校安园"专项行动，协调教育、工商、药监、市政、文广等职能部门，排查、整改各类安全隐患177起，整治校园周边治安乱点5处，化解校内矛盾纠纷14起，开展法制安全教育113次、应急演练52次，有效改善了全区中小学校周边治安环境。

持续强化缉毒禁毒工作　坚守"打出去、挖上家、断通道"的工作思路，全年查处吸毒违法人员392人，强制隔离戒毒170人，责令社区戒毒184人，缴获各类毒品1.73公斤。开展毒品原植物踏查及打击非法种植毒品原植物工作，查处毒品原植物种植违法犯罪案件7起，铲除毒品原植物（罂粟）704株。开展"4·14"打击制毒犯罪，实现了制毒案件在我区零发生，易制毒原料在区零流失的工作目标。花大力气整治外流贩毒，外流贩毒人员降至88人、同比下降37.59%。联合四川达州、广西梧州等地警方破获"2016－323"公安部毒品目标案件，打击涉毒犯罪32人，查获毒品5.2公斤。深入推进社区戒毒（康复）工作，积极会同卫计、司法、民政等部门落实各类帮教措施，全区执行社区戒毒（康复）761人，执行率99.22%。

全力打击经济金融犯罪　全力开展"猎狐2017""云端2017"专项行动，收缴假币70260元。打击制售假冒伪劣商品和侵犯知识产权犯罪成效显著，成功破获3起涉案500万元以上公安部部督案件，抓获15人，打掉制假窝点3处、生产线4条、仓储窝点2个，缴获假冒芙蓉王、玉溪、中华香烟40余箱，假冒“茅台”“五粮液”等名酒40余箱，假冒“金德”“日丰”“金牛”等驰名商标管件10余吨，通过对黄章龙等非法经营案件的扩线深挖，成功发起公安部集群战役。开展打击整治银行卡犯罪专项行动，破获涉案金额70余万元的信用卡诈骗案。推进打击涉税犯罪专项行动，坚持警税联络机制，通过“云端系统”发起重庆千久再生资源、川荣中药材种植有限公司涉嫌虚开增值税专用发票集群战役，联合区地税局成功追缴重庆顺盛实业有限公司欠税、挪用业主契税1567万元，加收滞纳金182万元。加大“善心汇”传销犯罪查处力度，滚动摸排1263人，警示教育23人，对1名牵头滋事重点人员采取强制措施。

【安全监管】

交通管理更加有序　以“内畅外联”、西南片区严管统一行动等26个专项行动为依托，查处交通违法行为14.8万余起，其中酒驾369起、毒驾5起、无牌无证732起、疲劳驾驶561起。运用查缉布控手段查处违法车辆6195辆，暂扣、吊销驾驶证495本。积极开展全区电动车专项整治行动，查处电动车交通违法行为5658起，警示教育38968人，行政拘留2人，督促办理D、E类驾驶证969人。充分发挥“交安办”职能作用，加强农村道路交通安全管理，策动全区200个农村劝导站、27支乡镇执法小分队，以城乡接合部、农村集市、山区道路等群众出行主要客运通道为重点，强化路检路查力度，查处交通违法行为1.5万余起。强化源头整治，深入客运企业开展检查342次，下发整改通知书7份，约谈重点企业15次，联合区交通执法支队打击非法营运91起、客车超员138起，维护了客车运营秩序。

治安管理更加有力　持续加强枪爆危物品安全监管，检查各类民爆物品从业单位74家，发现、整改各类安全隐患89处，下发责令整改通知书16份。强化旅馆业实名登记管理，查处不实名登记的旅馆案件83起、同比下降34.25%。严格物流寄递安全监管，加强对全区26家寄递行业、178个网点的清理，核查寄递从业人员348人，督促落实“三个100%”制度[5]。严格落实散装汽油“三实”管理制度[6]，与全区34个加油站点逐一签订《散装汽油销售安全责任书》，核查散装汽油购买人员5400人次。加强水域安全管理，及时采集、更新基础信息，对全区11条河流、75个中小型水库、64艘渔业捕捞船、12艘渡船、56艘乡镇自用船进行造册登记，开展安全检查40次，发现、整改安全隐患2起，联合渔政、水域企事业单位查获非法捕捞13起，确保了水域范围安全稳定。组织保安集团梁平公司、渝东北保安培训学校199名保安参加考试4次，发放保安证199张，严格保安服务行业持证经营、保安人员持证上岗等安全管理。

消防管理更加有效　以冬春火灾防控、夏季消防检查、高层建筑综合治理等专项行动为依托，检查单位5809家，其中“九小”场所[7]1521家，对26家火灾高危单位和97家消防重点单位实行“实名制”监管，发现、整改火灾隐患1.1万处，行政处罚306起，临时查封175家，责令三停126家，罚款92万元，行政拘留36人。联合城乡建委、国土房管等部门，对全区209栋高层建筑进行了逐一摸排，建立“一楼一表”档案台账。结合实际，制定出台学校、医院、养老机构、文物古建筑4个消防安全标准化管理规定。提请区政府出台《梁平区市政消火栓建设方案》等系列文件，新建市政消火栓200个、消防取水设施3处。推动社会单位和居民社区建成187个微型消防站，配齐义务消防员，夯实了社会火灾防控基础。创新监管手段，将城市消防远程监控系统纳入“智慧城市”同步建设。争取区政府及相关部门支持，完成双桂堂消防工程改造、全区养老机构简易喷淋安装和独立式报警系统配备。

监所管理更加有为　加强看守所、拘留所、强制隔离戒毒所安全管理，落实在押人员信息

"采、建、用"机制。不断提升技防水平，投入350余万元完善监区监控设备、内外监室门及高压电网升级改造，实现监区监控全覆盖、无死角。坚持医疗卫生专业化，委托区中医院派驻4名医生、2名护士专门从事监所医疗卫生工作，及时对在押人员看病救治，组织开展常规体检、艾滋病初筛检测558人次，外诊66人次，安全处置14名重病在押人员出所就医。保障被监管人员的合法权益，开通在押人员约见驻所检察官绿色通道，建立投诉处理机制，为在押人员及其家属提供法律咨询40余次。自觉接受社会各界监督，组织开展"警营开放日"活动，邀请特邀监督员、人大代表、政协委员、友邻单位、被监管人员家属等进监所实地参观20余次，听取意见建议，不断提升监管工作水平。

【科技强警】

认真落实《关于加强社会治安防控体系建设的贯彻意见》，全力推进"五张网"建设。按照全市"应指工程"二期区县项目建设要求，我区720个高清视频监控、35套交通卡口顺利竣工验收，全面投入使用，通过视频巡查，及时发现、处置不稳定事件苗头21起。在区委、区政府重视支持下，自行筹建、有序推进应指工程拓展项目，拟在城区背街小巷、乡镇重点部位安装视频监控。积极配合区综治办启动"雪亮工程"建设，做好视频监控规划布点具体工作，切实起到点位"补盲"作用。建成智能交通指挥室，实时监控道路交通状况，通过交通信息LED宣传屏及时提示，提高道路畅通率，助力"智慧城市"发展。完成全区20处违停抓拍系统和双桂城区、工业园区9组交通信号灯建设，设置中央隔离栏1.2万余米，发现、整改交通设施隐患368处、标志标牌136块，维护、施划交通标线1.3万余平方米。

【基层基础建设】

积极推进区级重点项目工程建设，完成公安业务综合楼土建工程项目和装修设计，严格按照施工进度对标对表落实。建成集询（讯）问室、标准化信息采集室、缉毒检查室、醒酒室等功能用房于一体的执法办案中心，有效解决了乡镇派出所和部分专业警种在城区办案用房紧张问题。完成物证鉴定所标准化建设，通过了资质认定现场评审，法医、痕迹、声像等3个检验鉴定专业和4名授权签字人通过市质监局资质认定，实现了物证"条形码"电子化清单管理。

【告破典型案例】

破获"2017－308"公安部毒品目标案　2017年2月，民警通过线索发现，游某、刘某、汤某、尹某等人长期在梁平遥控指挥马仔，在梁平本地和广东等沿海地区从事大宗毒品贩卖活动。3月，该案经公安部审核确立为部级毒品目标案件，由公安部统一协调指挥。经过3个多月的深入经营，区公安局于6月在梁平本地和浙江省乐清市抓获贩卖、运输毒品犯罪嫌疑人14人，缴获各类毒品1.1公斤，收缴毒资8万元、作案车辆1辆，成功摧毁了一条跨省地下贩毒通道。

破获"8·25"强迫交易案　2017年8月，犯罪嫌疑人曾某等为中标梁平区竹山镇竹丰社区3组安置点环境支护内挡墙工程，纠集数十名社会闲杂人员，在区公共资源交易中心外威胁、阻挠其他投标人参与竞标影响很坏。区公安局立即成立了由局长任组长的专案组，由刑侦支队牵头，从全局抽调30余名精干警力脱产办公，于11月成功告破。

【自身建设】

强化学习巩固政治建警　深入推进"两学一做"[8]学习教育常态化制度化，开展"迎接十九大、忠诚保平安"主题教育实践活动，筑牢"四个意识"[9]。先后3次召开"三清"[10]工作专题民主生活会，全面彻底干净清除孙政才恶劣影响和薄熙来、王立军流毒。坚持落实理论中心组学习、"三会一课""主题党日"等党内组织生活制度，党委班子成员及各党支部书记讲授专题党课211场次。为全局民警征订《十九大报告学习辅导百问》《十九大党章修正案学习问答》《十九大学习笔记》等学习资料1500余本，拍录民警学习心得感悟视频3部，展示学习笔记6篇，迅速掀起学习十九大精神高潮。严把入党质量关口，确定入党积极分子26人，团组织推优入党15人，注入了新鲜血液，充实了组织力量。坚持党建带工建、带团建、带妇建，组织开展各类社会公益活动11次。

严格管理狠抓从严治警　不断完善队伍建设例会制度，制定印发《治安稳定形势和队伍状况两级分析研判工作实施办法》，坚持每月研判队伍形势状况，从思想上“活血化瘀”，确保苗头性、倾向性问题早发现、早整治、早规范，全局各级领导之间、领导与民警之间开展谈心活动600余人次。针对违规吃喝、收受红包礼金、违规发放津补贴等问题，认真开展专项整治，严格践行监督执纪“四种形态”。围绕业务工作和队伍建设，对各单位值班备勤、执法办案、窗口服务、内部管理等开展现场督察和网上督察，及时发现整改问题。组织观看警示教育片《底线》5批次、《警钟》7批次，提升拒腐防变意识。加强辅警队伍教育管理，严格执行市局《警务辅助人员管理办法实施细则》《警务辅助人员招聘工作规定（试行）》等规章制度，开展警务辅助人员“讲规矩、守纪律，强保密、筑防线”主题教育活动，组织集中学习9次，签订保密协定447份。

搭建平台推进素质强警　开展全警大练兵，针对各警种部门业务特点和薄弱环节，科学制定训练计划，组织开展内勤业务知识、“一标三实”[11]基础信息采集、民意监测业务知识等专业技能培训17次，参训人员850余人次，提高了民警履职能力。重视网上学习考试，健全“公安网+训练”机制，全局网上学习率、合格率均达100%。坚持文体育警，组织开展“迎接十九大·忠诚保平安”征文比赛、“庆祝国庆68周年”歌咏比赛等系列活动，在2017年重庆公安特警三人快速处置技能大比武、梁平区首届运动会、“融康彩印”杯2017年梁平区业余足球联赛等市级、区级竞赛中取得佳绩，刑侦支队民警撰写的《典型损伤特征分析确定案件性质》被中国法医学会评为优秀论文并收录于中国法医学会·全国第二十届法医临床学学术研讨会论文集之《法医临床学专业理论与实践》，填补了区局在法医学术研讨领域的理论空白。努力适应新媒体时代，发好公安声音、讲好警察故事、树好警察形象，在区电视台《警方时空》栏目基础上，增设《梁平报》“柚乡警事”专题宣传栏目，深度挖掘梁平警察故事20个，传递了社会正能量。

争取政策落实从优待警　抢抓“撤县设区”和公安改革历史机遇，做好“三定”[12]工作。严格按照“二十字”[13]好干部标准，把优秀人才选出来、用起来，激发民警干事创业激情。健全风险保障制度，为全局在职民警职工购买重大疾病互助保障、出差意外保险等6类保险，建立民警个人健康电子档案，完善健康状况预警机制，协调区人民医院，为4名因公负伤民警及时开通快速救治“绿色通道”。（区公安局）

名词解释：

[1] 对党忠诚、服务人民、执法公正、纪律严明。

[2] 不能发生暴恐案事件、不能发生在全国有重大影响的大规模群体性事件、不能发生重大公共安全案事件。

[3] 重大政治事件、暴力恐怖案件“零发生”，到市进京聚集非访“零发生”，重大负面舆情“零发生”。

[4] 坚决防止发生影响社会稳定的重大政治事件，坚决防止发生暴力恐怖事件和个人极端事件，坚决防止发生大规模群体性事件，坚决防止发生重大到市进京上访事件，坚决防止发生重大恶性刑事治安案件，坚决防止发生重大公共安全事故，坚决防止发生重大舆情炒作事件。

[5] 收寄验视100%、实名收寄100%、过机安检100%。

[6] “实名”购买、“实名”登记、“实名”报告。

［7］小学校或幼儿园、小医院、小歌舞娱乐场所、小网吧、小美容洗浴场所、小生产加工企业。

［8］学党章党规、学系列讲话，做合格党员。

［9］政治意识、大局意识、核心意识、看齐意识。

［10］讲清问题、划清界限、肃清影响。

［11］标准地址和实有人口、实有房屋、实有单位。

［12］定机构、定职能、定编制。

［13］信念坚定、为民服务、勤政务实、敢于担当、清正廉洁。

检　察

【概况】　重庆市梁平区人民检察院有政法专项编制87人，在职职工82人。内设有职侦局、公诉科、侦监科、执检科、民行科等14个内设机构和1个派驻检察室。

2015年、2016年连续两年在全市民意测查中队伍满意度、司法公信力等指数位居渝东北地区第一名；2017年，被中央文明委评为“全国文明单位”。

2017年，梁平区人民检察院在区委和上级院的坚强领导下，在区人大及其常委会的有力监督下，在区政府、政协及社会各界的亲切关怀下，深入学习贯彻党的十九大精神，深学笃用习近平新时代中国特色社会主义思想，全面落实市委决策部署，紧密围绕保障和服务全区经济社会发展大局，忠诚履行党和人民赋予的检察职权，依法行使法律监督职能，各项检察工作取得新进步。

【维护社会和谐稳定】

依法履行审查批捕、起诉职能　严厉打击各类刑事犯罪，全年共受理移送审查逮捕案件248件327人，批准逮捕214件275人，不批捕34件53人；受理移送审查起诉案件465件637人，提起公诉399件526人，不起诉40件58人。突出打击严重影响群众安全感的犯罪，批捕黄赌毒犯罪63件78人、起诉96件135人，批捕故意伤害、抢劫等严重暴力犯罪70件87人、起诉98件114人，批捕盗窃、诈骗等多发性侵财犯罪99件125人、起诉152件222人。

深化检察环节社会综合治理　全年共依法处理涉法涉诉信访90件，办理刑事赔偿案件1件，刑事申诉案件4件，重点信访案件1件，对2名生活陷入困境的刑事案件被害人或近亲属予以司法救助。全面落实“谁执法谁普法”责任制，开展“法律六进”宣传活动12次，“莎姐进校园”主题讲座8次，送法下乡6次，不断促进公民尊法学法守法用法。

【职务犯罪查办和预防】

严肃查办职务犯罪案件　坚决贯彻落实中央反腐败决策部署，以高度政治责任感抓好职务犯罪惩防工作。全年共立案查办职务犯罪案件7件11人，其中反贪6件9人，渎职1件2人，案件已全部侦查终结并移送审查起诉。

积极开展预防职务犯罪活动　结合查办案件，开展预防调查3次，发出检察建议2份，深入开展警示教育活动18次，发放宣传手册3500余份，开展预防咨询12次。

【诉讼监督】

加强侦查活动监督　监督纠正侦查活动中的违法情形，发出《纠正违法通知书》19份，发出《应当逮捕犯罪嫌疑人意见书》1份，追捕漏犯1人；追诉漏犯8人，漏罪3条，追诉石某某贩卖毒品案被依法判处有期徒刑12年6个月。

加强刑事执行监督　纠正监外执行罪犯脱漏管9人，监督收监执行2人；办理罪犯又犯罪案件8件10人；审查羁押必要性案件14件，提出变更强制措施14件，办案机关采纳建议12件。

加强民事行政监督　全年共受理民事申诉案件66件，提请抗诉3件，1件已获二分院采纳；办理支持起诉57件，胜诉57件；办理民事执行监督案件2件，均获得法院采纳。

【社会管理】

有序推进公益诉讼工作　院领导亲自参与工作推进全过程，抽调具有侦查、公诉经验的检察官进入公益诉讼团队，实施专业化办案。主动向区委、人大汇报公益诉讼工作，推动建立公益诉讼联动机制，加强与行政部门沟通联系，不断完善信息共享平台建设。2017 年以“两法衔接”信息共享平台为核心，查询相关行政处罚案件 252 件，摸排案件线索 5 条，办理诉前程序案件 1 件，发出检察建议 1 件。

全力配合脱贫攻坚行动　坚决惩处对惠农扶贫资金雁过拔毛、啃食群众获得感的“蝇贪”“蚁贪”，严肃查办涉农惠农领域职务犯罪案件 2 件 3 人。积极开展惠农扶贫领域专项预防宣讲活动 7 次，发放惠农扶贫阳光卡 600 余份。扎实开展脱贫攻坚行动，院领导到联系乡镇走访调研 6 次，慰问困难群众 20 余人次。

积极参与“三城同创”活动　立足检察职能，强化生态环境司法保护，建议监管部门向公安机关移送涉嫌破坏环境资源犯罪案件 1 件 4 人，已依法判决。主动融入“三城同创”活动，联合各帮促单位走访梁山街道东明村 30 余人次，开展文明劝导、环境整治等志愿服务活动 20 余次；出资帮扶北池社区老旧小区旱厕改造，提升社区居民生活品质。

【深化改革】

不断深化司法体制改革　全面落实司法责任制，严格落实检察官在司法一线办案的要求，院领导直接办理各类案件 61 件 70 人。严格执行办案权限配置、岗位职责规范等制度，突出检察官办案主体地位，大量轻刑案件得到快速办理。加强检察官履职监督，建立检察官电子司法档案 27 份，开展案件质量评查 4 次，评查各类案件 192 件，确保检察权依法规范运行。

全力配合国家监察体制改革　全力配合国家监察体制改革，加速抓结案、消积案、清线索，清理积案 12 件 12 人，并依法作出处理；有序做好人员情况摸底、档案信息核查等工作，探索建立检察机关与监察委员会的协调衔接机制。

积极推进以审判为中心的刑事诉讼制度改革、刑事案件速裁程序和认罪认罚从宽工作　主动适应以审判为中心的刑事诉讼制度改革，建立多项协作配合机制，明确划分 9 名刑事检察官与辖区 32 个办案单位对接联系，检察官提前介入引导侦查案件 3 件 10 人。积极推进刑事案件速裁程序和认罪认罚从宽工作，适用认罪认罚案件 218 件 253 人，一审判决 202 件，采纳量刑建议 195 件。

【接受监督】

自觉接受人大监督　认真履行对人大负责、受人大监督的宪法义务，向区人大常委会专题汇报了侦查监督、公益诉讼等工作情况，并认真落实审议意见。提请区人大常委会任命副检察长 3 人、检察员 2 人，并进行了宪法宣誓。

自觉接受社会监督　主动邀请人大代表、政协委员、人民监督员、群众代表等 50 余人次视察、调研、参与“检察开放日”活动 3 次，不断提升司法公信力。认真落实案件信息公开系统部署应用，公开案件程序性信息 626 条，公开法律文书 428 份，进一步拓宽了社会各界参与和监督检察工作的渠道。

【自身建设】

加强思想政治建设　扎实开展“两学一做”专题教育和“听党的话、按法律办事、为人民服务”专题教育活动，精心制定全院学习方案，全年共开展中心组学习 6 次，支部学习 20 期，院领导以普通党员身份参加支部组织生活 30 余人次，带头讲党课 7 次，组织参与“学习十九大精神”知识竞赛 200 余人次。

狠抓全面从严治检　检察长带头履行党风廉政建设主体责任，层层签订《党风廉政建设责任书》，明确职责、狠抓落实。强化对落实中央八项规定、依法规范履职等全方位监督检查，全年共开展检务督察 13 次，示范教育和警示教育学习6次，发出廉洁自律短信500余条，不断筑牢干警道德高线、纪律红线和法律底线。

持续抓好学习培训　继续实施“每周一课”讲坛学习制度，全年共开展学习活动16期，收集学习心得体会30余篇，不断提高干警综合素质。积极组织干警参加各类业务素能培训21期60人次，举办业务评比竞赛3次，开展岗位练兵活动6次，不断提高干警专业素养。

继续实施文化育检　按照“以竹喻检、以文化人”的核心主题，精心打造办公环境文化，丰富开展检察文化活动，切实营造出“三个快乐”文化氛围，不断助推该院文化建设提档升级。2017年1月，该院被重庆市人民检察院评为“文化建设示范院”；2017年11月，被中央文明办评为“全国文明单位”。（区人民检察院）

法　院

【概况】　2017年，重庆市梁平区人民法院共有内设机构25个，其中人民法庭4个。全院有员额法官及其他工作人员120人，其中，员额法官46人，法官助理38人，司法行政人员15人，司法警察11人。共受理案件11597件，审执结10912件。

【刑事审判】　审结一审刑事案件387件，判处罪犯490人。严惩严重暴力犯罪和多发性侵财犯罪，审结159件222人。从严打击涉毒犯罪，审结涉毒犯罪案件78件92人。严惩电信、网络犯罪，审结7件13人，全部判处有期徒刑。坚持罪刑法定、罚当其罪，启动非法证据排除程序4次，证人、鉴定人、侦查人员等出庭作证和说明情况63人次。推进认罪认罚从宽改革，审结认罪认罚案件198件。对191名被告人依法宣告缓刑，为23名被告人指定辩护人。

【民商事审判】　全年审结民商事案件7446件，审结率95.45%。依法办理涉及生命权、健康权等人身损害赔偿案件385件，维护公民人身权利。保障改善民生，审结涉及就业、消费、医疗、社会保障等案件221件。规范民间借贷秩序，审结民间借贷纠纷案件806件，促进民间借贷健康有序发展。规范金融工商、市场交易秩序，审结涉及金融借款、小微企业、买卖合同的案件572件，促进新型工业化建设。规范房地产、建设工程秩序，审结涉及商品房、土地使用权转让、建筑施工合同的案件507件，促进新型城镇化建设。坚持“生态优先、绿色发展”理念，审结涉及土地承包经营权、自然资源使用权、农产品流通的案件114件，促进一二三产业融合发展。坚持调解优先、调判结合，完善与司法、民政等诉调对接机制，全年调解撤诉结案5064件、调解撤诉率65.72%，有效化解了群体性纠纷。

【行政审判】　审结一审行政案件35件。积极化解行政争议，促成原告撤诉6件、占17.14%。监督行政机关依法行使职权，判决行政机关撤销、变更具体行政行为5件、占14.29%。促进行政机关负责人出庭应诉，开庭审理19件中行政机关负责人出庭应诉12件，出庭应诉率73.68%，同比增加30.5%，积极助推依法行政。

【执行工作】　执结案件2539件，执行到位金额2.61亿元。强化执行联动机制建设，争取区委办、区政府办转发《关于加强执行联动机制建设促进基本解决执行难问题的实施意见》，努力形成“党委领导、人大监督、政府支持、法院负责、部门配合、社会各界参与”的基本解决执行难工作格局。加大执行惩戒力度，司法拘留175人，罚款48人。加强执行规范化建设，研发智能化执行指挥查控平台，实际执行率68.54%，执行兑现1.79亿元。

【接受监督】　自觉接受区人大及其常委会监督，主动向区人大常委会汇报和专题报告工作6次。完善《进一步加强代表委员联络工作办法》，走访联络代表委员129人次，邀请旁听庭审及参与执行413人次。积极接受政协的民主监督、检察机关的法律监督和社会各界的监督，赠阅《柚乡天平》《工作年报》等，不断改进法院工作。深化司法公开，庭审视频直播和网络转播231场次，上网公布裁判文书4261份，微博微信推送审判信息358条次，被《法制日报》等媒体采用司法宣传稿件127篇，提升司法的透明度和公信力。

【自身建设】 坚持“两学一做”学习教育常态化制度化，特别是党的十九大以后，党组中心组专题学习5次，牢固树立“四个意识”，不断增强“四个自信”，切实把十九大精神落实在工作岗位上、落实在执法办案中。深化岗位练兵，庭审考评76场、裁判文书评查429份。提升能力素养，组织培训137人次，一线磨砺15人，举办“七彩天平大讲坛”6期。加强党的建设，严肃组织生活，改选党支部6个。认真落实党风廉政建设“两个责任”，严格执行中央“八项规定”精神及市委实施意见。加强廉政风险防控，创新委托廉政监督员、市区人大代表、政协委员开展第三方案件回访660件725人次，满意率95.71%，确保公正廉洁司法。（区人民法院）

司法行政

【概况】 梁平区司法局为区政府工作部门，内设办公室、政治处、法制科（律师公证鉴定管理科）、基层工作管理科、宣教科、法律援助管理科、社区矫正管理局、行政（审批）服务科，下辖梁平区医疗纠纷调解中心、梁平区法律援助中心、梁平公证处。现有政法专项编制58人，事业编制13人，在职职工64人，其中研究生2人，本科51人，专科11人。

2017年，梁平区司法局在区委、区政府的坚强领导下，在市司法局的统一部署下，认真学习贯彻习近平新时代中国特色社会主义思想和党的十九大精神，紧紧围绕区委区政府中心工作，以“保稳定，促发展”为主线，以推动司法行政创新发展为动力，扬鞭奋蹄、真抓实干，取得了较好成绩。2017年，区司法局被重庆市人社局、重庆市司法局评为“法律援助工作先进集体”，被市司法局评为“2017年度推进改革创新优秀单位”；双桂街道皂角社区调解员廖财被司法部表彰为全国模范人民调解员。

【基层基础建设】 一是加强基层司法所规范化建设。完成18个司法所规范化建设，司法所规范化率达40%；完成全区34个司法所吊牌和公章的更换。二是加强调委会规范化建设。完成18个镇街调委会、26个村居调委会规范化建设，调委会达标率分别为53%和86.4%；完成全区34个乡镇（街道）调委会、343个村居调委会吊牌和公章的更换。三是推进司法所办公环境建设。按照区委区政府开展“乡风文明”建设的统一部署，制定《司法所“乡风文明”建设检查表》，从工作人员精神面貌、文件档案归类、办公场地干净整洁等方面进行督促检查，整体提升司法所办公环境及工作人员精神面貌。

【人民调解】 一是提升调解员业务能力。通过开展“我的调解故事”演讲比赛，购买人民调解书籍和光盘，赠阅《人民调解》杂志等方式，开展“老马带小马”活动，推动“老马工作法”落地落实。二是加大案件质量评查力度。开展2016年度调解案件及补贴发放专项检查，通过电话抽查、回访等方式抽查案件的真实性以及材料的规范性和案件数量的合理性，杜绝虚报、冒领人民调解案件补贴，该项工作得到市局检查组的好评。三是推进“巴渝和事佬”APP普及。目前已有1615名人民调解员和5名律师注册安装使用，通过线上线下调解手段，有效化解了矛盾纠纷。四是扎实开展案件调解。2017年全年调解案件10864件，调解成功10802件，成功率99.4%。医调中心全年受理案件31件，涉及金额488万元，结案率96.77%，所结案件全部调解成功。

【法律援助及服务】

法律援助　一是建成区公共法律服务中心。整合司法行政主要服务职能，在区行政服务中心建成区级公共法律服务中心，为群众提供“窗口化、综合性、一站式”的法律服务。二是规范办案补贴标准和程序。制定《梁平区法律援助办案经费支付办法》，提高法律援助补贴标准，规范和加强法律援助经费使用管理和监督，建立统一台账，确保专款专用。三是认罪认罚试点初见成效。在看守所、检察院和法院设置法律援助工作站，指派值班律师为在押人员提供法律咨询或帮助。4月试点以来，值班律师为在押人员提供法律帮助（咨询）312人次，见证签署具结书177份。四是开展援助案件抽查。以法律援助人员工作态度和工作纪律为回访重点内容，抽取35个援助案件进行电话回访，回访结果显示法律援助全过程无违法、违规办案现象，工作纪律满意率达100%。五是开展法律援助宣传。组织法律援助律师、执业律师参加我区各类主题宣传活动，开展农民工讨薪和全国助残日援助专项行动，宣传普及援助政策。2017年共受理法律援助案件法律援助案件714件，其中民事512件，刑事93件，行政4件，受理中央专项彩票基金会法律援助案件105件。

法律服务　一是推进法律顾问全覆盖。引导律师、基层法律服务工作者担任政府、企业和村（居）法律顾问148家，协助政府审查法律文书39次，参与重大决策研究11次，为政府依法行政献计出力；开展企业“法律体检”40次，提出法律意见32条，为企业挽回经济损失760万元；开展社区法律宣传讲座25次，协助处理村居涉法事务16次。二是落实律师参与信访工作及办理重大、疑难、复杂案件备案制度。全年接待信访120件，引导法律援助45件、自行起诉75件。三是完成7家法律服务所合伙改制，开展法律服务案卷质量评查，合格率100%。四是推进公证体制改革，拓展公证业务范围，促进公证事业健康发展，全年办理公证案件1177件。五是开展鉴定执业专项检查，全年办理司法鉴定290件，采信率95%，无重大质量事故、违法违规和投诉情况发生。六是严格规范性文件审查备案，落实“双随机一公开”，协助做好人民监督员管理和增选。

【社区矫正】　一是提升业务能力。通过邀请律师对全体从事社区矫正的工作人员进行业务培训、参加全市社区矫正工作培训、业务知识考试等，业务素质不断提高。二是强化监督检查。联合区检察院不定期开展执法监督检查，组织各司法所进行社区矫正工作执纪执法交叉检查，及时发现和纠正社区矫正工作中出现的问题，保障社区矫正工作的顺利推进。三是创新管理模式。严格执行社区服刑人员“日记载、周报到、月学习、月劳动、季总结”以及外出请销假、居住地变更等监督管理规定；依托重庆市社区矫正信息管理系统和梁平区“互联网+社区矫正”手机APP信息化管理平台对全区社区服刑人员（文盲、生活不能自理者等除外）进行定位管理，实时掌握社区服刑人员的活动轨迹；除按例组织社区服刑人员参加日常月劳动外，组织矫正人员到机场、火车站义务劳动。2017年，累计接收社区服刑人员2020人，按期解除1708人，在册312人（其中未满十八周岁10人）。给予社区服刑人员警告41人次，按时完成审前社会调查评估64件。

【安置帮教】　一是全面对接在押服刑人员信息。通过网上信息平台及时对监所反馈的服刑人员个人及其家庭基本信息进行核实，确保核实率达100%。对预释放人员落实必接必送。二是落实安置帮教。安置帮教小组开展对刑满释放人员的安置帮教，确保其回归社会后有人帮、有人管、有人助，并对回归后生产生活住房等确有困难的刑满释放人员帮助解决具体困难。三是开展困难慰问。为龙门镇文圣村1组在押服刑人员未成年子女送去慰问金2000元。春节之际对家庭困难和未成年社区矫正人员进行慰问。2017年，新衔接安置刑释人员682人，衔接率100%，在册帮教率100%。协助刑释人员解决临时救助38人。

【普法治理】 一是开展系列主题法治宣传活动。大力开展"梦想驿站"服务春运暖冬行动、全国助残日宣传活动、"一抹书香拒毒品"宣传活动、反邪教警示教育、"12·4"国家宪法日等大型主题宣传活动10余次；大力开展"三月法治宣传月"活动，深入开展"法律宣传进院坝"等宣讲活动70余次，发放宣传资料3万余份；区司法局、区环保局、区公安消防大队等部门联合开展"以案释法"活动。二是抓好重点人群法治教育。抓好领导干部法治教育，建立区委常委会、区政府常务会学法，党委（党组）中心组学法、领导干部法治轮训等制度，组织春秋季新提任领导干部法治理论知识考试，参考449人，全部合格；抓好青少年法治教育，开展"梁平区2017年度《道德与法治》《品德与社会（生活）》优质课竞赛活动"，组织法制副校长、司法所工作人员、律师和法律工作者进校园开展法治宣传教育课50次，大型法治宣讲6次；抓好广大群众法治教育，建立法治文化宣传基地，开展送法下乡活动，赠送法治年画、法治宣传口袋、扇子、法制大礼包。三是健全完善"谁执法谁普法"责任制。印发《关于构建"谁执法谁普法"普法格局的实施方案》，组织64家普法成员单位召开工作会议；印发《关于建立以案释法制度的实施意见》，落实法院、检察院、司法行政和行政执法部门等以案释法工作主体责任；推选普法志愿者57名组成"七五"普法讲师团，做好法治宣传志愿者队伍建设。

【队伍建设】 一是全面夯实党组织基层基础。切实将党建优势转化为司法行政发展优势，认真开展"两学一做"常态化制度化、"四学四有"学习教育，紧盯党费收缴、按期换届、"三会一课"、发展党员等基础性工作，全面夯实党组织基层基础，2017年6月顺利完成党总支及3个支部的换届选举工作。二是从严从实抓作风建设。局党组深入开展群众身边的不正之风和腐败问题专项整治工作，共排查2013年以来参与办理的公民代理、法律援助、人民调解案件、管理的社区矫正人员等共2920件次（人次），开展会风会纪督查12次，日常工作纪律作风情况督查15次，签订《党风廉政责任书》44份，不断筑牢基层党员干部思想防线。三是强化队伍学习培训。制定《2017年干部教育培训方案》，开展政治理论、法律法规、业务技能、综合素养的学习培训；举办基层党支部书记、委员培训会，通过组织学习先进人物，集中学习党支部工作手册，赴区"党建示范点"单位开展党建工作学习交流等，提高基层党支部书记、委员的思想政治素质和工作能力。2017年政法队伍满意度得分95.19分，公信力得分95.46分，分别比全区平均分高0.97分和1.12分，连续6年保持全区政法各部门第一。

（区司法局）

武 装

人民武装

【党管武装】 2017 年，中国人民解放军重庆市梁平县人民武装深学笃用习近平新时代中国特色社会主义思想，在上级党委坚强领导下，始终坚持“双重领导”，当好参谋助手，坚持围绕经济建设大局，服务于地方经济社会发展。注重加强请示报告工作，及时传达国防后备力量建设的政策要求，争取党委、政府对武装工作的重视和支持。实现了武装工作统一纳入经济发展规划、民兵预备役工作纳入年度工作安排、武装工作经费纳入财政预算、专武干部纳入同级干部管理计划、武装工作基础设施建设纳入全区总体规划、双拥工作纳入考评范畴、国防教育纳入全民教育等“七个纳入”，落实了定期现场办公制度、“军事日”制度、武装工作考核制度、定期走访慰问制度、议军会制度等“五项制度”，有力地促进了国防建设与经济建设协调发展，密切了军地关系。

【征兵工作】 2017 年夏季征兵，认真贯彻落实国征办和重庆市征兵工作会议精神，按照“前期抓宣传，中期抓规范，整体抓质量，全程抓安全”的工作思路，坚持以提高兵员质量为核心，以规范征兵为抓手，以廉洁征兵为底线，突出高学历青年征集，狠抓征集任务完成，力争实现无责任退兵和无违纪问题，顺利完成征集任务。征兵工作自 1 月展开，7 月召开了全区征兵工作会，区长亲自参加，安排部署了征兵工作；组织公安民警和专武部长进行了政治考核培训，在区人民医院体检中心设立了征兵体检站，抽调医院骨干医生组成征兵体检组，并组织了岗前培训。在新兵起运前，组织 320 名新兵和专武部长召开了“新兵入伍前思想教育大会”，并举行了“2017 年入伍新兵欢送大会”。同时，高度重视廉洁征兵工作，组织区征兵办公室人员签订了廉洁征兵承诺书，成立了廉洁征兵监督队伍，公布了廉洁征兵举报电话，坚持廉洁征兵“零报告”制度。

【国防教育】 针对当前意识形态领域斗争的尖锐复杂形势，积极争取区委、区政府的支持，紧紧抓住各种机会，紧贴国防教育现实需求，紧贴人民精神生活需要，大力开展国防教育活动。9 月 12 日，在第十七个全民国防教育日来临之际，梁平区组织 70 名入伍新兵和 140 余名高中学生在梁平火车南站广场隆重举行“2017 年入伍新兵欢送大会暨全民国防教育日活动”。活动采取集体签名、观看展板、代表发言、欢送新兵等多种形式，有效激发了广大青年参军报国的积极性，进一步增强了广大市民特别是在校学生的国防观念和国防意识。区委常委、常务副区长陈道彬，人武部、区纪委、区委宣传部、区教委、区公安局、区民政局、区卫生计生委、团区委、区妇联等部门（团体）主要领导，各乡镇专武部长及 500 余名当地群众参加了活动。9 月 15 日，联合双桂街道，在张桥社区为当地居民发放了《国防教育法》和《重庆市国防动员条例》，并就国防力量和国防知识向社区居民进行了宣传和讲解。通过开展活动，营造了爱国拥军的良好氛围，夯实了军民融合的群众基础，明确了强军兴军的公民义务，当地群众的法纪意识和国防观念得到进一步加强。

【参建参治】 部党委紧紧围绕区委、区政府工作部署，把建武装与用武装有机结合，把民兵工作向经济社会建设融合渗透，在参与地方经济建设和完成急难险重任务中锤炼和摔打队伍。组织民兵广泛参与梁平区“三城同创”，与公安一起组织了梁平区运动会的安保协勤工作。坚持每月与驻梁部队沟通，定期组织各单位主官召开联席会，起好军地桥梁纽带作用；2017 年共组织 400 余名民兵和专武干部投入抢险救灾、维护治安和美丽乡村建设，大力开展扶贫帮困、捐资助学、学雷锋、植树造林，积极为城市文明献策献力；协调相关乡镇党委、民政局等解决涉及退伍军人优抚优待、烈士抚恤等民生问题 2 起。

【民兵军事训练】 2017 上半年，分别组织民兵应急分队和民兵骨干进行了为期 5 天的封闭式集训。9 月 14 日，联合相关单位和 12 支专业分队共 190 余人，重点就群众疏散救援、心理危机干预、重要目标防护和抢险抢修作业等 14 个课目进行了防空袭实兵演练。11 月，组织了民兵应急分队集训。12 月，参照警备区年终军事考核模式，分别对专武干部和部分乡镇民兵应急分队进行了考核，检验了训练成果、查找了训练不足。作战值班每天定时向区应急办、维稳办、信访办及驻梁部队了解驻地社、民、军情，互通情报。按照“平时服务、急时应急、战时应战”的要求，坚持每月不定时对应急民兵进行点验训练。

【专武干部建设】 针对部分专武干部对业务不熟悉的实际，利用工作会议、民兵训练等时机，对专武干部队伍进行了思想教育和业务培训，积极选送专武干部参加警备区组织的集训，增强了工作能力。开展了民兵组织整顿、兵员动员工作等业务培训，取得较好的效果。（区人武部）

武　警

【概况】 2017 年，武警重庆市总队执勤第三支队执勤二大队梁平中队深入学习贯彻党的十九大精神，忠实践行习主席训词，坚持以习近平强军思想为引领，全面落实总队、支队党委年度工作部署，着眼建设全面过硬的标兵中队，着力在抓首位铸忠诚、抓能力保中心、抓经常固根基、抓后勤强保障、抓班子正风气上下功夫，持续固强补弱，厚实底蕴，开拓创新，高标准实现“两个确保”，努力再创标兵中队。中队连续 19 年被总队表彰为标兵（先进）中队，2010 年被总部表彰执勤先进单位，连续 36 年安全无事故，先后荣立集体二等功 1 次，集体三等功 18 次，荣立个人三等功 36 次，17 人被总队表彰为优秀共产党员、优秀班长和爱岗敬业标兵，11 次被评为“先进党支部”、9 次被评为“先进团支部”，罗宝春被评为“感动重庆十大人物”。

【思想政治教育】 中队坚持用党的创新理论建队育人，突出抓好做习主席的好战士为思想根基，认真传达学习十九大精神和习主席系列重要指示，扎实抓好主题教育，深入开展谈心活动和经常性思想工作，从思想上、组织上、行动上牢牢掌握部队，针对驻地环境复杂、拒腐防变形势严峻等特点，努力探索思想政治工作的新特点、新规律和新方法，强化思想政治建设的首位意识，进一步校正官兵的人生观、世界观和价值观，筑牢拒腐防变的思想防线。通过开展密切内部关系教育、法纪教育、爱装管装教育、时事政策教育、心理健康教育、执勤教育、爱国奉献主义教育等，进一步激发官兵的爱岗敬业精神，提高官兵明辨是非的能力。当前，中队官兵理想信念坚定、思想稳定、纪律严明，争先创优意识明显提高。

【组织功能建设】 严格落实党支部的七项组织生活制度。按照“十六字”方针，进一步提高党支部的议事质量，特别要提高每月一次的按纲建形势分析的质量和准确性，切实找准中队建设的特点规律和薄弱环节，力争推先补弱。认真过好党的七项组织生活制度，经常性开展思想交流、思想汇报和批评与自我批评活动，互相帮助找差距，互相学习有提高，互相监督有纪律。切实做好党员的考察、培养和发展工作，严格程序，严把质量关。

坚持党管党员，党管干部 加强党员干部队

伍的管理教育，严格落实党课和周一、周三干部理论学习日制度，着力提高党课质量和干部学习绩效，不断提高干部队伍素质；严格落实党员思想汇报和工作讲评制度，促进党员干部抓部队建设的自觉性和紧迫感，中队结合每月党员思想汇报，对党员干部的综合理论进行全面考核。每月组织党员对《党章》《支部工作条例》等党内的法纪条规进行学习，其他时间由党员进行自学，每月评比一次优秀党员，每季度进行一次党务知识的考试，每半年开展一次“两学一做”中的践诺活动，采取“回头看”的方式检查党员的是否做到承诺，践诺。

充分发挥两大助手作用，团支部积极配合党组织开展健康向上的文娱体育活动，配合党支部搞好教育宣传。军人委员会下设军事、政治、经济三大民主组，广纳群众意见。积极依托支队、大队组织的各类培训，切实提高支委，特别是士官支委参政、议政的意识和作用，使其成为党支部得力助手。搞好传帮带，努力提高团支部书记和军人委员会主任的组织、管理和开展活动的能力，力求两大群众性组织开展活动上质量上台阶。

【执勤处突训练】 坚持按照习主席“能打仗、打胜仗”的要求，坚持中心工作处于中心位置的原则，正确处理中心工作与其他工作的关系，抓执勤制度的落实，随时保持高度的警惕，加强战备教育、敌、社情研究和战法研究，保证看守所目标的绝对安全和哨兵自身的安全。积极与看守所搞好“三共”活动，达到“人防、物防和技防”的有机结合。在支队党委和梁平区政府、区公安局的领导下，先后圆满完成了2004年成功抓获“5.23”抢劫杀人犯；2005年成功处置梁平区礼让镇特大森林大火；2008年成功处置梁平区文化镇、礼让镇中心小学“5·12”抗震救灾，成功解救师生11名，抬出遇难者5人，转移伤者34名；2010年完成梁平区双桂堂大型演唱会安全保卫任务；2012年成功处置梁平区祥和小区劫持人质事件。每逢重大节日和敏感时段，中队每日派出5人兵力，采取徒步巡逻的方式，配合公安机关在梁平区重点路段、要害部位、繁华街区实施武装巡逻，防范和打击各类违法犯罪活动，确保社会稳定和人民群众安居乐业，良好文明的执勤赢得了政府和人民的高度赞誉。始终把军事训练作为提高中队战斗力的根本途径，坚持了科技兴训、依法治训，从实战出发，从难从严训练，以圆满完成中心任务为牵引，紧贴实战需要，严格按照军事训练计划，分层次和分时段合理搭配训练科目，既确保了训练质量，又充分调动了官兵的训练积极性。2017年共完成了基础体能、擒敌、战术、防爆器材操作使用、刺杀、射击、哨兵反袭击、应急班等科目的训练。在参加支队应急班比武竞赛中取得了第一名的好成绩。

【管理安全工作】 坚持依法治军、从严治军方针，大力加强部队正规化建设。严格按照新条令条例加强部队管理，坚持民主集中制原则，继承和发扬尊干爱兵、官兵一致的优良传统，确保部队的高度稳定和集中统一，针对中队建设基础薄弱的现实，狠抓经常性管理。

加强学习贯彻新条令条例。以“条令法规学习月”活动为契机，组织官兵学条令条例，做到“日学一条，周学一章，月考一次”，切实使条令条例学习教育经常化、制度化。在抓学习的同时注重抓好日常养成，依照条令条例严格规范中队的一日生活制度，正规中队的“五个秩序”（执勤、战备、训练、工作、生活），努力做到“四个一个样”（即操场上下一个样、营区内外一个样、检查不检查一个样、领导在与不在一个样）。通过狠抓条令条例和规章制度的学习贯彻，强化官兵的条令条例意识，使官兵自觉用条令条例去规范自己的一言一行、一举一动。

加强检查督导 充分发挥“三互”“双四一”等有效载体的作用，抓住“四个”（外出、电话、汇款、会客）控制，加强检查督导，促进管理向全时制、全员额、全方位发展。

【后勤综合保障】 后勤保障工作是确保中心任

务完成不可缺少的重要环节，中队认真分析形势，有效搞好后勤保障和管理。一是严格制度抓落实。在经费开支上坚持一支笔签字，300 元以下的开支，中队讨论决定中队双主官联签审批制度，300 元以上中队研究决定后报支队保障处审批，有效地杜绝了浪费现象。在伙食上，按月公布伙食账目，严格把好购验收关，积极采纳官兵对伙食的意见，定期修订食谱，检查饮食卫生，官兵对伙食满意达到 100%，在战备物质的准备上，中队严格按照相关要求进行储备，达到随时能保证遂行临时任务的物质准备。二是建管并重抓规范。针对当前部队重建轻管的实际情况，中队认真落实制度，研究对策，采取库室定人，物品定位的计价挂账模式，认真落实好“三分四定”，每周利用半天对中队的各项设施进行维护检查和保养，有效地管好了中队的硬件建设。三是加强卫生防控保健康。为确保官兵的身体健康，中队认真落实消毒防控等卫生制度，有效预防禽流感一些常见病情，严格后勤管理，督促炊事人员认真履行职责，确保各项工作落到实处，确保了官兵身体健康。

【拥政爱民】 继承和发扬部队的光荣传统，积极开展警民共建活动，做好拥政爱民工作，经常性开展学雷锋活动。积极投身地方“三个文明”建设，开展“把驻地当故乡，视人民为父母”的拥政爱民活动，积极为驻地群众排忧解难、支援建设、抗洪抢险。多次配合目标单位做好联合方案演练，同时，中队积极开展形式多样的拥政爱民活动，利用节假日参加“送温暖、献爱心”、义务献血、看望慰问孤寡老人、为驻地打扫公共卫生等活动，加强与群众的血肉联系。

（武警梁平中队）

民用防空

【概况】 梁平区民防办公室为区政府组成部门。于 2015 年年初全市机构改革后，与区城乡建设委员会合署办公。下设全额拨款事业单位梁平区民防指挥信息保障中心，主要承担应急应战信息化建设、科研开发、设备设施维护管理、应急应战值班和演练保障，执行防空袭斗争信息保障任务。2017 年 1 月 5 日，因撤县设区，原梁平县民防办公室变更为重庆市梁平区民防办公室（简称区民防办）。

【人防宣传教育】 2017 年，区民防办继续加强与区委党校和教育部门的衔接，丰富教学防空防灾知识。将民防知识纳入党校（行政学校或社会主义学院）教学范围，巩固党校人防专题教育阵地。利用“5・12”全国防灾减灾日、“6・5”警报试鸣活动日、“12・4”法制宣传日，以媒体专栏、广场宣传、防空防灾演练为着力点，并利用横幅、图片、宣传牌、广告站牌等各种形式加大人防知识的宣传力度。区级各部门和社会各界了解、关心、支持人防工作的意识明显增强，为人防工作的顺利开展奠定了思想基础和群众基础。今年为中小学校购买统编教材 5000 余本，活动发放宣传资料 2000 余份，接受现场咨询 1500 余人次，受到广大人民群众的热烈欢迎。

【人防应急保障】 2017 年城区防空警报器安装数量达到 25 台，城区警报覆盖率达到 100%，同时备有 3 台手摇式警报器应急。新建容纳 3000 人疏散基地（安胜镇）1 个，同时完善了“金带镇人防应急疏散基地”，全区人防应急疏散能力进一步提升。新建梁山街道南华社区为“两防一体化”标准社区并继续维护了梁山街道北池社区的“两防一体化”建设，社区民防组织机构和志愿者队伍日渐壮大，社区应急应战预案逐步完善，宣传教育阵地硬件已经具备。积极协调相关部门，大力争取区政府的支持，顺利于本年度完成了 200 人编制的专业队伍组建组训工作，并于 2017 年 9 月首次组织了全区多部门参与联动防空袭应急演习，在模拟实战条件下检验了全区应急抢险救灾能力。于 2017 年 6 月在梁平组织由渝中区民防办牵头，南川区、秀山县等区县民防办参与的跨区县应急通信训练。全年多次协助有关部门抢险救灾，并圆满完成任务。

【人防工程建设】 全年办理结合民用建筑修建防空地下室面积97.44万平方米，收取易地建设费1908万余元。目前已有结建式人防工程5个，分别为上海花园小区防空地下室、梁平帝豪国际城小区防空地下室，兴茂盛世华都小区防空地下室、兴茂时代广场小区防空地下室、戴斯国际酒店防空地下室。其中上海花园小区防空地下室、兴茂盛世华都小区防空地下室、兴茂时代广场小区防空地下室、戴斯国际酒店防空地下室均已竣工投入使用。 （区民防办）

网言网语·思考

一个盲人到亲戚家做客。天黑后,他的亲戚好心为他点了个灯,说:“天晚了,路黑,你打个灯笼回家吧!”盲人火冒三丈地说:“你明明知道我是瞎子,还给我打个灯笼照路,不是嘲笑我吗?”他的亲戚说:“你在路上走,还会有别的人也在路上走,你打着灯笼,别人可以看到你,就不会撞你了。”盲人一想,对呀!

有两种思考方式——局限思考和整体思考。局限思考是从自己的角度思考,整体思考是你把自己放到整个环境中去思考。这位盲人的思考方式,显然是局限思考,而非整体思考。

经　济

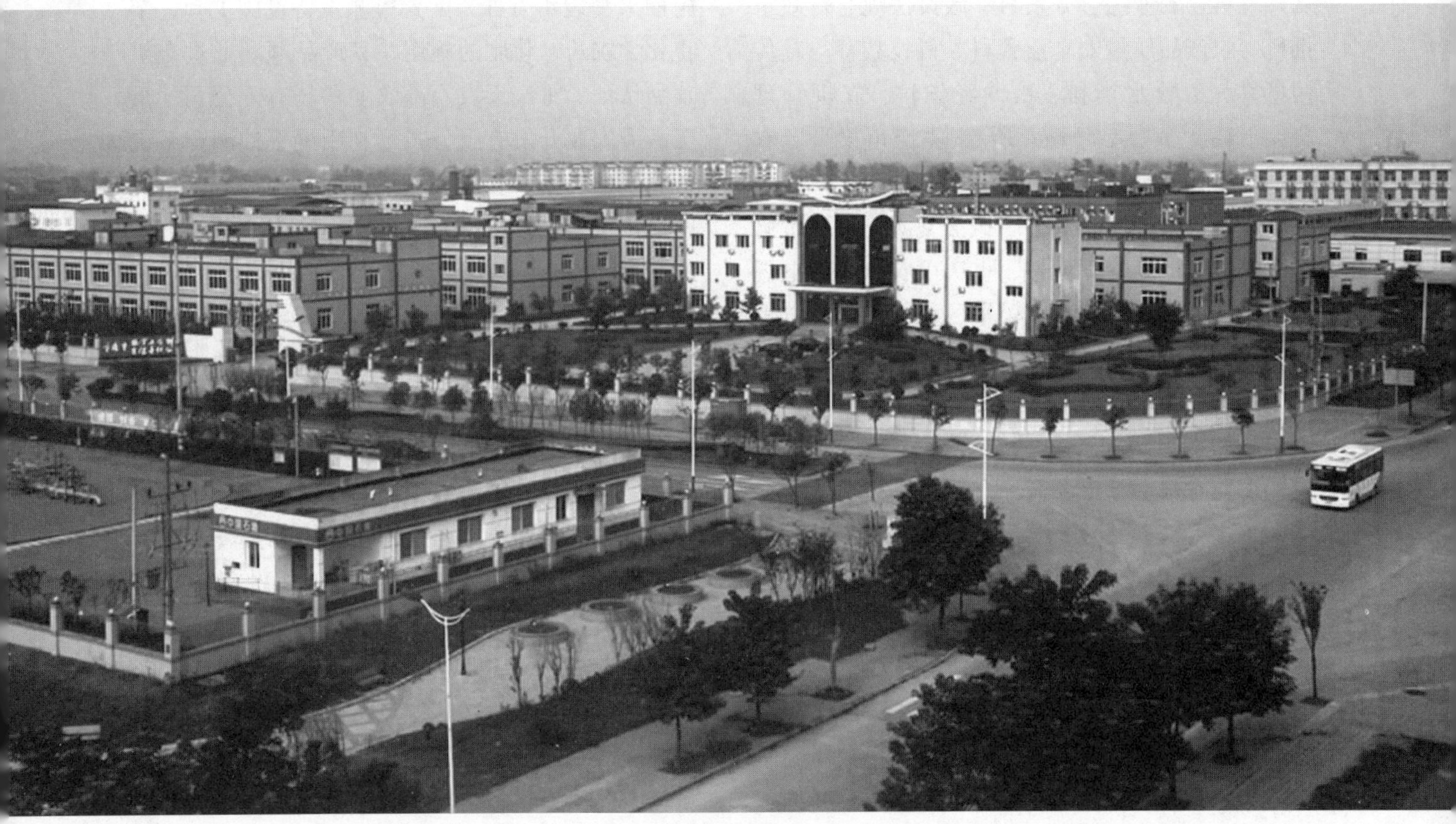

工业园区一角

农　业

综　述

【概况】　重庆市梁平区农业委员会是统筹协调和综合管理全区农业和农村工作的工作机构，2017年1月5日，因撤县设区，梁平县农业委员会变更为梁平区农业委员会，2017年1月20日，区农委正式挂牌。内设12个科室：综合科（组织人事科）、财务科、发展计划科、移民科、扶贫开发科、农业综合开发科、政策法规与行政审批科、农产品质量安全监管科、科技教育与宣传信息科、畜牧水产科、粮油经作科、农机管理科，下辖9个中心（站、所）：重庆市梁平区农业技术服务中心、重庆市梁平区畜牧渔业发展中心、重庆市梁平区农业行政执法支队、重庆市梁平区农村经济经营管理站、重庆市农业广播电视学校梁平区分校、重庆市梁平区移民工作站、重庆市梁平区农业信息中心、重庆市梁平区良种场、重庆市梁平区园艺场。在职人员共155人，其中研究生11人，本科54人，专科60人。区委农工委现有基层党支部12个，党员186人。

2017年，全区实现农业总产值68.71亿元，农业增加值42.99亿元，增长4.8%，农村常住居民人均可支配收入13671元，增长9.5%。

【种植业】

梁平柚　深化与西南大学、中国柑橘研究所等高等院所合作，利用专业技术优势，开展柚类品种选优提纯、引进试验示范、良种苗木繁育、标准化生产管理、市场营销、贮藏加工等方面的深度研究，获得大量技术指标和重要数据。紧紧围绕《梁平柚产业发展规划》（2016—2025），新建梁平柚标准园733.3公顷，低产果园改造266.7公顷，栽植枳砧梁平柚大苗（3年生）48万株。推广梁平柚标准化生产管理1533.33公顷，辐射带动梁平柚标准化生产面积达到2000公顷。全区共组建梁平柚专业化管护队伍15个，400余人，购买生石灰55吨，施用高效生物农药3200千克，悬挂捕食螨80万袋，黏虫黄板、蓝板65万张，施用高效复合肥240吨，生物有机肥1800吨。继续推进合兴镇龙滩村33.3公顷有机梁平柚生产工作，施用生物有机肥1200吨，悬挂捕食螨3万袋，黏虫黄板、蓝板6万张，实施柚果套袋4万株，配置检测设备设施1套，禁止化学农药、化肥的施用，其产品顺利通过有机食品认证。重庆天农八部农业科技有限公司、重庆澎湃农业开发有限公司等利用梁平柚溯源系统搭建网上销售平台，实现线上、线下销售，实现网上销售梁平柚1.2万吨，实体销售3万吨。重庆奇爽食品有限公司、重庆明乾农业开发有限公司等先后投入3000余万元，建成梁平柚精深加工线3条，生产柚子茶、柚子糖、柚神酒、柚子精油、柚汁饮料、柚沐浴露、洗发水、香皂等系列产品，年加工梁平柚果达1万吨。以梁平柚产业发展为依托，与旅游发展有相结合，利用网络媒体大力宣传推介，梁平柚知名度和美誉度得到明显提升，实现了一二三产业的有机融合。

蔬菜　重点打造云龙—和林基地、梁山—安胜—星桥基地、蟠龙—大观—铁门基地和曲水－福禄加工蔬菜基地，其他乡镇协同发展，全区蔬菜基地面积达到9333.3公顷，形成了梁山街道番茄、莲藕，和林生姜，云龙镇黄瓜、萝卜，蟠龙镇、大观镇、铁门乡的高山蔬菜，曲水镇、铁门乡辣椒，福禄镇、柏家镇、紫照镇榨菜等的种植特色，播种面积均在133.3公顷以上，全年蔬菜播种面积27666.7公顷，产量58万吨，产值11.5亿元。新改扩建蔬菜基地面积333.3公顷，引进蔬菜优良品种50余个，培育蔬菜种植大户

155个，在重庆双福农贸市场、万州农贸市场等设立蔬菜销售网点5个，定点销售梁平蔬菜，在区内各农贸市场设蔬菜基地直销门市54个，与永辉、重百等超市对接，开展农超合作和蔬菜配送机制。新建标准化钢架大棚0.9万平方米，安装太阳能杀虫灯55盏，修建人行耕作道1.6千米，机耕道2.1千米，安装肥水一体化灌溉管网3.2万米和棚内滴喷灌系统设施等生产设施。进一步强化蔬菜品牌培育，推进云龙镇三清村66.7公顷有机蔬菜和曲水镇中丰村、蟠龙镇老林村、安胜镇龙印村、和林镇万安村和星桥镇两路村333.3公顷无公害蔬菜基地建设，施用生物有机肥3200吨，高效复合肥350吨，安装监控摄像头15个，太阳能杀虫灯120盏，悬挂黏虫板50万张，蔬菜产品品质大幅度提升，云龙镇三清村蔬菜基地生产的辣椒、萝卜等顺利通过有机农产品认证，和林生姜、曲水辣椒、福禄榨菜、梁山莲藕、安胜番茄、星桥镇苦瓜等20余个蔬菜产品通过无公害农产品认证。新建冷藏库3座，冷藏能力400吨，购置蔬菜清洗机械4台套，蔬菜专用运输箱2.2万个，实现了蔬菜全程冷链物流。梁平香顺酱园厂、会峰辣椒专业合作社在曲水镇、铁门乡、福禄镇等地发展订单辣椒种植400公顷，重庆福晟食品加工厂、紫青榨菜加工厂在福禄、紫照、柏家等镇发展榨菜800公顷，按照“良种统供，技术统培，产品统收，保护价保底”的原则，同村组签订生产发展合同，做到应收尽收，全面保护农民利益。各加工企业先后投入资金800余万元，购置新设备，扩大生产线和开拓市场，进行蔬菜加工生产，带动农民增收致富。

水果　以曲水镇聚宝村、合兴镇合兴社区、星桥高都村、梁山街道天鼓村等贫困村为基地，推进产业扶贫项目建设，完善青脆李生产基地基础设施，发展乡村旅游业，吸引广大游客赏花摘果，全区清脆李生产面积达到1.2万亩，产量0.4万吨，经济、社会、生态效益明显。推进仁贤镇、双桂街道等城区周边发展伏淡季水果，建设葡萄、草莓采摘园达80公顷，梨子、枇杷等伏淡季水果达133.3公顷，并利用地理优势，发展“农家乐”24家，带动周边农户发展伏淡季水果生产，实现一二三产业融合发展。全年伏淡季水果产量达到2.6万吨，产值6200万元。

名优茶　在巩固和发展原有茶叶基地基础上，引进重庆汉弘农业科技发展有限公司在龙胜乡开发培育甜茶种植基地133.3公顷，培育重庆“一箭春”生态农业种植有限公司发展有机茶生产，全区茶叶总产量250吨，产值4200余万元，其中名优茶产量72吨，产值1728万元，并带动休闲观光农业的发展。

粮油基地建设　实施5333.3公顷粮油绿色高产高效创建示范项目，包括小麦示范片、油菜示范片和水稻示范片，项目已通过市级专家组验收，平均增产10%以上。有机水稻实现“零”突破。

农业生态环境保护　建成大型沼气工程4处，实施测土配方施肥技术10.5万公顷，应用配方肥12375吨，水稻秸秆机械粉碎还田2.3万公顷，还田秸秆鲜重23.38万吨。

农产品质量安全监管　坚持以农产品质量安全体系建设为中心、“三品一标一名牌一产地”为抓手，以成功创建国家农产品质量安全县为目标，全面实施农业品牌战略，农产品质量得到大幅提升，2017年全区抽检样品27万多个，合格率达99.6%，禁用农兽药零使用，非法添加剂零添加，农产品质量安全事故零发生；全区新申报认证认定“三品一标一名牌一产地”88个，在国家质检总局成功申报生态原产地保护示范区；投入300余万元建成农产品质量安全监管、追溯、信用三大平台，实现来源可查、去向可追、全程可控，确保农产品质量安全。

【养殖业】　2017年，全区出栏生猪71.2万头，减1.6%，出栏禽1321.3万只，增1.1%，出栏肉牛2.9万头，增3.9%，出栏羊3.6万只，增9.9%，存栏蜂群达到11.6万群，其中西蜂9.1万群，产蜂蜜3424.5吨，渔业养殖场面积达到8400公顷，增3.58%，水产品产量1.8万吨，增

10.2%。渔业总产值2.59亿，增17.01%。

水产 2017年，全区渔业工程养殖面积2713.3公顷，水产品产量2.00万吨，渔业经济总产值6.18亿元。新挖鱼（鳅、鳝）池33.3公顷，改造池塘面积350公顷；推广鱼（鳅、虾）—菜（芹、稻、藕）共生面积106.7公顷，建成池塘内循环微流水养殖基地67.3公顷；年产泥鳅、大鳞鲃、四大家鱼水花11亿尾，成功批量繁育金龙鳅、锦鲤等观赏鱼品种；开发出10种鱼类休闲食品，水产品年深加工产量400吨。注册“跳凼凼”“跑道鱼”等生态渔商标，“三品一标”认证30个，部级健康养殖示范场20个，扎实有效推进农业部水产健康养殖示范县创建工作。

保供产业 完成生猪良种补贴4万份。完成生猪保险9.8万头，母猪保险1万头，生猪收益保险2万头。

特色效益产业 投资800万元，实施畜牧切块资金项目，支持草食牲畜项目9个，蜜蜂标准化养殖场27个，万亩蜜源基地项目1个，自动化商品蛋鸡场项目1个，公司加养殖场模式养殖肉鸡项目1个，技术推广项目1个。

生态文明建设 投资1000万元，关闭搬迁102个养殖场。投资3202万元，实施梁平区2017年龙溪河流域生态循环农业改扩建项目。推行“雨水分离、干稀分离、沼气处理、农牧结合”的污染综合防治措施，完成41个养殖场污染治理。

动物疫病防控 2017年春秋季动物疫病防控工作效果明显，应免动物免疫密度、疫情普查、消毒驱虫、持证戴标率均达到100%，全区无重大动物疫情发生。深入推进了兽医工作“以监促防、以检计酬”“基于监（检）测和风险评估的产地检疫”“动物饲养场开展动物疫病自行检测”等三项制度的落实，完善了兽医工作考核评价机制，提升了检疫工作的技术含量，探索了动物疫病监测检测工作社会化市场化运作机制。加强兽医实验室生物安全建设，扎实开展了动物疫病监（检）测工作，为科学防控动物疫病提供了技术支撑。强化了牛羊布病、结核病和狂犬病等人畜共患病的防控，保障了兽医公共卫生安全。

【农业机械】 2017年，全区农机总动力达58.9万千瓦。完成水稻机插秧1.7万公顷、机收2.28万公顷，机插、机收水平分别达到57.85%和96.46%，主要农作物耕种收综合农机化水平达61.02%。农机具应用为农民实现节本增收效益2.5亿元。

农机推广 一是聚力推广，主要农作物全程机械化水平持续提升。完成稻草机械化切碎还田面积2.4万公顷，同比增加1000公顷，占全区水稻种植面积的74.02%；完成水稻机耕面积2.9万公顷，水稻机插秧1.7万公顷、同比增加800公顷，机插秧水平达到57.85%；完成水稻机收2.8万公顷、同比增加133公顷，机收水平达到96.8%，水稻机收为农民实现节本增效近2.5亿元，农民户均增收1100元；全区主要农作物耕种收综合农机化水平达到60%。二是积极试验，农作物全面机械化程度持续提升。开展油菜免耕撒播、浅旋直播对比试验66.7公顷，开展小麦机械直播技术试验6.7公顷，开展玉米机收试验示范133.3公顷，开展农机与信息化融合试验示范，安装农机深松物联网监控设备33台套。完成宜机化地块整治25.7公顷、土地深松作业354.9公顷。三是强化扶持，农机发展动力持续增强。全年推广各类补贴农机具5037台套，申报购机补贴资金607.32万元，带动农机销售额2100余万元，全区农机总动力达60.1千瓦，较上年增加（下同）2.03个百分点。四是加大培训，农机队伍素质持续提高。系统培训农机操作工180余人，鉴定农机技术人员55人，组织区域内4家具有竞争力的合作社参加“全市农机合作社经理人培训暨创业大赛”；组织区域内优秀农机修理技能人才6人参加“重庆市第一届农机职业技能大赛”，6位选手全部进入决赛，3名选手取得优胜奖。开展农机维修保养社会化服务试点，维修保养农机具7800台套，农机化工作稳中有进。

农机监理　利用农机驾操协会、农机合作社、农机安全短信三个平台，散发宣传资料30400多份，发送农机安全宣传短信60700人次。推动“平安农机”创建活动向纵深发展，全区新增1镇、2村创建平安农机达标。全年办理拖拉机注册登记19台、联合收割机注册登记34台；新办拖拉机驾驶证89人。开展农机安全生产专项检查，排查隐患92起，整改率100%。建立挂外省籍拖拉机牌照车辆村、乡镇、区三级动态台账，备案登记1285台。全年无一般及以上农机安全事故发生。

【农业综合开发】

双桂田园综合体　涉及金带镇、双桂街道9个村（社区），规划面积200公顷，重点打造“一堂一镇三寨六片区”（“一堂”即双桂堂，“一镇”即非遗小镇，“三寨”即滑石寨、金城寨、磨盘寨，“六片区”即桂香天地、彩稻空间、百品柚林、荷塘禅境、龙戏水街、万竹观湖），拟三年（2017—2019年）建成，分期呈现，力争建成国家级田园综合体、国家级现代农业产业园、国家AAAAA级景区、国家级旅游度假区、国家非遗保护传承基地。2017年已建成桂香天地、彩稻空间两个区域。2017年农业综合开发在双桂田园综合体内投资3370万元，建设高标准农田1406.7公顷。

产业化经营项目　2017年，梁平区农业综合开发扶持产业化发展财政补助项目3个，其中梁平区2017年度5.5亿尾泥鳅种苗繁育基地改扩建项目总投资180万元（财政资金90万元，业主自筹90万元），由重庆永源锦水产养殖专业合作社在明达镇字库村实施；梁平区2017年度1000吨香椿流通设施新建项目总投资200万元（财政资金90万元，业主自筹110万元），由梁平县奎峰农业开发有限公司在聚奎镇南一街、海峰村实施；梁平区2017年度6.7公顷柑橘苗木基地新建项目总投资400万元（财政资金200万元，业主自筹200万元），由重庆市梁平县成渝生态农业开发有限公司在回龙镇双龙村实施。流动资金贷款贴息项目2个，中央财政贴息额58万元，分别由重庆渝每滋俊杰食品有限公司、重庆梁山威特嘉食品有限公司实施。

【扶贫开发】　2017年及时调整区扶贫开发领导小组组成人员，实行由区委书记、区长任组长的“双组长”制，同时调整了脱贫时序，积极争取市级财政扶贫资金580万元，安排区级财政扶贫资金1678万元，以“一文六案一通知+三基金”为抓手，印发《重庆市梁平区财政专项扶贫资金管理实施细则》，坚持扶贫对象、项目安排、资金使用、措施到户、因村派人、脱贫成效精准，夯实产业扶贫精准到户、教育资助全覆盖、医疗保障迅速推进、危房改造全面启动、兜底保障显真情、就业培训扶长远等重点工作，切实保障了政策落地到村、到户、到人、见效，不断扩宽贫困人口稳定增收渠道，逐渐建立起长效扶贫机制，切实提高脱贫质量。

2017年8月、11月两次开展扶贫对象动态调整，精准识别出193户502名稳定脱贫贫困人口，新增贫困户150户448人，摸排出不再享受扶贫政策的稳定脱贫对象834户2533人，截止年底，国家扶贫信息系统内有9071户26234名脱贫人口，498户1338名贫困人口；贫困发生率为0.24%，返贫率为零。通过倒排序精准识别出18个贫困组，整合区级财政资金360万元，“小康路”建设资金1440万元，部门帮扶资金900万元全力攻坚贫困组。10月市扶贫开发领导小组交叉检查区贫困人口漏评率、错评率和错退率均为零，群众知晓度、参与度、认可度为“好”占比分别为95.5%、95.5%、97.7%，综合满意度高。

【三峡移民】　按照“属地管理”原则，全面压实信访稳定工作责任；深入推进“三到位一依法”，强化分类处置和重点人员稳控、劝返，积极开展移民政策宣传，努力化解各类矛盾纠纷，解决移民实际困难和问题，全力维护移民信访稳定。全年全区各级移民干部走访889人次，走访移民1235人次。认真开展后期扶持，全面完成2017年后扶计划报批、备案、实施等工作，全年发放农村移民直补340万元，直补移民5884户次22704人次；完成2017年第一批库区基金项目申报、下达工作，及时开展完工项目验收及补助工作，全年完成项目建设39个；认真开展三峡后续职业技能培训，完成2016年度培训1145人，完成率100%；完成2017年培训学校公开招标；积极稳妥推进公益性岗位工作，落实2015年和2016年计划201人；审查高职资助资格移民23名；加快推进三峡后续工作项目进展，完成2018年度三峡后续工作项目申报和2019年三峡后续工作规划实施项目库编制，完成2017年度三峡后续项目——梁平区云龙镇、荫平镇农村移民安置区精准帮扶项目所有前期工作并开工，实现了当年批复、当年开工。

【农村改革】 2017年，梁平农村改革成果丰硕，获得多方肯定。农业部（农政发〔2018〕1号）通报，党的十八大以来全国农村改革试验区的改革试验共有84项获得转化，其中区4项经验成果转化为中共中央文件（2017年中央一号文件），1项转化为重庆地方文件（渝办发〔2015〕193号）。《全国农村改革试验区改革实践案例集》第三辑一次性采用梁平“八项规定动作推进农村集体产权制度改革”“创新政府购买农业公益性服务机制、小支点撬动社会大服务”“建立容错纠错机制护航深化改革创新”等3个改革案例。中国社科院、四川社科院、华中师范大学等研究机构代表农业部先后到梁平开展农村改革试验验收评估调研工作，均给予高度评价和充分肯定。

农村土地制度改革方面：继续坚持“尊重农民意愿、守住政策底线、土地退用结合”三条原则，围绕“退得出、能利用、稳得住”的三个目标，按照“制度设计、封闭试点、面上试验”三个阶段稳慎开展农村土地承包经营权退出试点，全区采取“整户退出、集中用地，整片退出、定制用地，整社退出、统一用地”三种模式总共有139户农民自愿退出承包地21.5公顷，有效解决了农村“人地分离”及耕地撂荒现象，增加了农业转移人口的进城资本和工业人口红利，退地农民生活稳定，无群众上访现象，实现多方共赢。继续完善“三大体系”强化农村土地流转管理，并加快“三权分置”步伐，丰富“三权”实现形式，已试点颁发“农村土地经营权证”16宗，涉及土地333.3公顷，经营权证抵押融资13笔、1160万元，全区土地流转总面积达3.3万公顷、流转率达51.2%，农村土地规模经营面积达2.6万公顷、土地规模集中度为41.6%，规范合同签订率达95%。

农村集体产权制度改革方面：继续采用“二固二予促三化”模式，创新成员确认“两个九”认定办法和“宽定”原则及“简设股权”机制，截至2017年年底，完成全区317个涉农村（社区）、2457个组的改革，较国家要求提前四年多时间，共涉及232110户，界定成员787899人，配置成员股份787899股，量化确权资产84340.8万元，实现涉农村（社区）股份合作改革百分之百。权能改革有序开展，赋予农民对集体资产股份的占有、收益、退出、继承、担保、抵押等“六项”权能改革继续进行，先期试点的集体经济组织给成员户颁发了“股权证”，梁山街道东明村和竹山镇街道社区集体经济组织2017年分别实现年度分红每股120元、140元，屏锦镇万年村谢红银以其村集体资产股权和流转土地经营权作为反担保措施，由村融资担保基金担保，在农商行获得贷款20万元。

新型农业经营体系建设方面：继续开展“四改促四变”，改革试验核心区农民人均可支配收入高于全区平均水平15%以上，土地规模集中度、农业社会化服务农户覆盖面均达82%以上，从事农业经营的农户家庭收入80%以上来源于务农收入，初步构建起了以适度规模经营农户为基础、农民合作社为纽带、龙头企业为引领、社会化服务组织为支撑的新型农业经营体系，有效破解种地难题。三年来，梁平柚试点面积从833公顷增加到1366.7公顷，水稻从1489.9公顷增加到2778公顷，试点区域内的梁平柚、水稻亩节本增效1000元、700元以上，年为农民节本增收6000万元以上。（区农委）

林　业

【概况】　重庆市梁平区林业局（简称：区林业局）为区政府工作部门。机关核定行政编制13名，后勤服务人员事业编制2名。内设4个科室；下设1个政法专项编制单位，1个参公管理事业单位，5个财政全额拨款公益一类事业单位。核定政法专项编制13名，参公事业编制7名，事业编制167名。2017年年末，实有在编在岗职工185人。

2017年，实施退耕还林3333.33公顷，营造特色经济林466.66公顷，营造生态林200公顷，抚育森林6000公顷。管护天然林44000公顷，40余万人参与义务植树200万株，确认名木古树582株。兑现第一轮退耕还林延长直补1991万元，新一轮退耕还林直补1750万元，森林生态效益补偿资金420万元，天然林集中管护费271.14万元。新增市级森林人家4家达到13家，竹材加工销售企业达到81家，林业总产值2.63亿元。评审通过国家森林城市创建总体规划，编制完成国家森林城市创建实施方案。完成梁平南站等城市绿化5处。建成双桂湖国家湿地公园，10月通过国家验收并授牌。林地面积87943.9公顷，森林面积84418.3公顷，森林覆盖率44.67%。全年未发生森林火灾，无人员伤亡。查处涉林刑事案件7宗、行政案件14宗。集中除治枯病死松树86668株，诱捕松墨天牛20.27万头，飞机施药防治松林3333.33公顷。防治马尾松毛虫危害2780公顷，松墨天牛危害5120公顷。批准采伐林木2370.93立方米，占年森林采伐限额的7.86%，批准占用林地16.2公顷。落实林业生态保护项目贷款10亿元。参保“政策性森林保险”公益林43920公顷，抵押林权贷款1宗。育苗面积120.42公顷，在圃苗木1433.3万株。完成全国第九次森林资源连续清查，复位国家布设固定样地115个，样地合格率100%。石漠化面积250.9公顷，经济林种植面积42666.66公顷。

【植树造林】　坚持“集中连片、突出重点、打造亮点、发展产业、稳步推进”的总体思路，部门分工合作，城乡统筹联动，切实加强组织领导，建立健全造林绿化目标责任制，层层分解落实任务，完善保障措施，加快推进造林绿化步伐，造林绿化工作取得显著成绩，2017年，营造林12000公顷，其中人工造林4000公顷（新一轮退耕还林3333.33公顷、一般造林666.66公顷），退化林修复2000公顷，森林抚育6000公顷（中央财政森林抚育1333.33公顷、一般森林抚育4666.66公顷）。全民义务植树蓬勃开展，累计义务植树200余万株。

【天然林资源保护】　为培育、保护好森林资源，严格工程规范管理，认真落实目标责任制，着力生态、民生改善。2017年，落实公益林管护44000公顷，村（居委）与管护人员签订公益林管护合同348份，国有林场与林场职工签订管护责任书45份，落实管护人员388人，森林资源得到有力保护。兑现集体林区森林生态效益补偿24000公顷，420万元。

【退耕还林】　2017年，在蟠龙镇、星桥镇、合兴镇、安胜镇、仁贤镇、礼让镇、明达镇、文化镇、屏锦镇、云龙镇、铁门乡、袁驿镇、虎城镇、柏家镇等乡镇实施新一轮退耕还林，栽植梁平柚、油茶、花椒、青脆李1333.33公顷，涉及农户1.45万户（贫困户0.0077万户），人口5.22万人（贫困人口0.0232万人）。

【森林资源管理】　2017年，林地面积87943.9公顷，森林面积84418.3公顷，公益林44213.2公顷（重点公益林10702.9公顷，地方公益林33510.3公顷），商品林43730.7公顷，森林覆盖率44.67%。严格执行森林采伐限额，结合松材线虫病疫情，严格审核审批，禁停马尾松商品性采伐，审核办理林木采伐证241份，采伐活立木蓄积2370.93立方米，占年采伐指标的7.86%。加大对使用林地单位监督检查力度，严格征占用林地审核审批，审核审批征占用林地8宗，批准使用林地16.24公顷，收缴森林植被恢复费262.4542万元。

【野生动物保护】 严格审核审批和发放野生动物驯养繁殖和经营许可证。常年开展打击非法猎捕、贩运、经营野生动物违法犯罪行为行动。加强对迁徙候鸟及其栖息地的保护工作，严厉打击滥捕滥猎野生鸟类的违法犯罪活动。加强陆生野生动物驯养、经营和展演安全管理工作，杜绝发生危害人民群众生命财产的安全事故发生，促进野生动物驯养、经营和展演产业的健康有序发展。严厉打击滥捕滥猎野生鸟类（特别是候鸟）的违法犯罪活动。

【集体林权制度改革】 梁平有集体林地81526.6公顷，占林地总面积的92.70%。做好集体林地承包确权登记颁证工作，稳定承包权。规范集体林地经营权和林木所有权转包、出租、互换、转让、入股、抵押或作为出资、合作条件及法律法规允许的其他方式流转行为，落实处置权。完善商品林、公益林分类管理制度，优化集体林地资源配置，放活经营权。引进、培育林业企业10家，培育林业大户317家，建立林业专业合作社223个，创建森林人家20家，建立家庭林场2家。43921.46公顷公益林投保“政策性森林保险”。

【林业有害生物防治】 按照“预防为主、科学防控、依法监管、强化责任”林业有害生物防治方针，2017年，松材线虫病疫情防控质量较好，集中除治松疫木86668株。春、秋两季分别普查松林23466.66公顷，确定松材线虫病疫情发生单位22个，普查覆盖率100%。在梁山、大观等16个单位挂放APF－I型诱捕器2000套诱捕松材线虫病传播媒介—松墨天牛20.27万头，有效降低了松墨天牛虫口密度。在梁山、双桂、蟠龙、铁门和东山林场飞机施药防治松墨天牛两次，防治松林3333.33公顷，天牛数量大幅降低，效果明显。开展林业植物检疫宣传活动34次，执法培训1次，培训企业1次，发放宣传资料2.5万余份，编印《林业有害生物防控动态》5期。开展林业植物检疫执法行动17次，检查木材市场47个次、松木加工经营企业43家、松疫木除治场所22处，办理林业检疫行政案件5起。生物防治马尾松毛虫2780公顷、松墨天牛5120公顷、蜀柏毒蛾786.66公顷、刚竹毒蛾206.66公顷、山竹缘蝽86.66公顷。

【森林防火】 按照“预防为主、积极消灭”森林防火指导方针，2017年，强化责任落实，狠抓宣传教育，常态化巡查检查，做好队伍建设和应急准备，维护森林资源和人民财产安全，实现了森林火灾“零发生”目标。区委、区政府多次召开专题会议研究部署，督查检查森林防火工作。层层签订责任书落实责任，落实行政首长负责制和党政同责、一岗双责制度，指挥部成员单位包乡镇（街道）、国有林场，乡镇（街道）领导包片、驻村干部包村，村干部包组，组长包本组，护林员包山头地块的网格化管理。在重点时段、重点地段以及重点人群开展法律法规和火灾安全知识宣传教育，发放宣传资料12万份，编发手机短信6万条，张贴《重庆市梁平区人民政府关于禁止森林防火区一切野外用火的通告》2万份。组织应急队开展森林防火队伍技能培训和知识学习12次，开展实战演练4次。健全充实区森林防火物资储备库和5个森林防火物资子库，储备扑火工具和设备17万套。坚持24小时森林防火值班和领导带班制度，加强值班调度，接报警31起，处置31起。

【林业产业】 坚持“一个核心，多元发展”林业产业总体思路，2017年，林业产业发展步伐加快，多业并举、稳步推进良好势头效果初显，在星桥、回龙、明达、云龙四个乡镇新发展油茶333.33公顷，在星桥、虎城、柏家、合兴新发展花椒140公顷，在屏锦新发展油桐33.33公顷；实施农业综合开发特色经济林项目－寿竹笋高产高效示范项目1个；布设展厅750余平方米，布置金丝楠展品100余件建成梁平金丝楠馆；林业企业197家（市级林业龙头企业3家），林业总产值2.63亿元。

【林业科技】 2017年，梁平林业科技以推进林木良种化进程为核心，狠抓措施落实。中央林业改革发展资金科技推广示范项目—白夹竹低产林改造技术示范推广通过专家现场查定，开展市林业改革发展资金科技推广示范项目研究1项、区级课题攻关项目1项，开展种苗执法2次、打击制售假劣林木种苗和侵犯林业植物新品种权专项行动4次，送科技下乡10余次，培训林农1000人次。苗圃育苗120.42公顷，在圃苗木1433.3万株（其中油茶503万株、油桐108万株、梁平柚182万株、柏木84万株、杉木71万株、柑橘76万株、其他树种409.3万株）。新造林林木良种使用率76%。

【国有林场】 国有林场重点抓好森林资源培育保护和基础设施建设工作，同时着力国有林场改革与发展。2017年，实施农业综合开发林业生态示范项目200公顷，森林抚育1000公顷，改造低效竹林333.33公顷。书写防火宣传标语6800条，悬挂防火牌700块，发放防火宣传单2000份，药物防治松毛虫266.66公顷。开展森林防火应急演练4次，修砍林道路200公里，改造危旧管护站点1261平方米，建设森林防火通道9公里。林下种植黄精4公顷。明确“保护培育森林资源、维护国家生态安全、提供生态公益服务”国有林场功能定位，明确公益一类正科级事业单位机构性质，完成财政差额预算到全额预算调整。

【湿地管理】 遵循“全面保护、科学修复、合理利用、持续发展”湿地管理理念，创新开展湿地管理工作。设立湿地保护管理中心管理保护湿地。双桂湖完成国家湿地公园试点建设并通过验收、授牌。首个集湿地保护、科普教育、休闲健身、观光娱乐于一体、自然和人文景观有机融合、长江流域典型湖山范式的国家湿地公园初步建成。中小学生“了解湿地、尊重湿地、保护湿地”科普宣教和社会实践基地初步成型。

（区林业局）

水　利

【概况】 重庆市梁平区水务局是主管全区水务行政管理、水资源管理、水利工程建设管理等工作的行政机构，内设办公室、财务审计科、规划建设科、政策法规科、农村水利科、防汛抗旱科共6个科室，下辖11个直属事业单位、12个片站（含48个小型水库管理单位）、5个国管水库管理单位（含2个中型水库、3个小型水库）、14个乡镇供水公司，2个水利施工企业。

截至2017年年末，全区已建成各类水利工程37497处，其中：水库76座（中型3座，小Ⅰ型22座，小Ⅱ型51座），山坪塘4679口，引水堰72处、石河堰15处，泵站113处，窖池920口，机电井31622处。总蓄引提水能力达1.88亿立方米，全区有效灌面达到2.5万公顷。

【水利改革】 深化小型水利工程管理体制改革，完成全区小型水利工程确权颁证，落实水利工程的管护主体和责任，建立了分级管理模式。农业水价综合改革试点成效明显，健全完善小型农田水利工程维修养护资金使用管理、农业水权管理、农业水价管理和节水奖补管理办法，用水协会内部管理制度和农田灌溉设施工程管护体制机制建设，实施高效节水灌溉项目1393.3公顷，提升了试点区农田灌溉保障能力。

积极推进简政放权和权力清单化管理，依法依规取消、整合保留15项行政审批事项，建立水行政检查“双随机”抽查制度，全面推进网上行政审批改革，落实行政许可事项一次性告知、并联办理、限时办结制度，确保行政权力在网上公开透明。严格执行取水许可和水资源费、水土保持补偿费征收规定，共征收346.9万元。

水生态文明城市建设深入推进，开展12个重要水功能区24个项目参数监测，全区3个重要饮用水水源地水质达到或优于III类标准；实施七涧河至回龙河与竹丰水库至袁驿河以及城区河道河湖水系连通工程，增加生态利用水量1313万立方米；治理水土流失面积18.37平方公里。

全面深入推进水利改革发展，多方位开拓水利资金筹措途径。全年共筹集3.53亿元基金和商业贷款资金，支持全区水利工程建设。

【民生水利】 全年完成水利投资78850万元，实现水利行业收入25592万元，为区的经济社会可持续发展提供了有力的水利保障。

骨干水源　左柏水库工程实施枢纽区、淹没区征占用地审批和征地补偿和移民安置工作，以及工矿企业拆除、移民复建公路建设、屏—渠线天然气管道迁复建工程，实施主体工程监理招标、施工招标和监测设施招标以及现场临时用房建设、原始地形测量、坝基开挖区域清表等相关准备工作，全面开展主体工程建设。猎神水库工程建成2号还建公路、大坝枢纽区和淹没区征地，建成1号还建公路和大坝枢纽工程基础开挖，全面开展枢纽工程建设。

防洪保安　综合治理河长15.74公里。其中：竹山段综合治理河道3.9公里；金带河堤治理已成堤防2.36公里的清淤疏浚及堤顶道路升级改造；仁贤、礼让河段综合治理河道1.5公里；龙溪河工业园区河段综合治理工程综合治理河道2.93公里；小沙河山洪沟治理项目综合治理河道3.25公里；回龙场河回龙镇段综合治理河道1.5公里；福禄、青桥应急度汛项目综合治理河道0.3公里。

农村饮水　新建供水工程118处，改扩建金带、老鸹寨水厂（供水能力分别由5000立方米/天提升到10000立方米/天），对屏锦、新盛、大观、福禄等16个乡镇的老旧供水管网进行改造，对礼让、袁驿、仁贤、蟠龙、曲水、文化、虎城等10余个镇乡供水管网进行了延伸，修建了福禄、曲水、石安、屏锦、虎城、铁门等镇乡的分散式供水工程110处，通水入户率100%。2017年工程质量合格率为100%、集中供水率为85.48%、自来水普及率为82.89%、水质达标率为85%，均高于考核指标。

农田灌溉　西山灌区节水配套改造工程全年完成渠道整治7.2公里，清淤6公里。全年整治山坪塘872口。在明达镇、聚奎镇、铁门乡、回龙镇等8个乡镇新建高效节水灌溉面积2万亩。全面实施中小型灌区量水站网项目，建成量水站网信息监测、通信系统建设、计算机网络建设、1个信息中心和17个分中心、软件系统及基础设施等。

水生态环境治理　实施中央预算内投资坡耕地水土流失综合治理（长塘项目区）和国家水土保持重点工程水土流失综合治理（红岩项目区），治理水土流失面积18.37平方公里。实施城区主要河道调补水工程，管道安装7.62公里。实施梁平区七涧河至回龙河与竹丰水库至袁驿河以及城区河道河湖连通工程，完成城区河道河湖连通工程主要施工任务，组织开展七涧河至回龙河、竹丰水库至袁驿河河湖连通工程及回龙河回龙场镇段生态治理。实施梁平区沙坝、大河坝水库水资源地水资源涵养保护及水生态修复项目，建成陆域生态隔离带10.45公里、13个库滨植被带11528平方米、自然湿地1929平方米及宣传标志碑牌4个。

移民后扶　全年大中型水库移民后扶资金到位2558万元，已发放直补资金655万元，实施项目建设资金1903万元。主要包括水利产业园2处，自流引水工程1处，村级便民服务中心2处，硬化农村公路3处长7.3公里，整治河堤1处长0.6公里，新建提灌站1处，整治渠道1处长1.2公里，解决和改善了8790人（移民1345人）行路难的问题。水利产业的发展，将有助于优化地区产业结构，带动当地经济的发展，改善库区和移民安置区群众生产生活条件。

【水利规划】

“十三五”总体规划　力争用5年时间，基本建成“六大体系”：水资源合理配置体系、城乡供水保障体系、防洪抗旱减灾体系、农田灌溉保障体系、水资源保护和江河健康保障体系、水利科学发展的制度体系，实现城乡水利统筹协调发展新格局。计划新增蓄水能力5673.5万立方米，新增灌面3466.7公顷，恢复改善灌面10960公顷，治理水土流失面积76.9平方公里，农村集中供水率达到90%、自来水普及率达到85%、水质达标率达到95%以上。居民饮水满足小康社会要求，农田灌溉保障能力全面提升，水生态环境明显改善，城区防洪标准达到20年一遇，乡镇防洪达标率达到90%，防灾减灾应急预警体系全面建立，水利基层服务体系建设和水利管理服务能力明显增强。

“十三五”期间“六大体系”建设项目规划总投资53.12亿元。

水资源合理配置体系建设　拟新、扩建中小型骨干水源工程12座，中型左柏水库基本建成、中型龙象寺水库开工建设，拟新、扩建七里沟、中心等小Ⅰ型水库7座，新、扩建猎神、汤家湾、水堰沟等小Ⅱ型水库3座；完成河库水系连通工程5处。

城乡供水保障体系建设　拟新建双桂湖片区、新城水厂一期、续建创业园片区、改扩建大河坝水厂等城区供水项目4处；新建新盛、竹山、安胜、盐井河等4处乡镇集中供水工程；新建农村饮水巩固提升供水工程172处。

防洪抗旱减灾体系建设　拟整治城区河道1处；龙溪河七里滩河道、龙溪河和林镇综合治理等中小河流治理工程8个；城镇排水除涝工程4个；抗旱引调提水工程5处；完善山洪灾害防治和水文监测平台2个及有关站点建设；治理农村河道80条240公里。

农田灌溉保障体系建设　拟开展西山、朝阳水库、汝溪河、波漩河等4个中型灌区节水配套改造；强化小农水重点县建设；拟改扩建提灌站39座。

水资源保护和江河健康保障体系建设　拟开展双桂湖生态湿地公园建设；拟开展5个坡耕地项目、5个水土保持重点工程项目建设；继续实施库区、移民安置区移民后期扶持工程。

水利科学发展的制度体系建设　继续推进城乡及农业水价改革；拟建设水文站、水文巡测基地各1个，水质监测点7个；进一步强化水利信息系统建设；购置应急物资设备；继续推进水利科技创新；强化基层水利队伍建设。

【防汛抗旱】

防汛抗旱工作机制建设　坚持落实以行政首长负责制为核心的防汛抗旱责任制；及时修订完善防汛抗旱预案，加强山洪灾害、气象信息预警预报；加强防汛抗旱基础设施的建设和管理，建立现代化的防汛抗旱信息系统；强化科学调度和防汛安全检查，确保防汛抗旱工作取得胜利。

防汛抗旱基础设施建设　启动应急度汛和水毁修复工程建设，预计2018年汛前全部完工；大龙河复平乡大龙村段应急度汛工程正在建设中，预计2018年3月全部完工；建成蟠龙河支流王家河福禄镇青桥村河段应急度汛工程、蓼叶水库应急整治工程、张星桥水库渠道跨河（抗旱）连通工程。

全面夺取防汛抗旱胜利　2017年，成功应对“5·3”“5·12”“6·4”“6·15”“7·7”“9·9”“10·4”7次暴雨灾害袭击和“7·20至8·10”连晴高温天气，最大限度保障了人民群众生命财产安全。

汛情情况：2017年最为严重的是“5·3”暴雨灾害，受灾范围广，灾害损失重。灾害涉及双桂、仁贤、礼让、云龙等24个乡镇（街道），受灾人口80259人，紧急转移安置37人。农作物受灾面积3435公顷，倒塌房屋37间，直接经济损失3324万元，其中水利设施损失110万元。

旱情情况：2017年，全区共有4个乡镇不同程度的受旱，据统计全区共有作物0.054万亩受旱，人口饮水困难0.0375万人，大牲畜饮水困难0.0152万头。在抗旱工作中，通过采取强力措施，保障了城乡居民的生活用水和应急农业生产用水。

【水行政管理】

强化行政管理，深化审批制度改革　积极推进简政放权和权力清单化管理，规范办理水行政（审批）服务，清理规范行政审批中介服务事项，依法依规取消、整合实施13项行政审批事项，建立健全水行政审批事中事后监管制度体系，全面推进网上行政审批改革，落实行政许可事项一次性告知、并联办理、限时办结制度，确保行政权力在网上公开透明。2017年办理水行政许可89件（其中：水保方案24件、水土保持设施验收2件、取水许可25件、入河排污口设置30件、洪水影响评价8件）。

做好普法宣传，提高公众法制观念　利用“世界水日”“中国水周”“七五普法”等宣传活动为契机，多形式开展水行政法律法规宣传教育，组织水利志愿者在全区各镇乡（街道）人口密集区、学校、用水单位等地设立宣传台和咨询点，向群众发放主题宣传画和宣传材料，现场解答群众疑问，播放宣传片，同时还将采取宣传车巡回宣传、向群众发送手机短信等方式，拓展宣传的覆盖面，让保护水资源、防治水污染、改善水环境、修复水生态的理念更加深入人心，进一步提高全社会水法制意识和水资源保护意识。

严格执法行为，提升依法行政成效　以加强队伍建设提高能力为保障，严格按照依法治国的方针，建管并举的治水举措，建立水行政检查“双随机”抽查制度，积极有效地开展水行政执法工作。全年共执法巡查3812余人次，出动执法巡查车辆723余台次，出动执法船艇584船次。巡查河道1804公里，巡查湖泊水库面积571.909平方公里。调查处理水事违法案件9起，责令停止水事违法行为12起、责令限期改正2起。联合区水土保持站开展预防监督执法检查55次，检查项目55个，共处罚款4.82万元，全部上缴财政专户。严格执行罚缴分离和收支两条线管理制度。将所有案件全部按照行政执法办案程序进行了立案、调查、取证、告知、审签、处罚、结案，无一例案件申请行政复议和行政诉讼，结案率100%。（区水务局）

工业

综述

【概况】 重庆市梁平区经济和信息化委员会（以下简称区经信委）是宏观管理全区工业经济运行的综合工作机构，主要负责对全区工业企业发展指导、协调、监督、服务和行业管理，承担民用爆破器材监管，是工业经济、电力、天然气的行政主管部门和《中华人民共和国电力法》《中华人民共和国中小企业促进法》《重庆市天然气管理条例》的执法主体。

区经信委机关内设综合科、规划运行科、能源保障科、产业发展科、经济信息科、安全监督管理科、招商服务科七个科室。梁平区中小企业服务中心为其下属事业单位，主要负责贯彻落实发展中小企业的各类方针政策，推动企业技术创新，为中小企业提供政策、信息、法律和人才培训等服务。

2017 年，区经济信息委深入贯彻党的十九大精神，以习近平新时代中国特色社会主义思想为指引，坚定不移推进供给侧结构性改革，坚持以经济建设为中心、发展是第一要务，坚持生态优先、绿色发展，加快推进新型工业化，在抓创新、调结构、强投资、稳运行、优服务、促发展上狠下功夫，务实担当、勤勉工作，加快提升经济发展质量和效益，全区工业经济呈现出稳中有进、持续向好的良好势头。

【工业经济】 2017 年，全区工业增加值增长 10.6%，规模以上企业实现产值 240 亿元，增长 12%左右，规上产值占工业总产值的 60%，规上工业增加值增长 10.8%，集成电路、智能家居、生态塑料、绿色食品等四大产业产值达到 190 亿元，增长 30%以上。

【产业发展】 全年坚持以产业规划引领发展，共新入库 500 万元以上工业项目 108 个，其中 5000 万以上 9 个项目，共有 30 个项目投产，拉动产值增长 30 亿元。依法、平稳、科学推进了全区烧结砖厂综合整治工作，全区 21 家应停产转产类砖厂已停产 20 家，去除过剩产能 5 亿标匹每年。

【创新驱动】 持续推进创新服务平台建设，全年新增市级研发机构 7 家，帮助创建国家级企业技术中心 1 个；鼓励企业建立研发准备金制度，全年规模以上工业企业研发投入（R&D）预计首次达到 2 亿元，指导 10 余家企业完成了研发准备金备案。

【招商引资】 搭建了与市经信委等市级部门、商会、协会招商网络，组建了四大产业招商组，深化了四大家主要领导带头招商制度，2017 年，经信委牵头完成招商项目 20 个，协议引资 27.2 亿元，其中智能制造项目 11 个，协议引资 12.5 亿元，配合完成智能制造项目 4 个，协议引资 115.1 亿元，圆满完成了智能制造招商组全年招商任务。

【基站建设】 2017 年，全区 310 个行政村实现宽带全覆盖，宽带用户达 8 万多户；累计建成 3G、4G 基站 1526 个，其中新建基站 471 个，共享改造基站 1055 个，投资 2340 万元完成了 180 个站点建设使用，基本实现全域干道通信信号 4G 全覆盖。

【用电情况】 2017 年，全区用电量 7.22 亿千瓦时，同比增长 7.02%，其中工业用电量 3.53 亿千瓦时，同比增长8.73%，工业企业用电成本在上年基础上降低0.20元的目标基本实现；共发展燃气用户15.26万户（其中工业用气14户），供气总量（预计）5342.91万立方米，其中工业燃料用气600万立方米，占11.22%。

【企业服务】 积极为企业争资跑项，鼓励企业挂牌上市。2017年，组织10余家企业申报各类上级资金共计2481万元；为15家企业争取应急转贷周转金1.7亿元，资近1000万元；与邮政储蓄银行、工商银行各签订500万元中小微风险补偿基金的合作协议。

【安全稳定】 按要求推动了全行业“日周月”隐患排查体系的建立。全年共召开安全生产例会20次，共计开展宣传咨询活动25场次，制作安全宣传展板45块，现场接受群众咨询1800余次，针对汛期、高温等极端天气，开展应急演练10场次，出动演练人员342人次，下乡入企开展安全检查290次，共计出动人员超600人次，发现督促整改各类安全问题537处，发出责令整改指令25份，并严格做到隐患闭环管理。全年实现了安全生产事故“零目标”。

【四大特色产业】

集成电路产业　集成电路产业总体规划面积4.33平方公里，已获批国家科技部“国家功率半导体封测高新技术产业化基地”认定，是重庆市首批“121”科技支撑示范重点工程、市级博士后创新基地。产业园采取“政府主导、企业主体、市区联动，政、产、学、研、金合作”的组织形式，与重庆邮电大学、中国电子科技集团、美国Cornell等国内外知名大学、院所合作，形成了以平伟实业、平伟光电、捷尔士显示和天胜科技为代表的集成电路产业集群。2017年年底已入驻企业30余家，投产20余家，全年产业园产值46.8亿元。

智能家居产业　智能家居产业规划面积5平方公里，重点发展智能家居、不锈钢制品制造、环保装备、工程机械、日用五金等产业集群，以亿联智能制造智慧生活小镇项目建设为抓手，以“基地+电商”模式打造全市最大的家居电商物流基地，着力建设智能制造产业高地，推进智能化技术和装备在制造业和服务业领域的运用。2017年年底已引进亿联智能制造智慧生活小镇项目以及平伟科技、巨源不锈钢、东创机械、渝工机械等30余家企业入驻园区，投产20余家。全年产业园产值39.7亿元。

生态塑料产业　生态塑料产业集群以“中国西部（重庆）塑料生态产业园”为着力点。规划面积13.9平方公里。该产业园于2014年4月开始建设，2015年4月获中国塑料加工工业协会正式授牌，是中国塑料产业协会和市政府、市经信委及我区倾力打造的全市唯一的塑料产业园。开园以来，已有浙江中财集团、豪威尔海尔家电塑料、广东狮特龙医用塑料、重庆泽通管业、江苏金坛博盟车用塑胶、福建融康塑料包装、四川大西洋集团公司等60余家大中型塑料企业入驻，产业集群逐步形成。2017年，产业园产值41.2亿元。

绿色食品加工　绿色食品加工产业规划面积4.82平方公里，其中A区2.56平方公里，B区2.26平方公里。目前已入驻企业40余家，投产34家，形成了以重啤、奇爽、张鸭子等为代表的集竹笋、柚子、豆干、豆筋、啤酒、白酒、鸭子为主体的绿色食品加工工业体系。2017年，产业园产值达61.7亿元。　（区经济信息委）

电　力　工　业

【概况】 国网重庆梁平区供电公司供电网络覆盖全区33个乡镇（街道）、315个行政村，全区用电客户33.76万户，年供电能力达10亿千瓦时以上。现有变电站16座，其中220千伏变电站1座，110千伏变电站5座，35千伏变电站10座，总装机容量为84万千伏安，各级电网容载比高于全市平均水平。

2017年，公司紧密围绕梁平区委区政府要求和目标，着力推进各项改革，加快梁平电网建设速度。售电量7.89亿千瓦时，同比增长7.81%。其中大工业用电3.02亿千瓦时，同比增长19.33%。非普工业用电7575.40万千瓦时，同比减少15.69%；居民用电2.77亿千瓦时，同比增长4.01%；商业用电7429.57万千瓦时，同比增长4.02%；非居民用电4565.30万千瓦时，同比增长17.87%；农业用电1396.63万千瓦时，同比增长14.79%。2017年，公司上缴税费2352万元，同比增长4.8%。

2017年，梁平供电先后获得“2017年度梁平区百里竹海旅游景区建设先进单位”“梁平区2017年度安全生产目标考核先进单位”“梁平区2016年度二环路建设先进集体”“梁平区2017年度优秀工业企业”“梁平区卫生先进单位”等荣誉称号。

【电网建设】 一是竣工投运110千伏新城输变电工程。彻底解决新城区及工业园区用电问题，有效缓解110千伏梁平变电站、110千伏金带变电站供电压力。二是按期开工并加快推进220千伏城北变电站及出线工程建设，努力解决梁平区220千伏变电站容量受限问题，为梁平经济发展提供长期可靠的电力保障。三是开工建设110千伏花园变电工程。工程的投运将满足梁平火车站片区负荷增长需求，转移负荷，减轻110千伏梁平站供电压力，改善梁平县东北部区域（花园片区）高、中压配网结构。四是开工建设梁平明达110千伏输变电工程。五是开工建设梁平虎城35千伏输变电工程。六是去年持续加强城农网改造，全年累计在梁平投入7400万元进行城农网改造，改造10千伏线路102.03公里，更换和新装配变125台，改造0.4千伏及以下低压线路434.66公里。七是完成了百里竹海旅游景区和老城道路改造等项目的电力迁改工作。

【供电服务】

服务民生　一是持续加强低电压台区治理。深化应用配网抢修指挥平台，不断提高供电能力和供电安全性，中压故障率、故障抢修时间分别同比下降16.5%、3%，城、农网供电可靠率分别达99.9375%、99.7202%。二是重大活动保电。圆满完成党的十九大、首届区运动会等重大活动及重要节假日的保电任务。三是是强化应急保障。2017年共出动抢险人员900余人次、车辆180台次，投入资金130余万元，成功抗击了各类自然灾害，保障了冬夏高峰负荷期间电力可靠供应。四是积极开展线路通道隐患排查。累计清理树障隐患2万余起，全年未发生因树竹障碍引发的线路接地跳闸故障。五是提升服务体验。通过开通微信公众号、掌上电力APP、电E宝、“95598”网站和热线等服务渠道，不断完善服务软硬件，为客户提供更为优质的服务。

服务重点项目　围绕“集成电路、智能家居、生态塑料、绿色食品加工”四大集群产业，积极主动对接服务相关重点项目和企业，开展差异化服务，改善营商环境，提升客户用电满意度。一是压减办电环节。二是优化园区办电流程，缩短办理时间。三是减少或取消客户费用。

（梁平供电公司）

天然气工业

【概况】 重庆梁平天然气有限责任公司是重庆燃气集团股份有限公司（股票代码：600917）的驻区二级企业，公司供气管理服务区域涵盖梁平区境内2个街道，15个镇、乡，总管理户数10万余户，资产总额1.4亿元，年供气量3300余万立方米，现为梁平区最大的城市燃气供应与综合服务商。

公司现有天然气配气站一座，天然气无人值守站两座，并建有CNG加气站一座，燃气管网总里程1118千米。

公司坚持把本质安全工作放在非常突出的重要位置。以重庆燃气集团“0234N”和“01310”安全管理模式为目标，以“安康杯”“劳动竞赛”为载体，提升员工业务技能和安全意识，确保安全生产，截至2017年年底，实现安全生产二十余年，无重、特大安全事故，以“服务区域经济发展，服务广大燃气用户”为出发点，调整工作思路，自我加压，突破供气瓶颈，强化优质服务，努力实现燃气集团“树燃气品牌，建全国一流燃气企业”的战略目标。近年来荣获国家二级安全标准化生产企业，重庆市文明单位、重庆市“守合同重信用企业”、重庆市消费维权诚信单位、重庆市燃气行业安全生产管理先进单位、梁平区优秀工业企业、重点纳税工业企业、A级纳税企业等荣誉。

【工程建设和安全保障】 2017年，公司不断加大管网基础建设投资和安全投入力度，现有高都铺气田增压站至镇龙配气站φ159气源管线工程在建，该项目全长14.2公里，设计日供气量为25万立方米，总计划投资额2270万元，该工程建成后将进一步优化我司供气结构，增强梁平区用气的保障能力，促进梁平经济社会发展。

【优质服务】 2017年，以燃气集团的11533服务标准为主线，全面落实和巩固燃气集团客户服务管理规范，组织专人到工业园区企业和城区各商业用气户征求意见，召开用户代表座谈会，汇报公司服务工作，对收集的意见和用户代表提出的批评、建议、意见，公司召开专门会议，逐一整改落实，新建设的供气管线保障了公司供区客户用气高峰的用气需求。通过努力公司在申报、安装、验收、供气、报修工作方面，服务质量明显提升，首问责任制进一步得到落实，为客户提供高效、优质的服务。

（梁平天然气有限责任公司）

工业园区建设

【概况】 重庆梁平工业园区管委会是区政府的派出机构，对工业园区的社会经济和人口资源环境等实行统一管理。包含区投资促进中心（正处级、独立运行）、梁平工业园区企业发展服务中心（副处级）、梁平工业园区党群服务中心（正科级）三个事业单位。园区管委会内设综合科（资产财务科）、经济发展科（科技科）、规划建设科（行政审批科、工程预审科）、招商引资科、安全监管科（环境保护科）5个内设机构。管委会现有行政编制11名，工业园区企业发展服务中心现有事业编制23名，党群服务中心现有事业编制3名。目前，园区在编在岗30人，其中公务员10人（包含区投资促进中心主任1人，管委会主任由区委常委兼任），事业编制20人。

重庆梁平工业园区是重庆市特色工业园区、产城融合先行区、渝东北优秀工业园区。园区总体规划面积50平方公里，按照“一园三组团”的工业发展格局，以工业园区双桂组团作为工业发展的主战场，同步推进屏锦回龙组团和福禄石安组团。目前，工业园区双桂组团已建成面积8.5平方公里。

【经济发展】 2017年，园区入驻企业200户，投产125户。工业总产值达256亿元，同比增长21.9%。规上企业80户，实现工业总产值175.5亿元，增长16.4%，占园区比重70.3%。工业增加值74亿元，同比增长15.6%。四大特色产业完成工业总产值189.4亿元，占园区74.0%。固定资产投资55亿元，工业集中度65%，产出强度75.8亿元/平方公里，税收2.5亿元。

【基础设施建设】 2017年，启动了拓展区二期0.6平方公里控规设计，对拓展区一期和二期控规进行了优化；屏锦回龙组团规划环评初稿编制和拓展区二期控规环评已完成，拓展区二期道路及市政工程项目完成方案初设，工业大道等6条道路及滨河绿化完成设计，已经进场施工。建成公厕、垃圾中转站2座和农贸市场1个，3.5万平方米公租房完成综合验收即将投用，生态塑料孵化园一期完成主体工程的90%，盐河路中段等7段约4公里道路完成主体施工。要素保障有力有效，新建供水管道4公里、供气管道3.5公里，完成10KV金群线等迁改下地工程，为长鸿环保等10个项目安装了施工用水用电。小沙河

3.6 公里河道整治工程已启动，牛头寨支河整治已完成设计和招标。

【企业服务】 严格执行“专员全程代办制”和“一厅一费制”，全年共为 36 个企业代办行政审批事项 150 余项；积极推进社保减负，全年实际为园区企业减负社保资金 800 余万元；大力推行售电侧改革，帮助企业减少用电成本达 296 万元。主动及时排查解决企业在项目建设过程中存在困难和问题，帮助利财管道解决电力增容、平伟和重啤解决燃气管道等大小事宜 120 余件；积极开展项目申报和科技型企业立项工作，帮助豪威尔、长鸿环保等企业争取项目资金 4000 余万元，平伟实业、融康包装等 20 余户企业进行科技项目立项。（区工业园区管委会）

招 商 引 资

【概况】 重庆市梁平区投资促进中心于 2010 年 12 月成立，核定事业编制 15 个，设主任 1 名，副主任 4 名，科长职数 4 名，内设综合科、项目信息科、投资促进科、服务协调科四个科室。2013 年 11 月，经中共梁平区委、区政府研究决定将隶属于发改委的投资促进局变更为经信委管理；2014 年 12 月更名为梁平县投资促进中心；2017 年撤县设区，更名为重庆市梁平区投资促进中心，同年 4 月，区投资促进中心调整为工业园区管委会管理；2017 年 9 月，经区委研究，设立中共重庆市梁平区投资促进中心党组，由中共重庆市梁平区直属机关工委管理。

2017 年，全区坚持把招商引资放在经济工作的首要地位，聚力培育壮大集成电路、智能家居、生态塑料、绿色食品四大特色工业集群产业，重点围绕四大特色工业集群产业链招商。

【工作措施】

组织领导 一是区委、区政府、区人大、区政协四大班子主要领导亲自挂帅工业产业招商，牵头全区各产业组招商引资工作。二是成立集成电路、智能家居、生态塑料、绿色食品四大特产产业招商组，产业组下设办公室，由牵头部门分管负责人担任办公室主任，具体负责日常招商工作。

工作机制 一是从乡镇选派了一批优秀区管领导、青年干部充实到各产业组开展专职招商，充实招商力量。二是修订完善招商引资实施方案、考核办法的招商工作运行机制，制定《梁平区 2017 年招商引资工作方案（修订）》和《梁平区特色工业集群产业招商组运行管理暂行办法》，明确目标任务，规范招商管理。

优化招商 按照“抓大不放小、招远不舍近、引新不舍旧、拓展不闲置、创新不问出处”等招商理念，一是围绕重点产业、重点企业和上下游、产学研开展产业链延展敲门招商。二是针对正在跟进的重大项目组建专门工作小组，开展专业化精准式招商。三是采取集群抱团招商，各产业组招商小分队重点跟踪有关技术联盟、孵化器等新型产业组织、有关产业园运营商、拥有产业链控制权的龙头企业、行业排名前列的重点企业以及信息化程度高的科技型企业。四是积极承接沿海和主城区产业转移。

保障机制 建立招商引资工作经费奖励机制，制定《重庆市梁平区特色工业集群产业招商组运行管理暂行办法》，一步优化完善招商引资优惠政策，探索建立合理的利益导向机制，整合各类项目资金，重点支持技术先进、容积率高、投资强度和税收强度大的企业加快建设，鼓励租用厂房的企业购买厂房或购买土地新建厂房。

【招商成果】 2017 年全区共签约正式项目协议 101 个，协议金额 279.94 亿元（280 亿元），完成年度任务的 139%。工业项目 93 个，协议金额 269.45 亿（270 亿），完成年度目标任务 149%。其中集成电路 12 个，完成 120%，协议金额 23.2 亿元，完成 116%；智能家居 15 个，完成 100%，协议金额 129.7 亿元，完成 324%；生态塑料 53 个，完成 106%，协议金额 93.45 亿元，完成 103%；绿色食品 10 个，完成 137%，协议金额

19.14亿元，完成119%。其他工业项目3个，金额4亿元。投资1亿元以上的项目58个，协议金额259亿元；5亿元以上项目11个，协议金额166亿元；100亿元项目1个。落地项目50个，协议投资167亿元，其中投产项目20个，利用内资314亿元，增长30%。

2017年，实际利用内资314亿元，增长率30.1%。

（区投资促进局）

交通　邮电

交　通

【概况】 重庆市梁平区交通委员会是主管全区交通工作的政府职能部门，内设综合科、规划计划科、建设管理科、综合运输科、政策法规科、安全监管科、行政审批科、信息宣教科、财务审计科9个职能科室，下辖区交通服务中心、区交通行政执法支队、区公路管理养护所3个委属单位。全系统总编制数为348个，其中行政编制16个、事业编制332个（包含机关工勤编制2个），实有在编人数委机关16人，其他事业单位共311人。共有各级党组织16个，其中党委1个、党总支3个、党支部12个（含4个退休支部），党员总人数237人（含2名预备党员）。

2017年，梁平区交委全面贯彻落实党的十九大精神，围绕市交委及区委、区政府工作要求，立足打基础、强后劲、惠民生，重点推进高速公路、国省干线、县道、农村联网公路、撤并村通畅公路、通航、公交（站场）等项目建设，较好地完成了年度各项工作任务，进一步为全区振兴发展提供了更加扎实有力的支撑和保障。

【基础设施建设】

高速公路　一是梁（平）开（江）高速取得进展。完成梁（平）开（江）高速方案研究并已启动梁（平）开（江）高速公路可研的编制工作，同时梁（平）开（江）高速已经纳入重庆市基础设施建设提升战略行动计划（交通行动计划）工作方案和交通建设三年行动计划(2018—2020)。二是积极争取沪蓉高速双桂堂互通出口的审批，为促进全区经济发展，在梁平已有2个下道口的情况下，积极向市交委争取沪蓉高速设立新的下道口作为补充。目前已完成下道口方案设计。

通用航空　2017年11月初，重庆市人民政府《关于恳请使用空军梁平机场发展通用航空业务的函》已报中央军委联合参谋部待批。

综合枢纽站　一是牵头手续审批，为工程开工奠定基础。牵头协调新梁集团、万运集团两家业主单位完成了可研、环评、国土、规划、工程许可等前期审批手续。二是加快工程进度，为全线通车创造条件。该项目于2016年8月动工，2017年3月站房主体工程已完工。

国省县道　国省干线（约119公里）：一是全面完成S410明达至梁山段改建工程、S206仁贤岔路口至明达岔路口段路面改造工程，15.5公里；二是基本完成了G243屏锦至垫江界段路面改造工程、S410袁驿至竹山段主体工程、S414云龙绕场镇公路工程建设路基部分，24.1公里；三是开工建设了G318大河坝至仁贤岔路口段改建工程（一期）、S410城区至板板桥段改建工程、S414云龙至屏锦段改建工程，29.4公里；四是启动了G243万州界至合兴段改建工程、S410虎城至龙胜段改建工程、S413新店子至大观场镇段改建工程、S204城区至文化段改建工程等49.9公里的方案研究、施工图设计、财政评审等前期工作。

县道改造：完成县道蟠龙至安乐段、蟠龙洞至蟠龙岔路口段改建工程，16.4公里。

农村联网公路　完成了梁平区虎城场镇至龙胜至袁驿建设工程（袁驿段），约2.296公里；启动了猎神水库工程还建公路、安乐至铁门段公路建设工程、七星至碧山段公路建设工程（袁驿、清平段）、柏家场镇至双河口、曲福路改建工程、蟠龙扈槽至福禄大印新建工程等项目，约60公里。

旅游路产业路　基本完成百里竹海旅游公路

改建工程（XD02、X563天生桥至竹风湖水库）工程24.9公里。

危桥改造　河源桥、邵沟一桥、紫金大桥、利民桥、王家桥、红旗桥、双河桥、赵家桥、刘家桥、石家桥、下平桥正在施工，大黑槽桥完成15%。

地质灾害治理　G318线K1893+050地灾整治工程完成100%；G318线K1929+500地灾整治工程完成100%；G318线K1974+100地灾整治工程完成100%；S202线K391+850灾害防治工程完成100%；S202线K372+200和K390+400危岩治理工程完成20%；G318线K1972+580地灾项目在做治理准备工作。

交通信息化　梁平区被市交委确定为交通信息化试点区县，2017年完成信息化投资约167万元。建成百里竹海旅游公路三蹬坡段交通信息化试验点，新建2套自动式交调站、8个户外视频点。完成交通系统“一张网”、全区营运车及交通公务车“一张图”方案设计，启动与区公安局信息资源共享研究、一环路及城市干线公路信息化设计。

梁平交通应急指挥中心经过一年多的运行，主要在应急指挥、巡查养护业务、视频监控、行车轨迹、综合会务等方面对内提供服务，基本实现了利用信息化手段对交通的全要素管理，“要信息，找指挥中心”的思维逐渐形成，对交通各项工作的开展起到了促进作用。

【客货运输】

运输概况　2017年，全区公路客运量954万人，客运周转量44522万人公里，货运量1954万吨，货运周转量279035万吨公里。铁路旅客发送方面，梁平火车站发送222995人次，梁平南站发送1150384人次。铁路货运量2017年装车535车、31947吨，卸车4718车、264769吨。

运输企业　2017年，全区有客运企业4家，车辆724辆。其中，公交企业3家，车辆98辆；出租企业2家，车辆174辆。货运企业42家（其中危货运输企业1家），个体运输业户3209户，从业人员11800余人，货运车辆5222辆。

客运站点　2017年，全区有汽车客运站37个，其中一级站1个，二级站1个，四级站35个。新开行1条公交线路，投入6台公交车实现工业园区与梁平南站的有效衔接，方便市民出行，对城区102路公交线路进行了优化调整。增设公交招呼站点12个，新建农村客运招呼站亭36个、招呼站牌36个。

客运线路　2017年，全区共开行各类客运班线181条，其中省际班线10条，县际班线12条，县内班线146条，城市公交线路13条。

维修驾培　全区有维修企业234户，其中一类3户，二类16户，三类专项156户，摩托车修理61户，机动车综合性能检测2户，驾校6所、驾驶员培训中心1处。

水运和船舶　全区有船镇乡12个（梁山街道、双桂街道、和林镇、云龙镇、荫平镇、屏锦镇、竹山镇、虎城镇、碧山镇、龙门镇、文化镇、明达镇），通航客渡船河流1条（龙溪河），有船水库6座（沙坝水库、张星桥水库、盐井口水库、竹丰水库、朝阳水库、红光水库），各类船舶34艘（其中客渡船3艘、自用船15艘、渔业船16艘），通航里程8公里，渡口22个。

【道路养护】

养护概况　2017年，梁平区列养国省县道公路总里程由383.032公里增加到627.4公里。管养公路平均优良路率为87.04%，其中，国道优良路率为76.98%（其中新增国道G243已列入改建项目）。

日常养护　2017年，清扫路面6096.57余万平方米；清理水沟91.88万米，开挖水沟2232米；清理路肩125万平方米；清理绿化台杂草189公里，清除绿化台弃土218立方米；清理涵洞进出口和洞身土石方1875.9立方米；冲洗路面污染物7.5万平方米；对原列养路段进行了行道树粉刷2次；对行道树杀虫106公里；清伐枯死行道树617株，冷补料坑槽填补1896平方米；清理路障及标志遮挡物1312处；扶正标志65

块；对原列养公路行道树进行修枝整形303公里。

桥梁养护　2017年，全区新建桥梁防撞护栏235.4米，安装不锈钢桥梁栏杆72.67米，更换桥梁栏杆110米，疏通泄水孔342个，清除河床堆积物1370立方米，改建桥梁步道1个，日常清理桥梁步道69个，完成桥梁定期检测158座。

公路绿化　2017年，新栽植行道树：乔木15034棵，灌木271320株，完成通道绿化55公里。在梁平攘虎路、开南路、二环路等公路沿线形成了“草坪－鲜花－树木”立体绿化带，被民众称为“最美公路”。

水毁修复　清除坍方2.09万立方米，修复水毁涵洞6道，修复挡墙123立方米，修复路面21278平方米。

安保设施　2017年，共粉刷国道示警桩、警墩1220个；部分桥梁栏杆、护轮带等涂刷反光漆1092.044平方米；提升波形护栏694.6米，新安装波形护栏276.1米，清洗安全护栏108公里。

【行政执法】

案件办理　2017年，查处各类案件3209件[其中：非法营运四轮车65件、损坏公路附属设施57件、违法建（构）筑物12件、污染公路路面6件、其他案件3069件]，办件准确率100%；同时，精简办事流程，开展权责清单，做好行政许可和行政处罚等信用信息归集与公示等工作，方便群众办事。

路政治超　2017年，共查处路政案件1706件（其中超限载质量179件、超几何尺寸20件、损坏公路附属设施57件）；规范道路平面交叉道口搭接、加水洗车等19处；开展路域环境专项整治11次；清理条幅82幅；查处污染公路物10处1340平方米；查处公路建控区违法建（构）筑物12处952.2平方米；清除路阻路障96处7957平方米；拆除公路沿线锈蚀标志标牌38块；征收公路占赔补偿费55.3万元，罚款85.8万元。

运政审批　按照“两集中、两到位”和网审改革工作要求，进一步清理行政审批项目，保留行政权力事项205项；截至12月底，接办件共14161件，办结率达100%，办件准确率达100%；指导全县驾培机构大力推行“计时培训、按学时收费、先培训后付费”服务模式，推行比例达100%。

工程质监　2017年，共对57个交通建设工程进行了质量安全监督，其中农村公路建设项目24个，新改建道路13个，滑坡治理工程12个，新建桥梁8座，总计建设里程158.007公里。共开展737次质量安全监督检查，发出责令改正通知书21份，监督意见书28份，监督（指导）意见书4份，质量检测结果通知单25份，查处质量安全违法违规行为10起，处罚金额33636元。

【安全监管】　2017年，共检查企业450余家次，发现问题85个，下发整改通知书85份，发现并整改隐患224起，罚款86万余元。开展集中法治安全培训5次，乡镇、企业宣传咨询14次，发放宣传材料10100余份；加强风险评估研判，组织委属各单位、重点企业对行业风险进行研判，并形成风险责任清单，落实管控责任人及措施；加强隐患排查体系建设，督促企业建立了“日、周、月”隐患排查制度；联合公安、安监部门联合印发了《关于道路交通隐患排查整治规划的请示》；重新修订了《重庆市梁平区交通委员会水上交通等四个应急预案》；组织开展了2017年梁平区道路交通突发事故逃生救援应急演练，并指导企业开展了反恐、消防等应急演练；调整了梁平区水上事故应急救援队、道路运输应急保障队、道路抢险保通应急保障队人员；对客运车辆的安全应急锤进行了专项检查，共更换安全应急锤348只，完成计划100%；完成22艘老旧自用船舶的拆解报废。全年水上交通无事故，道路运输和交通在建工程无监管责任事故。

加强信息研判，及时办理回复信访系统、梁平信箱、“96096”、群工系统等信访件168件、网络舆情88件；圆满完成了春节、国庆、全国“两会”、党的十九大等重要节假日、重大会议的信访维稳任务，联合公安部门落实货运车辆超限超载专项整治行动维稳工作，确保了全系统信访稳定。

【文明建设】

“两学一做”学习教育　常态化开展“两学一做”集中学习教育及主题党日活动，党员领导干部分别带头上党课，同时督导组严格督查，确保学习取得实效；通过举办“两学一做”知识竞赛、送学上门等多种方式，确保学习教育全覆盖，保证每名党员学深学透；组织全体党员重温入党誓词，坚持用党的理论、路线、方针政策和习近平新时代中国特色社会主义思想武装头脑，不断提高政治站位，营造良好学习氛围。

党风廉政建设　在抓好机关效能建设的基础上，认真履行廉政建设“一岗双责”，有效落实党风廉政建设主体责任，坚决执行中央“八项规定”精神和市、区的各项规章制度，全系统开展廉政学习90余次，组织观看警示教育片10余部；强化关键领域监管。

文化建设　完成《诗意二环》画册编辑出版；结合“乡风文明”建设，持续开展自愿清扫服务和干净整洁办公环境评比；积极参加梁平区首届运动会、梁平职工四分马拉松赛等区级活动，丰富职工精神文化生活。

作风建设　利用春节、“七一”等节日走访慰问退休党员、困难职工、军属及社区帮扶群众，为他们送去节日的温暖和祝福。积极组织干部职工参加志愿献血、义务植树、法制宣传等公益活动；完善交通审批中心窗口服务首办责任制，通过正面引导，激发党员干部干事创业热情，推进作风建设。继续保持全国文明单位称号。

对外宣传报道　分别与区新闻中心、区电视台签订了合作协议，完成16次交通专项户外拍摄，在梁平卫视开辟《交通在线》节目专栏，制作播出20余期；重庆新闻联播5次报道了“梁平首次发行全国通用公交IC卡”“展现新风采　迎接党代会”等梁平交通相关新闻，人民网、新华网、华龙网等市级以上主流媒体多次刊播梁平交通动态。

（区交委）

邮　政

【概况】　2017年，梁平邮政分公司承担着普遍服务、基础服务的邮政局所共39处，其中代理金融网点31个，纯邮政网点8个，由区分公司对各网点实行管理职责。下设5个职能部门（综合办公室（安全保卫部）、市场营销部、渠道平台部、文化传媒部、代理金融部），6个班组（快递包裹中心、内部处理班、后勤班、机要室、驾驶班、驿盾中队）。拥有从业人员216人，其中AB类人员141人、劳务派遣人员60人、非全日制人员6人、劳务承揽人员9人。2017年标准化装修改造网点9个，装修改造面积超2000余平方米。同时，不断加大生产设备投入力度，2017年，共新增ATM机（CRS机）19台，新增智能包裹柜10台，新增邮运车辆3台、投递车辆4台、投递电动三轮车40台，投递电动四轮车20台，解决了农村“最后一公里”的投递问题，投递配送能力大大提升。

【邮政业务】　2017年，开办的业务有：商函广告、集邮、报刊订阅、快递包裹、同城快速、特快专递、邮政储蓄、国债、基金、汇兑、保险、三农分销（酒水、化肥、种子、农药等）、代发离退休养老金、代办车险、农村电商、代售火车票、代售飞机票、代售汽车票、代收水电气费和通信话费、代销烟草、双税双代等。

【经营业绩】

业务收入稳步增长　2017年，梁平邮政分公司完成业务收入9027万元，完成基本目标进度的103.66%，完成奋斗目标进度的102.2%，收入规模排名提升1位，排全市第25位，同比增幅达19.79%，增幅排全市第9，排万州片区第1，与2016年相比净增1491.14万元。同时，荣获重庆市邮政“2017年十佳企业”称号。

质量效益持续提升 2017年，梁平分公司营业利润完成3199.2万元，较上年提升344.97万元，利润率达35.44%，成本费用率为78.68%，较上年降低6.42%。2017年，全员劳动生产率达到41.99万元/人，高于市分公司10.7万元/人，同比增幅达16.21%，增幅排全市第4位。

【一体两翼发展】 2017年，公司紧紧围绕“完善一体，主推两翼”的发展思路，着力一体打造，共推两翼齐飞，为分公司的经营发展奠定了坚实的基础，取得了良好的成效。

搭平台，强服务，一体建设夯基础 一是筑巢引凤，网点改造强体验。为改善用邮环境，提升客户体验度，2017年标准化装修改造网点9个，新增ATM机（CRS机）19台，共达到60台；网点标准化的装修、功能分区、设施完善，大大提升了邮政的社会形象，吸引了部分他行大客户前往办理业务。二是延伸服务，掌柜渠道获客户。农村电商紧紧围绕“建渠道、促发展”的发展理念，不断延伸农村市场的服务领域。（1）通过加快邮掌柜的建设力度，提升掌柜质量，促进各专业联动发展。全年新建邮掌柜84个，累计达到315个。全年借助邮掌柜邀约客户召开院坝会250余场，收集客户信息15000余条，邮掌柜转介绍客户资产2200余万元；通过政策激励，掌柜转介客户的积极性大大提升，为两次规模以上的批销订货会提供了充足的客户资源，实现业绩300余万元。（2）通过制定业务外包形式，并制定相应政策调动了农村投递队伍的积极性，为网点获客户、获信、获金打通渠道。

强重点，抓增长点，两翼腾飞提质效 一是金融翼转型腾飞提效益。2017年，代理金融业务完成收入7226万元，同比增幅达18.45%，增幅排全市第4名，排万州片区第1名。余额规模达40.91亿元，实现了5年翻番，余额规模市场占有率14.03%，与上年同比提升1.22%；新增储蓄余额6.67亿元，增幅达19.47%，增幅排名全市第6位，全片区第1位；新增余额市场占有率达27.47%，同比提升7.72%；渠道类电子银行交易替代率为78.83%，较上年提升10.91%，提升率排全市第2位。金融收入及新增余额增幅连续三年稳居片区第一位。二是寄递翼创新振翅求实效。2017年快递包裹业务收入完成355万元，完成基本目标的103.96%，同比增幅达35.22%。收入市场占有率为14.46%，同比提升4.62%。

踩准节奏拓市场，文传稳步促发展 为确保报刊专业稳步发展，抓好大收订工作尤为重要。面对纸质媒体逐渐弱化的今天，传媒部立足校园报刊找增长点，加强对学校关键人的维护，实现校园报刊订流转额144万元，同比增长76.58万元，增幅115.47%，为大收订全面完成助了一臂之力；巧借工会下发《关于福利费使用的通知》的政策东风，围绕电影卡及图书产品大做文章，通过重点营销、关系营销等一系列手段，成功揽收20余个政府部门，销售电影卡及图书文创60余万元，为函件业务发展找到了新的突破口。

【队伍建设】

抓培训、强落地、能力提升摆首位 一是前台员工重实操。为提升客户体验度和网点服务水平，分公司要求各网点每周进行实操训练两次以上，并将训练结果及时反馈；分公司层面通过举办不定期的理论+实操考试，检验各支局的实操训练水平，通过自学+逼学的方式，使前台员工的操作水平得到了大幅提升。二是理财经理强营销。全年举办了两次理财经理封闭式培训，对理财经理从自我突破到客户识别，从销售流程到客户管理进行了全面的培训，有效提升了理财经理的销售技能与客户需求挖掘能力。三是管理队伍抓落实。按照“两走”思路加强支局长管理能力提升。（1）坚持走出去，组织辖域内的支局长开展以团队凝聚力与协作精神为主的拓展训练，提升支局长带队伍的能力，（2）坚持走下去，要求机关干部每周下一次网点，针对薄弱环节进行纠偏传带。

建制度、重激励、员工激活添动力 为调动基层员工业务发展的主动性，分公司出台了《网点员工考评办法》《理财经理岗位津贴考评办法》

《网点负责人年度绩效考评办法》分层激励内部员工，增强其目标感、责任感及获得感，为业务发展增添了动力。

组团队、重帮扶、狠抓督办强执行　为确保分公司的方针、政策第一时间传达到基层，分公司将全辖的支局划分为三个团队，由对应帮扶组进行帮扶。帮扶组一是抓传达培训工作，二是针对帮扶支局业务发展的薄弱环节分析问题，提出解决问题的措施，并细化解决流程，限时完成每步工作。通过帮扶组的传帮带，不仅提高了支局层面解决问题的能力，还有效强化了基层的执行力。（邮政梁平分公司）

电　信

【概况】　中国电信股份有限公司梁平分公司主要提供固定通信、移动通信、卫星通信、互联网接入及与此相关的系统集成、技术开发、增值等业务与综合信息服务。分公司地址梁平区梁山街道人民东路2号。设综合管理部、销售服务部、政企客户部、网络部、综合支撑中心；经营网络有梁山支局、双桂支局、新城支局、城郊支局、新盛支局、屏锦支局、袁驿支局、福禄支局、礼让支局、云龙支局、虎城支局、柏家支局、渠道支局、中心营业厅。2017年分公司有合同制员工68人，平均年龄43.25；恒品外包56人，平均年龄35.96岁。

【经营业绩】　2017年，梁平分公司完成考核收入8741万元，完成预算进度103.23%，全市排名第9，区县二类分公司排名第5。收入份额为29.05%，较上年末27.44%改善1.61%，全市排名第6，区县二类分公司排名第3。

2017年全年净增移动用户2.57万户，完成市公司考核口径的187.24%，年底移动用户份额20.97%，较上年末18.86%改善1.52%，全市排名第8，区县二类分公司排名第4。宽带用户全年净增1.0万户，完成市公司考核口径的157.02%，年底宽带用户份额55.04%。电信电视用户净增1.06万户，完成市公司考核目标的194.32%，电视宽带渗透率104%，全市排名第1，区县二类分公司排名第1。

【公司发展】　2017年，梁平分公司始终围绕“服务社会、服务民生”的行风建设为主题，以诚信经营、和谐服务、社会效益为重点，坚持为民服务创先争优，秉承“用户至上，用心服务的理念，以机制创先为动力，以精确管理为手段，以资源配置为保障，以开放、合作、共赢的心态面向市场和客户，在推进本地经济社会信息化，促进城乡统筹发展，引领和主导信息消费需求等方面发挥主力军作用，为促进社会生产力发展，推动国民经济信息化进程，改善梁平人民群众的物质文化生活和精神文化生活做出了贡献。

光网城市建设　2016年就已经完成县城城区、农村场镇所有老旧小区、楼盘、住宅的光纤到户建设，建设完成全光网城市。2017年新老城区、农村场镇凡已正式交付入住的小区、楼盘都已经完成FTTH建设，其中城区近8000套，农村场镇近2000套住房。

村通光纤建设　2017年，引入民间资本120万元，国家投资700万元，累计投资6800万元以上。在2016年已经完成310个行政村通光纤建设的基础上，并将FTTH光网延伸到95%以上的自然村、新农村聚居点、人口集中的山沟或院落。

4G建设　2017年4G基站新建100个，城区覆盖率达到98%，全区4G无线网络覆盖达到90%以上。

数字电视　2017年完成全区农村310个行政村数字电视网络覆盖，全年电信电视用户净增量10626户。（中国电信梁平分公司）

移　动　通　信

【概况】　中国移动通信集团重庆有限公司梁平分公司（以下简称梁平移动分公司）成立于1999年9月，隶属于中国移动通信集团重庆有限公司，全面运营重庆境内139、138、137、136、135、134、147、150、151、152、157、158、159、182、183、184、187、188、198、199的数字移动通信网络。2014年2月21日，移动4G在梁平正式商用。梁平移动全面建设拥有快速传输数据、高质量、音频、视频和图像功能的TD－LTE制式移动4G网络，极大地满足了广大用户流量激增的需求。

2017年，梁平移动分公司在各级领导和社会各界的大力支持下，以“主动务实的新思维、积极健康的新风气、与时俱进的新行动”为指导思想，坚持“服务·业务”双领先战略，深入推进产品、营销与服务的深度融合，奠定了移动事业蒸蒸日上的基础。同时，分公司始终秉承“正德厚生，臻于至善”的核心价值观，时刻不忘肩负的社会责任，积极参与社会各项公益活动，为梁平区的和谐发展做出了积极贡献。分公司先后获得各级政府、行业主管部门授予的统筹城乡农村信息化体系建设工作组织奖、诚信承诺单位、售后服务先进单位、重庆市“信息下乡”工作优秀集体、中国移动重庆公司先进单位、“消费者信得过企业”“重合同守信用单位”“梁平县新农村建设先进单位”“市级文明单位”“全国模范职工小家”等多个荣誉称号。

【市场发展】 2017年，梁平移动公司的市场发展以4G用户、家庭宽带、流量经营为主线，截至年底，用户数逾35万户，互联网宽带接入用户达3万户，全年税收达543万元。在竞争激烈的市场环境中，在区委、区政府的关心和指导下，在区各级部门的支持下，梁平移动仍保持着主导运营商的地位。

在家庭宽带发展方面，为了让更多的用户用上移动光宽带，2017年建设家庭宽带户线资源7万余线，实现了乡镇全覆盖，行政村部分覆盖的目标，推出飞享58套餐即可免费领取60M移动光宽带一条，免费使用手机看家，极大降低了用户的宽带费用，在此基础上，发展家庭宽带1万余户。

在流量经营上，积极响应国家降费提速的号召，在流量方面推出假日流量礼包、夜间流量包，降低套餐外流量费用、限时流量包赠送等活动，降低了用户的流量使用费用。

【服务水平】 梁平移动分公司长期以来诚信经营，以客户为中心，“用户至上，用心服务”理念，重视服务建设，组织健全，责任明确，成立了由分公司领导为组长，市场部服务主管牵头，集团客户部、建维部、综合部相关人员组成的服务监督小组，建立了分公司用户投诉快速响应机制及每月服务分析例会制度，并将用户投诉满意度纳入绩效考核。为促进前台服务水平的提高，在市公司的指导下，分公司继2016年开展的“为民服务·创先争优”服务提升行动基础之上，搭建“全业务流程投诉防控体系”，全面跟踪服务客户，满足客户需求，获得广大用户好评。

2017年，梁平移动分公司严格按照国家工信部要求，全面完成用户的实名制，使实名制比例达99%。重点推广“便捷、高效”的服务诉求，提升和推广掌上营业厅、微信、热线和营业厅等核心渠道的便捷服务，以及增值业务统一查询和退订方法的宣传等服务举措，极大地提高了客户感知。

【网络质量】 “网络质量是企业的生命线”，梁平移动分公司坚持“客户为根、服务为本”的理念，着力提升4G网络质量，将打造卓越网络、提供可靠的通信保障作为网络工作的核心目标，致力于通过持续提升的网络质量、卓越的通信保障能力和不断完善的电磁辐射管理，打造负责任的安全通信网络。着力解决用户关注的热点、难点问题，加强网络运行、维护管理，保证网络通信质量。2017年，梁平区应急保障活动纷繁，除了平安完成每年的春节、国庆等节日保障外，还经过周密组织和安排，顺利完成了梁平区重要节日及春节联欢晚会等多个大型活动的应急通信保障任务。

2017年，梁平移动分公司在网络建设上下足功夫，克服了选址及业主纠纷上的重重困难，全年分公司新建4G宏站200余个、室分超100个，实现了梁平各行政村的全量覆盖，网络覆盖率稳定在100%，通话质量持续提高，很多弱覆盖的区域得到较为明显地改善，实现优秀网络指标全达标；网络呼叫性能也得到较大幅度地提升，4G网络下载速率高达45M。截至2017年年底，梁平区已实现4G网络全覆盖，乡镇场镇区、高速公路、风景区以及部分农村高流量区域4G网络全覆盖，良好的网络能力为全业务发展提供了强有力的支撑。

【社会责任】 梁平移动分公司始终不渝地恪守“沟通从心开始”的服务理念，始终不渝地把源于社会、服务社会、奉献社会放在重要位置，坚持“正德厚生、臻于至善”企业文化理念，积极参加文明城市、文明社区等属地的共建活动，组织员工开展交通安全培训，倡导员工自觉遵守交通秩序。帮助需要帮助的人，广献爱心，这是分公司一贯的追求，区政府组织的各类捐赠活动，员工们都积极参与，尽自己的最大能力献爱心，扶贫济困、互助友爱的传统美德进一步弘扬和发展。2017年，分公司领导先后多次前往蟠龙老林村慰问贫困家庭，送温暖，送祝福。

梁平移动以“创无限通信世界，做信息社会栋梁”为企业使命，坚决实施以信息化带动工业化发展的战略决策，长期致力于梁平区信息化建设，减小城乡数字鸿沟。分公司依托最新的信息技术、IT工程技术、移动通信技术和移动互联网技术，于各种平台创新研发、运营了MAS、ADC、农信通、大数据精准分析、行车卫士、“1258266”务工热线等全方位的信息化业务，全面服务城市与农村、集团单位与个人，有力支撑和推进梁平区信息化建设进程。

2017年，梁平移动分公司协助梁平区教委完成了“教育城域网”项目，实现全区教育教学资源共享；为区委宣传部完善了《梁平手机报》大平台建设，实现了日发送10万户的量，让广大市民快速便捷了解梁平新闻资讯，时事热点；建设完成了“应急指挥系统”，通过全区800多个摄像头，其中，乡镇400多个摄像的实时监控，实现对交通线路上车辆运行情况的管理，更有效的维护交通秩序，保障市民生活品质；同时梁平移动还成为梁平数字化城市唯一技术支撑运营商，为梁平数字化管理提供基础的网络设施建设。

（移动梁平分公司）

联 通 通 信

【概况】 1999年10月，中国联通梁平分公司肩负着打破通信市场垄断局面的重任起步。成立以来，梁平联通学习实践科学发展观，践行社会责任使命，在品牌建设、业务发展、企业形象提升等方面都取得进步和突破，推动当地信息化建设的过程，为更好地促进梁平经济的和谐稳定发展做出应有的贡献。经历2002年的机构融合重组后，新联通公司拥有了全国第二大移动网和第二大固网，新联通整体规模和实力得到大幅提升。

2017年，全面进入4G发展快车道的中国联通，正经历着企业发展历程上的机遇与挑战。站在新的时代节点上，秉承“创新改变世界”的理念，中国联通梁平公司在发展中调整结构，在创新中增强活力，提升整体综合实力，推进跨越式的新发展。

【网络先行】 中国联通梁平分公司WCDMA3G网络100%覆盖县城城区、乡镇；FDD4G网络覆盖城区、乡镇，渝万高速路、高铁、重点旅游景点网络覆盖率达100%，重点商业场所和高档小区实现室分覆盖。2017年，梁平联通网络建设不断纵深推进，在推进4G网络建设的同时，完善3G的深度覆盖。梁平的网络覆盖得到明显改善。截至2017年5月，中国联通的GSM语音覆盖249个国家的6111家运营商，GPRS覆盖216个国家的490家运营商，3G覆盖163个国家的413家运营商，4G覆盖112个国家和地区的158家运营商。借助这张遍布全球的庞大网络，联通用户无论漫游到世界任何角落，都可以通过联通的通信网络聆听世界的声音。

【服务出新】 2017年，按照服务融于发展，服务促进发展的工作要求，梁平联通公司围绕用户从入网到使用的过程，推进、强化接触点服务执行的规范化、标准化，提升销售前端服务、维系工作的协同作战能力。通过一系列利于用户的服务工作的开展，梁平联通的服务短板指标得到较大提升，用户感知得到较大提升。

【经营举措】 2017年，梁平联通公司认真贯彻落实集团公司、市公司的要求，本着服务一方百姓、助力一方经济的业务拓展目标。一是以4G发展为契机，充分结合区域特点开展品牌宣传、产品营销互动，前移销售服务窗口，提高业务办理便捷性。二是借助“残联卡”“扶贫卡”“冰激凌套餐”“腾讯王卡”等活动，大力推广，将优惠惠及千万家。 （联通梁平分公司）

城乡建设与环境保护

城　乡　规　划

【概况】　重庆市梁平区规划局是区政府工作部门，负责全区城乡规划编制、管理、审批及测绘管理工作。内设办公室（法规监察科）、规划编制科（测绘科）、规划管理科（行政审批科、市政规划管理科），下辖测绘地理信息管理中心、规划监察执法支队、城市规划服务中心、规划勘测设计院、规划与地理信息服务所5个事业单位。现有编制总数70名，其中行政编制10名，事业编制60名，在编人员59名。

区规划委员会由区委书记任主任，总揽全区规划工作，充分发挥规划的统筹引领作用，提高规划的科学决策水平。全年共召开规委会8次，审查双桂湖公园西区、南区深化设计方案等37个规划方案；召开专委会25次，评审双桂湖片区青少年学生校外活动中心设计方案等72个规划方案。

2017年，在全市规划工作目标考核中荣获一等奖；在全市区县优秀规划设计及实施项目评比中，梁平区双桂湖公园（二期）荣获规划实施类一等奖，知德小学、礼让镇川西村荣获规划实施类二等奖。

【规划编制】

法定规划　完成梁平区城乡总体规划（2014—2030年），将城市定位为“成渝城市群重要节点城市，重庆特色产业基地、特色旅游目的地，以文化、休闲为特色的生态宜居城市”，规划至2030年，城市人口为35万人，城市建设用地规模为35平方公里，形成“一城四片”的城市空间结构（“一城”即梁平城区，“四片”即双桂城区、梁山城区、工业园区、火车北站片区），形成以双桂城区为城市核心，东部梁山城区、火车北站片区和西部工业园区为依托的紧凑型带状城市格局。启动双桂湖片区新拓展区、火车北站新增片区、工业园区控制性详细规划编制。

重点规划　一是提新城品质。开展双桂新城二期提升规划，对用地、道路、城市形象、城市水系、公服设施等进行专题研究，提升城市形象，打造山水田园城市样板。完成高速公路出口景观提升改造工程方案设计，促进新城绿化、亮化、美化。完成双桂湖公园优化提升设计，优化公园功能布局及景点分布。倡导“绿色出行”，完成桂西路及丹桂大道慢行系统改造方案施工图设计。完成中医医院门诊住院楼、工业园区生态塑料孵化园、亿联国际商贸城A区等项目行政审批，完善工业园区公共服务配套设施，助推工业园区产业发展。二是促老城治理。完成老城“双修”规划方案，突出城市修补和生态修复，为老城综合治理提供规划保障；完成双桂大道延伸段、梁柚路支路等14条道路方案及施工图设计，推进“道路畅通”；启动报国公园、石马山公园、罗汉山公园提升规划，完成小沙河湿地公园方案，提升市民获得感；完成南华路菜市场方案，开展双桂农贸市场综合体研究，完善公服设施；完成机场路景观改造方案，提升窗口形象；开展西大街传统风貌保护规划，最大限度保留城市肌理，传承历史文化，留下居民历史记忆。三是重乡村振兴。完成明达镇总体规划（2013—2030）局部调整、新盛镇镇区控制性详细规划局部调整，开展乡镇重要节点、重要交通干道沿线、规划通道、重要项目的预研预控和重要节点的风貌控制规划。完成141个行政村村规划方案，整合村域内山水、田园、人居等综合要素，引导形成生产空间集约高效、生活空间宜居适度、生态空

间山清水秀的空间格局，优化功能布局。对农房建设、院落空间风貌等提出规划控制要求，改善人居环境。

多规合一　积极开展“多规合一”工作，统筹协调城乡规划、土地利用总体规划、生态环保规划和其他相关规划，完成全区“多规合一”，实现“规划一张图”，力求全区域空间资源都有规划管控。

【规划管理】　一是严格规划审批。深入开展“放管服”行政审批改革，对政府投资类项目采用承诺办件，提高审批时效；严格执行建设领域规划环节并联审批程序，实行台账管理，全年共核发选址意见书70件；核发用地规划许可64件，面积82.34万平方米；核发建设工程规划许可62件，面积66.67万平方米；规划竣工核实46件，面积83.79万平方米。二是加强现场管理。加强规划实施动态管理、跟踪管理、现场管理，充分利用三维仿真、遥感系统等信息化技术，对规划实施全过程进行监督，加大重点区域、重点道路两侧以及铁路、高速公路的预留通道、站场枢纽的规划管控力度，防止不按法定程序随意干预和变更规划的行为。三是推进违建整治。将违建整治与文明城市建设相结合，与棚户区改造相结合，与解决群众需求相结合，建立健全巡查发现、联动执法、限制水电气、限制产权、目标考核、督查督办等长效机制，严格落实乡镇（街道）属地管理责任，强化部门联动工作机制，严格规范基本建设程序，坚决遏制新增违法建筑。基本完成梁山大道、人民南路、鲁班路、桂东至桂西大道存量违法建筑整治工作，整治完成城区31万平方米违法建筑。

【测绘地理信息】　做好基础测绘管理工作，汇交测绘成果40余件，汇交面积达9平方公里；完成城区和乡镇合计约10平方公里地形图更新工作。实时更新三维仿真系统，完成梁平区规划管理移动平台基础数据更新，为城市管理提供更科学便捷的分析、评估和决策支持。形成第一次地理国情普查成果，完成2017年全域1892平方公里地理国情普查包括地表覆盖、地理国情要素和地理单元更新工作。完成梁平区地理信息综合数据库建设，启动综合区情系统公共平台建设工作，做好数据共享动态更新工作，为智慧梁平建设奠定基础。

【规划实施】　坚持以人为本，统筹推进城乡一体化建设，城镇综合承载能力不断增强。大力实施山水田园城市建设战略，深入推进“三城同创”，着力提高城市发展持续性、宜居性。新城开发扩容提速，梁平南站综合枢纽基本建成，城市主次干道、地下综合管廊、地税业务用房等公建项目加快建设。实施植绿增绿，人均绿地面积达36.6平方米。建成窝子溪等一批公园，注重双桂湖公园建设、管理和投用一并推进。引进知名房地产企业，高品质打造立城·香韵华府、巨源·南泊湾、阳光·玫瑰城等一批精品住宅小区。城市配套设施日臻完善，人气商气加快汇聚。老城治理全面启动，新改建城市污水管网55公里，改造老旧小区38个，整治背街小巷80条；新建停车场、公厕、菜市场等公共服务设施，居住环境有效改善。集镇整治持续开展，12个乡镇集镇达到“九有六无四化”建设要求。金带、屏锦市级特色小镇和竹山市级全域旅游示范镇创建工作有力有效。（区规划局）

城　乡　建　设

【概况】　重庆市梁平区城乡建设委员会是区政府的工作部门。内设综合科（计划财务科、信访办）、建筑管理科、法制科、城镇建设综合开发管理科（住房建设科、民防科）、村镇建设科（区城镇化建设办公室、农村人居办）、行政（审批）服务科（勘察设计科、建筑节能科）、安全监督管理科等7个科室。下属重庆市梁平区建设服务中心、重庆市梁平区建设行政执法支队、重庆市梁平区建筑工程招标投标服务中心、重庆市梁平区城乡建设档案馆、重庆市梁平区民防指挥信息保障中心、重庆市梁平区建设科技发展中心等6个单位。现有编制数79名，其中：行政编制13名，参公事业编制12名，事业编制53名，机关工勤编制1名，实有在编在岗人数71名。

【城乡建设】 2017年，全区常住人口城镇化率提高1.62个百分点，达到44.7%，城镇建成区面积达42.25平方公里，城镇人口达30.2万人。

积极参与老城综合治理 积极参与以“治污、保洁、畅通、休闲”为重点的老城“双修”，完成城市棚户区改造902户17.74万平方米，超额完成15万平方米的城市棚户区改造任务。启动新一轮棚改工作，牵头制定2018—2020年新一轮棚改规划，已获市级批复组织实施。先后完成文峰路、衡器社2个人防工程方案设计，优化调整梁柚路公园、西城路、迎宾大道改造等3个工程方案设计，恒泰路、马房街北段、北池街、北外街等4条道路建成通车。牵头实施小沙河（沙坝水库溢洪道桥－喜鹊河桥段）黑臭水体整治，顺利通过整治效果评估，实现2017年基本消除黑臭的目标。

推进城市人居环境治理 顺利完成“十三五”污水管网建设专项规划编制，推进“十三五”雨水管网建设专项规划编制；完成梁平区市政消火栓测绘，新建市政消火栓206个，超额完成市级新建200个市政消火栓的目标；组织编制了《重庆市梁平区海绵城市专项规划》等4个专项规划，在双桂湖片区确立了梁平区2018年—2020年面积5平方公里的海绵城市建设区域；推进城市地下综合管廊建设，建成5.865公里城市地下综合管廊主体工程。

着力改善农村人居环境 累计争取到上级资金1753.3万元用于村镇建设，其中：农村危房改造资金153.3万元；屏锦特色小镇项目资金1000万元；美丽宜居村庄项目资金400万元。加快屏锦特色小镇建设，深入推进以“两加强、三完善”为主要内容的环境综合整治，投资2692.6万元，完成屏锦镇新桥社区人行道综合整治项目工程。加强集镇管理建设，验收合格奖补乡镇12个，奖补资金1200万元。改造农村危房261户，创建整洁庭院700户，建成柏家镇龙峰村、新盛镇银杏村、虎城镇集中村、蟠龙镇扈槽村4个美丽宜居村庄市级示范点；合兴镇龙滩村创建改善农村人居环境市级示范片顺利通过验收。加强聚奎镇席帽村传统村落保护，推进蟠龙镇扈槽村巴渝夯土建筑群申报第五批国家传统村落。

【房地产开发】 全年完成房地产开发投资25.6亿元，全区共有44家开发企业，新开工建设商品房面积73.4万平方米，竣工面积58.9万平方米。新办理资质手续及资质延期（变更）26件；项目资本金办理监管23件，监管8184万元，解控项目资本金2588万元，监管预售资金42341万元；新建项目手册21次，核验项目手册252次，发放“两书”8500套，开发楼盘建设品质得到进一步提升。

【建筑业管理】 全年完成建筑业产值132.58亿元，同比增长14.59%；征收城市建设配套费1.43亿元，同比下降14.88%。全区现有建筑企业60家。其中，施工总承包企业32家（一级企业1家、二级企业5家、三级企业26家）、专业承包企业7家、劳务分包企业21家（其中有19家企业既有劳务又有专业承包模版脚手架专业）。注册登记建造师464人，其中一级建造师20人，二级建造师434人，二级临时建造师10人。

【行政审批】 继续实行行政审批“服务指南一次性告知制、报件登记回执制、服务对象评价制、即报即办和限时办结制、节假日预约服务制、先办领导后补审签制”等六项制度，落实行政服务“两集中、两到位”改革举措，归并整合初步设计审批、施工图审查合格书备案等10项职能到一个科室，行政审批服务举措更加完善。全年累计完成初步设计审批53件88.1万平方米；办理建筑工程施工图设计审查备案58件62.7万平方米；发放建筑工程施工许可72件124.8万平方米；完成建筑工程竣工验收备案58

件83.8万平方米。无缓批、漏批、错批等情况发生。

【质量监管】 积极开展工程质量安全提升行动，积极布置落实质量安全提升行动精神，完善工程质量安全管理制度，落实工程质量安全主体责任，强化工程质量安全监管，提高工程项目质量安全管理水平，全区在建工程总体上在落实主体责任，提升项目管理水平方面得到明显提升。全年监督竣工验收项目67个109万平方米，工程合格率100%。完成29项住宅工程分户验收监督检验，签发《竣工返修通知书》8份。开展专项巡查、检查9次，签发整改通知书20份，局部暂停施工通知书16份，处理工程质量投诉121起，质量投诉处理率100%，全年未发生一起建筑质量安全事故。

【安全管理】 严格落实安全生产“党政同责、一岗双责”责任制，领导班子、工作人员规范建立履职台账，深入开展“质量安全治理三年提升行动”“建筑施工安全生产大排查大整治大执法”等专项行动，进一步健全安全管理体系，抓好安全教育培训，构建建筑施工安全生产、扬尘治理的长效机制。监管在建工程项目92个189万平方米，对在建工程项目开展6轮诚信评价；累计排查隐患600余处、发出隐患整改通知242份，隐患整改率达100%；安全竣工验收项目53个，竣工面积95万平方米；实现在监工程从业人员平安卡实名制考勤100%；创建和巩固扬尘控制示范文明工地5个项目，推进试点“智慧工地”工程2个，全区建筑施工安全总体形势稳定可控。

【招投标监管】 完成建筑工程招标71个，建筑面积约90.08万平方米，工程投资额达16.89亿元；其中公开招标工程43个，建筑面积9.36万平方米，投资总额4.78亿元，公开招标率100%；符合邀请招标的工程1个，建筑面积0.24万平方米，投资总额达0.03亿元；符合直接发包的工程27个，建筑面积80.48万平方米，投资总额达12.08亿元。受理工程合同备案57件，工程监理合同备案40件，建筑工程劳务分包合同备案4件。

【工程交易服务】 牢固树立全区重点工程建设工作“一盘棋”思想，着力提升管理、服务和协调工作。全年办理工程建设招标投标交易记录52宗，其中公开招标30宗，建筑面积193065.78平方米，交易金额33720.81万元；装饰装修2宗，金额1871.3万元；道路管网9宗，金额24181.57万元；直接发包17宗，建筑面积612656.8平方米，金额93154.988万元。

（区城乡建委）

城 市 管 理

【概况】 重庆市梁平区城市管理局（重庆市梁平区城市管理综合行政执法局）是区政府的工作部门。内设办公室、财务审计科、市政公用管理科、市容环卫科、园林绿化管理科（行政审批科）、执法监督科（安全督查科）等6个科室；下设区城管执法支队1个参公事业单位，区市容环卫所、区市政设施所、区园林绿化所、区公园和风景名胜区管理所、区数字化城市管理中心等5个事业单位。现有编制数144名，其中：行政编制13名，参公事业编制47名，事业编制80名，机关工勤编制2名，参公事业工勤编制2名。

2017年12月21日，区委、区政府通过将区环保局、区工商分局、区水务局、区食药监分局和原市政园林管理局职责整合，组建了重庆市梁平区城市管理局，加挂重庆市梁平区城市管理综合行政执法局牌子。

【市政基础设施】 2017年，启动机场路、梁山路环境综合整治，完成云复路梁中段、西池广场周边道路综合改造，推进中央星城道路改造，完成城区人行道彩砖、透水砖维修3538平方米，安装桂西路、碧桂路等 14 条道路 18.28 公里中央隔离栏杆，完成 2017 年迎春灯饰工作，完成双桂新城一二期导视系统建设。在梁山路、机场路设置摩托车停车架，增设小车助停器。

【园林绿化】 2017 年，启动梁平区梁山街道兴隆街至鲁班路人行道绿化改造工程及小沙河至火车站人行道绿化改造工程，完成啄子岩公园建设，实施梁平桂西路道路景观改造工程、桂西路游园建设工程、梁平新城区金桂路北侧秋季植绿增绿工程、梁平柚乡广场景观改造工程（苗木移植）及老城区转盘及节点改造工程。城区绿地新增量 81.39 公顷，城市人均绿地面积保持率达 111.21%，2017 年 10 月成功创建国家园林县城。

【城市环境卫生管理】 2017 年，完成城区 240 万平方米的清扫保洁工作，机械化作业达到了 85% 以上；合理设置 116 个垃圾收运点实行了密封式运输，23 个居民楼院推进垃圾桶进小区楼院前端收集模式，完善生活垃圾收运系统，火车南站新建 2 座垃圾站，确保老城、新区每日约 180 吨生活垃圾清运量日产日清；直管公厕 39 座，其中：提档升级公厕 9 座，完成直管公厕化粪池清掏工作，清掏率达 100%；完成年度垃圾处置费征收目标任务。

【城市生活垃圾及污水处理】 2017 年，完成 90% 以上的农村生活垃圾治理，建成西山片区生活垃圾收运系统，启动城区生活垃圾收运系统改扩建工程，实施垃圾填埋场渗滤液处理工程可研及 PPP 方案等前期工作，完成小沙河沙坝水库至喜鹊桥段 2.18 公里，大河河大河坝水库至锦绣家园口段 2.1 公里一级污水主管网建设；完成机场路污水管网改造约 6 公里，完成 7 个社区、背街小巷、城中村 38.43 公里三级管网建设。城镇生活垃圾无害化处理率达 100%，城镇生活污水集中收集率达 87%，农村生活垃圾有效治理率 90%。推进梁平污水处理厂二期扩能建设，新增污水处理能力每天 1.5 万吨。

【城市照明设施】 2017 年，在西城路、白沙村安装 59 杆 LED 路灯，新改建城区背街小巷、老旧社区 LED 巷道灯 410 盏，完成机场路（跨越雕塑至扈家巷）28500 米路灯线路改造工程，更换背街小巷护导线 2100 余米，维修路灯 200 余盏、处理地埋电缆故障点 30 几处，完成桂西路、桂东路、梁山路、机场路等 10 条道路 1550 盏 LED 路灯的清洗刷漆工作。确保了城区亮灯率 98% 以上。

【数字化城市管理】 2017 年，数字化城市管理平台共有效立案 14353 件，结案 14282 件，按时结案 14282 件：事件类有效立案 12773 件，结案 12769 件；部件类有效立案 1580 件，按时结案 1512 件；“53312319” 上报 11 件，有效立案 10 件，按时结案 10 件；微信平台上报 551 件，按时结案 551 件；2017 年中心转办重庆市政信息中心案件 59 件，按时结案 59 件。

【综合行政执法】 2017 年，重点整治梁山大道、机场路占道经营，对东门体育馆临时菜市场进行了搬迁，取缔了西小临时鸡鸭摊位、西池马路市场、东门菜市场临时水果摊区、双桂大道流动柚摊，市容秩序明显好转；加强车辆停放管理，持续推进路类停车收费工作，共计收费 38.6 余万元；增划摩托车停车位 35 处，增补梁山路小车停车标线；按照“宣传引导在先、贴单纠违在后”的原则，共计罚款 110 万余元；积极开展扬尘污染治理，创建（巩固）扬尘控制示范道路 5 条。

（区城管局）

给排水建设

【概况】 重庆市梁平区龙泉供水有限责任公司成立于 1971 年 4 月，是隶属于重庆市水投集团的集自来水生产、供应及管道安装、维修等为一体的全资子公司；拥有城市供水二级资质，施工市政公用工程总承包三级资质；现有沙坝、大河坝、大井三座水厂，设计日供水能力 4.8 万立方米，在册职工116人，拥有资产62216万元，管径100毫米以上的供水管道长173.98公里。

城市供水　城市供水由龙泉供水有限责任公司承担，供水范围涉及县城新（老）城区、安宁新区、工业园区、火车站片区及周边农村，供水面积19.4平方公里，用水户69000余户，供水人口20万余人，2017年售水量932万吨。

乡镇供水　自2004年实施农村供水工程以来，梁平水利人发扬“求实、负责、奉献”的精神和本着“民生水利惠民生”原则，投资城乡饮水安全建设45181万元，其中：中央投资25827万元，市级补助资金9854万元，地方配套及群众自筹9500万元。共建成各类饮水工程14963处，其中：20立方米/天以上集中供水工程126处，分散式工程14837处。累计解决了城乡居民72.26万人和126所农村学校3.46万师生的饮水不安全问题。全区现有乡镇供水企业（单位）14个，供水厂站29个，日供水能力4.57万吨。

【水资源状况】　梁平区水资源分布不均，主要靠降水拦蓄，无外来客水补给，水资源保障能力较为匮乏，工程性、资源性、水质性缺水矛盾突出。全区可开发利用水资源量4.2亿立方米，人均水资源量1130立方米，是重庆市平均水平的63%、全国平均水平的51%，人均水资源量偏低。2017年，全区用水总量1.6666亿立方米，其中工业用水量0.2532亿立方米，农田灌溉用水量0.8818亿立方米，林牧渔畜用水量0.1958亿立方米，城镇公共用水量0.0651亿立方米，居民生活用水量0.2510亿立方米，生态与环境补水量0.0197亿立方米。

地表水　梁平区无过境客水，地表水资源主要由降水形成的地表径流构成，无外来客水调剂。全区多年平均降水量1247.2毫米，多年平均径流总量10.563亿立方米，径流深557.5毫米。丰水年（保证率20%）全区径流量为13.73亿立方米，大于平均值30%；平水年（保证率50%）10.03亿立方米，低于平均值5%；枯水年（保证率75%）7.71亿立方米，比平均值少27%；干旱年（保证率95%）4.96亿立方米，比平均值少55%。不同频率的径流量相差较大，反映出水资源的不稳定性，容易发生旱洪灾害。

地下水　全区地下水分为碳酸盐岩裂隙溶洞水、碎悄岩裂隙孔隙水、基岩裂隙水与松散类孔隙水四个类型。梁平区地下水比较丰富，含水层面积1855平方公里，年均补给量1.24亿立方米，含水量0.649亿立方米，可开采量0.19亿立方米，占总含水量29.3%，现状年已开采700万立方米。地下水补给主要靠降水，夏季多，冬季少。由于受地质构造的影响，梁平区地下水反映出由背斜到向斜不同的地下水类型：由碳酸盐岩类裂隙溶洞水碎悄岩裂隙孔隙水基岩裂隙水的分布规律，富水性由强到弱的特点。黄泥塘背斜核部是全区地下水蕴藏量最丰富的地区，有5067万立方米/年，占全区地下水总量40.7%。其次明月峡北斜核部为1423万立方米/年，占全区地下水总量11.4%。

天然水质　梁平区地表天然水质较好，适合人畜饮用、农田、水产养殖和工业用水。经多点取样化验：总硬度在1.54～8.9德度之间，永久硬度一般为0.28德度，最高0.56德度。PH值7.0～7.9；阳离子含量为65.2毫克/升，最少为38.5毫克/升。英勇水库和沙坝水库的水质更好，含碳酸钙镁，无有害离子，各项的含量都在规定范围内。沙坝水库的水除供城镇居民生活之用外，还适于酿造啤酒和缫丝，可保证产品的优良质量。

地下天然水质，矿化度低，属中性、微酸性或微碱性的占多数，可分为四类：（1）重碳酸钙或重碳酸钙镁类分布在三条背斜的翼段，以及梁平向斜龙滩段和金鸡向斜紫照、石安一带。（2）重碳酸氢钠或重碳酸钙类主要分布在虎城向斜一带。（3）重碳酸、硫酸盐类分布于明月峡和黄泥塘两背斜核部。（4）重碳酸、氯化物类分布在虎城向斜袁驿镇，及南门场背斜和梁平向斜、任市向斜新盛段交汇一带。浅层地下水矿化度一般为小于或等于0.5克/升的淡水。重碳酸钙、镁和重碳酸氯化物水的矿化度多数小于0.5克/升或

0.3克/升。硫酸盐水一般为咸水，矿化度在1克/升以上，平坝地区埋藏在70～80米以下。这类水不适宜于饮用、灌溉，对水质要求高的工业也不能使用。

【供水设施建设】

城市供水　新城片区城市供水工程（其中包含创业园片区二期、双桂湖片区）。项目于2016年9月开工建设，项目共投资1900万元，2017年度建成创业园片区竹丰路DN500管道安装1.5公里，迎宾路改造DN400管道2.36公里，东正街延伸段DN400管道安装0.6公里，双桂湖环湖路DN200管道安装1公里，福德大道DN200管道安装200米，实施盐河路、竹青路、松竹路等管道安装。

盐井河水厂工程项目于2017年4月开工建设，累计投资3210万元，开展实施了土建及监理等标段招标工作，已按工程进度计划提前建成水厂构筑物主体工程及部分工艺安装。

乡镇供水　2017年，实施梁平区农村饮水安全巩固提升工程，改扩建金带、老鸹寨水厂（供水能力分别由5000立方米/天提升到10000立方米/天），对屏锦、新盛、大观、福禄等16个乡镇的老旧供水管网进行改造，对礼让、袁驿、仁贤、蟠龙、曲水、文化、虎城等10余个镇乡供水管网进行了延伸，修建了福禄、曲水、石安、屏锦、虎城、铁门等镇乡的分散式供水工程110处。

【供水安全保障】

供水管理制度　根据水利部《村镇供水工程运行管理规程》（SL688—2013），结合自身实际情况，制定和完善了制水管理制度、24小时值班制度、安装维修制度、原水及管网巡查制度、材料及药品管理制度、供水安全管理制度、外来人员进出水厂登记制度等一供水管理制度。出台《梁平区农村饮水安全工程运行管理暂行办法》《分散式供水工程管理办法》《梁平区人民政府关于印发梁平区农村饮水安全工程运行维护基金管理实施暂行办法的通知》《农村饮水安全工程水源保护办法》。全区建立完备的供水服务体系，形成了以区村镇供水管理站为业务指导、12个供水公司管理各场镇集中水厂、21个用水协会管理乡村供水工程、各用水户管理分散式供水工程的完备的供水服务体系。

加强水源保护　对集中式供水的饮用水水源地依法划定了饮用水水源保护区，在保护区范围内醒目的地方树立《水源保护公告》碑牌，书写宣传标语、悬挂警示牌，禁止任何单位和个人在饮用水水源保护区从事各项开发活动和排污行为。加强饮用水水源日常巡查，适时打捞水面漂浮物，对造成饮水工程水源污染的，按照”谁污染、谁治理”的原则，实行限期治理，确保水源水质。

加强水质监管　区水务局、区卫生计生委联合建立水质检测协作机制。严格要求制水人员按照制水操作规范要求投放聚合氯化铝（净水剂）和二氧化氯（消毒剂），定时排污，定期或不定期清洗水池等供水设施。强化水质监测，坚持供水公司、区村镇供水管理站、区水环境监测站和区卫生监督所四级水质监督制度，确保供水水质。

（区水务局）

环　境　保　护

【概况】　重庆梁平区环境保护局为区政府组成部门，内设机构4个，分别为：办公室、污染防治科、行政审批科、生态保护科。有下属事业单位2个，分别为梁平区环境行政执法支队和梁平区生态环境监测站。截至2017年12月31日，区环保局核定行政编制5名，工勤编制1名；区环境行政执法支队核定参公事业编制25名，实有在编人员20名；区生态环境监测站核定事业编制28名，实有在编人员24名。

【污染防治】

大气污染防治　淘汰黄标车549辆，创建扬尘示范工地5个，创建扬尘控制示范道路4条、巩固1条，综合整治砖厂52家，治理餐饮单位油烟污染10家，实施一家大气污染扰民企业深度治理和梁平殡仪馆废气治理，修订《重庆市梁平区空气重污染天气应急预案（2017年修订）》（梁平府办发〔2017〕308号）

水污染防治　完成城区黑臭水体喜鹊河2.18公里主管网建设和河道综合整治；建设城市污水处理厂二期1.5万吨/日扩建工程；新建村级污水处理站5座，累计建成乡镇村污水处理厂（站）45座，移交市环投公司实行第三方运营；新建20个乡镇管网48.6公里、疏通18.6公里、新建泵站10座；完成25个行政村环境综合整治，关停搬迁畜禽养殖场97家；督促全区加油站地下油罐全部更新为双层罐或建设防渗池；完成3个城市集中式饮用水水源地保护区隔离防护设施建设，修订《饮用水水源地突发环境污染事件应急预案（2017年修订）》。

土壤污染防治　印发《重庆市梁平区贯彻落实土壤污防防治行动计划工作方案（2017—2020）》（梁平府办发〔2017〕290号），编制土壤污染治理与修复规划，实施土壤污染状况详查，核实并划定详查单元30个、农用地详查点位200个。强化危险废物规范化管理，全区44家医疗卫生机构的医疗废物全部委托万州森浩公司无害化处置，一二类汽车维修资质企业均签订危废处置合同。

噪声污染防治　设立119个区域噪声点位、26个道路交通噪声点位、9个功能区噪声点位，强化网格管理。创建桂城小区为市级安静居住小区，完成双桂街道一品官邸小区帝豪售楼部空调外机噪声扰民整治。新建泰和社区、镇龙社区2.0平方公里噪声达标区。妥善处置群众噪声污染投诉问题102件次。

【环境执法】　一是强化环保执法监管。建立了四级监管网格体系，开展“利剑执法”专项行动，全年查处环保违法案件58件，处罚款171万，强制执行8件，查封扣押1件，限产停产1件，移送公安机关行政拘留8件，移送涉嫌环境污染刑事案件1件。二是严格执行排污费征收法律法规，依法征收工业企业排污费470万元。三是认真落实工业污染源全面达标计划，督促辖区8家企业积极整改环保问题，实施乡镇污水处理厂及重点排污企业在线监测、监控系统建设。四是全年办结12369案件358件、市转办36件、区转办53件、网络舆情58件、微信平台16件，办结率100%，群众满意率100%。五是守住环境安全底线。开展环境应急能力地市二级标准化达标建设；督促5家企业、36个加油站、3个城市饮用水水源地及工业园区修订或编制风险评估报告、应急预案等；2017年全区未发生突发环境事件。

【环境监测】　一是完成质量监测任务。具体完成了城区环境空气质量监测，辖区7条主要次级河流国控、市控、区控断面水质监测，城市集中式饮用水源地、大中型水库及乡镇饮用水源地水质监测，35个乡镇考核断面水质监测任务，县城区域环境噪声、功能区噪声和道路交通噪声监测，国控土壤监测点位采样工作，共获取有效数据18000余个。二是完成污染源监督性监测。完成3家国控、3家市控、21家区控重点污染源监督性监测、比对监测等，共获取有效数据10000余个。三是做好执法监测与应急监测。全年配合开展执法监测74次，获得监测数据200余个。四是做好服务监测。全年进行环境影响评价现状监测、排污许可监测、建设项目竣工环境保护验收监测70余次，获取监测数据7000余个。五是顺利通过市级组织的各类监测业务考核，切实做好环境监测质量管控、数据分析和信息发布。

【环境管理】　一是严格环境准入，全年完成环境影响评价文件审批事项46件，其中报告书10件、报告表36件。二是严格三同时管理，完成竣工验收41个。三是严格排污许可管理，推进有偿使用，依法依规核发排污许可证113件，其中工业企业69件、非工业企业44件；高质量完成5家国家排污许可平台管理企业（4家造纸厂、

1家水泥厂）排污许可核发工作；完成排污权交易41家，交易化学需氧量178.14吨、氨氮8.13吨、二氧化硫551.46吨、氮氧化物1373.18吨，交易金额239.89万元。四是规范核与辐射建设项目管理，完成32家使用Ⅲ类射线装置医疗单位“辐射安全许可证”的核发、延续和变更。五是推进规划环评，优化产业布局。督促工业园区管委会完成园区拓展期二期、屏锦回龙组团规划环评及启动区、拓展一期跟踪评价。六是深化放管服改革工作，及时取消、调整行政许可事项，制定行政许可办事指南和工作审查细则，制定不予受理通知书、受理通知书、一次性告知书、不予许可决定书4个回执书。

【环境宣传】 一是围绕中心工作，精心组织开展好环保“十进”“3·22世界水日”“六五”世界环境日、“生命之水”“公众开放科技周”等一系列宣传教育活动，发放宣传资料10万余份。与区新闻中心、电视台签订合作协议，开设环保专栏，重庆新闻联播正面报道4次，《重庆日报》刊登信息4篇，华龙网报道2次，区政府网发布信息40余篇，《梁平日报》报道70余次，区广播电视台报道60余次，手机报发布52篇，政务信息发布160余篇。二是积极参加国家、市级组织的环保干部培训40余人次，组织乡镇环保干部培训500余人次；积极推进“国民”“社区”“成人”三大环保教育，举办环保知识进课堂、生态文明讲座、环保法律培训等教育活动13次。三是积极开展绿色创建工作，创建市级、区级“绿色学校”各1所，成功申报市级“绿色园丁”1名、“绿色使者”1名、重庆最美环保志愿者1名、市级“绿色·惜福家庭”1个。四是强化政务信息公开，推进公众监督，严格执行《梁平区水环境违法行为举报奖励办法》，引导、鼓励公众积极对环境违法行为监督举报。（区环保局）

商贸服务业

商　　贸

【概况】　重庆市梁平区商务局是区政府组成部门，内设办公室（信访办）、流通发展科、电子商务科、市场运行科、特种行业和特殊商品管理科（安全生产监督管理科）、投资促进科、粮油管理科、外经贸科、行政（审批）服务科等9个科室，下属重庆市梁平区商务行政执法支队（军供站、粮油监测站）一个事业单位。机关行政编制21名，工勤编制3名。商务行政执法支队，事业编制10人，现有在职人员10人。

2017年，全区实现社会消费品零售总额103.2亿元，增长14.3%，渝东北地区排名第2；外贸进出口总额达到2.24亿元，同比增长29%，总量渝东北排名第4，增幅第6。限额以上商贸企业总数达到204家。

【城乡商贸】　以专业市场建设为抓手，以打造重百名豪、柚乡广场、园区亿联3个城市商圈为核心，不断推动城市、乡镇、社区三级商圈网络联动发展。提档升级重百名豪商圈，建成商业设施面积30万平方米，各类商业网点总数达到2000余个。柚乡广场商圈建成商业设施21万平方米，各类商业网点约400个，帝豪时代城、柚香广场地下商场、兴茂·时代广场等大型商业设施基本建设。园区亿联商圈已形成建材家居、五金机电、农机农具、汽车贸易、塑料、小商品等多个功能交易区，日均交易额约350万元。优化发展屏锦、云龙等11个重点乡镇商圈，建成南华社区等6个社区商圈。成功创建乾街市级特色夜市街、兴茂市级美食街。发展国家钻级酒家5家，五叶级绿色饭店1家。向宏超市被评为全市50强市级农村示范超市，大舜水禽、佳美食用菌被评为全市100强经销大户。帝豪·时代城和梁平南站商业区相继投用，鼓励支持名豪、帝豪、亿联三大商圈实体商业转型发展，着力打造智慧商圈、智慧商场，构建“线上+线下、商品+服务、零售+体验”现代商贸服务体系，壮大节庆经济、夜市经济、休闲度假经济等消费新增长点。

【外经贸经济】　2017年，新增进出口备案登记企业11家（总数68家），新增跨境电子商务企业1家，实现进出口实绩的企业数量达到9家。梁平总部贸易大厦入驻企业增至12家。万州出入境检验检疫局梁平办事处全年受理业务40余单，货值140余万美元。主动对接中新（重庆）互联互通示范项目，与新加坡中华总商会企业发展与服务中心重庆代表处签订《合作框架协议》，协调万州海关与平伟实业签订《重点企业对口联络员合作备忘录》。

【电子商务】　2017年，全区有电子商务企业329家，其中市级电商示范企业1家，电子商务网店近3000家。智慧小镇项目落户梁平，拟打造重庆最大的家具电商物流基地。引进天华优博商学院，组织开展农村电商创业就业培训孵化。全区电子商务交易额19.1亿元，增长59.2%；农特产品网上销售额3.01亿元，同比增长51.3%。

在梁平亿联市场建成办公面积3000余平方米的电子商务服务中心，入驻电商服务企业和创客12家，从业人员近50人。建成乡镇村社级电商综合服务点170个。引导社会资本500余万元，利用现有供销三方物流，建成3300平方米梁平区电商物流共同配送分拨中心，集聚入驻安能、韵达、天天等物流企业。通过邮政梁平分公司整合12家快递物流企业，开展共同配送。普及培训8000人次以上，培训农村电商带头人和电商实操人员2000人次以上。打造“梁平柚”单品区域公共品牌，建立农产品电商“公共产品库”，已完成36个农产品形象包装。编制《梁平区网销品牌打造及网销产品基地建设成功过展示》册，打造电子商务产业融合示范基地30余个。张鸭子新开发“氮气保鲜装”网货，进驻天猫旗舰店，全年销售突破200万只；奇爽食品4个品牌线上年净收入达到了6000万元。

【现代物流】 建成奇爽食品8000吨冷链中心及梁平柚、青花椒、食用菌、泥鳅、水禽等特色农产品产地集配中心12个，冷链物流水平不断提高。依托区供销合作社三方物流园，整合邮政、顺丰、申通等快递企业，打造全区电商物流配送中心。引导大都发、敬远等本地大型商贸企业成立联盟发展共同配送，已完成7000平方米仓储设施，正在进行公共配送中心建设。布局城区末端物流取送点26个，城市末端物流体系初步形成。10万吨粮食仓库及配套设施建设项目完成主体工程建设，实现装粮4.3万吨。

【成品油与液化石油气】 截至2017年年底，全区已建成投入运营加油站36座，其中：中石油14座，中石化4座，中石油迅发公司（高速服务区）1座，中油富渝公司（礼让服务区）1座，民营加油站16座。2017年共销售成品油12.73万吨，其中：加油站销售柴油4.11万吨，汽油4.34万吨，直销柴油4.28万吨。加快推进了加油站地下油罐防渗改造工作，工作进度名列渝东北前茅。全区共有6个液化石油气充装站（东山、明兴、盛东、佳禾、袁驿、锦竹）和60余个零售网点，从业人员200余人。全年销售液化石油气1490吨，液化石油气用户1.1万余户。开展了液化石油气行业安全专项整治，进一步规范全区液化石油气充装、经营、储存、使用行为，加强废旧钢瓶的回收和报废工作。

【再生资源回收】 截至2017年年底，全区已建成再生资源回收网点300余个，年回收废旧物资30余万吨；建成再生资源分拣中心1个，年分拣拆解能力达10万吨以上，加工处理能力2万吨，产值2500万元。其中年拆解汽车5000余台，拆解、清洗、修复加工汽车零件500余吨，2017年实现销售收入1700余万元；建成废旧玻璃加工、废旧金属铸造、再生玻璃酒瓶喷涂、塑胶制品加工等再生资源回收利用企业，2017年实现营收5000余万元。

【餐饮服务】 截至2017年年底，全区限额以上餐饮住宿企业达到44家，餐饮住宿从业人员5000余人，年营业额达30.79亿元。餐饮行业协会先后发展会员企业90余家。开展“柚乡杯”首届餐饮服务业技能提升活动，提高全区餐饮行业的服务技能水平；举办“双桂田园·梁平民间菜”美食评选活动，挖掘特色民间美食；滑石寨度假村、冲锋餐饮被评为市级住宿餐饮企业50强，美食林、朱家面馆、福德鸡、中意格格等企业共获得“中国名菜”授牌一块、“中国”老字号授牌6块、重庆市级授牌4块。

【保供工作】 2017年年初，区商务局与11家保供企业签订了保供协议，保供应急网点88家。应急保供物资品种丰富，包括米、面、油、肉、蛋、奶等各种生活必需品，以及铁锹、砍刀、镐、帐篷、洗衣粉、肥皂等应急物质，品种共达38种，总价值达到500余万元；切实做好样本企业重要生活必需品价格动态监测，特别是节假日前，组织力量对大型商场、超市、集贸市场和保供企业等进行检查，掌握市场供求动态和保供物资储存情况，严防哄抢、踩踏等各种恶性事故发生；10月20日在平川茶厂进行了应急保供演练，邀请专业教练训练队伍集结、队列、物资搬运、平台搭建等，并于10月26日参加了在万州举行的商贸系统区域性应急演练，切实提高应急反应能力。

【商务执法】 2017年开展执法检查85次，其中石油液化气及成品油专项执法检查5次，粮食专项检查5次，单用途商业预付卡专项执法检查2次，配合其他部门执法检查4次；共计出动执法车辆60余车次，执法人员345人次，查处案件17起，行政处罚5700元，维护了全区正常的商贸秩序。 （区商务局）

粮油购销

【概况】 2017年，梁平区粮油购销工作认真贯彻落实国家粮食收购政策，全区22家粮油加工企业、5家饲料加工企业以及国有粮食企业全方位、多渠道开展粮油购销。共收购粮油347409吨（其中：稻谷150151吨、玉米128531吨、小麦5915吨、大豆59417吨、油菜籽3395吨），销售粮油138379吨（其中：稻谷135986吨、菜油2393吨），有力保证了全区粮油市场的基本稳定，确保了粮食安全。

【粮油流通基础设施】 2017年，继续推进10万吨粮食仓库及配套设施项目建设；积极申报“优质粮食工程”项目；加大对民营粮食加工企业财政补贴，提升应急保供能力。

【粮油加工业】 2017年，全区粮油加工企业纳入统计范围的有30家。全区大米年产量67344吨，食用植物油年产量2720吨，饲料年产量261495吨。全区粮油加工业呈现的主要特点：一是民营企业占据主导地位；二是饲料工业企业经济总量优势明显；三是主要经济指标稳步前行；四是大米、饲料加工企业生产规模态势良好；五是科技含量进一步增强。

【地方粮食储备】 截至2017年年底，全区市级储备粮规模达71672吨（其中：稻谷61672吨、玉米10000吨）；区级储备9500吨（稻谷）已委托给重庆市储备有限公司代储，成品粮储备1300吨（其中：市级1000吨、区级300吨）。

（区商务局）

供销

【概况】 重庆市梁平区供销合作社是直属区政府全额拨款参照公务员管理的事业单位，现有事业编制19名，内设综合科（原办公室）、经济发展与信息科、合作指导科、烟花爆竹专营管理科、财务会计科等5个科室。主要工作职责是负责全区烟花爆竹统一归口经营管理、指导推进全区农村合作经济组织发展和参与农村现代流通网络建设、指导系统做好化肥储备和供应工作及对再生资源、农副产品等经营进行组织、协调和管理。

2017年，区供销合作社以供给侧结构性改革为抓手，深入推进供销合作社综合改革，通过综合改革实现供销合作社转型发展。全系统全年完成销售总额24.46亿元，同比增长7.36%；农产品经营额（含市场交易额）26.07亿元，同比增长8.74%，连锁销售额3.56亿元，同比增长22.53%；电子商务销售额3.42亿元，同比增长76.38%，资产负债率50.65%，同比增加4%；所有者权益8755万元，同比增长8.1%。2017年在全市区县供销合作社系统综合业绩考核中荣获一等奖，并成功举办2017年重庆·梁平第九届采柚节虎城专场活动。

【农民合作社】 区供销合作社积极参与农村改革试点和推进供销合作社综合改革，大力培育新型农业经营主体，规范发展农民合作社，提高农业的组织化程度和规模化经营水平。2017年新发展农民合作社94个，其中新发展农民股份合作社4个，联合社1个。培育社会化服务组织，弥补家庭经营本身带来的不足，把千家万户农民做不好、做不了、做了不划算的事，交给农民合作社去干。在合兴、荫平、虎城、大观等镇，农民当“甩手掌柜”，柚子全交给合作社打理。各柚子专业合作社积极参与2017年重庆·梁平第九届采柚节，为梁平柚营销呐喊助威，提升梁平柚品牌价值。指导和协助合作社及大户在成都、重庆、湖北、云南、贵阳、江西等地设立梁平柚销售点41个，销售梁平柚2500余吨。在袁驿、碧山等镇，水稻“全托管”给农民合作社，农民不忙，增收有望。全年水稻托管的面积就达到2300亩。积极发展农民股份合作，创新农村土地经营权股份合作的模式和机制，切实引导农村土地经营权入股农村集体经济组织、农民合作社、农业企业，发展农业产业化经营。金带镇石燕村12月成立石燕村土地股份合作社，全体农户均同意加入合作社，共入股承包地1860.45亩，折合1592.8股。预计每年能增加收益20万元。为破解现代农业“谁来种地、怎么种地”难题提供了一种科学和现实选择。在指导、扶持、服务农民合作社发展方面，通过抓示范带动，推动农民合作社规范化发展，引导和支持农民合作社开展特色农产品网上营销。评定国家级（全国总社）示范社3个，市级（市总社）示范社3个。加强特色农业品牌建设，围绕全区主导产业、特色产业积极引导支持农民合作社开展“三品认证”，全年认证无公害农产品3个，绿色食品3个。全区现有养蜂专业合作社29个，养蜂人员3800余人，蜂产品产值达9000余万元。龙滩柚子合作社支部是区供销合作社党委下属的一个支部，该社的“双桂”牌商标荣获重庆市著名商标，并在2016年获得农业部“一村一品”推选活动第一名。因其不凡的业绩和抓好基层党建工作而被2017年的《人民日报》《当代党员》等多家党报党刊报道。

【控（参）股企业】 2017年，区供销合作社控股企业2个：梁平县新合储运有限责任公司、梁平县新合农资有限责任公司。参股企业2个：梁平县新合烟花爆竹有限责任公司、梁平县大都发商贸有限公司。

梁平县新合储运公司是一家从事汽车货运、维修、驾培、机动车检测、报废汽车回收等业务的龙头企业。2017年实现各项营业收入1606.72万元。完成汽车安全技术性能检验17299辆、摩托车安全技术性能检验16828辆，下乡摩托车检验9239辆、汽车综合技术性能检验2514辆。驾校培训各车型学员2642名。公司投资2600多万元的三方物流项目已经完成，并申报和开展农村电子商务进农村项目，整合全区邮政快递及其他快递企业12家，共同构建梁平区电商物流园，打通城乡居民消费配送“双向流通”的“最后一公里”。2017年该公司再次荣获全国供销合作社系统先进集体称号。

梁平县新合农资公司是一家集农副产品购销、冷藏及农资商品批发、配送的农业产业化市级龙头企业。2017年销售各种化肥7019.05吨，同比增长35.41%，实现销售收入1070.59万元；销售种子14吨，实现销售收入34万元。公司冷库储存各种水果2385吨，农产品交易市场完成交易量3.91万吨，实现交易额2.25亿元。公司重点项目2016年重庆市梁平县燎原有机肥厂并购改造项目完成所有建设内容并通过市级验收，做好组织部交办的“三进”工作，完成村级农资超市8个。

梁平县新合烟花爆竹公司认真贯彻执行国务院《烟花爆竹安全管理条例》，坚持“安全第一，预防为主”的方针，强化安全管理，规范操作，确保了安全经营无事故，保障了公共安全和社会稳定。

梁平县大都发商贸有限公司是一家集批发、零售、连锁、配送于一体的企业，是政府应急保供单位。现有员工120人，直营超市及门市4个，其中1000平方米以上的超市3个，连锁店68个，经营场地面积1.5万平方米，配送车辆12台，全年销售额3000余万元，销售商品4000余吨，年货运量1.2万吨。全年储备大米、面、油等食品及日用品1100余吨，与阿里合作发展电子商务，年销售额1200余万元。稳步推进梁平区城市共同配送中心建设项目，年底全部实现标准化管理。仓储使用标准10个，实现从仓储、装卸、包装、分拣、配送等作业流程标准化，并制定完善的服务质量管理制度。

【基层社建设】 全年新建基层社3个，规范和建设综合服务社6个。依托社有企业领办创办基层社，做实服务载体，做好服务“三农”工作。11月由双桂街道供销合作社联合梁平县大都发商贸有限公司共同打造的农村日用品配送中心展示厅开张营业，该展示厅建筑面积200余平方米，陈列1500余种日用品，可为城乡居民提供体验式购物服务。

【协会工作】 2017年，按照上级相关要求，区农合会和区农产品流通经纪人协会与行政主管部门进行了脱钩。举办了换届选举大会暨农产品品牌建设培训会。邀请专家，对部分专业合作社理事长和从事农产品流通的经纪人，开展农产品品牌建设、电子商务、种养殖技术等培训，特别是协会组织专业社开展梁平柚种植技术、营销管理的培训，提高了参训者种植技术和驾驭市场的能力。指导系统做好再生资源回收工作，全年完成再生资源销售额2.19亿元，同比增长9.53%，为全区生态建设做出了贡献。

【农资供应】 区供销合作社及农资公司立足“三早”（早部署、早安排、早督查）保“四到位”（资金到位、货源到位、监管到位、服务到位），做好农资供应工作。对全区农作物种植机构及用肥情况进行全面调查，分析农资市场走势，千方百计筹措1000余万元资金，多渠道多批次采购储备各种化肥9550吨，两杂种子90吨，满足春耕需求。配合农业、工商等职能部门抓好春耕农资市场监管，严厉打击假冒伪劣农资及坑农害农经营行为。农资公司召开了5场零售商订货会及培训会，参会人员400余人，组织150人次下乡帮助客户促销。各农资经营网点做到随需随供、送货上门，直达田间地头，全年农资销量及销售额均大幅增长。并联合市农资集团及生产厂家以庄稼医院为抓手，为农民测土配方，提供科学施肥，农业技术推广等农技服务。

【烟花爆竹经营】 2017年，区供销合作社狠抓安全监管，要求经营公司健全机构，消除隐患。烟花爆竹公司多次召开安全经营会议，落实安全责任，并积极参加区安监局举办的烟花爆竹零售户安全知识培训班，协助和配合区供销社、区安监局进行安全检查10余次。严格按市烟爆集团指定的省内外烟花爆竹正规厂家进货渠道采购货源，在源头上确保烟花爆竹商品的质量安全。完善储存安全设施，确保储存安全有序。全年实现销售额960余万元，同比增长1.05%，做到了经济效益和社会效益双丰收。 （区供销社）

烟　　草

【概况】 2017年，梁平区烟草专卖局（分公司）现有员工134人（在岗合同工86人，内退职工5人，病休职工2人，离休干部1人，退休职工40人）。局（分公司）下设一室五科一部：办公室、政工科、综合管理科、财务审计科、专卖内管与法制监督科、专卖监督管理科（下设1个稽查支队、4个稽查大队）、客户服务部（下设一片区、二片区）；拥有注册资金122万元，总资产1881.50万元，全区有卷烟零售客户3250户。

【卷烟销售】 2017年，梁平区烟草分公司坚持“稳总量、提结构、抓收入、保税利”的中心工作目标，凝心聚力，攻坚克难，在卷烟营销形势严峻的情况下，努力扭转市场疲态，为完成全年目标任务奋力拼搏。一是要求干部职工把思想统一到市局党组的决策部署上，建立客户经理周计划完成激励，狠拼每一个访销日、访销周期，通过不断抓住并实现周计划短期目标提振信心。同时，分层次、全方位、多手段针对营销人员开展人文关怀和心理疏导；二是出台座机报位考勤，确保客户经理在市场走访有实效，并针对“三率一面”、策略宣传、新品培育、信息采集、拜访到位等五个维度提出具体要求；三是通过线路调整、考核斩断、竞标举牌、刚性奖惩等形式，施行营销线路整合与客户经理竞岗，彻底解决“留一手”与“任其自然”问题，改变了客户经理线路多年未大动的疲态。全年共计开展30个学时的客户经理业务技能培训；四是针对客户分档、货源投放等方面调整，通过大规模实地走访盘点库存，召开客户座谈会，重点拜访等形式，了解动销情况和真实需求，结合实际制定订购激励措施，提升合理库存；五是引导城区商圈客户建立起两个自律互助小组，通过并确定了《诚信公约》和《自律互助小组章程》，签订了《卷烟公约价格承诺书》，深入市场向零售客户开展规范经营宣传，签订1000余份《卷烟零售客户规范经营承诺书》。

2017年，共实现销量19498箱，实现销售收入4.28亿元，税利总额7140.27万元，其中税金7540.19万元。

【专卖管理】 2017年，梁平区局围绕营销中心工作，以专卖管理为重点，扎实推进案件查处、市场监管、许可改革、内部监管等各项工作。一是坚持“立足本地、适度经营”的网络打假思路，在连续两年成功破网的基础上，1月成功收网“7·15”网络案件，此案案值达50余万元，目前已起诉3人，已被列为公安部、国家局督办案件，实现我局国家级网络零的突破；二是按市局铁拳行动方案细化措施、深入推进，派出骨干参加市局机动执法，参与查获案件112件，违法卷烟数量1.2万条，案值230万元；三是坚持每月定期清理处置和市局集中整治相结合，2017年共清理整改476异常户，同时，严格开展违法违规大户整治，对一年内两次违法的大户依法取缔2户；四是采取多项措施提升市场监管力度，合理安排人员开展检查，保障24小时有人应急处理突发事件，建立起专卖微信群，通过微信定位、现场照片、暗访抽查等方式考核，杜绝走马观花式检查，保障充足监管时间。

2017年，共查获各类违法经营烟草专卖品案件315件，罚没款4.19万元，查获各类违法卷烟6374.3条，行政处罚与行政许可案件均无复议、诉讼。（烟草专卖局）

旅 游 业

综 述

【概况】 梁平县旅游局成立于2001年9月，为县政府组成部门，2017年12月更名为重庆市梁平区旅游发展委员会（以下简称旅发委），内设办公室、旅游经济发展科、旅游行业管理科3个科室，下属重庆市梁平区旅游发展中心（正处级）、重庆市梁平区旅游监察执法支队2个事业单位。现编制人员21名，其中行政编制9名，机关工勤编制1名，下属事业编制11名。

旅发委主要负责宣传贯彻执行党和国家、重庆市有关旅游工作的法律、法规和政策；组织实施旅游国家标准和行业标准；统筹协调全区全域旅游、旅游经济发展、旅游行业管理工作及承办上级交办的其他事项。

【旅游资源市场开拓】 2017年，梁平区旅游工作紧紧围绕全面塑造“双桂田园·竹韵柚香”主题形象宣传营销梁平，全年接待游客364.9万人次，实现旅游综合收入13.18亿元，同比分别增长21.61%、31.76%。组织区内重点涉旅企业参加“2017重庆都市旅游节暨城际旅游交易会”“第九届中国国际旅游商品博览会”“第五届中国西部旅游产业博览会”“上海旅游节”“中国旅游日”“成都国际旅游展”“渝东北区域旅游互动营销”等营销活动20余次；成功举办“2017重庆·梁平第五届柚花节”“2017梁平·曲水第三届赏花节”“2017首届蟠龙花海龙虾啤酒美食节”“2017梁平秋季旅游活动”“双桂田园滑石论道围棋嘉年华”“2017重庆梁平第九届采柚节”“周边旅行社梁平采风活动”“秋季旅游自驾活动”“双桂田园竹韵柚香摄影大赛”等节庆活动10次；专题宣传推介梁平旅游市级新闻发布会3次，逐步提升了“双桂田园·竹韵柚香”梁平旅游整体形象在外的知晓度。

【旅游景区和设施建设】

旅游产品　立足双桂禅宗文化以及破山、竹禅等历史文化名人资源优势，以田园风光为生态基底，以外围乡村农业观光、休闲度假功能为补充，推动禅宗文化与休闲观光农业融合，重点打造双桂田园旅游景区，并于2018年1月16日正式开园迎客；全新打造的百里竹海旅游度假区，现已建成明达至三墩坡段旅游便捷通道和33公里竹海旅游景观大道，升级改造竹丰湖、明月湖环湖景观道，完成三墩坡（竹海之门）观景台、竹海小镇、游客服务中心等旅游配套设施建设，按照AAAA级标准提档升级改造的百里竹海观音洞景区，预计2018年6月上旬正式开园迎客；经过三年左右的开发打造，滑石古寨于2017年成功创建成国家AAAA级旅游景区。

乡村旅游　升级改造全区乡村旅游道路约75公里，将乡村旅游发展与美丽乡村建设相结合，抓好村庄规划，推进滑石古寨、中华·梁平柚海等几个重点乡村旅游点建设。大力开展“民宿+特色文化体验”活动，初步形成了百里竹海大梨坝“竹家乐”、蟠龙唐家坡印象、金带望花山谷等一批乡村旅游民宿示范点。滑石古寨市级文创基地吸引了众多游客前去研学旅游，大大提升了景区人气。

配套设施　完成双桂堂景区安全视频监控系统的安装、百年张鸭子——圣维缇丝文化景区游客中心选址和购物体验区建设；重点发展唐家坡印象（民宿）、百里竹海竹家乐、梁平柚海生态农家乐（民宿）以及农特产品（“一箭春”、柚花茶、玫瑰花茶）等旅游配套产业，完成AAA级以上旅游景区应急指挥与产业监测平台建设并投入使用。旅游从业人员达12000余人，初步形成了能满足游客“食、住、行、游、购、娱”于一体的旅游产业格局。

【精品旅游线路】

一日游

线路一：双桂湖——双桂田园（桂香天地、金城古寨玫瑰园、彩稻空间、双桂堂、滑石古寨）——百年张鸭子

线路二：观音洞——蝴蝶谷——天星塘——竹丰湖——竹海之门

线路三：东山国家森林公园——蜀道难——蟠龙洞——蟠龙花海

线路四：万石耕春——中华·梁平柚海——唐家坡民宿——大观露营基地

线路五：天宝山——七斗古寨——水帘洞——小（大）白水

二日游

线路一：

D1：双桂湖——双桂田园（桂香天地、金城古寨玫瑰园、彩稻空间、双桂堂、滑石古寨）——百年张鸭子

D2：观音洞——蝴蝶谷——天星塘——竹丰湖——竹海之门

线路二：

D1：万石耕春——中华·梁平柚海——唐家坡民宿——蜀道难

D2：天宝山——七斗古寨——水帘洞——小（大）白水

三日游

D1：双桂湖——双桂田园（桂香天地、金城古寨玫瑰园、彩稻空间、双桂堂、滑石古寨）——百年张鸭子

D2：观音洞——蝴蝶谷——天星塘——竹丰湖——竹海之门

D3：东山国家森林公园——蜀道难——蟠龙洞——蟠龙花海

【旅游监管】 2017年召开了30余次旅游行业安全监管工作会，确保各项旅游行业安全监管工作落到实处。严格按照区政府年初下达的执法检查计划对区内重点涉旅企业开展全覆盖、全方位、全过程的安全检查，采取专项检查、联合执法的方式，持续开展旅游行业市场环境专项整治活动，切实解决旅游行业当前存在的突出问题和薄弱环节。出动检查人员365人次，检查企业104家次，下发整改指令20余次，安全监管处罚3800元。全年全区旅游市场秩序井然有序，无重大旅游安全责任事故和重大旅游投诉发生，达到了预期经济和社会效益，实现了旅游行业监管“安全、秩序、质量、效益”四统一工作目标。

（区旅游局）

土特产

【梁平八大碗】 梁平八大碗又称“肉八碗”，指的是八种装在大碗里的发碗菜，讲究料厚品重、味纯汤清。就地取材、不尚新异、菜腴香美、朴素实惠，其用料广泛、技法多样、有素有荤，牛、羊、鸡、鸭、鱼都在八大碗之列，多采用炖、煮、烩、炸、浇、蒸等技法操作，大汁大芡，大碗盛放。菜式因以蒸扣为主、也称三蒸九扣。其中梁平八大碗还有自己独有的言子儿：一滑二鸡三酥四肚五喳六肘子七扣条八墩子，按照顺序依次是：1滑（肉）2鸡（肉）3酥（肉）4肚（子）5羊（肉）6肘（子）7烧（白）8墩（砣砣肉）。

梁平八大碗在民间是逢年过节、庆典迎送、招亲待友的首选，也是百余年间、巴渝农村流行的筵席主打菜品，每桌八个人，桌上八道菜，上菜时都用清一色的大海碗，看起来爽快，吃起来过瘾，具有浓厚的乡土特色。

【梁平鲜椒鸡】 梁平鲜椒鸡是老川东名菜，精选农户散养的梁平红羽土鸡、朝天椒、本地青椒等名贵佐料为原料；把土公鸡宰杀后点燃稻草烧至金黄，洗净剁成小块，朝天椒对砌，本地青椒一破三待用；洗锅烧油放入鸡块、拍姜、花椒粒

炒至“啪－啪－啪”的响声，加料食盐、料酒、醋、酱油继续翻炒几分钟，加朝天椒翻炒后加水翻煮，待水分快干时加青椒、蒜片、调料炒后入盘，炒出来的鲜椒鸡色、香、味俱全；仔公鸡肉鲜嫩可口，可带骨嚼吃；老公鸡肉嚼劲十足，回味无穷。其中顾椒鸡是梁平鲜椒鸡最具有特色的代表作之一。

【“快活春”中草药酒曲酒】 “快活春”与明代梁山县（今重庆市梁平区）易学家、理学家和著名诗人来知德（来瞿唐先生名知德，字矣鲜）先生有着密切的关系，来知德生平爱酿酒饮酒，以至于留下了近百首关于酒的诗和赋，特别在清嘉靖三十一年（1552）中举人后，公元1576年来知德先生从万县求溪回老家釜山下的白鹤湾世居屋的右侧建釜山堂，傍正房还建有“快活庵”草堂用于造酒用，把自酿之酒名为“快活春”。回顾历史，“快活春”酒起源时间应为公元1552年，正式命名时间为公元1576年（《来知德诗赋选》有记载）。

快活春酒采用中草药酒曲酿酒，其曲药采用新鲜的糯米粉、山泉水或深井水、中草药（辣蓼草、艾草、薄荷、香草、桂皮、党参等108位）精制而成。以糯米为原料加中草药酒曲酿出的酒，酒精度数低，演变成今天的“米酒”“窨酒”“黄酒”和“肥酒”；以高粱、玉米、糯米、小麦、豌豆为原料加中草药酒曲酿出的酒，酒精度数较高，演变成今天的中草药小曲酒，也就是清香型白酒。由于制作中草药酒曲的药材难寻，中草药酿出小曲酒显得更加珍贵；新中国成立后，为了提高出酒率和劳动效率，大多数已采用麦麸制曲，让中草药制酒曲和中草药酒曲酿酒技艺几乎失传。

【梁平合兴青脆李】 梁平合兴青脆李有近百年的种植历史，核心产区位于梁平境内中山山脉的合兴镇筲箕湾，该镇其他村以及星桥镇、复平镇均有种植；该片区海拔在700米左右，霜雾期较长，工业处于萌芽阶段，似零污染的环境与特殊的气候造就了梁平合兴青脆李独特的品质，单果虽不大，但饱满圆润，果实易分裂脱骨，甜度适中，香脆无涩味，种植面积666.7公顷。

【梁平合兴土陶】 梁平土陶技艺起源较早，据史书记载已有三百多年的生产历史，是重庆市非物质文化遗产。梁平土陶以梁平区合兴镇大梨村的土陶为代表作，所以也叫“梁平合兴土陶"。梁平合兴土陶艺人利用当地大梨村所产的粘土，经过踩泥、拉坯、上釉、烧制等一系列工序，生产的产品大都是杯、碗、碟、钵等器物，普及千家万户，式样美观大方，质地轻薄，保温透气，用其盛放的食物不易发馊变味。如泡菜坛、油罐、盐罐、糖罐、酒罐、茶叶罐、茶壶、酒壶、各式花瓶、笔筒等。

【蟠龙西瓜】 蟠龙西瓜产区以海拔800米上的重庆市梁平区蟠龙镇扈槽村为主，所以也叫“蟠龙扈槽高山西瓜”。蟠龙西瓜属中晚熟品种，长势中等；高抗枯萎病耐重茬，座果力强，瓜成熟期39天左右，单果大部分在5－10公斤，最重能达19公斤以上；果实长椭圆形，深绿花皮，皮薄，但太阳暴晒不易变色，耐贮运，红瓤肉质细腻甘甜，亩产2000公斤左右，适应性相当强。

【柏家鼎罐羊肉】 柏家鼎罐羊肉精选一年以上的梁平山羊小肥羊，刨皮剔骨后把整只羊肉分成两大块，放入配有十余位香料的大鼎罐中煮熟捞起来备用；把剔出来的羊骨敲碎，放入鼎罐中加水熬制，待开后去除表面血沫，用大火煮半小时后，改中小火熬制3－5小时待用；把煮熟的羊肉切片，用漏网把羊肉片放入香料汤的鼎罐中烫热倒入碗中，加上热腾腾的羊骨汤端上桌，桌上有备好的葱花和自制剁椒，喝汤的可加葱花，羊肉片可吃清淡的，也可蘸剁椒吃。柏家鼎罐羊肉的烹饪方法兴起于明末清初、发扬于民国、传承至今。

【邵沟坛子肉】 邵沟坛子肉属腌制油酥制品。

邵沟坛子肉是将百里竹海过年猪的肉经过卫检、修割、清洗、腌制、油炸、油化、杀菌、储藏和检验等工序精制加工而成，原料均采用百里竹海农家过年猪的肉（主要以本地的百里槽黑猪为主，其饲喂周期长，饲喂方法以熟食为主，肉质紧实），生产过程中，未添加任何食品添加剂，未进行熏烤，最大程度的保留了百里槽坛子肉的原汁原味，也保证了产品品质。邵沟坛子肉均采用梁平合兴土陶的陶罐进行保存，加之百里竹海独特的气候环境（冬春干旱无严寒，夏秋多雨无酷热），使得邵沟坛子肉具有存放一年不会变质的特点。

邵沟坛子肉，重庆梁平特产，与梁平竹笋、邵沟老腊肉、百里槽剁椒被称为梁平百里竹海的”四宝”。

（梁平特产协会）

金融 保险

人民银行梁平支行

【概况】 中国人民银行梁平县支行（以下简称人行梁平县支行，虽梁平县撤县设区，但人行梁平县支行仍用原名）有在册职工 25 人、聘用制职工 4 人共 29 人。内设办公室、货币信贷与调查统计股、国库会计股、货币金银股、保卫股 5 个职能部门。人行梁平县支行设立中华人民共和国国家金库梁平县支库和重庆市梁平县地方金库。

2017 年，人行梁平县支行以习近平新时代中国特色社会主义思想为指导，坚持党建工作的引领作用，以打造优秀县支行为中心，全面贯彻落实党的十九大、中央经济工作会议、第五次全国金融工作会议精神，执行好稳健中性的货币政策，打好金融风险防控攻坚战，高效服务地方经济发展，提高金融服务水平，维护辖区金融稳定，进一步提升基层央行履职能力和水平，实现党建工作和业务工作两不误、两促进。

【货币政策传导】

引导信贷规模合理增长 人行梁平县支行按照年初制定的《货币信贷工作指导意见》，积极传导稳健中性的货币信贷政策，切实发挥信贷政策导向作用，促进地方经济持续健康发展。2017 年年末，全区金融机构人民币各项存款余额 378.86 亿元，同比增加 19.39 亿元，增长 5.39%；各项贷款余额 155.82 亿元，同比增加 36.84 亿元，增长 30.97%。

深化普惠金融服务 人行梁平县支行进一步突出“支农支小”和“扶贫扶弱”导向，着力做好“三农”、小微企业和社会弱势群体的金融服务，引导商业银行大力推行“再就业小额担保贷款”“助农贷”“项目贷”等贷款产品，推动梁平普惠金融向纵深发展。2017 年年末，全区金融机构个人贷款余额 65.05 亿元，同比增加 10.08 亿元，增长 18.34%；全区涉农贷款余额 101.20 亿元，同比增加 10.29 亿元，增长 11.32%；中小微企业贷款余额 77.16 亿元，同比增加 23.33 亿元，增长 43.34%。累计为 708 名下岗失业人员发放再就业小额担保贷款 7848 万元。为支持农村一二三产业融合发展，2017 年对全辖 19 个试点乡镇（街道）共支持贷款项目 153 笔，金额 4225 万元。

开展农村承包土地的经营权贷款试点 2016 年梁平被确定为重庆市农村承包土地的经营权抵押贷款试点区。经过一年多的努力，农村承包土地的经营权抵押贷款试点工作取得初步成效，截至 2017 年年末，农村承包土地的经营权抵押贷款余额 2.2 万元。

【金融业务创新】

加强新业务的推广工作 积极推广应收账款融资平台的运用，拓宽企业融资渠道，2017 年辖内重庆新梁集团公司、区人民医院通过平台实现融资 20 亿元。

农村信用体系建设 人行梁平县支行起草的《梁平县信用镇、信用村创建活动方案》经区政府批示，转发全区执行，并成功为我区第一家“信用村”梁平区万年村授牌。2017 年 5 月 17 日，在人行梁平县支行与梁平职业教育中心的共同推动下，梁平区第一家诚信文化教育基地在梁平职教中心正式建立，并举行了隆重的启动仪式。

发展绿色金融 人行梁平县支行制定了《重庆市梁平区绿色金融体系建设实施方案》，督促辖内金融机构加大绿色信贷投入，大力推进绿色金融，主动对接政府项目，积极支持金融机构业务创新，促进绿色经济发展，实现银企共赢。截至2017年年末，全区绿色贷款余额14.87亿元。

精准扶贫工作　借助区政府相关会议等，向政府及有关部门及时汇报、解读金融扶贫政策；及时转发人总行、市扶贫办及人行重庆营管部关于金融扶贫的相关文件；积极组织我区各银行按时参加上级行关于金融扶贫的相关视频会议；召开金融扶贫工作联席会议和推进会议，分解落实扶贫任务和扶贫示范项目，督促金融机构做好金融精准扶贫统计和防止返贫、致贫的金融服务工作。截至2017年年末，全区金融精准扶贫贷款等余额11.28亿元。人行梁平县支行捐赠扶贫帮扶资金近50万元，帮助对口帮扶对象竹山镇贫困户培育特色长效增收等特色产业。继续推动农村支付环境建设、社会信用体系建设、金融支持"美丽乡村"建设、金融IC卡应用推广、现金服务"三项工程"再上台阶。

【金融管理与监督】

征信管理工作　进一步强化征信工作的合规意识与法制意识，加强对各金融信用信息基础数据库接入机构和征信查询的合规管理，严防个人信息的滥用和泄露。加强对社会征信知识的宣传，积极开展征信知识进乡村、进校园、进机关活动。2017年，人行梁平县支行为社会提供个人征信查询15053笔，企业征信查询261笔，办理机构信用代码1990份。

反洗钱监管工作　追踪金融机构可疑交易报告情况，加大对金融犯罪案例的分析，适时发布洗钱风险提示，强化风险防范意识。2017年，人行梁平县支行组织开展了对3家金融机构的反洗钱走访，29家金融机构的考核评级，1家金融机构的约见谈话，1家金融机构的反洗钱质询，1家金融机构的反洗钱专项执法检查，向地方公安机关移送洗钱线索1例。

金融消费者权益保护工作　组织开展辖区金融机构2016年金融消费权益保护工作评估。全面建立"金融知识与金融法治知识宣传站"，在实现了"金融知识与金融法治知识宣传站"各镇（乡）全覆盖的同时，"3·15"期间，人行梁平县支行组织辖区银行业金融机构开展了以"权利·责任·风险"为主题的宣传教育活动。

金融稳定工作　联合区金融服务中心建立了辖内银行、保险、证券、担保机构运营情况报送制度，完善了与银行机构联系的服务机制，联合开展了对辖内2家融资性担保公司、3家小贷公司的日常性走访检查。

依法行政　2017年，人行梁平县支行按照账户管理、反洗钱管理等相关规定，举办了辖内9家银行机构，18家保险机构、2家证券机构共29人参加的反洗钱工作培训会，严格按照执法检查程序完成了对7家金融机构的专项执法检查，对执法人员在执法过程中的廉洁自律情况进行了走访座谈。

【金融】

优化支付服务环境　大力推广非现金支付方式，促进城乡支付统筹发展。结合区域特点，大力普及新兴支付工具，推广农民工银行卡特色服务，促进手机支付、电话支付、网上支付等非现金新兴支付方式发展。截至2017年年末，全辖ATM数量242台，比上年同期增长12.63%，特约商户2134户，比上年同期增长13.87%，POS终端机2635台，比上年同期增长25.96%。银行卡发放243.63万张。农村地区网上银行户数34.19万户，比上年同期增长27.79%，交易金额301亿元，比上年同期增长20.14%；手机银行户数38.41万户，比上年同期增长39.43%，交易金额180亿元，比上年同期增长151.63%；电话银行户数8.64万户，比上年同期增长11.40%；借记卡231万张，比上年同期增长5.03%；信用卡11.71万张，比上年同期增长10.23%。核准开立人民币银行结算账户1407户、撤销账户730户、变更账户信息1572户。

切实履行经理国库职能　认真办理国库核算、会计核算业务，积极推动税费缴纳及国库集中支付电子化。截至2017年年末，共办理国库业务329821笔，金额1880669.01万元，其中办理税费收纳281538笔，电子化率达99.27%；办理ACS会计业务1255笔，全年无差错事故，确保了资金安全。

提升征信查询便利度　人行梁平县支行于7月在征信查询室布放了一台征信查询机，并将操作流程与方法打印出来贴于机器旁，大大方便了市民对个人征信的查询，提高了征信查询效率。同时，人行梁平县支行实行机器查询与人工查询并行的查询制度，一是对不会使用机器的查询者，人工指导其使用机器查询，二是对个别机器无法识别的身份证进行人工查询，三是当查询者较多时，用人工查询进行分流，减少机器查询的负担。

保障市场人民币供应　科学统筹发行基金调拨，保障辖区现金合理供应，扎实开展现金服务“三项工程”，建立假币监测反应工作机制，加强与公安机关联系，加大假币犯罪活动的打击力度。截至目前，区共建立3个银行网点的假币监测点，建立389个村级现金服务点，2466家商户，3家零售企业的小面额现金供应渠道。截至2017年年末，全区共投放现金16亿元，回笼现金27.82亿元，净回笼11.72亿元。调入发行基金5次，金额0.63亿元，调出发行基金4次，金额11.80亿元。2017年1至12月，全区收缴假币32.49万元，较上年同期增加2.29万元。

持续开展金融知识普及活动　开展金融知识进社区、进机关、进企业、进校园宣传活动，共建立辖区镇（乡）、街道社区金融知识与金融法律宣传站33个。2017年以来，共组织开展征信、反假币、反洗钱、国债、支付结算、征信、3.15金融消费者权益保护、金融知识宣传月、“12.4”宪法日宣传等内容的宣传活动10余次，向市民发放各种宣传资料5万余份，接受群众咨询6000余人次。发动人行梁平县支行员工转发金融知识宣传内容至微信朋友圈100余条。区电视台报道人行梁平支行宣传活动2次。举办了辖内9家银行机构，18家保险机构、2家证券机构共29人参加的反洗钱工作培训会。（人民银行梁平支行）

银行业监督管理

【概况】　中国银行业监督管理委员会万州监管分局梁平办事处按《中华人民共和国银行业监督管理法》，根据万州银监分局的授权，负责梁平区范围内银行业金融机构的监督管理。重点是依照《中华人民共和国银行业监督管理法》对辖内各银行业金融机构实施现场监管和非现场监管；保护辖内金融消费者合法权益；收集辖内有关金融风险的信息并向上级报告；完成银监分局交办的其他工作任务。

2017年，梁平区有银行业金融机构9家，营业网点114个（含7个自助银行），设有自助存取款设备212台，金融机构从业人员1092人。全区银行业金融机构实现了稳健经营、健康发展，各项存款378.15亿元，较年初增加19.02亿元，增幅5.29%；各项贷款余额157.75亿元，较年初增36.72亿元，增幅30.34%；贷款质量控制良好，不良贷款占比0.35%。全年继续保持“零案件”目标。

【党建工作】　2017年，以抓党建为主导，用党建工作领航所有工作，引导、指导和带动监管工作。在党建工作领航下，全年按季和不定期组织支部成员开展党的专题、主题等系列学习教育活动，大力提升了党员政治觉悟，统一党员思想，增强学习积极性，凝聚职工人心，鼓舞监管人员士气。其工作经验在重庆局和万州分局内网专栏得以宣传推广。同时在党建工作引领下，狠抓党风廉政建设，认真履职“一岗双责”，保持廉洁自律。

【服务实体经济】　一是按季召开银行业金融机构会议，传达贯彻分局监管政策要求，听取各银行不同时段的经营状况，分析经济金融形势，强调并督促各银行回归本源，支持实体经济的政策目标。二是协调配合当地党政，为当地龙头企业、三农、小微等实体企业融资难融资贵等难题出策出力，为实体企业与银行业金融机构牵线搭桥，出谋划策，提出监管意见。三是多次走访辖区银行，调查研究服务实体企业有关情况，督促银行创新思维、创新金融品种支持并加大当地县域经济的信贷投入。2017年，辖区9家银行业金融机构各项存款378.15亿元，较年初增加19.02亿元；贷款余额有新突破达157.75亿元，较年初增加30.34亿元。

【严防金融风险】 一是密切监测融资平台风险。按月按季对辖区融资平台企业贷款的6家银行数据进行监测，掌握变化情况。二是密切关注梁平辖内政府发债置换银行债务工作，与当地财政部门共同做好政府债券置换银行业金融机构贷款工作。三是对银行大额大户贷款进行适时调查研究，分析各种风险状况，及时提出监管意见。四是积极协助配合并参与当地政府对非法集资、民间投资、互联网金融、金融传销、金融诈骗等系列有关金融性活动的调查、清理和处置，保护和维护银行业金融机构的正面形象。五是严格调查、处理处置金融消费者投诉举报，促进银行防范声誉风险。六是指导督促银行化解不良贷款，特别是对澳新村镇银行不良贷款迅猛增加难以化解的情况及时提示警示风险，提出监管措施，得到良好的监管效果。到年底，辖区7家融资平台公司贷款余额330269万元，比上年底增长43519万元。2017年，未出现偿付本息风险，各平台公司还款方案中均无还款缺口。

【案件防控】 一是强化政策传导。二是强化风险排查。对辖区银行定期选点抽查案件防控和安全保卫工作，同时配合分局参加案防专项检查工作。三是联合开展银行业机构安全评估工作。与当地公安部门联合开展了第五次银行业金融机构安全评估，维护金融机构的安全稳定。四是督促辖内金融机构节假日期间对安全工作全面开展自查，并在元旦春节期间抽查了辖区3家银行在乡镇的各营业网点。辖区银行业继续保持“零案件”目标。

【内部管理】 一是妥善安排人员参加分局在所辖银行的现场检查工作，同时，做好相关的协查工作。二是调配安排人员参加和督导分局主导的各项金融宣传工作，并派员对辖内按照上级要求的小微企业宣传、保护银行业消费者权益、普惠金融宣传、打击非法集资等宣传工作开展了暗访和巡查，并对其开展情况及时向上级汇报。三是严格贯彻执行财务制度。严格把关监管办每笔财务支出，清理和纠正财务上不规范行为。四是对监管办内部安全保密工作开展了自查，并对存在的问题进行了整改。

【监管政策宣导】 一是多次积极向区委、区政府宣导银监会监管工作主要指导思路，宣讲银行业监管新政策、新要求，特别是强调政府平台公司贷款的相关监管政策，以得到当地党政理解和认可。二是参与及配合重庆市政府参事一行莅临梁平各项的重点调研工作。三是为当地党政部门建言谏策，为当地经济金融建设提出有益建议和科学化策略，得到了当地党政及有关部门的采纳和运用。四是积极参加当地党政及相关部门的各种会议和有益活动。 （银监办）

农业发展银行梁平支行

【概况】 中国农业发展银行重庆市梁平支行隶属重庆市分行领导，按照国家的法律法规和方针政策，以国家信用为基础筹集资金，承担农业政策性金融业务，代理财政支农资金的拨付，为农业和农村经济发展服务。内设办公室、信贷业务部、会计结算部。

开办的业务按性质分为资产业务、负责业务和中间业务三大类。资产业务包括信贷业务、投资业务和其他业务；负债务包括存款业务、债券业务和其他业务；中间业务包括国际结算类、国内结算类和其他。

【信贷业务】 信贷业务产品主要有中央储备粮油贷款、粮食仓储设施贷款、棉花储备贷款、棉花收购贷款、调销贷款、国家全额补贴储备糖贷款、地方储备糖贷款、国家储备肉全额补贴贷款、地方储备肉贷款、储备羊毛贷款、国家和省级化肥储备贷款、市县级化肥储备贷款、农业生产资料贷款、产业化龙头企业贷款、农村流通体系建设贷款、农村土地流转及规模经营贷款、其他涉农企业贷款、农业科技贷款、农村土地整治贷款、改善农村人居环境建设贷款、农民集中住房建设贷款、县域公共基础设施建设贷款、农业综合开发贷款、整体城镇化建设贷款、重大水利工程建设专项过桥贷款、水利建设贷款、农村路网建设贷款、棚户区（城中村）改造贷款、异地扶贫搬迁项目贷款、教育扶贫项目贷款、网络扶贫项目贷款、旅游扶贫贷款、扶贫过桥贷款、应急救灾贷款、林业资源开发与保护贷款、扶贫批发贷款、健康扶贫贷款、贫困村提升工程贷款、高标准农田贷款等业务。年末贷款余额252990万元，比年初净增62840万元，增长率33.05%。存款余额136016万元，日均存款余额133480万元。

【投资业务】　2017年，投资业务产品主要有企业理财、产业投资基金、信贷资产证券化和中国农发重点建设基金。2017年共获批中国农发重点建设基金25笔，涉及金额103448万元，其中：支持梁平重大项目19笔，涉及金额79300万元；支持梁平招商引资重要民营项目落地民营企业5户，涉及金额24148万元。　（农发行梁平支行）

工商银行梁平支行

【概况】　工商银行梁平支行成立于1985年，现有员工73人，营业网点4个、24小时自助银行8个，自助设备23台。开办存贷业务，公司机构及个人开户、结算、汇划业务，代理保险、基金、理财产品业务和电子银行、手机银行业务及互联网金融E－ICBC等。能为客户提供多样化金融服务，业务全面、结算快捷、技术先进、信誉良好。其中贵宾理财中心一个，配有高端客户理财室，有国内金融理财师（AFP）为客户提供专属理财方案。

2017年工商银行梁平支行面对严峻复杂的经营环境，认真学习贯彻党的十九大和习近平总书记系列重要讲话精神，按照区委、区政府十五规划要求和上级行党委提出的“转型、创新、质量、效益”总体发展思路，主动适应“新常态”，进一步调动各项经营要素，加大市场营销力度，发展速度不断加快，经营规模迅速扩大，经营效益快速增长，经营结构得到优化，社会形象大幅改善，员工士气明显提升，支行逐步进入良性发展的快车道，有力地支持了梁平经济的发展。2017年行长经营绩效考核系统内保持前3位，不良贷款率保持为零，内控评价达二级水平，连续19年无重大差错事故发生。

【经营业务】

存款业务　截至12月31日，支行各项存款总额达到25.29亿元，较年初增加1.43亿元，增长5.98%。其中：对公存款较年初增长2473万元，增长6.55%。储蓄存款较年初增长14790万元，增长8.96%，完成计划的118.32%。

贷款业务　截至12月31日，支行各项贷款总额16.49亿元，较年初增加5977万元，增长3.76%；全年累计投放额达3.97亿元，主要投向区内重大建设工程项目、小微企业和个人贷款。

中间业务　支行全年完成中间业务收入1958万元，同比增长445万元，完成计划的112.80%。实现税收540万元。全年实现利润6075万元。

【内部管理】

坚持党建引领，培育实干担当精神　一是强化党组织抓党建的主体意识和责任意识，深入推进“学党章党规、学系列讲话、做合格党员”学习教育活动和十九大精神学习宣传贯彻，完成了辖内支部改选、领导干部民主生活会和民主评议党员等工作。同时，加强党对工会、团支部的领导，以党建工作带动并促进群团工作的开展，全

面从严治党，提升队伍的创造力、凝聚力和战斗力。二是按照“两个责任制”的工作要求，落实第一责任人职责，抓好党风廉政建设和工作作风建设。做到了将党风廉政建设目标任务与业务工作同部署、同落实、同检查、同考核，努力使员工服务意识明显提高，工作纪律明显好转，工作作风明显改进，为业务发展营造良好的内部环境。三是强化业绩考核，突出工作实效。支行严格按照上级行的考核导向，建立“以业绩论英雄，以业绩定收入”的分配机制，加大对员工工作业绩的考核力度，严格奖惩，实现绩效考核的科学和公平、公正。四是加强渠道转型，努力提升综合服务能力。按照上级行相关要求，积极探索推进网点线下平台化转型、线上获客活客机制，以解决表现突出的服务问题为切入点，不断拓宽思路、创新方法，加强精细化管理，提升服务品质，着力打造服务效率高、客户体验佳、群众口碑好的“客户满意银行”。

强化培训机制，加强员工队伍建设 坚持培训为改革发展服务、为员工成长成才服务、为业务经营发展服务理念，不断强化员工成长思维、学习思维、价值思维，注重培训质量、讲求培训效果，努力培养与业务快速发展相适应的员工队伍，全面提高员工综合素质。全年自主举办各类培训班 9 个，参培人员 578 人次，参培率达 100%。

加强各类风险防范和内部控制 一是加强员工教育，引导全员规矩意识内化于心。以制度规范为准绳，切实抓好规章制度教育和廉洁从业教育，组织开展“学规定、守纪律、防风险、保安全、促发展”学习教育活动，以组织学习 2017 年版《员工违规行为处理规定》、新时期“十大禁令”宣讲为重点，在全行营造“人人守规矩、处处讲合规”良好氛围。二是高度重视外部监管的管理要求，通过“十大重点领域和关键环节”专项排查治理、银监分局“三违反”“三套利”等各专项治理活动，强化重点环节和重点业务的管控力度，实现内控案防有力。三是坚持风险分析例会制度，严格执行业务处理流程，强化岗位履职，有效控制操作风险，实现业务发展和内控管理两不误、两促进。四是以人为本，正向引导，不断提升员工的认同感。始终把员工利益放在心上，注重倾听员工心声，努力为员工办实事、解难事，不断加强人文关怀，用平台留人、用文化留人，进一步增强员工的归属感、荣誉感、认同感。（工商银行梁平支行）

农业银行梁平支行

【概况】 2017 年，中国农业银行梁平支行内设部门 6 个，辖营业机构 15 个，在职员工 237 人。面对复杂的外部形势和巨大的竞争压力，全行上下在区委、区政府的正确领导下，各项业务稳步推进，各项业务整体发展态势趋好。

【业务发展】

负债业务 2017 年，支行各项存款余额 92.79 亿元，比年初净增 5.29 亿元，其中储蓄存款余额 72.35 亿元，较年初净增 4.01 亿元。对公存款余额 20.44 亿元，较年初净增 1.27 亿元，存量市场份额占比 39.53%，新增市场份额 83.75%。对公存款日均余额 19.03 亿元，较年初净增 1.96 亿元，存量市场份额占比 36.21%，新增市场份额 48.59%。

资产业务 2017 年，支行各项贷款余额为 35.60 亿元，比年初净增 6.77 亿元，净增额同比增幅 48.41%。其中公司类贷款余额 21.49 亿元。

利润情况 12 月末，实现拨备前利润 14951 万元，同比增加 1191 万元，同比增幅 8.66%。

“三农”业务 2017 年，支行密切与乡镇政府、农业大户联系，加强了银政、银企合作，大力支持农业、农村、农民经济发展，服务“三农”工作得到市分行和社会各界普遍赞誉。2017 年度组织召开了农户贷款评审会，邀请乡镇党政领导和相关业务部门骨干及村委干部对支行申请贷款客户进行评审，借助其行业政策熟悉，对客户经济状况了解的优势，为贷款把关、把脉，收到良好效果。

【综合管理】

党建和企业文化建设 全行员工在区政府的正确领导下，从严从实抓思想、管干部、强基础、转作风、严执纪，党建工作扎实推进，深入推进“两学一做”学习教育常态化制度化，开展“真学实做”系列主题活动，党建工作基础持续强化。全面深入学习宣传贯彻党的十九大精神，支行组建4个工作组，对全辖6个机关部门、15个营业网点开展了党的十九大精神大宣讲大调研大督导工作，实现十九大精神宣讲全覆盖，迅速将思想行动统一到习近平新时代中国特色社会主义思想上来。推动党的基层组织建设，全辖营业网点成立独立党支部比例达100%，二级支行行长兼任党支部书记比例达100%。深入推进党风廉政建设，加强思想教育，加大追责力度，从严治党从严治行的态势已经形成并巩固发展。

支行注重发挥工会、共青团组织的职能作用，相互协调，齐抓共管，大力建设“职工之家”。在工作之余，由工会、共青团组织开展各项文体娱乐活动，寓教于乐，使企业文化建设变得生动活泼、绚丽多彩。根据市分行总体规划，做到月月有活动：开展了基层柜员技术练兵比赛、“3·8”妇女节健康讲座、“5·4”青年节青年员工座谈会、“三线一网格”演讲比赛等。抓五小建设，给员工打造一个崭“新”的家。支行今年用了近20万元为北正街支行、袁驿支行、仁贤支行建好了小食堂和院坝，完成了全行13个食堂建设。积极参与公益事业。8月份，看望慰问贫困学生2人，助其圆梦“象牙塔”，为其送去了10000元农行专项助学金，同时还主动参与地方扶贫脱贫攻坚工作，制定帮扶措施，发动员工捐款捐物5000余元，帮助他们走出困境。2017年梁平支行被重庆金融工会授予“重庆金融五一劳动奖状”称号，支行继续保持重庆市级“文明单位”“爱国卫生先进单位”“模范职工之家”、农总行“模范职工之家”称号。全行9个基层营业网点继续保持县级红旗文明单位，县级“模范职工小家”，县级“爱国卫生先进单位”，支行营业部、北正街支行继续保持市分行“女职工文明示范岗”单位。

队伍建设 着力抓二级支行班子建设，进一步完善干部考核评定办法，对内部管理不到位、风险控制不落实、业务发展差的班子坚决进行调整。加快青年干部培养，2017年支行提拔中层干部25名。在抓业务发展同时抓好教育培训，提高员工职业能力，先后开展信贷、财会、网上银行、理财等业务知识培训和中层干部管理技能提升培训、网点效能提升培训、外拓营销培训等。

认真贯彻落实总分行“比学赶超”要求，围绕全行财务目标，以预算管理、资源配置和绩效考评为抓手，扎实开展工作，全面夯实财会管理基础，改进监管工作方法，努力提高基础管理和运营风险管控能力。积极举办各项业务培训，开展柜员技能测评，提升运营质量。

2017年，全行扎实开展了推进“两学一做”学习教育常态化制度化、“三线一网格”管理模式推广工作、“员工行为管理巩固年”和“两个办法”学习教育等活动，全行内控和基础管理进一步夯实，保障了安全运营，实现了“四无”目标。第五轮安全评估考核得分全区第一，全年无重大风险事件，实现全年“零”案件事故。

（农行梁平支行）

中国银行梁平支行

【概况】 中国银行梁平梁平支行辖营业机构3个（营业部、北正街经营性支行、广场经营性支行），支行机关内设2个部门（综合管理部、业务发展部）。在职职工48人，男员工26人，女员工22人，具有大专以上文化程度43人。

【经营业务】

存款业务 截至2017年12月31日，人民币一般性存款余额163140万元，比年初新增4140万元。其中，储蓄存款余额为116045万元，比年初新增4677万元；公司存款余额为47089万元，比年初下降534万元；外币各项存款余额147万美元，比年初下降43万美元。

资产业务　截至12月31日，授信资产总额118713万元，比年初净增42421万元。其中零售贷款余额58397万元，比年初新增407万元；公司贷款余额60316万元，较年初新增42014万元；信用卡透支余额9254万元，比年初新增4910万元。

资产质量　截至12月31日，我行个贷不良资产余额为302万元，不良率为0.51%，银行卡不良资产余额为134万元，比年初新增120万元，不良率1.45%。

中间业务　截至12月31日，中银卡累计新增有效客户1764户，完成分行下达任务的97%，完成率居全辖第4位；新增有效卡4089张，完成分行下达任务的125%，完成率居全辖第4位；普通消费额新增23475万元，完成分行下达任务的95%，位居第2位；专向分期新增交易量6309万元，完成分行下达任务的148%，完成率位居全辖第1位；新增收单交易量59231万元，完成分行下达任务的101.08%，位居第13位。

经营业绩　截至12月31日，支行实现非利息收入余额1265.23万元，比上年同期530.92万元增长734.31万元。支行实现净利润2409.10万元，比去年同期1272.11万元增长1136.99万元，增幅89.38%。（中国银行梁平支行）

重庆农村商业银行梁平支行

【概况】　重庆农村商业银行梁平支行下辖46个营业网点，18个便民服务点，1家自助银行，400余名员工，是全区资产规模最大、机构人员最多、服务地域最广的地方金融机构。2017年，梁平农商行秉承“根植地方　服务大众”理念，立足实体经济，认真践行社会责任，坚持服务三农、服务中小微企业、服务县域经济的市场定位不动摇，为支持区域经济发展做出了重要贡献。

【经营业务】

存款业务　截至2017年12月末（下同），梁平农商行各项存款余额143.8亿元，较年初净增6.3亿元（其中，储蓄存款余额124.47亿元，较年初净增9.46亿元，公司存款余额19.34亿元），存款总量份额持续保持全区同业第一。

贷款业务　2017年累计投放各项贷款40.06亿元，贷款余额44.65亿元，较年初增加14.08亿元。其中，表内不良贷款1462.68万元，较年初下降319万元，不良占比0.33%，较年初下降0.25个百分点；收回表外不良贷款本息941.55万元，信贷资产质量保持稳定。

经营效益　2017年梁平农商行实现经济增加值（EVA）14584万元；按照新的考核口径，实现营业收入1.97亿元，各项支出3.95亿元；全年缴纳税金6430万元，同比多增876万元，增幅17%。（农商行梁平支行）

邮政储蓄银行梁平支行

【概况】　中国邮政储蓄银行股份有限公司重庆梁平区支行成立于2008年1月，内设综合管理部、个人金融部、公司业务部，下辖35个营业网点，其中4个自营网点、31个邮政代理网点，现有员工65人，自助存取款设备78台。支行办公地址位于双桂街道桂西路7号戴斯国际B2栋写字楼9层。自成立以来，邮储银行始终坚持“服务三农、服务中小企业、服务社区”的零售银行市场定位，充分利用网络优势，紧密联系广大城乡群众，与财政、社保、水电气等部门积极协作，开展代收代发社会养老金、代收水、电、气费、代发农业直补等惠民服务，服务梁平经济社会。

【经营业务】

存款业务　2017年个人储蓄余额达520714万元，新增63515万元，公司存款余额32901万元。

贷款业务　2017年共发放贷款2933笔，金额80597万元，净增29048万元，结存5562笔，余额110963万元，贷款增幅达35.46%。资产质量优良，不良贷款率为0.27%，从贷款五级分类来看，不良贷款合计306.26万元。

中间业务 2017年累计代收50.45万笔，金额73195.9万元，累计代付83.2万笔，金额92030.83万元。全年累计完成大理财14138.6万元。新增手机银行2929户，手机银行结存客户20242户。信用卡新增1362张，新增激活2122张，结存激活9678张。电子银行结存客户21180户。

经营业绩 2017年自营收入4805.98万元，报表利润2233.62万元，缴纳税金360.61万元，综合考核全市排名第4位。（邮储银行梁平支行）

重庆银行梁平支行

【概况】 2017年，重庆银行梁平支行人民币一般存款余额170476万元，较年初增长19705万元。其中：储蓄存款余额达93356万元，公营存款余额为77120万元；2017年年末各项贷款余额64567万元，较年初增长13129万元。其中：公司贷款50583万元，个人贷款余额13984万元。

【经营举措】 2017年，梁平支行根据自身业务发展实际情况，制定出全行年工作计划，推行全员营销方案。同时，实行按季考核和中间业务单项考核，充分调动各方主动性，紧紧围绕支行业务发展工作中心，抓住业务发展重点，展开积极营销，拼抢市场份额。支行在努力开拓市场与控制风险相结合、促进支行业务持续发展的同时，坚持以发展为主旋律，作好效益大文章，始终把开拓市场，提升市场份额和风险控制放在重要位置，取得了一定的业绩。

支小支农方面，细分行业，通过与各行业对应的政府职能机构进行有效的衔接（包括：农委、经信委、再就业局、工业园区、工商等），了解企业融资需求，解决企业融资难题。2017年为破解新型农业经营主体融资难、融资贵的问题，推动农业农村经济发展，支行自主开发了“农户项目贷”产品，结合总行助农贷业务，通过对十余个乡镇农户、农业大户、家庭农场、农业龙头企业等的走访，调查客户总数200余户，发放贷款百余笔，放款金额2630余万元，为支持地方实体经济、服务“三农”做出了一定成绩。

资产业务上，通过与政府部门的合作，抢抓土地整理、百里竹海旅游开发区建设等符合监管要求的政府类项目，同时坚持以业务转型为导向，充分依托工业园区、担保公司为平台，大力发展中小微型企业、个人住房按揭、三农贷款等，营销工作取得一定成效。

【内控管理】 强化内控管理，重视教育培训，积极推进企业文化建设。全年在巩固案防和反商业贿赂工作成果基础上，按照银监会、总行对内控和案防工作部署，持续开展主要业务领域的自查自纠，加大重点领域的风险防控，通过对各业务条线逐项的风险点的梳理，提高了员工对风险的识别、防范、化解能力，确保了银行资产安全。日常工作中，把合规经营、合规从业摆在首位，立责立规立人，完善内控体系，落实主体责任，抓实合规管理，强化底线思维，强化员工行为管理，员工行为排查动态化、精准化、长效化，通过多项举措持续提高管理质效。

【安全防范】 加强安保消防工作，杜绝安全事故发生。安全无小事，注重加强日常的基础管理工作，对各级安全防范措施及责任层层落实到人，支行始终坚持“人是安全防范的核心”“防范胜于治理”的原则，不管形势如何变化，始终绷紧教育这根弦，做到警钟长鸣。防范“重业务、轻安保”的思想苗头，强化责任意识，管好自己的人，看好自己的门，办好自己的事，切实做到守土有责，责无旁贷，确保各项措施落到实处取得实效，做到安全工作人人有责、一岗双责的大保卫格局。

【党建工作】 支行党支部以党的十九大精神为指引，以习近平新时代中国特色社会主义思想为指导，深入学习贯彻习近平总书记系列重要讲话精神，认真贯彻落实总行党委关于“一岗双责”的要求，一手抓党建工作，一手抓经营工作，两手都要硬。支行通过职工大会、党支部学习等形式持续开展十九大精神的宣贯，中央八项规定精神和反“四风”宣传教育活动，将党风廉政建设和反腐败工作与员工日常行为、职业操守教育相融合，要求全行员工牢固树立四个意识，坚定理想信念，不忘初心，知难而进，共同为支行的发展奋力拼搏。（重庆银行梁平支行）

三峡银行梁平支行

【概况】 重庆三峡银行梁平支行成立于2008年12月25日，作为重庆三峡银行重组后在区县新设立的第一家分支机构，本行历年来践行三峡银行立足重庆、服务库区、辐射全国的发展战略，以服务实体经济，防控金融风险，深化金融改革为使命，不断稳健发展。

2017年，支行有在职职工19人，内设营业部、小企业中心、零售业务部、公司业务部、综合部5个职能部门。支行在广大客户及社会各界的大力支持下，全面贯彻落实党的十九大精神，认清新形势，应对新挑战，创新作为，不忘初心，牢记使命，把握机遇，砥砺前行，不断提升服务实体经济能力，较好地完成了年度主要经营管理目标任务，保持了健康平稳的发展态势。

【存款业务】 支行践行“一切为你着想”经营服务理念，以市场领先的“财富存”等优势新产品和优质服务满足不同客户群体的多元化金融需求，基础客户群及存款业务规模保持较快增长。截至2017年12月31日，各项存款日均145061万元，比上年同期增长18017万元，增长率为14%，年度计划完成率104%，其中：公营存款日均93367万元，年度计划完成率103%；储蓄存款日均51694万元，年度计划完成率105%。

【贷款业务】 坚持“回归本源，服务实体经济”的经营原则，一方面通过整合资源，调动业务队伍服务实体的积极性、主动性，提升了客户的体验度，扩大了品牌影响；另一方面打造特色产品，推广“内保直贷”“三峡小贷”“三峡微贷”“三峡快贷”等优质产品，丰富融资渠道，资产业务规模稳步扩张。截至2017年年末，支行表内外贷款余额143858万元，比上年同期增长49007万元。

【经营业绩】 认真贯彻落实总行决策部署，积极应对宏观调控，适时调整工作举措，统筹推进各项业务，凝心聚力推动转型发展，全面防控和化解风险，实现了平稳健康发展。截至2017年年末，支行实现中间业务收入1350万元，年度计划完成率192%；内部模拟利润5324万元，比上年同期增长229万元；各项指标全面达到审慎监管要求，无不良贷款；全年实现零案件目标。

（三峡银行梁平支行）

重庆梁平澳新村镇银行

【概况】 重庆梁平澳新村镇银行是澳大利亚和新西兰银行集团有限公司（简称澳新村镇银行）在中国全资设立的首家村镇银行，注册资本为人民币3000万元，是梁平唯一的一家法人银行，位于重庆市梁平区梁山街道人民南路83号（名豪酒店对面）。澳新村镇银行无分支机构，银行设营业部、业务发展部、风险管理合规部、科技安保部、财务部、办公室。2017年有正式员工17人、第三方外派员工4人。

澳新村镇银行为客户服务主要提供面对面的柜台方式，暂不提供非面对面的金融服务。通过“大小额支付系统（超级网络）”“人行通”为客户提供畅通、及时的汇款服务。还可以通过发起行澳新村镇银行为去澳大利亚留学的澳新Signature优先理财客户提供一站式的海外留学服务。

【经营业绩】

资产业务 2017年年底资产总额16295万元，较上年末下降3126万元。其中贷款余额

1465万元（个人贷款余额1310万元，企业贷款155万元），较上年末下降2234万元存贷比11.17%。

资产质量　不良贷款余额37万元。经过2016年、2017年的风险调整贷款质量得到了根本改善。

负债业务　2017年负债总额13762万元，较上年末下降3223万元。其中，存款余额13110万元，较上年末下降3431万元。

财务指标　税后净利润97万元，资本充足率51.80%，流动性比例475.31%。

【风险管理】

信用风险　澳新村镇银行的信贷风险管理政策详细制定了整个信贷申请和审批流程，明确分工，以保证银行遵守商业银行法、澳新村镇银行信贷风险管理政策及人民银行、银监办的监管规定和要求。

操作风险　澳新村镇银行采取三代防御的模式管理操作风险：第一防线各业务部门、后台支持部门，其职责是在日常工作中，落实风险管理的要求；第二防线风险管理委员会、风险管理合规部及下设的操作风险岗位，其职责是监督第一防线的工作，并对操作风险管理提供指导意见；第三防线澳新中国内部审计部门，其职责是对操作风险管理的有效性和充分性提供独立的评估和保证。（梁平澳新村镇银行）

人寿保险梁平支公司

【概况】　中国人寿梁平区支公司于1983年在梁平开展业务，1996年6月产寿险分业为中保人寿梁平县支公司，1999年更名为中国人寿梁平县支公司，2003年6月30日股改后变更为中国人寿保险股份有限公司梁平县支公司，2017年5月更名为中国人寿保险股份有限公司重庆市梁平区支公司。公司下设：综合管理部、个险销售部、银行保险部、团体业务部、客户服务中心。在全区主要乡镇设有11个农村营销服务，由个险销售部管理。截至2017年12月31日，公司共有员工28人，派遣员工9人，架构个人代理人864人。

【业务范围】　经营人寿保险、健康保险、意外伤害保险等人身保险业务。代理包括车辆保险在内的中国人寿财产保险股份有限公司的部分业务。经中国保险监督管理委员会批准其他业务。

【经营成绩】　2017年，中国人寿梁平区支公司在区委、区府以及区金融办等职能部门的关怀和支持下，在市分公司的决策指导下，在社会各界高度信任和帮助下，通过全体员工不懈努力、奋力拼搏，各项业务均得到持续健康发展，继续保险持巩固市场份额的主导地位，实现了业务队伍双领先的发展局面。

为认真贯彻落实《国务院关于加快发展现代保险服务业的若干意见》（国发〔2014〕29号）文件精神，支公司不断改革创新，强化管理，努力使中国人寿成为完善区地方金融体系的支柱力量、改善民生保障的有力支撑、促进经济提质增效升级的高效引擎和转变政府职能的重要抓手。为拓展“三农”保险广度和深度，自2014年以来，支公司响应国家号召，积极履行社会责任，率先在全区范围内推出了农村小额人身保险、“孝老安康”老年人小额人身保险、扶贫保险等普惠保险产品，为全区上万户低收入群体、建卡贫困户和50岁以上老年群体提拱了保险保障。

截至2017年12月31日，支公司共达成总保费收入24470.79万元，首年期交保费5870.12万元，短险保费1009.91万元，支付赔款达2978.10万元，赔案件数为3526件，满期给付9231.93万元。为千万家庭提供了强有力的保险保障，维护了社会稳定。为地方创利创税306.56万元。（人寿保险梁平支公司）

财产保险梁平支公司

【概况】　中国人民财产保险股份有限公司梁平支公司是总公司按照行政区划设置的区域财产保

险企业，内设经理室、综合部、直销业务一部、直销业务二部、直销业务三部、直销业务四部、个代营销业务部，地面电销团队、下辖袁驿营销服务部、屏锦营销服务部，在册员工34人。

【经营活动】 梁平支公司以支持和保障地方经济建设为己任，在服务经济社会发展全局和广大客户的实践中，创造和积累了市场领先的企业核心竞争力。公司在梁平开办有：机动车辆保险、企事业单位财产保险、建筑和安装工程保险、货物运输保险、农业保险、责任保险、人身意外伤害保险、短期健康保险、家庭财产保险、信用保证保险等门类齐全的财产保险业务，经营险种近260余种，客户群体遍布全县城乡。公司在全国开通365天24小时服务专线95518，www.epicc.com.cn官网直销平台、移动互联平台、柜面一体化和“中国人保”APP，形成了强有力的服务网络，随时随地为客户提供投保咨询、理赔查询、一站式在线服务，打造了智慧理赔、拇指理赔和极速理赔等高品质保险服务，可以与任何客户实现“点对点”快速对接。打造“人保之友”客户俱乐部，为客户提供与车务和生活相关的增值服务。

【保险业绩】 2017年，梁平支公司上下干部员工群策群力，克艰破难，全年实现保费收入6018万元，与去年同期相比，净增保费288万元，增幅达5.03%，业务规模实现新的跨越。当年共办理各类赔案4802件，累计支付赔款3560万元，综合赔付率为65.98%，为广大客户生产、经营和生活稳定提供了有力保障。经营过程中，公司坚持科学发展、精细化管理，经营效益得到稳步提升。公司自觉做到依法合规经营，全年按时缴纳各种税金304万元，实现人均创税8.9万元，为梁平经济发展、社会稳定、精准扶贫做出了积极的贡献。

（财产保险梁平支公司）

财政 税务

财 政

【概况】 梁平区财政局是区政府组成部门，内设办公室、预算科、国库科、农业财务科、产业发展科、社会保障科、经济建设科、行政政法科、财法会管科、教科文科、政府债务管理科、乡镇财务管理科、绩效评价科、政府采购办14个科室，直属区国库集中支付中心、财务结算中心、非税收入征收中心、投资评审中心4个事业单位，在册职工85人。

2017年，区本级一般公共预算收入完成21.5亿元，增长10.4%，其中，税收收入完成11.7亿元，增长13%；非税收入完成9.8亿元，增长7.5%。全区基金预算收入完成12.2亿元，增长69.1%。国有资本经营预算收入0.4亿元。2017年全区财政总收入完成86.4亿元，全区财政总支出完成84.3亿元。其中：一般公共预算支出完成68.5亿元；基金支出15.4亿元，国有资本经营预算支出0.4亿元。有力保证了社会保障、基本运转、人员经费等方面的支出需要，促进了全区经济和社会事业持续健康发展。

【收入举措】 2017年，区财政局主动适应经济新常态，狠抓财政收入，财政收入稳定增长。

加强税收征管 积极应对实施“营改增”后税源、税收征管变化，建立建筑安装工程项目税收协税护税机制，完善征管方式，加强财税部门和项目主管部门的协调联动，落实征管责任。坚持“抓大不放小”，在加强重点税源征管的同时，进一步强化零散税收和欠税的清缴，努力挖潜增收，全区辖区税收收入完成18.3亿元，较上年增加2.2亿元，增幅13.3%。

加强非税收入征管 完善非税收入征管办法，推进财政票据电子化暨非税收缴管理系统改革，严格规范减免、缓征行政事业性收费和政府性基金，确保依法征收，应收尽收。

积极争资立项 在区四大家的带领下，充分发挥自身职能，努力向上争资争项，成效显著，全区共争取上级各种资金53.4亿元，其中：转移支付资金33.8亿元、政府债券资金9.6亿元、专项基金10亿元，为全区经济社会发展提供了有力的财力保障。

加强政府债务管控 统筹处理“稳增长”与“防风险”的关系，债务管理成效明显。一是严格政府债务限额管理。建立了严格的政府债务审批制度和风险预警机制，进一步规范政府性债务举借、使用、偿还和担保行为，2017年年末，政府债务余额50.6亿元，未超过市政府核定债务限额标准，债务率73%，风险绿色可控。二是积极争取市政府债券资金。争取到位市政府债券9.6亿元，其中：新增债券5亿元，置换债券4.6亿元。三是强化债务监督。对债务的举借审批、债务资金使用等管理机制的执行情况进行不定期监督检查，将债务管理及化解情况列入领导干部经济责任审计范围。四是加强债务管理。对融资平台公司进行清理，剥离平台公司融资职能，对平台公司债务实行分类处置；规范政府购买服务行为，完成不合规债务整改。同时，将政府债务情况向社会公开，自觉接受人大和社会监督。

坚持厉行节俭控支出 强化落实各项节支措施，牢固树立过“紧日子”思想，严格控制一般性支出，规范差旅费、会议费和培训费等公务活动，推动公务支出管理科学化、规范化和透明化，全区“三公”经费下降5.6%。

【保障民生】 2017年，区财政局主动坚持共享发展理念，着力打造民生财政，让人民群众共沐公共财政阳光。2017 年，全区民生支出 50.8 亿元，占一般公共预算支出的 80% 以上。

优先保障教育投入　加大新区学校建设投入，大力实施农村薄弱学校改造，落实营养改善计划，兑现乡村教师岗位生活补助，教师各项工资福利待遇按时足额发放，义务教育经费保障机制得到巩固。

加大社会保障投入　积极扶持就业、创业，兑现稳岗补贴和社保补贴 1073 万元，发放创业担保贷款 7369 万元，财政贴息 726 万元。筹集资金 1.7 亿元，开展机关事业单位养老保险改革。筹集资金 3.7 亿元，加大困难群体支持力度，确保了城乡低保人员、农村“五保”人员、城市“三无”人员生活救助金、优抚对象抚恤金、城乡医疗救助等资金按时足额发放。

加大医疗卫生投入　将城乡居民医疗保险财政补助标准由人均 420 元提高到 450 元，将基本公共卫生投入人均由 45 元提高到 50 元，基本药物零差率补助、药事服务费补助和村医补助有效落实，公立医院改革稳步实施，新区三甲医院正式运行，有效缓解群众“看病难”“看病贵”问题。

加大生态文明建设投入　坚持生态优先，绿色发展，牢固树立“绿水青山就是金山银山”的新发展理念，筹集资金 3.9 亿元，深入开展环保“五大行动”，重点实施农村环境连片综合整治、乡镇污水处理厂和垃圾中转站建设，大力推进生态环保建设，人居环境进一步改善。

【加强管理】

实施部门预算“零结转”　对区级财力安排的一年未使用的资金，中央和市级两年以上未使用的资金，收回财政统筹安排使用，切实提高财政资金使用效率。

国库集中支付　将公办学校和乡镇（街道）纳入国库集中支付改革范围，推进国库动态监控改革，深化公务卡使用改革，确保财政资金安全、规范运行。

财政资金管理　加大资金统筹力度，盘活存量资金，清理财政和部门结转结余资金 7.5 亿元，收回存量资金 1.1 亿元，统筹用于保障和改善民生。

财政投资评审、政府采购　优化办事程序，提高办事效率，推行特事特办制、限时办结制、专人专办制，收到良好效果，全年评审项目 602 个，审减率 18.7%，节约资金 5.2 亿元；坚持规范管理、强化监督，全年政府采购成交金额 1.7 亿元，节约资金 0.1 亿元。

国资国企　稳妥推进区属国企重组改革，制定出台“2 + 7”改革方案，40 家区属国企整合重组为 10 家，建立健全“投融建”“借用还”一体化投融资机制。加强国资管理，将全区经营性国有资产集中统一管理，盘活存量、闲置国有资产，公开处置新梁、园区公司存量回居房，确保国有资产保值增值。

【服务发展】　坚持把发展作为第一要务，认真落实中央“稳增长”和供给侧改革要求，积极应对经济下行压力，妥善处理财政与经济的关系，实施积极的财政政策，注重发挥财政政策和资金的引导功能，激发经济增长新动能。

支持工业经济　坚持“工业强区”战略，筹集资金 9 亿元，大力支持工业园区建设和招商引资，兑现财税扶持政策，全力支持特色集群工业发展。

支持实体经济　落实出台的实施创新驱动扶持实体经济政策措施，安排工业发展专项资金、民营发展基金、种子基金、中小微型企业扶持资金、产业集群发展资金和上级专项资金 2 亿元，积极支持实体经济发展。

落实减税降费　全面实施“营改增”，继续执行小微企业减半征收所得税、增值税和营业税起征点上调及西部大开发等税收优惠政策，认真落实取消和暂停征收行政事业性收费政策，降低社会保险缴费比例，为企业减负 1.1 亿元，激发经济发展活力。

“三农”投入　大力支持脱贫攻坚，筹集资

金3000万元，支持精准脱贫。安排资金7亿元，支持退耕还林、农业综合开发、农田水利、公路基础设施建设，让公共财政阳光普照广大农村。

重点项目资金保障　坚持“一要吃饭、二要建设”的理念，抢抓积极财政政策有利时机，整合财政资金、政府债券资金、融资资金、专项基金100亿元，确保了新区、园区、棚户区、旅游景区等重点项目资金需要。

【廉政建设】　坚持加强党风廉政建设，严明党的纪律，队伍建设提档提质。扎实推进“两学一做”教育活动常态化制度化，开展“资金有限、服务无限”活动，切实转变工作作风，不断提升服务效能。

党风廉政建设　将党风廉政建设纳入财政工作的重要议事日程，做到与财政工作同部署、同落实、同考核，做到逢会必讲党风廉政。

从严治党责任　认真贯彻落实党风廉政建设责任制，履行好党风廉政建设“一岗双责”，扎实推进党风廉政建设和反腐败工作，严肃党内政治生活，完善党建考评机制。

执纪问责工作力度　按照“认真履责、严格监督、严肃查处、党内监督”的原则，加大了监督检查力度，认真落实中央八项规定精神以及作风建设情况的监督检查，打造清廉财政。

转变工作作风　建立健全了一系列财政管理制度，做到用制度管钱、管事、管人，将全面从严治党落到实处，确保财政资金和财政干部安全。持续推行四个制度（首问负责制、现场办理制、限时办理制、特事特办制度）及开展“三个一活动”，让到财政办事的人“听到一声问候、看到一张笑脸、喝到一杯热茶”，树立财政干部良好形象，全力打造阳光财政。　（区财政局）

国家税务

【概况】　梁平区国税局是负责辖区增值税、消费税、企业所得税、车辆购置税等税种的征收与管理的部门。内设11个职能科室，1个直属机构，8个派出机构，1个事业单位。全局在职人员135人，离退休人员73人。

【国税收入】　2017年，梁平国税局共组织税收收入85450万元，同比增长42.13%，增收25327万元，完成重庆市局下发年初目标的109.97%。其中：中央级收入完成50424万元，同比增长31.38%；区级收入完成35026万元，同比增长66.62%。税收收入呈现以下特点：一是税收收入持续快速增长，与全国税收收入形势基本一致。收入增幅比上年同期增长42.13个百分点。二是第三产业税收持续向好，有力拉动税收增长。在营改增、居民消费增长等因素的影响下，第三产业税收快速增长，实现税收49543万元，同比增长44.30%，占增收总量的60.05%。三是房地产、建筑业和制造业是国税收入三大支柱。2017年，房地产、建筑业和制造业分别入库税收18746万元、14028万元、17793万元，分别增长110.82%、104.70%、27.52%。

【税收征管】　加强与工商、地税等部门的信息交换，清理漏征漏管户2789户。稳步推进税收综合改革，按照“专业化+属地”为主的综合税源管理模式，收缩或调整税务所管辖范围和管理职能，优化资源配置。强化个体户税收管理，全年共计调增定额近300户，增收税款100万余元。通过强化风险管理，共入库税款、滞纳金及罚款3100万元，风险识别命中率达100%，风险管理贡献率超过4%。强化欠税管理，全年共清理入库陈欠税款及滞纳金1400余万元，陈欠清理率达88%；清理新欠300多万元，实现了全年无新欠的目标。加强增值税行业清理，对建筑、房地产、餐饮、住宿、娱乐、中介、幼教等七大行业清理，共计查补入库税款2401.62万元。推进企业所得税风险管理，以专业化加团队应对，全面开展对2016年度企业所得税优惠事项、连续三年亏损和重点税源企业、纳税调整后为零企业、政府平台公司的清理、核查。风险应对成效明显，共补缴税款及滞纳金1471.33万元。

【依法治税】 落实行政处罚权力和行政审批清单制度，开展规范性文件清理，公开行政权力事项目录清单和权力运行流程图。做好“七五普法”法制宣传教育，组织参加区域学法用法网上在线考试，合格率达100%。审理重大税务案件2起，占稽查部门查结案件的22.22%。认真执行税务行政处罚裁量权基准制度，全年共有处罚案件275件，罚款45.69万元，无一起行政复议、行政诉讼事件发生。严格落实各项税收优惠政策，多种形式加强政策宣传、辅导，促使应知尽知、应享尽享。全年有283户小型微利企业减免企业所得税219.3万元，受惠面达100%；西部大开发优惠减免税额1580.73万元；农林牧渔项目所得减免1263.36万元；环境保护、节能节水、安全生产设备投资额比例抵免税额107.76万元。强化税务稽查，严厉打击各类涉税违法行为，全年共计查补入库税款、滞纳金、罚款619万元，进项税额转出644.7万元。密切税警合作，加大对虚开发票违法犯罪行为的打击力度。

【服务发展】 坚持以纳税人需求为导向，立足征纳双方办税中的痛点、堵点，不断创新便民之举，让纳税人享有更快捷、更经济、更规范的服务，持续优化税收环境，切实增强纳税人获得感，纳税人满意度大幅提升。持续开展“便民办税春风行动”，重点围绕缩短办税时间、简并涉税资料等推出9大类30项便民办税硬举措。严格落实办税服务厅领导带班值班制度，完善导税员制度，切实落实好首问、首办责任制、限时办结、延时服务、流动导税等服务制度。大力推行“12366”电子税务局、实名办税、“一表申报”“一票清税”等改革项目，整合线上线下功能，切实减轻征纳双方负担。深化国地税合作，取得了积极成效。积极做好纳税人满意度迎检准备工作，通过全局干部职工共同努力，2017年度全局纳税人满意度取得了全市第三的好成绩，较上年上升了25名。

【党建工作】 深入推进“两学一做”学习教育常态化制度化。在学上，聚焦党章党规、习近平总书记系列重要讲话和党的十九大精神，通过专题党课、专家讲授、分析研讨、党组中心组学习、支部集中学习、主题党日活动等多种方式，将学习融入日常、抓在经常，保持学习教育的“热”度。全年共召开党组专题研讨4次，党组中心组学习会议8次，各支部召开支委会76次，召开党员大会46次，支部书记和普通党员讲党课39次。在做上，以“结对共建 税企同行”“梁平区乡风文明建设活动”“国地税联合党建”等活动为载体，不断强化真学实做、不断增强全体党员“四个意识”，坚定“四个自信”，激励广大党员干部在学中干、在干中学，保持学习教育的“实”度。积极开展扶贫帮扶活动，走访慰问困难群众32户次。开展了以表彰先进、重温入党誓词等为内容的纪念建党96周年系列活动。积极选送节目参加“激情献礼十九大，推动税收现代化”万州片区文艺表演，梁平国税局节目梁山灯戏《鱼水情》获得第三名。以与市局人事处支部开展互学联建为契机，进一步提升党建工作水平。

（区国税局）

地方税务

【概况】 重庆市梁平区地方税务局内设8个职能科室，下辖1个稽查局，1个办税厅，1个税收风险监控中心，7个基层税务所；建有机关党委，下设11个党支部，建有团支部、妇委会等群团组织。2017年，全局共有干部职工154人（其中：在编在册干部职工104人，临聘干部职工25人，退休干部职工25人），平均年龄42.93岁。大专以上文化程度131人，取得学士学位19人，取得硕士学位1人。

【税费收入】 2017年组织税费收入204025万元，同比增长30%，增收47292万元。（注：同期数均不含2016年1－5月入库的营业税20108万元）。税收收入实现98041万元，增收16280万元，增长20%。其中工商税收在渝东北同一考核组中，增幅、增量均排名第一。社保费收入101379万元，同比增长44%，增收31107万元；附加费实现3297万元，减收177万元，下降5%；残疾人保障金实现1104万元，增收58万元，增幅6%；工会经费实现198万元，增收27万元，增幅16%。

【税收征管】　一是破解增量房契税管理难题。制定并下发增量房交易环节契税征管办法，还权于纳税人。与国土局联合召开房地产企业契税专题清理会议，强化房地产行业的税收监管。二是扎实开展镇乡小产权房税收清理。清理镇乡房地产开发项目48个，涉及25个镇乡，入库税款4957万元。三是抓好营业税清结算和欠税清缴。在辅导纳税人开展自查的基础上，上报营业税欠税1430万元、其他欠税1660万元的追缴计划，追缴营业税欠税810万元、其他欠税756万元。四是加强个人所得税全员全额扣缴申报管理工作。个人所得税管控明显，组织行政事业单位自查补报个人所得税1512万元。

【纳税服务】　与梁平国税局持续优化联合办税，联合开展业务培训30余次。推进便民办税春风行动，转变服务态度。明确纳税人权益保护中心工作职责，收集纳税人建议126条，全方位提升纳税人满意度。成立“12366”分中心，开通“53412366”税务专线，负责所有涉税事宜的短信提醒服务、催报催缴等低风险应对和纳税人需求及满意度调查。大力推广智能办税、“互联网+纳税服务”，集中力量推广线上办税，大量业务前移。

【税务稽查】　充分发挥稽查职能，加大对重大案件的查办力度。创新工作方式，细化提前介入工作，推动出台《梁平区地税局　梁平区公安局　梁平县国税局关于公安机关提前介入机制细化实施的通知》，深化税警协作。2017年，查补各项收入4727万元，入库4607万元，入库率为97%。其中立案查补入库收入1631万元，包括税款1402万元；处以罚款143万元，处罚率10%；加收滞纳金87万元。

【队伍建设】　组织好全局公务员学历教育培训，圆满完成十九大精神学习培训、高层次人才培训、优秀中青年干部送培工作。加强干部财会知识的培训，全力冲刺提前两年完成二期规划，38人通过初级会计师以上考试，11人通过中级会计师考试，2人通过税务师考试，1人通过律师资格考试。大力推进地税干部网络教育学院学习，强化考核，提升干部职工素质能力，平均学分达80分以上。2017年，在全市地税系统“岗位大练兵、业务大比武”考试中，全局干部职工平均分92分，名列前茅。

【文明创建】　按照“文明治局、文化兴税”的理念，以丰富的群团活动为载体，着力打造“器乐文化”“和谐文化”和“快乐文化”。器乐队、舞蹈队、声乐队等11个兴趣小组按照计划开展活动，营造和谐团队氛围。2017年9月，在市地税局举办的“喜迎十九大　永远跟党走”文艺会演中，演出节目《颂歌献给党》，受到市地税局党组的充分肯定、书面表扬和系统干部职工的广泛好评。2017年再次顺利通过“全国文明单位”的复查，继续保留“全国文明单位”称号。这是自2011年创建成功以来，连续6年保持“全国文明单位”称号。

【党的建设】　扎实推进“两学一做”学习教育（学党章党规、学系列讲话，做合格党员学习教育）常态化制度化，采取专题辅导、测试竞赛、结对帮学、典型引导、“三会一课”、制定口袋书等方式，深刻领会和把握党的十九大主题，深刻领会和把握习近平新时代中国特色社会主义思想的历史地位和丰富内涵。严格执行党的政治思想路线，贯彻执行党的政治纪律和民主集中制，坚决落实“一把手末尾发言制”，坚持“三重一大”事项上会集体研究制度。强化组织建设，严格落实《地税系统基层党组织工作规范》，建立主题党日制度，使“三会一课”、谈心谈话、组织生活会、民主评议党员等组织生活基本制度成为每个支部必做的“规定动作”。

【廉政建设】 通过设置电脑廉政警句桌面和屏保、开办廉政图书角、推荐廉政读书书目，营造办公室廉政文化氛围。通过细化量化责任清单、开展约谈、述责述廉、批评和自我批评、领导干部讲廉政党课、廉政防腐讲座、传承好家风好家训、廉政文化月等活动，发挥预警促廉作用。持续推行廉政风险排查制度，坚持每季度进行一次廉政风险排查。落实廉政约谈制度，每年对新任职的中层干部进行任职前集体廉政谈话；对新进的公务员，进行上岗前廉政谈话。

【服务】 积极为区委区政府建言献策，通过不断加强经济税收分析，为区委区政府提供经济决策信息。围绕区委区政府提出的产业发展规划，全面落实简政放权、放管结合、优化服务的“放管服”举措，促进营商环境更为优化。认真执行稳增长、促改革、调结构、惠民生以及各类小微企业的税收优惠政策，切实维护纳税人权益。不断完善“税银”协作机制，通过向银行提供纳税人信用等级信息和纳税额符合条件的纳税人名单，让纳税规范的企业享受到基于纳税信用的融资服务，帮助5户纳税人获得贷款215万元。

（区地税局）

经济监督管理

发展和改革

【概况】 重庆市梁平区发展和改革委员会（简称：区发展改革委）为区政府综合经济管理部门。机关核定行政编制24名，后勤服务人员事业编制1名，内设10个科室和1个派出机构；下设1个财政全额拨款的公益一类事业单位，核定事业编制14名。2017年年末，实有在编在岗职工为38人。

“思全局、谋大事、抓改革、促发展”。区发展改革委肩负着提出全区国民经济和社会发展战略、发展政策和目标，拟定中长期发展规划和年度发展计划，贯彻落实国家、市宏观经济调控政策等工作；承担着宏观经济的监测与引导，产业结构转型升级，重大项目管理，固定资产投资，统筹城乡综合配套改革试点，指导全区招投标、价格监管、价格认定、保持物价水平总体平衡等重要工作。

2017年，区发展改革委在区委、区政府的坚强领导和上级部门的指导支持下，深学笃用习近平新时代中国特色社会主义思想，认真贯彻落实党的十九大精神和习近平总书记视察重庆重要讲话精神，以供给侧结构性改革为主线，坚持稳中求进工作总基调，以新发展理念引领经济发展新常态，不忘初心、砥砺前行，狠抓实体经济，切实抓好综合经济、项目管理、城乡统筹、价格监管等各方面工作，有力有为地促进经济大发展、环境大保护、民生大改善。

【规划编制管理】 加强全区经济社会发展信息的收集、整理、运用，跟踪2017年全区国民经济计划执行情况，编制完成《梁平区2017年国民经济和社会发展计划执行情况及2018年计划草案报告》，完成各季度经济形势分析及工作建议。建立完善“十三五”规划贯彻落实机制，分解落实“十三五”规划纲要目标任务。落实区委、区政府决策部署，草拟《关于支持屏锦镇转型发展的若干意见》。积极向上对接争取，获批国家级（龙溪河）流域水环境综合治理与可持续发展试点及国家农村产业融合发展示范园创建。印发《〈国务院关于加强政务诚信建设的指导意见〉任务分工》和《梁平区加快社会信用体系建设的实施方案》，设立社会信用科，确定“信用梁平”平台建设方案。

【固定资产投资】 完成全社会固定资产投资247.6亿元，同比（下同）增长9.6%。

按构成分：建筑安装工程完成投资188亿元，增长7.1%；设备工器具购置完成投资39.3亿元，增长15.2%；其他费用完成投资20.4亿元，增长25.5%。

按三次产业分：第一产业完成投资13.9亿元，增长-3.1%；第二产业（工业）完成投资67.2亿元，增长-12.4%；第三产业累计完成投资166.5亿元，增长23.6%，其中房地开发完成投资25.6亿元，增长10.6%。

【项目建设管理】

争资立项成效显著　一是大力争取中央预算内投资。共争取及下达2017年度中央预算内和市级资金项目25个，计划总投资7.16亿元。其中上级资金1.8亿元，完成年初预定目标的119.7%。完成政府投资项目立项审批228个，计划总投资79.5亿元。策划申报2018年度中央预算内和市级资金项目40个，计划总投资5亿元，拟争取上级资金1.9亿元。二是积极争取融资资金。百里竹海生态旅游和龙溪河水系林业生态保护2个项目获批低息贷款10亿元，其中百里竹海景区4亿元、双桂田园景区2亿元、屏锦回龙组团发展2亿元、环保2亿元，目前正在编制项目可研报告，预计2018年3月底落实项目资金。龙溪河流域综合治理开发项目获批亚行贷款5000万美元，正在开展前期可研。申报“三农”融资贷款项目29个，计划总投资141亿元，申请贷款115亿元。其中双桂田园景区、双桂湖湿地公园、百里竹海生态旅游、2万亩特色生态柑橘产业产销一体化等4个项目已纳入支持对接盘子，总投资62.5亿元，申请“两行”贷款49.9亿元。

项目建设全面提速　全区“10+12+3”重大项目和12大板块68个重点项目累计开工74个，开工率79.6%，累计完成投资61.1亿元，完成年度任务的101.8%。全区已签约专项基金建设项目26个，获得专项基金投放11.3亿元，累计完成投资39.2亿元，已支付资金28.4亿元，其中专项建设基金7.3亿元。19件民生实事完成投资44.4亿元，完成年度任务的101.6%。

项目储备不断增强　三年滚动投资计划项目储备334个，计划总投资1168亿元。其中A类项目122个，计划总投资170.2亿元；B类项目212个，计划总投资998.8亿元。策划2018年区级11大板块1000万元以上重大项目164个，总投资550.2亿元，2018年度计划投资208.3亿元。策划2018年重点民生实事17件，年度计划投资39.6亿元。

监督管理依法推进　工程建设项目招投标核准139件，涉及金额12.6亿元；限额以下项目备案678件，涉及金额3.1亿元。全年完成产业项目备案82件，备案金额97.5亿元。全力开展中央预算内投资项目及重大项目专项稽查。

【统筹城乡配套改革】

综合经济体制（统筹城乡综合配套）　改革小组截至2017年年底累计承担的改革事项共72项，完成38项，持续推进34项。其中区发展改革委承担的改革事项共25项，完成13项，持续推进12项。

稳妥规范推进PPP投融资模式改革　完成梁平区城北生活垃圾填埋场渗滤液处理工程PPP项目实施方案、物有所值评价报告、财政承受能力论证报告；启动梁平区全域旅游PPP项目及新型城镇化PPP项目前期工作；加强城市生态PPP项目、生态环保PPP项目储备，成熟一个，启动一个。

（区发展改革委）

公共资源交易管理

【概况】　重庆市梁平区公共资源交易中心为隶属于重庆市梁平区行政服务中心管理办公室的财政全额预算正处级事业单位。编制12人，实有人数为12人，内设综合科、交易一科、交易二科、信息科。负责公共资源交易平台的建设、运行和管理；组织国有建设工程项目招投标、政府采购、国有建设用地（采矿权）、国有资产产权出让等交易活动，并为其提供场所、设施和服务；为公共资源交易监督工作提供必要条件，为处理争议提供服务。

2017年，区公共资源交易中心共组织交易活动307次，交易金额168136.24万元，增收节支8189.06万元，其中建设工程和政府采购节支资金7801.47万元，土地出让和产权交易增收资金387.59万元。

【建设工程招投标】　始终坚持以制度建设为保障，确保交易管理规范化、系统化，将依法合规、程序化操作和主动服务贯穿到招投标工作各个环节，确保整个交易过程公开、公平、公正。一是严格按照招投标相关法律、重庆市招投标条例、重庆市公共资源交易平台管理和交易监督暂行办法和区委区政府的相关规定，认真配合各部门，积极开展招投标工作。二是调整进场标准，工程类项目的勘察、设计、施工、监理以及与工程建设有关的重要设备、材料的采购，达到下列标准之一的，必须进行招标：（一）施工单项合同估算价在200万元人民币以上的；（二）重要设备、材料等货物的采购，单项合同估算价在100万元人民币以上的；（三）勘察、设计、监理等服务的采购，单项合同估算价在50万元人民币以上的；（四）单项合同估算价低于前三项规定的标准，但项目总投资额在3000万元人民币以上的。2017年度组织建设工程招投标123次，交易金额约85636.04万元，节约财政资金6672.47万元。

【政府采购】 全面贯彻落实《政府采购货物和服务招标投标管理办法》（财政部令第87号），以规范采购行为为重点，紧紧围绕“信息公开、流程规范、操作透明、服务高效”的服务宗旨和“重服务、重效率、重规范”的工作思路，不断规范采购行为，认真完成各项采购任务。一是结合区政府采购要求，编制了政府采购招标文件标准范本；二是了解政府采购工作最新动态，学习最新政策，掌握最新理念，切实增强协调解决实际问题的能力。2017年度成功组织政府采购活动99次，交易金额18317万元，节约财政资金1129万元。

【产权交易】 2017年，区公共资源交易平台继续坚持对国有资产、交易各方“两个负责”的宗旨，按照公开透明、严格程序、规范管理、高效便捷、优质服务的原则，严格依照法律法规及各项规章制度，探索出符合区情的产权交易方式，有效促进了国有资产运营收益最大化。坚持以多种形式竞价、最高价成交的方式进行竞买或竞租，交易现场由区国资局等部门全程监督。2017年成功组织产权交易活动65次，交易金额约6034.50万元，溢价金额约293.99万元。

【土地出让】 为优化国有建设用地出让程序，规范交易行为，坚持“公开、公平、公正”的原则，平台不断加强土地出让改革，降低土地出让交易服务费累进费率，全区工业用地出让交易服务费按五折收取。2017年成功组织土地出让交易活动20次，交易金额约58149.15万元，溢价金额93.6万元。　（区公共资源交易中心）

国土资源和房屋管理

【概况】 重庆市梁平区国土资源和房屋管理局承担全区土地资源管理、矿产资源管理、地质灾害防治、权籍管理、房地产市场管理等多项工作职能。全系统共有195名干部职工，局机关设11个科室、下属7个事业单位、12个基层国土房管所。

2017年在习近平新时代中国特色社会主义思想指导下，在市局、区委区政府的坚强领导下，梁平区国土房管局攻坚克难、锐意进取，圆满完成各项目标任务。完成土地利用总体规划调整完善，全年获得征（转）收批准面积272.2公顷；出让土地55.5公顷，划拨土地供应26.7公顷；通过土地开发整理，新增耕地620.9公顷，建成高标准基本农田6893.3公顷，成功交易地票143.9公顷；销售商品房82万平方米，成交金额40亿元；加强地质灾害防治、保障性住房管理及分配、老楼危楼排查等民生工作，增强群众的安全感、幸福感、获得感。

【土地管理】

土地规划调整完善　成立组织机构，落实工作经费，确定技术单位，编制工作方案。在动员部署、资料收集、成果编制等各个环节，广泛征求各个乡镇（街道）、区级部门意见。调整完善成果已获市政府审批。

土地征收　全年征收土地509.6公顷，拆迁房屋32万平方米，兑付资金9.9亿元，主要涉及工业园区、双桂湖湿地公园、道路建设等土地征收。

土地资产管理　全区出让土地23宗55.5公顷，出让价款6.76亿元。其中园区41.9公顷，收取价款1.4亿元；新区12.5公顷，收取价款5.1亿元，其他1.2公顷，收取出让价款0.26亿元。划拨土地29宗26.7公顷，划拨价款6445万元。

耕地保护 有序推进耕地保护责任目标履行。市政府与梁平区签订的《重庆市 2017 年度耕地保护目标责任书》，下达耕地保有量 68040 公顷、永久基本农田保护面积 61673.3 公顷、土地开发整理补充耕地 266.7 公顷，建设高标准基本农田 5483.3 公顷（其中：国土部门 2666.7 公顷、其他部门 2716.7 公顷）。年初，区政府与各乡镇政府、街道办事处签订耕地保护目标责任书，下达年度耕地保护责任目标。2018 年实际完成补充耕地任务 620.9 公顷，建成高标准农田 6893.3 公顷。

土地整治复垦 优化农村土地整治布局，用带动性、示范性强的市级项目，指导区级项目规范实施。已完工正在推进后续工作的市级项目 9 个，实施规模 2293.3 公顷，新增耕地 141.7 公顷；完成 29 个区级项目的建设，实施规模 6666.7 公顷，新增耕地 620 公顷，总投资 1.69 亿元。根据“减存量、控增量”的要求，共有 51 个项目进行地票交易，面积 143.9 公顷，交易金额 4 亿元，完成地票价款直拨，农户直接收益 2.76 万元，集体经济组织直接收益 4903 万元。

地籍管理 全区不动产登记系统 2016 年 7 月 11 日准时上线运行，农村区域内的不动产登记 2017 年 1 月 1 日起纳入系统办证，进一步规范不动产登记的程序、收件、表册、档案管理和登记费用收取方式，实现了不动产登记“机构、簿册、依据、信息平台”四统一的工作要求。

【房屋管理】

房地产市场管理 办理商品房预售许可 69 万平方米，销售商品房 82 万平方米，同比上涨 5%，销售金额 40 亿元，同比上涨 15%。住宅商品房销售 68 万平方米，销售金额 30 亿元，同比上涨 11%，住宅均价 4508 元/平方米，同比上涨了 15%。

房屋安全管理 开展汛期房屋安全排查，累计排查房屋 608 栋 21.47 万平方米，存在明显安全隐患房屋 204 栋 6.55 万平方米，存在安全隐患房屋 325 栋 6.95 万平方米，暂无安全隐患房屋 79 栋 7.97 万平方米。对存在明显安全隐患的 204 栋房屋进行危房鉴定并逐一上图入库，及时掌握危房的变化情况。核查 C、D 级危房数据和住用情况，经鉴定的 B 级危房 5 栋，C 级危房 72 栋，D 级危房 287 栋。

房屋征收管理 棚户区改造签订征收协议 2684 户 31.38 万平方米，交房 2232 户 24.42 万平方米，移交土地 19.3 公顷，兑付资金 12.87 亿元，拆除房屋 16.56 万平方米。

物业管理 印发《2017 年全区物业管理工作要点》，督促物业服务企业深入开展“四公开”承诺等主题活动 270 余次。组织开展消防电梯安全隐患自查整改 460 余次，督促整治重大安全隐患 3 处，基本实现物业安全形势持续稳定向好的工作目标。

住房保障 出台《重庆市梁平区保障性住房并轨运行实施方案》，明确分配管理责任主体，界定并轨运行原则、范围，合理优化了房源结构。全区共建保障性住房 3843 套，累计分配入住 3518 套，入住率 91.5%。投资 650 万元，实施公共租赁住房黄家湾支路和扈家巷新建道路及附属工程建设；新安装惠民家园 A、B、C 区天然气 461 户，保障性住房的配套设施进一步完善，使人民群众获得感、幸福感更加充实、更有保障。

公房管理 进一步完善直管公房管理办法，加强经营管理，对公有非住宅的房屋租金按市场标准逐年上调，确保国有资产保值增值。加大租金征收力度，对欠租突出的住户和地段有针对性地开展调查分析，采取有效措施，使租金收缴率保持较高水平，全年住宅收缴率 93%，非住宅收缴率 52%。

权属登记 办理首次登记 359 宗、转移登记 15228 宗、变更登记 969 宗、预售合同登记备案 6020 宗、房屋抵押权登记 4390 宗（抵押建筑面积 150.32 万平方米，抵押金额 42.76 亿元）、土地抵押权登记 24 宗（抵押建筑面积 65.71 万平方米，抵押金额 13.69 亿元）、预告登记 10709 宗（其中抵押权预告登记 4676 宗，抵押土地面

积47.19万平方米，抵押金额14.29亿元）、查封和行政限制等限制登记272宗、注销登记100宗，办理农房登记1253件，其中农房所有权、使用权登记1126件，农房抵押登记127件。核发预售合同备案登记证明6007件，预告登记证明9326件，不动产权证书16312本。林权流转3宗，流转面积76.7公顷，流转金额299.1万元，发放林权证5本。土地承包经营权1宗，流转面积21.5公顷，流转金额91.6万元，手工办理发放土地承包经营权证50件。

【地质矿产管理】

地质灾害防治 制定《切实加强地质灾害防治工作的实施意见》和《梁平区2017年度地灾防治方案》，筑牢“五道防线”和健全“四重网格化”监测预警机制，层层压实责任，严格实行汛期24小时值班制，组织各乡镇（街道）开展“三查”1650余次，开展地灾防治知识培训40次，地质灾害应急避险演练371次，通过预警平台发布地灾预警信息1500余人次。投入资金364万元，治理地质灾害滑坡等4处；对全区8个乡镇14处地质灾害隐患点共66户224人实行搬迁避让。对安全隐患较大的虎城镇双井岩危岩和猫儿寨危岩组织实施工程治理。

矿产资源管理 按中央环保督察组反馈整改意见要求，全面开展全区22家历史遗留及关闭矿山复垦工作。对明月山禁建区的28家非煤矿山企业进行地质灾害及环境保护与恢复治理的认定及评估工作，制定梁平区明月山禁建区非煤矿山有序退出方案和奖扶办法，明月山禁建区非煤矿山均已有序退出。

【执法监察】

动态监察 通过卫片执法检查、动态巡查等，发现违法用地行为92件，下达处罚告知47件，处罚决定39件，处理结案26件。参与打击非法挖掘古生物化石（阴沉木）18次。

卫片执法 国土资源部下发区遥感监测图斑466个（含2015年度变更调查未完全覆盖图斑230个），图斑总面积352.9公顷，耕地面积346公顷。其中变更为新增建设用地的违法图斑32个，面积9.5公顷（耕地6.5公顷）。2016年度梁平新增建设用地总面积447.6公顷（其中耕地面积346公顷）、PJ图斑面积48.5公顷，违法占用耕地比例1.9%。矿产卫片疑似违法图斑6个，涉及疑似无证开采4个，疑似越界开采2个。经实地核查，判定合法图斑3个，实地伪变化图斑2个，违法图斑1个。1个违法图斑中，无证开采1个。

【信访办理】

以宅基地复垦、违法占地、房地产销售、物业管理等信访工作为重点，收到各级各类信访件232件，其中上级交办35件，政府公开信箱29件，区信访办交办及直接来信来访等90件，领导干部接访78件，对各类信访案件，及时进行调查处理，按时进行书面回复。

【队伍建设】

按照市局党组和区委部署，把学习贯彻党的十九大精神作为首要政治任务，采取多种形式掀起学习党的十九大精神热潮。通过召开党组会、支部会和党小组会等，组织党员干部就十九大报告中的新提法、新内容进行学习并开展相互交流探讨，深刻认识习近平新时代中国特色社会主义思想。积极落实区委“三大攻坚战”“八项行动计划”，抓好智能化、乡村振兴、全域旅游、基础设施等重点项目的土地征收、用地报批、土地供应工作，让十九大精神在梁平落地落实。

深入推进“两学一做”学习教育常态化制度化。以“主题党日”为依托，认真落实“三会一课”制度，将政治理论学习作为“主题党日”和“三会一课”的“规定动作”，中心组理论学习8次，党组成员带头讲党课5次，党员干部集中学习12次，观看警示教育片3次，组织局领导班子、中层干部30余人到区法院旁听违法案件审理1次。

（区国土房管局）

审　计

【概况】　重庆市梁平区审计局是区政府组成部门，设有办公室（电子数据审计科）、法规审理科、整改督查与内审管理科、财政审计科（重大政策跟踪审计科）、企事业审计科、投资审计科、经济责任审计科（经济责任审计工作联席会议办公室）等7个科室；下设重庆市梁平区审计中心（参公单位）。2017年，人员编制37人，实有35人。

2017年，梁平区审计机关完成审计单位201个，其中审计项目199个，专项审计调查项目2个。查出主要问题金额556602万元，其中违规金额82141万元、管理不规范金额474460万元；审计发现非金额计量问题92个；损益（收支）不实金额51874万元；出具审计报告和专项审计调查报告198篇，被批示、采用92篇。审计处理处罚金额483529万元，其中应上缴财政78178万元、应减少财政拨款或补贴769万元、应归还原渠道资金3230万元、应缴纳其他资金43万元、应调账处理金额401308万元；移送司法机关、纪检监察机关和有关部门处理事项35件，移送处理人员7人，移送处理金额10475万元。审计促进整改落实有关问题金额483529万元；审计后挽回（避免）损失15468万元；核减投资额15453万元；移送处理落实事项23件。审计提出建议110条，被采纳91条；推动被审计单位制定整改措施6项；提交审计信息124篇，被批示、采用52篇。向社会公告审计结果1篇。

2017年度，梁平区审计局获得全市审计机关2017年度综合目标考核一等奖。2016年区级财政预算执行和决算（草案）审计项目获得重庆市审计局2017年优秀项目表彰；2016年度全市国有企业资产管理情况审计调查项目、2016年度区县非税收入征管情况审计项目、2016年度区县财政预算执行和决算（草案）审计项目、2014—2016年度教育重点专项资金审计调查项目、2017年重大政策措施落实情况跟踪审计项目等5个审计项目获得重庆市审计局行业优秀项目表彰。

【重大政策措施跟踪审计】　2017年1月至11月共查出问题23个，截至12月10日，有16个问题已完成整改，有7个问题正在整改。审计查出的18个问题作为典型事例纳入重庆市审计局的审计工作情况通报中。

【财政审计】　发现涉及违规金额68810万元，应上缴财政68041万元。促进梁平区政府、区财政局出台《梁平区部门预算零结转管理办法》《梁平区地方政府性债务风险应急处置预案》《梁平区区属国有企业国有资本经营预算管理办法》等一系列制度或办法。

【经济责任审计】　完成14个单位21名领导干部任期、离任经济责任审计，重点关注被审计单位在重大经济决策、执行财经政策、国有资产管理、工程项目建设等方面存在的问题，查出主要问题金额1925万元。

【固定资产投资审计】　完成政府投资建设项目审计140个，送审金额173055万元，审计核减工程款15453万元，审减率9%，对梁平区双桂新区、工业园区及重大投资建设等20个项目进行跟踪审计。

【民生资金（项目）审计】　完成2016年保障性安居工程、2015—2016年度教育系统重点专项资金审计项目。

【农业与资源环保审计】　完成2014—2016年环保基金审计项目，重点抽查了畜禽养殖关闭搬迁整治项目，涉及环保基金2572.09万元，占投入使用环保基金3197.53万元的80.44%。

【企业审计】　完成审计单位4个，延伸审计单位3个，审计查出主要问题金额2528万元。

【专项资金审计】 完成渝万高铁建设征地拆迁补偿资金、梁忠高速公路建设征地拆迁补偿资金等2个审计项目。促进梁平区政府、区财政局制定完善相关制度。

【信息化建设】 新建财政和部门预算执行审计模型52个，完成对梁平区级各部门、镇乡2016年度数据的采集，已归集2012—2016年财务数据和业务数据220G。

【内部审计】 比上年新增内部审计机构21个，增加内部审计人员34人。共完成内部审计项目137个，审计总金额达5.9亿元。 （区审计局）

统　计

【概况】 重庆市梁平区统计局是区人民政府组成部门，内设办公室、综合核算科、工业能源统计科、固定资产投资统计科、第三产业统计科。统计局所属参公事业单位有：梁平区社会经济调查队（普查中心和民调中心挂牌于社会经济调查队），级别为正科级。统计局人员编制22个，实有21人；其中机关编制9个，实有9人；梁平区社会经济调查队编制13个，实有12人。

2017年，区统计局在区委、区政府和市统计局的正确领导和精心指导下，紧紧围绕“两坚持、两加快”工作要求，以提高统计能力、数据质量、服务水平为目的，以学习贯彻党的十九大会议精神和推进“两学一做”学教活动制度化常态化为契机，加强党风廉政建设，努力提升服务水平，较好地完成了各项工作任务。获重庆市统计局2017年度区县统计工作考核三等奖。

【调查项目】 梁平区统计局承担的常规性国家统计调查项目主要有：国民经济核算，基本单位统计，规模以上工业统计，建筑业统计，批发和零售业、住宿和餐饮业统计，固定资产投资统计、房地产开发统计、能源统计、新型金融业统计、劳动统计、科技综合统计、社会综合统计、利用内资统计、人口变动情况抽样调查，劳动力调查，服务业重点企业调查等。

【重大国情国力调查】 全国人口普查每10年进行一次，在逢0的年份实施。全国农业普查每10年进行一次，在逢6的年份实施。全国经济普查每10年进行两次，分别在逢3、8的年份实施。

【统计改革】 梁平区统计局与时俱进、深入推进统计制度方法改革创新。进一步提高基础数据质量，把提高统计数据质量作为统计工作的生命线，确保统计资料真实准确、完整及时，不断增强统计工作的科学性、权威性。积极推行联网直报，持续创新统计调查方式和手段；切实贯彻落实国家统计局固定资产投资统计制度改革试点工作相关要求，确保全区试点工作顺利开展。

【统计基础工作】 积极推进统计基层基础规范化建设。一是强化人员管理。明确人员配备标准，要求各镇街根据辖区统计调查对象的数量配备相应足额的专（兼）职统计人员，保持统计人员的相对稳定。二是强化基础规范。注重细节建设，乡镇（街道）统计数据采集、审核、报备、使用、上报须按统计制度执行；规范名录库管理，统计报表台账，资料管理，统计信息和分析撰写等，明确工作处理程序、时间要求、职责分工。三是强化素质提升。加强业务技能培训，采取集中培训与分片轮训相结合、统计主题讲座或专业培训会相结合的方式方法，定期组织镇级和企业统计人员开展业务培训，着力提升在职统计人员的整体业务水平。

【统计服务】 梁平区统计局致力于“数库”与“智库”两手抓，强化统计服务能力，重点做好资料分析、编印及服务工作。一是密切关注区域经济形势变化动态，适时为区委、区政府提供所需数据，当好领导“数库”，发挥“参谋”作用。发布梁平区2016年国民经济和社会发展统计公报，编印《梁平统计年鉴》300余本、《梁平统计月报》1200余册及《梁平经济社会发展状况》等资料。二是强化统计监测预警，提高服务水平。以“青年论坛”会为平台，围绕全区经济运行中的难点、热点问题，及时开展研讨，深挖原因，精心做好统计调研、统计分析等统计产品，为区委区政府及社会各界提供优质统计服务。全年共撰写统计资料分析21篇，统计信息48篇。其中，《梁平区劳动力资源与产业发展的匹配性分析》全文刊登于《重庆统计》2017年第5期区域扫描板块，同时获得2017年度全市统计系统优秀统计分析报告评比三等奖。三是积极开展区内各级各类调查工作。全年开展了全区社情民意、生态文明、乡风文明、扶贫、群工系统、非公人士评价主管部门及国税、教委等相关调查共计10次，充分表达了社情民意，为各级党政领导决策提供了参考依据，为企事业单位和社会各界提供了优质服务。四是全力以赴打好脱贫攻坚战。组建帮扶工作队，安排专人抓脱贫攻坚工作。掌握复平镇各贫困村的基础设施建设、产业发展、党组织建设及社会事业发展等基本情况，做到心中有数。与贫困户开展一对一帮扶活动，宣传帮扶政策，落实脱贫对策，鼓励脱贫致富，累计为复平镇捐赠基础设施建设、产业扶持等扶贫资金35万元。

【法制建设】 一是全方位、多渠道开展统计法制工作，深入贯彻落实《中华人民共和国统计法》《中华人民共和国统计法实施条例》，以统计法制宣传和统计执法检查为重点，把法制宣传和执法工作作为净化统计环境、保障统计数据质量的有效手段，全方位开展法制工作。二是坚持以法治统，落实依法行政，按照“双随机”原则，对全区范围内的“四上”企业开展随机检查，共涉及劳动工资、工业、批发零售贸易业、建筑业、房地产、能源6个专业，共查出通过统计执法检查，进一步规范基层统计从业人员资格以及报表上报程序，确保统计数据质量，为统计服务提供法律保障。

（区统计局）

工商行政管理

【概述】 梁平区工商分局是梁平区主管市场监督管理和行政执法工作的职能部门。主要负责全区各类企业、个体工商户等市场主体登记注册和监督管理，承担流通领域商品质量、打传规直、商标广告、合同中介、企业信用、非公党建、消费维权等监督管理工作，

2017年，分局人员编制总数117人，机关内设机构12个，直属机构1个，派出工商所11个（其中两个合署办公）。

【深化改革】 一是推动工商登记改革，市场主体发展成效显著。全年新增市场主体6303户，比上年同期5114户，增长23.25%，市场主体总量达44179户，注册资金总额达354.76亿元；实行企业登记全程电子化，办理公司电子化网上登记283户，发放电子营业执照278张，通过网上办理设立登记的公司占全部公司登记数量的66.4%；全面实施“十证合一”，发放“十证合一”营业执照1596张，累计发放加载统一社会信用代码营业执照16783张；通过全面推行“网上办、马上办、随地办、辅导办”等“四办”服务机制，全区个人独资企业和个体工商户实现通关办理，极大地方便了办事群众就近办理工商登记业务。二是深化创新驱动扶持，助推“商标兴区”品牌发展。明确了以“商标兴区”品牌发展战略为核心，以地方特色为发展重点的全区商标品牌发展思路。全年新增注册商标376件，全区商标总量达到4117件，新增“梁平蜜柚”为中国地理标志证明商标，指导区农委启动了“梁平柚”申报中国驰名商标的资料准备工作。三是强化清理帮扶规范，微企发展工作稳步推进。结合全区实际聚力打造双桂田园、百里竹海、蟠龙蜀道、万石耕春等重点精品景区要求，从市级下拨的微企历年发展结余资金中拿出400万元，全力打造竹山镇“竹海人家”、蟠龙镇扈槽“稻香人家”、荫平镇“柚乡人家”3个微企创业服务平

台；对设立3年以上，依法参加社会保险、财务管理制度健全，具有引领示范效应的鼓励类盈利型微型企业，一次性给予5万元提质发展奖补，初步评选出9户成长型微型企业。全年新发展微型企业474户，带动就业2180人，其中享受创业补助8户，发放创业补助资金21.15万元。四是优化服务发展效能，助推各项改革取得成效。对全区2014－2015年度1家国家级“守重”企业，19家市级“守重”企业，5家市级“守重”微型企业进行了表彰，办理动产抵押登记30件，融资金额6828.05万元；着力提升非公党建工作基础、非公党组织工作水平、党建促发展成效能力，全年共新增党员三亮106户，累计996户，评比共产党员示范经营户30户，党员创业先锋10名，拟创建重庆天胜电子有限公司党支部为市级示范点党组织。

【强化监管】　一是扎实开展市场主体清理，推行“双随机、一公开”综合抽查。对2016年12月31前成立的41327户市场主体进行了清理规范，指导1121户无照经营主体办理工商营业执照，对连续两年未年报且通过登记的住所无法联系的152户企业依法予以吊销；通过多种方式开展年报政策宣传引导，截至2017年6月30日，企业年报率92.57%，比全市平均年报率高0.88个百分点；实现了“双随机、一公开”综合抽查全覆盖，按照抽查事项清单对摇号产生的1168户市场主体进行“一次抽查、全面体检”，其中未发现问题597户，弄虚作假56户，通过登记的住所（经营场所）无法联系305户，不配合检查情节严重8户，注销169户。二是强化信用信息归集，提升企业信用监管水平。以《重庆市企业信用信息管理办法》出台实施为契机，全面提升信息归集、公示、使用水平。全年征集各类涉企信息8000余条，提供查询情况2366户次，出具信用报告807份。其中4户企业因不良信息在招投标中被扣分与限制，8户因列入异常名录企业被银行限制贷款，15户企业在区委、区政府及部门表彰、财政给付、项目补助、候选人提名等受限制。三是探索创新执法新理念，着力适应监管执法新常态。坚持“惩大恶，戒小过”“强宣传、重服务”原则，开展查办溯源、分类集中探索，实现案件特色、执法方式、整治目的三个转变，走访重点企业620余户，回访近年来被处罚主体52户。保持与公安、金融服务中心的密切沟通，常态化开展打击非法集资工作，共清理投资咨询类企业66户，其中劝导变更14户，吊销9户，注销9户。全年共立案查处案件33件，案值415.98余万元，入库罚没款13.4万元，公示行政处罚案件25件，近期拟结案2件，罚没款260余万元，情报信息登记104件，其中案源信息56条。四是扎实开展专项治理，完善日常监管服务机制。加强广告监管服务，保持对虚假违法广告的高压严管态势，媒体广告违法率控制在1%以内；加强合同监管服务，组织开展汽车维修、公用事业等重点热点领域合同格式条款整治行动，对《供用水合同》《居民供用电合同》示范文本，查找问题12条；强化房地产中介、民办非学历教育机构监管整治，对28家在民办非学历培训机构提请区教委督促签订书面培训服务合同，对经营主体收取培训费用未进行备案和公示的整改。

【消费维权】　一是深入开展质量维权，规范商品质量监管。深入开展“红盾护农维权行动”，对消费投诉集中的重点商品、涉及环保督查领域内成品油质量以及电动车市场开展专项整治行动。对全区188家电动车经销商开展集中约谈，从严控制核发企业及个体工商户销售电动车、机动三轮车的经营范围和名称登记，从源头上管控及规范电动车销售市场。全年抽检商品125组，对抽检发现不合格化肥、电线电缆等产品依法进行了立案查处。二是拓宽消费纠纷化解渠道，提升消费投诉办结实效。在“消费维权服务站”全面推行经营者首问和赔偿先付制度，建立“绿色通道”。全年“12315”平台受理消费诉求234件，为消费者挽回经济损失67.77万元，消委会受理消费者投诉211件，为消费者挽回经济损失

67.1万元，接待和接受消费者咨询2532人次，全年消费投诉受理量增长10%，消费投诉及时解决率达100%。开展即时行政指导和一般行政指导156件，主动为社会公众提供行政调解服务，有效化解社会矛盾51件。三是开展“年主题”宣传，积极营造消费维权氛围。紧扣“网络诚信 消费无忧”年主题开展广场宣传咨询活动，积极引导网络经营者诚信经营，中国消费者报、光明网、华龙网、凤凰网等相关媒体对梁平消费维权工作进行了宣传报道，网易新浪等10余家媒体进行了集中转载。严厉打击保健品虚假宣传，重点加强了对老年消费教育和引导工作，走进梁平城区6个社区为358名社区老年人举办六期《老年消费教育课》。

【队伍建设】 一是紧扣“六字要诀”，党建工作成效明显。以“使命”党建为核心、“情感”党建为关键、“载体”党建为中心，使党建工作成为助推发展的“增效剂”、凝聚人心的“固化剂”、创新方式的“润滑剂”。通过设置党建宣传栏、荣誉室、形象展示室、党员活动室、廉政文化室，红盾文化墙、廉政文化“走廊”，进一步创新党建载体。区委副书记陈孟文在分局成功主持召开了全区市直部门党建工作及“三城同创”工作专题调研现场会，同时在区委组织召开的全区机关、企事业单位党务干部及党支部书记党建工作培训安排中，将分局定为现场培训教学点，全区近500名党支部书记及党务干部分批到分局进行了观摩学习调研。二是扎实开展教育培训，提升思想政治意识。以全面学习贯彻落实“十九大”报告精神为契机，推进“两学一做”常态化制度化，在固化学习上做实“学”字根基、在工作夯实上突出“做”字关键、在制度落实上完善“建”字保障、在查改问题上夯实“查”字手段、在创新载体上丰富“活”字平台，突出落实全面从严治党责任、信息化运用技术和青年干部红盾夜校等重点内容，夯实干部理想信念，增强工商干部服务履职能力；重新修订《干部人事管理暂行办法》等十余个规章制度，进一步明确了日常考勤、外出登记、请休假事宜，人事工作逐步走向规范化。全年开展周三政治理论学习46次，党组中心组学习会11次，开展科所长述职述廉2次，举办红盾夜校19期。三是加强党风廉政建设，着力规范行政行为。紧紧围绕“监督执纪问责”这一工作重心，重点把落实中央八项规定精神坚决整治“四风”和发生在群众身边的“不正之风”和腐败问题作为全年的主要工作任务，制定下发《分局领导和各科所2017年党风廉政建设和反腐败分工责任制》。全年共进行政务督查、明察暗访12次，专项检查2次，现场考核2次、开展干部任前廉政谈话46人次，开展新进人员岗前谈话2人次、开展违规违纪人员警示谈话8人次、开展工作性约谈9人次、下发纪检监察通报11期，通报违纪违规单位7个、违规违纪人员14人。（区工商分局）

就业和人才服务

【概况】 重庆市梁平区就业和人才服务局是隶属于区人力资源和社会保障局管理的公益一类副处级事业单位，内设办公室、城乡就业统筹科、人力资源服务科、创业指导科、职业培训指导科、失业保险科、劳务开发科、财务科、流动人员档案管理科等9个科室。人员编制22名，实有人数18人。

2017年，全区城镇新增就业11807人，为年度目标任务6000人的196.78%；城镇登记失业人员就业4282人，为年度目标任务2200人的194.64%；城镇就业困难人员就业1104人，为年度目标任务500人的220.8%；城镇登记失业率为3.46%，比年度控制数4.2%低0.74个百分点。

【就业创业培训】 2017年，在创业服务方面，通过“开展创业培训、提供创业咨询、开展创业指导”等服务，全区实现新增创业人数5650人，大学生创业引领105人，扶持自主创业718户，带动就业2154人。成功举办了首届“渝创渝新”

梁平选拔赛，对20个优秀项目予以了16.6万元的创业补助。出台了《重庆市梁平区创业孵化基地管理办法（暂行）》。在创业扶持方面，加大对创业担保贷款发放及风险防控力度，建立初审、复核、发放分工负责制。截至12月底，全区共发放创业担保贷款720笔7815万元（其中针对高校毕业生发放125万元）。

2017年，结合重点企业人力资源保障技能岗位需求，严格把好监督关、执行关和责任关，通过开展“定向、定岗、订单”式的培训，培训各类人员共计5263人，其中职业技能培训1101人，创业培训518人，企业职工岗前培训328人，就业适应性培训3316人，为梁平建设提供了强有力的技能人才支撑。同时，积极开展农民工职业技能培训工作。充分利用现有培训资源，大力推行“校企合作”，共培训农村劳动者14296人，培训后非农就业14012人，农民工新市民培训3011人，培训家政服务人员728人，其中获得等级证书659人，培训农村劳务经纪人350人。积极加强宣传引导，促进农民工返乡就业。充分发挥人力资源市场、中介机构、劳务经纪人和劳务派遣公司的作用，实现全区返乡创业户数23279户，累计吸纳就业人数50307人。当年新增农业富余劳动力非农就业12598人，当年市外农民工返乡创业就业13393人（返乡创业1819人，返乡就业11574人），发展家政服务企业19户（新增4户），从业人员6408人。实现劳务收入72.02亿元。

【就业帮扶援助】 2017年，为大力帮扶重点群体及贫困人员就业，一是认真组织开展“就业援助月”“春风行动”“高校毕业生就业服务月”“农民工日”“就业扶贫招聘活动”等专项活动，宣传和落实中央和市里出台的各项就业创业扶持政策。二是共开发248个公益性岗位（其中全日制岗位107个，非全日制岗位141个），共有33个单位216名就业困难人员（其中全日制110人，非全日制106）申报公益性岗位补贴301.46万元，其中公益性岗位补贴234.45万元，公益性岗位社保补贴67.01万元。三是全区各级公共就业服务机构为各类人员免费办理求职登记5416人次，免费开展职业指导5365人次，成功介绍3500人就业。四是在区人力资源市场、区人民广场、乡镇场镇共举办现场招聘会63场，区内外入场企业894个，累计提供就业岗位1.49万个，进场求职人数3.8万余人，现场达成意向性就业人数7000余人。五是本着“公开公正、精准效能”的原则，为3103人次发放社保补贴937.53万元，5343人次享受职业培训补贴278.13万元，1480人次享受职业技能鉴定补贴33.25万元；向领取失业保险金人员、领取基本生活费的国有企业大龄下岗职工发放慰问金11.55万元；为64名暑期带薪实习大学生发放实习补助金9.53万元；为1049户用人单位降费率减征失业保险费679.36万元，为71户企业发放稳岗补贴203万元。

【公共服务体系建设】 2017年，按照“统一规划、分步推进”“科学配置、整合资源”“统筹协调、多方支持”的建设原则，全区33个乡镇（街道）的劳动就业社会保障平台建设成功并申报了市级财政补助项目，其中27个乡镇（街道）项目经验收合格并投入使用；有75个社区和268个村建立了村级劳动就业和社会保障服务站，实现村（社区）建站率100%。目前，梁平“区—乡镇（街道）—村（社区）”三级公共服务体系基本形成。

（区就业服务局）

价格监管

【市场调控】 加强对粮油盐禽蛋等重要商品价格的监测和预警，保障重要商品供给充裕，确保市场通道顺畅，抑制通胀预期。完成农产品成本调查任务，及时准确完成市物价局安排的相关测算、调查工作。

【价费管理】 调整农村道路班车客运票价等收费，核定梁平枫叶国际学校学费标准，启动物业收费前期工作。推进公立医院综合改革，调整诊察费等439项医疗服务项目价格，建立城区居民用水、用气阶梯价格制度。加强价格政策宣传，及时公布重要商品价格和收费标准，现场处理顺盛依山郡等多起物业纠纷信访问题，对商品房销售明码标价、旅游市场等价格等进行检查。

【价格执法】 加强民生价格监管，维护群众合法权益；加大节假日市场价格行为监管，对旅游景点、教育、药品、交通、天然气价格等巡查，进一步规范价格行为；开展涉企涉农收费专项检查工作；畅通民意诉求渠道，全区“12358”价格监管平台全年共受理价格举报53件，价格咨询28件，办结率100%。

【价格认定】 围绕“服务司法、服务政府、服务社会、服务系统”宗旨，稳妥开展价格认定服务。全年共办理涉案财物价格认定146件，涉及标的金额93万元，认定物品900余种，为行政执法机关、公安等司法部门办案提供了合理、科学、实用的价格参考依据。 （区发展改革委）

质量技术监督

【概况】 重庆市梁平区质量技术监督局（以下简称区质监局）是负责梁平区质量技术监督工作，贯彻执行有关质量技术监督的法律、法规、规章和方针政策，负责质量管理、组织实施质量发展、政府质量奖励制度，推进和实施品牌发展战略，产品质量监督、计量监督管理、标准化工作、认证认可监督管理、特种设备安全监察工作、质量技术监督行政执法工作的综合管理和行政执法部门。全局共有行政编制（含行政执法专项编制）18个，其中机关后勤服务事业编制2个；2017年年底在职行政编制人员18人，其中在职机关后勤服务人员2人；全局有中共党员17人。局内设办公室（监察室）、法制科（行政许可管理科）、质量科（标准化管理科）、计量科（认证认可监督管理科）、特种设备安全监察科5个科室和1个直属行政机构（重庆市梁平区质量技术监督执法大队，负责查处本地区违反质量技术监督法律法规的行为；办理质量技术监督行政处罚案件；负责有关质量技术监督的举报投诉工作）。

【质量管理和名牌产品申报】 一是积极作为，获得政府高度重视。年初区政府常务会专题传达学习全市工商质监食药监会议精神，区政府组织召开全区工商质监食药监工作会议，对提升产品质量、实施品牌战略作出重要部署；积极争取区政府制定企业质量品牌提升相关奖励措施，《重庆市梁平区创新驱动奖扶办法（试行）》对企业获得质量相关奖项和品牌培育工作明确了奖励措施和标准；将质量工作纳入对全区33个乡镇（街道）经济社会发展实绩考核，定期向区政府上报区域质量分析报告；组织召开2017年全区质量工作联席座谈会，形成政府主导、企业主体、部门协作和社会参与相结合的大质量工作格局。二是加强服务，助力企业质量提升。加大品牌培育力度，组织企业参加市质监局举办的名牌培育等培训，指导3家企业申报重庆名牌产品和知名产品，有2家企业获得重庆名牌产品、1家企业获得重庆知名产品称号。开展质量强园质量提升活动，与工业园区签订《深化质量强园促进质量提升》合作备忘录，印发《关于深化质量强园促进质量提升的通知》；召开企业质量技术服务座谈会，现场进行企业质量技术服务需求调查；组织3家企业开展以QC小组活动为主的质量改进和质量攻关活动，带动1家企业建立质量成本统计制度和成本费用台账；开展全区企业质量技术服务需求调查和全区工业企业数据清理工作，摸排工业企业1039家；严格对全区5家工业产品生产许可证和2家食品相关产品获证企业进行证后监管，完成获证企业的年审工作。三是广泛宣传，营造良好实施氛围。以“3·15”“质量月”等活动为契机，积极开展“质量进园区”“质量进社区”“质量进校园”等宣传培训活动，发放质量知识小手册2000余份；邀请质量管理专家进园区宣贯培训新版质量管理体系标准；组织企业学习中共中央、国务院《关于开展质量提升行动的指导意见》和新的《中华人民共和国标准化法》；同时在区电视台和梁平报大力宣传局组织开展的质量强区活动和质量安全知识等公益广告10余条，营造了全民参与质量建设的良好氛围。

【计量管理】　一是组织免费检定惠及民生。联合区卫计委等相关单位开展全区乡村社区医疗计量设备免费检定工作，累计共检测乡镇卫生院32家，社区卫生服务中心2家，村卫生室458家，检定计量器具1686台件，乡镇（街道）卫生院检定合格率98.11%、村卫生室检定合格率97.04%，顺利通过验收组考核。主动向区委、区政府书面报告了2015－2017年梁平区乡村社区医疗计量设备免费检定工作情况，得到区领导的高度肯定。二是加强监督检查保障民生。开展民用三表专项监督抽查工作，对“民用三表”强检计量器具实行重点监控；对全区2家出租车运输公司174台件出租车计价器、36家加油（气）站198把加油（气）枪、2家批发市场2台公平秤和30台电子台秤进行了监督检查；对8家衡器销售门市、2家大型超市、11家快递公司进行了现场执法检查；不定期对辖区内部分集贸市场、超市在用电子计价秤进行监督检查。三是开展计量宣传贴近民生。组织计量为民服务队，开展“免费计量检测服务进市场”活动，在社区广场、工业园区企业等地组织开展计量宣传咨询活动，免费发放计量惠民标准砝码20件、计量与民生宣传画500余份，让群众了解计量工作在日常生活中的重要作用，营造全社会关注民生计量、重视民生计量的良好氛围。

【标准化管理】　一是持续深化标准化改革工作。全面实施企业产品、服务标准自我声明和监督制度，结合我区实际，制定《梁平区企业产品标准自我声明公开工作实施方案》，鼓励指导企业参与企业产品标准自我声明公开，指导帮扶蜀达饲料、生搏饲料、平伟实业等14家区重点企业40个标准进行了自我声明公开。二是积极开展“标准化＋服务”行动。主动与区编办、区行管办对接，协调推进政务服务（行政许可）标准化工作，全面规范行政服务行为；主动到工业园区召开2017年“世界标准日”宣传暨标准化工作调研座谈会，树立了标准化建设的标杆单位；深入开展企业标准基础数据清理，对全区有效的71个企业标准建立了电子和纸质档案，完善了企业产品标准备案数据库。三是全面提升标准化水平。引导企业积极参与国内、国际标准化活动，指导重庆平伟实业股份有限公司开展执行标准与国际国内标准的比对、评价和标准助力质量提升行动；组织企业人员参加标准化专业人员资格考试，1人获得初级标准化工程师资格证。指导帮扶重庆百里竹海旅游开发建设有限公司申报市级旅游服务业示范区建设项目。

【认证认可管理】　以认证“双提升”为主线，强化组织领导、细化工作措施，圆满完成认证“双提升”活动37项约束性指标和4项预期性指标。一是抓紧抓实认证服务园区项目。全面开展“认证服务园区”活动，与区工业园区管委会签订《合作备忘录》，建立认证认可常态培训、跟踪帮扶、监督管理等工作协同机制，进一步提升了园区企业认证认可贡献率。2017年园区企业新增质量管理体系认证、环境管理体系认证等各类认证6张证书。二是建立健全区域协作联动机制。与农委联动推进食品农产品认证工作，2017年全区食品农产品认证证书达67个，与2016年同比增长67%。开展检验检测机构交叉内审工作，从检验检测机构中随机抽取具有内审员资格人员分为5个小组，交叉审核检验检测机构技术活动的符合性，验证管理体系运行的符合性和有效性，有效提升了检验检测质量。3家检验检测机构参加市局组织开展的食品、水质、粉煤灰三个项目的能力验证，结果均为满意。三是严格落实监督检查工作。组织辖区内5家检验检测机构开展日常监督检查，对4家强制性产品获证企业和25家自愿性认证企业进行了监督检查和帮扶指导，其中主要领导带队深入辖区内检验检测机构和强制性产品获证企业6次。

【特种设备安全管理】 一是强化组织领导，落实各方责任。与市质监局、区政府签订《特种设备安全生产责任书》，严格按照“党政同责、一岗双责、失职追责”要求，明确局班子成员和科室安全监管工作责任，全年主要领导召开安全生产专题会议5次，带队检查15次，分管安全领导召开安全生产专题会议19次，带队检查35次。同时，强化企业主体责任，与特种设备重点使用单位签订了《特种设备安全生产责任书》，创新推动落实主体责任手段，督促特种设备使用企业实现“三落实、两有证、一检验、一预案”基本要求，主动加强特种设备安全管理，开展安全隐患大排查大整治。二是创新监管方式，重视风险管控。深化特种设备网格化监管，明确各科室人员网格安全监管任务，形成全局人人监管特种设备的工作局面。加强特种设备标准化管理，对全区特种设备使用单位进行分级评定，分类监管，全区22家拥有20台及以上特种设备使用单位标准化全部达到B级以上。建立全区特种设备安全联席会议制度，将特种设备安全纳入各乡镇（街道）安全生产目标考核项目；协助区政府修订特种设备安全事故处置预案，制定八大类设备事故处置预案，督促企业落实具体预案，实现三级预案全覆盖。联合相关部门开展电梯困人应急救援演练，有效提升区特种设备应急救援处置能力。三是狠抓专项整治，落实日常检查。深入开展日常检查及专项整治，做到日常检查和专项行动有布置，工作有方案，检查有记录，隐患有整改，执法有处罚。全年局领导带队，各科室密切配合，共出动检查352人次，检查企业184家，下达《特种设备安全监察指令书》61份，排查整改隐患82起，办理特种设备投诉19件，立案查处特种设备违法案件17件。

【行政执法】 一是深入开展“质监利剑”行动。按照市局执法任务要求，结合区域实际，重点开展了农资（农机）、建材、消防器材、改装车辆、地条钢、儿童玩具、快递行业强检计量器具、食品相关产品、特种设备等专项执法检查，共动执法人员326人次，检查企业70余家次，立案查处各类质量违法案件42件，办结行政处罚案件57件（含上年度转接17件），当场处罚1件，未发生行政复议和行政诉讼案件。全年共办理各类投诉举报38件，办结38件，调解质量纠纷1件。二是加强产品质量监督抽查。对定配眼镜、液化石油气产品、塑料管材及管件生产企业推行“双随机、一公开”监管工作，通过摇号方式确定被抽企业和抽样人员，严格按照抽查规则实施了抽样和检验。按照市局联动抽查工作要求，组织对海螺水泥厂进行工业产品获证企业专项检查，并对其生产的水泥产品进行了抽样送检。三是强化计量及质量相关产品安全。组织到邵新煤矿开展煤矿强检计量器具监督检查，全年共检查4次，巡查率100%，对检查中发现的计量测试数据不一致的违法行为进行了立案调查，罚款1万元。组织对重庆市梁平谢鸭子食品有限公司、重庆香顺调味品有限公司等食品相关产品进行抽样，所抽4个批次产品，经检验结论为合格。

（区质监局）

食品药品监督管理

【概况】 重庆市食品药品监督管理局梁平区分局（简称区食药监分局）设办公室（监察室）、综合科、法制监督科（稽查科）、行政审批科、食品监管一科、食品监管二科、药品监管一科（不良反应监测科）、药品监管二科8个内设科室和梁山街道食品药品监督管理所、双桂街道食品药品监督管理所2个直属监管所，共有在编在职工作人员47人，其中局机关24人，直属监管所23人。

2017年2月，因梁平撤县设区，原重庆市食品药品监督管理局梁平县分局正式更名为重庆市食品药品监督管理局梁平区分局。是负责辖区内食品（生产加工、流通、餐饮环节）、药品、保健食品、医疗器械、化妆品安全监督管理及食品安全综合协调的职能部门。

截至2017年年底，全区共有食品生产企业65家，食品生产加工作坊525家，食品经营单位5253家（其中：食品销售单位2899家，餐饮服务单位2138家，食品摊贩132家，家庭集体宴席餐饮服务经营者84家）；共有药品生产企业1家、药品批发企业4家、药品零售企业286家、三类医疗器械零售企业16家、二类医疗器械零售企业165家；共有涉及化妆品行业企业588家（含美容美发机构、宾馆酒店）。

全年未发生食品药品安全事故。

【法律法规宣传】 2017年通过法制宣传月、“3·31”主题宣传日、食品安全宣传周、药品安全月活动等形式及梁平电视台、《梁平日报》、梁平网、《梁平手机报》、微信公众号、头条号、门户网站、流动宣传车、户外宣传栏、进村入院坝等渠道广泛开展各类宣传活动，发放宣传资料5万余份，投放公益广告66次，悬挂宣传横幅1000余条，利用LED屏播放宣传标语1000余幅次，向群众普及了食品药品法律法规和安全知识，进一步扩宽了食品药品“12331”投诉举报渠道，提高了公众的食品药品安全意识、自我保护意识和依法维权意识。大力开展、积极参与各类食品安全知识竞赛活动，在重庆市食品安全法律知识竞赛中，梁平代表队获得渝东北片区第一名、全市第二名的优异成绩。

【“三品一械”监管】 充分运用日常检查、监督抽检、专项整治、投诉举报等途径查找问题线索，坚持发现一起查处一起，绝不手软的原则，严厉打击食品药品违法违规行为。全年共立案查处违法案件268件，处罚没款118.1万元，向公安机关移送涉刑案件5件，公安机关立案查处2件，刑拘5人，起诉3人，极大打击了食品药品领域违法犯罪行为。

推进示范创建，规范市场秩序　大力推进国家食品安全示范城市创建，先后开展了示范街道、示范商圈、示范街、示范学校、示范户（店）、放心肉菜示范超市的创建以及全面推进明厨亮灶工程，不断加大食品生产经营各环节规范化建设进度，强化食品从业人员食品安全知识、法律法规意识、业务操作技能等教育培训，推进各企业完善内部管控制度，落实进货查验、过程控制、检验检测等各项食品安全管理制度规定。全年共组织企业主体开展约谈2次、培训6次，签订承诺书136份，公示“双随机、一公开”信息257条、案件信息268条，有效引导了市场自我规范、自我提升。

开展“四大行动”，整治风险隐患　深入开展食品药品安全风险隐患大排查大整治大执法大督查“四大行动”，加大监督抽检频次，重点针对群众反应强烈的高风险产品完成监督抽检1000批次，总体合格率96.6%，完成食品快速检测2676组，检测结果异常发现率9.3%，对所有不合格产品均100%进行了后处理。强化对重点行业、重点区域、重点企业、重点产品进行全面风险隐患排查并建立台账针对性整改，共出动执法人员2191人次，执法检查食品药品生产经营企业2890户次，排查出安全风险隐患1816个，确定并最终消除重点风险隐患85个，责令整改食品药品生产经营企业1407户、约谈26户、取缔无证经营7户。

强化专项治理，严查突出问题　2017年先后开展了食品标签标志、非法添加、掺杂使假、使用有毒有害消毒液，高风险食品、校园及周边食品市场、火锅类，药店诊所、易制毒药品、医用氧气、无菌及植入性医疗器械，国产非特殊用途化妆品、非法医疗美容，保健食品虚假宣传等23个专项整治，集中销毁不合格食品20余吨，查处了大米加工企业虚假标注生产信息、食品生产企业非法添加糖精钠、持假冒食品经营许可证销售保健食品等一大批典型案例，有效遏制了“三品一械”行业突出问题。

加大安全保障，确保社会稳定　先后完成了“五一”“国庆”“6·19庙会”“两节”“两会”

“高中考”、大型政务、商务等重大活动期间餐饮服务食品安全保障工作，历次保障均做到24小时驻守监管，全程跟踪保障，确保了无一起安全事故发生。完成了药械不良反应监测工作任务，全年报送药品不良反应660例，为任务数的183%；医疗器械不良事件263例，为任务数的132%；化妆品不良反应63例，为任务数的126%；药物滥用190例，为任务数的100%。

【监管能力建设】

加强综合协调，形成强大监管合力　制发了梁平区《行政执法联动机制实施方案》《餐饮行业服务许可与环保监管协作机制》《基层监管机构规范化建设评分细则》等39个工作文件，与各乡镇（街道）签订责任书33份，建立了地方政府负总责，监管部门各负其责，各方联合行动的责任体系。充分发挥食安委办公室牵头作用，积极组织与区教委联合开展全区教育机构“明厨亮灶”示范工程建设，与区工商分局等9部门联合开展食品、保健食品欺诈和虚假宣传专项整治，与区文化委、区公安局、区卫生计生委联合开展“双随机、一公开”抽查，与区环保局联合开展餐饮企业环保监管等工作，有效强化了部门间协同能力。

健全工作机制，提升监管队伍整体能力　制定印发了《梁平区食品药品安全“十三五”规划》、分局《“两随机一公开”实施细则》《食品违法行为投诉举报奖励办法（试行）》等文件，从总体上安排部署了“十三五”期间食品药品监管工作，执法公开透明、监管全民参与的工作机制逐步形成。全面开展基层食品药品监管机构规范化建设，召开现场工作会，与区政府督查室联合督查落实情况，促使各乡镇自查自纠，提升了监管所硬件配备水平；另一方面以视频会、工作会、轮岗、轮训等形式对执法人员、协管员开展培训，确保每位执法人员参学学时不少于60学时，通过学、帮、带有效提升了监管队伍整体业务水平和监管能力。

优化审批服务，助力食品药品企业提档升级　不断提升行政审批服务水平，认真清理审批事项，完善办事流程，简化许可流程，编制审查细则、办事指南，将城区食品经营许可事项按事权划分下放到对应街道监管所，极大方便了群众办事。不断加强监督检查力度，对全区各乡镇（街道）食药监所审批项目进行全覆盖抽查，严格把好市场准入关口，确保了符合资质的企业进入食品药品市场。全年共受理办结食品药品行政许可2279件，同比增长32%，批量注销到期未延续“食品经营许可证”859个，登记备案食品加工小作坊525家、食品摊贩189家、农村家宴服务提供者290个，全年无一件许可事项超出承诺时限，分局行政审批工作得到了群众的高度认可，行政审批窗口被区行管办评为“人民满意示范窗口单位”。

强化社会监督，巩固社会共治格局　积极引入社会监督机制，大力实施有奖举报制度，广泛向社会公开食品药品举报投诉电话“12331”和局长、所长公开电话，设置举报信箱，自觉接受群众咨询、诉求和公众监督，全年共收到各类网站、“12331”转办、信件等渠道投诉举报119件，均在规定时限内办结回复，办理量同比增长34%，办结回复率100%。继续推行痕迹化监管模式，将每户市场主体许可证件、责任人、监管人员、安全等级等信息上墙公开公示，主动接受社会监督。全面推进政务公开，定期在分局网站公示许可、处罚、抽检等信息，及时曝光企业违法行为，加大对违法企业的社会惩戒。积极引入媒体监督和人大代表、政协委员参政议政，全年多次组织人大代表、政协委员视察调研食品药品安全工作，共提出议提案6件，办结回复率100%。

（区食药监分局）

安全生产监督管理

【概况】　重庆市梁平区安全生产监督管理局为区政府工作部门，在册职工37人。内设办公室、综合协调科（工贸科、巡查科）职业安全健康管理科、矿山安全监管科、危化品安全监管科（行政审批服务科），直属事业单位有重庆市梁平区安全生产监察执法支队（参公）、重庆市梁平区安全生产应急救援指挥中心、矿山管理服务中心。

2017 年 1—12 月全区共发生生产安全事故 17 起、死亡 17 人，同比分别下降 15%、19%。煤矿、建设施工、危化、烟花爆竹、非煤矿山、工贸、消防等行业实现了“零死亡”，连续 41 个月未发生较大事故，全区安全生产形势总体稳定。

【稳步推进供给侧结构改革】 2017 年，加大对 20 家已关闭煤矿巡查力度，全面沟通协调化解遗留问题，实现了“零复燃”“零冲突”的工作目标；强化烟花爆竹生产企业转型，督促 27 家烟花爆竹企业清理库存 42 万件，成立 2 个转型对接工作组，对接 21 家转型企业落地事宜，圆满地完成烟花爆竹生产企业转型发展工作任务；明月山禁建区非煤矿山有序退出，聘请专业机构对 28 家矿山有序关闭，开展社会风险评估，完成 13 家地下矿山安全闭坑报告和 28 家矿山地灾治理报告，28 家矿山企业均已停产关闭。

【扎实推进专项整治】 2017 年，按照市政府安委会《关于印发重庆市安全生产年度监督检查计划制定与实施指导意见的通知》要求，全区 33 个乡镇（街道）、26 个安委会重点成员单位均结合辖区行业实际，制定好本单位年度安全生产监督检查计划并组织实施。全区共排查生产经营单位 24968 家，排查隐患 9466 条，整改 9242 条，下达整改指令 4575 份，行政罚款 1003 万元，关闭企业 6 家，行政拘留 83 人，责令停产停业 24 家。

【提升全民安全素质】 全局进一步加强安全生产宣传教育工作，坚持以加强教育培训为基础，以安全文化创建为载体，以各类新闻宣传媒体为平台，深入开展形式多样、内容丰富的安全生产宣传活动，取得了良好成效。一是加强日常安全生产宣传培训。建立日常化、制度化的培训机制，加强安全生产宣传力度，从安全文化的高度提升宣传品质、实效。共举办非煤矿山、危化、烟花爆竹企业等企业负责人、安全管理人员和特种作业人员等人员培训班 36 期，培训 6000 人，进一步提升了企业安全生产水平。二是注重安全生产信息化建设。以信息化促进公开化，有效提升隐患排查系统、事故统计系统、市安监局网上办事系统等系统的应用能力信息化。抓好网站建设，加强整改、充实和维护，实现了网站建设从无到有，从有到优的跨越提升。三是拓宽宣传渠道，丰富宣传内容。以“安全生产月”为重点，创新宣传手段，拓展宣传载体，在全社会普及安全生产知识，深入开展安全知识进社区、进学校、进企业等“十进”活动。全区开展义务宣传 10 万余人次，发放宣传单、宣传资料、宣传书籍 40 多种共 6 万份；统一印发“打非治违”通告 4 万份，张贴到各乡镇（街道）、社区、交通要道等醒目位置。

【规范行政执法】 区安监局紧紧围绕规范行政权力运行、深化行政审批制度改革等重点工作，不断加强法治建设，完善依法行政工作机制，规范行政执法行为，强力推进依法治安，安全生产领域法治建设工作取得了明显进展。一是建立健全安全生产行政执法责任制度，约束监管执法权力。严格处罚程序及处罚标准，对所有的执法案件，在立案审批、调查取证、处罚告知、作出处罚决定、送达、执行、公布等各个环节，都严格执行程序规定，形成“用制度管人，用制度管事，用制度执法”的良性执法机制。二是规范行政执法自由裁量权和行政执法文书，促进依法行政。强化执法人员法律法规学习，防止行政处罚中执法不公、“同案不同果”“同案不同罚”等损害安监形象的问题，更好地发挥自由裁量权在加强经济社会管理、促进社会公平、提高办事效率等方面的作用。三是开展安全生产诚信体系建设。建立安全生产不良信用记录制度及安全生产诚信“黑名单”制度，把行政执法融入诚信体系，加大违法企业的违法成本，让守法经营、安全生产成为企业的自觉意识。（区安监局）

网言网语·哲理

1.自诊定律:别人都不对,那就是自己的错。

2.馅饼定律:当天上掉下馅饼的时候,小心地上有个陷阱在等着你。

3.错误定律:人们日常所犯的最大错误,是对陌生人太客气,而对亲密的人太苛刻。

4.傻瓜定律:把人家都当傻瓜,那一定是自己傻到了家。

5.吃亏定律:只要你不认为自己吃了亏,别人也就一定没占着便宜。

6.风雨定律:事实证明,感情经得起风雨,却经不起平淡;友情经得起平淡,却经不起风雨!

社会事业

2017年双桂新城区

科技　气象

科 学 技 术

【概况】　重庆市梁平区科学技术委员会（以下简称区科委）是区政府组成部门，主管全区科技创新和知识产权工作。内设综合科、科技创新发展科、知识产权科，机关编制人数7名，在编人数7人。下辖1个事业单位：重庆市梁平区生产力促进中心（重庆市梁平区科技信息服务中心、重庆市梁平区科技金融服务中心），事业编制人数7名，在编人数6名。

2017年，获批建设“国家功率半导体封测高新技术产业化基地”“国家知识产权试点城市”，新获认定国家高新技术企业8家、市级高成长性科技企业3家、市级科技型企业67家、国家知识产权优势企业1家、市级知识产权优势企业2家、国家知识产权“贯标”认证企业2家、市科技创新板挂牌企业1家、市级高端和新型研发机构各1家、高新技术产品45个。科技新闻宣传127次（市级及其以上媒体宣传梁平区科技工作26次）。获区级及以上表彰先进集体、先进个人3项次，承接市委科技创新实绩考核位列同考核组第二位。

【科技政策】　2017年，持续深化科技改革，出台《重庆市梁平区创新驱动奖扶办法（试行）》（创新16条），修订和完善《重庆市梁平区创业种子投资基金管理办法（2017年修订）》《重庆市梁平区科技计划项目和资金管理办法（2017年修订）》《重庆市梁平区专利资助奖励办法（2017年修订）》《重庆市梁平区科学技术奖励办法》，进一步优化了创新创业生态环境。

【科技项目】　2017年获得重庆市级科技计划项目支持11项，为企业争取项目资金2110万元。

梁平区2017年争取上级科技计划项目一览表

序号	项目类别	项目名称	承担单位	资助资金（万元）
1	人工智能技术创新重大主题专项	自主可控功率半导体离散型制造智慧工厂技术开发与示范	重庆平伟实业股份有限公司	200
2		基于QLED柔性显示技术的智能腕表研发及产业化	重庆天胜科技有限公司	100
3	重庆市社会事业与民生保障专项现代农业领域一般项目	竹加工废弃物高效利用技术研究与新产品研发	重庆亿豪活性炭有限责任公司	20
4		优质小型肉鸭良种创新与高效生产技术研究示范	梁平县大舜水禽养殖专业合作社	20
5	水产星创天地科技创新项目示范	水产繁育车间自循环早繁系统升级与应用	重庆红泥生态农业发展有限公司	20

续表

序号	项目类别	项目名称	承担单位	资助资金（万元）
6	重庆市农业科技成果转化项目	梁平现代渔业科技园区奖励性后补助项目	梁平县鸿韵渔业有限公司、重庆市同盟农业开发有限公司、重庆天歌农业综合开发有限责任公司、重庆回味食品有限公司、重庆润丰农业开发有限公司、梁平县园坝泥鳅专业合作社	50
7	“三高合一”专项	市级新型高端研发机构	重庆平伟伏特集成电路封测应用产业研究院有限公司	1000
8	新型研发机构专项	市级高端研发机构	重庆巨源阿洛一新材料开发有限公司	50
9	重庆市创新创业示范团队培育计划项目	卤制食品加工创新创业团队	重庆巨源不锈钢制品有限公司	30
		新森宝创新创业团队	重庆市新森宝科技有限公司	30
		重庆巨源合金材料及制品开发创新创业团队	重庆市原卤食品有限公司	30
10	高新技术企业奖励	高新技术企业科技创新券奖励	重庆市胡特建材有限公司、重庆利财管道有限公司、重庆市久三建材有限公司、重庆名正电子有限公司、重庆悦光钢化玻璃有限公司、重庆天胜电子有限公司、重庆市都梁实业有限公司、重庆东创机械有限责任公司	160
11	创业种子投资基金	重庆市梁平区创业种子投资基金	—	400
合计				2110

【创新奖扶】 2017年，设立创新发展基金1000万元，支持实施8个大数据智能化重点创新项目、工业旅游创新等项目，对新获批认定的2家市级高端和新型研发机构、45个高新技术产品、8户高新技术企业、3户市级高成长性企业、61户入库市级科技型企业、1户重庆市OTC科创板挂牌企业实施了奖扶。

【科技金融】 2017年，组建2000万元区种子基金（其中市财政出资800万元，区政府出资1200万元）。成功举办“重庆市梁平区第二届创新创业大赛”“重庆市梁平区创业种子投资基金项目优选会（第一期）”，累计以免息信用贷款1200万元支持28个企业（团队）创新创业。

【科技成果】 2017年，梁平区创造并在“国家科技成果登记系统”登记科技成果42项。

2017年梁平区科技成果登记一览表

序号	科技成果名称	成果完成单位	成果登记号
1	高着色性醇酸漆料及其应用	重庆知德文化传播有限公司	梁平科成字2017Y001
2	高着色性醇酸漆料	重庆知德文化传播有限公司	梁平科成字2017Y002

续表

序号	科技成果名称	成果完成单位	成果登记号
3	打孔注盐水机	重庆市原卤食品有限公司	梁平科成字 2017Y003
4	鸭子修剪分割操作平台	重庆市原卤食品有限公司	梁平科成字 2017Y004
5	发泡解冻机	重庆市原卤食品有限公司	梁平科成字 2017Y005
6	强力除水机	重庆市原卤食品有限公司	梁平科成字 2017Y006
7	破蛋机	重庆市原卤食品有限公司	梁平科成字 2017Y007
8	卤渣分离机	重庆市原卤食品有限公司	梁平科成字 2017Y008
9	带受力缓冲的 pin 针	重庆捷尔士显示技术有限公司	梁平科成字 2017Y009
10	VA 液晶显示装置	重庆捷尔士显示技术有限公司	梁平科成字 2017Y010
11	车用液晶显示仪表系统	重庆捷尔士显示技术有限公司	梁平科成字 2017Y011
12	一种新型液晶显示器	重庆捷尔士显示技术有限公司	梁平科成字 2017Y012
13	LCD 高温固化篮具	重庆捷尔士显示技术有限公司	梁平科成字 2017Y013
14	防止静电花屏的 LCD 结构	重庆捷尔士显示技术有限公司	梁平科成字 2017Y014
15	网络变压器电性参数测试仪	重庆天胜电子有限公司	梁平科成字 2017Y015
16	网络变压器烘干箱	重庆天胜电子有限公司	梁平科成字 2017Y016
17	网络变压器取件器	重庆天胜电子有限公司	梁平科成字 2017Y017
18	网络变压器测试夹具	重庆天胜电子有限公司	梁平科成字 2017Y018
19	网络变压器清洗装置	重庆天胜电子有限公司	梁平科成字 2017Y019
20	网络变压器测试机分件器	重庆天胜电子有限公司	梁平科成字 2017Y020
21	利用 20PIN 变压器综合测试仪测试 24PIN 变压器的装置	重庆天胜电子有限公司	梁平科成字 2017Y021
22	钻孔打桩一体机上的高压离心式风机吸尘系统	重庆宏工工程机械有限责任公司	梁平科成字 2017Y022
23	一种带护栏清洗装置的多功能路面清扫车	重庆宏工工程机械有限责任公司	梁平科成字 2017Y023
24	一种多功能路面清扫车	重庆宏工工程机械有限责任公司	梁平科成字 2017Y024
25	自上料液压搅拌机	重庆宏工工程机械有限责任公司	梁平科成字 2017Y025
26	车载式路桩工程一体机	重庆宏工工程机械有限责任公司	梁平科成字 2017Y026
27	不锈钢制管机焊缝内保护装置	重庆巨源不锈钢制品有限公司	梁平科成字 2017Y027
28	不锈钢圆管抛光的限位装置	重庆巨源不锈钢制品有限公司	梁平科成字 2017Y028
29	旋转圆管夹紧装置	重庆巨源不锈钢制品有限公司	梁平科成字 2017Y029
30	自动抛光装置	重庆巨源不锈钢制品有限公司	梁平科成字 2017Y030
31	不锈钢焊管机防焊缝氧化装置	重庆巨源不锈钢制品有限公司	梁平科成字 2017Y031
32	一种便于清洗的管材夹具	重庆巨源不锈钢制品有限公司	梁平科成字 2017Y032
33	一种圆管夹具	重庆巨源不锈钢制品有限公司	梁平科成字 2017Y033
34	防滑钢带吊具	重庆巨源不锈钢制品有限公司	梁平科成字 2017Y034
35	一种钢管夹具	重庆巨源不锈钢制品有限公司	梁平科成字 2017Y035
36	一种外加可调磁场的氩弧焊枪	重庆巨源不锈钢制品有限公司	梁平科成字 2017Y036
37	钻孔打桩一体机除尘系统	重庆宏工工程机械有限责任公司	梁平科成字 2017Y037
38	智能打钻一体机	重庆宏工工程机械有限责任公司	梁平科成字 2017Y038

续表

序号	科技成果名称	成果完成单位	成果登记号
39	带压路装置的行走式液压搅拌机	重庆宏工工程机械有限责任公司	梁平科成字 2017Y039
40	智能型螺杆式打钻一体机	重庆宏工工程机械有限责任公司	梁平科成字 2017Y040
41	加导料槽的滚桶式搅拌机	重庆宏工工程机械有限责任公司	梁平科成字 2017Y041
42	白夹竹栽培技术规程	重庆市梁平区林木种苗和林业科技站	梁平科成字 2017R042

【科技平台】 2017 年，获批认定的重庆市级新型研发机构 2 个，共获得市财政一次性补助资金 1050 万元。

2017 年重庆市科委认定新型研发机构一览表

序号	单位名称	认定类型	补助资金（万元）
1	重庆平伟伏特集成电路封测应用产业研究院有限公司	重庆市新型高端研发机构	1000
2	重庆巨源阿洛一新材料开发有限公司	重庆市新型研发机构	50

【高新技术企业】 2017 年，梁平区新获批认定国家高新技术企业 8 家，每家企业获得市财政一次性后补助资金 20 万元。

2017 年新获批国家高新技术企业名单一览表

序号	企业名称	证书编号	补助资金（万元）
1	重庆名正电子有限公司	GR201751100081	20
2	重庆市都梁实业有限公司	GR201751100136	20
3	重庆市胡特建材有限公司	GR201751100184	20
4	重庆利财管道有限公司	GR201751100629	20
5	重庆东创机械有限责任公司	GR201751100681	20
6	重庆悦光钢化玻璃有限公司	GR201751100682	20
7	重庆市久三建材有限公司	GR201751100737	20
8	重庆天胜电子有限公司	GR201751100829	20

【科技型企业】 2017 年，梁平区新增纳入“重庆市科技型企业信息管理系统”统一管理的企业 67 家，每家企业获得市科委 2 万元科技创新券。

2017 年梁平区纳入重庆市级科技型企业一览表

序号	企业名称	科技创新券（万元）
1	重庆名正电子有限公司	2

续表

序号	企业名称	科技创新券（万元）
2	重庆好地生农业有限责任公司	2
3	重庆市尧龙农业开发有限公司	2
4	梁平县光华米业有限责任公司	2
5	梁平县瑞予农业有限公司	2
6	重庆宏跃农业开发有限公司	2

续表

序号	企业名称	科技创新券（万元）
7	重庆乐农生态农业综合开发有限公司	2
8	梁平县大湾农业开发有限公司	2
9	重庆东创机械有限责任公司	2
10	重庆市国盛包装有限责任公司	2
11	梁平大北农饲料科技有限责任公司	2
12	重庆市木缘坊工艺品有限公司	2
13	重庆市塑佳包装有限公司	2
14	重庆德财科技有限公司	2
15	重庆市冠美廷陶瓷有限公司	2
16	重庆梁山群星装饰建材有限公司	2
17	重庆强泰砂轮制造有限公司	2
18	重庆初方休闲用品有限公司	2
19	梁平县富奎外墙装饰材料制造有限公司	2
20	重庆天胜科技有限公司	2
21	重庆融康彩印包装有限公司	2
22	重庆明乾农业开发技术有限公司	2
23	重庆市蜀达饲料有限公司	2
24	重庆明辉动霸科技有限公司	2
25	重庆市秀峰教学设备有限公司	2
26	重庆天戈陶瓷有限公司	2
27	重庆锦盈合成树脂瓦有限公司	2
28	重庆凯美塑料有限公司	2
29	重庆市江骏阳科技有限公司	2
30	重庆市鹏宇五金制品有限责任公司	2
31	重庆巨源阿洛一新材料开发有限公司	2
32	重庆市龙滩梁平柚开发有限公司	2
33	重庆浩涌粘胶制品有限公司	2
34	梁平县天云米业有限责任公司	2
35	重庆市浩盛新能源有限公司	2
36	重庆市爱河花谷农业开发有限公司	2
37	重庆康调农业科技有限公司	2

续表

序号	企业名称	科技创新券（万元）
38	梁平县鸿韵渔业有限公司	2
39	重庆市林丰家具制造有限公司	2
40	重庆市鸿琦无花果开发有限公司	2
41	重庆市志仁科技有限公司	2
42	重庆市慧平管业有限公司	2
43	重庆富邦中小企业服务有限公司	2
44	重庆今心实业有限公司	2
45	重庆两颗豆农业科技发展有限公司	2
46	重庆润丰农业开发有限公司	2
47	梁平县玉竹竹木工艺有限责任公司	2
48	重庆市梁平区金钥匙科技有限公司	2
49	梁平县回味食品有限公司	2
50	梁平县喻强电子元件加工有限公司	2
51	梁平县品之山农牧科技有限公司	2
52	重庆市丽新科技有限公司	2
53	重庆悦光钢化玻璃有限公司	2
54	重庆奥丽特建材有限公司	2
55	梁平县龙安生态农业开发有限公司	2
56	梁平县佳美农业发展有限公司	2
57	重庆庆丰种业有限责任公司	2
58	梁平县吉龙混凝土有限公司	2
59	重庆市福德食品有限公司	2
60	重庆文康食品有限责任公司	2
61	重庆市梁平区冠香食品有限公司	2
62	重庆拉土拉现代农业有限公司	2
63	重庆市袁驿豆制品有限责任公司	2
64	重庆市柏涛钢具有限公司	2
65	重庆卓果节能建材有限公司	2
66	重庆惠成竹业有限公司	2
67	重庆香香嘴农业科技有限公司	2

【高新技术产品】 2017 年，梁平区新获国家“高新技术产品（服务）”认定45 个。

2017 新获批国家高新技术产品（服务）认定一览表

序号	单位名称	产品名称	产品证书号
1	重庆平伟实业股份有限公司	TMBF306L Low VF 桥式整流器	2018A1490
2	重庆平伟实业股份有限公司	GS3MBF 贴片二极管	2018A1491
3	重庆平伟实业股份有限公司	S07MH 贴片二极管	2018A1492
4	重庆平伟实业股份有限公司	TMBFR310 快恢复桥式整流器	2018A1493
5	重庆平伟实业股份有限公司	SB5200 肖特基二极管	2018A1494
6	重庆平伟实业股份有限公司	8N10GR 场效应晶体管	2018A1495
7	重庆平伟实业股份有限公司	PS20U300BS 肖特基整流二极管	2018A1496
8	重庆平伟实业股份有限公司	DSS34 贴片肖特基二极管	2018A1497
9	重庆平伟实业股份有限公司	GBPR410 快恢复桥式整流器	2018A1498
10	重庆平伟实业股份有限公司	UF86 快恢复整流二极管	2018A1460
11	重庆平伟实业股份有限公司	20N06G 场效应晶体管	2018A1468
12	重庆平伟实业股份有限公司	7N70GS 场效应晶体管	2018A1469
13	重庆平伟实业股份有限公司	SS34A 表面贴装肖特基二极管	2018A1481
14	重庆平伟实业股份有限公司	SB5100L 肖特基二极管	2018A1482
15	重庆平伟实业股份有限公司	SH56B 表面贴装二极管	2018A1484
16	重庆平伟实业股份有限公司	SS5T10B 表面贴装二极管	2018A1486
17	重庆平伟实业股份有限公司	GBU1006L 桥式整流器	2018A1475
18	重庆天胜电子有限公司	网络变压器测试机分件器	2018A1483
19	重庆天胜电子有限公司	网络变压器烘干箱	2018A1485
20	重庆天胜电子有限公司	网络变压器测试夹具	2018A1487
21	重庆天胜电子有限公司	SH－03 型接口网络变压器	2018A1454
22	重庆天胜电子有限公司	21T－6NL 型隔离网络变压器	2018A1455
23	重庆天胜电子有限公司	TSEE－70 型高频网络变压器	2018A1462
24	重庆宏工工程机械有限责任公司	轮式多功能液压搅拌机	2018A1472
25	重庆宏工工程机械有限责任公司	路桩一体机	2018A1474
26	重庆宏工工程机械有限责任公司	多功能道路清扫车	2018A1478
27	重庆巨源不锈钢制品有限公司	高精度不锈钢螺纹管	2018A1464
28	重庆巨源不锈钢制品有限公司	薄壁不锈钢印花圆管	2018A1466
29	重庆巨源不锈钢制品有限公司	新型不锈钢防护栏连接件	2018A1477
30	重庆市新森宝科技有限公司	泡沫板、泡沫型材保护剂	2018A1463
31	重庆市新森宝科技有限公司	改性增强三聚氰胺甲醛树脂	2018A1465
32	重庆市咪兔实业有限公司	MT160 型带语音显示功能的毛绒玩具	2018A1479
33	重庆市咪兔实业有限公司	MT159 型可旋转毛绒玩具	2018A1480
34	重庆市咪兔实业有限公司	带摄像头的毛绒玩具	2018A1488
35	梁平县丰疆生物科技有限公司	有机－无机复混肥料（20－5－5）	2018A1456
36	梁平县丰疆生物科技有限公司	高温发酵有机肥	2018A1457

续表

序号	单位名称	产品名称	产品证书号
37	梁平县丰疆生物科技有限公司	有机－无机复混肥料（13－5－7）	2018A1458
38	梁平县丰疆生物科技有限公司	有机无机复混肥料（10－4－8）	2018A1459
39	梁平县丰疆生物科技有限公司	有机－无机复混肥料（15－5－5）	2018A1461
40	重庆市慧平管业有限公司	高压自紧式法兰（HP－03）	2018A1471
41	重庆市慧平管业有限公司	Q671N 型球阀	2018A1473
42	重庆悦光钢化玻璃有限公司	钢化夹层安全节能玻璃	2018A1467
43	重庆自勇科技有限公司	绝缘穿刺线夹	2018A1470
44	重庆利财管道有限公司	PE 双壁波纹管	2018A1476
45	重庆市久三建材有限公司	快装防滑地板	2018A1489

【科技合作】 2017 年，围绕培育和发展特色工业集群和特色效益农业，广泛开展科技合作和引资引智。柔性引进集成电路、生态塑料、绿色食品加工、机械制造等行业高层次人才 34 名。邀请中科院郝跃院士、中国电子元件行业协会理事长温学礼、中国半导体行业协会常务副理事长兼秘书长徐小田、中国电子学会副理事长刘汝林等国家级半导体专家，莅临梁平区指导加快建设国家功率半导体封测高新技术产业化基地。推动平伟实业、天胜科技、宏工工程机械、张鸭子食品等企业与中科院、清华大学、西安电子科技大学、重庆大学、重庆邮电学院、重庆理工大学、西南大学等高校科研院所深度合作，柔性引进以郝跃院士、唐孝生、孙宽、张毅、黄义教授等为代表高端人才及其团队，为产业和企业发展提供人才和技术支撑。重庆市新森宝科技有限公司“新森宝创新创业团队”、重庆巨源不锈钢制品有限公司“重庆巨源合金材料及制品开发创新创业团队”和重庆市原卤食品有限公司“卤制食品加工创新创业团队”3 个团队纳入“重庆市创新创业示范团队培育计划”。开展科技引资引智，聚力建设“重庆国家功率半导体高新技产业化基地”，策划集成电路引资项目 15 个，签订集成电路产业引资项目合同 12 个，合同引资 23.2 亿元，到位资金 10.62 亿元。

【重大科普活动】

知识产权宣传　2017 年，以“创新创造改变生活，知识产权竞争未来”为主题，扎实开展知识产权周集中宣传活动。活动周期间，全区各部门、单位、乡镇（街道）结合实际开展了宣传活动，共展示专利产品 60 余件、侵权产品 16 种、假冒伪劣商品 21 种；现场接受咨询 1000 余人次，参与活动的达 2000 余人次；开展知识产权执法维权“雷霆”“护航”等专项行动 2 次，出动执法人员 54 人次；邀请市知识产权局领导和相关专家到梁开展集中专题培训 2 次，培训和宣传知识产权质押融资、“贯标”和知识产权保护知识。

科技创新宣传　2017 年，以“科技强国·创新圆梦”为主题举办“科技活动周”，开展贴近实际、贴近生活、贴近群众的创新成果展示、科技知识宣传、科技魅力体验等丰富多彩的群众性科普活动。活动周期间，发放资料 4.3 万份，展示实验设备 400 余件，开展各类技术培训百余场次，接受企业、群众咨询 3 万余人次，整个活动被重庆市科委评为二等奖。以“双创促升级，壮大新动能”为主题举办“双创活动周”，组织开展双创成果展示、辅导培训、项目管理服务、科技型企业培育与知识产权提升工程培训、研发机构建设与观摩等活动。活动周期间，举办双创培训及讲座 5 次，印发宣传资料 1 万余份、宣传画

1200余张，受教育群众达2万余人。

【知识产权】　积极倡导创新文化，强化知识产权创造、保护和运用，进一步提升企业知识产权综合管理能力，增强知识产权保护和维权意识。全区申请专利882件，同比增长82%（其中发明专利151件，同比增长25%），申请国际专利2件；获得专利授权338件，同比增长12.6%，（其中发明专利15件，完成年度计划140%）；全区有效发明专利达71件，万人有效发明专利密度达1.09件/万人，区域创新能力、创新质量持续提高。进一步优化知识产权发展环境，兑付2016年下半年专利资助奖励金55.7万元和2017年上半年专利资助金44.02万元。提升知识产权管理能力，新培育并获得“国家知识产权优势企业”认定1家、“市级知识产权优势企业”认定2家、国家知识产权“贯标”认证企业2家（占全市的1/5），实施知识产权区域布局试点工作，指导5家企业完成知识产权风险防控和专利导航分析，1家企业获得专利质押融资200万元，全区累计达到900万元。加大知识产权维权执法力度，联合区工商局、食药监局等打击侵犯假冒工作领导小组成员单位，集中开展商贸流通领域专利执法专项检查4次，检查商品210余件，依法查处销售假冒专利产品案件2起。获得2017年度全市国家知识产权试点建设考核优秀。

（区科委）

气　象

【概况】　重庆市梁平区气象局前身为民国27年（1938年）国民党空军总站建立的梁山县空军总站测候班，经几次更名后为梁山县508气象台，直至1949年解放前夕撤销。1951年11月1日成立中国人民解放军西南军区气象处梁山气象站，以后曾多次更名，1990年9月1日恢复为梁平县气象局，2017年2月更名为重庆市梁平区气象局，为国家基本气象站。重庆市梁平区气象局为中央直属事业单位，由重庆市气象局和地方人民政府双重领导，并实行双重财务体制。

机构设置　气象管理机构2个：办公室（法规科）、防灾减灾科（人工影响天气办公室）；直属业务单位2个：气象台（地面气象观测站）和气象服务中心；地方气象业务机构2个：重庆市梁平区自然灾害预警预防管理中心（重庆市梁平区突发事件预警信息发布中心）、重庆市梁平区防雷中心。

岗位配备　由国家气象事业编制人员、地方气象事业编制人员、编制外聘用人员共同组成。2017年全局职工总数28人，其中在职职工20人，离退休职工8人。

基本职能　一是行政管理职能，主要是负责气象灾害防御管理、突发事件预警信息发布平台运行管理、防雷减灾管理、人工影响天气管理、气候可行性论证、气象探测和资料管理、气象预报管理、气象服务管理、气象科普宣传、气象执法检查和监督、气象灾害敏感单位认证等社会职能的管理以及局内党务、政务、气象文化建设、气象宣传、计划财务、后勤服务等内部事务的管理。二是业务职能，主要是承担基本气象业务和公共气象服务工作；开展综合气象观测、灾害性天气监测、气象预报预警工作；开展决策气象服务、公众气象服务、专业专项气象服务，发布突发事件预警信息；开展人工影响天气、气象灾害调查、气象灾害风险区划、气象灾害评估工作；开展防雷安全管理、防雷灾害调查等气象服务工作。

【气象服务】

气象现代化建设　投入资金对全区71个区域站、山洪站进行维护、维修，完成本局新型自动站和国家骨干区域站、山洪站的升级改造，建成2个自动土壤水分站（金带、虎城），实施梁平国家气象观测站的综合改造，为气象数据传输质量提供了保障。

测预报服务　一是较为准确的修订了长期气候趋势预测：共发布2017年今冬明春、春季、汛期、盛夏、三秋气候趋势预测。准确预测了冬暖、无春旱、旱涝并重、三秋低温连阴雨等主要气象灾害。二是及时准确的预报2次强降温、8次暴雨天气、4段低温连阴雨天气过程。三是报送决策服务材料335期。四是乡镇公众天气预报综合质量64.1分排名全市第三。

【防灾减灾管理】

规范预警平台管理，提高平台服务效益　一是区政府印发《重庆市梁平区预警信息发布响应监控制度的通知》，实行乡镇（街道）工作站预警响应考核或通报管理，以突发事件预警信息发布平台为抓手，加强气象灾害预警预防综合管理、气象灾害安全监管，发挥预警平台最大功能和效益。二是利用气象预警LED显示屏、气象微信、短信，借力“三报一客户端、一微信”等媒介，实现灾害性天气及生态气象服务及时推送和气象信息区、乡镇（街道）、村社区、市民全覆盖。今年共发布预警短信485条，接收3003081人次。三是及时发布灾害性天气预警信号，共发布预警信号120次，短临预警信息30次，其中暴雨13次、大风3次、雷电20次、大雾6次、高温17次、森林火险4次。

积极发挥人影作用和效益　严格执行人工影响天气工作制度和流程，对所有作业人员进行作业培训2次，运用人工影响天气综合指挥管理平台，积极开展人工增雨作业，围绕增雨防雹、水库蓄水开展人影作业9次，发射火箭弹22枚。推进柏家镇桂花村固定炮站建设，目前已进入竣工结算阶段。加强人影弹药库储存运输管理，按要求将人影弹药存入民爆仓库，使用民爆物品专用车辆运输弹药，确保人影弹药安全。

开展标准化气象灾害防御乡镇创建工作　制定印发《2017年梁平区“标准化气象灾害防御示范乡镇（街道）”建设实施方案》。召开2017年标准化气象灾害防御乡镇建设暨气象信息员培训会议，对参会人员70余人进行预警平台操作培训、标准化气象灾害防御乡镇建设培训，并与相关乡镇签订了创建指导协议书，。7月中旬对申报乡镇组织中期培训，9月共组织27个乡镇申报市级标准化气象灾害防御乡镇。

防雷安全管理工作　按照《重庆市梁平区优化建设工程防雷许可及安全监管实施方案》，完成与建委的建设工程防雷安全监管的移交及后续工作，双重财务体制协调取得明显进展。全面深入开展大排查大整治大执法工作。下达整改指令，实施行政处罚0.1万元，对重点安全隐患实施挂牌跟踪监督管理，坚决消除一切安全隐患。

【服务主基调】　一是发展智慧农业气象服务，开展标准化农业气象服务区县建设。建立新型农业经营主体服务群组，建立本区农业气象服务监控子平台，建立本地精细化平台专家库并有专家服务产品，在全区推广使用农业气象精细化智能服务平台和智慧农业气象服务手机APP通用版。二是开展梁平国家田园综合体（农田湿地）生态气象保障试点。主动向市气象局的有关处室汇报对接，已为梁平区国家田园综合体（农田湿地）建设提供优化选址及风向可行性报告。区气象局联合重庆市气候中心组织专题团队正在开展重庆市梁平区国家田园综合体（农田湿地）论证及综合影响评估报告前期技术攻关，取得了阶段性成果。三是加大与区农委、规划、环保、旅游等部门协调，正制定重庆市梁平区国家田园综合体（农田湿地）生态文明气象保障实施方案，主要内容有：国家田园综合体生态气候监测站，人工影响天气作业炮站建设，气象科普体验式互动基地，国家田园综合体生态文明气象旅游保障服务系统，国家田园综合体生态文明气象旅游预警预报发布系统。　（区气象局）

档案 史志

档案地方志

【概况】 梁平区档案局（馆）为区政府直属事业机构，主管全区档案、地方志工作。内设办公室、档案管理科、档案馆务科和地方志科，人员编制11名，科室负责人4名，现有在职职工11人。

2017年，区档案局（馆）深入贯彻执行党的十八大以来习近平总书记系列重要讲话精神，坚持围绕中心服务大局，以加大档案、地方志服务力度，规范档案、地方志业务，丰富馆藏内容，挖掘档案和地方志资源为主线，推进全区档案、地方志事业持续健康发展。全年档案、地方志工作取得新成果。被重庆市地方志办公室表彰为“2017年度地方志工作先进单位”。

【党建工作】 全局（馆）形成了党组书记带头抓、党组成员分工抓、全体党员共同抓的党建工作格局，将党建工作和业务工作一起部署、检查、考核，相互促进、协调发展。认真开展“两学一做”学习教育；深入学习贯彻党的十八届六中全会、习近平总书记十九大讲话精神及系列重要讲话，组织学习11次，使“两学一做”学习教育常态化制度化。

【三城同创】 全局（馆）安排专项资金和专门人员进行三创工作：主要领导亲自参与责任楼院坝会进行宣讲，多方筹措落实整改资金；分管领导带队进行入户宣传、交通文明劝导、街道安全巡逻。

【扶贫攻坚】 积极参与帮扶村组、制定帮扶人员脱贫方案，认真落实帮扶资金，监督、指导贫困户脱贫，做好节日慰问等工作。结合实际，积极指导精准扶贫档案收集、整理工作。

【档案服务】 抓管理，重利用，服务水平再上新台阶，全局（馆）以求真务实的态度、开拓创新的精神，强化服务，依法治档，推动档案、地方志工作再上新的台阶。

【馆藏资料】 2017年，共接收档案42348件，其中永久9206件，长期33142件。共接待群众2416人次，提供档案7200卷。指导邵新煤化公司、天然气公司、龙泉供水公司、汽车49队、盐业公司等5家市属国有企业完成了1083卷退休人员档案的整理、数字化扫描和移交任务。共接待查阅地方志资料300余人次；收集、交换各省、市、地区、县，县志、年鉴及地情书籍100本（册），家谱族谱20多个姓氏。

【基础设施】 对档案馆库房2600余立方米的空间进行了大面积消毒杀虫，经检测，无有害气体残留。对档案馆气体消防系统进行改造，更换原有的卤代烷气体，新安装15处消防设备。

【鉴定著录】 完成《抗战时期梁山地区日军罪行史料汇编》国家竞争性项目，完成馆藏民国25年至民国31年（1936年—1942年）梁山县政府全宗J001－7档案鉴定618卷共20098条。完成馆藏梁山县政府秘书室、军事科、兵役科、参议室、选举所、统计室等6个单位9个目录3817卷民国档案10万条卷内目录的著录、审核、上报任务。

【依法治档】 2017年6月，制定《“双随机一公开”工作实施细则》《随机抽查事项清单》

《双随机检查对象名录库》和《执法检查人员名录库》。12 月，局（馆）采取“双随机”模式对区内 20 个机关、企事业单位进行档案行政执法检查。

【业务指导】 指导林业局规范整理 2007—2016 年天保工程档案 777 卷。指导区移民局规范整理 2010—2015 年文书档案 702 件、移民培训档案 24 卷、三峡移民库区基金项目 31 卷。指导区农业综合开发办公室规范整理 2017 年农业综合开发档案 23 卷。

【精准扶贫档案】 4 月 11 日，与区扶贫办对虎城镇、紫照乡、紫照乡桂香村 2014 至 2016 年精准扶贫各项资料和分户档案进行调研。在调研的基础上，印发《梁平区精准扶贫档案工作实施方案》，对全区精准扶贫档案工作提出了要求。目前，曲水、碧山、柏家、蟠龙、七星等 5 个乡镇已完成 1647 件 50851 页分户档案的整理和数字化扫描工作，双桂街道、星桥、石安、和林等 20 个镇街已完成分户档案的组卷工作。

【年鉴部门志编纂】 认真组织完成《重庆年鉴》编写工作组织搜集资料和及时上报任务。《梁平年鉴》收集资料、整理、组稿等工作。真实记述了梁平县 2016 年全县经济建设和社会事业发展的新变化和新成绩。完成《梁平年鉴》的公开发行工作。指导、督促、编纂完成了《梁平县公安志》（1950—2013）、《梁平县袁驿中心卫生院志》（1951—2016）、《梁平县卫生志》（2004—2014）、《梁平县道路运输管理志》（2006—2017）等部门、行业志的印刷出版工作。

【区情编撰】 根据重庆市地方志办公室的通知精神，积极组织专门人员完成了“梁平区基本概况、特色名胜古迹、非遗文化名录、名优土特产品”资料的搜集、整理和编撰上报工作，不断提高了梁平区的知名度和影响力。

【编写地名成果】 指导、编写完成了梁平县第二次全国地名普查工作“梁平县地名普查”资料的收集、挖掘、整理、编撰、修改、补充和完善工作，系统而准确地显示了全区地名普查成果、地名文化属性信息，并顺利通过重庆市和国家验收。

（区档案局）

党 史 研 究

【概况】 中共重庆市梁平区委党史研究室为中共梁平区委直属正处级参公事业单位，现内设综合科，核定编制 4 人，在职 4 人。主要承担和组织党史研究、党史学习教育、党史宣传、党史纪念活动、党史资料征集、党史咨询、党史业务指导、党史遗址保护和场馆建设等职能，始终发挥“以史鉴今　资政育人”的宗旨。

2017 年，区委党史研究室在市委党史研究室的悉心指导及区委的坚强领导下，紧扣区委中心工作，以资政育人为根本任务，努力传播中国共产党的历史知识、宣传梁平地方党史、展示党史工作成果、交流党史工作经验、征集研究党史资料以及加强党史队伍自身建设，为共建幸福美丽现代新梁平提供智力支持。

【党史编研】 以加强征研、编纂党史为基础，书写梁平党的历史。坚持“党史姓党”，深化党史研究，不断推出有质量的研究成果，根据市委党史研究室统一部署和要求，出版《中国共产党重庆历史大事记·梁平区卷》（1927—2006）；按照“一突出、两跟进”的要求，出版《梁平党史资料汇编》（第二辑）；组织编纂人员赴国家第二档案馆、四川省档案馆、重庆市档案馆及万州区档案馆等，深入调研征集抗损资料，初步完成《梁平区抗日战争时期人口伤亡与财产损失》编撰任务，拟送市委党史研究室审阅。还注重了党史和党的文献资料的征集工作，全年征集人物资料 5 卷，约 4 万字，50 余张图片；征集党的文献资料 14 卷，约 20 万字；完成数字化档案 1200 页，数字化资料 80 万字，图片 364 张，现已完成电子资料库建设。

【党史宣传】 以党史宣传、弘扬主旋律为使命，传播党的历史知识。在建党96周年暨梁平党组织成立90周年之际，一是开展了“学习公仆思想　做人民好公仆”主题党日活动，纪念邓平寿逝世10周年，有序组织了梁平工业园区、区人防办、龙泉供水公司、农业发展银行、正龙社区、石马社区等单位党员干部1200人到邓平寿事迹陈列馆现场观摩学习；还制作了20块邓平寿先进事迹宣传展板，到区农委、区档案局等巡回展出20场次，约3500人次观展。全年还累计接待沙坪坝人防办、垫江党校、忠县组织部、区委组织部、区委宣传部等区内外单位36批次，参观人数1500人次的现场教育。二是联合区消防大队开展了“学党史坚定理想信念、学典型树立人生标杆”建军90周年纪念活动。制作了22块旷继勋烈士宣传展板，供广大官兵现场观摩学习，举办了一场“缅怀英烈高尚风范，继承发扬光荣传统”专题讲座，还与消防官兵一道座谈“学习先烈精神，畅谈革命理想，争当新时代好战士”，引导官兵“学党史·知党情·跟党走”。三是以党史“六进”为抓手，结合区就业创业培训，精心制作《准确把握区情区史　共建美丽幸福现代新梁平》专题讲义和PPT，深入相关乡镇（街道）、村（社区）开展区史区情宣讲15场，受众达1200人次。

【党史遗址保护】 以保护利用、存史育人为目标，大力弘扬红色文化。贯彻落实好习近平总书记“要把红色资源利用好、把红色传统发扬好、把红色基因传承好”的重要指示精神，进一步保护好红色资源。一是新增李大荣烈士墓和李光华纪念亭列为区级革命遗址，制作了革命遗址纪念碑，并启动相关保护措施；二是协助区委党校，做好邓平寿事迹陈列馆搬迁相关工作，主动与区委党校做好对接工作，共同完成邓平寿事迹陈列馆布展相关工作。三是积极参与区博物馆布展工作，对规划方案提出了保护和传承梁平红色历史文化的建议意见，受到了区委领导的高度重视，并及时调整布展方案，留出200平方米展示梁平党史人物。

【党史交流】 一是主动参与了学术交流。《旷继勋来梁山》入选纪念旷继勋诞辰120周年暨中国人民解放军建军90周年学术研讨会论文，并在贵州思南召开的学术研讨会作了题为《缅怀英烈高尚风范　继承发扬光荣传统》的交流发言；二是努力拓宽了学习渠道。派了2名业务骨干参加了全市党史干部培训班，还赴北京朝阳、四川遂宁、巴中、陕西汉中等地交流学习编纂《执政纪要》等党史业务工作，有力提升了党史业务能力和水平。三是积极加强了党史调研。为喜迎党的十九大，深入了解党员领导干部对党史学习的态度和认知情况，在全区各乡镇（街道）、部门内开展了一次党员领导干部党史知识掌握情况问卷调查，共收回有效问卷496份，抽取了248份有效问卷作为问卷分析样本，结合调查对象的个人信息、对中国共产党历史的认知情况和党史知识的掌握情况，撰写了《开门办史　拓展资政育人新空间》调查报告，并被《重庆党史工作》11期全文刊载。

（区委党史研究室）

教育　文化

教　育

【概况】　重庆市梁平区教育委员会是主管全区教育事业和语言文字工作的区政府组成部门，现有10个内设机构：综合科、党建科、基础教育科（区语言文字工作委员会办公室）、体育卫生艺术教育科、职业教育与成人教育科（行政审批科、民办教育科）、组织人事科、规划财务科、审计科、安全稳定科（信访科）、督导室（区政府教育督导室）；教委机关核定行政编制24名、工勤编制1名，实有25名。5个直属事业单位：教师进修学校（重庆市广播电视大学梁平工作站）、教育考试中心（教育服务中心）、教育信息技术与装备中心、教育经费结算中心、学生资助管理中心。区纪委驻区教委纪检组在区教委机关办公。区教育工会在区教委机关挂牌办公。

2017年，梁平教育系统以习近平新时代中国特色社会主义思想为指导，深入贯彻落实党的十九大精神，围绕区委、区政府的统一部署和市教委年度教育工作目标任务，以努力办人民满意教育为宗旨，以深化改革为抓手，迎难而上，开拓进取，全区教育事业持续健康发展。是年，全区有各级各类学校196所，比上年增加8所，增长4.26%；在校学生122706人，比上年减少813人，下降0.66%；有教职工7987人，比上年增加183人，增长2.34%。全区学校占地296.84万平方米，比上年增加9.61万平方米，增长3.35%；校舍建筑面积145.97万平方米，比上年增加7.09万平方米，增长5.1%。全年教育经费总收入156941万元，比上年增加20240万元，增长14.81%；总支出164924万元，比上年增加21592万元，增长15.06%。

【学前教育】　完成第二期学前教育三年行动计划，编制第三期学前教育行动计划。推动创建重庆市学前教育改革发展示范区。加强幼儿园等级动态管理，支持社会力量举办学前教育，学前三年毛入园率达85.5%，普惠覆盖率达94.7%，贯彻落实《幼儿园教育指导纲要》《3—6岁儿童学习与发展指南》《幼儿园工作规程》，推进学前教育科学管理，加强幼儿升入小学在学籍系统中的衔接和管理，指导幼儿园完善全国学籍与资助系统的同步衔接。加强幼儿教师专业的指导和引领，推进幼儿园课程改革，举行“游戏—点亮快乐童年”学前教育主题宣传月活动，防止和纠正学前教育“小学化”现象。

【义务教育】　3月29日，印发《关于做好2017年义务教育招生入学工作的通知》；4月1日，公布全区2017年义务教育招生办法及梁山街道、双桂街道划片招生办法，控制学校招生计划和班额，严禁分重点班和非重点班，健全义务教育阶段学校招生工作公示制度、咨询制度和社会监督制度，实行“阳光招生”，外来务工人员随迁子女符合条件的全部安排到公立学校就读。6月12—14日，8357人参加重庆市2017年初中毕业生学业水平暨普通高中招生考试，将70%的高中招生指标分配到各初中学校，以校划定录取线，6月底，完成高中招生录取及到校报名工作。深化基础教育课程改革，按照课程计划标准开齐、开足、开好各门课程以校本教研为核心，构建有效课堂，加强地方课程和校本课程建设，形成各具特色的课程文化和校园文化。开展义务教育阶段学生综合素质评价，促进学生全面发展。

【特殊教育】　实行特教生免费教育，配备功能室，改善特殊教育学校办学条件，开展康复训练和职业技能培训。基本形成以随班就读为主体、特殊教育学校为骨干的特殊教育体系。特教学校在校学生96人，全区义务教育随班就读残疾学生515人。

【普高教育】 深化普通高中学校课程改革，建设课程基地和精品课程，推进高中特色化发展进程。举行教育教学工作暨课堂教学观摩研讨会和学科新教材培训，提高课堂教学效益。创新高三学生综合素质评价，1月12日，县教科所被市教育评估院评为2015—2016年度普通高中学生综合素质评价工作先进集体，周剑平、蒋开华、罗伦斌、孙平被评为先进个人。加强对高三年级的常规督查与调研诊断，组建高三学科中心备课组，提高高中教学质量。6月7—8日，5299人参加普通高考，重点本科上线1166人、一般本科上线1802人、专科上线2216人。

【职业和成人教育】 制定《关于加快发展现代职业教育的实施意见》《重庆市梁平区推进职业教育校企合作管理办法》。规范中职招生行为，严格招生纪律，全年招生2246人，三年在校生5486人。贯通人才培养通道，530名中职学生参加高职单招和统一高考，514人上线、上线率为97.0%，本科上线114人、上线率21.5%。组织54名师生参加全市第十届中职学校技能大赛，获市级奖26个。推进产教融合和校企合作，向市级信产企业送工190余人，向区级规模以上企业送工540余人。3月8日，市教委同意梁平职教中心试办服装设计与工艺、民族音乐与舞蹈、民族工艺品制作3个专业。5月9日，梁平职教中心被市教委、市人力社保局、市财政局确定为第一批市级中等职业教育改革发展示范学校。5月19日，梁平被教育部、科技部、水利部、农业部、国家林业局、国家粮食局评为第二批“国家级农村职业教育和成人教育示范区”。梁平电大已开设本科专业23个，专科毕业421人，本科毕业183人，在籍学生1700人。开展百姓学习之星、终身学习品牌和社区微课评选推荐活动，11月15日，阳光幼儿园彭菊林被市教委评为“重庆市百姓学习之星”；11月24日，蟠龙镇社区学校被中国成人教育协会和教育部社区教育研究培训中心评为“城乡社区家庭教育特色学校”；12月18日，明达镇社区教育学校教师张晓燕的作品《泥鳅常见病害防治》被市教委评为三等奖。编印《梁平电子商务简明读本》，供全区高二年级学生、村社干部、区委党校培训、职业学校短期培训等使用。

【队伍建设】 争取教育事业编制43名。通过考核招聘、公开招聘等方式补充教师274名。补充城区学校师资105名。委托高校培养小学全科教师99名、学前教育免费师范生5名。健全师德考评体系，印发《梁平区教育系统晋升高中级专业技术职务推荐工作试行办法》《梁平区中小学教职工学年度考核指导意见》《梁平区教育系统事业单位工作人员竞聘上岗实施办法》《梁平区校长教师交流工作实施意见》《梁平区中小学教师交流考核办法》。校长教师交流轮岗290名，其中校级干部26名。考察任用121名干部，调整任免校级干部78人次。职称评定635名。落实重点人才项目计划，持续推进名师工作室和教师工作坊建设，新建中小学教师工作坊8个，招收学员149名。4月12日，黄图伦等12名教师入选渝东北教师发展共同体首批教师培训专家资源库。4月26日，礼让初中校长谭孝君被市委市政府表彰为重庆市先进工作者。探索形成“基于问题—确定主题，名师示范—带动引领，研课磨课—锻造技能，成果展示—树立信心，总结提升—助推校本”的“国培计划”五步培训模式，培训中小学及幼儿教师1051人；10月19日，承办重庆市第一批“国培计划”项目区县2017年工作研讨会。组织实施10个教师培训项目，培训中小学教师2411人次。公需科目培训全覆盖。11月，开展“寻找最美教师”活动；梁山小学等9所学校被列为“中国好老师”公益行动计划基地学校。颜光辉等16名教师被确认为重庆市第九批中小学骨干教师，杨君玲等3名教师被确认为重庆市第三批中小学学科名师，仇晶被确定为第十六批“三峡之光”访问学者。投入资金2698.49万元，发放乡村教师岗位生活补助和乡镇工作补贴，颁发乡村学校教师荣誉证书4157份。

【教育科研】 以校本教研为核心，聚焦过程指导，推动中小学卓越课堂建设。组织中小学（幼儿园）学科研讨47次、教师培训86场、听课指导285节、说课赛课35场；先后组织全区中小学生田径、初中生排球、中小学广播体操通讯赛、城区高中学校男子篮球赛和全区中小学乒乓球比赛、广播体操通讯赛、中小学男女子足球赛；参与并组织梁平区体育比赛开幕式、梁平区第十二届中小学艺术节等。组织评选中小学书法、绘画、合唱、器乐、舞蹈、校园剧等；组织开展重庆市（梁平区）小学生第一届“树人杯·阅读之星”展示活动，推进素质教育，促进学生全面发展。开展课题研究，完成教育部关工委《新时期家庭教育立德树人的综合研究》重点子课题《农村地区留守中小学生家校共育立德树人策略研究》和梁平区科委规划项目《梁平区中小学高效课堂模式研究与应用》研究任务，中小学（幼儿园）课题结题国家级1项、市级7项、区县级18项，组织中小学（幼儿园）申报课题国家级12项、市级8项、区县级15项，目前在研课题73项。调研并出台《梁平区家校共育立德树人课程标准》，指导中小学（幼儿园）研究、建设和实施家校共育课程，组织家校共育区级培训3次。组织教师参加重庆市各类学科、技能大赛，获市级奖46人次、单项奖1人次；教师论文获市级奖1377篇、区级奖2077篇。（区教委）

文　　化

【概况】 重庆市梁平区文化委员会是主管全区公共文化体育事业、发展文化体育产业、传承保护文化遗产、繁荣文艺创作、文化体育行业管理等工作的区政府组成部门。内设综合科、文化科、体育科、产业科、广电科、党建科6个科室，下设图书馆、文化馆、文化遗产保护中心、文物管理所、青少年（儿童）体育学校、文化市场行政执法支队6个委属单位，共有编制64名、实有人员53人。其中，机关行编11名、实有人数11人。

2017年，文化委全力推进双桂城区体育馆、游泳馆、体育场以及梁山城区文化馆、图书馆改建等重点项目建设，成功举办梁平区第一届全民运动会，深入开展文化体育场馆免费低收费开放、送流动文化服务进村等民生工作，抓好优秀传统文化的传承发展，加快文化体育产业发展，不断提升全区公共文化体育服务水平和文化体育产业发展水平。

【文化阵地建设】 梁平区图书馆、文化馆标准化改扩建工程于2017年2月底完成，新文图两馆面积达6000余平方米，改建装修投资1600万元，3月初免费向公众开放。加上原文图两馆面积4500平方米，现老城区文图两馆总面积达到10000余平方米。

【群众文化活动】 2017年，大力推进文化体育惠民工程，投入专项资金240万余元，实施区流动文化服务进村总场次1200余场。开展送图书下乡、进社区、进学校等基层活动100次，免费发放价值约20万元的图书共计18000多册。开展各类讲座与辅导共计200余次，举办了全区基层文化干部和广场舞骨干培训班、非物质文化遗产传承培训等各类免费培训120余期，参与群众达2万余人。开展《公共文化服务保障法》培训100余次，参培人员达6万余人。

【文艺创作】 修订出台梁平区文艺创作奖励办法，鼓励全区文艺爱好者组织和个人积极开展文艺创作。2017年，全区累计创作梁山灯戏《好人邓平寿》等文艺作品80余件，并多次荣获市级及艺术文艺奖项。摄影作品《和睦》参加第五届重庆市社区文化节获得一等奖，梁山灯戏《你的手我的眼》荣获重庆市五个一工程奖，美术作品《柚乡秋韵》入围参加“重庆市优秀美术作品展”，水粉画《一家人》参加“庆祝中国人民解放军建军90周年重庆市美术作品展”获得优秀奖，舞蹈《高粱秆节节甜》《欢天喜地柚乡情》参加第五届重庆市社区文化节均获得三等奖，表演唱《柚花飘香》参加第五届重庆市社区文化节获得三等奖。

创作排练大型舞台精品剧目梁山灯戏《好人邓平寿》，该剧是根据全国“双百”人物、全国优秀共产党员——梁平区虎城镇党委原书记邓平寿的先进模范事迹，采用梁平国家级非遗项目梁山灯戏艺术形式呈现的大型舞台剧。由重庆市著名剧作家阳晓担任编剧，著名戏剧导演胡明克执导，重庆文理学院音乐学院教授郭莘舫配器指挥，是梁平区委、区政府高度重视的大型舞台艺术作品，并于2017年年底成功首演。

【文化遗产保护】　梁平是全国汉族地区拥有国家级非遗项目最多的行政区之一，截至2017年年底，共有国家级非遗保护名录5项，市级非遗保护名录15项，区级非遗保护名录69项。拥有国家级代表性传承人4名，市级传承人34名，区级传承人87名。

2017年2月，区人民政府印发了《重庆市梁平区人民政府办公室关于公布梁平区第一批未定级文物保护单的通知》公布了26处建筑类未定级文物保护单位，并予以挂牌保护。投入6万余元，对郎家洞摩崖石刻进行抢险保护，并首次利用民间资金3万余元投入文物保护工作。启动梁平区博物馆建设，选址在新城行政中心1号楼底楼，规划建设面积约3300平方米，项目总投资为1600余万元。

【公共图书馆】　完成图书馆新馆搬迁工作，新图书馆位于文图大厦4、8、9、10层，建筑面积达1700平方米左右。内设书刊借阅、报刊借阅、少儿阅览室等10余个功能室，拥有查询、借还、安防等管理系统。2017年，梁平图书馆以第六次全国评估定级为契机，新增馆藏图书近8万册，书架20个，增定报纸杂志348种，增定超星电子图书达10万册；建立图书馆官方网站、超星数字图书馆、微信公众号等多方式为读者服务；增加阅览室、图书借阅室、自习室等开放时间，周开放时间达68小时，每天错时开放2小时。继续推进书香梁平建设，组织开展送图书下乡进校园进社区等活动，开展“亲子阅读树新风”活动、“少年儿童爱心图书接力服务”工作，组织区内学生参加第二届知网杯“我爱重庆”少儿数字阅读知识竞赛等活动，梁平区图书馆多次荣获优秀单位组织奖。

【广电工作】

2017年，全国“两会”、市“两会”、党的十九大等重要保障期全区广播电视安全播出。完成大狮子岩无线发射台基础设施建设，该项目使梁平本地的两套电视节目可以无阻隔地传送到发射台。积极推进狮子岩发射台实施的中央广播电视无线数字化覆盖工程。工程建成后，全区群众可以免费收看到中央电视台12套节目、重庆2套节目和梁平本地2套节目，更加有利于把党和政府的声音传达到人民群众当中，丰富梁平人民的文化生活。加强箩斗寨发射台中央广播电视节目无线数字化覆盖工程建设。该工程建成后，全区的覆盖面积达到968.77平方公里，地域覆盖率为51.2%。覆盖人口达到49.7万人，人口覆盖率：53.7%。总体运行情况良好。开展“县级应急广播系统摸底调查”工作。经过调查摸底，全区现有有线广播终端1177台，正常播出32台，覆盖271个行政村，覆盖率为79.00%。水务预警广播系统，现有广播68台，正常播出47台，覆盖73个村，覆盖率为21.28%。气象预警广播系统，现有广播20台，正常播出17台，覆盖19个村，覆盖率为5.53%。建设梁平区两级广播电视安全播出监测系统。系统建成后，将实现与市级监测系统有关软件协议、相关数据端口等完全对接，确保市、区县两级监测监管信号有效调度和信息资源共享。

【文化市场监管】 梁平文化市场行政执法支队承担全区文化体育市场管理和“扫黄打非”工作，监管对象主要涉及歌舞娱乐场所、互联网上网服务营业场所、电子游艺场所、图书报刊经营单位、印刷企业及打复印门店、影院、演出经营单位（农民乐队）、文保单位及文物点、美术品经营单位、游泳经营场所等共计400余家，分别遍及全区33个乡镇（街道）。2017年，严格做好“五个抓手”，认真落实文化体育市场管理和“扫黄打非”工作职责。一是抓牢日常监管，采取日常检查与“双随机”抽查相结合的方式开展执法检查，确保市场平稳有序；二是抓实“扫黄打非”，深入开展清源、净网、护苗、秋风、平安等专项行动和“扫黄打非”进基层，净化全区出版物市场，确保政治文化及意识形态安全；三是抓好执法办案，全年共出动执法人员2400余人次，检查经营场所700余家次，办理行政处罚案件17件（其中吊证3件、停业1件、罚款9件、警告2件、取缔“黑网吧”2家），安全隐患抄告3份，收缴罚款3万余元，收缴非法出版物120余册；四是抓会安全生产，把日常监管与安全生产监管相结合，强化人员密集场所、重要时间节点、重大节庆活动期间文化市场安全平稳；五是抓准制度推行，即“一户一档”制度、“双随机一公开”制度、“黑名单”制度、重大文化执法决定法制审核制度和案件信息公开制度。

【文化产业】 2017年，制定了《梁平区文化委牵头推进简政放权放管结合优化服务改革工作方案》《梁平区文化“互联网+政务服务”工作方案》。全面清理了33项行政审批事项，并编制印发了33项审批事项的服务指南和审查工作细则，提高了行政审批效率。组织文化企业参加各类文化产品展演展示展销活动达15次，其中取得较大成效的有重庆文化产业博览会，展出产品2000多件，销售收入近20万元，签订订单1500万元；还组织部分文化企业管理人员参加国家文化部、重庆市文化委举办的文化产业管理专题培训班。成功举办第二届梁平文化惠民消费季活动。全区完成文化及相关产业固定资产投资总额达45亿元，同比增长38.7%；财政资金对文化企业、文化产业的投入比去年也有大幅度增加；2017年新增文化市场主体176家，新增就业人员1900多人；培育快速成长型的小微企业8家，培育年营业收入超5000万的民营文化企业“小巨人”2家，“滑石古寨景区”被评为重庆市级乡村文化乐园，截至12月底全区共有各类文化企业1012家，文化产业总产值近10亿元。（区文化委）

体　育

【基础设施】 2017年，梁平区加快完善公共体育基础设施建设。一是全力推进新区体育馆、游泳馆建设工作，该工程占地35亩，总建筑面积29200平方米，预算投入2.19亿元。体育馆拥有座位3500个，游泳馆拥有座位1500个。年底，该项目已进入主体工程建设。二是建成并投用梁平全民健身中心，中心总占地面积120000平方米，其中体育场占地42624平方米，可容纳观众20500人，外场运动场地突破10000平方米，包含4块篮球场，3块网球场，12块羽毛球场，14块乒乓球台，3个排球场，2个气排球场，4块门球场。三是完成梁山街道北池社区等9个健身点建设工作，各社区健身点配备体育设施达10件（套）以上。四是狠抓全区农村公共体育工程建设扫尾工作，全年新建农村公共体育工程65个。

【群众体育】 一是2017年10月，高规格举办梁平区第一届运动会，本届运动会是梁平史上项目最全、规模最大、参与人数最多的一次综合性体育盛会。运动会期间，来自全区42个代表团的5000余名干部群众参加了足球、篮球、田径、趣味体育等17个大项的角逐，共决出金牌99枚。二是成功举办2017年中国（重庆）梁平双桂田园·滑石论道围棋嘉年华，举行了中国围棋甲级联赛第21轮、22轮重庆队主场比赛、重庆市第三届业余围棋联赛等系列活动。三是举办

"明润杯"全国传统武术交流大赛暨梁平区首届武术文化节，来自重庆、四川、江苏、黑龙江等省市的52支代表队共计662运动员参加了活动。四是举办四分马拉松赛、八人制足球、五人制篮球联赛等单项体育赛事活动近20场次。2017年，区全民健身中心开展免费低收费开放工作，体育场馆接待逾15万人次，引领全民健身8万人次。

区文化委被国家体育总局表彰为2013—2016年度全国群众体育先进单位，刘学英获先进个人称号。

【竞技体育】 2017年7月，徐高链摘得重庆田径冠军赛女子（青少年组）铅球银牌。8月，重庆市大众跆拳道锦标赛，梁平区代表队喜获3金6银11铜。9月，全国青年跆拳道锦标赛在四川大学望江校区体育馆举行，由区文化委输送的梁平籍运动员郑绍红喜获女子42公斤级比赛第五名。11月，第七届世界传统武术锦标赛在四川省峨眉山市举行，梁平职教中心运动员郎永波勇夺男子C组传统剑术铜牌。11月，重庆市跆拳道冠军赛在长寿区体育馆举行，梁平区代表队运动员郑绍红勇夺女子甲组46公斤级桂冠，戚智乙收获第三名。

【体育产业】 2017年体彩市场进一步规范运行，全区体彩销售网点38个，体育产业从业人员近80人，体彩销量实现6000余万元，顺利完成市局下达的任务。全年新增体育产业主体12家，其中游泳4家，攀岩2家，健身培训2家，体育用品销售4家。（区文化委）

广　播　电　视

【概况】 重庆市梁平区广播电视台为隶属于中共重庆市梁平区委宣传部的公益二类财政全额预算事业单位，按正处级管理。内设：办公室、总编室、新闻部、专题部、新媒体部、广告文艺部、技术安全播出部、财务室、广播部等9个部门。现有在编人员29人，10名退休人员，临时聘用人员35人。办公用房2800平方米。

【节目制作】 梁平区广播电视台《梁平新闻》每周六组，周一至周五为时事新闻，周六，周日为一周要闻回顾。另外，开设了《830剧场》与专题栏目《警方时空》《三城同创进行时》《柚乡半边天》《梁平微视》《交通在线》等专题栏目。

自办节目 2017年区广播电视台自办节目：《梁平新闻》《要闻回顾》《交通在线》《警方时空》《永远在路上》《柚乡半边天》《名医面对面》《梁平微视》《乡风文明在行动》《美食每刻》《映像三峡》《天气预报》。

外购节目 2017年区广播电视台外购节目：《媒体搜索》《普法故事会》《今晚求教》《社会方圆》《不健不散》《大有名堂》《精品纪录》《第一首映》《新娱乐在线》《档案》。

【舆论引导】

全方位主题宣传 2017年，先后推出了"喜迎十九大""把党的十九大精神全面落实在重庆大地上－梁平篇""实干树形象　实绩惠民生—两学一做特别关注""抓项目　强投资　促发展""创业创新在梁平""三城同创进行时"等20余个新闻专栏，为区委、区政府中心工作营造了良好的舆论氛围。《梁平新闻》栏目提质升级，建台20多年来，首次实现男女双主播，节目面貌焕然一新。重新开播梁平人民广播电台，让主流媒体传播阵地得到拓展，及时为广大群众传递权威资讯，丰富文化生活。

多角度对外宣传 2017年，区广播电视台在中央电视台、重庆电视台等媒体上稿共300余条，其中，中央电视台11条。9月，重庆有线数字信息平台"全域重庆·柚香梁平"成功上线运行，将政务信息发布和区域电视节目资源覆盖由原来的本区域传播改为覆盖全市，实现跨区域传播，提高了全区对外宣传工作的深度和广度。

多形式融合报道 新媒体扩展报道张力，通过梁平手机台，让受众可以随时在手机上观看

《梁平新闻》等电视节目，让媒体融合发展进一步深化。2017年，梁平区广播电视台被市广电集团评为全市广电媒体融合发展创新奖。梁平手机台总浏览量突破300万，栏目单条点击量、月浏览量均在全市名列前茅。

微视频有声有色 精心打造的《行走梁平 感知梁平》电视诗文专栏，深度解读梁平人文历史和时代新貌，深受广大受众的喜欢。2017年推出的《寻春寻心》《双桂堂听雨》《百里柚花香》《梦里竹乡》《阅读双桂湖》和《乡韵山魂》等作品，反响较好，每期节目的手机台点击量均在10000人次以上。

创精品出新出彩 在重庆市广播电视优秀作品评选工作中，梁平选送的作品《龙峰故事》获得电视消息类二等奖；论文类《温暖、温情、温度—〈从柚乡半边天〉看联办栏目创新之路》获得三等奖。电视系列报道《渝万高铁11月28日正式通车》获得重庆区县广播电视好新闻奖三等奖，《人大代表风采》系列报道获得重庆市人大新闻奖二等奖。

【安全播出】

强化责任落实 2017年，调整充实了以台长为组长，分管副台长为副组长，各相关部门负责人为成员的广播电视安全工作领导小组，负责督查各部门各种安全制度的落实情况，规范各种设备操作程序，严格落实“一岗双责”和“谁主管，谁负责”原则。做到联络畅通、反应迅速、指挥有力、调度灵活。在遇到突发事件和安全播出事故时，能及时、准确、有效地进行处理。始终坚持“对发现事故不查清不放过，对工作责任不明确不放过，对工作措施不到位不放过，对存在问题不整改不放过”的要求，把全台安全常规工作、安全播出、消防工作等，逐一改进落实到位。

强化技防物防基础 不断加大广播电视基础设施投资，加快安全设备设施更新换代步伐，为安全保卫奠定坚实基础。一是投入8万元，对电视台的监控系统进行了升级改造，做到全台监控无死角；二是增添了一套门禁系统，确保演播室、制作室等重要部位的安全防范能力；三是增加了一名安全保卫岗位工作人员，确保无闲杂人员进入办公区和重点保护部位。四是新购和更换了一大批消防设备，对配电房、中心机房、制作室、演播室室及办公室进行没火保障；五是组织全台职工到消防大队进行消防安全知识培训，提高安全防范能力；五是加强巡查，每天有安全值班人员对各房间进行用电用火巡查，将火灾隐患降低到最低限度。

强化制度建设

一是加强技播部的安全考核，坚持以岗位责任制来要求每一岗位人员，以技术规范和设备的完好率来保障不出现重大技术事故；以技术维护人员、机房值班人员熟练技能来保障不出现重大的责任事故。坚持周检、月检、年检制度，重要播出保障期前还要对全部的设备进行全面巡检，确保播出设备的完好率，确保广播电视节目的安全播出。

二是进一步完善安全播出制度。制定完善了《机房值班制度》《技术维护制度》《安全播出制度》《值班制度》等，管理制度等统一成书并制作上墙。

三是明确播出机房供配电管理责任。为了完成电视节目的安全播出，以二级台达标技术标准对设备机房的要求，对播出设备机房进行了改造。并根据今后五年发展要求做了机房改造规划，使设备机房的可扩展性、布局的合理性、电源可靠性、设备的稳定性都大大地提高。

四是规范机房设备及连接线标志，严格按照技术要求，线路走向规范，线路标志明确，维护维修更加方便快捷。

五是加强供配电设施管理。对配电房进行了改造装修，安装了防盗门措施，增加了照明设施，柜后对外电表已移至安全地方，电柜前方的坑洞已填补并铺上了绝缘胶，堵塞了老鼠洞，彻底消除配电房的安全隐患。

六是加快备播系统配置建设。新增了备播系统和垫片，播出系统监控和应急切换已经换到同一工作台上。

七是完善节目播出管理。制定完善了编辑制作、安全播出的相关规章制度，进一步明确了各类节目的各层级责任人以及相关审批程序，严格执行播前审查、重播重审制度，明确了节目制作和播出环节的交接程序。制定了节目三级审查制度，编委会每天都要对新闻节目进行审查打分考核，新闻制作完成后，制作人员、值机人员签字确认节目时长和播出时间。总编室主要负责节目播出全过程的统筹和管理，每天的节目播出串联表都以存档。

八是建立安全播出应急机制。建立了四级反应机制和快捷、有效、准确的安全优质播出指挥系统，调整充实了《梁平区广播电视台播出安全应急处置预案》等7个预案，应急处理流程张贴上墙，并定期组织演练，切实提高安全保障和处置突发事件的应对能力。

九是加强安全值班。严格执行领导值班制度和重要播出保障期领导一线带班制度，坚持播出机房24小时值班。在重大节日和活动期间，电视台领导现场指导，由技术部正副主任分别在播出机房值守，出现问题及时处理，确保播出工作万无一失。

强化安全宣传　一是积极参与到“安全宣传月”活动当中，不仅宣传安全月当中的动态消息，还成系列地宣传安全工作，同时利用宣传标语、游动字幕的方式宣传安全工作的重要性；二是注重节假日等重要节点的安全宣传，多角度，全方位的宣传全区安全工作；三是尽可能地采用、播出安全工作新闻，全年共播出有关安全工作的新闻210余条。

梁平区广播电视台2017年度获得县市级以上奖项统计表（单位）

序号	获奖名称	颁奖单位	备注
1	荣获2017年度广播区县业务合作“电视节目交流先进集体一等奖”。	重庆市广播电视集团（总台）	2017年12月颁发
2	荣获2017年度广播区县业务合作“知识产权保护先进集体一等奖”。	重庆市广播电视集团（总台）	2017年12月颁发
3	梁平手机台荣获2017年上半年全市广电媒体融合发展创新奖	重庆市广播电视集团（总台）	2017年7月颁发

梁平区广播电视台2017年度获得县市级以上奖项统计表（个人）

序号	获奖名称	获奖人	颁奖单位	备注
1	知识产权保护优秀台长	刘　原	重庆市广播电视集团（总台）	2017年12月颁发
2	电视节目交流先进个人	姜升辉	重庆市广播电视集团（总台）	2017年12月颁发
3	论文类《温暖、温情、温度－〈从柚乡半边天〉看联办栏目创新之路》荣获2015－2016年度重庆市广播电视优秀作品三等奖。	李韦华	重庆市文化委员会	2017年6月颁发

续表

序号	获奖名称	获奖人	颁奖单位	备注
4	作品《龙峰故事》荣获2016——2017年度重庆市广播电视优秀作品（消息）二等奖。	姜升辉 周孝亮 孙莎莎 向泓羽 陶　冶 游天君	重庆市文化委	2017年6月颁发
5	电视系列报道《渝万高铁11月28日正式通车》获得重庆区县广播电视好新闻奖三等奖。	周至富 姜升辉 陶　冶 刘　霞 蒲佳乐 孙莎莎 杨　杰	重庆市新闻工作者协会	2017年3月颁发
6	系列报道《人大代表风采》获得重庆市人大新闻奖二等奖。	姜升辉 王　雁 杨　杰	重庆市文华委	2017年6月颁发
7	重庆市第四届“好记者讲好故事”比赛，第四片区演讲第一名；全市二等奖。	方　艳	重庆市委宣传部	2017年8月颁发
8	全国新闻界第四届“好记者讲好故事”活动中，荣获“优秀选手”称号，并获得中国记协通报表彰。	方　艳	中宣部	2017年9月颁发

（区广播电视台）

党 校 教 育

【概况】 中共重庆市梁平区委党校、区行政学校与区社会主义学院实行三块牌子、一套班子合署办公。学校内设行政后勤科、科研资政室、教务教研室、电教信息科、学员管理科五个科室，编制24名。现有在编教职工21人，其中参公人员10人，专业技术人员11人。退休职工16人。

2017年，在区委、区政府的坚强领导和市委党校的悉心指导下，区委党校坚持“党校姓党”根本原则，坚持从严治校办学方针，围绕中心，服务大局，开拓创新，真抓实干，圆满完成教学、科研、资政、队伍建设以及工程建设等各项工作。2017年，荣获重庆市党校行政院校系统年度办学考评一等奖。荣获重庆市党校行政院校系统第一片区协作组教学比赛中荣获一等奖。

【邓平寿陈列馆建设】 为大力弘扬和传承邓平寿精神，建设好邓平寿事迹陈列馆，相关工程建设有序推进，2017年年底，弘英楼以及新建学员食堂主体工程已全部完工。

【干部培训】

规范班次设计　全年共举办培训班54期，培训学员5878人，其中常规班6期248人，专题班13期1846人，其他班次35期3784人次。深入机关、企事业单位、农村、社区、学校宣讲十八届六中全会精神、党的十九大精神80余场次。

突出主业主课　突出抓好了理论教育和党性教育主业主课地位。把习近平系列重要讲话精神、习近平视察重庆讲话精神、习近平治国理政新理念新思想新战略、十八届六中全会精神、党的十九大精神等专题课程作为主体班核心课程，纳入全覆盖党组织书记培训编印的教材中，全年总课时1128课时，其中理论教育566课时，占总课时的50.2%；党性教育240课时，占总课时的21.3%；能力培训248课时，占总课时的22%。

【教学改革】

提升办学影响　2017年5月，区委、区政府主要领导组织并邀请市委组织部、市委宣传部、市委党校等相关负责人莅梁研讨弘扬邓平寿精神和创建重庆市邓平寿干部学院相关工作。7月，市委组织部、市委党校相关负责人莅梁评估干部教育培训规划工作。

创新教学方法　坚持“请进来+走出去”“区内+区外”培训模式，广泛运用互动研究式、案例式、体验式、行动学习法等教学手段，在中青班、区管正职领导干部进修班等班次采用两段式或三段式培训，组织学员到江津、长寿、璧山等地开展现场教学，围绕“三城同创”深入基层扎实开展实岗锻炼，收到了良好的效果。

抓实学风建设　学员在学习期间严格执行中央八项规定，严格执行《重庆市干部培训学风建设“十不准”》《梁平区委党校培训纪律“五不准”》等规定，落实培训请销假、考勤等制度。对外出培训班次，签订《重庆市赴市外培训班次管理责任书》，切实加强培训纪律，牢固树立安全意识，确保学员自身的政治安全、纪律安全、信息安全、人身安全等，实现了学员培训“零违纪、零违规”。

领导干部上讲台制度化　市管领导带头到党校主体班讲党课，带动班子成员、部门、乡镇（街道）负责人上讲台256课时，占主体班总课时的22.7%。

【教学科研】

科研成果硕果累累　严格执行《科研资政管理办法（试行）》和《科研项目经费管理办法》，实现了科研资政工作的有序管理。一是论文发表多。在《人民论坛》《中国西部》等省市级报纸杂志上公开发表论文72篇，在各级内刊上发表论文26篇。二是课题多。《推进区县城市棚户区改造的策略研究》等8项市级课题成功结题（其中1项重点），新立项市级课题6项（其中1项重点课题）。三是科研成果获奖多。《互联网时代政府网络舆情处置思考》等9篇获得市级和区县级等级奖。

资政工作作用凸显　以建立和完善科研资政服务机制为突破口，围绕区域经济社会发展进行深入细致地调查研究，服务能力明显增强。建有向区党委区政府报送资政成果的渠道—《决策参阅》，全年发表16期。资政成果被职能部门采纳9篇，其中《建议引导市民参与环境整治》和《加强农村干部思想政治建设激发基层干事活力》2篇分别被重庆市委办公厅《重庆信息》《每日要情》采纳；《发展梁平夜市经济的对策建议》等7篇调研报告被区委《工作研究》采用；《我区创建国家级卫生城市的建议和意见》等10篇资政文章得到市管领导肯定性批示。（区委党校）

两报两微一网一端

【概况】　2017年7月13日，重庆市梁平区机构编制委员会印发《中共重庆市梁平区委宣传部所属事业单位机构编制方案》（梁平编委发〔2017〕69号），撤销重庆市梁平区网络信息中心，其职能职责划入重庆市梁平区新闻中心，保留重庆市梁平区新闻中心（挂重庆市梁平区网络信息中心牌子），为隶属于中共重庆市梁平区委宣传部的公益一类财政全额预算事业单位，按正处级管理。

重庆市梁平区新闻中心主要职责为围绕区委、区政府的中心工作发挥主流媒体的舆论阵地作用。编辑出版《梁平报》等传统媒体，编辑发送梁平微发布、家在梁平 APP、梁平手机报等新媒体，推进媒体融合发展。抓好全区网络宣传、网络舆情监测、网络舆情应急处置、网络生态综合治理、网评队伍建设和网络安全与技术工作。

重庆市梁平区新闻中心事业编制 33 名，其中主任 1 名，副主任 3 名，内设机构领导职数 11 名。在编人员 24 名，临时聘用人员 30 名。共设 10 个内设机构：办公室、编辑部、记者部、广告部、新媒体部、通联部、网络应急管理科、网络信息监管科、网络舆情引导科、网络技术安全科。

【《梁平日报》】 2017 年 1—7 月，《梁平报》为周三刊对开 4 版彩色大报，2017 年 8 月 7 日，《梁平报》由周三刊对开四版彩色大报，改版扩刊为周五刊对开四版彩色大报，赠阅量 2 万份，更名为《梁平日报》。2017 年共出报 195 期（总第 1781 - 1975 期），为党的十九大、梁平“撤县设区”献上一份贺礼，为广大读者送上更多精神食粮。改版扩刊后的《梁平日报》，在内容上继续坚持新闻本地化，突出本土亮点和特色，着力讲好梁平故事，传递梁平声音，注重新闻实用性、互动性、服务性，使之成为贴近百姓的平台、联系读者的纽带；更好地整合新闻资源，扩大信息量，进一步增加报纸的可读性、实用性、服务性，更好地服务梁平读者；更加注重以经济报道、民生报道为中心，更加注重有时效、有价值新闻的深入采编，更加注重内容的精品化提升，更加注重版式的革新，更加注重新媒体的建设和运用，促进媒体融合。

“党的十九大”大型系列报道反响强烈 2017 年，区新闻中心全媒体持续不断开展“党的十九大”系列报道，及时转载中央及市级媒体重点报道，通过大规模、融媒体、持续性的报道，为党的十九大胜利召开营造强大的舆论声势。一是开设“撸起袖子加油干”“工业强区看园区”“创业创新在梁平”“奋力推进新型工业化”“加快一二三产业融合发展”“推进新型城镇化”等专栏，生动展示全区产业发展、城镇建设、重大项目建设取得的成就，反映其对经济转型发展、人民生活改善的有力推动作用。二是开设“二环沿线好风光”“推进食品药品安全县建设”“医改进行时”等专栏，宣传改善民生重要举措落地成效，反映广大群众的获得感。三是一篇篇“沾泥土、带露珠、冒热气”的新闻作品在社会上获得了强烈反响，鼓舞激励了各党政机关、企事业单位工作人员的干事热情，让许多热心市民感受到身在梁平的强烈自豪感。大家纷纷表示，这些报道准确客观反映了区这些年取得的巨大成就，非常振奋、提气。目前，该专题已推出重点报道数百篇，并仍在持续更新中。

抓大事宣传有声有色 “两会”期间，为了营造开好“两会”的舆论氛围，从 1 月 6 日起新辟两个专版，一是刊登“扬帆再启航　走向新辉煌——开局之年看成绩，喜迎区人代会、区政协会召开”特别报道 33 个专版，宣传报道了过去一年来在改革发展中所发生的巨大变化，以及区人大、区政协、区扶贫工作、区美丽乡村建设等方面所取得的显著成绩。二是聚焦梁平区“两会”15 个专版报道了“两会”盛况，代表、委员履职情况，以及建言献策、解读《区政府工作报告》等。

抓改革发展宣传亮点频频 2017 年，《梁平日报》紧紧围绕区委、区政府建设“面上保护、点上开发”示范区的战略部署，精心策划推出“新春走基层，美丽乡村行”“撸起袖子加油干，加快建设‘面上保护，点上开发示范区’”“创新驱动促发展”等具有时代特色的栏目，为全区人民了解梁平改革发展成就，发挥了舆论引领和激励的作用。

本土言论接地气 2017 年，《梁平日报》为了加强言论对舆论的引导作用，除了保留以往重大节日和区重要会议刊登“社论”和“评论”之外，新辟了柚乡新语、竹海漫谈、短评、快评等本土言论栏目，如 3 月 22 日《乡风文明建设，党员干部要当好“排头兵”》（1803 期）、《多点这样的“鼓励新闻”》（1804 期）、《好干部是“果实”，亦是“种子”》（1806 期）等系列本土言论，不仅贴近实际，析事言理，针对性强，而且出现频率高，对全区发展具有较强的舆论引导作用。

【《梁平手机报》】　每周一至周五发送，发送时间由当天编辑第二天发送改为当天发送，发送用户数 15 万户。开设“‘三城同创’共建绿色幸福家园”等栏目，发出好声音，传递正能量。改变封面形式，采用图片封面，展示梁平美景、经济社会发展以及新闻内容，增加可读性、差异性。新增“开展违建整治　提升城市品质”“环境保护”“扎实推进国家食品安全示范城市创建工作”等栏目，宣传全区各项与百姓相关的重点工作，增强全民参与感。

【“梁平微发布”微信公众号】　“梁平微发布”微信公众号关注数突破 25.5 万。年初，发布了“新年街拍”视频开启了新年新篇章。接下来，组织实施了“梁平工匠”网络投票活动，策划实施了“感恩母亲节”　“九叶青花椒采摘活动”“云龙葡萄采摘之旅”等一系列“梁平微友惠”活动，与微友进行了良好的线上线下互动，平台关注度以及活跃度有了飞跃式提高。2017 年 6 月 8 日，稿件《渝东北，有一座去了就不想走的城市》（原稿名《梁平，一座来了就不想离开的城市》）被“重庆微发布”微信公众号采用。

【“家在梁平”APP】　“家在梁平”新闻 APP 实现三突破。一是改版升级。2017 年，“家在梁平”各栏目在信息更新方面更为及时迅捷，功能更加完善，同时为市民提供了便利的生活服务和精彩的互动平台，开通问政平台，提供便民的政务咨询，为老百姓排忧解难。二是开通直播平台。开展了“梁平中学誓师大会”“区第一届运动会开幕”“滑石论道围棋嘉年华”等视频直播活动，其中，“区第一届运动会开幕”视频直播点击量突破 70 万，活跃度空前高涨，影响力得到大大提升。三是下载量突破十五万，成为梁平市民爱读爱看的新闻客户端，今年来 3 次获评全市“十佳新闻客户端”，目前下载量已达 210000 户。

【梁平网】　梁平网（http：//www.lpnews.gov.cn）于 2011 年 8 月上线、2012 年 11 月完成首次改版，2015 年 4 月完成技术升级和第二次改版。是中共梁平区委、梁平区人民政府主办，梁平区委宣传部主管，梁平区新闻中心（网络信息中心）承办的综合性新闻门户网站。是梁平区继梁平报、梁平电视台之后的第三媒体，是重庆市互联网界联合会首批会员单位。主要由网络技术安全科负责梁平网的运维工作。

服务栏目　梁平网整合了网络、电视、报纸、政务微博等多种资源，开设了头条新闻、热点新闻、镇街联播、部门动态、专题推荐等 8 个新闻频道，房产、汽车、人才招聘、旅游酒店、休闲美食等 5 个商业频道，开通了行行摄摄、大美梁平、问政平台等互动栏目。

服务特色　资源整合，共聚合力，变小新闻为大宣传。梁平网将网络、电视、报纸、政务微博、网络问政等多种资源进行整合，是梁平本地综合性新闻门户网站。梁平网已成为梁平与外界沟通交流的窗口和重要媒介。

服务效果　2017 年，用“梁平网、梁平、梁平新闻”等关键词在百度等搜索引擎中搜索，梁平网排名均靠前。网站日点击率在 5800 次左右，目前网民最爱通过梁平网了解梁平的最新新闻资讯、在梁平报数字报上查询新闻报道、查看视频新闻等。梁平网在网民的关注和鞭策下将提高办网质量，增强用户体验，进一步强化办网的目的和作用。

【微播梁平】　开办于 2012 年 8 月 7 日，中共重庆市梁平区委宣传部官方微博，现有粉丝数 23954 人。2017 年@微播梁平发布数、原创数均居重庆市前 10 名。2017 年@微播梁平发布微博信息6580条，同比增长74.95%；原创数5855条，同比增长85.81%，被@重庆发布转发16条，设立“两学一做”“贯彻落实习近平总书记视察重庆重要讲话精神一周年网上宣传”“十九大特别报道”“十九大时光”“把党的十九大精神全面落实在重庆大地上”等市级以上相关话题10余个，开设“重庆直辖20周年”“梁平区十四次党代会”“2017梁平两会”“新春走基层”“三城同创”“乡风文明在行动”等涉梁相关话题20余个，创作网络中国节·元宵、端午、中秋等网络文化作品7件，上榜《重庆外宣信息》1条。

【工作成绩】 2017年宣传别具一格，获《重庆报刊审读》专家高度肯定，《重庆报刊审读》总第2195期以专报《一季度〈梁平报〉审读述评》为题，进行了深入分析和充分肯定。

《重庆报刊审读》总第2192期以《纸媒栏目名称需要打磨和锤炼》为题，对《梁平报》开设的“柚乡新语”栏目给予高度肯定。

《重庆报刊审读》总第2163期以《我市区县报越来越注重言论》为题，对2月17日3版《柚乡杂坛》言论栏目刊登的《拒绝“任性”文明出行》等言论给予好评。

《重庆报刊审读》总第2239期以《〈梁平日报〉乡风文明建设宣传浓墨重彩》为题，从宣传声势大、宣传报道步步深入、宣传形式多种多样三个方面行了深入分析和充分肯定。

在第七届重庆区县报新闻奖评选活动中，区新闻中心共14件作品获奖。其中，一等奖1件，二等奖8件，三等奖5件。（区新闻中心）

卫生　计生

卫　生　计　生

【概况】　重庆市梁平区卫生和计划生育委员会是主管全区医疗卫生计生工作的政府工作部门，内设综合科（信访办）、组织人事监察科、规划财务统计科、政策法规综合监督科（行政审批科）、体制改革和药政科（医药卫生体改办）、疾病预防控制科（卫生应急办公室、爱国卫生运动委员会办公室）、医政医管科教科、中医科、基层卫生科、妇幼健康科、计划生育指导科（流动人口计划生育服务管理科）、计划生育家庭发展科。核定行政编制24人，实有21人。2017年，全区有各级各类医疗卫生计生机构611个。其中区级医疗卫生计生机构10个（区人民医院、中医医院、妇幼保健计划生育服务中心、疾病预防控制中心、精神卫生中心、卫生计生监督执法局、基本药物采购中心、计划生育流动人口管理所、计划生育药具管理中心、人口资源信息中心），乡镇卫生院（计划生育服务站）32所，街道社区卫生服务中心（计划生育服务站）2个，村卫生室461个，民营医院6家，个体诊所及医务室100个。全区卫生计生系统人员共4481名，其中在编1908人，个体诊所及医务室149人，乡村医生819人，民营医院388人。开放床位3890张（包括民营医院560张），执业（助理）医师1200名，执业护士1445名，每千人拥有床位数5.93张、卫生技术人员5.16人。2017年，门诊2796466人次，住院137559人次。

据人口信息系统显示，2017年，全区户籍总人口93.65万，户籍人口含漏统与不含漏统自然增长率分别为3.26‰、1.75‰，常住总人口65.60万，符合政策生育率98.15%，出生人口性别比107.96，人口平均预期寿命77.69岁。

【医药卫生体制改革】

推进公立医院综合改革　2017年，召开医药卫生体制综合改革领导小组及公立医院管理委员会会议3次，审议通过《医药卫生体制综合改革2017年重点工作任务》《公立医院管理委员会议事规则》。按照全市统一部署，9月9日零点启动“两取消、一调整、六配套、一建立”为主要内容的公立医院综合改革，各项改革工作顺利推进。2017年财政投入区级公立医院3461.8万元。1－12月，三家公立医院医疗收入62087.1万元，较上年同期增长15.90%；药占比29.9%；百元医疗收入（不含药品收入）中消耗的卫生材料费22.19元。

落实分级诊疗制度　在“医疗联合体、卫生协作体、东山片区卫生计生统筹发展示范片、西部片区全生命周期健康服务示范片、公共卫生服务均等化东西北三走廊”的基础上，新组建以区中医医院为龙头，以虎城中心卫生院等6个乡镇卫生院为分院的“梁平区中医医疗联合体”，出台《梁平区中医医院医疗联合体工作实施方案》，助推基层医疗机构能力提升、条件改善、中医适宜技术推广。通过“3＋2＋3”医共体“绿色通道”，成员单位上转疑难、危重患者900例，区级医院下转康复治疗、后续治疗患者603例，下转患者同期增长11.8%。

规范药品供应保障　出台《梁平区医疗机构药品采购“两票制”实施方案》《重庆市梁平区药品采购管理工作方案》，下发《关于印发进一步做好常用低价药品挂网采购工作方案的通知》。政府办医院按照《药品采购实施方案》实施“五统一”平台采购。6月1日，全区所有公立医院全部实施药品采购“两票制”。落实基本药物制度，基层医疗机构基药品规、销售金额占比达到

90%以上；区人民医院基药品规及销售金额占比分别为50.15%、52.59%；区中医医院基药品规及销售金额占比分别为64%、59.71%；区妇幼保健计划生育服中心基药品规及销售金额占比分别为73%、51.83%。

【公共卫生工作】

提升居民健康素养水平　建立“区、乡、村”三级健康教育网络，通过电视台、公交车、公交站台发布健教视频或站台广告。利用网络、短信、微博、报纸、微信公众号等媒体，定期向群众宣传健康知识。覆盖全区33个乡镇（街道），发放健康教育资料44.9万份，举办健康教育知识讲座512场，健康教育宣传专栏内容更新1420次，举办公众咨询活动282次，健康科普宣传普及率达100%。在梁平日报开设《卫生计生、呵护一生》专栏，宣传健康科普知识24期；电视台开设《你健康我服务》《不健不散》《健康素养66条》《预约就医》等公益宣传栏目；梁平手机报每日定期发布健康素养66条。居民健康素养水平提升到19.6%，超过全市平均指标。

促进基本公共卫生均等化　扎实推进14大类55项基本公共卫生服务项目，全面落实基本公共卫生服务经费，基本公共卫生人均补助经费提高到50元/人，2017年共拨付经费2658.8万元，每常住人口人均补助40.04元（其余作为考核），乡村医生专项补助经费384.48万元。深入开展“你健康，我服务”主题宣传活动，全区统一制作环保袋5万个、宣传折页10万份。累计建立电子健康档案55.26万份，健康档案建档率83.22%。孕产妇系统管理率、住院分娩率、产后访视率分别为88.71%、100%、90.63%，辖区剖宫产率32.29%；0－3岁儿童系统管理率为86.07%，0－6岁儿童保健管理率为86.54%；婴儿死亡率4.56‰；孕产妇死亡率13.8/10万。全区接种疫苗168750针次，八苗全程接种率96.12%。

加强重大疾病防控　出台《加强肇事肇祸等严重精神障碍患者联合服务管理工作的意见》，对风险评估3级及以上的严重精神障碍患者建立联合服务管理小组，联合服务管理小组建立率95%，重性精神病患者定期规范随访率91%。建立区疾控中心、区人民医院、基层医疗单位“三位一体”重大疾病防控机制，实现信息共享、互联互通，重大疾病“三位一体”模式普及率达100%。高血压规范管理率79.82%，Ⅱ型糖尿病规范管理率82.82%，肺结核管理率94.75%，传染病疫情报告率100%，卫生监督巡查覆盖率100%。

强化卫生应急处置　修订完善卫生应急预案，调整充实卫生应急队伍，配齐配强应急物资，开展卫生应急演练3批次，与教委、农委、食药监等部门建立协作机制。完成突发公共卫生事件风险评估报告8期，成功处置水痘、手足口病、流腮、流感、诺如病毒、一犬伤多人事件等聚集疫情79起，发病病例621人，其中通过管理信息系统报告17起突发公共卫生事件（5起一般事件，其余为未达分级事件），累计报告发病337例，重症2例，无死亡。全区无重大食品安全事故，无谎报、缓报、瞒报及处置不力和不及时等事件的发生，突发公共事件报告及时率、规范处置率均达100%。

【医疗服务质量管理】

深入开展专项创建活动　扎实推进“进一步改善医疗服务行动计划专项行动、群众满意乡镇卫生院创建、平安医院创建、规范化药房建设、医疗质量安全专项整顿行动、规范村卫生室服务行为专项整治”等活动。屏锦中心卫生院成功创建“全国百佳乡镇卫生院”，新盛、礼让、和林、金带、安胜等5所乡镇卫生院获得国家级“群众满意乡镇卫生院”荣誉称号，创建平安医院31个，创建标准化服务村卫生室154个。

加强采供血和血液安全管理　组织全区10337人参加无偿献血，献血量206.7万余毫升，共报销血费、返还用血补偿金26.5万元，严格临床用血管理，对全区医疗机临床用血情况进行全面检查，建立临床用血应急机制。

加大卫计人才队伍及学科建设 2017年，公开考核招聘77人，录用定向培养毕业生12人，基层紧缺人才招聘36人，属地化招聘3人。加强人才培训教育。全面实施新进本科以上临床医师规培，区级新进本科及以上学历临床医师住培送考率西医达100%、中医达86.7%。基层在岗人员转岗培训3人，参加市级培训41人次，成功申报市级继续医学教育项目27项，区级项目26项，累计培训8000人次。开展基层卫生人员远程培训第一轮第二批次410人，组织实施“三基三严”大培训、大练兵、大比武和大讨论及医护操作技能竞赛活动和基层医疗卫生计生人员水平测试。加强学科建设，区人民医院感染科获得市级临床重点专科建设项目；区人民医院3项医学科研计划成为市卫计委指导项目；获重庆卫生适宜技术推广项目5项。

【卫生计生服务体系建设】

合理规划医疗资源配置 深入贯彻全国、全市卫生与健康大会精神，以区委、区政府名义出台《贯彻落实“健康重庆2030”规划的实施意见》，基本形成以“区属机构为龙头、乡镇为枢纽、村级为网底、民营医院为补充”的医疗服务体系。新增民营医院1家。

稳步推进重点项目建设 投资9.5亿元的区人民医院建设，于2017年7月完成医院整体搬迁投运。区中医医院迁扩建、中医医院园区分院、妇女儿童医院顺利启动，精神卫生中心二期开工建设。中央投资全民健康保障工程—回龙镇卫生院建设项目全部完成。2017年合计完成投资4.08亿元。

不断加强信息化建设 夯实平台基础设施建设，完成平台机房搬迁，增添设施设备，开展信息安全等级保护测评，保障平台及业务系统安全稳定运行。改造全区公立医疗机构居民健康卡用卡环境，完成3万余份居民健康卡信息采集、500余台居民健康卡读卡机具配置。区域卫生信息平台功能进一步扩展，远程会诊、远程教学及远程影像诊断功能得到有效发挥。开展分级诊疗和家庭医生签约服务系统试点开发，畅通双向转诊和医疗急救渠道，加强家医签约服务监管，提高工作效率。建设健康梁平公众服务平台，通过服务平台可实现基于互联网的预约挂号、健康管理、健康咨询等服务，拉近医患关系，改善就医感受。

【重点民生事实】 完成宫颈癌筛查14182人，乳腺癌筛查7130人，超额完成全年任务。筛查出宫颈癌1人、乳腺癌8人。免费孕优检查4042人，目标人群覆盖率达98.3%；免费唐氏筛查2687人，免费孕期B超胎儿缺陷筛查2482人。完成60个村卫生室基本设备配备，并追加了1个村卫生室的设备配备。组建家庭医生签约式服务团队181个，签约35.31万人，城镇和农村家庭医生签约服务覆盖率分别达43.61%、60%，重点人群签约服务覆盖率达到70%，建卡贫困户、计划生育特殊家庭、在管高血压和肺结核患者签约服务率达到100%。

【健康扶贫工作】 制定梁平区健康扶贫工程、农村贫困人口大病专项救治、“光明扶贫工程”、扶贫对象免费健康体检等4个实施方案，实行贫困人口住院先诊疗后付费制度，实现基本医保、大病保险、医疗救助等“一站式”即时结算。2017年，全区建档立卡贫困人口区内医疗机构住院就诊2663人次，医疗总费用1860.14万元，医保报销及民政救助1383.26万元，大病商业补充医疗保险理赔58.03万元，患者自付418.84万元，自付比例下降至22.51%。筛查贫困白内障患者2450余人，符合手术条件138人，已对25名贫困白内障患者免费施行复明手术。

【中医药事业发展】 打造重点中医药学科和特色专病建设，屏锦中心卫生院针灸科被批准为2017年重庆市基层医疗机构中医特色专科建设项目。通过中医药对口扶持、学科建设、双向转诊等帮扶机制，基层医疗卫生机构中医诊疗量明显提升，占比达36%。中医预防保健服务能力不断加强，全区 65 岁及以上老年人接受中医药健康服务 42246 人，服务率 50.23%；0－36 月儿童接受中医药健康服务 9620 人，服务率 46.63%。通过专题讲座、骨干培训班、自主学习等多种形式，开展学习培训 30 余次。认真开展《中华人民共和国中医药法》主题宣传月启动仪式暨大型公益义诊活动，举办《中华人民共和国中医药法》知识竞赛，有效提升中医药工作者的职业素养和业务技能。

【卫生计生综合监督执法】 认真清理行政审批事项，现有行政审批事项 19 大项，46 小项，审批承诺时限较法定时限精简 60%，压缩至 40%。持续推进“放管服”改革，全年共受理、办结行政许可 1183 件。规范执法人员队伍，开展卫生计生监督执法人员专项清理，收回 10 名退休、调离或转岗人员的执法证件。深入开展“法律八进”活动，集中宣传 723 次，发放宣传资料 7 万余份，制作宣传横幅 138 条，通过手机发送法律知识宣传短信 3500 余条。严格卫生计生综合监督，全年共处理卫生计生违法 115 件，其中简易程序 78 件，一般程序 37 件，履行罚款金额总计 131172 元；查处违法生育案件 27 件，征收社会抚养费 34.01 万元；移送司法机关追究刑事责任案件 1 件，申请法院强制执行 3 件；取缔游医 28 起；处理卫生计生投诉举报 17 起，监督办理公共场所从业人员健康合格证 2600 个。

【爱国卫生工作】 牵头实施国家卫生区创建工作，认真做好城乡环境卫生整洁行动和爱国卫生月活动，积极开展“卫生镇、街道”“无烟单位”“卫生单位”创建活动，新创建市级卫生单位 2 个，市级生态卫生村 1 个，明达、金带两镇正积极创建市级卫生镇。

【计划生育工作】

全面两孩政策稳妥实施　2017 年全区当年户籍、常住出生人口分别为 7319 人、6595 人，符合政策生育率分别为 97.88%、98.15%；二孩率分别为 46.44%、46.90%；政策外多孩率分别为 2.12%、1.85%，出生人口信息准确率达 96%。推动人口与计划生育理论进党校、进莲花微课堂、进重庆之声 FM96.8，开设《新形势下人口与计划生育工作》讲座 4 堂，莲花微课 1 次，开展计划生育基本国策宣传访谈 1 次。

计划生育服务管理改革持续推进　出台《落实全面两孩政策改革完善计划生育服务管理的实施意见》和《重庆市梁平区计划生育目标管理责任制实施方案》。落实一孩、二孩生育服务登记制度，政策内三孩及多孩生育审批制度。优化办理流程，严格落实限时办结制、申办承诺制、委托代办制、网上办理制、一次性告知制、首接负责制等 6 项便民措施。2017 年全区共办理生育服务登记 6319 例（一孩、二孩分别为 2994 例、3325 例），再生育审批 215 例，网上登记率、办证率达“两个 100%”。实现出生医学证明、死亡人口、产妇分娩信息共享，生育登记服务目标人群覆盖率 100%，公安、民政以及卫生计生系统内部人口信息每月交换 1 次数据，各部门共享数据 43673 条。全员人口信息准确率 99.92%，覆盖率 98.1%。全员人口户籍家庭信息完整率 95.4%、居住家庭信息完整率 81.2%，亲缘家庭信息完整率 61.5%。

计划生育家庭发展能力稳步提升　2017 年新增奖（特）扶对象 3100 人，奖扶及时率 90.03%。按时、足额发放奖（特）扶金，兑现率 100%。落实计生特殊家庭各项奖、优、免、补政策和“3＋X”联系人制度。关爱计划生育特殊家庭，建立健康档案并签订家庭医生签约服务协议 1400 份。开展“3＋x”精准帮扶联系，上门走访慰问共计 5850 人次，计划生育特别扶助关怀联系人见面率达 100%，2017 年春节计生特殊家庭实行走访慰问全覆盖，慰问 887 户，发放慰问金 80.47 万元。投入 24.3 万元为 1372 名计生特殊家庭人员购买住院护理险，获得理赔 615 人次计 89.5 万元。301 名计生特殊家庭对象纳入民政特困人员救助。入户慰问新增失独家庭 36 户，发放慰问金及慰问品 11.2 万元。整合医疗资源，全区所有公立医院开通计划生育特殊家庭“就医绿色通道”，减免挂号费。有序推进医养结合、健康老龄化工作，辖区60岁以上老年人享受养老健康服务比例达80%。

流动人口卫生计生服务有效落实　全面实施流动人口健康教育和促进行动计划，印发《梁平区流动人口健康服务年活动实施方案》。以“人口流动，健康同行”为主题，着力推进“6+1”流动人口健康服务活动，将流动人口纳入城镇基本公共服务范围。完善信息采集模式，建立流动育龄妇女、孕产妇、0-6岁儿童等六类重点人群基本公共卫生计生服务台账，强化农村留守儿童健康关爱，免费开展健康体检和预防接种，并为辖区常住流动人口建立规范的居民电子健康档案，建档率65%，流动人口基本公共卫生计生服务信息知晓率91%，流动人口重点服务对象婚育信息查验率82.51%、个案信息提交率89.69%、协查反馈率98.22%、反馈及时率98.17%。

妇幼健康服务能力进一步加强　区妇幼保健计划生育服务中心成立妇女保健部、儿童保健部、孕产保健部、计划生育技术服务部四大部，明确部门职责。规范设置基层医疗机构孕儿保门诊。加强高龄高危孕产妇服务、一般孕产妇和0-6岁儿童健康管理，不断提高母乳喂养率。依托全区孕产妇、新生儿危急重症救治中心，建立健全全区产儿科急救通道和会诊、转诊救治机制，落实贫困危重孕产妇、新生儿专项救治经费100万元。向育龄人群提供安全、有效、适宜的避孕节育服务，实施免费计划生育技术服务人群全覆盖。术前咨询率达100%，术后随访率90%；免费药具发放率95%。

出生人口性别比逐年下降　开展关爱女孩行动，投入7.8万元资助21名贫困女大学生。保持打击“两非”高压态势，严格B超管理，规范实名登记工作，加强终止妊娠药物管理。健全“宣传倡导、利益导向、全程服务、部门协作”的“两非”长效治理工作机制，联合开展禁止“两非”联合执法检查，对辖区内医疗机构、药品经销商执业检查全覆盖。2017年，查处“两非”案件3件，出生人口性别比107.96，较2016年下降1.94。

计划生育基层基础进一步夯实　区编办出台“三定方案”（梁平编委发〔2017〕19号），设立乡镇（街道）卫生计生办（科），明确计划生育职责，配齐配强乡镇、村级卫生计生干部，确保人岗相适。建立社区干部计生工作绩效考核制度。计划生育专干薪酬、养老保障待遇按标准纳入财政预算。建立乡镇（街道）、村（社区）两级人员培训机制，全年共开展培训5期985人次。强化计生协会职责，全区共有会员之家活动阵地343个，乡镇、村（社区）共有专兼职计生协会工作人员376人，发展和培育骨干会员3656人。

【党建工作】　继续开展“两学一做”常态化专题教育活动，建立和落实中心组学习制度、支部连线制度，深化“纪检卫”共建活动，顺利召开党风廉政建设工作会和推进会。加强安全稳定工作，区、乡、村三级联动加强对失独家庭的关注，全区无一例失独家庭入区到市上访，12356接通率达98%。深入开展安全生产大排查，实现安全事故“零目标”。抓好执纪问责，2017年给予提醒谈话、通报批评、诫勉谈话等组织处理21人，政纪处分5人，党纪处分2人。

（区卫生计生委）

社会保障　人民生活

民　　政

【概况】　重庆市梁平区民政局是主管全区民政工作的区政府的工作部门，承担着社会救助、基层政权建设、社会福利保障和社会事务管理等职能。2017 年末，局机关行政编制 16 名，工勤编制 1 名。内设 2 室 6 科，即办公室（信访办公室）、优抚安置科（区双拥工作领导小组办公室）、社会救助科、救灾科、基层政权和民间组织科（行政审批科）、社会事务和区划地名科、社会福利慈善科、老龄工作办公室。隶属区民政局管理的公益类事业单位 8 个，即社会福利院、军队离休退休干部服务管理中心、革命烈士陵园管理处、民政局婚姻登记处、殡仪馆、救助管理站、最低生活保障事务中心（医疗救助管理中心、救助家庭经济状况核查认定中心）、社会福利服务中心。

2017 年，区民政局紧紧围绕区委、区政府中心工作，认真践行“民政为民，民政爱民”的工作宗旨，真抓实干，负重拼搏，千方百计为服务对象办好事、解难事，实现“民生保障坚强有力，服务水平稳步提升，民生项目全面推进”，民政事业取得长足发展。

【区划地名及勘界】

行政区划　贯彻国务院行政区划管理的《规定》，保持了行政区划的稳定。2017 年 1 月 10 日梁平区委、区人大、区政府、区政协及区纪委正式挂牌。2017 年年末，全区有乡镇（街道）33 个，其中镇 29 个、乡 2 个、街道 2 个。村民委员会 268 个、村民小组 2110 个；城镇社区居民委员会 75 个、社区居民组 569 个。

地名管理　2017 年，继续开展梁平区第二次全国地名普查工作，完成了全区地名普查登记（草）表的填报收集，地名调查目录的整理，地名历史资料的收集整理及相关内业处理等工作，地名文化属性编辑审核工作、上报了第二次地名普查成果数据，通过市民政局和民政部初步审核。建立完善普查档案，开展普查成果转化和开发应用等。

勘定行政区域界线　根据《行政区域界线管理条例》，进行界线维护工作，与四川省达川区、开江县、大竹县联合开展行政区域界线第三轮联合检查。认真做好界桩维护和边界管理工作，相邻双方群众没有发生过边界纠纷，各级界桩完好无损。

【低保医疗救助和临时救助】

城乡低保救助　2017 年 12 月，全区城乡低保对象 12913 户 22815 人，累计发放低保金及补助金 8224 万元。其中，城市低保对象 2655 户 4057 人，占全县非农业人口的 1. 13%，人均月补差 398 元，累计发放城市低保对象生活保障金及各类补助金 1915. 8 万元；农村低保对象 10258 户 18758 人，占全县农村总人口的 3. 37%，人均月补差 301 元，累计发放农村低保对象生活保障金及补助金 6308. 3 万元。4 月，再次提高城乡低保保障线标准，城市低保由每人每月 460 元提高到每人每月 500 元，农村低保由每人每月 300 元提高到每人每月 350 元。开展走访慰问活动，为城乡困难群众发放节日慰问金 383. 4 万元。

2016—2017年梁平县城乡低保情况统计表

年份	城乡低保			其中						提高城乡低保保障线标准	
				城市低保			农村低保			城市低保	农村低保
	户	人	发放低保金及补助金（万元）	户	人	发放低保金及补助金（万元）	户	人	发放低保金及补助金（万元）	每人每月（元）	每人每月（元）
2016	10973	19988	5299	2457	3815	1617	8516	16173	3682	460	300
2017	12913	22815	8224	2655	4057	1915.8	10258	18758	6308.3	500	350

城乡医疗救助　实现了医疗救助对象在重庆市内定点医疗机构就医“一站式”结算，提高了医疗救助效率。2017年医疗救助支出3802.6万元，其中，资助参保49340人次，支出资助参保金598.8万元，城乡医疗救助93918人次，支出医疗救助金3203.8万元，其中，普通疾病和重大疾病住院救助27783人次，支出救助金2648.1万元，门诊救助66135人次，支出救助金555.7万元。

临时救助　2017年，实施临时救助6426人次，发放临时救助金2094.7万元，其中，大额临时救助1968人次，发放临时救助金1756.8万元，小额临时救助4458人次，发放临时救助金338万元，有效解决了城乡困难群众临时生活困难，保障他们的基本生活权益。

【特困人员救助供养】　2017年，梁平区继续实行以农村敬老院为依托，集中供养和分散供养相结合的特困人员救助制度，积极落实特困人员救助供养政策，保障其基本生活及照料护理。全区共有乡镇（街道）敬老院29所（含因高铁占地拆迁的梁山街道敬老院），执行敬老院“268”管理制度。落实特困人员救助供养政策，做到应保尽保。2017年，全区共有五保户3538人，其中集中供养468人，全年发放特困人员基本生活费共2637万元，发放特困人员照料护理补贴117万元。

【救灾救助】

灾害救助　2017年，全区自然灾害以洪涝、风雹灾害为主，主要灾害有“5·3”“5·11”“6·4”“6·12”“6·15”“6·30”“7·7”“9·2”“9·9”“9·19”“9·27”“10·4”“10·13”等13次洪涝灾、“7·17”“7·20”“8·11”等3次风雹灾、“4·10”滑坡灾害、“8·4”旱灾等4种18次自然灾害。

“8·11”风雹灾中最大风速达22.2米/秒，最大雨量达到45.3毫米，全区6个点风速达15米以上。

“10·4”洪涝灾中雨量最大铁门193.6毫米，全区21个雨量点雨量达150毫米以上。全年全区33个乡镇（街道）中有32个乡镇（街道）18万余人受灾；紧急转移安置646人次；因旱需生活救助2830人；农作物受灾面积7469公顷，其中成灾面积4440公顷，绝收面积330公顷；农房倒塌248户438间，严重损坏203户453间，一般性损坏400户748间；因灾造成直接经济损失8657万元；无人员因灾伤亡。与前4年均值相比，呈现灾害发生频率高，但总体经济损失偏轻的特点，主要原因是工作重心已从“重救轻防”向“防抗救”相结合转变，各种抗灾基础设施得到明显改善。因灾倒房恢复重建69户215间，每间补助0.5万元，4间及以上的补助2万元。全年下拨自然灾害救助资金544万元，其中应急救灾补助资金64.5万元，倒房重建补助资金107.5万元，冬春生活救助资金372万元，安排救灾物资储备资金25万元；下拨救灾帐篷26顶，棉大衣410件，防寒服2250件，棉被2349床。

灾情管理　2017年，全面实行乡镇（街道）网络报灾，推广运用移动报灾APP应用软件，全年共通过国家自然灾害灾情管理系统上报灾情18次，灾情收报渠道更加畅通，及时性、准确性、规范性得到进一步提高；修订完善印发了《梁平区自然灾害救助应急预案》，进一步明确了组织指挥体系、灾害预警响应、灾害信息报告和发布、应急响应条件和程序、人才物保障措施等；公开招标采购入库救灾棉被1200床，防寒服1500件，市局下拨救灾棉被1000床，棉大衣400件，增加了救灾物资仓库物资储备品种和数量；在“防灾减灾日”和“国际减灾日”宣传活动期间，分别开展了以“减轻社区灾害风险，提升基层减灾能力”“建设安全家园：远离灾害，减少损失”为主题的系列防灾减灾宣传活动，进一步提高了公众防灾避灾意识和自救互救能力；完成报灾系统中灾害信息员信息动态更新录入工作，培训灾害信息员127名；福禄镇月亮村成功创建“全国综合减灾示范社区”；区民政局、区财政局联合对自然灾害生活救助资金开展了专项检查，进一步规范救灾资金管理，提高了资金使用效率。

【双拥优抚安置】

双拥　元旦、春节、“八一”建军节期间，区委、人大、政府、政协“四大家”主要领导带领双拥工作领导小组成员单位和相关部门负责人走访慰问驻梁部队官兵和军队离退休干部，赠送慰问金、慰问品30余万元。区委宣传部、区文化委、区民政局、区中老年艺术团共同承办庆祝建军九十周年文艺演出活动。区积极参加重庆市军队离退休干部庆祝建军90周年文艺会演，歌伴舞节目《共筑中国梦》获市级二等奖。9月30日，区举行了主题为“忆往昔峥嵘岁月，愿今朝民富梁兴”的烈士公祭活动，共计500余人参加了公祭活动。制定《重庆市梁平区人民政府 中国人民解放军95762部队关于进一步加强机场环境卫生整治的通告》梁平府告〔2017〕9号，维护机场环境。区交委为驻梁通信营部队送去液晶电视等，帮助他们改善工作生活条件。

优抚　全面落实各项优待抚恤优待政策。为6160名优抚对象发放抚恤补助金4750万元，发放医疗补助603万元，为738名在乡重点优抚对象报销医疗补助费32万元。为全区630名义务兵兑现义务兵家庭优待金504万元，为127名现役军人发放立功受奖奖励金12万元。投入1.25万元完成了区革命烈士陵园增设拦路石球等工作。

安置　贯彻落实《退役士兵安置条例》，稳步推进退役士兵安置政策改革。2017年，接收2016年秋冬季退役士兵316名（城镇退役士兵54名，农村退役士兵262名）；其中符合政府安排工作条件的转业士官11名，7名安置在机关事业单位，4名安置在国有企业。培训自主就业退役士兵84名。发放退役士兵自主就业（自谋职业）一次性经济补助金1004.8万元。

重庆市梁平区烈属、因公牺牲军人遗属、病故军人遗属定期抚恤金标准表

（从2017年10月1日起执行）　　单位：元/年

烈属	因公牺牲军人遗属	病故军人遗属
23130	19860	18680

重庆市梁平区残疾军人（含伤残人民警察、伤残国家机关工作人员、参战伤残民兵民工）残疾抚恤金标准表

（从2017年10月1日起执行）

单位：元/年

残疾等级	残疾性质	残疾军人	伤残人民警察、伤残国家机关工作人员
一级	因战	76210	72850
	因公	73842	70550
	因病	71463	68240
二级	因战	69085	65930
	因公	65512	62460
	因病	63113	60130
三级	因战	60765	57850
	因公	57172	54360
	因病	53630	50920
四级	因战	50016	47410
	因公	45269	42800
	因病	41696	39330
五级	因战	38646	37040
	因公	33935	32380
	因病	31599	30070
六级	因战	30457	28940
	因公	28880	27380
	因病	24583	23130
七级	因战	23420	21990
	因公	21086	19680
八级	因战	15225	13880
	因公	14043	12710
九级	因战	12815	11530
	因公	10528	9260
十级	因战	9360	8100
	因公	8130	6930

【老龄工作】 2017年年末，全区60岁以上老年人179919人，占全区总人口的19.36%，其中70岁以上的76074人，80岁以上20614人，90岁以上2152人，100岁以上13人。空巢老人19513人，农村留守老人11999户，失能老人3252人、半失能老人4321人、失智老人1208人。进一步强化“大老龄”工作思路，坚持“党委领导、政府主导、社会参与、全民行动”的老龄工作方针，切实加强组织协调，创新工作方式，强化为老服务意识，提高为老服务水平，积极推动各项老年法律法规政策的落实，大力实施助老惠老项目，切实保障和改善老年民生，促进

老龄事业全面协调可持续发展。

老龄宣传 大力宣传新《中华人民共和国老年法》和各种惠老政策，助推老龄工作深入开展。一是深入学习宣传习近平总书记关于加强老龄工作的指示和重要讲话精神，坚持“党委领导、政府主导、社会参与、全民行动”的老龄工作方针，积极应对人口老龄化。二是充分利用文件、会议、街头宣传、印发宣传单等方式，继续深入宣传新《中华人民共和国老年法》和各种助老惠老政策，加深全区干部群众对老龄工作的了解程度。三是适时公布区老龄人口和老龄事业发展的数据情况，对人口老龄化形势进行宣传，传播积极老龄化、健康老龄化理念。四是组织并深入开展了“老年节”和10月“敬老月”各项宣传庆祝敬老活动，全区敬老活动异彩纷呈。五是组织开展老龄问题调研工作，选送调研文章3篇参加市评选。区委党校谭仕荣、司媛、高雪峰均获三等奖。

老龄活动 一是认真完成了市老龄办布置的工作任务，并上报了工作总结。制定了老龄工作年度计划，对年度工作进行安排和布置。二是全年组织召开老龄工作专题会议2次，及时传达布置相关工作和进行业务培训，提升为老服务水平。年底对工作进行了全面的总结。三是动员部署第三届敬老文明号创建工作，印发了创建通知。四是进一步推动基层老年协会建设，组织各基层老年协会开展文娱演出。五是组织协调好各老年团体开展广泛经常的宣传、教育和文体活动，及时报送老龄工作信息。

老年优待 一是做好90岁以上老年人的高龄津贴调标和审批工作。2017年7月1日起90周岁至99周岁老年人由原来的50元/月提高到100元/月，100周岁以上老年人由原来的200元/人提高到300元/月。经审批，2017年全区有90周岁以上老年人1476人，其中百岁老人13人，享受年度高龄补贴138.72万元。二是坚持90岁以上高龄老人“六大传统节日”长效慰问制度，组织开展了元旦、春节和老年节走访慰问百岁老人活动，元旦、春节、“五一”、端午、中秋、国庆6个节日共发放慰问金20.22万元。三是积极配合局行政审批科，对行政审批服务事项、行政权力权责清单进行了清理、完善。督促各乡镇（街道）按规定办理“敬老优待证”，并在年底进行了统计，全年共办理“敬老优待证”1203人。

老年维权 做实老年维权，保障老年人合法权益，继续会同区司法局开展了“夕阳关爱，赡养维权”专项活动和长期性的老年法律援助行动，区法律援助中心和各乡镇（街道）法律援助工作站为城乡老年人提供赡养法律援助，保障老年人的生存权、受赡养权等合法权益。

助老惠老行动 大力实施各种助老惠老工程，让更多的老年人享受到政府的温暖和社会的关爱。继续有力推进“孝老安康工程”的实施，2017年度参保老年人40136人，其中民政对象老年人16410人参保，民政资助保费49.23万元；面上社会老人23726人参保，财政补贴保费31.77万元。

【村民委员会建设】

推进“三社联动”服务管理机制 印发了《梁平区“三社联动”服务指南（试行）的通知》（梁平民政发〔2017〕28号），规范服务内容、服务方法、项目管理和保障措施，促进服务的专业化、规范化开展。

推进城乡社区建设 一是与组织部联合出台了《梁平区村（社区）便民服务中心建设指导规范的通知》（梁委组通〔2017〕14号），全面规范了村（社区）工作机构牌子的工作，设施设备，工作制度，为群众提供基本服务和拓展服务；二是印发了《重庆市梁平区民政局关于加强村（居）委会突发事件应急处理工作的函》（梁平民政函〔2017〕48号），并指导各乡镇制定村（居）委会突发公共事件应急处理办法；三是积极完成343个信息收集，并按时完成了信息比对工作，为村（居）委会统一社会信用代码赋码工作做好了准备；四是完成市级和谐示范社区（村）参评申报工作，确定了梁山街道文峰社区、

屏锦镇兴平社区、大观镇安乐社区、和林镇福和社区、梁山街道清都村、梁山街道云佛村、袁驿镇邵兴村等7个社区（村）参评。

城乡社区协商　在城乡社区协商工作全面开展的基础上，选取了梁山街道北池社区、双桂街道皂角社区作为城乡社区协商示范培育点，通过建立城乡社区协商制度，实现公共利益的基层民主治理。

推进农村社区建设　在农村社区建设试点深化拓宽的基础上，确定了荫平镇乐英村、合兴镇龙滩村作为深入培育农村社区示范点。

开展新任村（居）委会成员培训　一是指导各村（社区）重新修订完善自治章程、村规民约、社区公约等制度，并经村（居）民会议讨论通过实施；二是积极组织村（社区）干部多次参加市、区级的各类培训，参训人员达1500余人，提高了新一届村（居）委会干部的理论水平和工作能力。

2017年，全区3223名离任村（居）“三职”干部领取定额补助金额共计3925945元。落实了村（居）务监督委员会工作经费和误工补贴686000元。全区社区专职工作者和社区机构，共划拨经费24873170元。

【社区居民委员会建设】　一是完成2016年云龙镇护云社区、铁门乡铁门社区、蟠龙镇街道社区、新盛镇街道社区便民服务中心建设工作；二是确定2017年4个项目城乡社区便民服务中心市级补助项目工作，即荫平镇乐英村便民服务中心、合兴镇龙滩村便民服务中心、蟠龙镇老林村便民服务中心和大观镇庙坝村便民服务中心等。三是利用闲置办公用房，改建了七星镇红花社区、礼让镇双龙社区养老服务中心建设，完成了计划内的2个建设任务。

2017年梁平区村（社区）离任“三职”干部补助表

序号	乡镇、街道	村离任三职干部人数	村离任三职干部补助金额	社区离任干部人数	社区离任干部补助金额	合计
1	梁山街道	166	187845	25	40580	228425
2	双桂街道	79	92670	35	42785	135455
3	蟠龙镇	114	137015			137015
4	星桥镇	66	83375			83375
5	合兴镇	64	67720	37	42765	110485
6	复平镇	32	37840	7	9935	47775
7	安胜镇	45	60655			60655
8	仁贤镇	73	88045	6	6120	94165
9	金带镇	68	77615			77615
10	聚奎镇	114	142865			142865
11	礼让镇	84	111940			111940
12	明达镇	70	94670	12	16595	111265
13	龙门镇	91	96395	24	32540	128935
14	新盛镇	128	157145	20	22935	180080
15	文化镇	73	90450			90450
16	屏锦镇	185	227570	40	52890	280460
17	回龙镇	158	189630			189630

续表

序号	乡镇、街道	村离任三职干部人数	村离任三职干部补助金额	社区离任干部人数	社区离任干部补助金额	合计
18	荫平镇	127	156060			156060
19	云龙镇	143	180895			180895
20	和林镇	65	74035	30	34305	108340
21	铁门乡	18	18685	10	9875	28560
22	袁驿镇	64	82765	5	6855	89620
23	碧山镇	38	46105	17	18185	64290
24	虎城镇	125	144400	13	13585	157985
25	龙胜乡	21	25125	9	8400	33525
26	竹山镇	24	23440	11	12975	36415
27	七星镇	32	41480			41480
28	福禄镇	138	171570	3	3775	175345
29	曲水镇	69	80260	31	33960	114220
30	石安镇	129	177340			177340
31	紫照镇	85	104380			104380
32	柏家镇	106	126710	18	23885	150595
33	大观镇	71	88540	5	7765	96305
	合计	2865	3485235	358	440710	3925945

【社会行政事务管理】

民间组织管理　2017年，新登记成立社会团体10个，民办非企业单位9个，变更登记社会团体14个，民办非企业单位6个，为104个社会团体和124个民办非企业单位实施了年检。紧紧围绕区域经济发展，立足安全稳定大局，在全区社会组织中开展了深化20个行业协会商会脱钩工作和清理规范行业协会商会收费行为。

婚姻收养登记　2017年，正式启动“婚姻家庭社会工作项目”和“家和计划”2个市级社工项目，按计划稳步推进；加强婚姻登记工作信息化建设，实现了与公安、法院、卫计等部门信息共享。全年办理结婚登记5733对，离婚登记2108对，补发结婚证2898对，补发离婚证144对，登记合格率、准确率、群众满意率均为100%；依法收养登记11件。

殡葬管理　积极贯彻《重庆市殡葬管理条例》。加大力度宣传绿色、文明殡葬，利用新闻媒体、报纸、传单以及春节、清明等各个祭扫时机，努力创新宣传形式，提高文明殡葬主动性；在回龙、袁驿、合兴、荫平、云龙、和林6个镇建设7个农村集中安葬点；城市公益性公墓一期工程修建完成，通过区财政局、区林业局等相关单位验收合格，现已投入使用。

2017年区殡仪馆共火化遗体522具、殡仪服务（承办治丧活动）150场次、公墓销售墓穴12格位。免除213具城乡困难群众遗体的基本丧葬服务费用和部分困难群众的治丧服务费用共计199534元；免除18具刑事案件、交通肇事逃逸遗体的费用1050285元，积极落实了城乡困难群众殡葬减免政策，为梁平殡葬树立了良好的文明社会窗口新形象，被国家民政部表彰为“全国殡葬工作先进集体”。

救助管理　2017年共接待求助人员360人次，外省籍受助人员90人，本市籍受助人员253人，无法查明身份的精神病人及智障人员30人次；其中成年人346人，未成年人14人次；护送返家的6人，家属接回的2人；常规医院住院治疗4人次，送精神病医院治疗12人次。

将滞留人员全部录入全国寻亲网并报请公安机关采集DNA血样，实现了滞留人员寻亲信息和DNA信息采集两个全覆盖，并形成长效机制；全国救助站开放日，较好地让群众了解救助对象在救助站的生活管理情况。“寒冬送温暖”、“夏季送清凉”活动切实保障了生活无着流浪、乞讨人员的基本生存权益，杜绝了生活无着流浪、乞讨人员因酷暑、寒冬、饥饿、疾病等因素导致意外事故的发生；积极主动向救助对象提供服务，对城区几条主要道路昼夜巡视，做到发现一个露宿街头和流浪乞讨者，救助一个。

留守儿童　2017年，全区农村留守儿童12596人，其中辍学儿童3人，未登记户口12人，残疾患病87人。

将每季度摸排出的监护情况差、无户籍、辍学、残疾患病等农村留守儿童情况分别函告区公安局、区教委，按要求进行干预帮扶；组织和督促监护人及受委托监护人签订《农村留守儿童委托监护责任确认书》《农村留守儿童委托监护协议书》《农村留守儿童监护人承诺书》，签订率达100%，并将农村留守儿童监护人负面清单及责任清单送达每位留守儿童家庭。2017年年末全区已全面消除农村留守儿童无人监护及监护情况差的现象。

孤儿保障　2017年年末，全区共有分散供养孤儿76名，其中包括艾滋病病毒感染儿童1名。落实孤儿基本生活费增长机制，由每人每月600元提高到1000元；将孤儿纳入“明天计划”对象范围，推进“明天计划”深入、持续开展。

【社会福利院】　重庆市梁平区社会福利院住址梁平区梁山街道人民东路288号，从业人数21人。为城镇无劳动能力、无生活来源、无法定赡养人的孤老残人员和无依无靠、无家可归、无人抚养的人员以及弃婴提供收养、养育服务，为各类人员提供自费供养服务。

2017年，按照“1441”工作思路，坚持“党政结合、医养结合、软硬环境结合、国家收养与社会休养结合”；突出“医疗养老，环境养老，安全养老，幸福养老”，以扎实开展“两学一做”学习教育活动为推手，取得了良好成效。一是职工队伍整体素质提升。职工参加社工考试1人取得初级资格。完善了一批管理制度。二是医疗养老取得明显成效。与梁平利民医院建立了老人医疗服务长效机制，确保了24小时有医疗保障，做到了常见小病不出房，常见大病不出院。三是环境养老取得明显成效。重新规划改造了院坝绿化环境。引进多种优良花种和树种，对部分区域规划为种植季节蔬菜。四是安全养老取得明显成效。落实并完善了安全工作层级管理责任制，全院用电用水、设备设施、食品、车辆、财务等重点部位安全检查形成常态；当年3次消防安全演练增强了消防安全防范技能；职工和老人安全防范意识明显增强；更换了一批将过期灭火器，对彩钢瓦进行了整改等。五是幸福养老取得明显成效。老年人有益活动持续开展；接待了2场业余慰问表演，丰富了老人精神生活；老人守法守纪意识和健康的生活习惯得以全面提升。六是认真做好国家收养人员接收、入户、办证、管理、服务、医保等工作；积极争取社会各界对老年事业的关注、关心和关爱，得到社会各界物质折合人民币2万元，其中永辉超市爱心卡7000元，梁平仙潭电器有限责任公司价值6000元大米和食用油。

【慈善事业】　一是广泛宣传《中华人民共和国慈善法》，大力开展“慈善情暖万家”、中小学校师生“情系慈善一元捐”，机关、企事业单位职工“慈善双日捐”等品牌项目。二是成立乡镇（街道）慈善分会、村（居）工作站和建立完善“梁平慈善网站”。积极宣传倡导辖区机关、企事业单位参与捐赠活动。三是牵线搭桥，引进北京罗麦科技有限公司启明公益基金会、广东狮子会等爱心企业、爱心人士积极参加爱心捐赠活动。四是加强产业扶贫，将全区33个乡镇54个需帮扶产业上挂区慈善会官方网站，通过宣传介绍、支持贫困群众发展乡村旅游、特色农产品种养殖业等，为缺乏资金、技术的产业户搭建桥梁，帮扶贫困群众脱贫。截至2017年12月底，全区已募集款物986.53万元，直接接收捐赠617.16万元，间接接收捐赠369.37万元，慈善筹募取得可喜成绩，并及时安排救助善款，共帮扶救助特困户1021户，成效显著。　（区民政局）

社 会 保 障

【概况】　重庆市梁平区社会保险局为隶属于区人力资源和社会保障局的正处级一类财政全额预算事业单位。现有在编人数55人，内设科室17个，分别为：办公室、基金财务科、参保征缴一科、参保征缴二科、参保征缴三科、机关事业单位养老待遇科、城镇职工养老待遇科、居民养老待遇科、职工医保待遇科、居民医保待遇科、工伤生育待遇科、退休管理科、稽核督查科、公共信息科、社保卡管理科、医疗协议机构科、医保特病科。主要负责贯彻落实社会保险政策，经办全区社会保险各项业务。

【社会保险覆盖】　全年社会保险参保扩面人数累计达131.58万人次。其中：城镇职工基本养老保险参保64250人（不含退休人数），完成市下达目标任务（52515人）的122.35%；城乡居民养老保险参保346023人，完成市下达目标任务（345739人）的100.08%；机关事业单位养老保险参保13473人；城镇职工医疗保险参保56294人（含退休人数），完成市下达目标任务（53014人）的106.19%；城乡居民合作医疗保险参保787992人，完成市下达目标任务（786124人）的100.24%；工伤保险参保47739人，完成市下达目标任务（40329人）的118.37%；失业保险参保25535人，完成市下达目标任务（24600人）的103.8%。

【社会保险费征收】　全年征收社会保险费和职业年金149488.24万元。其中：征收城镇职工基本养老保险费37762万元（不包括两类人员4942万元、超龄退役军人214万元），完成市下达目标任务（31200万元）的121.03%；征收城乡居民养老保险费4969万元，完成市下达目标任务（3984万元）的124.72%，征收机关事业单位养老保险费21116.44万元、职业年金10104.16万元；征收职工医疗保险费27242.21万元，完成市下达目标任务（25870万元）的105.3%；征收城乡居民合作医疗保险费46128.43万元（其中：个人保费征收11250.20万元，完成市下达目标任务（11240万元）的100.09%，财政补助到位收入34769万元，上级补助收入20.12万元，利息收入89.11万元）；征收工伤保险费2166万元，完成市下达目标任务数（1640万元）的132.07%；征收失业保险费736万元，完成市下达目标任务（700万元）的105.14%。

【社会保险待遇发放】　全年社会保险待遇发放累计达464.60万人次，发放金额达211123.40万元。其中：城镇职工基本养老保险有离退休人员46996人（含两类人员27210人），支付基本养老保险待遇95610.39万元（含两类人员38651.09万元），月人均养老保险待遇2456.85元（不含两类人员）；城乡居民养老保险145.86万人次享受待遇，支出15637.48万元，月人均居保待遇107.21元，发放居保人员死亡补助金4400人533.39万元；机关事业单位养老保险6726人次享受待遇，支出27960.48万元，月人均工资待遇4163元；职工医疗保险129.98万人次享受待遇，职工医保基金总支出24514.81万元（其中：统筹基金支出10067.83万元、个人账户支出11899.84万元、大额医疗支出2547.14万元）；城乡居民合作医疗保险182.91万人次享受待遇，居民医保基金总支出43303.39万元（其中：住院支出22987.51万元、门诊支出10836.92万元，大病支出2016.22万元，上解上级支出7462.74万元）；工伤保险3772人享受待遇，支出3551.24万元（其中：工伤医疗费256.39万元、体检及鉴定费10.41万元、一次性伤残补助金1601.83万元、定期伤残津贴221.08万元、工亡遗属补助140.54万元、工亡待遇196.85万元、解除合同一次性医疗补助金1052.27万元、伙食补助2.51万元、生活护理费69.36万元）；发放失业保险金491.21万元，发放农民工一次性生活补助金182.58万元，代缴基本医疗保险费196.47万元。代发各类人员补贴1004人545.61万元（其中：西藏代管11人33.40万元；“4950”补贴24人35.34万元；“9293”补贴5人1.91万元；老复员军人44人36.08万元；军转干部150人180.86万元；“121”补贴44人25.12万元；民师养老补助364人49.48万元；农技员养老医疗补助198人53.56万元；放映员养老医疗补助40人9.46万元；企办员养老医疗补助72人81.89万元；林业员养老医疗补助52人38.51万元）。

【社会保障基金监管】　依法开展征缴和支付环节的稽核工作，强化对定点医疗机构的监管，规范审计稽核程序。全年依法完成了对201户参保单位29159人的稽核（其中：基本养老保险企业40户5498人，医疗保险企业54户8238人，工伤保险企业54户8312人，生育保险企业53户7111人）；对稽核中发现的违规企业依法发出整改通知书，依法追缴因违规少报缴费基数造成少缴的养老保险费、医疗保险费、工伤保险费和生育保险费分别为45.26万元、62.02万元、3.13万元、2.15万元，共计112.56万元；追回多领居民养老保险待遇383.53万元，涉及2200余人；加强了对全区医疗机构的现场检查力度，查出违规费用93.41万元，网络监管扣款33.87万元，处罚违约金299.08万元。

【社会保险改革推进】　严格按照全市全区公立医院综合改革工作的总体部署，稳步推进公立医院改革；有效推进机关事业单位养老保险改革工作顺利实施，6519名机关事业单位退休人员参加待遇调整，人均月增资202元，并从2017年8月起纳入正常支付计划，待遇调整数据准确率达100%，逐一核定区已退休的930余名“中人”基础信息，为下一步“中人”新办法待遇计算奠定好基础；扎实推进完善复合型医保支付方式，以总额控制付费为主，实行了共计50个病种单病种付费，精神类病种按床日付费，慢性髓性白血病胃肠间质瘤、居民医保苯丙酮尿症、耐药结核、儿童两病（先天性心脏病、白血病）等病种按年定额包干付费等多种付费方式；有效推进生育保险与职工医疗保险合并试点有序开展，严格执行随单位参加市职工基本医疗保险的在职职工，同步参加生育保险相关参保登记政策，认真落实生育保险费并入职工基本医疗保险费，统一征缴；充分发挥镇乡（街道）社保平台作用，进一步完成了符合条件人员参加城乡五项社会保险的基本信息登记工作，并全部导入信息系统。

【社保惠民政策落实】　困难、小微企业充分享受减负政策。2017年全区困难企业531家、小微企业523家享受减免社会保险费达1.05亿元（其中：职工养老保险费6263.99万元，职工医疗保险费2112.26万元，工伤保险费649.98万元，生育保险费636.36万元，失业保险费835.72万元）；全区共有45035名退休人员享受养老保险待遇调整，月增发养老待遇523.71万元（其中：调整企业退休人员18296名，人均月增资142.85元，调整城镇超龄人员征地农转非人员26739名，人均月增资98.11元），全年新增退休人员3673人（其中：城镇企业职工2412人，两类人员1261人）；积极开展企业困难退休人员节日送温暖活动，五一端午、中秋国庆慰问退休人员1419人次，发放慰问金3.6万元；国有企业单解人员享受养老保险补贴今年审核通过139人，累计达5803人，发放补贴金额1758万元，累计发放补贴金额9937万元；国有企业单解人员享受医疗保险补贴累计达4529人，累计发放金额75万元，双解人员享受养老保险补贴累计达4人，当年发放补贴0.8万元，累计发放补贴7.5万元；为全区镇乡（街道）社保平台统一配置了补换社保卡设备，在社保服务大厅启用了2台社保资助服务一体机，群众可凭本人身份证、社保卡进行自助社保信息查询、社保卡挂失、社保卡密码修改等服务；全年新制社保卡9345张（其中：职工社保卡332张、居民社保卡9013张），补（换）社保卡13290张（其中：职工社保卡2204张，居民社保卡11086张）；积极配合区相关部门完成了煤矿和烟花爆竹企业关闭工作，按时足额拨付关闭企业的各项工伤保险待遇，积极配合处理关闭企业未参保工伤职工的后续待遇问题，无拖欠关闭企业的工伤职工工伤保险待遇的情况。

【社保基础工作】 大力宣传社会保险政策，先后印发《重庆市梁平区强化医保监管宣传资料》《城乡居民合作医疗保险2017年度政策解读》《足不出户查社保、立体查询很方便》《社会保险法律法规政策汇编》《建筑企业参加工伤保险宣传资料》《社保知识100问》等宣传资料50余万份；全面完成上年度社保档案的整理工作，共53901件（卷）全部上架入库，严格执行社保业务档案管理各项规章制度，对设施设备定期进行维护，社保业务档案提供对外利用，为各类人员提供档案查询服务2500余人次；加强落实社保窗口作风建设，完善管理制度，做好教育培训，优化服务环境，强化监督检查，坚持“三亮”服务，塑造良好的社保队伍形象；有效化解社保信访举报投诉案件，全年发生行政诉讼案件一起，胜诉率100%，接到投诉举报信访件163件，全部按时按规定给予回复，有效地维护了群众的合法权益和社会稳定；积极配合相关部门做好“扶贫攻坚”活动，做好全区困难群众的参保工作。

（区社保局）

劳动关系及维权

【概况】 2017年7月，经区编委批准，区劳动人事争议仲裁院更名为区劳动人事争议调解中心。2017年，区劳动人事争议调解中心全面贯彻落实党的十九大精神，以习近平新时代中国特色社会主义思想为指导，以进一步加强劳动人事争议处理效能建设为主线，聚焦完善制度、提升能力、夯实基础，持续加强调解仲裁规范化、标准化、专业化和信息化建设，依法公正及时处理争议、化解风险，充分发挥调解基础性作用和仲裁制度快速、便捷优势，切实维护劳动人事关系和谐与社会稳定。

【劳动保障监察执法】 加强劳动保障监察执法，全面落实《重庆市劳动保障监察条例》，建立了企业劳动保障守法诚信等级评价制度和用人单位劳动保障违法行为失信惩戒制度，建立实施“两金三制”制度，全区未发生因欠薪等劳动纠纷引发的恶性事件，切实保障了劳动者合法权益，维护了社会稳定大局。

认真完成各项专项检查 2017年，全面完成农民工工资支付、清理整顿人力资源市场秩序、“两金三制”制度落实检查、汽修行业检查等专项执法检查。主动监察418户用人单位，包括制造业67户，建筑业119户，批发和零售业11户，住宿和餐饮业59户，居民服务业28户及其他行业134户，涉及劳动者9738人。

及时受理举报投诉案件 办结举报投诉案件79件（投诉案件结案率100%），为884名劳动者追发工资等待遇830.92万元（其中：政府性工程项目拖欠农民工工资案件8件，涉及488人，涉及金额约643万元，包括渝万高铁项目、三甲医院项目、人民西路廉租房项目等）。立案处理案件34件，包括支付工资和最低工资标准类28件、参加社会保险和缴纳社会保险费1件和其他类3件。行政处罚罚款金额3.15万元。

依法移送欠薪犯罪案件 向公安机关依法移送涉嫌拒不支付劳动报酬犯罪案件3件，公安机关立案率100%，分别是重庆山蓝园林工程有限公司欠薪逃逸案、梁平县瑞丰农业开发有限公司欠薪逃逸案、江西省临川安石建筑工程有限公司拒不支付劳动报酬案，强化了行政执法与刑事司法的“两法衔接”。

妥善处置群体突发事件 会同区信访办、公安局、城乡建委等部门成功处理了3次由拖欠工资引起的群体突发事件，涉及劳动者473名，为劳动者追讨工资共计601.52万元。包括：三甲医院项目聚众讨薪案、人民西路廉租房项目欠薪逃逸案、双桂堂接待中心项目拖欠职工工资案。

深入推进“两金三制” 依规共收取49个新开工项目农民工工资保证金662.85万元，退还15个项目工资保证金61.54万元。落实出台《重庆市梁平区建设领域农民工工资专用账户管理制度及银行代发制度实施办法》（梁平农工支办〔2017〕7号）文件，督促各行业主管部门落实41个在建项目开设农民工工资专用账户，银行代发农民工2564.58万元。

【争议调解仲裁】 2017年，依法处理争议案件486件，其中立案受理案件253件，上年结转20件，各级调解组织调解案件213件。立案受理及结转案件中，调解结案204件，裁决结案60件，其中终局裁决33件，其他方式结案9件，结案率100%，调解率74.7%，终局裁决率55%。

（区人力社保局）

人 民 生 活

【概况】 国家统计局梁平调查队（以下简称梁平调查队）成立于2007年4月27日，是隶属于国家统计局的参照公务员管理的事业单位，属中央直属统计调查机构。共有人员编制人数12人，现有在职在编人数11人。设置办公室、综合科、城镇调查科、农村调查科。

2017年，在重庆调查总队党组和梁平区委区政府的领导下，梁平调查队紧紧围绕区委区政府的中心工作任务，不断深化方法制度改革和优化统计服务手段，各项工作取得实效。

认真做好党建工作 深入学习习近平总书记系列重要讲话精神，树立党建是最大政绩的理念，落实全面从严治党责任，以党建引领统计调查业务建设、促进队伍建设，做到党建工作与统计调查业务两促进。一是落实党建责任，积极传导压力。实行党组统一领导，党组书记负总责，以党支部为党建工作平台，具体抓落实。二是落实党建规范，严肃党内生活。落实党组中心组学习、“三会一课”等基本规范，严肃党内政治生活。三是落实“两个责任”，加强作风建设。落实支部建设，发挥党员作用。落实制度保障，建立长效机制。四是以主人翁姿态做好“三城同创”工作。

认真抓好数据质量 2017年，深入贯彻落实习近平总书记等中央领导同志关于统计工作重要讲话指示批示精神，从基层基础工作、统计方法制度、法制和信息化手段等方面入手，持之以恒提高统计数据真实性，不断提高统计数据质量。双基工作，以基层基础规范化工作要求为出发点，建立完善了各专业的工作考核办法、自查办法、走访制度，常态化指导企业及记账户统计调查工作，坚持“以会代训”“院坝会”“串门会”等方式开展业务培训，夯实基层基础工作，方法制度，严格执行国家报表制度、调查制度，严格恪守统计指标的内涵和口径，严格执行专业统计数据评估制度、审核制度，严格执行统计执法，确保源头统计数据真实可信。法制监督，开展“数据造假、以数谋私”专项治理工作，建立统计违法举报“登记”制度、统计“双随机”抽查制度、统计关系“告知”制度、业务培训和报表领取“签到”制度。信息保障，充分发挥信息化保障作用，逐步实现数据采集、处理、传输、应用和管理的现代化。

认真抓好统计服务 坚持向预测预判和对策建议并重转变，促进统计调查工作提高效率和质量，更好地发挥服务宏观决策和微观管理的作用。监测研判，聚焦公众关切，发掘日常报表数据，分析数据背后的逻辑关系和发展趋势，增强各界对经济发展前景的预期；贴近居民冷暖，侧重反映民生诉求；掌握企业动态，侧重服务生产发展；紧跟施政步伐，侧重献计党政决策。分析研究，2017年注重打造精品分析、课题研究工作，全年撰写调查分析40篇，经济信息15篇。

总队《区县分析》栏目全文采用27篇次；总队《调查信息》和《调查分析》栏目采用16篇次；国家级、市级领导批示1篇次；国家局采用5篇次；市委市政府采用7篇次；区委、区政府采用2篇次、区领导批示15篇次。数据解读，每年与梁平区统计局共同编印《统计年鉴》，以农业统计数据为基础编印《梁平“三农”》，以居民收支数据为基础编印《梁平“民生”》，不定期编印《调查分析》《经济信息》等。今年编印了《梁平调查2012—2016》，对梁平调查队的建设与发展过程等资料进行修编留存。

【城乡居民收入】 2017年梁平区常住居民人均可支配收入达到21395元，比上年同期增加2042元，同比增长10.6%，增幅居渝东北生态涵养区第七位。其中：城镇常住居民人均可支配收入达31599元，同比增长9%，增幅居渝东北生态涵养区第六位；农村常住居民人均可支配收入达13671元，同比增长9.5%，增幅居渝东北生态涵养区第八位。

城镇居民收入

一是城镇居民“四大项”收入齐增长。2017年梁平区城镇居民人均可支配收入稳步增长的同时，四大项收入均保持增长，其中工资性收入16749元，同比增长8.8%，绝对值增加1351元；经营性收入4748元，同比增长12.5%，绝对值增加527元；财产性收入2782元，同比增长6.6%，绝对值增加171元，转移性收入7321元，同比增长8.3%。绝对值增加560元。

2017年梁平区城镇常住居民可支配收入增长情况表

指标名称	单位	本年	上年	比上年±	增幅（%）
可支配收入	元	31599	28990	2609	9.0
一、工资性收入	元	16749	15398	1351	8.8
二、经营性收入	元	4748	4221	527	12.5
三、财产性收入	元	2782	2611	171	6.6
四、转移性收入	元	7321	6761	560	8.3

二是城镇居民收入主要依靠工资性收入。四项收入中，工资性收入增加值最多，占可支配收入的比重达到53%，仍然是城镇居民收入的主要来源，主要原因是：今年以来，全区在人力资源市场和乡镇场镇共举办现场招聘会55场，现场达成意向性就业人数6900余人，托底过渡安置就业困难人员1261人，实现城镇新增就业10906人，城镇登记失业人员就业3874人，就业困难人员就业1021人，城镇登记失业率为3.6%，比年度控制数4.2%低0.6个百分点。据对部分用人单位调查，目前，区多数用人单位职工平均月工资2200~6500元，同比增加3%~10%。劳动报酬持续增长，工资性收入带动可支配收入增长4.7个百分点。

三是经营性收入在四项收入中增速最快。2017年，全区新发展市场主体6929户，其中个体工商户5727户，企业1113户。区内金融机构加大对创业人群的支持力度，截止11月底，各个银行中小微企业贷款余额为73亿元，比年初增加19亿元，同比增加25亿元，增长50.1%。民间资本积极性有效调动，税改政策落实得力，城镇居民自主创业、自我经营参与度提高，带动经营性收入快速增长12.5%，拉动可支配收入增长1.8个百分点。

四是利息、红利、出租房屋财产性收入的增长带动财产性收入的增长。2017年梁平区城镇居民财产性收入2782元，同比增长6.6%，其中利息收入776元，同比增长9.5%，红利收入344元，同比增长29.1%，出租房屋财产性收入393元，同比增长6.2%，三项收入的增长成为支撑财产性收入增长的主要因素。

五是民生政策给力，转移性收入平稳增长。2017年转移性收入对城镇居民收入增长的贡献率为21.5%，拉动收入增长1.9个百分点。主要原因是：养老金的增长，2017年梁平区共计46996人次领取城镇职工养老保险金94940万元，同比增加1445人，增加待遇8308万元。45035名退休人员享受养老保险待遇调整，人均月增加养老金116元。其中，调整企业退休人员18296名，人均月增资143元，调整城镇超龄人员征地农转非人员26739名，人均月增资98元。

六是城镇居民收入渠道拓展，收入结构进一步优化。综合各项收入增长情况看，梁平区城镇居民工资性收入占比较上年降低0.1个百分点，经营性收入占比提高0.5个百分点，财产性收入比重比上年下降0.2个百分点，转移性收入所占比重比上年下降0.2百分点，从数据可以看出，城镇居民以工资性收入为主的收入结构逐渐优化，经营性收入对城镇居民收入增长的支撑作用越来越大，收入增长渠道拓展，收入结构进一步优化。

农村居民收入

一是农村居民收入增速减缓。2017年梁平区农村常住居民人均可支配收入达13671元，增长9.5%，较2016年减少1.3个百分点，增幅居渝东北生态涵养区第八位。

二是．转移净收入增势最快。2017年梁平农村常住居民转移净收入3702元，增加379元，同比增长11.4%，增长速度居四大项收入之首。

三是工资性收入仍是拉动收入主要动力。2017年，农村居民工资性收入增长了437元，占可支配收入比重的39%，仍是拉动农村居民收入增长的主要动力。

四是结构不断优化。就农村居民四大项收入构成单独来看，工资性收入和转移净收入贡献率降低，分别比上年减少7.9个百分比和1.8个百分比，经营净收入和财产净收入贡献率有所提高，较上年相比增加了9.6个百分比和0.1个百分比，工资性收入、经营净收入、转移净收入贡献率分别为36.9%、29.3%、32%，工资性收入贡献率"一家独大"的局面逐渐向"三头并进"的趋势发展。

2017年梁平农村住户收入情况表

指标名称	单位	本年	上年	比上年±	增幅（%）	占比		增长贡献率	
						2017年	2016年	2017年	2016年
可支配收入	元	13671.2	12485.3	1185.9	9.5	100.00	100.00	100.00	100.00
一、工资性收入	元	5325.1	4887.7	437.5	9.0	39.00	39.20	36.90	44.80
二、经营净收入	元	4152.7	3805.2	347.5	9.1	30.40	30.50	29.30	19.70
三、财产净收入	元	491.1	469.5	21.7	4.6	3.60	3.70	1.80	1.70
四、转移净收入	元	3702.3	3323.0	379.3	11.4	27.00	26.60	32.00	33.80

【城乡居民消费支出】

从消费结构上看，2017年梁平消费八大项支出均呈增长趋势。

2017年梁平城镇居民消费支出表

指标名称	绝对值（元）		比上年±	增幅（%）	占比（%）
	2017年	2016年			
消费支出	21164	20568	596	2.9	–
（一）食品烟酒	7210	7112	98	1.4	34.1
（二）衣着	1979	1906	73	3.8	9.3
（三）居住	3512	3371	141	4.2	16.6

续表

指标名称	绝对值（元）		比上年±	增幅（%）	占比（%）
	2017 年	2016 年			
（四）生活用品及服务	1581	1551	30	2.0	7.5
（五）交通通信	2878	2785	93	3.4	13.6
（六）教育文化娱乐	1865	1839	26	1.4	8.8
（七）医疗保健	1480	1376	104	7.6	7.0
（八）其他用品和服务	658	628	30	4.8	3.1
通过互联网购买的商品和服务	314	211	103	48.6	1.5

2017 年梁平农村居民消费支出表

指标名称	绝对值（元）		比上年±	增幅（%）	占比（%）
	2017 年	2016 年			
消费支出	11747	11147	600	5.4	--
（一）食品烟酒	4081	3937	144	3.7	34.7
（二）衣着	764	729	35	4.7	6.5
（三）居住	2192	1981	211	10.7	18.7
（四）生活用品及服务	938	879	59	6.8	8.0
（五）交通通信	1046	987	59	6.0	8.9
（六）教育文化娱乐	1142	1102	40	3.6	9.7
（七）医疗保健	1123	1092	31	2.8	9.6
（八）其他用品和服务	461	441	20	4.5	3.9
通过互联网购买的商品和服务	20	16	4	22.4	0.2

恩格尔系数进一步下降 2016 年梁平城镇居民恩格尔系数为 34.1%，农村居民恩格尔系数为 34.7%，分别比上年下降了 0.5% 和 0.6%。

新型消费支出强势增长 随着互联网的不断渗透，网络购物逐渐成为梁平城乡居民的消费新方式。淘宝、微商、滴滴、优步、美团等等新型消费热点层出不穷，微信、支付宝、网银等第三方支付平台使用日渐普遍，新消费群体持续扩大。2017 年梁平城镇常住居民人均网购支出 314 元，同比增长 48.6%，占生活消费支出 1.5%；农村常住居民人均网购支出 20 元，同比增长 22.4%，占生活消费支出 0.2%。

医疗保健支出增速减缓 全民医保已实现全覆盖，城乡居民绝大部分都有了医疗保健消费观念，随着城乡居民的医疗保健意识的提高，致城乡居民用作医疗消费的费用基数的增大，导致医疗保健支出增速减缓。2017 年，城镇居民医疗保健消费支出 1480 元，同比增加 7.6%，增速较上年降低了 8.3 个百分点，农村居民医疗保健费消费支出 1123 元，同比增加 2.8%，增速较去上降低了 7 个百分点。 （国家统计局梁平调查队）

乡镇(街道)

俯瞰航拍 双桂田园桂香天地

乡镇（街道）

梁山街道

【概况】 梁山街道系梁平旧县城所在地，城区建成区面积近7平方公里。东与复平镇接壤，南连蟠龙镇，西邻双桂街道，北接星桥镇。国道318线和“两高一铁”横贯全境，区位优势明显。

政区沿革　梁山街道前身为梁山镇人民政府，梁山镇古为巴国之地，因有梁山寨而得名，始建于西魏元钦二年（553年），迄今已有1400多年历史，宋代在此设梁山军，元朝在此设梁山州。1949年12月解放时建立中城镇，1951年中城镇升格为城关镇人民政府，1956年4月城关镇人民政府又改为城关镇人民委员会，1959年再建城关区人民公社，1968年建立城关镇革委会，1981年改为梁山镇人民政府，隶属于梁平县中城区；1992年10月撤区并镇，由城西乡、天竺乡、安宁乡、梁山镇合并为新建制的梁山镇人民政府；2009年11月撤销梁山镇建立梁山街道办事处；2011年10月因区划调整撤销原城东乡后整体并入梁山街道管辖。2015年8月行政办公地点迁至梁山街道人民南路1号，2016年12月因梁平撤县设区更名为梁平区梁山街道办事处。

政区划分　梁山街道办事处设内设机构6个、所属事业单位6个，下辖7个城市社区和3个农村社区、62个居民小组，18个行政村、129个村民小组。7个城市社区为南华社区、北池社区、大众社区、双桂社区、西池社区、文峰社区、石马山社区；3个农村社区为八角社区、大福社区、蓼叶社区；18个村为清都村、迎水村、上八村、沙坝村、东山村、土桥村、白沙村、东明村、时代村、群益村、罗汉村、石马村、西池村、云佛村、梦梁村、天鼓村、金桥村、龙磨村。

人口面积　梁山街道辖区面积106平方公里，户籍人口10万余人，常住人口近14万。

自然条件　梁山街道位于北纬30°39′47″～30°43′14″，东经107°46′51″～107°52′03″，地处“四川盆地”东部平行岭谷区，地势南高北低、东高西低。地形以浅丘为主，丘陵占50%，低山占30%，平坝占20%。属亚热带季风性湿润气候。多年平均气温16.7℃。境内有高滩河支流小沙河水系和普里河支流龙滩河、李家河水系，小沙河水系由东南向西流入双桂街道，龙滩河、李家河水系由南向东汇入万州余家乡，河道总长度54.4公里，流域面积401平方公里。

【经济发展】

2017年，全街道实现地区生产总值53.5亿元，同比增长7%，社会零售品总额39.3亿元，同比增长15%；农民人均纯收入16399元，同比增长8%，城镇居民可支配收入32765元，同比增长10%。

农业　2017年，农业总产值达到2.38亿元，同比增长8.8%。突出发展粮菜、柚子、李子三大特色产业，着力培育“1+3”农业产业体系，农作物播种面积3309公顷、粮食产量13049吨，同比增长2.5%；油料面积345.6公顷、产量683吨，同比增长2.5%。其中：完成水稻栽插846.7公顷，产量6985吨，玉米563公顷，产量1506吨，薯类545.6公顷，产量3710吨。

全街道现有农业产业化龙头企业10家，农民专业合作社81家，家庭农场17家；建成近郊以清都、八角为核心的蔬菜基地200公顷，远郊以天鼓、东山李子园为基地的高山李子133.3公顷，以及梁山柚180公顷，初步形成了以蔬菜、高山水果、生态农业、优质粮油为特色的效益农业板块。

2017 年畜牧业生产中，生猪出栏 2.6 万头，家禽出栏 47.8 万只，山羊出栏 1200 只，牛出栏 150 头，建成蜜蜂 50 群以上的 2 个，存栏蜜蜂 1 万群。检疫合格生猪产品 6.5 万头，处理不合格生猪产品 96 头，有效保证上市猪肉产品质量。

2017 年，全街道森林面积 4500 公顷，其中：国家公益林 420 公顷，地方公益林 1546.7 公顷，商品林 1666.7 公顷，退耕还林 866.7 公顷（其中竹林 653.2 公顷），林木覆盖率 48%。完成松材线虫病山场疫木清理 9745 余株，疫区入户清理 4018 户。

2017 年，全街道拥有大型农业机械 25 台（辆），微耕机 581 台，完成水稻机插秧 433.7 公顷，完成机耕 2386.7 公顷。

工业　现有规模以上工业企业 8 家，中小企业 2374 家，个体工商户 5932 家。2017 年，工业产值总产值 32.7 亿元，其中：规上工业产值完成了 3.2 亿元。工业固定投资 7.9 亿元。

商业贸易　初步形成以名豪、乾街、三峡风步行街、依山郡为核心的四大商业街区；建成各类专业市场 6.5 万平方米，形成以电子商务、汽配汽贸、五金机械、家具建材、粮食物流等多业态商贸格局，带动就业 3 万余人。

【社会发展】

文化艺术　文化团体 4 个：中老年艺术团、老年大学、梁山乐团、老体协梁山分会。各类艺术表演团体 8 个，演职人员 1200 人，剧院（场）1 座，座位 1000 个，年演出 170 场次，观众达 5 万人次；综合文化站 1 个，建筑面积 1208 平方米，藏书 8000 余册，2017 年全街道开展各种文体活动 240 次。

公共文化服务　2017 年，组织开展各种文体活动 165 次，其中大型群众文化活动 8 次，村（社区）群众文体活动 70 次，机关职工文体活动 3 次；新建农体工程 3 个和 3 个社区体育健身点，惠民电影放映 252 场。

文化遗产　非遗项目 5 个：梁山灯戏、癞子锣鼓、竹帘、抬儿调、梁平年画。其中“梁山灯戏”被列入世界（国家）非物质文化遗产。

文物保护　市级保护 1 个、区级 7 个。

教育　有市级重点中学校 2 所，区级重点中学校 3 所，职业教育学校 1 所，教师进修学校 1 所，特殊教育学校 1 所，各类小学 5 所，民办学校 3 所，各类幼儿园 18 所。小学适龄儿童入学率 100%；初中适龄人口入学率 100%，小升初升学率 100%，九年义务教育覆盖率达 100%。

医疗卫生　有区级医院 3 所，街道级医院 2 所，各类卫生站、卫生室、卫生点 50 余个，市民享有方便的公共卫生服务。

体育　体育场地：体育馆 1 个、体育场 5 个、台球室 3 个、乒乓球俱乐部 3 个、羽毛球场 4 个、门球场 3 个。八个社区都配有健身器材。街道以“打造品牌，繁荣文化，提高素质”为宗旨，组建了各种文体队伍 43 支，开展了丰富多彩的群众性文体活动，多次在参加市、区文体活动比赛中荣获大奖。

社会保障　2017 年城乡最低生活保障户数 1216 户，人数 2005 人，支出 784.5466 万元，月人均 326 元；资助参加合作医疗 3232 人次，共支出 48.12 万元；城乡困难群众临时救助 313 人次，支出 81.76 万元。

国家抚恤、补助各类优抚对象 346 人，抚恤事业费支出 345.3689 万元。

2017 年新增就业人员 2767 人；“4050”人员等就业再就业人数 481 余人；2286 余名下岗失业人员实现了再就业；年末城镇登记失业人数约 225 人，城镇登记失业率低于 3.4%；发放“4050”社保补贴 2055 人，补贴金额达 623 万元；开发公益性岗位安置 130 人，结存数 1273 人；完成小额贷款 1755 万元；城镇居民参加医保 61066 人。

【基础设施】

交通设施建设　新建农村联网公路 2.7 公里（其中：天鼓村组级公路 2.2 公里、东山村组级公路 0.5 公里）；完成梦梁村 3 条公路硬化 3 公里（其中：石梁子到伍家垭口、刘家桥到老屋院坪、刘家桥到长发站各1公里）；完成职中改线道路改造0.7公里；启动县城至板板桥4.5公里公路拓宽工程。

【名胜旅游】 旅游名胜古迹8处：烈士陵园、光华亭、军用机场、钢厂旧址、刘举皋故居、南岩石刻、仁安洞石刻、文峰塔。

【重点工程】

环境保护　全面推行“河长制”，设街道级村级河（库）长共36名，安装河（库）长公示牌共55块。建立城乡垃圾收运体系，按照“户分类、村收集、镇运输、县处理”的农村生活垃圾处理模式，新增垃圾勾臂车1台，勾臂垃圾箱23个。大力推进以白沙河、小沙河、大河等为主的水环境整治，完成小沙河喜鹊河段的黑臭水体整治，修建河道护栏4公里，规范排污管网约6公里。关停河道周边家禽、生猪等养殖场9家，有效保护河道周边生态环境。

老城综合治理　抓实“三城同创”和老城综合治理。成立工作专班，细化方案措施，积极推进国家卫生城市、生态园林城市、森林城市创建；牵头启动了老旧楼院、背街小巷和菜市场、公厕、停车场、休闲公园等123个老城综合整治项目，年度治理目标已基本完成。突出梁山大道、机场路及石马山片区“两线一片”治理，圆满完成11.77万平方米的年度棚户区改造任务。严控增量，消化存量，强力推进违法建筑整治，完成了机场路、梁山大道、石马山片区“两线一片”违法建筑1000余户18.9万平方米整治任务。有效完成了机场环道、双桂大道延伸段、“一环路”等城市干线建设征地拆迁工作；积极支持配合机场路、中央星城、文峰路北段、马房街等16条道路建设。

创新城市管理机制　深入推进社区网格管理、居民小区物业管理、楼院邻里自治管理三级管理体制，大力推进城区环卫、交通、市场、治安、建筑“五大秩序”规范，积极开展乱停乱放、乱搭乱建、乱扔垃圾、乱摆摊点、占道经营等城区突出问题整治，梁山路、西池广场、北门影剧院等重点区域环境秩序整治成效初显，背街小巷清扫保洁实现全覆盖；创新落实“街巷自治”“邻里自管”“楼院共建”等群众参与机制，不断推进和谐社区创建。

乡风文明建设　坚持以“干净整洁”为抓手，建立一支由53人组成的生态保护员队伍，加强常态化的清扫保洁；建立农村“门前三包”和城市“门前五包”责任制度，激发群众自觉参与的热情；建立生态文明监督检查制度，开展日检查、周评比、月通报、季小结、年考核促评机制，把村容整洁作为考核干部工作能力的硬指标，促进工作落实到位。

【党的建设】 街道党工委下辖37个党组织，党员3703名。深入开展“两学一做”学习教育常态化制度化，基层党组织的政治功能和服务功能发挥正常。新建便民服务中心1个，改建2个；新建社会组织党组织1个，发展党员10名，慰问老党员200余人次，发放老党员生活补贴30余万元；村（社区）党员干部参训率、便民服务中心规范化建设、非公企业党组织党建指导员派驻、后进基层党组织整顿转化均实现100%。

（梁山街道）

双桂街道

【概况】 双桂街道办事处于2009年11月经市政府批准成立，由梁山镇、安胜乡、金带镇、仁贤镇的部分社区和行政村合并而成，为区政府派出机构。2017年实有编制数78人，其中机关行政编制数49人，机关后勤服务事业编制数1人，事业编制数28人。2017年在岗职工共75人，其中行政在岗46人，机关工勤在岗1人，事业参公在岗5人，事业在岗22人。

双桂街道办事处综合业务服务楼位于梁平区双桂街道桂香路3号，距“西南禅宗祖庭”双桂堂7公里，东临梁山街道，西临仁贤镇，北临安胜乡，南临金带镇，幅员58平方公里，耕地面积1325公顷，森林面积968.5公顷，绿化率32%。下辖大河坝社区、太和社区、正龙社区、皂角社区、张桥社区、回兴社区、新民社区等7个社区居民委员会，安复村、安宁村、黄泥村、凉水村、牛头村、千明村、松竹村、响水村、兴隆村、盐河村等10个村民委员会，共139个村（居）民小组，户籍总人口46177人，人口出生率15‰，死亡率5.6‰，人口自然增长率9.4‰。地势系平坝浅丘，海拔高度450－600米，地势东高西低，季风气候显著，四季分明，年降水量1300毫米左右，常年平均气温16.5℃。日照偏少，常年平均日照为1336小时。春季气温不稳定，初夏多阴雨，盛夏炎热多伏旱，秋多绵雨，冬季暖和，无霜期较长，湿度大，云雾多。土质以灰棕紫泥土为主，土层深厚，有机质含量丰富，土壤养分高，宜种性强。境内现有水库2口，山坪塘34口。

【经济发展】

农业　2017年农业总产值13424万元。农作物总播种面积2930.2公顷，粮食产量9870吨，其中水稻7628吨，玉米1281吨，小麦49吨，薯类产量1926吨，油菜籽产量508吨。蔬菜产量14500吨，水果及瓜果产量11133吨。全年生猪出栏26055头，猪肉产量1964吨；家禽（鸡、鸭、鹅）出栏453997只。森林面积968.5公顷，其中：退耕还林241.8公顷、公益林170.8公顷、商品林855.9公顷。2017年申报市级现代特色效益农业专项（切块）资金项目8个。

工业　2017年工业总产值8.8亿元，其中规模以上工业企业总产值7.85亿元，工业总产值和规模以上工业企业总产值完成率列全区第一。工业固定资产投资15240万元。组织企业申报成长型微型企业12户，积极组织工业振兴资金、乡镇企业发展专项资金的申报和开展科技活动周。

商贸　2017年社会消费品零售总额19.76亿元，其中限额以上商贸总额预计11.1亿元。引进投资4000万元的重庆海华公路服务有限公司，培育限额上商贸企1家。完成工业新改扩项目的申报，博之鸣完成3000万元固定资产投资。

【社会发展】

文化艺术　2017年有文化服务中心1个，村级文化活动中心10处，社区文化活动中心7个。各类图书室15个，藏书4.5万余册。开展全民读书活动25次，送文化演出到辖区17个村（社区），开展送电影下乡、书画展、摄影展等群众喜闻乐见的文化活动80余次。驻村干部长期坚持深入村组院坝、企业宣讲安全生产、扶贫脱贫、环境保护、就业帮扶等各项政策，开展院坝集中宣讲活动200场次，走访农户5000余户，发放各类宣传资料1.2万余份，受众达4万人次。

教育　有小学5所，初级中学1所，国家级重点中学1所，职业技术学校1所。小学适龄儿童入学率、初中适龄人口入学率、小升初升学率、九年义务教育覆盖率均达100%。

双桂小学（桂香校区）、双桂小学（知德校区）、枫叶国际学校投入使用，泰和路小学开始动工，梁平职校（二期）正在修建。

医疗卫生　有社区卫生服务中心1个，红十字医院、梁平正骨医院、梁平仁济医院等私立一级医院3所，村（社区）医疗卫生机构19个、乡村医生35个。社会养老公寓1所、床位200张，安宁养老中心正在装修。

体育　组建各种文体队伍17支，开展了丰富多彩的群众性文体活动。成立正龙、皂角2个市级社区健身点。辖区内的区全民健身中心投入使用，新城游泳馆开始修建。双桂街道在首届梁平区运动会中奋勇争先，屡创佳绩，获团体和个人项目第一名5项、第二名7项、第三名12项，获排名前八名的项目共计50项，同时获得梁平区第一届运动会体育道德风尚奖。

社会保障　2017年参加城乡居民合作医疗保险39115人，指纹验证养老保险领保人员10000余人。2017年街道城镇新增就业人员2319人，城镇登记失业人员就业 742 人，城镇就业困难人员就业 198 人，新增创业人数 500 人；开展新市民培训 253 人，就业适应性培训 300 人，发放小额贷款 62 笔 602 万元。加大职业介绍服务力度，发布各类用工信息 205 条，提供就业岗位 287 个。落实重点人群就业帮扶政策，全年为 654 名灵活就业困难人员核发社保补贴 204 余万元。

2017 年发放各种保障金、优抚费、救助金等 3587207.6 元。其中：各类优待抚恤金 1778467.6 元，五保、孤儿、困境儿童、慈善金 381800 元，发放各类社会救助金 1163100 元，残疾人两项补贴金 263840 元。开展“关爱民生，送温暖”活动。走访慰问群众 1036 户、3866 人次，共发放慰问金 185000 元。资助“八大对象”参加合作医疗保险 1421 人、投入资金 214880 元。投资 12600 元为 420 位老人购买意外伤害保险。

【基础设施】

一是加强社区管理，积极争取将双桂新民居小区内 800 平方米的幼儿园调整为回兴社区工作用房。二是完善辖区路网，双桂街道一环路（北段）土地租用协议完成，机场环道已经开工建设，金带互通、318 升级改造，双桂大道延伸段都正在实施中，农村联网公路建设 1.9 公里建设工程全线完成贯通。三是加大扶贫力度，整合力量、因户施策对 2016 年新增的 8 户、22 人贫困户帮扶，确保了贫困户顺利脱贫，同时 252 户脱贫户未发生返贫现象。四是完成了 112 户 C 级、11 户 D 级危房改造验收工作。五是完成 25 基铁塔组建及放线工作，金双线和金斯线 10 千伏顺利改线，全部完成金新线 110 千伏电力走廊建设，将电力走廊“僵尸工程”复活。六是双桂街道综合服务业务楼投入使用，安宁养老中心正在装修，即将投入使用。

【重点项目建设】

一是实施工业园区拓展区及双桂湖片区新征土地 263.3 公顷，启动新一轮工业园区拓展区征地。二是完成棚改签约 195 户，面积 6.44 万平方米，签约率完成计划数的 132%。三是整治新增、存量违法建筑 560 件 12.15 万平方米。四是全面推进乡风文明建设，加强环境综合治理，关闭畜禽养殖场 17 家，农村干净整洁程度大幅提高。五是开展“三城同创”，推进重点区域环境综合治理，解决梁中周边环境脏乱差的问题，完成迎宾路（跨越群马雕塑至云复路入口段）外立面改造工作，加强 6.7 万平方米背街小巷和 10 个村环卫保洁工作。六是全面落实 8 条区级河流、2 座水库和 4 条村级河河长制工作，建立“一河一档”，编制“一河一策”“一库一策”，确保完成全年河长制工作目标任务。七是完成大河河河道整治工程，推进 7 公里小沙河河道整治工程。八是推进污水处理厂二期扩建工程正常施工，化解群众堵工 60 余起。（双桂街道）

仁 贤 镇

【概况】 仁贤镇位于梁平区中部，地处梁平坝子腹心地带，距城区 9 公里，交通便捷，地处平坝浅丘地区，南北地势稍高，东西略平缓。是西北部 14 个镇乡通往梁平城区的交通咽喉，318 国道横贯全境，梁黔高速公路梁平西出口紧邻场镇，境内已纳入梁平工业园区 A 区战略发展规划，区位优势凸显。

仁贤镇史称“沙河铺”，历史悠久，人杰地灵，是明代著名理学家来知德故里，因来知德之父（来朝）义还遗金，被朝廷敕封义士，赐乡名为仁贤，素为文明礼仪之乡。民国初置仁贤镇，民国 30 年（1941 年）改仁贤乡，1958 年改公社，1983 年复置仁贤乡，1992 年建立仁贤镇。

1997 年，辖 21 个行政村和 1 个街道社区。2017 年辖 5 个行政村和 2 个社区，即仁贤村（原仁贤、五星、沙河合并）、白鹤村（原白鹤、石樑、三元合并）、宏山村（原宏山、华安、双路合并）、长龙村（原长龙、鲢鱼、灵宝合并）、广福村（原广福、龙安、新立合并）和五一社区（原五一、麒麟、同力合并）、沙河铺社区。

2017 年年末，总面积 41 平方千米，辖区总人口31510人，其中流出人口10260人。总人口中，男性16307人，占51.8%；女性15203人，占48.2%。出生率7.72‰，死亡率5.63‰，人口自然增长率2.09‰。

地处平坝浅丘地区，南北地势稍高，东西略平缓，海拔高度最低处420米，最高处558米。国道318线公路横穿镇境。境内有龙溪河、白沙河，河道总长12公里。白沙河属龙溪河水系，从仁贤村观音桥东入境，自东向南，在广福村熊家桥南出境。

【经济发展】

农业　2017年粮食作物播种面积2242公顷，粮食产量3.7万吨，农业总产值达23376万元。全镇累计流转土地面积到达675.2公顷，规模经营业主达到33人，全年完成水稻全程机械化生产社会化服务169.1公顷，完成机耕2733.3公顷，机防1433.3公顷；目前全镇已注册农业品牌（“三方田”有机大米、黄秋葵花茶）2个，其中农产品品牌QS认证1个（龙铭山庄秋葵花茶），取得葡萄等无公害农产品认证6个；全镇已累计培育农业经营主体86个（五一社区25个），其中农业公司5个，新型股份合作社16个，家庭农场28个，种养殖基地11个，种养殖大户26个。

工业商贸　新引进农业种植业企业两家，主要种植沙糖橘和血橙，引入农副产品电子商务销售公司一家。2017年招商引资6800万元，到位资金1100万元。开展电商创业人员培训60余人次。进一步完善电子商务示范培训基地硬件设施，在原有16家网店基础上，新引进电子商务公司（重庆尚选优果电子商务有限公司）一家。新增规模以上工业企业一家（重庆奥丽特建材有限公司），限额以上商贸企业两家（梁平县绿豆寨商贸有限公司、梁平县帅涛商贸有限公司），产值2500万元；新增市场主体92家，新增微企17户，全镇微型企业累计已达147户。

财政金融　2017年，全镇地区生产总值达到12.61亿元，财政总收入2103.38万元，固定资产投资5亿元，社会消费品零售总额达到3.3亿元，农村居民可支配收入达到14214元，城乡居民存款余额达到10.16亿元，贷款余额达到2700万元，全镇经济社会保持了良好的发展势头。

重大项目　投资1100万元，完成长龙村、广福村农业综合开发项目；建设农村公路5.58公里，其中硬化1.4公里，人行便道5公里；立面改造60余户，庭院整治65户，以点带面推进美丽乡村建设；完成23口山坪塘整治任务；完成价值504.9万元惠及29167人的农村集体产权制度改革工作；新建场镇二三级污水管网3300米，老管网清淤4400余米，基本完成仁贤镇长龙污水处理站建设。

【社会民生】

文体艺术　组织群众参与广场舞150余次；组织开展第六套秧歌健身舞蹈、步子舞蹈、金钱棍培训等多项活动，进村入户对200余文艺骨干及文艺爱好者进行各类舞蹈培训。对全镇6个农家书屋进行摸底调查，向区体育局申报两个农民体育健身场地。积极参加区首届运动会，并在健美操、滚铁环项目中获得优异成绩。

教育　2017年年末有幼儿园4所，在园幼儿730人，专任教师18人；小学2所，在校学生1699人，专任教师93人，小学适龄儿童入学率100%；初中1所，初中在校学生498人，专任教师75人。初中适龄人口入学率、小升初升学率、九年义务教育覆盖率均达100%。

卫生计生　2017年年末有镇中心卫生院1所，各级医疗机构16个。病床70张，各类医务人员专业卫生人员63名，其中中级职称医师20人，助理级医师18人，护理人员13人，其他医护人员12人。医疗检测设备9台，其他设备设施2台。为186对夫妇办理生育服务证。办理新增奖扶114人、特扶4人，办理独生子女父母参加城乡居民社会养老保险增发基本养老金95人。开展“计生赶场”宣传6次、青春期健康教育活动1次。对失独家庭15户27人、独生子女伤残家庭26户41人、手术并发症3人进行慰问、帮扶。

社会保障　动态管理农村低保416户723人，城镇低保78户113人；优抚对象201人，发放优抚金146万余元，慰问金25600元，发放优待金19.2万元；对43名90岁以上老人发放各类补贴3.855万元；全力保障94名特困人员、15名敬老院集中供养人员日常生活所需；全年发放冬春救助资金166万元，救助676户；发放倒房重建资金3万元，救助3户；2017年城乡居民养老保险新参保273人，累计参加城乡居民养老保险人员12960人，正常领取养老待遇人员4792人，每月发放养老金52.23万元；2017年参加城乡居民医疗保险人员27949人，参保率为100%；帮助300人实现再就业，266人登记失业人员实现再就业，为16人落实就业资金贷款175万元。

【基础设施】　一是扩建农贸市场3775平方米、新建市民广场1100平方米、停车场4处5950平方米、充分挖潜划定停车位105个，场镇功能不断完善；二是修缮人行道砖3000余平方米、补植行道树100余棵、绿化重要节点1300余平方米，不断加强场镇绿化美化亮化；三是高速公路下道口扩宽、仁金路改线工程路基基本形成，将大大提升场镇交通的通畅率。（仁贤镇）

金　带　镇

【概况】　金带镇位于梁平区中部，东依蟠龙镇，南临和林镇，西连仁贤镇，北靠双桂街道，辖区面积31.45平方公里。西距重庆市主城区190公里，东距万州区80公里，距县城9公里，是重庆主城联系渝东北地区重要陆路交通要塞，渝宜高速、梁忠高速和渝万城际铁路均贯穿全境，标准化沥青路从新城直通双桂堂。

金带镇因咸丰八年（1858年）在双桂堂（又名金带寺）内挖出一条金带而得名，民国初置石柱镇，民国36年（1947年）改为金带乡，1958年改为公社，1983年复置乡，1992年10月，撤区并乡建镇时，将原来的光明乡、金带乡合并建立金带镇，2017年1月5日，梁平县金带镇变更为重庆市梁平区金带镇。2009年，将千明村、牛头村、黄泥村划归双桂街道管辖，调整后的金带镇辖7个行政村，即仁和村、金城村、千河村、滑石村、石龙村、石燕村、双桂村，58个村民小组，1个街道居委会，即金桂社区居委会，3个居民小组。2017年末，全镇户籍共6979户，总人口1.8518万人，其中非农业户口2194户3605人。

金带镇山、丘、坝兼有，以丘陵为主。镇内溪流众多，有滑石、金光、向阳、东风等4个各具特色的水库。气候上属于四川盆地东部暖湿亚热带气候区域，季风气候显著，四季分明，气候温暖，年平均气温为16.6℃，雨量充沛，日照偏少。

【经济发展】　2017年，全镇地区生产总值完成3.9亿元，增长12%，固定资产投资完成1.65亿元，增长约20%，一般公共预算收入达到1715.39万元，实现社会消费品零售总额1.35亿元，增长20%，工业总产值2.1亿元，规上企业总产值1.25亿元，全年完成招商引资6524万元、地税收入253.47万元。金融机构存款余额6.07亿元、贷款余额6686万元。

商贸旅游　境内有国家AAAA级旅游景区1个，国家AAA级旅游景区1个，农家乐12家（其中：星级农家乐1家），中小型超市1个，食品经营户119家，小型作坊14家，药品经营5家，食品企业2家。2017年，抢抓乡村振兴战略机遇，按照“一核三组团”总体布局大力发展全域旅游，在区双桂田园综合体建设指挥部的领导和指导下，大力实施双桂田园景区项目建设，完成1680户人口、房屋、土地的摸底调查，建立档案专卷，项目区土地流转达576.1公顷；基本完成水、电、气、管、村组边界“一张图”，摸清了各村组边界、水域、道路、通管、天然气管网分布情况；收集、挖掘项目区内的历史典故、人文资源，整理发掘了6.9公里长的田园风光特有资源—双桂天渠；完成桂香天地·桂香人家景区主干道油化改造2.7公里及人行慢道彩化改造1公里等基础配套设施建设，为彩道、湿地施工移除苗木1200株，栽植五彩桂0.5公顷，完成湿地景观整型7000平方米；完成镂明岩梯步贴砖65米；完成桑园彩钢棚拆除和彩稻空间·稻香人家38.7公顷冬水田蓄水工程；双桂田园景区桂香人家、稻香人家等景点开园迎客。滑石古寨景区成功创建国家AAAA级旅游景区，并已建成高空索道、生态探险、水上乐园等景区娱乐项目，成功举办"全国围棋甲级联赛"，十一国庆"蝴蝶谷"活动，成功承办以"挖掘梁平美食、建设双桂田园、助推全域旅游"为主题的"梁平民间菜"美食评选活动。金城寨成功举办首届热气球花雕文化节。"双桂田园·金秋梁平"在金带镇辖区的梁平区非遗传承基地启动。完成梁平十绝文化景观小品7个，完成柚乡人家农家乐建设7户。全年接待游客突破100万人次，实现旅游总收入3.3亿元。

农业　全镇耕地面积1647公顷，森林面积959.9公顷，农作物总播种面积2459公顷，粮食作物播种面积1689.5公顷，总产量9186吨，蔬菜面积633.6公顷，产量10692吨，园林水果305公顷，产量3304吨。全镇现有66.7公顷以上标准化柚园2个，花卉苗木200公顷，有养猪大户3户，生猪存栏27844头，年出栏量23128头，家禽存栏283000只，出栏766831只。大力推广机械化作业，全年完成机耕1830公顷，在千河、滑石、石燕等村落实水稻机插20.3公顷，推广农业机械47台，补贴资金3.58万元。在千河村、石燕村推广水稻保险面积9.3公顷，实施水稻病虫害统防统治面积74.9公顷。在石燕村组建土地流转专业合作社，在仁和村组建劳务专业合作社，在滑石村组建民宿专业合作社。完成2017年度退耕还林补贴面积329.9公顷，补贴金额61.85万元，兑付补贴资金总额126.57万元，其中：一般农户耕地地力补贴户数4400户，补贴面积559.7公顷，补贴标准147.48元/亩，补贴资金总额124.11万元。强化森林病虫害防治工作，加强枯病死和其他枯死松树的山场除治，设置松墨天牛诱捕监测点50个。完成农村承包土地经营权抵押融资贷款2笔580万元以及一二三产业融合贷款140万元。开展梁平柚全程社会化服务试点，全面完成全镇80公顷梁平柚幼年树"四肥三药一修剪"和6.7公顷成年树"三肥三药一修剪"全程社会化服务试点。2017年，农业总产值完成1.8亿元。

工业　全镇有规模以上企业2个，烟花爆竹零售网点15家，微型企业共58户，其中2017新发展10户，个体工商户共587户，其中2017年新发展83户，农民专业合作社32户，内资企业169户，其中2017年新发展20户。2017年，工业总产值完成2.1亿元。

【基础设施】

场镇建设　全镇场镇面积1平方公里，城镇常住人口6482人。2017年，着力打造市级特色小镇，深入开展场镇和云复路沿线综合整治，清除沿线乱搭乱建、乱堆乱码、乱涂乱画、私拉乱接现象，划定仁和场、石柱场场镇过街斑马线4处，临时停车场5个，划设临时小车和摩托车停车位数百个，完成不合规路标路牌的拆除。建成乡村旅游停车场2000余平方米。改造场镇公厕3座，铺设仁和广场人行地砖1100平方米，总投资500余万元的益德桥至万善桥2.5公里一二三级污水管网即将进场施工，投资200万元完成滑石村至金带场镇主管网改造。油化303省道5.7公里，弱电管网安装1.3公里。建立场镇管理长效机制，通过购买服务，投入15余万元聘请场镇综合整治管理人员5名。全年新增城镇人口85人，城镇常住人口达6300人，常住人口城镇化率达50.4%。

美丽乡村　全镇有双桂福园、百花寨、金玉良苑农民新村3个。2017年，完成《重庆市梁平区金带镇双桂田园·柚香福地改善农村人居环境市级示范片整治方案》的编制申报工作及"美丽宜居村庄"的申报及评审工作。完成2016年农村C级、D级危房改造54户，兑付资金54万元，启动2017年农村建卡贫困户危房改造5户。

生态建设　深入开展乡风文明建设，狠抓农村环境，保持干净整洁。增强村级保洁员力量，按照每村700元的标准配备1－2名村级保洁员，在交通要道、集中居住点等重点区域，新增5立方垃圾箱体9个，垃圾桶50个，全镇共配置垃圾箱体23个，垃圾桶356个，环卫垃圾收运车2台。抓实环保问题整改。整改销号市环保督查反馈的周厚中山羊养殖场规划和建设不同步问题以及区环保督查反馈的千河村、双桂村2个未批先建的养殖场问题。

水利建设　投资1500万元，实施第二批农田水利设施建设，完成370公顷高效节水灌溉工程项目，其中：喷灌面积53.5公顷，灌溉面积316.5公顷。投资80万元实施金带水厂改扩建工程，新建反应沉淀池和重力无阀滤池一组，使供水量5000吨/天提升为10000吨/天。投资57.8万元，完成金城村村级水厂建设，供水量200吨/天，铺设供水管道9000余米，解决了金城村1、2组300余人高山饮水困难。投资3600万元实施梁平县龙溪河流域重点支流河段综合治理工程金带镇（双桂堂）段干流（干2＋365至干4＋004）段一期工程。投资60万元，完成滑石村至金带街道供水主管道PE250主管道3000余米改造工程。完成千河村农业综合开发项目道路及沟带耕作道工程建设、石龙村及千河村各1口山坪塘小型农田水利设施维修工程、金光水库475米公路硬化工程项目建设实施并通过区级部门验收。完善镇、村两级河长体系，对全镇境内36.54公里的2条区级河流、4条镇级河流、2条村级河流情况及4座水库的基本情况建立登记台账和河道管理巡查台账，设立7个镇级河长，8个村级河长，建立“一河一档”，实施“一河一策”，树立19个河长公示牌，制定完善河长会议制度、信息报送制度、工作督查制度、考核问责制度和激励机制等配套制度，辖区水环境质量持续改善。全镇总用水量为12.5万立方米，水质达标率为100%。

文化体育　全镇有综合文化站1个，各类图书室7个，藏书2万多册，有双桂堂1个国家级文物保护单位，滑石寨、双桂渡槽、滴水岩3个县级文物保护单位，有健身广场2个，健身器材30余套，综合文化站实行免费开放，组织开展丰富多彩的文体活动，实施送文艺演出进村活动16场，积极组织辖区运动健将参加区首届运动会；在社区、新金带小学分别增设1处基层文化活动基地（示范点）；开展春节免费送春联活动2场2000余副。

教育　有初级中学、中心小学、新金带小学各1所，幼儿园3所。双桂中学在校生446人，教职工52人。小学在校生1104人，教职工68人，幼儿入园率达100%。2017年，选派教研骨干参加重庆市的听课及专题讲座活动，教师论文获市等级奖8篇、区等级奖17篇；蓝印花布在双桂堂非遗中心等地展出。

卫生计生　有镇中心卫生院1所，各类医务人员30人，病床46张，专业卫生技术人员26名，执业医师6人，执业助理医师5人，公共卫生助理员2人；有村级卫生室7个，个体诊所1个，乡村医生17人。2017年，完成城乡居民医疗保险征收220.611万元。建立居民健康档案12705份，开展居民签约服务2109户6814人；为738名老年人开展了中医体质辨识；完成计划免疫针次2518针次；开展健康教育咨询活动10次、健康教育讲座12期；建档高血压、糖尿病、重性精神病等特殊人群患者档案1553人，规范管理1230人，管理率79%。2017年金带镇卫生院被中国农村卫生协会评为“满意乡镇卫生院”。

广播电视　全镇有线电视用户3600余户，广播村村响覆盖全镇，有高音喇叭78只。

社会保障　全镇集中供养五保老人16人、分散供养55人，共有城镇低保户57户82人，农村低保206户390人。全年为城镇农村低保户263户472人发放低保资金175.13万元，为77名特困人员发放生活补助金54.6万元，发放临时救助、救灾救济等资金44.54万元，发放优抚资金115.53万元，落实贫困重度残疾人居家托养10人，发放救助金1万元，救助贫困残疾学生6人。落实贫困残疾人危房改造2户补助资金3万元。城镇新增就业完成228人；新增农村富余劳动力非农就业5703人；开展领取居民养老保险待遇和城镇职工养老保险待遇生存认证2180人。

综治维稳　严格落实“党政同责、一岗双责、失职追责”安全生产责任制，层层签订目标责任书250余份。加强安全知识宣传，悬挂标语100余幅，开办宣传栏12期。扎实开展安全生产大排查、大整治、大执法专项行动，确保国庆、元旦、党的十九大期间等重要时段的和谐稳定，全年累计开展安全检查280余次，检查企业180余家，查出安全隐患22处，现场整改16处，限期整改6处，行政处罚1件，罚款900元。联合派出所开展易制爆物品专项行动，查出不按规定登记易制爆物品6起，并进行了处罚。联合区打非办开展非法销售存储烟花爆竹专项行动，收缴烟花爆竹4件。农村交通安全劝导站规范设置率100%。全年调节各类矛盾纠纷450余件，涉及人数310余人。加大矛盾纠纷化解力度，协调处理各类矛盾纠纷400余件。加强法律宣传，开展法律进会场（专题讲座）16场次，受教育群众达8000余人次。义务巡逻队员和专职治安巡逻员坚持每天巡逻，有效预防违法犯罪案件的发生。

【名胜旅游】　金带镇是重庆市20个统筹城乡集中建设示范镇之一，曾先后被评为重庆市特色风貌小城镇、市级卫生镇、市级文明镇、重庆市特色旅游景观名镇。境内旅游资源丰富，有全国重点佛教寺庙、西南佛教禅宗祖庭、国家AAA级旅游景区——双桂堂，全区倾力打造的双桂田园，国家AAAA级旅游景区——滑石古寨，以及花果山、金城寨、漏米岩、滴水岩等各具特色的旅游资源，此外，还有待恢复的破山、竹禅等名人遗迹、遗物等。（金带镇）

礼让镇

【概况】　礼让镇位于梁平区腹心地带，北接明达镇，南临聚奎镇，西邻竹山镇，东接仁贤镇，辖区面积45平方公里，距城区15公里。据传礼让街上原有两个大户人家，分别住在上街和下街，中街以拱桥为界。两户人家一直争桥不止，互不相让，最后闹到公堂之上，后经县官点醒，两家均表示不再争桥，县官见此感叹一句：“这才是以礼相让嘛!”礼让由此得名，长期以来，区、乡、公社、镇皆以“礼让”为名。

礼让镇地势平坦，兼有浅丘，海拔最低点444米，海拔最高点950米。气候温和，雨量充沛，土壤以冷砂黄泥、扁砂黄泥、暗紫色水稻土为主，呈中性到微酸性，土质肥沃。拥有耕地1424.8公顷，森林面积728公顷，蕴含煤、泥炭、铁、石灰石等矿。有小（Ⅱ）型水库一座，山平塘96口，13.5公里龙溪河干流贯穿境内6个村，红光河、玉石河、齐河、策安河4条区1级河流和李家坡水库河区级2级跨5个村，水源丰富。辖老营、川西、同河、新拱、河川、玉石、凤凰、新华、民中9个村、77个村民小组，1个街道居委会、4个居民小组，2017年全镇总户数9962户，总人口27181人。素有“巴渝豆筋之乡”“全国民间文化艺术之乡”美誉；辖区内山清水秀，人杰地灵，民风淳朴，治安环境优良；区位优势明显，梁忠高速公路、318国道、102省道贯穿全境，公路纵横交错，交通四通八达。

【经济发展】

经济社会总量　2017年全年实现地区生产总值12.812亿元，工业总产值5.56亿元，固定资产投资6.51亿元，实现社会消费品零售总额2.08亿元，国地税收入库276.5万元。新发展市场主体163户，其中个体工商户136户、企业25户、农业专业合作社2家，新增限额以上商贸企业2家，盘活引进商贸公司1家。

特色产业　坚持效益优先、突出特色的发展要求，加快推进全镇“渔业、豆筋”特色产业转型升级步伐。坚持生态渔业发展理念，抓好渔业园区的提档升级，启动渔业园区渔业文化创意广场和引水主管道相关前期工作，新建高效低碳生态循环流水养殖池60槽，硬化鱼池66.7公顷，渔业园区经营主体76个、养殖面积440公顷，成品鱼年产量突破10000吨，销售额达1.5亿元。坚持豆筋产业绿色安全发展，豆筋产业提质增效实现新突破，引导豆筋加工小作坊积极向国家标准靠齐，2017年全镇豆筋加工户1260余户，年产值达1.83亿元。

【社会发展】

民生事业　2017年全镇实现城镇新增就业498人，帮助“4050”就业困难人员就业20人，开发公益性岗位4人，发放小额担保贷款154万元；发放各项政策性资金、救助178万元；城乡居民合作医疗、村卫生室实现全覆盖，城乡居民养老保险应保尽保。成功举办礼让镇第三届群众趣味运动会，丰富了群众文化生活；持续优化教育布局，强化师德师风教育，辖区内适龄儿童入学率100%，礼让初中、来宝小学在全区率先创建义务教育均衡发展示范学校。广泛宣传卫生计生政策，2017年新增奖励扶助对象100人，联系礼让中心卫生院提供签约医生，建立计划生育特殊家庭登记表，及时解决生活琐事、医疗、救助等实际问题。

脱贫攻坚　完成8户建卡贫困户C、D级危房改造任务。深化精准扶贫，把稳“八个保持”，聚焦“九个精准”，全镇226户660人脱贫户无返贫现象，2017年新增建卡贫困户2户8人，其中1户5人已脱贫。

生态环境　以治污、保洁为重点，以“干净整洁”为抓手，全镇81个村民小组全面启动乡风文明建设，建立健全农户庭院环境卫生整治长效机制，开展环境卫生交叉检查评比，新配备垃圾运输车1辆、垃圾箱10个、垃圾桶100个，基本实现“户分类、村收集、镇转运、区处理”的垃圾收运处置模式，各村（社区）的人居环境得到较大的改善。全面落实河长制，定期开展河道垃圾、漂浮物清理行动；大力开展龙溪河流域礼让段综合整治，关闭1家养鸡场，整治1家养猪场；全面开展肥水养鱼治理工作；实施长约7公里的场镇二、三级污水管网建设，场镇规划区污水收集率达90%以上，龙溪河礼让出水断面的水质持续改善。

平安综治　坚持主要领导包案、班子成员赶场天公开接访等制度，处理好初信、初访，接访群众300余人次，化解各类矛盾纠纷80余件次，办结网上信访40件。深入开展“平安乡镇”“平安家庭”等平安细胞创建和“无邪教村（社）”创建活动。

【基础设施】

基础设施建设　积极向上争取项目支持，完成仁贤岔路口至明达岔路口路面6公里升级改造。投入40余万元，新建玉石村便民服务中心；投入50余万元，硬化川西村便民服务中心广场及河堤整治。完成仁贤岔路口至明达岔路口路面6公里升级改造；实施民中至川西村、新拱村移民后扶，老营、玉石、凤凰“一事一议”等项目硬化农村公路和人行便道15.3公里。完成川西桥头至福拱桥2.8公里河道绿化，种植垂柳1100株；完成同河至新华渝巫路102省道公路两边的道路绿化，新栽植青杨、桂花树800余株；启动实施同河村至仁贤界1.8公里河道整治项目。

场镇建设　全面启动场镇和辖区内渝巫路102省道沿线环境专项整治，集中整治、规范场镇经营秩序和经营行为，进一步落实场镇全天候保洁制度；实施场镇“白改黑”油化工程1.5公里；建成2000平方米的公共停车场1个；整修场镇人行道彩砖、透水砖；新栽植桂花树200余株，逐步建立起场镇长效建设管理机制。

农村建房　审批改建房屋59户（其中D级危房5户），建筑用地面积5170.2平方米，建筑面积10452.65平方米；办理一般违法建筑处理70余户，处罚款8000元，收取规费532805.38

元。（礼让镇）

聚 奎 镇

【概况】 聚奎镇位于梁平区中西部，距梁平城区14公里，东临仁贤镇，南接和林镇，西界屏锦镇、竹山镇，北连礼让镇，318国道纵贯全境，省道渝巫路横穿而过。全镇辖12个村民委员会109个村民组，1个街道社区居委会5个居民组。2017年年末户籍人口42140人，其中城镇常住人口1.2万余人，城镇化率28.4%。

西晋始置梁山县于此，历经500年。清末民国初期才子辈出，修建八角聚星楼，聚奎以此得名。

聚奎镇辖区总面积57平方公里，地势平坦，最高点猫儿石海拔843米，最低点黄土坎海拔438米。地处亚热带季风气候区域，年降雨量1100毫米，年平均温度16℃。蕴藏有丰富的煤矿、石灰石和阴沉木资源。旅游资源独具特色，很具开发价值的福星庵、观音寨等都是旅游观光的极好去处。耕地面积3186.7公顷，全部为水浇地。

【经济发展】

经济总量 2017年，全镇GDP地区生产总值完成4.96亿元；工业总产值3.32亿元，规模以上工业总产值达到1.9亿元；城镇居民人均可支配收入24070元，同比增长10%；农村常住居民人均可支配收入15585元，同比增长12%；社会消费品零售总额3.23亿元。财政收入1884万元，税收收入372.16万元，银行存款余额9.94亿元。

工业 2017年，共引进企业9家，完成招商引资合同协议资金2.4亿元，到位资金4500万元，固定资产投资2000多万元，解决就业200余人。

农业 启动实施234.8公顷第二轮退耕还林建设工程，补植和置换香椿苗50余万株148.7公顷，油桐56.2公顷，新建梁山柚标准化示范园2个，面积38.9公顷；长岭村李子园、苗圃、鳝鱼、三红蜜柚、香莲种植等产业组成的农业产业园初步形成。投资253.8万元，建成1000吨物流冷链项目。发放一二三产业融合发展贷款300余万元。新增农业家庭农场2家，成功申报2家市级家庭农场，完成1家县级农业龙头企业的升级改造。全面完成12个村农村改革工作。

【社会发展】

社会保障水平显著提高 2017年，改造农村D级危房15户（含建卡贫困户5户）。新增低保118户182人，退出低保59户191人，发放临时救助、残疾人补贴、各项优抚资金、生活补助、计生奖扶共计362.7万元。新增城镇就业人员330人，新增创业100人，办理创业贴息贷款295万元，办理“4050”就业困难人员社保补贴9.8万元。城乡居民合作医疗保险参保筹资37879人，城乡居民养老保险参保人数达18956人。

科教文卫事业不断进步 2017年，综合文化站免费开放服务达3.5万人次，政府购买公共文化演出服务活动26场，免费放映电影43场，举办“拥抱新时代，共筑中国梦”文艺会演。评选“见义勇为、助人乐为、孝老爱亲”道德模范3人。加大教育投入，改善办学条件，启动教育基金积极支持聚心桥建设。积极开展公共卫生服务，家庭医生签约式服务15906人，签约率79%，免费体检儿童1205名，宫颈癌筛查500名，为新增贫困户和3125名65岁以上老年人进行了免费健康体检。

综治维稳协调并进 一是安全生产形势总体稳定。开展大排查大整治大执法行动，对烟爆和煤矿安全、乡村道路、建筑施工、食品药品、地质灾害、消防、森林防火等方面进行安全监督管理，执法检查546次，下达整改指令46份，处罚款2.13万元，实现了死亡事故零目标。二是社会治安防控体系建设加强。开展多种形式宣传，坚持24小时治安巡逻，与上年同期相比发案率下降55%，刑事案件下降80%，治安案件下降30%。破获吸贩毒案件17件，抓获吸贩毒人员17人，外流贩毒人员2名，社区戒毒人员尿检率保持在95%以上；在册142名邪教人员全部转化；加强对全镇153名精神病患者的管控。三是积极开展信访稳定工作。全年领导干部共接访群众3149人次，走访群众14568人次。受理网上信访件41件，及时受理率及按期办结率达100%，参评率达100%，群众满意率达到95%以上。开展矛盾纠纷排查22次，排查不安定因素108起。

扶贫攻坚抓实抓细　对建卡贫困户478户1432人，做好入户调查，因户施策，开展产业帮扶、就业帮扶、兜底帮扶等精准帮扶，产业发展带动214户689人增收，购买21万余株香椿苗鼓励带动199户637人贫困户发展香椿种植；同时开展技能培训，引进龙头企业，吸纳贫困户就近就业；进行低保兜底110户280人，临时救助3户，落实D级危房5户，资助参保910人12740元，积极协助联系保险公司进行理赔3户。

【基础设施】

积极推进场镇建设　完成规划区内房屋改建9户970平方米；严格建筑执法，拆除在建违法建筑1户100平方米，整治奎星广场周边乱搭乱建。投入资金80万元，修复场镇路灯20盏，补植场镇行道树360株，黄土坎公园绿化树102株，完成奎星广场污水管网建设。

基础设施建设加快　2017年，投入333万元完成了聚奎、青龙、顺安，安寿，公路拓宽硬化5.8公里，新建人行便道8.6公里，整治农村公路道路隐患11处。在席帽村示范建设分布式光伏发电站，年发清洁可再生电能11.8万千瓦，年收益10万余元。完成青龙村通信基站建设。投入23万元对青海煤厂复垦，增加耕地0.96公顷，建50立方米蓄水池1个。

美丽乡村建设顺利推进　积极开展农村生活垃圾治理，聘请保洁员30人，配备垃圾箱43个，垃圾清运车2辆，开展“干净整洁”检查评比；评选“干净整洁示范户”91户，“干净整洁示范院落”10个，“环保小卫士”50名。严格执行河长制，实施“一河一策”，开展河长巡查548次，清理河道垃圾、杂草、枯烂树枝等水面漂浮物共计37.61公里。积极开展农村面源污染治理，完成水稻病虫害绿色统防统治示范面积102.3公顷，开展秸秆还田示范200公顷、种植绿肥6.7公顷。

中国传统村落（观音寨）保护　投入220万元对观音寨3个寨门进行了维修，设置标识标牌8处，修复环寨步道1650米；投入130余万元修建污水管网、湿地及公厕；启动了观音寨南侧危岩治理。

【作风建设】　认真落实全面从严治党要求，巩固深化“两学一做”（学党章党规、学系列讲话，做合格党员）学习教育成果。自觉履行党风廉政建设“一岗双责”，坚决整治“四风”（形式主义、官僚主义、享乐主义和奢靡之风），清理排查扶贫、“三资”（农村集体经济中的资金、资产、资源）管理、惠农资金、集体土地征收补偿等方面的事项204个，排查问题11个，全部整改完毕。开展作风督查12次，督查单位26个，抽查干部作风情况89人次，发出督查通报2起。

（聚奎镇）

明　达　镇

【概况】　明达镇历史悠久，清雍正八年（1730年）建场，史称杨家嘴，民国初置明达乡，1992年由原明达乡和原天台乡合并建镇。位于县境西北部，东邻安胜乡、城北乡，南接礼让镇、西靠竹山镇、北倚龙门镇，距城区16公里，辖区面积58.9平方公里，耕地面积3135.2公顷（其中田1953.72公顷，土1184.48公顷）；常规林地（有林权证）面积1229.44公顷，可变林地（有林权证）面积867.9公顷；集镇建成区面积2.5平方公里。全镇辖9个村民委员会（即明达村、福来村、坪山村、红八村、字库村、朝阳村、龙马村、长久村、新益村），74个村民小组；2个社区居民委员会（街道社区居委会、天台社区居委会），15 个居民小组；2017 年年末户籍人口 30523 人，10544 户（其中非农业人口 8026 人，农业人口 22497 人），集镇常住人口 3245 人。2017 年居住人口出生 218 人（其中男性 108 人，女性 110 人），人口计划生育率 95.87%，人口自然增长率 2.84‰。境内拥有两处县级非物质文化遗产保护区——红岩洞遗址、红八渡槽。

【经济发展】

2017 年，全年实现地区生产总值 55081 万元，同比增长 13.1%；一般公共预算收入达 2100.33 万元；固定资产投资 12362 万元；社会消费品零售总额 14237 万元，同比增长 14.8%；实现国地税收入 156.5 万元，同比增长 44.91%；城镇、农村常住居民人均可支配收入分别达 23515 元、15139 元，同比增长 13.2%、14.5%。

农业　坚持绿色发展，生态优先思路，加快特色产业转型升级步伐。泥鳅巩固升级发展，有从事泥鳅产业发展业主 12 家，现有塘鳅 113.3 公顷，稻藕鳅 173.3 公顷，泥鳅深加工企业 1 家，泥鳅繁殖基地 4 个，全年共繁殖泥鳅寸片 8000 万尾，养殖成品鳅 540 万吨，产值 1345 万元；回味食品有限公司加工泥鳅成品 12 吨；润丰农业立足繁育技术攻关，加大科研投入，共取得 6 项发明专利，培育出观赏性泥鳅品种——黄金龙；在园区建设标准化养殖塘 50 口。全镇现有梁平柚 23 万株，通过改良和去杂提纯工作，年产梁平柚 2450 吨，产值 261 万元；大力引进业主，在新益村、明达村发展标准化柚园 6.7 公顷，准标准化柚园 23.3 公顷。大刀阔斧开展农业各项改革试验，积极引进企业及业主 4 家，新增规模土地流转 248.4 公顷；新办农业企业 4 家，农业合作社 13 家，家庭农场 5 家；强化对辖区各农业社会服务化主体的管理力度，不断提高服务水平，全年 5 个生产主体共实现梁平柚全程社会化服务 83.3 公顷、水稻社会化服务 208 公顷，服务对象 1967 户；大力推广农业新技术，全年实现水稻机插秧 272.3 公顷，机耕 425.4 公顷，机收 419.5 公顷，全年节本增效 570 万元。

工业　全镇规上工业 2 个（梁平回味食品有限公司、梁平裕丰米业），总产值 21763 万元，增速 9.7%；规下企业 40 个，工业个体户 42 家，规下工业总产值（含个体）52286 万元，增速 19%。

商贸　建成商贸市场，并完善基础设施，着力打造“一农副产品交易一小商品市场”核心商圈；持续壮大市场主体，新发展市场主体 111 户，其中个体工商户 82 户，企业 23 户，农业专业合作社 6 户；全年协议引资 4000 余万元，组织申报科技项目 5 项，申报限额以上商贸企业 2 户，不断营造聚商、营商的社会环境，为集镇发展提供经济原动力。

财政　一般公共预算收入完成 2100.33 万元，完成预算的 187.91%，同比下降 16.86%；支出完成 2015.05 万元，完成预算的 180.28%，同比下降 19.91%。

金融　2017 年有各类金融网点 2 处，辖区存款余额 6.78 亿元，贷款余额 1100 万元。

【社会发展】

文化艺术　组织参加区级活动 3 次，组织代表团参与区首届运动会，扩大了对外影响；政府购买公共文化服务 15 场次，举办非遗展演 5 场次，举办首届元旦游园活动，丰富了群众文化生活。

广播电视　对已安装的“户户通”卫星接收器进行日常维护。

教育　有中学 1 年，小学 2 所，村小 4 所，在职教师 161 人，退休教师 75 人，学生 2508 人，教师获奖 236 人次，学生获奖 104 人次，教管中心在全区考核中荣获一等奖（全区第二名）。

科技　润丰农业立足繁育技术攻关，加大科研投入，共取得 6 项发明专利，培育出观赏性泥鳅品种——黄金龙；全年组织辖区企业申报科技项目 5 项。

医疗卫生　2017 年年末有中心卫生院 1 所、各类医疗机构 1 所，门诊部 1 个，病床 65 张，专业卫生技术人员 34 名，其中主治医师 1 人，执业医师3人，执业助理医师7人，注册护师2人，注册护士4人。全年，居民健康电子建档17002人，家庭医生签约1.6万人，老年人体检2819人次，重点人群签约率100%，传染病疫情报告100%。对辖区的医疗机构、学校卫生、食品安全卫生共巡查114次。已录入99人到重性精神疾病管理系统，规范管理人数为84人，规范管理率85%。大力宣传两孩政策，一孩、两孩生育实行登记制度。

体育　组织队伍参加区首届运动会，取得优异成绩；同时，组织队伍多次参加区举办的其他各种文体比赛。举办游园趣味活动，共1000余人参加；举行各类单项体育活动3次，全民健身效果显著。修建农民健身广场4000平方米，并配备体育健身设施15件。

社会保障　拓宽就业渠道，组织就业培训2次，420人实现再就业，培养农村劳务经纪人11人，办理就业贷款220万元；2018年城乡居民医疗保险共计26469人，完成应参保人员96%；新增城乡居民养老保险参保人员182人。严格低保评定程序，上报审批农村低保共370户692人，城市低保58人，做到了应保尽保，并进行了公示；发放各类救助金额84万元，定补资金171万元，特困供养金21万元，敬老院集中供养床位利用率100%，及时上报审批6条新增道路命名。

环境保护　一是抓水环境改善。完成辖区1条区级河流、3条镇级河流、2座水库的一河（库）一档污染调查，全面摸清了本辖区内各领域内污染源底数；制作安装河（库）长公示牌35个，21家上榜养殖场全部关闭到位，占全区47家的44.6%；全面取缔辖区内水库、山坪塘肥水养鱼；进一步完善场镇污水管网建设，加强对辖区重点企业及污水处理厂的监管，杜绝企业污水外排。二是抓企业整治。根据去产能要求，成立专班如期关闭烧结砖厂2家，转型技改1家；屠宰场整改完善治污设施，做到达标排放；强化对豆筋作坊和酒作坊污染源排查和整治，并建立管理台账，宣传和引导辖区105家作坊落实治污措施及使用低污染燃料。三是抓农村环境治理。持续开展以“干净整洁”为抓手的乡风文明工作，全年开展乡风文明督查6次，督促各村（社）做好农户及公共区域的环境卫生；按照“户分类、村收集、镇运输、区处理”模式，做好农村生活垃圾处理工作，完善垃圾收运盲点，增设和调整垃圾箱6处，新增保洁员3名、污水管网巡查工人1名，生活垃圾收集率持续上升。四是抓大气环境改善。推进辖区黄标车治理工作，淘汰黄标车2辆；强化巡查监管工作，全面做好秸秆燃烧防治；新增场镇绿化18亩，镇容镇貌显著提升，辖区空气质量持续改善。

【基础设施】

场镇建设　坚持以人为本，统筹推进城乡一体化建设，城镇功能不断完善。完成明达镇总体规划调整工作，对辖区教育用地、集贸市场用地、康居大道线型进行调整，使场镇规划更加合理；先后投入250余万元，建成明达镇市民广场并完善周边绿化、路灯等相关配套设施；投资50余万元新建明达镇文体广场，目前已完成平场及硬化工作；投资134万元，新建场镇二三级管网1.3公里，完成场镇水沟清淤工作；垃圾中转站和污水处理厂正常运行；推进集贸市场建设，84户房屋主体建设已完工，后续建设稳步推进；严格办公用房装修标准，政府办公楼全面落成，于2017年8月入驻办公；在主要活动场所安装健身器材3套，不断丰富群众文化生活；加强场镇日常管理，全面开工建设公共停车场及坝坝席场地1500平方米，全力推进市级卫生镇创建工作。

农村房屋建设　办理乡村规划建设许可证148户，共计20361平方米，强制拆除新增违法建筑8处452平方米，完成2016年25户D级危房、82户C级危房验收及资金发放，有序推进2017、2018年16户D级危房、2户C级危房改造工作，确保春节前搬迁入住。

交通设施建设　坚持以人民为中心，聚焦全镇基础设施建设，紧抓百里竹海旅游通道建设、明达岔路口至安胜二环路建设机遇，积极向上争取项目支持，共实施各类农村道路19.8公里，为农旅融合发展提供了坚实的基础。组织实施一批组级连接路及重点产业园基础道路项目，为群众出行及企业生产提供便利。

【名胜旅游】

名胜古迹　红岩洞景区：红岩洞是西南佛教圣地双桂堂的分支，原建于清乾隆二年（1737年），后被破坏，寺前两对石狮，已移至双桂堂山门前，现仅存岩上石刻。红岩洞虽受损毁，但岩石雕刻栩栩如生，香火旺盛，每年庙会，游客络绎不绝。红八渡槽：作为重要历史遗存，承载着广大劳动群众的辛勤和智慧，农业水利作用发挥至今，被评定为梁平县非物质文化遗产加以保护。

土特产品　梁平柚：全镇现有梁平柚23万株，通过改良和去杂提纯工作，年产梁平柚2450吨，产值261万元；发展标准化柚园6.7公顷，准标准化柚园23.3公顷。明达泥鳅：发展业主12家，现有塘鳅113.3公顷，稻藕鳅173.3公顷，泥鳅深加工企业1家，泥鳅繁殖基地4个，标准化养殖塘50口，全年共繁殖泥鳅寸片8000万尾，养殖成品鳅540万吨，产值1345万元。竹工艺品：梁平区来福竹木种植专业合作社的竹制品已获得国家专利，在梁平区农产品展销会上获得最受消费者喜爱产品，产品畅销国内各大中城市。

【其他】

乡村旅游　紧抓百里竹海旅游景区建设机遇，积极向上争取项目支持，不断完善镇域内旅游资源及相关附属设施，为农旅融合发展打下坚实基础。明达岔路口至安胜二环路农村联网公路全面建成通车，为提升道路景观品质，在坪山村至新益村重要节点实施道路及河道绿化项目，栽种桂花树、香樟树、红枫、银杏等3000余株。完善百里竹海景区附属工程，建成景区停车场3个，观景台3处，边坡绿化4.6万平方米，重点区域栽种香樟树149株、法国梧桐51株。东坡入口形象标志“中国寿竹之乡，重庆百里竹海”已建成。竹海之门三蹬坡景点已建成纳客。建成红光水库环湖公路2.3公里。

扶贫攻坚　严格执行脱贫攻坚各项政策措施和个体帮扶措施，全镇223户656人脱贫户无返贫现象，对16户44人新增贫困户进行了合理规划，因户施策，落实了一对一的资金、项目和物资帮扶，确保贫困户“两不愁、三保障”。

社会管理　强化道路隐患整治，设置道路防护栏8处228米，设置警示牌45块；开展水上交通隐患治理，切割自用船4只；全面排查烟花爆竹非法生产及销售，全年无销售和燃放安全事故；全年安全生产行政处罚2.8万元。大力开展食品药品安全宣传、抽检、查处，抽样送检20批次，食品快检60批次，发现1批次不合格产品，立案1起，结案1起。持续推进“阳光信访”建设，办理各类信访事项65件，办结率100%，群众参评和满意率99%以上；排查化解矛盾纠纷245件，化解率98%以上；深入开展“平安乡镇”“平安家庭”等平安细胞创建和“无邪教村（社）”创建活动，实现了“无邪教村（社）”和“无邪教镇”目标，社区戒毒康复人员管控率100%，禁毒形势明显好转。

（明达镇）

云龙镇

【概况】　云龙镇位于梁平区南部，距重庆主城1小时车程，距梁平城区17公里高速路程，沪蓉高速贯穿全境并设有出入口，是主城进入梁平的第一站，渝万高铁穿境而过，设有预留站。东邻铁门乡，南与垫江县普顺镇接壤，西连荫平镇，北依和林镇。民国初置龙沙镇，1951年改为云龙乡，1958年改为公社，1983年复置乡，1992年建镇。2017年辖沙垭、龙溪、护云、同心4个社区，陡梯、东平、红旗、双河、三清、人民、大石、东风、宝花9个村；33个居民小组、77个村民小组。

2017年年末，户籍人口总户数12903户，总人口38631人，男性20258人，占52.44%，其中农业人口34192人，非农业人口4437人。辖区面积78.4平方公里；人口密度为每平方公里493人。

云龙镇地势东北高西南低，地形以平坝、浅丘为主，海拔410~1125米。气候属典型的四川盆地气候，全年平均气温17℃，年降水量1000~1500毫米，光照充足，无霜期280~330天。梁平区第一大河——龙溪河纵贯全镇，龙溪河自东平村入境，由北而南，贯穿7个村（居），境内河道长17.62公里，位于七里滩第四纪冰川遗迹，是目前发现的中国规模最大、密度最高的冰臼群。有山坪塘181口，小Ⅰ型水库（红旗水库）1座，干支渠道46公里；引水渠1条，蓄水池27处，总蓄水量290.36万立方米。

【经济发展】

农业　全镇耕地2962.3公顷，林地1905.2公顷，粮食播种面积2866.7公顷，2017年农民人均纯收入为14000元；三清蔬菜生产基地200公顷，无公害农产品23个、绿色蔬菜品种3个（萝卜、黄瓜、辣椒），殷佳坝萝卜获得重庆名牌农产品。花椒种植基地66.7公顷，标准化柚园200公顷，油茶160公顷，速生丰产用材林100公顷，其他经济林66.7公顷，牧草种植73.3公顷；年出栏生猪4万头，年存栏肉牛2800余头，规模养鸡场2家，水产养殖123.3公顷。以丰疆生物科技有限公司为重点，依托肉牛场优质牛粪原料、畜禽粪便，标准化生产优质、高效生物有机肥，建立起“草—畜—肥—菜”循环农业模式。

工业　2017年工业总产值达11.5亿元，其中规上企业全年完成3.8亿元；规模以上工业企业达到6户，规模以下及个体工业企业83户。中小企业园1个，占地8公顷，入驻企业7家。

商贸　2017年全社会消费品零售总额完成3.09亿元，同比增长12.5%。龙溪锦园商圈建筑面积11500平方米的建设，新增1家1500平方米大型超市。现有规模化的农贸市场1个，新增市场主体157个，全镇工贸企业累计达1541个，其中限额以上商贸企业6家。

【社会发展】

扶贫攻坚　实行结对帮扶。安排113名镇村干部对全镇建卡贫困户344户944人开展结对帮扶。按照“两不愁、三保障、一达标”的要求，投入16020元为89位建卡贫困户购买2018年城乡合作医疗。未脱贫建卡贫困户6户21人，低保兜底18人、教育资助3人、修建D级危房1户。助推贫困组发展。向东平村派驻第一书记1名，落实扶贫驻村工作队员7名，在7组发展红心蜜柚300亩。

生态文明　成立镇河长办，健全村（居）两级河长体系，落实29名镇村河（库）长责任，并对境内2条区级河流、1条镇级河流、1个小Ⅰ型水库的干支流进行全面摸底调查，形成4套详细的一河（库）一档动态管理台账，实行村级河（库）长周巡制度。聘请专业公司定期对场镇污水管网和沉沙井进行维护，组建6人专业清漂队，配备一艘清漂船开展日常巡查。加强畜禽养殖监管力度，严厉打击偷排、漏排行为，建立35家养殖场、养殖大户管理台账。关闭禁养区养殖场1家，整治非禁养区养殖场5家，立案处罚3家，基本禁止肥水养鱼。加强农村面源污染治理，配置垃圾箱46个、垃圾桶300余个，配备镇、村（社区）保洁人员48名，健全机制，确保垃圾日清日运。2017年，龙溪河出境断面水质由Ⅴ类改善至Ⅲ类。

文化体育　坚持免费开放公共文化服务站，丰富群众文化生活。启动政府购买公共文化服务活动进村，完成送演出进村共8场，送摄影作品展及非物质文化遗产展共4场，遍及全镇13个村（居），服务群众1万人次。完成3个村农村体育工程建设工作，完成13个村（居）农家书屋的续配和清理。

教育卫生　现有初级中学、中心小学、完全小学各1所。中学在校生945人，教职工104人。小学在校生2044人，教职工105人，学龄儿童入学率100%，小学升初中率100%，初中升高中率90%（含职高）。现有中心卫生院1个，村卫生室23个，个体诊所3个。执业医师24人，执业助理医师16人，护士25人，乡村医生38人，公共卫生助理员12人，病床128张，公共卫生用房和业务用房共7000平方米，其中临床用房4753平方米。

社会保障　全镇参加城乡居民养老保险17029人，参加城乡合作医疗保险33873人；全镇有敬老院1家，五保老人128人，集中供养五保老人26人；成立13个村级红十字会和慈善分会；发放各类救助资金354万元，优抚资金167万元，完成倒房重建5户。

就业　新开展就业再就业培训376人，失业人员实现再就业574人，合理开发了公益性岗位7个，城镇登记失业率在3.6%之内。

【基础设施】

场镇建设　投入1000余万元实施基础设施建设。完成半边街3400平方米人行道透水砖铺装，改造41盏路灯、1所公厕，新栽行道树58棵，启动场镇二三级管网建设。

水利设施建设　完善龙溪、同心河堤管涵1.1公里。整治维修东风等村5口5万—10万立方米山坪塘。实施三清、人民大灌渠项目，安装管道6000米，建设蓄水池2个。实施护云社区水土保持项目，整治坡耕地133.3公顷。

交通设施建设　完成场镇过境公路桥梁建设。通客运线路改造工程路基6米，路面5米，长6.5公里，投资200万元。扩建硬化通村公路14.9公里。

【名优特产】　殷家坝萝卜是云龙镇的名优特产，是在龙溪河边独特的地理条件下，通过科学培育而出的优良地方特色农产品。据查证在光绪二十年（1894年）《梁山县志》中在物产一栏里有记载，在当地民间流传“冬吃萝卜夏吃姜，不用医生开处方”的谚语。殷家坝萝卜呈近圆形，外皮光滑，色泽凝如雪，观其晶莹剔透，质地脆嫩，生吃萝卜具有微辣，口感清爽甘甜。萝卜叶片呈绿黄色，其叶可作咸菜上等料子，人们在品尝中有炖、炒、腌、凉拌、煮熬等多种吃法，萝卜熟吃入口即化，不含残渣，无老筋现象，具有下气消食，除痰润肺，解毒生津和中止咳之功效，素有“小人参”之称。2009年通过梁平县三清蔬菜专业合作社，在国家工商注册登记了“殷佳坝”蔬菜商标，在2014年2017年连续向中国绿色食品发展中心申请为绿色农产品。2016年殷佳坝萝卜评为重庆名牌农产品。根据统计，殷家坝萝卜平均年产值1200万元，同时还带动农业休闲观光发展，游客在蔬菜基地参观，体验农家生活，每年实现旅游收入100万元。

【特色美食】　刘氏龙溪鱼始创于80年代，30多年来，烹饪用料讲究，一直坚持使用龙溪河生态鱼，配以独家秘制辣椒酱，将麻、辣、鲜、香、甜味道结合，8分钟的烹煮时间，不多不少，麻辣鲜香，入口不腻。2017年1月登上了重庆市电视台“美食非常道”栏目。　（云龙镇）

荫　平　镇

【概况】　荫平镇位于梁平区西南部25公里，东接和林镇、云龙镇，南抵垫江县普顺镇，西邻回龙镇，北连屏锦镇。渝万高速、高铁分别穿越境内4个村。荫平场镇距离渝宜高速公路云龙出口8公里，与318国道相隔9公里。

清嘉庆年间设场镇，民国8年（1919年）柳荫乡与太平乡合并为荫平乡，1950年隶属梁山（平）县第四区（云龙区），1953年隶属梁平县第四区（云龙乡），1959年划分为荫平、太平两个公社隶属屏锦区，1962年两个公社改属云龙区，1966年两公社分别更名为火炬公社、朝阳公社，1992年荫平、太平两乡合并组建为荫平镇。

2017年梁平撤县设区时为重庆市梁平区荫平镇人民政府（正处级单位），内设机构有党政办公室（人大办、党群办）、经济社会发展办公室（扶贫办、统计办）、社会事务和保障办公室（民政办、社保所、计生办）、社会治安综合治理办公室（信访办、禁毒办）、安全生产监督管理办公室（交安办）、城镇建设管理和环境保护办公室；财政所、社会保障服务所、食品药品监督管理所、文化服务中心、农业服务中心（移民办）、村建服务中心；乡风文明办公室（临时机构）。2017年度有职工45人，其中，行政编制公务员25人、工勤人员2人；事业编制人员18人，其中专技4人、职员12人、工人2人。

2017年辖荫平、太平2个社区和双寨、新拱桥、三坝、乐英、七斗、群乐、大坪、光华8个行政村民，有83个村（居）民小组。

2017年年末，全镇人口总户数8315户，常住总人口25373人，其中户籍迁入74人、迁出150人；男性13604人，女性11769人；出生登记274人，死亡注销243人。辖区面积54平方公里，其中耕地面积（报调查队：计税面积1940公顷；土地确权面积1940公顷；航测面积2609公顷）。

荫平镇属于平坝浅丘地区，地形略微西高东低、北高南低，海拔420米～700米。气候属亚热带湿润季风气候区，气候温和，四季分明，雨热同季，年均气温17℃，年降雨量1100毫米。春季温和湿润，夏季气温高雨量集中，秋季干旱少雨，冬季气候湿润。境内七涧河、龙溪河贯穿新拱桥、双寨、荫平、三坝、光华、群乐、太平7个村（社区）。七斗寨风光秀丽，山峦叠嶂，133.3公顷亩天子坟林场树木参天；东境白洋（云）寺，山高水雄，巍峨壮观。

【经济发展】 2017年，全镇经济总量（生产总值）75239万元，同比上6825万元增长，增长10%，增加值34590万元，同比上年31244万元增长10.7%；固定资产投资5102万元，同比上年13219万元增长－61%；社会消费品零售总额12127万元，同比上年10587万元增长14.5%。农村常住居民人均可支配收入14540元，同比增长14%；城镇常住居民人均可支配收入预计23055元，同比增长12%。

第一产业　2017年，第一产业生产总值25677万元，同比上年22908万元增长12%。其中农业总产值24993万元，比上年22235万元增长12%。全年粮食产量14375吨，同比上年12721吨增长13%；生猪出栏27057头，同比上年23325头增长16%；家禽出栏46942只，同比上年41913只增长12%。蔬菜产量10896吨，同比上年9817吨增长11%，水果产量2734吨。

2017年，新植梁平柚2万余株，新建标准化柚园23.3公顷，新推广标准化生产园26.7公顷。规模栽植经果林40公顷，种植优质水稻666.7公顷、莲藕200公顷。成功引进“一抹阳光”等3家农业企业投资1100万元开发休闲观光农业。重庆天龙八部农业科技有限公司、重庆华东建筑集团、邮政重庆梁平分公司、梁平丰源农业、重庆农本味电子商务有限公司和荫平镇各柚子专业合作社签订了代销协议。

第二产业　2017年，第二产业生产总值23142万元，无规模以下工业企业，工业个体户49户，同比上年43户增加6户，增幅14%。工业总产值4152万元，同比上年11500万元下降7348万元。建筑个体户13户，同比上年11户增长18%。建筑业产值18866万元，同比上年17632万元增长7%。

第三产业　2017年，第三产业生产总值26420万元，同比上年23722万元增长11.4%。有商贸单位895个，同比增长12.9%，其中，现有综合超市2家，商贸企业4家，社区便民店11家，限上商贸企业2家，食宿餐饮个体户25个，社会消费品零售额12127万元，同比增长14.5%，从业人数2135人，同比增长13.8%。批发零售企业27个、个体户818个。

财政金融　2017年年末，金融机构存款余额分别为42500万元，其中荫平农商行存款余额27000万元，荫平邮政支局存款余额15500万元。本级一般公共财政预算收入预算为18万元，实际完成23.30万元，为预算的129.44%。一般公共预算总收入为1762.85万元，公共预算支出为1623.36万元，其中一般公共预算支出1622万元，上解支出1.36万元。当年结余139.49万元，消化历年赤字139.49万元。财政八项支出1087万元，同比上年935万元增长16%。

【社会发展】

文化艺术　现有综合文化站1个，面积716平方米。各类图书室11个，共藏书10万余册；有数字影院1个，座位76个。截至2017年年末，有癞子锣鼓吹手队7个，农民乐队2个，县非物质文化遗产4个（癞子锣鼓、抬儿调、劁猪调、吹手），市级非物质文化遗产1个（抬儿调），有非物质文化遗产传承基地2个（荫平镇中学为抬儿调传承基地，荫平镇人民政府为癞子锣鼓传承基地），有非物质文化遗产传承人350人。2017年投入20余万元，成功举办以“品百年福柚·登千年古寨”为主题的重庆·梁平第九届采柚节荫平专场等活动45场次，繁荣农村文化，促进乡村旅游。投资146.4万元，加强文物与非物质文化的传承与保护，修复七斗古寨部分设施，打造农村特色文化院落5个，编撰出版《荫平故事》《荫平镇专题宣传片》。

教育　有初中、中心小学、完全小学、中心幼儿园各1所，幼儿分园8个，在校学生2269余人。学龄前儿童入学率98.8%、小学适龄儿童入学率100%、初中入学率均为99%。2017年，荫平镇初中升入梁中共32人，其中清北班2人，实验班11人；升入红中34人，其中珍珠班2人，实验班10人；升入一中29人，其中实验班12人。万渝同学被重庆市第一外国语学校录取。镇初中、中心小学年度综合考评均获二等奖，教管中心获一等奖。

科技　2017年，农业科技推广运用水稻机插秧技术80公顷，梁平柚、水稻全程社会化服务近133.3公顷，水稻农业机械化收割率95%。建立食品药品快检室、农产品快检室各1个。镇成人学校培训农业实用技术302人。

卫生计生　2017年，全镇有镇卫生院1所，私人诊所1个，村级卫生室11个，其中标准化卫生室9个，各类医务人员47人。居民健康档案建档率77%、使用率50%；乙肝疫苗接种118人，接种率99%；卡介苗接种81人，接种率96%；脊灰疫苗接种90人，接种率98%；百白破疫苗接种91人，接种率99%；含麻疹疫苗接种85人，接种率100%；流脑疫苗接种84人，接种率99%；乙脑疫苗接种76人，接种率100%；甲肝疫苗接种129人，接种率99%；幼儿园接种证查验登记率儿童健康管理率88.37%，老年人健康管理率74%。辖区内登记在册的确诊严重精神障碍患者人数101人，规范管理的严重精神障碍患者人数77人，规范管理率76.24%。肺结核患者健康管理患者5名，管理率100%。登记报告传染病病例10例，报告率、报告及时率均为100%。常住人口家庭医生签约8596人，签约率47%，其中计划生育特殊家庭、农村建档立卡贫困人口签约率100%。办理生育（再生育）服务证168个，新增计生奖扶对象46人，35－64岁妇女两癌筛查400余人，生殖健康免费检查1580人，免费孕优检查118人。

体育　有体育篮球场16个，新拱桥、双寨、三坝、乐英、光华、群乐、大坪、七斗8个村已安装篮球架、乒乓球台，学校篮球场6个，镇综合文化广场文化篮球场2个。2017年组队参加梁平区首届运动会的各项体育比赛，镇足球青少年男组荣获区首届运动会青少年组足球冠军。

广播电视　2017年全镇有线电视用户4200余户，其中，光缆数字电视用户达到1800余户，光缆数字电视主线进村到组覆盖率达到100%。

社会保障　2017年，全镇城乡居民社会养老保险参保人数累计达到9741人，新增就业人数217人，新增创业人数100人，发放创业扶持贷款150万元。发放双拥优抚生活补助118余万元，救助困难群众229户，发放生活补助近60万元、医疗补助金18.7万元，资助参合1260余人。全年开展安全生产检查267次，发现安全隐患389条，整改率达100%，实现安全生产事故零目标。群众获得感、幸福感、安全感进一步增强，全年民调综合成绩排名位列全区33个乡镇（街道）第6名。

【基础设施】

场镇建设　2017年，完成场镇修编完善和荫平镇规划信息更新工作，开展场镇环境卫生秩序治理，完善场镇功能，投入35万元新建场镇旅游厕所1座，投入73万余元实施场镇、七斗古寨、千步梯“亮化”工程，安装太阳能等节能灯具180盏。

新农村建设　2017年，组织编制完成9个村规划，编制乐英、七斗等2个村的土地利用总体规划。全镇共核发乡村建设规划许可证26户，占地面积2339.3平方米，建筑面积4112.3平方米。

交通建设　境内有区道公路14.5公里，渝宜高速公路5.30公里，渝万高铁5.74公里基本建成。2017年投资700万元，硬化、油化和新建村组公路20条27公里。S414省道（云屏段）公路升级建设工程、场镇公路改道工程有效启动。建成生态停车场4000平方米。

水利建设　全镇现有小Ⅱ型水库3座，其中，长乐水库容量21万立方米、张伍沟水库容量15.6万立方米、冷塘湾水库容量7.2万立方米，山坪塘220余口。2017年，投入1700万元整治七涧河荫平场镇段河堤约2公里，投入217万元整修山坪塘43口，其中5万－10万立方米3口，累计整修山坪塘156口。

环境保护　2017年，以干净整洁为抓手，整体推进乡风文明成效突出，镇村环境卫生面貌大幅提升。投入26万元完善镇村垃圾收运系统，关闭禁养区养殖场4家，关停1家，修复场镇污水主管网，建设1.1公里二、三级管网；扎实推进河长制工作，镇域24条溪流落实了镇村两级河长，龙溪河、七涧河水环境得到有效改善，全年水质达到Ⅲ类。

【名胜旅游】

旅游景点　2017年，在美丽乐英核心区建成“独恋柚乡、荷叶田田、半庭竹韵、篱落飞花、柚源醉月（乐英百年柚园）”院落景观，新建百年柚源广场4000余平方米，柚园步道13公里。投资320万元，新建2处古寨亭、千步梯等步道2.3公里，修复杨家寨城墙，古寨韵味日趋浓厚。形成了百年柚园、百年梨子园、李子园和莲藕、水稻产业形成了万亩柚香、十里荷塘、柚源醉月、篱落飞花、落英缤纷等田园景观。

名胜古迹　境内千年七斗古寨、古院落、古树、古墓群凸显了古朴遗风，现保存较为完好的有杨家寨门、威震门、陡梯门、太平门、平安门、清吉等古寨门，有姚家湾民居（李光华兵工厂旧址）、杨家老院子、藕塘湾老院子、李家大院、邓家院子等古院落，有李光华烈士墓、岩耳寺佛像石刻、皇坟、瞭望台、登银堂、碉堡遗址、春火药备战的石碓窝、水牢、白岩撞机坪等遗迹。

土特产品　百年老柚、新威花椒、双寨窖酒、特种野猪肉、青脆李等特色农产品实现网上销售。

【基层组织建设】　2017年，坚持党要管党，全面从来治党，扎实推进“两学一做”常态化制度建设，选优配强10个村（社区）党组织、机关、卫生院及三所学校党组织领导班子。大力加强基层阵地建设，投入资金50万元新建新拱桥便民服务中心，发展党员3名，全年走访慰问特困党员73人，发放慰问金3.65万元，发放老党员补贴34.52万元。（荫平镇）

和林镇

【概况】　和林镇地处梁平区西南部，东与铁门乡、西与仁贤镇、聚奎镇、屏锦镇、荫平镇、南与云龙镇、北与金带镇接壤。场镇距梁平城区13公里，距沪蓉高速公路云龙入口6.5公里，距西南佛教祖庭双桂堂2.5公里，区位优势突出。

和林系民国29年（1940年）和清、桂林两乡合并而得名，因山形状若奔马，同时本地马姓人士较多，又得名马家场。1951年设立和林乡，1992年10月平都乡与和林乡合并为和林镇。现辖和林、三龙、蔡家、爱国、茂林、大冲、万安

7个村民委员会52个村民小组，2个农村社区居委会19个居民小组，1个街道社区居委会4个居民小组。中共传奇地下工作者、梁平县委第一任书记范纪曼出生于本镇和林村。

2017年年末，户籍人口总户数8931户、总人口26315人，其中非农业人口2756，农业人口23559人，总人口中男性14023人，占总人口的53%。全镇辖区面积58平方公里，人口密度453人/平方公里。

和林镇地势为东高西低，东部为山地丘陵，向西南延伸，西部是浅丘平坝，最高峰金竹坪海拔1040米，最低处为爱国村石牛滩，海拔401米。气候属暖温带季风区。常年平均气温16.7℃，年均降水量1200毫米。龙溪河自万安村北入境，由北而南，贯穿5个村，境内河道长5.5公里。境内矿产资源主要有煤、石灰石、页岩等，其中煤矿集中分布在东部高梁山一带，地质储量100万吨，可采储量75万吨。地下水资源可利用量为2486万立方米。

【经济发展】

农业　2017年，农作物总播种面积4240公顷，以种植生姜、水稻、蔬菜为主。农业总产值21204万元，农民人均纯收入达到13456元。粮食总产量15245吨。全年生猪出栏17565，年末存栏16350头；牛出栏20头，年末存栏390头；羊出栏580头，年末存栏150头；家禽出栏432815只，存栏86150只，产蛋408吨。

工业　2017年，以建筑材料以及五金制造为主，工业总产值8100万元，占地区生产总值的12.8%。

商业　2017年共有商业网点587个，从业人员1021人；社会消费品零售总额达12110万元，相比去年下降14.4%；城乡集贸市场2个，年成交额9670万元。

财政金融　2017年财政总收入1674.19万元，固定资产投资达1.92亿元，居民银行储蓄存款余额达5.6亿元。

【社会发展】　有幼儿园3所，在园幼儿625人，专任教师22人。小学4所，其中镇小1所、完小1所、村小2所，在校学生1296人，专任教师84人。初中1所，在校学生505人，专任教师51人。小学适龄儿童入学率、小学初中适龄人口入学率、小升初升学率、九年义务教育覆盖率均达100%。有镇卫生院1个，村卫生室9个，床位60张，每万人拥有病床22.8张；专业卫生人员25名，其中执业医师6人，执业助理医师7人，注册护士4人。

2017年享受农村低保共394户677人，享受城市低保共56户82人；全镇居民参加养老保险11368人；参加农村合作医疗22563人，实现医疗保险全覆盖。民政部门资助参加合作医疗1355人，共支出21.975万元。国家救助、援助、抚恤、补助各类对象1305人，各类救援抚恤资金支出近216万元。有敬老院1家，床位20张，集中供养农村五保人员16人。社区老年活动中心2个。

【基础设施】　2017年，大力实施风情集镇提档升级建设，投入100余万元“白改黑”5500平方米，修补场镇道路及工、农贸市场3500平方米，投入25万余元安装路灯82盏，场镇环境更加靓丽、整洁。投入700余万元进一步改造或新硬化农村道路20公里，投入18.45万元改造C、D级危房12户，群众居住、出行条件进一步改善。督促聚源公司投资200余万元，新铺设天然气管道30余公里，有效解决场镇居民气源不足的问题。

【乡村旅游】　2017年，和林镇牢固树立“绿水青山就是金山银山”的理念，主动适应全域旅游、大众旅游新趋势，利用固有资源优势，依托田园风光、设施农业，精心培育水帘洞银沙滩主题乐园、四方山居等景点。成功签约水帘洞银沙滩主题乐园项目，并于2017年10月开工建设，各项基础设施建设有序开展。成功引进业主打造以“书院文化、进士文化”为主题的四方山居，目前已完成前期规划、杂树清理等工作，并栽植香桃、巫山脆李等果树0.7公顷，栽植50年以上树龄红梅60余株。

【名优特产】 生姜是和林镇的名优特产。和林镇有悠久的种姜历史，有得天独厚的沙壤黏土、气候温和、水源充沛，具有特别适宜优质生姜的生长条件。所产生姜脆嫩鲜香，品质口感俱佳。

2017年，成功注册和林生姜地理商标，成功认证和林生姜绿色有机品牌，积极开展生姜错季种销，全镇生姜种植达266.7公顷，实现产销两旺，传统产业焕发新活力。（和林镇）

文化镇

【概况】 文化镇地处梁平区北部边陲，距城区22公里，北与四川省开江县新街乡接壤，东接合兴镇，南邻城北乡，西依龙门镇、新盛镇。文化镇俗称螺蛳店，因此地有一土包状如螺蛳，据传附近有一座坟，坟上经常布满螺蛳，取名螺蛳坟。后有人在附近修一店子，供过往人食宿，得名螺蛳店。文化则因文化乡而得名，此名系清朝晚期时，一个名叫唐子平的团总，时常在螺蛳店场口上的文庙里处理公务，民国时期在建乡时，他把此地取名“文化乡”。1949年前辖13个保，1949年12月7日解放，1951年建村，将原辖13个保改为13个村，1955年定名为文化乡，1958年建立文化公社。1967年更名为赤卫公社，1976年复名为文化公社，1980年恢复人民代表大会制后为文化乡，1992年撤区并乡建镇，镇址定于螺蛳店，定名为文化镇。

文化镇地势东南高、西北低，除螺蛳店社区、长春村、合家村的部分地区属丘陵外，其他村均属低山区。气候属亚热带气候，雨量充足，气候宜人，平均气温16.8℃。年降雨量在1100毫米以上，常年主导风向东北风，阳光充足，日照时间1500小时以上，无霜期达260天左右。境内有小一型朝阳水库1座，蓄水400万立方米。明月河支流自双盐村入境，再由东向北入明月河，境内河道长8.6公里。境内主要矿产资源为青砂石，地质储量300万立方米。

2017年辖长春、合家、三寨、齐发、永远、和平、双盐7个村民委员会48个村民小组，1个社区居委会6个居民小组。2017年年末辖区总人口17431人，男性9319人，占53.46%。死亡人口168人，占9.6‰；出生人口220人，占12.6‰。

【经济发展】

2017年，全镇上下深学笃用习近平新时代中国特色社会主义思想，深入学习贯彻党的十九大精神，按照区委、区政府系列决策部署和镇党委工作要求，坚持稳中求进，坚定贯彻新发展理念，坚持一届接着一届干，一张蓝图绘到底，主动适应新常态，以推进“科学发展、富民强镇”为主线，统筹做好稳增长、促改革、惠民生、防风险各项工作。较好地完成了年初确定的主要目标任务：地区生产总值61106万元，较上年同期（下同）增长11%，社会消费品零售总额10277万元，增长15%，固定资产投资23865万元，增长11%，农村常住居民人均可支配收入14265元，增长14.26%；城镇常住居民人均可支配收入21804元，增长15%；城镇化率41%。

农业 实施新增千亿斤粮食生产能力规划田间工程，建成长春、社区、合家、永远青花椒基地产业路5公里，产业便道13公里，完成长春村花椒基地整治工程，增强抗风险能力，青花椒逐渐进入丰产期，2017年总产量约75万公斤，产值1000万余元，吸纳剩余劳动力1500人次，农户务工增收200余万元，被评为市级农业龙头企业，梁平青花椒这张名片逐渐叫响；平整土地33.3公顷，启动春见、大雅标准示范园建设；流转土地100公顷，种植三代杉100公顷、冰糖李、青脆李26.7公顷；粮食总播种面积1733.3公顷，产量0.86万吨，其中夏粮播种面积1299公顷，总产量6608吨，秋粮农作物播种面积417公顷，总产量2084吨。发展种粮大户2户，规模种植20.8公顷。发展蔬菜种植286.7公顷，产量5900吨。水稻机育插秧189.4公顷，全程社会化服务96.2公顷，水稻机收566.7公顷，粮食产量达8667吨，建成农产品质量安全检测站。畜禽养殖防疫工作达到两个100%。完成一二三产业融资贷款260万元。

工业 投资600万元对金地工艺石材厂进行技改升级；投资300万元新增文康豆筋厂生产线1条。

商贸 新发展规模以下企业25家，微型企业9个，个体工商户62家，注册商标2个，申报规上企业1个；培育农村专业合作社5个；设置电子商务服务点5个，全年网上营销额达220余万元。

财政金融 2017年镇一般预算总收入为1687.92万元，较2016年同期增长280.44万元，增幅19.92%；年末境内金融机构各类存款余额5.3亿元，较上年同期增长39%；各项贷款余额1600万元，较上年同期增长65%。

【社会发展】

民政救助 加大民政救助政策宣传。低保实行动态管理，2017年，全镇享受城市低保27户38人，农村低保271户486人。完成五保、低保、重点优抚等963人资助合作医疗参保工作。临时救助104户361人、28万元。筹集慈善捐款0.47万元，慈善救助1户4人3000元。发放优抚金106.43万元，义务兵家庭优待金12万元。完成80岁以上老人高龄津贴登记305人。巩固敬老院改造成果，安装监控、消防设施，重新聘请管理人员，达到规范化建设标准。

社会保障 城镇新增就业人员116人，农民工返乡创业就业320人，“4050”人员再就业10人；开放公益性岗位10个；城乡居民养老保险7141人；城乡居民合作医疗保险15519人；办理征地农转非参保24人，落实社保补贴2人；新增小额担保贷款235笔。

计生卫生 认真做好计划生育家庭奖励扶助和特别扶助工作，推进“生育关怀”项目。每两个月常规化对“失独”家庭进行关怀和慰问，联合开展“5·29会员活动日”“9·25会员活动日”宣传咨询和计生赶场活动。办理独生子女父母年满60岁参加城乡居民社会养老保险63件。办理生育和再生育服务证104件。实施健康和医疗建设，加强医疗改革宣传，规范药品、设备采购制度，完成全镇65岁以上老年人、儿童、孕优、孕产妇、两癌筛查、生殖健康等免费检查3689人次。对村级卫生室督导4次，完成乡村医生补助35人。

公共服务 完成齐发村、长春村、和平村便民服务中心的新、改、扩建和社区健身点建设；实现便民服务中心网络全覆盖；开展送文化下乡演出活动13场，科普知识培训12场，农家书屋指导5次，送图书、读书活动进村12次，数字电影进村96场，体育活动11场，举办春节“接龙习俗”展演，极大地丰富了群众的文化生活。

教育发展 文化镇中普高、职高中升学率达90%，综合质量评估获得区级二等奖；英利育才小学在全区毽球比赛中荣获第一名，综合质量评估获得区级三等奖。中小学教育质量在全区排名靠前。

安全生产 深入开展道路交通、建筑安全、非煤矿山、森林防火、食品药品、烟花爆竹、农机、消防、学校及周边等安全领域大排查大整治大执法专项行动149次，全镇安全形势平稳向好，安全生产事故实现“零目标”，2017年被评为全区安全工作优秀单位。投入8万余元完成食品药品管理规范化建设。

信访稳定 深入推进干部接访下访群众工作，深化“七五”普法，推进信访法治化。领导干部接访群众96件次，149人次，化解各类矛盾纠纷96件次，化解率达100%。开展重大事项信访稳定风险评估4次。确保了党的十九大、“两会”等重点敏感时期的安全稳定，没有出现非法集访、非访。

扶贫攻坚 制定了《长效扶贫工作方案》《脱贫规划》《扶贫资金使用计划》，按照“一达标两不愁三保障”标准，全镇建卡贫困户166户512人通过医疗、教育、助学、最低生活保障等措施已实现脱贫149户462人。开展脱贫攻坚动态调整，完成全国扶贫系统信息录入。帮助参加精准脱贫保险100%，开展技术培训4次，组织医疗集中免费检查2次，助学资助4人，住房保障6户。全年发放用于产业发展肥料资金5355元，节日慰问金22800元。对区级贫困组长春村5组实行点对点有效帮扶，成立扶贫工作队伍，派驻第一书记。通过修建道路、安装自来水、发展春见、三代杉、最低生活保障等措施实现精准帮扶。目前，已硬化道路2公里，平整春见园土地8公顷，自来水主管网安装到组。

【基础设施】

场镇建设 按照“九有”“六无”“四化”“两加强三完善”要求，积极推进场镇建设、管理，实现干净整洁。完成场镇人行道改造升级工程1500平方米；改造路灯60盏；完成1300平方米场镇老粮站农贸市场规范化建设，新建摊位109个，安装室内照明灯10个；完成场镇一级污水管网的疏通和维修工作，完成场镇二级污水管网1.9公里和三级污水管网2.5公里铺设工作；完成场镇3.3公里白改黑工程；完成文化桥建设以及桥头景观工程。

美丽乡村建设 结合乡风文明建设内容，成立领导小组、督查考评小组，制定实施方案和考评办法。开展“义务植树，美化环境”“乡风文明 健康快乐生活”“洁净家园评比”等一系列主题活动，实施月交叉检查12次、季度通报3次、半年表彰1次，曝光垃圾违规处理15处，整改86处，表彰“干净整洁家庭”60户。组建清洁卫生队伍8支，党员志愿服务队12支，聘请保洁员27名，开展经常性清洁行动，逐渐养成良好卫生习惯，人居环境得到有效改善。投入160万元，以三寨村作为美丽乡村建设的示范点，打造三星佳苑农民新村，开展堰渠整修、道路建设、庭院美化，建成“八大碗”广场和孝贤文化长廊，2017年荣登全国首批“绿色村庄”榜。

交通设施建设 硬化合家村、齐发村、长春村、永远、社区公路10公里，人行便道9公里；完善齐发村、双盐村、永远村安保工程，开通齐发村、双盐村客运线路，修建樊家桥及景观亭。

危房改造 2017年，完成45户C、D级危房的建设、验收工作，并及时拨付补助资金。

【生态环境保护】

全面落实“河长制” 编制印发了《文化镇全面推行“河长制”工作方案》和《文化镇全面推行“河长制”工作相关制度》，完善镇、村两级18条河、2水库“河长制”组织体系，制定完善配套制度20个，设置“河长”公示牌26块，实施“一河一策”“一库一策”，文化河水质稳定在Ⅲ级标准，水环境质量持续改善。

抓实环保问题整改 整改销号区环保督查反馈问题27个，制定整改措施27项；整改畜禽养殖场26家、关闭畜禽养殖场3家；关闭手工造纸厂12家，整合改造2家，达到“三无”标准；查处违法排污行为2件，督促整改企业污染问题4件。

加快建设生态屏障 在场镇河道、长春村、三寨村公路沿线种植桂花、玉兰、柳树1500株，实施中幼林抚育166.7公顷、天然林管护361.6公顷，公益林补偿112公顷。加强松材线虫疫情监管，杜绝松材线虫病虫害发生。组建森林防火宣传队和24小时应急值班工作队，全年未发生森林火灾。

健全垃圾清运机制 投入资金27万元，实行公司化运作，采取道路定时打扫，垃圾定时清运方式，保证垃圾及时清理，确保卫生环境得到提升。

【名胜旅游】

文化镇有接龙习俗、土法造纸等非物质文化遗产，有青花椒、樱桃、八大碗等特产。初步完成秦家寨公园、场镇滨河路、永远樱桃园和“和美三寨”美丽村庄等乡村旅游景点建设，成功举办青花椒微友采摘活动。启动“朝阳花园”建设，积极谋划上接复平黑天池，紧连本镇内“朝阳花园”、三悲洞、乾坤寨，秦家寨、观音堂、跑马场，绿色村庄三寨、张家院子、东风水库，大松树、刘家祖坟、大悲洞寺、合家村田园风光，直至与新盛镇相连的乡村旅游线路。

（文化镇）

合 兴 镇

【概况】 合兴镇位于梁平区东北部，距梁平城区9公里，东南与梁山街道接壤，西与星桥镇、文化镇相连，北接复平镇，辖区面积54.1平方公里，辖2个居民委员会，6个村民委员会，61个村（居）民小组，总人口2.4万人。境内G243国道、二环路、渝万高铁纵横交错，达万铁路梁平火车北站位于境内。现有基层党组织17个，共有党员707名。

1949年12月，梁平（山）县解放建立合兴乡，辖7个保，属城北区。1955年12月将龙滩、黄茅2个乡并入合兴乡，属新盛区。1958年9月建立合兴公社，1959年7月划归城管区，1962年1月划归合兴区。1966年9月改称五星公社。1984年1月恢复合兴建制，1992年9月建立合兴镇。

境内地处浅丘地带，兼有低山，海拔345米~920米，土壤有冷沙黄泥土、暗紫水稻土、灰棕紫泥土。气候属亚热带季风气候区域。主要河流是普里河，其支流分别发源于星桥、合兴，经龙滩、复平，流入万州铁炉。有小（Ⅰ）型英勇水库1座。

【经济发展】 2017年全镇实现地区生产总值（GDP）4.76亿元，同比增长11%；固定资产投资1.7亿元，同比增长10%；社会消费品零售额达12381万元，同比增长14%；常住居民可支配收入达14392元，同比增长12%。

农业 2017年农业生产总值完成20687万元，同比增长4.04%；全镇生产粮食26335吨，其中水稻8096吨，玉米4050吨，小麦212吨。2017年蔬菜种植面积385.1公顷，产量11031吨。畜牧业以猪、牛、羊、家禽为主。2017年全镇生猪共存栏11832头，出栏16262头；耕牛存栏663头，出栏176头；山羊存栏128只，出栏398只；家禽存栏115885万只，出栏395525万只。发展柚子、李子特色支柱农产业，面积分别达到1400公顷、233.3公顷，正以实施乡村振兴战略为统领，聚力打造中华梁平柚海、土种清脆李示范园。同时，支持各村（社区）以市场为导向，积极推进农业产业适度规模发展，全镇共流转土地100公顷，栽植春见26.7公顷、梁平柚33.3公顷、油桐树26.7公顷、柑橘13.3公顷。完成180公顷梁平柚全程社会化服务，开展200公顷梁平柚有机品牌创建项目，进行标准化种植100公顷，改造老柚园60公顷，实施标准园86.7公顷建设。启动中华梁平柚海AAAA级景区规划建设，开工建设6.7公顷左右的柚子博览园。

工业 2017年工业生产总值25612万元，比上年增长12%。全镇有微型企业达100家，个体工商户498户。积极协调处理渝欧陶瓷、瑞生电化有限公司、金都节能有限公司相关事宜，为工业发展创造良好条件。引资1500万元重组渝欧陶瓷，成功实现试生产。完成辖区烧结砖厂整治工作。

商贸 2017社会商品零售总额达12381万元，比上年增长12%，发展商贸有限公司1户，注册个体工商户79家。逐步完善柚园、李园的旅游配套设施，完成柚园入口整治和6746平方米道路油化提升，柚园核心区主要道路干线免费WIFI实现覆盖，柚园标美路安装路灯64盏。全镇现有规模农家乐10家，家庭农家乐16户。农家乐聚集区示范片建设成功验收，柚韵乡村酒店、火红新食代等农家乐相继营业，恒顺柚韵酒坊正式营运。合兴筲箕湾连接星桥高都村的公路开工建设，合兴下场口至李园2公里长、5米宽的公路建设投用，为万亩李子园打造奠定了基础。全年新增农业企业、农业合作社、家庭农场等新型经营主体4家。

【社会发展】

文化艺术 持续推进综合文化站免费开放工

作和农家书屋规范管理，全年服务达12000人次。完成政府购买公共文化演出服务活动38场，免费放映电影100余场。组织90余人参加梁平区首届运动会，获得较好成绩。

教育　不断加大教育投入，改善中小学校基础设施，镇内四所中小学在教学质量、教育均衡发展、素质教育等方面态势良好，入学率、升学率不断提升，校园建设日趋完善。其中，合兴中学在2017年中学综合目标考核工作中排名全区第一。

卫生计生　积极宣传单独二孩、奖励扶助、“两非”等计划生育政策。全年新增国家奖扶对象79人，特扶对象1人。联合资助贫困女大学生2人，资助金6000元。梁平区精神病医院新门诊大楼投入使用。

社会保障　2017年，全镇参加城乡居民养老保险11613人，参加城乡居民医疗保险22154人。发放小额担保贷款527万元。城镇新增就业174人，8个充分转移就业村及村就业和社会保障服务站与村便民服务中心接轨运行。全年享受城乡低保421户、748人，发放低保金219.5万元。特殊困难家庭建档264人。发放各类优抚金、补助金、救灾救济资金137万元。

环境保护　常态化开展场镇治乱、治堵、治污工作，保持了街面整洁和基本不堵。优化生活垃圾收运系统，补充配备12套垃圾箱，全镇垃圾收运和场镇保洁实现公司化运作。建立完善河长制，加大水污染整治力度，关闭养殖场1家，普里河水质稳定保持Ⅲ类。完成生态抚育林133.3公顷任务，松材线虫病除治面积达666.7公顷。

安全稳定　落实安全稳定“党政同责、一岗双责、失职追责”的责任制。开展安全执法专项行动40余批次，累计检查发现隐患300余条，发放责令限期指令书90余份，责令6家企业或经营单位停产整顿，行政处罚1万余元。加强道路交通安全，增添交通警示标志58块；强化建筑施工安全，开展消防安全大检查行动；注重食品药品安全，查处违法案件4件，全年实现了安全事故零发生。全面推进综治“网格化”服务管理建设工作，加强治安巡逻和案件查处，开展治安巡逻达600余次，对全镇流动人口、信访重点人员、重症精神病人、刑释解教人员、涉毒人员建立台账并加强管理，不断增强群众安全感。机关干部开展大接访、大下访1690余人次，接访、走访群众610余人次，收集群众反映问题230余件，解决、解答群众疑难问题220余件，矛盾纠纷化解率达96%以上。办理信访件37件，办结率为100%，实现敏感时期非访零目标。

【基础设施】

积极推进“三城同创”工作，完成机场路职教中心至火车站段以植绿补绿、人行道铺装、围墙建设为要内容的环境综合整治，质量较高、效果较好，一改脏乱差的旧貌。如期完成火车站片区拆违工作，拆违整改67件，共17619.22平方米。完成场镇部分基础设施建设维护，美化了行道树树池。争取资金项目550万元实施人居环境整治工程，合兴观景台等重要节点安装一批路灯、整治院落7个。

【自身建设】

牢固树立“四个意识”，切实坚定“四个自信”，深入学习贯彻党的十九大和市委五届三次全会、区委十四届二次全会精神，保持政府工作的正确方向和根本遵循。不断推进依法行政和作风建设，扎实开展“两学一做”学习教育，全面落实中央八项规定精神，坚决反对“四风”，政府执行力和公信力进一步提升。深化政务公开，自觉接受各方监督，保证科学决策、民主决策、依法决策。加强服务型政府建设，群工系统问题解决率和满意率均为100%。

【名胜旅游】

大力发展乡村旅游，多年来持续举办李花节、柚花节和采柚节，合兴镇大梨土陶非物质文化遗产不断传承发展。通过媒体广泛宣传，吸引区内外游客年均3万人次，合兴镇的知名度、美

誉度不断提升。（合兴镇）

福禄镇

【概况】 福禄镇位于梁平区东部，东与曲水镇接壤，西与蟠龙镇、柏家镇相邻，南抵石安镇，北达梁山街道、万州区。距城区31公里，地势北高南低，汝溪河及其支流由北向南穿境而过。全镇辖区面积87.5平方千米，辖14村、1个居委会、98个村（居）民小组；总户数10462户，总人口31352人，其中非农业人口7109人，农业人口24243人；人口密度358人/平方公里。

福禄镇地貌属山地丘陵地带，以中山为主。最低海拔（辣坪村1组双河口）252米，最高海拔（大印村3组窄哑口）1221米，山势陡峭，丘陵起伏，大小山丘星罗棋布，山峦叠嶂，沟壑纵横，四季树林葱葱，翠竹青青，素有“福映金山绕，金狮白水涛，玉树天香远，龟宁堰塘高”的美妙写照。

福禄镇四周环山，中间是平坝，形似葫芦，故称葫芦坝。370年前的明崇祯年间，张献忠入川，10万“铁骑”三次驻兵葫芦坝。民国初年，取谐音改名为福禄坝。1949年12月成立原福禄乡，1986年4月福禄乡人民政府改建为福禄镇人民政府，1992年10月福禄镇合并原紫龙乡、九龙乡建立新的福禄镇。2005年福禄镇被确定为梁平县县级商贸中心镇，在全县统筹城乡发展中，被确定为“两心四片”中的东部片区中心镇，2007年被市规划局确定为全市95个中心镇之一。2015年荣获全县综合目标考核农工商和城镇化重点发展区一等奖。

【经济发展】

2017年全镇实现地区生产总值5.1亿元，同比增长10.1%，农民年均可支配收入突破1.3735万元，同比增长11%；城镇居民可支配收入3.189万元，同比增长10%。

农业　全镇保有耕地面积3309.8公顷，林地面积3600公顷，森林覆盖率达到51%。2017年，实现农业总产值2.27亿元，同比增长12.8%。种植优质粮油300公顷，粮油生产基地化发展达到85%以上。成片发展青花椒133.3公顷，全镇花椒面积突破246.7公顷，全年出口干花椒2500公斤至海外。建成1000吨级多功能冻库，形成冷链物流。优质油茶53.3公顷，西蜂养殖突破2500群，培育家庭农场5个、专业合作社2个。新增流转土地210.7公顷，全镇土地流转经营达到710.7公顷。

工业　2017年，工业总产值达到2.88亿元，年均增长6.6%；规模以上工业企业1个，规模以下工业企业36个，工业个体户46户，规下工业总产值2.68亿元，年均增长22.9%。

商贸　发展商贸限额企业8个、限额以上商贸企业1家，各类市场主体达到1216余家，社会零副产品消费达到2.58亿元，同比增长13.1%。

【社会发展】

科教文卫　投资800万元改建福禄中心幼儿园；开展流动文化进村60场，组织电影下乡120余场，完成天香广场和青桥村健身器材的安装；福禄镇中心医院引进医疗设施，共有职业医师10余人，建设村级卫生室14个，其中标准化卫生室6个，乡村医生29人，合作医疗参保率96.8%。

社会民生　精准识别贫困组1个，走访建卡贫困户4000余人次，收集意见、需求200余条，解决问题100余个。投入资金87.48万元用于长效扶贫。为147户408人配股花椒产权，贫困户持股面积达到17公顷，2017年兑现花椒股权分红12.5万元。落实扶贫对象危房改造24户，统筹资金5万元资助贫困户教育支出。识别稳定脱贫户75户246人，脱贫户12户19人，全年无返贫。投入218万元，完成2016年度C、D级危房改造204户，2017年度C、D级危房改造20户。发放冬春救助款15.2万元、农业救灾资金1万元、临时救助款77万元、优抚补助及慰问金211.6万元。供养特困人员148人，纳入城乡低保481户911人。新增计生家庭奖特扶164人、城镇就业人数460人、城乡居民养老保险240人，发放创业担保贷款25人次279万元。

【基础设施】

交通设施　投入200余万元，硬化大印村2组公路5公里；投入200余万元，实施大印至扈槽路基及附属工程1.3公里；投入160万元，实施辣坪村组级道路硬化；投入近400万元，启动和平、福山、九龙等撤并村通畅工程20公里。

场镇建设　按照“七有、四无、四化”标准，建成“特色风情集镇”。投入225万元，完成2.7公里二三级污水管网建设，并投入使用，污水管网里程达7.2公里，场镇污水收纳率达95%以上；新建消防街农贸市场1个、坝坝舞场地1个、坝坝席场地2个、公共厕所2个、安装路灯11盏；规划临时停车位100余个，整治场镇人行便道3公里，改铺人行道路1.5公里；场镇天然气新安装近1000户，排查整改安全隐患500余处。投入6万余元，新栽植红桃花、樱花220余株，播撒鲜花种子12000平方米，河堤美化达6.9公里。

水利水保　投入500余万元，整治山坪塘69口，其中5万~10万立方米山坪塘5口，维修养护山坪塘4口；新建集雨池101口、卫生井14口。投入129万元完成青桥村、辣坪村引水灌溉工程项目，整治输水渠道1239米，安装管网3759米；投入36万元，完成李家大沟引水入丁家槽水库，有效解决群众生产生活用水。

【生态文明】

大力实施生态文明建设及“河长制”工作。设立河（库）长24人，安装河（库）公示牌40块，为22条河库编制一河（库）一策，对河库100米范围内的住户登记造册形成一河一档。聘请河库保洁员35名，基本做到河库无白色垃圾，塘库无肥水养鱼。为村（社）添置垃圾箱25个，垃圾桶100个，基本做到垃圾“户分类、村收集、镇运输、区处理”的长效清运模式。整治整改汝溪河流域排污企业6个，其中关停养鸡场1个、颗粒塑料厂1个，整治规模养殖场3个、屠宰场1个。

（福禄镇）

石安镇

【概况】　石安镇位于梁平区东南边陲，与万州、忠县交界，紧邻318国道，省道S411穿镇而过，距梁平城区40公里、万州城区50公里。东邻万州分水镇，西接梁平柏家镇，南连梁平紫照镇、忠县汝溪镇，北靠梁平福禄镇。1949年12月建立石安乡，1966年改称先锋公社，1984年1月恢复乡的建制，改称石安乡。1992年撤区并乡，将原石安乡、联丰乡和紫龙乡的部分村合并为石安镇。辖区面积60.5平方公里，耕地1968.5公顷，林地3369公顷。辖区总户数6684户，总人口21579人，其中城镇人口3000余人，场镇面积0.91平方公里。镇辖荷叶、牌楼、龙坪、莲花、南溪、翟溪、骆马、里程、联丰等9个村67个村民小组，1个社区居委会4个居民小组。

全镇地势呈西北高、东南低走向，境内山、丘、坝兼有，以丘陵为主。全镇海拔221米—715米，是全区平均海拔最低的乡镇，里程村双河口海拔221米，是全区海拔最低点。境内气候温和，雨量充沛，年平均气温20℃左右，无霜期280天左右，正常年降雨量1200毫米左右。全镇农业发展以水稻、玉米、油菜、芝麻等为基础产业，以蜜蜂、柑橘、李子、蔬菜、笋竹等为特色产业。长江支流汝溪河蜿蜒穿镇而过，盛产野生鲶鱼。矿产资源有天然气、页岩气、河沙、页岩、石灰石和黏土等。全镇有小Ⅱ型水库5座，水厂2座，山坪塘200余口。公路里程230公里，其中硬化农村主道路100余公里、组级道路50余公里。

【经济发展】　2017年，实现生产总值25249万元，同比增长11.5%；完成固定资产投资22279万元（含上级各项投资）；社会消费品零售总额实现9340万元，同比增长14.46%；农村人均可支配收入13153元，同比增长12%，城镇常住居民人均可支配收入21348元，同比增长9.8%。

工业企业　石安天然气、页岩气富集，是梁平工业园区C区的重要节点。其他生产加工企业5个，区级农业龙头企业3个，微型企业50余户。

农业　采取“蜜源植物+蜜蜂”的发展模式，切实护好蜜源植物、建好中蜂选种繁育基地，全年补植蜜源植物12万余株，全镇养蜂量达7000余群，实现年产值2000多万元。采取“公司+基地+农户”的模式引进重庆上口佳农业开发有限公司在南溪村首期发展笋竹32公顷。推进农村改革，完成龙坪、牌楼、南溪、社区4个村（社区）量化确权工作，新发展新型经营主体2个（共21个），适度规模经营37.7公顷（共72.6公顷），用于发展李子、笋竹产业，组织6个新型经营主体完成适度规模经营项目，组织4个新型经营主体积极申报区切块资金项目。巩固农业基础，开展水稻病虫害统防统治试点66.7公顷，落实农机购置补贴82台，完成农产品检测室建设，全镇12家畜禽水产养殖大户、1家生猪屠宰点实现全程监管，全年免疫生猪4748头、犬504只，申报认证无公害农产品4个。

商贸　新增企业2个，个体户48个。梁平区佳芳蜂蜜销售有限公司成功申报为限上企业。目前全镇市场主体已发展到552个，其中个体户454户，内资企业85户、专业合作社13个、星级农家乐1户。

财政金融　2017年全镇实现财政收入1417.54万元。镇内农商行、邮政储蓄存款余额4.5亿元。

【社会发展】

科教文卫　2017年，投资300余万元，开工建设石安镇中学生宿舍及食堂。成功开展送文化下乡活动40场次，积极参加区第一届运动会，获得体育道德风尚奖。调换、修理直播天线、机顶盒568户。全镇现有中学1所，中心小学2所，村小2所，幼儿园1所，在校学生1500余人，专任教师100余人。有卫生院1个，设有内、外、康复、中医、放射、化验、心电图、B超、公共卫生服务等科室，专业卫生人员20人，乡村医生20余名，床位40余张，民营诊所5家，年诊疗30000余人次。

民生保障　全镇享受低保对象349户681人、特困供养124人；发放临时救助金60余万元、救助200余人，重建灾民倒房3户、残疾人建房3处；为53名优抚对象发放抚恤金70余万元；办理计生奖扶113人、计生家庭慰问47人；发放小额担保贴息贷款110万元；2017年合作医疗参保率达98.90%；新增城镇就业101人，劳务输出完成5800人，完成敬老院维修改造。整合资金163万元，新建骆马、牌楼便民服务中心，改建里程、荷叶便民服务中心，新建南溪村“三进”平台。落实“雪亮工程”，全镇新增12个监控点。

扶贫攻坚　积极开展精准扶贫精准脱贫“回头看”，完善贫困户“一户一档”和帮扶台账，以产业扶贫为主，向全镇建卡贫困户免费发放、栽种大垭柑1万余株，帮助15户贫困户和4户易返贫户发展山羊养殖，帮助6户贫困户和3户易返贫户发展土鸡养殖，同时落实贫困户社保、医疗、教育、住房、饮水、节日慰问、脱贫保险等配套政策，改造修缮建卡贫困户危房10户、一般农户危房2户。精准识别莲花7组为深度贫困组，制定了贫困组三年脱贫规划，整合资金30万元，统一栽植琯溪蜜柚15.4公顷，新挖产业公路3.5公里。

【基础设施】

场镇建设　完成污水处理厂二三级污水管网建设，修建泵站2个，新建步行便道5000米，安装了广场健身器材，建成“坝坝席”固定场地，整修公厕4座，建成并启用规范化农贸市场，完成河堤整治维修、场镇人行道改造和过境公路“白改黑”、龙湾停车场增扩。启动汝溪河场镇段拦河堰设计。开展环境卫生、市容秩序综合整治，配设5名市场管理人员、8名场镇清扫保洁人员，建立健全人员岗位职责和管理制度，基本实现场镇干净整洁、秩序井然。

水利交通 投资700余万元硬化或改（扩）建翟溪、荷叶、莲花、南溪等村农村公路29公里、便道5公里；投入70余万元整治石紫公路、石培公路及村级公路塌方、滑坡、阻断等公路安全隐患；投入340余万元，完成51口山坪塘整治，新建集雨池27口、卫生井12口；投入15万元，整治被冲毁严重的荷叶段河堤。

【生态环保】

为10个村（社区）配备专职保洁员，购置手推车等清扫保洁设施，加强对河道和公路等公共区域日常清扫保洁，完成农村生活垃圾治理，并通过验收。全面推行河长制度，8条河流71公里河道落实镇村两级河长20名，5座水库落实库长5名，建立九项河长制度，完成“一河（库）一策”方案编制，每月对河道进行清漂，整改（关闭）5家养殖场，汝溪河石安断面水质长期保持在Ⅱ类。完成石安砖厂关闭复垦和黄标车淘汰工作，集中除治莲花村10.7公顷松材线虫病，完成233.3公顷森林抚育和公益林管护。

【名胜旅游】

石安蜂蜜 “石安河蜂蜜”产自梁平区石安镇，这里地理环境和天然气候独特，蜜源丰富，早在明末清初石安人就开始养蜂采蜜，1983年引入西蜂，率先实行“公司+蜂农”的养蜂模式，目前规模化养殖已初步形成。2017年，石安镇按照“做强蜜源、做大蜂量”原则，补植蜜源植物12万余株，并开展养蜂研讨、观摩、培训，致力推进“蜜蜂之乡”建设。目前，已栽植蜜源植物8000余亩，建成重庆市唯一取得“种畜禽经营许可证”的西蜂良种繁育场和西蜂标准化养殖示范园以及中蜂选种繁育基地。全镇现有蜂业公司2户（其中县级蜂业龙头企业1个），蜂产品限上销售公司1家，养蜂专业合作社3个，蜂产品配送中心1个，商标2件，专利3项，养蜂微型企业和个体工商户30余户，蜂农600余户，年产值2000余万元。“石安河蜂蜜”有“槐花蜂蜜”“菜花蜂蜜”“荆条蜂蜜”“五倍子蜂蜜”“山花蜂蜜”等多种产品，营养丰富、味道纯正、质量优良、绿色环保，现远销到重庆主城、广州、福建、上海等全国各地。

石安麻竹 麻竹是笋材两用的优良经济竹种，兼具生产加工和休闲观光双重功能，竹叶、竹枝、竹笋都有用途。特别是竹笋是国内罕见的食用笋品种，营养丰富，味道鲜美，素有“岭南山珍”美称。石安镇平均海拔较低，环境优越，气候、温度等条件非常适宜麻竹生长。2007年，在联丰村成片发展麻竹种植20公顷。2017年，引进重庆上口佳农业开发有限公司采用“公司+基地+农户”的模式，在南溪村发展麻竹32公顷。从消费市场分析，随着人民生活水平的不断提高，竹笋的需求量将越来越大，麻竹产业必将成为石安农户增收的又一新兴支柱产业。

汝溪河（石安段） 汝溪河发源于东山南麓万州孙家槽，在万州分水流入梁平曲水乡三合村，经福禄、石安等镇在双河口出境流入忠县，汝溪河石安段全长15公里，有3条支流，河水清澈无污染，栖息着大量的土著鲶鱼及黄颡鱼、中华倒刺鲃等名优鱼类。沿河两岸村道、组道纵横交错，交通便捷，成片油菜花、槐树、乌柏、栾树、芝麻等可供观赏类蜜源植物广泛种植，其景色优美，生态良好，是垂钓、赏花、休闲的好去处。

（*石安镇*）

柏家镇

【概况】 柏家镇位于梁平区东南部，202省道（忠梁公路）横贯南北，东邻石安镇、紫照镇，西与蟠龙镇、大观镇、忠县石黄镇接壤，北与福禄、蟠龙两镇毗连，南通忠县官坝镇，距梁平城区28公里、忠县县城54公里。素有“梁平小西藏”之美誉。

1949年12月建立柏家乡，辖18个保，属蟠龙区。1950年5月划归城南区，辖18个行政村。1955年12月由三新、伍通两乡和龙峰、双河两乡各一部分划入柏家乡，属柏家区。1958 年 9 月建立柏家人民公社。1962 年 1 月从柏家公社分出双河公社；1966 年 9 月改称为红卫公社。1976 年 1 月又称柏家公社；1984 年 1 月恢复柏家乡建制；1992 年 10 月，撤区并乡建镇，龙江乡与柏家乡合并，建立柏家镇。

2017 年末，有在职职工 41 人，其中行政 21 人（含工勤人员 1 人），参公人员 3 人，事业单位 17 人。内设机构有党政办（含人大办）、社会事务办（计生办、民政办）、经发办、综治办、安监办、建管办、食药办、财政所、社保所、农业服务中心、村建服务中心、文化服务中心，以及工会、妇联、共青团等组织。现辖红卫湖社区和龙江社区 2 个社区居委会 15 个居民小组，中心村、三新村、龙峰村、白仙村、伍通村、桂花村 6 个村民委员会 69 个村民小组。辖区面积 62 平方公里，总户数 7268 户，总人口 22402 人。

柏家镇地理气候适宜，适宜山羊养殖和牧草生长。地貌属浅丘陵山区，海拔最低 298 米，最高 647 米。属亚热带季风气候，四季分明、气候温和、雨量充沛、日照偏少、湿度大、霜期短，年平均气温 18℃，年降水量 1634.5 毫米，无霜期 265 天～300 天，相对湿度 81%。林业用地 2433.3 公顷，其中退耕还林面积 809.3 公顷，荒山草场资源 1000 公顷，耕地面积 2574.1 公顷。

【经济发展】

2017 年，实现地区生产总值 3.63 亿元，同比增长 11.6%。固定资产投资 3.19 亿元，同比增长 16%。社会消费品零售总额达 1.16 亿元，同比增长 15.3%。财政收入 2073 万元，同比增长 20.3%。农村居民人均可支配收入达 14206 元，同比增长 12.1%。

农业　2017 年制订出台了全镇山羊特色产业发展奖补办法，推动山羊产业不断稳步向前发展，全年新发展山羊规模养殖大户 120 余户。全镇现有山羊养殖区级龙头企业 4 家，专业合作社 4 家，年存栏山羊 1.8 万余只、出栏 2.5 万余只，与四川农业大学合作建设山羊科研基地，发展电子商务，线上线下销售齐头并进。着力建设“东山片区十万只黑山羊基地”中心镇。集中流转土地 133.3 公顷，规模种植李子、柚子树 10 万余株，西瓜、分葱、辣椒、榨菜等 533.3 公顷。新发展经果林 200 公顷。指导水稻机插秧 20.2 公顷。完成农产品质量安全日常监管和“三品一标”申报等工作，成功申报认证无公害蔬菜 2 个。在龙峰村指导完成小麦农业部绿色高产高效创建示范片 133.3 公顷。减少化肥用量，推广“猪（羊、牛）—沼—果（粮、菜）”循环农业，实施农产品绿色认证，逐步创建高山生态蔬菜无公害生产基地。

工商业　2017 年，积极培育新型市场经营主体，新增个体私营经济 17 户、私营企业 10 个、专业合作社 1 个。积极发展“游、购、娱”为一体的休闲观光农业，有效推进生态经济产业化，产业经济生态化。

【重大项目】　投资 1300 万元的三新村土地整治项目全面完成，有效改善了全村沟、渠、路等基础设施条件，明显提升了村民生产生活质量。白仙村和龙江社区近 6000 名群众期盼已久的柏双公路扩宽工程现已进场施工，工程项目建设投资 1200 多万元，有望在 2018 年完工。投资 200 多万元的桂花村通客公路扩宽工程已经全面完工，防护栏安装工程基本完成，待区级验收合格后有望及早通客，有效解决中心村、桂花村、伍通村群众出行难的问题。2.1 公里的红卫湖环湖路基础工程全线贯通，场镇 3000 多居民观光休闲、健身锻炼终于有了理想去处，完成红卫湖拦坝坝顶公路维修养护工程。高标准完成山坪塘整治 64 口。硬化村组公路 9 公里，顺利完成“农村四好路”项目规划。有序推进柏家镇综合服务中心建设项目，完成了中心村 10 组征地养老保险申报工作。

【基础设施】

2017 年，不断完善场镇基础设施，提升场镇承载功能，投资 16.48 万元在场镇和龙峰村安装太阳能路灯40盏，基本实现了场镇建成区路灯全覆盖。投资50万元完成玉凰街人行道升级改造工程，完成场镇老街白改黑工程，顺利通过特色风情集镇建设验收工作。投资150余万元完成场镇内二三级污水管网建设，安装管网2公里，大幅提高了场镇污水收集率。大力推进农村人居环境综合整治工作，投资30余万元开展农村生活垃圾治理，聘请保洁员34人，投入垃圾箱89个，垃圾池5个，完成了4个村的农村生活垃圾治理区级验收工作。投资70余万元完成龙峰村美丽宜居示范村庄市级项目建设。积极申报三新村、中心村绿色村庄项目。三新村榨菜集散地建成并投入使用。加强违法建筑监管，督促场镇规划区范围内违建业主积极缴纳罚款及规费，完善土地使用手续，加大对农村建设用地的清理排查，采取有效措施杜绝新增违法建筑。完成农村D级危房改造7户，C级危房改造12户，组织人员全面核查清理辖区内存量危旧房并督促改造到位。配合区规划局完成了6个村1个社区的乡村规划工作。

【社会发展】

脱贫攻坚　坚持将精准扶贫工作当成农村工作头等大事来抓，以精准扶贫引领各项农村工作，助推农村集体经济发展、乡村振兴战略等在农村落地落实。整合扶贫资金53万余元，对363户1102人脱贫户和5户7人未脱贫户进行帮扶。一是继续抓好产业扶贫工作。坚持因地制宜，继续推行“一村一品”壮大村级产业，积极帮助各村找准产业发展方向，培育特色优势产业，投入资金100万元，用于改善市级贫困村和区级贫困组公路、人行便道等基础设施建设，助力其产业规模发展。二是继续抓好因户施策工作。针对行路难、饮水难、上学难、就医难、住房难、用电难、通信难、增收难等外因性贫困和因病、因残、因技等内因性贫困，因人因地施策，因致贫原因施策，因贫困类型施策，继续做好扶贫对象、项目安排、资金使用、帮扶措施、因村派人、脱贫成效“六个再精准”，不落下一村一户一人。三是进一步落实结对帮扶措施。在现有结对帮扶基础上，坚决不走过场，坚持群众不脱贫，干部不脱钩。进一步完善结对帮扶方案，充分发挥帮扶责任人帮扶作用，每月定期走访帮扶结对贫困户，每年帮助贫困户做1至2件实事，帮助贫困户真脱贫、脱真贫，持续巩固扶贫攻坚成果。

为民便民　投入110万元对三新村、龙江社区、白仙村、红卫湖社区4个便民服务中心进行改建和迁建，完善办公基础条件和公共服务配套设施，强化服务功能，提升窗口形象，连通“最后一公里”，真正做到为民、便民。

社会保障　累计参加城乡居民基本养老保险人数12385人，其中领取待遇的有4211人，完成户改人员参保39人；城镇新就业总人数239人，新增创业人数105人，城镇登记失业人员就业人数203人，其中“4050”就业困难人员就业75人，开发公益性岗位安置人数10人，发放创业扶持贷款310万元，较好地完成了全年医保筹资任务。

教育　不断增加教育事业投入，加大中小学基础设施建设保障力度，教育质量和校园环境明显改善。柏家中学荣获2016—2017学年度教育质量考核区一等奖、梁平区2016年度“家校共育·立德树人”工作先进集体，柏家小学、龙江完小皆荣获梁平区教学质量考核三等奖，柏家幼儿园荣获区教委综合考核一等奖。

卫生计生　2017年全镇新增国家奖励扶助对象57人，其中包括独生子家庭、独生女家庭、双女户家庭。符合照顾生育三孩户数4户，发放计生奖扶资金25万元。柏家卫生院与区中医院成功构建医疗联合体，全面借力区中医院的技术力量，让老百姓在柏家享受到更好的专家服务。家庭医生规范签约2663户8455人。对2000余名群众开展了免费生殖健康检查，乳腺癌、宫颈癌免费筛查共计600人，建立居民健康档案13917份，完善医疗报账制度，逐步解决老百姓看病难和报账难的问题。

民政救助　加强低保工作，按照应报尽保的

原则实行动态管理，全年共发放城市低保金22万元，发放农村低保金262万元。全镇共有23人次得到大额临时救助，累计发放大额临时救助金22.22万元。共有116人次得到小额临时救助，发放临时救助款近11万元，发放冬令春荒救灾款15.2万元，补助因灾倒房农户4户6万元。发放优抚金99万元。

文化体育　新建文化健身广场1340平方米，为群众健身提供了必要场所。共开展各种大型文艺活动3次，各项体育活动28次，发放各类宣传单1万多份，极大地丰富了群众业余生活，成功参加区首届全民运动会。

【生态环境】

乡风文明建设　持续用力全面推进以干净整洁为重点的乡风文明建设和农村生活垃圾治理，制定和实施镇村组干部包组包片的包干责任机制，坚持“周检查、月评比、季考核”，实时开展暗访督查、交叉检查，总结出发动群众“八步法”“五项三级评定办法”和“一池一坑两个桶、一分类二就地三转卖”垃圾分类办法，各村（社区）在10月底前通过村民民主决议制定村规民约，镇公共区域面源污染治理成效显著，庭院整治改观明显，镇村面貌不断净化美化，农村人居环境得到明显改善。

河长巡查　按照区河长办的要求，全面落实“一河一库一册”河长制，严格落实河长巡查制度，强化污染治理，河流水质常年达到Ⅱ类。

环境治理　做好全镇畜禽养殖企业、养殖大户排查，建好一户一档工作台账，完成了未批先建清理和黄标车淘汰任务。2017年全年检查企业20余次，畜禽养殖户60余次，下达整改通知书50余份，督查整改10余家养殖户，按时完成区环保局下达的3户整改任务。

森林保护　完成200公顷森林抚育工程，砍伐病死及自然灾害松树6482株，诱捕天牛6800多只，全力做好松材线虫病防控工作。（柏家镇）

大观镇

【概况】　大观镇位于梁平区东南部，距城区33公里，东邻柏家镇、西接铁门乡，南与忠县石黄镇、金鸡镇交界，北与蟠龙镇接壤。民国29年（1940年）设为大观乡，1958年改为公社，1983年复置乡建制，1992年改为建制镇。2017年辖新路、大观、梅花、庙坝、桐岩、大兴等6个村民委员会44个村民小组，观音岩、安乐、千福3个居民委员会25个居民小组。

2017年，全镇辖区总面积53.2平方公里，总户数6552户，总人口18149人，其中农业人口10295人，非农业人口7854人。

大观镇地形以山区为主，有少量丘陵，西北部横亘着一座与梁平东山平行、延绵30多公里的外山，海拔700米；东南部横着一条石岩高岭，与外山平行，海拔300多米。境内的黄金河与它的几条支流，流经全境，气候属亚热带季风气候，春温不稳定，初夏多阴雨，盛夏炎热，年均降雨量1400毫米，年平均温度17℃。

【经济发展】

2017年，实现地区生产总值31274万元，同比增长（下同）6.9%；工业增加值1519万元，增长17.9%；社会消费品零售总额9502万元，增长17%；城镇、农村常住居民人均可支配收入分别为20581元、13237元，增长10%、12%。

农业　2017年，全镇农业总产值20504万元，其中农业11235万元，林业730万元，牧业7830万元，渔业425万元，农林牧渔服务业284万元。农作物总播种面积4692公顷，以种植水稻、玉米、高粱、蔬菜为主。将梁平柚作为全镇产业发展重点，实施全程社会化服务86.7公顷，持续做好23.3公顷标准化柚园、20公顷梁山柚示范基地建设，实施“柚—菊”“柚—菜”“柚—鸡”融合发展新模式，探索无公害绿色柚园建设；在梁平区2017年第九届采柚节柚王评比中，取得“柚王”三等奖；成功举办首届采柚节，吸引湖北、重庆、万州、忠县等地客商300余人现场采摘或网上选购，带动大观老白干、葛根粉及绿色土特产销售。依托双桂田园旅游景区，结合清凉洞汽车露营基地，发展杭白菊种植500亩，高山错季蔬菜66.7公顷，建设农家乐2家，探索观光、体验农业园建设，推进一、二、三产业融合发展。全镇养殖业以肉牛、山羊、生猪为主，有农民合作社15个，设施农业占地3公顷，耕地流转321公顷，种植大户28户，畜禽养殖大户43户，家庭农场9个。全镇年出栏肉牛1123头，山羊4865只，生猪38259头，家禽18.65万只。加强天然林资源保护，加大绿化造林抚育力度，在黄金河道新植景观树1000余株，完成新一轮退耕还林217.3公顷；做好松材线虫病防控工作，全镇除治枯死松树2526株，在全镇松树林挂放诱捕器140个，有效控制疫情。

工商业　2017年，实现工业总产值13420万元。以白酒生产为主，“大观白酒”香醇可口，闻名遐迩，全镇共有白酒生产作坊5个。全镇商贸发达，有大观、安乐、千福3个场镇，农贸市场2处；积极响应“互联网+”发展模式，大力发展电子商务，并自主发展农产品淘宝店铺4家，开展农产品试点网上营销开展网上代购和网订店取的新模式，销售额达到16万元。

财政金融　2017年，实现财政收入1331.85万元。全镇设有金融分支机构3个，境内金融机构各类存款余额4.23亿元。

【社会发展】

文化体育　2017年全镇有重庆市三级综合文化站1个，村居文化活动中心9处，各类图书室9个，藏书3.5万余册，民间乐队6个，音乐、美术、书法、摄影及文学业余创作人员30余人。开展送文化下乡、法律政策宣传等20余次，免费开放文化娱乐、健身场所5处，组织50余名运动员参加区首届运动会，取得优异成绩。

教育教学　全镇有中心校1个，完小1所，基点校1个，共有在校学生916人。有幼儿园7所，在园幼儿348人。全镇有专任教师80名。小学适龄儿童入学率、初中适龄人口入学率、九年义务教育覆盖率均达到100%。

医疗卫生　全镇现有卫生院1个、村级卫生室8个，专业卫生从业人员19名，乡村医生共19名，床位18张。2017年收治住院病人960人次，门诊诊治7000余人次，全年医疗业务收入150万元，开展卫生下乡服务活动24次，免费发放常见病预防药品1万元，为建卡贫困户、低保、五保、特殊困难等人群减免医疗费用1万余元；免费为群众提供12大类48小项目的公共卫生服务，完成65岁以上老年人健康体检1650人，高血压规范管理823人，糖尿病规范管理376人，重性精神疾病管理75人。

社会保障　2017年，全镇参加新型农村合作医疗15781人，城乡居民养老保险8219人；组织开展各类就业培训8次，新增富余就业再就业433人，审批小额担保贷款150万元；全镇遭受6·5、7·20、9·18等暴雨洪涝灾害，受理群众困难申请481份，发放过渡性生活费10.8万元，城镇最低生活保障40户56人，发放最低生活保障金28.1万元；农村最低生活保障219户379人，发放最低生活保障金116.58万元；国家抚恤、补助各类优抚对象119人；完成灾民倒房重建5户，残疾人建房9户；残疾人实用技术培训100人，建成微型李子园100个；积极开展“孝老安康”工程，完成60岁以上老人意外投险投保828人；有敬老院1家，床位50张，收养农村五保人员26人，农村散居人员118人；计生奖扶申报48人，申报资助农村独生女上大学助学金1人，4000元；孕优检查91人，孕期唐氏综合征筛查83人，补贴农村计划生育家庭参合资金535人，参加城乡居民养老保险的增发基本养老金267人。

乡风文明建设　以“干净整洁”为抓手，组建党员干部、巾帼“半边天”、党代表人大代表、产业大户、保洁员、志愿者等六支队伍；开展巾帼白手帕活动、小手拉大手系列活动、党员干部互助活动、乡风文明“一堂课”活动、百日清扫大行动、人大代表视察等六项活动；建立评比表彰、村规民约、清扫保洁、督查约谈、曝光通报、民调满意度测评等六项机制，扎实推进乡风文明建设工作。

平安建设　严格落实安全生产工作责任，深入开展专项整治，强化道路交通、烟花爆竹、建筑、食品药品、校园等领域安全监管，全年安全检查345次，巡查89次，排查出安全隐患156条，整改治理156条，整改治理率100%；开展食品安全示范城市创建工作，办理食品经营许可证14家、小作坊备案登记9家，完成抽样任务15个、快检60份；协调处理各类矛盾纠纷80余起、群众来信来访200余件，2017年民意调查全区排名第10位，群工系统事项办结率100%；认真贯彻党政主要负责人履行推进法治建设第一责任人职责，全镇共开展“七五”普法集中宣传3次，组织镇、村干部参加法治理论考试1次，聘请法律顾问1名，严格执行行政执法人员持证上岗，协助群众申请法律援助2件。

扶贫攻坚　调整扶贫开发领导小组，建立梁平柚产业扶贫长效机制；资助合作医疗参保，对新增建卡贫困户进行免费体检，发放教育资助金8.08万元，纳入农村低保103人，发放慰问品、慰问金共计15万元；举办就业培训3期，培训农户300余人，鼓励引导外出创业、就业500余人。严格按照“一达标、两不愁、三保障”基本原则，按照“八步、两评议两公示一比对一公告”的流程，全镇共精准识别档外贫困户4户10人，稳定脱贫标注42户148人。

【基础设施】

2017年，在庙坝村开展低压电网改造，硬化村级公路2.8公里，集中养护公路61公里，整治山坪塘64口，完成梅花桥修建工程；实施天然气安装320户，拆除大观、安乐街道违规搭建遮阳棚451个，规范化建设农村宴席场地2处，修建卫生公厕2个。严格落实河长制，建立“一河一策”档案，关闭养殖场5家，推进农村面源污染防治，建立固体废物和垃圾处理清扫转运保洁制度，定期开展场镇黄金河道漂浮物清理及清淤工作。

【名胜旅游】

2017年，引进梁平县大观镇清凉洞农业旅游发展有限公司投资2000万元在安乐社区打造集休闲娱乐、避暑度假、观光踏青于一体的汽车露营基地，占地133.3公顷。基地紧接双桂堂、滑石古寨两个景区，毗邻“二环路”，平均海拔约814米，一期汽车房车露营项目正在建设，包括综合娱乐休憩、服务接待、特色森林木屋等七个功能区，已完成基础设施建设，进入试运营阶段。

【重点工程】

污水管网修复工程　筹资300余万元，新建污水泵站一个，修复大观场镇二三级管网，并移交环投公司正常运行。

场镇路面油化工程　投资90余万元，完成大观场镇沥青路改造2公里。（大观镇）

竹山镇

【概况】　竹山镇地处梁平区西部，位于百里竹海风景名胜区腹地。东邻新盛镇、龙门镇、明达镇、礼让镇、聚奎镇；西连袁驿镇、七星镇；南靠屏锦镇，北接龙胜乡。竹山镇人民政府所在地位于竹山镇安丰社区文家坝，距梁平区城30公里、渝宜高速20公里、南大梁高速10公里、达万铁路梁平站35公里、万州港110公里。

民国初置丰胜乡，民国30年（1941年）改安丰乡，1950年更名下安丰乡，1958年改公社，1983年置乡。1992年撤区并乡建镇时，竹山镇由原竹山区的上安丰乡和下安丰乡合并而成。2017年，辖安丰社区、竹丰社区、正直社区、猎神社区等4个居民委员会和大塘村、邵沟村、正和村等3个村民委员会，下设31个村（居）民小组。

2017年全镇总人口7988人，其中农业人口6950人，非农业人口1038人；男性4092人，占总人口的51.22%；人口出生率7.89‰，死亡率5.38‰，人口自然增长率2.51‰。辖区面积49.39平方公里，其中陆地面积48.39平方公里，占总辖区面积的97.9%；水域面积1平方公里，占总辖区面积的2.1%。人口密度为每平方公里161人。辖区东西最大距离6千米，南北最大距离16.4千米。

地处山地，地势陡峭，地形属背斜低山。主要山脉有明月山脉，境内最高峰位于竹丰村与猎神村交界处的大石头山，海拔1100米，最低点位于邵沟村境内的邵新纸厂，海拔600米。

气候属四川盆地暖湿亚热带季风气候区，年平均气温12℃～16℃，年降雨量1300毫米，气候温和，四季分明，雨量充沛，湿度较大，春季气温不稳定，初夏多阴雨，盛夏凉爽，冬季有雪，生态环境较好，蓄水量、释氧量极高。

森林覆盖率达92%，以竹为主，有成片竹林3000公顷，竹种有寿竹、毛金竹、大琴丝竹、伞把竹、慈竹、罗汉竹、紫竹、黑水竹、苦竹、刺黑竹、八月竹、三月竹、月月竹等竹类品种37个。伴生植物丰富，有灯台、杉木、青杠、映山红等常见木、灌；有山藕、鱼腥草、水黄莲、天麻、蝉花、山茶等珍贵药材；有苦菜、蕨菜、狗棒、野李子、野樱桃等野果；还有红豆杉、三尖篦子杉、实心夹叶方竹等30余种珍稀植物和名木古树。鸟类有代胜（珍稀鸟类）、黑鹤、啄木鸟、喜鹊、斑鸠等；兽类有狐狸、黄鼠狼、蛇、麂（野山羊）等。矿产资源有石膏、煤、石灰石、硅锰等。

【经济发展】

2017年全镇实现地区生产总值7.47亿元，增长19.79%。固定资产投资2.31亿元，增长38.61%；工业总产值3.53亿元，增长14.76%（其中规模以上企业生产总值2.71亿元）；实现社会消费品零售总额5792万元，地方财政收入1215.96万元，农民人均纯收入15112元，增长11.41%。

农业　耕地面积287.3公顷。2017年农业总产值8194万元，同比增长7.5%。确保粮食播种面积268.7公顷，其中水稻114公顷，玉米154.7公顷。实现机耕100公顷、机插10公顷，机收达100公顷。畜牧业以家禽、生猪为主，2017年生猪出栏0.12万头，年末存栏0.165万头；家禽存栏3.5万羽，出栏1.88万羽。

林业　林业面积4066.7公顷，其中成片竹林面积3000公顷。竹类品种达37个，优质竹储蓄量达100万吨，年产竹材2万余吨、竹笋500余吨。2017年实现林业总产值5441万元。巩固历年低效竹林改造成果1333.3公顷，新增低改面积400公顷。完成李家湾、天星塘、艾叶沟等重点区域寿竹示范林清林除杂166.7公顷，退耕还林26.7公顷。落实14名公益林管护人员，管护面积达3540.1公顷。

工业　镇内有竹制品加工企业5家、硅锰合金企业1家。关闭煤矿1家、石膏矿企业2家、碎石厂1家。有重庆惠成竹制品有限公司、梁平区瑞升电化有限公司等2家规模以上企业。现有农民专业合作社19家、微型企业39家。2017年实现工业总产值3.53亿元。

商业外贸　以旅游、笋竹商贸、餐饮服务等为主的第三产业快速发展，成为镇域经济的重要组成部分。创建竹海人家微企创业园，发展培育竹家乐35家。2017年实现社会消费品零售总额5792元，第三产业总产值达8106万元，同比上年增长10.99%。

财政金融　2017年财政收入1215.96万元，固定资产投资2.31亿元。全镇设有重庆市农村商业银行、邮政储蓄2个金融分支机构。

【社会发展】

文化艺术　有文化服务中心1个，村级文化活动中心7处，公共图书室2个，农家书屋7个，共藏书33500册。新建文化活动广场1个，送文化下乡文艺演出14场次、电影下乡28场次。

教育　设中心幼儿园1所、村办幼儿园4所，在园幼儿58人，专任教师5人；小学1所，在校生181人，专任教师24人。2017年财政预算内小学教育经费达670万元，小学适龄儿童入学率、初中适龄人口入学率、小升初升学率、九年义务教育覆盖率均达100%。

卫生体育　2017年有镇村医疗卫生机构5个；病床10张，每千人拥有医疗床位1张，专业卫生技术人员10人，其中执业助理医师4人，中医医师1人，注册护士4人，平均每千人拥有卫生技术人员1人，完成诊疗0.59万人次，新型农村合作医疗参保100%，居民率达100%。启动镇中心卫生院改（扩）建项目。农村安全饮用水普及率100%。人口平均期望寿命78.2岁，其中男性77.5岁，女性79.8岁。2017年成功申报农体工程3个，现已投入使用，组织人员参加梁平区第一届运动会。

广播电视　2017年广播电视直播卫星“户户通”设备累计用户达700户，有线电视用户达500余户，电视广播覆盖率100%。

社会保障　2017年城镇最低生活保障户数23户29人；农村最低生活保障户数139户251人；向民政局申请救助300余户，发放救助金20余万元。农村五保分散供养18户18人，国家抚恤、补助各类优抚对象64人，发放各类资金43万余元。2017年，城乡居民养老保险参保4122人，城乡居保享受待遇1315人，职工养老保险享受待遇475人。城乡居民医疗保险人员7064人，应缴费128.727万元，其中民政资助72720元、计生资助21070元，实缴119.348万元。市外门诊住院报销近10万元，办理特病证45张。2017年新增国家奖扶16人，退出6人，新增农村独生子女四级伤残奖励2人，累计申报计划生育国家特别扶助6人，国家奖励扶助136人。

【基础设施】

交通设施建设　天竹路、袁竹路、彭竹路等35公里干线公路建设基本成形，天星塘环道、场镇环道、竹丰湖环道等13条26.19公里支线连接道路建设基本完成。启动竹山场镇游客集散中心和东坡入口、双河口游客服务中心停车场建设。

景区建设　百里竹海景区进一步明晰了“百里竹海·康寿福地”的景区定位，确定了“一年成景、三年成形、五年成区”的总体目标。推动景区水电气视信路建设。按照景区建设“5+2”的模式，加快推进观音洞景区、天星塘景区、茶花岭景区、大梨坝景区、竹海之门景区、梦溪湉园景区、竹海小镇等重点景区的建设。成功举办“百里欢锅·竹海鼎沸”冬季旅游活动。整合资金300万元，推动47家竹家乐提档升级。引进3家工商、社会资本参与景区建设发展。

村镇建设　推动竹山场镇建设，建成场镇道路体系，完成场镇风貌改造和二三级污水管网建设，推进停车场、公厕、路灯、人行道、雨污管网、自来水、天然气、商业网点、休闲广场等配套服务设施建设。完成大中型水库移民避险解困集中安置点、猎神毓寿苑新农村三期建设，并实现入驻。

生态环境整治　全面推进河长制工作，对辖区内河库水系进行梳理，设立镇级村级河长23名，各级河长利用巡河APP开展河道巡查。完成7个集中居民点的污水处理设施建设以及22公里管网铺装。率先对全镇5个重点区域进行“五改一治”（即改厨、改厕、改室、改院、改舍、治污），实施猎神新农村、大塘洞湾庭院空间打造和竹山场镇、三蹬坡片区风貌改造。完善农村垃圾收运体系，农村垃圾收运实现全覆盖。完成三蹬坡至场镇5公里河道整理工程。

水电气视讯设施建设　完成81公里自来水、天然气主管网铺装，启动26个通信铁塔建设，完善公路沿线、重点景区景点公厕、微地形、绿化带、停车带、保洁设施、导识系统的规划选址建设。

邮政电信　镇内有邮政网点1个，投递路线单程总长度42千米，投递点7个，乡村通邮率100%。

【名胜旅游】

百里竹海　百里竹海景区是国家西部三个重要的以“竹”文化为特色的风景名胜区，拥有

12000 公顷成片竹林，竹种质资源十分丰富，其中以寿竹种植面积最广，有“中国寿竹之乡”的美誉。景区自然景观、人文景观与“竹文化”兼有，集竹林、山水、人文于一体，融“雄、奇、险、秀、幽、绝”于一域。百里竹海风景名胜区的负氧离子含量平均值为每立方厘米 5700 个，为世界卫生组织公布的清新空气负氧离子标准浓度的 5 倍。同时，空气颗粒物含量较低，达到优级空气标准。2015 年，入选全国首批 38 个“森林氧吧”。

观音洞　观音洞系百里竹海重要的人文自然景观之一，悬于陡峭石壁之上，寺庙建在溶洞厅内，与山峦融为一体。“洞庙”自然古朴，香火旺盛，洞顶支支石笋倒悬，大的 1 米以上，粗如木桶，小的仅长 30 厘米 ~ 40 厘米。对面山峰的灰色绝壁上有一小石洞，洞口森森，形状恰似一只鹞鹰站立。观音洞旁常年郁郁葱葱、青翠欲滴，涓涓细流玉洁晶莹、清纯甘冽，四季不干。相传观音洞寺庙由唐朝末期 3 名削发为僧的武士所建。近年，到观音洞拜佛、休闲观光的人络绎不绝，香火越来越旺。2017 年年底，启动了观音洞景区升级改造，力争创建国家 AAAA 级景区。

竹丰湖　竹丰湖横卧百里竹海腹心，海拔 685.5 米，是 1975 年开凿初建的一个人工湖，整个湖面呈 V 字状，湖面最大面积可达 89.5 公顷，总容量达 1385 万立方米，平均水深 16 米，最深处 30 米。竹丰湖集秀、奇、幽、雅于一体，四周群山环抱，竹木苍翠，竹海倒映，湖山一色，浑然天成，漫游其中，犹若“飘飘乎遗世而独立，羽化而登仙”。

天星塘　“百里竹海天星塘，奇松怪石飘竹香，人间仙境随处在，云游巴渝美名扬”，有次原始森林之说，总面积 93.3 公顷。山下段翠竹苍苍，山上半段树藤缠绕，景区内即竹影婆娑，又古树参天，怪石嶙峋，树抱石、藤缠树等奇特景观比比皆是，有红豆杉、黄檀、实心狭叶方竹等多种名木古树，景色极其壮美。　（竹山镇）

屏锦镇

【概况】　屏锦镇历史悠久，始建于明正德八年（1513 年），以“山水如屏，形色似锦”而名，始称“屏锦铺”，后名“红石梁”。1992 年 10 月撤区建镇，2003 年 7 月，原屏锦镇与七桥镇合并建立屏锦镇。现位于梁平区西南部，地处国道 318 线、243 线交会处。东临聚奎镇、和林镇，西接七星镇、大竹县，南毗回龙镇、荫平镇，北壤竹山镇；距梁平城区 26 公里、渝宜高速公路 16 公里、达万铁路梁平站 30 公里、万州港 90 公里。镇域辖区面积 102.11 平方公里，城镇建成区面积 3.07 平方公里，耕地面积 2647 公顷，荒山、林地 6.08 公顷，退耕还林面积 532.6 公顷，森林覆盖率达 33.3%。全镇辖 16 个村、5 个社区，186 个村（居）民小组，2017 年户籍人口 6.8 万人。

文化底蕴厚重，是著名的“笋竹之乡”和文化部授予的“文化艺术之乡”，是国家级非物质文化遗产·梁平木版年画传承基地，是全国重点镇和重庆市首批市级中心镇，是市级经济百强镇、商贸中心镇、小城镇建设试点镇，2017 年成功入选重庆市特色小镇，是梁平区经济社会发展的副中心和重要的经济增长极。

自然资源丰富，森林面积 4000 公顷，竹林 2000 公顷，天然气、煤炭、高岭土、石膏矿、铁矿储量丰富。其中天然气是大天池特大气田腹心地带，已建输气配气站 2 座，开发出天然气井 9 口；石膏矿是西南地区储量最大的镇之一。

【经济发展】

2017 年，全镇以习近平新时代中国特色社会主义思想为指导，以“竹韵小镇·山水屏锦”建设为主线，突出“新兴产业培育、特色小镇建设”两大主要任务，扎实推进“产业结构调整、场镇建管提质、农村改革深化、文旅融合发展、民生实事改善、社会安全稳定”六项重点工作，镇域经济转型发展实现成功破题，各项经济指标保持平稳健康增长。全镇地区生产总值达16.41亿元、同比增长（下同）11.6%。财政一般预算总收入4234万元，增长12.4%。全社会固定资产投资6.7亿元，增长10.8%。实现社会消费品零售总额9.4亿元，增长10.3%。城镇、农村常住居民人均可支配收入分别达29533元、15719元。

现代农业　继续深化农村改革，建立健全新型农业经营体系，开展农村承包土地“三权分置”试点，“农村土地承包经营权有偿退出、农业生产全程社会化服务、土地流转”三大体系建设。全镇19个村（社区）163个小组全面完成农村集体产权制度改革工作，办理土地经营权证3个；万年社区60户集中连片土地1.5公顷成功退出。以万年、和睦、湖洋为中心，规划建设千担坝万亩现代农业观光园，投资2500万元修建高效节水灌溉设施、薄膜玻璃连栋温室、产业大道。按照“大企业引领、中小企业支撑、合作社为依托、家庭农场和职业农民为基础”的思路，培育新型经营主体，引进业主流转土地73.3公顷，从事紫淮山、特色柑橘等特色种植；出台规模化经营奖励扶持政策，对符合条件的4家农业经营主体兑现奖扶资金8万余元，与重庆银行合作，为30余家农业经营主体申请贷款700余万元。

新型工业　深化供给侧改革要求，9家烟花爆竹生产企业、17家非煤矿山企业全面退出，以烟花爆竹、石膏建材为支柱的产业局面彻底改变。2017年，全镇把招商引资作为头等大事，成立招商引资专班，深挖竹资源、非遗文化资源、旅游资源特色，充分利用原石油开发小区整体移交、烟花爆竹转型升级空置土地厂房等有利条件，加大招商引资力度，成功引进瑞海竹艺、雪莱纺织、江苏畅游体育、富野竹笋加工、紫淮山加工、无花果加工、海石物流等企业10家，意向投资项目7个。鼓励烟花爆竹、非煤矿山企业业主转型创新发展，扶持添生晶农业开发公司、万亩生态出口花椒基地、庆德电子加工等一批企业，竹产业成功破题，食品加工产业园初具规模，产业转型成效初现。

商贸旅游　2017年，有农村淘宝腾讯微商、京东店铺、微信公众号、邮政农村电子商务服务站点40家，其中“三进”（电子商务进村，农资超市进村，金融网点进村）试点村3个，从业人员80余人，全年销售额300余万元；组织全镇电商人员，参加区商务局组织的电子商务培训达10次以上。屏锦钟狗儿卤菜在全区民间菜美食评选活动中，获得梁平特色民间休闲食品称呼。蝴蝶谷、明月湖、天宝山纳入梁平区百里竹海风景区重点开发打造，天宝山风景区还被评为全国森林康养基地试点。

【社会发展】

基础教育　有小学3所、中学2所（初级中学、完全中学各1所），在职教职工500余人、中小学在校学生6000余人；幼儿园15所，在园幼儿2000余人。小学适龄儿童入学率、初中适龄人口入学率、九年义务教育覆盖率均达100%。

医疗卫生　有一级甲等医院（梁平区第二人民医院）1所，村级标准化卫生室13个，共有病床140张，医护人员160人（其中，主任医师2名、副主任医师2名、副主任护师4名、高级职称9人）。梁平区第二人民医院2017年被中国农村卫生协会授予“全国百佳乡镇卫生院”称号。

社会保障　2017年全镇征缴居民养老保险基金661万元，发放救助金、优抚对象抚恤金、生活补助等332.8万元，分配保障性住房388套。提供就业岗位877个，新增城镇就业人数1156人，城镇登记失业人员就业再就业390人，城镇登记失业率控制在3.6%以内。举办竹编培训班、电商培训班和农业实用技术培训班5期，承办为期一个月的市竹编工艺培训班、选聘人才到四川青神县带薪学习竹编，培育竹产业专业人才50名，提高农村失业人员就业能力。

文化体育　组建43支宣讲队深入村（社区）、镇属及驻镇单位、企业，全覆盖开展十九大精神宣讲，举办节庆文艺演出和乡风文明、三城同创、十九大精神文艺演出进村（社区）等系列活动。开展数字电视入户活动，2017 年新增数字电视用户 1200 余户，宽带用户 750 余户。组织 117 名运动员参加梁平区首届运动会，取得女子队足球、青少年组 100 米、跳远第一名，男子队足球第二名，青少年组 800 米、400 米第三名的佳绩。

扶贫攻坚　针对未脱贫的 57 户 158 名贫困人口，落实“一户一策”帮扶措施，投入扶贫资金 51.133 万元，为建卡贫困户购买人身意外保险，制定产业帮扶等帮扶措施。投入 70 余万元，为桂湾村 7 组（深度贫困组）新建主干道路 710 米、入户便道 659 米、人行便道 334 米，种植“大雅”柑橘 10.7 公顷、12000 余株，为 11 户贫困户和低保户安装自来水管网。

平安建设　深入开展开门接访、带案下访活动，依法处置违法信访，积极化解信访积案，处理上级交办来信、来访和信访代理件 62 件，办结率 100%。积极开展社区戒毒和社区康复工作，报到率 100%。大力开展安全生产“大排查、大整治、大执法”行动，全年共开展烟花爆竹零售网点、非煤矿山、已关闭煤矿、危化品企业巡查 537 次，排查出各类安全隐患 326 项，整改安全隐患 317 项，整改率 98%，实现全年安全生产死亡事故“零目标”。2017 年，被评为重庆市安全生产先进集体。

【基础设施】

场镇建设　实施原七桥场镇人行步道改造、弱电下地、路灯更换、行道树补植工程，铺设 3 条供水主管道 20 公里，完成场镇近 8000 户水表改造。邀请专业设计单位启动场镇风貌专项设计，更换七桥片区太阳能路灯 180 余盏，重新铺装人行道面砖 3.1 万平方米，铺设污水管网 4.3 公里、弱电管网 5.6 公里，新植丹桂、金桂 1500 余株，对七屏公园进行升级改造，着力打造整洁靓丽的特色风情集镇。

乡村建设　以“干净整洁”为抓手，深入推进乡风文明建设，每季度在区级片区督查中均名列第一，农村公共区域白色垃圾基本消除，群众爱干净、讲文明意识大幅提高。继续推进 D 级危房建设，发放 D 级危房补助资金 161.85 万元。全面完成天宝山农村居民点水、电、气配套，群众生产生活条件日益改善。

道路交通　硬化桂湾村、明月村等村公路 9.2 公里，实现全镇通村通畅率达 100%，农村公路硬化率达 70%。扩建七涧河两岸产业大道 4.6 公里，新建楠木、芋禾等村生产便道 23.5 公里，进一步改善农业生产设施。

水利设施　投入资金 142 万元，完成 27 口山坪塘整治，新增、恢复蓄水能力 8.68 万立方米，恢复灌溉面积 43.6 公顷。（屏锦镇）

回　龙　镇

【概况】　回龙镇位于梁平区西南部，东与荫平镇接壤，南连垫江县，西邻四川大竹县，北与屏锦镇相邻，距梁平城区 38 公里，距重庆主城区 148 公里。

民国 31 年（1942 年）称文峰乡，1949 年 12 月隶属屏锦区，辖 16 个保。1951 年将 16 个保改为 16 个村。1953 年 7 月，将文峰乡划分为回龙、寒岭、白河、杨柳 4 个小乡。1955 年 12 月，将 4 个小乡合并为回龙乡。1958 年 9 月改建回龙公社。1966 年 9 月改名葵花公社，1976 年 1 月又称回龙公社，1992 年 10 月，将回龙、杨柳、青杠 3 个乡合并，建立回龙镇。2016 年 8 月撤销回龙镇杨柳村、安居村，设立回龙镇杨柳社区、安居社区。2016 年 12 月，梁平撤县设区，梁平县回龙镇人民政府改为重庆市梁平区回龙镇人民政府。2016 年辖八一、青杠、山河、民胜、回龙、红星、天福、双龙、兴农、清平、云阳、鹞子、寒岭 13 个村委会 93 个村民小组，3 个社区居委会 13 个居民小组。

2017 年辖区户籍总人口 44681 人，男性 24085 人，占 53.9%，女性 20596 人，占 46.1%。乡村人口 27055 人，城镇人口 17626 人。全镇幅员 89.5 平方公里，人口密度为每平方公里 499 人。

回龙镇大部分为丘陵，东西两边高，中间稍微低。海拔432米~1064米。气候属亚热带季风气候区域，具有气候温暖、四季分明的特点，年平均气温16.5摄氏度，年降雨量1100毫米，无霜期为240天。降雨多集中在夏季，冬季较少。间有伏旱每年20~40天。

【经济发展】

2017年全镇地区生产总值达到6.59亿元；工业总产值达到9.49亿元，其中规模工业产值达到6.98亿元，固定投资3.05亿元，其中工业投资1.12亿元。农业生产总值达到2.78亿元，农村、城镇常住居民人均可支配收入分别达14785元、24965元，增长14.1%、12.5%；实现社会消费品零售总额3.37亿元，增长14.4%；银行存款余额7.64亿元，增长13%。经济和社会发展质量呈现稳中向好态势。

农业　大力发展特色农业，新增花椒种植133.3公顷，全镇花椒种植面积达400公顷，投产达效133.3公顷，莲藕、柚子（柑橘）产业基地稳步推进，10万只全自动蛋鸡现代养殖基地全年产值达1500万元。水稻育秧、机插、统防和机收等环节的水稻全程社会化服务200公顷。

工业　加快特色工业培育，继续服务好海螺水泥，确保其稳定生产和不断扩产拓能，全年实现总产值5.31亿元，税收5407万元；进一步促进小微企业向大中型企业成长，扶持萱恒电子科技做大做强，积极申报规上企业；鼓励企业加大科技投入，全年新申报专利7件，新增重庆名牌产品2个，新增科技型企业2家；大力发展小微企，全年新增企业主体41家，新增个体工商户163个。完成招商引资协议资金0.85亿元。关闭污染严重、产能过剩企业6家，其中烧结砖厂1家，煤矿1家，非煤矿山4家。

商贸　加强商贸市场主体培育。鼓励限下转限上，个体转企业，积极引导重庆雨中晴商贸有限公司和重庆鲜又香商贸有限公司申报限额以上企业。以花果山农家乐、双龙生态园为龙头，依托特色农业优势和自然资源，积极探索以特色经济作物种植加工、农村文化旅游为主体，将现代农业与旅游观光进行有机结合，深入推进“特色农业+乡村旅游”融合发展道路。

财政　2017年全镇财政一般公共预算收入2280.6万元，财政总支出2280.6万元，当年实现了财政收支平衡，消化历年累计赤字153.2万元。

【社会发展】

文化艺术　文化事业蓬勃发展，完成7个村农体工程修建；积极组织参加区首届运动会、区2017“体彩杯”新春拔河比赛、癞子锣鼓抢彩等活动，均取得了较好成绩；开展送文化下乡活动，进村播放电影148场，完成“三城同创”暨送文艺进村演出15场。

教育　辖小学3所，现有教学班55个，学生2269名，教职工近140人；辖初中一所，教学班24个，学生1091名，教职工80余人。2017年辖区高考一本升学率占总人口的1.45‰，教育水平持续提升。

人口　2017年全镇办理一二孩生育服务登记275个，办理再生育服务证10个，新增享受国家计生奖扶32人。

社会保障　新增城乡居民养老保险320人，办理特殊疾病医疗优惠证620人，医保卡换发2630人，2018年城乡居民合作医疗保险参保率100%。发放各类优抚对象补助资金300余万元，大额临时救助136人，小额临时救助72人，低保动态变动115人次。深化精准脱贫，稳定脱贫3户5人，大力发展花椒等特色产业，巩固提升434户1072人脱贫成效，顺利实现4户15人脱贫。实施农村危旧房改造43户，拆除在建违法建筑2处450平方米。

【基础设施】

场镇建设　改造完成场镇公共厕所2座，启动实施场镇河流4.38公里的整治改造工程，启动场镇过境公路、路灯等基础设施建设的规划、设计等前期工作，开展了场镇的集中整治，并形成常态机制，较好地解决了乱堆乱码、乱停乱放、乱摆摊点等问题，进一步扮靓了场镇环境。有序推进场镇二三级管网完善工程，新增场镇二级管网1.25公里、入户支管2公里，力争场镇污水收集率达100%。

美丽乡村建设　持续实施“碧水、蓝天、绿地、田园、宁静”为主题的环保“五大行动”，农村人居环境明显改善。大力推进乡风文明建设。召开以乡风文明为主题的院坝会300余场次，宣传发动群众近2万人次，全镇群众对乡风文明建设工作知晓率、认同感达100%；充分发挥镇机关、企事业单位、便民服务中心的组织优势，通过党员干部带动周边、村民代表带动邻里、在校学生带动家长、妇女代表带动妇女群众，点面结合扎实推进；突出示范带动，共打造20户以上的示范院落108个，建立党员干部结队帮扶队56个，定人、订户、定时帮助困难群众开展乡风文明建设；各村民小组每月开展一次“干净整洁示范户”村民互评，16个村居交叉检查，开展“干净整洁示范院落”创建活动，镇工作组不通知、不定时对村居开展评比督查，每月通报乡风文明建设情况。新投放垃圾箱20个，在八一、双龙等村投放垃圾桶100个，进一步改善了农村人居环境。

交通设施建设　2017年全镇完成农村公路硬化、扩宽、维修26.5公里，新建生产便道10.8公里，增设村级道路交通标示牌82处，为13座桥梁安装安全护栏。　（回龙镇）

袁驿镇

【概况】　袁驿镇位于梁平区西部区域中心，东与竹山镇相接，南与七星镇接壤，西与碧山镇连接，北与虎城镇、龙胜乡毗邻。距梁平城区55公里。清朝嘉庆年间，袁驿街道叫丹凤场，设有旅馆和马栈，供来往官员和传递公文的人歇宿、换马，故称“驿站”，因袁姓人多，人们就叫袁坝驿。民国属章丘县二区，民国24年（1935年），置袁驿镇属梁山县。1949年12月，梁平（山）县解放后建立袁驿乡，乡址袁驿街上翼记盐店，属袁驿区，辖23个保。1951年春废除保甲制度，建立村政权，将23个保改为23个行政村。1953年3月划乡时，将袁驿乡划为袁驿、高粱、复兴、黄泥、新民5个小乡，1955年5个小乡又合并为袁驿乡。1958年9月建立袁驿人民公社，1962年1月分出民主公社。1966年9月改名为战旗人民公社，1976年1月复名袁驿公社，1984年1月废除人民公社体制，恢复袁驿乡建制。1986年4月撤销袁驿乡，建立袁驿镇。1992年9月，撤销袁驿区建制，将响滩乡与袁驿镇合并，建立新的袁驿镇，镇址袁坝驿，内设由党政办、经发办、综治办、社事办、建管办、财政所、农服中心、文服中心、社保所、食药监办、村建中心等部门，共有行政编制32个、事业编制27个。

袁驿镇地处丘陵地带，地势略为西高东低、南高北低，地面高程一般在海拔404米~567米。辖区东西最大距离7.2公里，南北最大距离15.2公里，总面积42.6平方公里。其中陆地41.8平方公里，占98.1%；水域0.8平方公里，占1.9%。地形属背斜低山。主要山脉有谭家山、袁家山，境内最高峰袁家山位于邵兴村3组，海拔567米，最低点张家坝位于响滩村6组，海拔404米。

气候属亚热带季风气候，其特点是：气候温和，四季分明，雨量充沛，湿度较大，日照偏少，无霜期较长，春季气温不稳定，初夏多阴雨，盛夏炎热，秋季多绵雨，冬季较温和。多年平均气温12℃~16℃，1月平均气温6.9℃；7月平均气温35.2℃。最低月均气温6.5℃，最高月均气温35.5℃。平均气温年较差28.3℃。生长期年平均200天，无霜期年平均240天，最长达250天，最短为226天。年平均降水量400毫米，年平均降雨日数为55天，最多达80天（2008年），最少为35天（2010年）。极端年最大雨量500毫米（2008年），极端年最少雨量350毫米（2010年）。降雨集中在每年5月至9月，5月最多。境内河道属长江流域，有小溪河2条，属小清河水系，自东向西流，在临碧山镇界处出境。

袁驿镇到梁平城区35公里，20分钟车程，总面积42.6平方公里，辖10个村，1个社区，82个居民小组，户籍总人口27560人。是全国重点镇、市级中心镇、市级商贸中心镇、市级中小企业创业基地、市级创新型小城镇。镇党委下辖11个党总支、5个党支部，772名党员。新区建设于2011年启动，占地8公顷，建设体量22万平方米。通过近4年的建设，初步形成了“一圈二街五市场”总体格局。目前已完成建筑面积1万平方米三星级酒店建设，完成了建筑面积约6万平方米的商业住宅楼建设，其中商业面积达1万平方米，住宅面积5万平方米。投资近2000万元完成了道路等基础设施建设。是全国重点镇、市级中心镇、市级商贸中心镇、市级经济百强镇、市级中小企业创业基地、市级创新型小城镇。

【经济发展】

综述　全年地区生产总值达12.5亿元，同比增长11.7%，工业总产值18.7亿元，同比增长10.6%，其中规上企业产值达5.1亿元，固定资产投资完成6.4亿元；社会消费品零售额2.86亿元，同比增长14.3%；城镇常住居民人均可支配收入预计25689元，增长12.1%。

农业　全镇2017年农村常住居民人均可支配收入预计15459元，增长11.5%。一是狠抓农业基础设施建设。完成山坪塘整治31口，有效解决了9个村26个村民小组的人畜饮水和农作物灌溉难题，受益人数达1200余人；投资20万元完成了袁驿河道疏浚等工程；投资26.5万元完成了响滩、民主两个村3.65公里的引水堰维修工程；投入150万元完成农村生产生活道路18公里。二是有效开展农业技术指导。实施水稻机插秧73.3公顷，推广水稻旱育秧300公顷，种植优质高产杂交水稻1.8万亩、优质高产杂交玉米333.3公顷、优质高产油菜306.7公顷。三是切实做好重大动物疫病防控、检疫等工作。实现动物防疫率、普查率、消毒率、检疫率四个100%。四是积极发展农业产业，在叶岩村、清顺村栽植有机柚33.3公顷，推广农业新机具，农业耕种收综合机械化水平进一步提高。

工业　坚持工业强镇不动摇，加大对招商引资和工业培育力度，推进工业企业转型升级，完成工业招商引资签约项目3个，合同引资8000万元，实际到位资金2000万元。实现全年工业投资总额1.5亿元，新发展工业企业2家，新增工业产值1.8亿元。

商贸　新建的循环经济项目都梁实业实现年产值6900余万元，利税300余万元；完成合同引资8000万元，实际到位资金2000万元；成功申报限上商贸企业3家，电子商务销售1000余万元，袁驿农村淘宝成功建成天猫优品服务站；新发展个体工商户195户。

【社会发展】

文化艺术　建有二级综合文化站一个，农家书屋10个，社区健身点1个，农体健身工程8个，除两所完全小学和一所中学的体育场地和设施外，建有健身公园一个，塑胶篮球场一个，健身广场3个，有小印刷厂、网吧、歌厅等文化企业3家，民间乐队8个。文物保护、非物质文化遗产传承和申报工作取得巨大进展，“传统铜锣锻铸工艺”和“袁驿豆干”成功申报市级非遗项目，许国祥、罗书平入选市级非物质文化遗产代表性传承人，袁驿孝歌被确定为梁平区第六批区级非物质文化遗产项目。

教育　2017年末有幼儿园6所，在园幼儿近700人，教职工45人；小学4所，在校生近2000人，专任教师94人，小学适龄儿童入学率100%；初中1所，在校生1066人，专任教师117人，初中适龄人口入学率100%，小升初升学率100%，九年义务教育覆盖率达100%；普通高中1所，在校生550人，专任教师53人。

医疗卫生　有镇中心卫生院1所，2017年年底在岗职工64人，拥有专业技术人员54人，其中高级职称2人，中级职称10人，执业（助理）医师24人，主管技师1人，麻醉师2人。医院固定资产1523.8万元，2017年医疗业务收入780万元。开放床位72张，病床利用率达85%，2017年住院病人2235人次，门诊病人16328人次。

广播电视　现有广播喇叭47只，通响率76.5%。有线电视用户3000余户。

社会保障　一是全年发放各类民政资金290余万；对40户残疾人家庭进行无障碍设备改造；投资4.4万元对敬老院进行规范化建设。二是大力宣传城乡居民合作医疗保险各项政策，城乡居民参加合作医疗21719人，参保率达96%；全年组织就业技能培训300余人，城镇新增就业428人；办理城乡居民养老保险参保10019人，参保率达94%。三是加大扶贫工作力度。全年为163户贫困户发放产业扶持资金93995元；低保兜底75户123人；资助参保510名68200元；纳入D级危房改造贫困户20户。

【基础设施】

场镇建设　一是进一步优化刷坊街改造设计方案，目前已纳入全区棚户改造项目。二是投资230万元打造高速公路入口景观和休闲产业公园基础设施建设和绿化建设。三是完成场镇街道的“白改黑”提质改造全覆盖，投资100余万元对高速路下道口、大众街、老井街、翠竹街、膳堂街等道路进行透水混凝土和电气工程改造。四是对背街小巷面貌进行提档升级，基本完成古驿新城小区二期工程约1.4万平方米商住楼主体建设，进一步增强了场镇的吸纳能力。五是投资110万元更换宝珠大道等主要路段行道树350余株，提升场镇品质。六是持续规范市场秩序，确保场镇干净整洁有序。

美丽乡村建设　袁驿河从“黑龙江”变成了清清河水鱼儿游。一是全面落实推行河长制，建立了河长制公示监督机制，新安装河长制公示牌29块，严格执行河长巡查制度，全年共巡查河道513人次。二是完成了袁驿河禁养区内养殖场关闭任务，2017年关闭5家不符要求的畜禽养殖场，累计关闭22家。三是全面实施乡风文明建设，做到全域保洁，目前全域道路、河流、塘库、树林和场镇基本做到常态保洁。四是推进场镇一二三级污水管网建设，解决场镇198户居民污水直排问题；全面完成了西山片区垃圾中转站建设，配套垃圾收纳箱17个。五是落实场镇居民门前“五包”责任制，全年投入20余万元聘请保洁员14人，切实提升场镇形象。六是是加大对涉污重点企业的监管力度，做好邵煤焦化厂的关闭工作，对邵纸等工业企业排污全覆盖全流程全时段监控，严控新上企业项目环保准入关。

交通设施建设　投资60万元打造高速公路下道口至兴山村便民服务中心段道路；完成紫云桥引道及桥梁主体的油化并于2017年8月顺利通车；投资60万元对高速公路下道口至场镇进行人行道平整及铺装1600平方米、安装路灯14盏、安装检查井8个，补种行道树（高速路口至兴山村便民服务中心）123株；袁驿镇休闲农业产业公园位于高速路下道口右侧，占地面积约85亩，承接百里竹海，目前已完成规划设计及投资130万元的1.3公里车行道建设。

【名胜旅游】

境内土特产品有袁驿豆干。始创于清同治三年（1863年），已有150多年的历史，形如火柴盒般大小的豆腐干通过上榨主压，坚韧软绵、厚薄均匀，不易破碎，多味适度，细嚼慢品，其味无穷。采用优质大豆，经十多种工艺精心加工而成，风味独特，是巴渝有名小吃，畅销全国各地。

（袁驿镇）

碧　山　镇

【概况】　碧山镇位于梁平西部边陲，东邻袁驿镇，南接七星镇，西连四川省大竹县，北倚虎城镇，到梁平城区42公里。1958年建立璧山公社，1966年9月改称旭日公社，1981年6月恢复璧山公社，1984年改称碧山乡，隶属袁驿区。1992年10月，碧山、清平两个乡合并，建立碧山镇。碧山镇辖黄桥社区、清平社区、新元、碧山、金屏、水岩、川主、龙桥、平桥、小河10个村（居）民委员会76个村民小组，辖区面积38.7平方公里，耕地面积2340公顷，辖区总人口2.6万人，张南高速、318国道穿越全境，交通便利，历来商贸活跃，物阜年丰；镇内山清水秀，风物宜人，水岩河、铜钵河、袁驿河在碧山交汇后，经渠江、嘉陵江注入长江。有小（二）型水库2座、山坪塘143口，总蓄水量180余万立方米，灌溉面积466.7公顷。

【经济发展】 2017年，实现地区生产总值5.4亿元，同比（下同）增长14.9%；固定资产投资1.08亿元；工业产值7.8亿元，增长11.29%，其中，增加值2.48亿元，增长12.09%；农业产值2.44亿元，增长15.0%，其中，增加值1.64亿元，增长15.15%；社会消费品零售总额1.33亿元，增长22.49%。全镇城镇居民人均可支配收入22730元，增长12.61%，农村居民人均可支配收入15436元，增长11.8%；国税、地税完成218.3万元。

农业　积极推进农村改革，10个村（社区）76个居民小组全部完成产权制度改革，界定成员6960户，折股量化资产253.28万元；发展农业企业1家、农业专业合作社2家、家庭农场3家、涉农个体8家，新增香椿集中连片种植66.7公顷、姜藕26.7公顷；发放农机购买补贴资金23.05万元，机械化作业面积1000公顷，实施水稻全程社会化服务133.3公顷，农业机诫化程度进一步提高；实施生猪防疫1.5万余头、家禽11万只、犬只0.3万头；“黑花生”获国家绿色品牌认证，瑞予米业“瑞香谷”获市级农产品品牌认证，“碧山生产”声名远播。

工业　实施一批工业技改项目，瑞予米业等企业效益明显增加；淘汰落后产能，关闭烧结砖厂，培育农副产品加工、竹制品制造等绿色产业、新兴产业，工业产值连年提升。落户的中小工业企业及个体工商户有180余家，主要涵盖金属制品加工、农副产品加工、建筑材料、家具制造和竹制品制造5大类，其中规模以上工业企业4家。全镇工业企业累计完成总产值约7.8亿元，比上年同期增长11.3%；其中规模工业企业实现总产值约3.7亿元，比上年同期增长4.7%。全年累计完成固定资产投资约7500余万元，其中工业固定资产投资全年累计完成1164万元。

城镇建设　全面落实“三城同创”工作，场镇“九有六无四化”不断完善。华滩坝商圈基础设施日臻完善，广场建成投入使用，投入300多万元的华滩坝大桥建成通车，打通了连接张南高速的瓶颈。投入10余万元完成场镇行道树新（换）种，投入25万元完成河道场镇段绿化。以干净整洁为抓手全面推进乡风文明建设，干部群众全员参与乡风文明建设，场镇及农村垃圾收运形成长效机制，全镇聘请保洁员15名，投入47万元整治场镇、农村及河道环境卫生，院落干净、环境优美、乡风文明成为风尚。

环境整治　大力实施污染防治，完善并严格执行生态文明建设实施方案、水污染防治方案、农村垃圾治理方案、村容整洁攻坚行动方案，突出抓好水污染防治。全面实施“河长制”，落实河长巡河机制，完成辖区11条河、2座水库“一河一库一策”方案；推动水环境源头治理，完成禁养区畜禽养殖场7家的关闭、搬迁任务，加强涉水工业企业监管整治，定期对河面进行清漂，袁驿河、铜钵河、水岩河等河流碧山段水质各项污染指标与去年相比呈全面持续下降趋势。加强大气污染防治，加强秸秆焚烧、野外用火整治，完成黄标车淘汰任务。加强农业面源污染防治，实施土壤污染管控和修复，强化农药、化肥、饲料的使用监管。完善场镇污水处理设施，新建污水处理厂二三级管网3697米，检查井110座，污水提升泵站1座。

【社会发展】

2017年有镇文化站1处，村级文化活动中心10处，农家书屋11家，配备图书16000余册。公共文化服务体系不断完善，群众性文化活动蓬勃开展，组织90名运动员参加区第一届运动会，参加10个大项15个小项比赛，田径、乒乓球等项目获得4银3铜，篮球、游泳、广播体操、象棋等7个项目进入八强。有县级文物保护单位2处，即城垣碧山寨，孟浩然故居（碧山镇新元村）。幼儿园2所，村幼儿班4个，在园幼儿420人，专任教师19人。小学2所，村小2个，在校学生1531人，专任教师79人。初中1所，在校学生572人，专任教师35人。卫生机构有碧山镇卫生院、清平卫生院、10个标准化村卫生室，门诊部（所）2个；有床位52张；从业人员56人。体育场所10处，已安装篮球架、乒乓球台等体育设施的村8个，经常参加体育锻炼的人员占常住人口的20%。着力推进精准脱贫工作，强化帮扶力量，聚焦贫困户、脱贫户，用心用情帮扶，精准施策，分别规划落实产业扶贫项目，为184户贫困户、脱贫户发放香椿苗5万余株，救助因病因学贫困人员127人，元旦、春节慰问859人，发放慰问金3.4万元。民生保障和改善不断加强，城乡低保人数增长到551人，占比为2.1%，发放医疗救助、临时救助、自然灾害救助资金78.89万元，发放计生奖扶资金92.46万元，养老服务更加规范，儿童福利保障更加有力。接受慈善捐助30多万元，全部安排落实公益项目。返乡创业就业热情高涨，再就业政策全面落实，发放再就业小额担保抵押贷款200多万元。

【基础设施】

加快基础设施建设，新建农村公路13公里，实施公路养护180余公里，新建生产便道12公里，整治山坪塘66口，投入资金40万元，消除龙桥村何家岩、川主村水井湾等地地质灾害隐患。完成农村C、D级危房改造、验收77户，发放危房改造补助资金77.25万元。　（碧山镇）

虎城镇

【概况】　虎城镇地处梁平区西北边陲，位于梁平、四川达州、大竹三区县交界处，东接龙胜乡、竹山镇、龙门镇，南临袁驿镇、碧山镇，西邻四川省达州市大竹县永胜乡，北至四川省达州市达县南岳镇、黄庭乡，辖区面积78平方公里，距梁平城区48公里，距重庆市主城区213公里，是区级中心镇和市级边贸镇。

民国初置虎城镇。民国17年（1928年），川东第一块赤区——虎（城）南（达县南岳乡）大（达县大树乡）赤区在这里建立。梁山（今梁平区）中心县委机关最早设在虎城镇沙石村（现砂石社区）水井湾，辖达县、开江、大竹、宣汉、万源等县。四川红军第三路游击队也诞生于此地。民国30年（1941年），改虎城乡，1958年改为虎城公社，1984年恢复虎城乡建制，1992年撤乡建镇，将虎城、波漩、楚家三个乡合并为虎城镇。现辖集中、礼仁、五角、大兴、永和、聂家、清河、桐子、水口、波漩、八林、千丘、大荣、楚家、河口等15个村委会125个村民小组，街道社区、陈家社区、砂石社区等3个居委会31个居民小组。全镇有三个场镇，辖区在籍14030户、总人口42483人。

虎城镇地势较高，海拔高度450米~700米，地势以丘陵为主，山、丘、坝兼有。西部有旋顶山，东部有小峨眉山，中部为浅丘地带。气候属亚热带季风气候区，四季温差较小，气候温和，四季分明，雨量充沛，年均气温16.7℃，年降水量约1100毫米。东北部有施家河，南部有龙安河，西部有波漩河。主要矿藏有天然气、煤、铁矿石、石灰石、黏土等。

【经济发展】　2017年虎城镇实现地区生产总值142552万元，固定资产投资59668万元，社会消费品零售总额38175万元，农业总产值12754万元，工业总产值41626万元，国、地税收418.3万元，农村常住居民人均可支配收入14628元。

农业　2017年，全年完成粮食播种面积5467公顷，水稻、玉米优良品种推广种植266.7公顷。继续完善五角、波漩、大兴村新建的3个标准化柚园、66.7公顷柚林的建设工作，在五角村、大兴村、水口村实施幼果林管护86.7公顷，在五角、集中、波漩、砂石村实施梁平柚成年树管护196.7公顷。全镇共有柚子666.7公顷，其中梁平蜜柚400公顷，年产梁平蜜柚1万余吨。全镇现有良桑面积400公顷，全年蚕种发放量超过6000余张，产量达300吨，产值达700万元。全年生猪存栏3万余头，牛羊存栏5000余头，家禽存栏30余万只。大力推广机械化生产，全年完成机耕面积近4000公顷，积极推广机械化育插秧，机收面积1666.7公顷。积极落实惠民政策，全年发放一般农户耕地地力保护补贴9081户次，补贴面积约1576.9公顷，补贴资金349.7万元。2017年全镇退耕还林补贴共涉及8个村的3997户农户，退耕还林总面积为446.8公顷，兑现补助资金83.8万元；公益林补助241.9公顷，补贴4.3万元。新发展新型农业主体6户，较去年增长11.1%，全镇农业合作社、农业公司、家庭农场达到66户。农村土地适度规模流转面积66.7公顷。全镇共推广农机具231台套，购机户共享受补贴24.4万元，农机综合化率达56%，节本增效达1000万元。

工业　2017年，全镇大力扶持服务绿色、环保、可持续的小微企业，特别是创新型小微企业发展，全年实现工业总产值41626万元；规模以上工业实现总产值8935万元；签订招商引资协议4个，协议引资额6500万元，实际到位1300万元，完成固定资产投资59668万元。

商贸　积极鼓励成功人士返乡创业，2017年，全镇有小微企业179家，限上企业3家，规上企业1家。

旅游　虎城有猫儿寨、小峨眉山等得天独厚的天然旅游资源，涌现了石氏四杰、红岩三英、蔡奎、金映武等众多英烈，是100位为新中国成立作出突出贡献的英雄模范人物旷继勋战斗过的地方，是100位新中国成立以来感动中国人物邓平寿的故乡。全镇旅游发展规划初具雏形，“一山一寨一品”优势凸显。“一山”即小峨眉山旅游景区，有远近闻名的峨眉寺，是观光旅游、休闲度假之乡。“一寨”即猫儿寨，寨四周悬崖峭壁，寨上舒缓开阔，为重庆第一大寨。“一品”即虎城产梁平蜜柚。2017年虎城镇成功承办了重庆·梁平第九届采柚节虎城专场活动，吸引6000余人参加启动仪式。

【基础设施】

场镇建设　全镇有邮政支局1个、代办点3个，电信企业3家、服务网点38个，邮政业务总量近7000万元，报纸、杂志累计发行6.5万份。电话交换机总容量1万门，固定电话用户0.4万户，移动电话用户1.8万户，互联网用户0.1万户。2017年，天然气管网线铺设28公里，有用户居民3000余户。2017年投资100余万元，开展特色风情集镇建设管理工作，完成了场镇环境综合整治，拆除钢架棚2282平方米，拆除塑料雨棚92个，拆除破旧广告牌85块，改建公共水厕2个，新建停车场3个，新栽植绿化树450余株，拓宽改造虎柚路南入口人行道，整治虎城大道南入口；投资100余万元进行场镇二三级污水管网完善工程。

美丽乡村　规范农村建房管理，办理乡村建设规划许可证57件；2017年完成农村D级危房改造1户，C级危房改造1户。建设集中村美丽宜居村庄，修建了1个休闲广场和2个停车场，安装垃圾桶15个，对6口水塘进行水域环境治理，在寨内种植绿化树180余株和各种花草等。

道路交通　境内有S410、X120线达袁（四川省达县至梁平区袁驿镇）公路通过，村级公路硬化率100%，组级公路硬化率95%以上。2017年，完成水口村移民后扶通畅工程3.38公里公路硬化，完成楚家村移民后扶通畅工程3.99公里公路硬化，完成小峨眉景区旅游公路油化1.8公里，完成清睦村撤并村通畅工程1.1公里公路硬化，完成桐子村86.5米长、1.8米宽马头滩人行便桥建设工程，完成旱田坝公路桥重建工程。

水利建设　波漩河、施家河横贯全境，境内有小Ⅰ型水库1座，小Ⅱ型水库4座，山坪塘426口，年发电量100万千瓦时的水电站1座，蓄水量403万立方米。2017年完成整治山坪塘66口，新增蓄水能力1.09万立方米，恢复蓄水12.61万立方米，能解决1907人、3170口牲畜饮水问题；恢复灌溉面积89.5公顷。完成自来水厂技改扩建工程，管网已延伸到各村，年供水超10万立方米。

【社会发展】

文化体育　有镇级综合文化站1个，村级文化活动中心18个，农家书屋17个，书刊外借点54个，藏书10万余册，完成全镇广电网络数字化改造，组织开展“迎新春、送春联”、送文化下乡、采柚节、演讲比赛、送图书、清明扫墓、烈士纪念日等节庆文化活动60余次，惠及群众近2万人次，新增农村体育小广场3个。

教育　有中学1所，在校学生1400余人，中心小学1所，完全小学2所，村小6所，在校学生2500余人，小学龄儿童入学率、初中适龄人口入学率、九年义务教育覆盖率均达到100%。虎城中学综合考核获全区一等奖。

医疗卫生　有镇中心卫生院1个，卫生技术员68人，2017年新建健康档案141份，累计建档24571份，建档率达79%，规范建档率在98%以上，新型城乡医疗保险覆盖率95%以上，合作医疗筹资人数38150余人，筹得合作医疗资金700万余元，全年报销医疗补偿费用400余万元。

社会保障　2017年，全镇农村低保户485户843人，城市低保40户58人。组织开展就业培训2次，解决就业265人，发放就业再就业小额担保贷款10笔，共计105万元，城乡居民养老保险参保人数18582人，享受养老待遇人员达到7000多人。全年共发放各类救灾救济款14.47元，临时救助金139.9万元、各类优抚及补助资金239.9万元，公共服务质量和水平不断提升，社会保障覆盖面100%。

扶贫工作　坚持精准扶贫精准脱贫，落实双组长制，严格对照“两不愁三保障一达标”要求，压实脱贫攻坚责任，整合扶贫资金20万元以上，精准实施产业扶贫、劳务扶贫、教育扶贫、健康扶贫，因户因人落实救助供养、大病救治、生活兜底保障等16类帮扶措施，精准帮扶24户贫困户，巩固231户脱贫户不返贫，全镇返贫率为0%。

生态文明建设　全面落实河长制，实施“一河（库）一策”，铜钵河岩登坡出境断面水质达标，全镇水环境质量持续改善。持续开展五大环保行动，扎实推进农业面源污染治理，新建河口垃圾处理站、砂石污水处理站。实施新一轮退耕还林114.9公顷，落实554.6公顷天然林培育管护，新植绿200公顷。推进循环经济建设，关停砖厂1家，淘汰黄标车6辆；全面落实环保问题整改，处理环保投诉12起。

社会综治　推进突发事件风险管理，优化监测预警和应急处置机制，有效防范化解重大风险。加强社会治安综合治理，严厉打击各类违法犯罪行为，全镇安全生产形势总体向好，群众安全感不断提升。（虎城镇）

七　星　镇

【概况】　七星镇位于重庆市梁平区西北边陲，北与袁驿镇、碧山镇为邻，东和竹山镇、屏锦镇接壤，西与四川省大竹县观音镇交界。政府驻地“李唐坝”，距梁平城区57公里。

1949年成立七星乡辖7个保，1958年建立七星乡人民公社，1966年9月改称为竹园人民公社，1968年成立竹园公社改革委员会，1976年恢复七星公社委员会；1984年改称七星乡人民政府，1992年改成七星镇建制，辖8个村；2002年村组合并，2015年底，辖平滩、马梁、金柱、仁安4个村民委员会和红花社区居委会，36个村（居）民小组，总户籍数4284户，总人口12057人，辖区面积33.1平方公里，其中耕地面积850公顷，林地面积2133.3公顷，森林覆盖率超过65%。

七星镇地处川渝交界处，地势东南为山地丘陵，西北为丘陵间少数平坝，最高海拔1180.7米，最低海拔425米，相对高差较大。气温属暖湿亚热带季风性气候，四季分明，气候温暖，雨量充沛。年平均温度在17.5度，年平均降水量1300毫米。辖区内矿产、竹木、石材等资源丰富，拥有市级非物质文化遗产项目“二元纸”。

镇有中心小学1所、村小学1所、村教学点1个、幼儿园4所，辖区内适龄儿童入学率达100%；有卫生院1个、村级卫生室5个、撤并村标准化卫生室3个；有竹园休闲公园1座，图书室1个、农家书屋5个、村级活动中心5个、组级活动中心1个，广播、电视、通信覆盖率100%，辖区内村组公路通畅率100%。全镇各项社会民生事业健康有序发展。

【经济发展】

农业　粮食作物以水稻、玉米为主，全镇耕地保有量达896.7公顷。2017年，粮食产量超过450万公斤，完成农林牧渔业增加值6433万元，增长23.9%；农民人均可支配收入10676元，增长14.7%。发放涉农惠民补贴126.743万元，农业机械化率达60%，良种良法覆盖率达98%。抚育改造低产低效竹林266.7公顷，整治山坪塘17口，恢复灌溉面积66.7公顷。“稻鱼共栖”示范种植13.3公顷，种植优质冬桃3.3公顷，秋菜（榨菜）6.7公顷，葛粉3.3公顷，中药材13.3公顷。

工业　以竹木加工制造业为主，工业总产值预计5100万元，增长19%，固定资产投资预计18415万元，增长13.7%，社会消费品零售总额预计5760万元，增长15%。公共财政预算收入1250万元，增长13.5%；金融机构存款余额2.12亿元，增长10%。

【社会民生】

文化教育　组织全镇干部群众积极参加区首届运动会，成功举办镇中心小学第七届艺术节，开展节庆和广场文体活动28场次。投入11万余元对文化服务操场进行“白改黑”，投资43万余元铺设中心校运动场塑胶及人工草坪，投资10万元为金柱村小和中心校教室安装书包柜、图书柜、窗帘盒饮水机，投资23万余元改善金柱幼儿园和中心幼儿园办园条件。

医疗卫生　全面落实人口计划生育政策，新增28人享受计生奖励扶助，免费体检育龄妇女243人，大力开展慰问帮扶各类计生对象36名。积极开展免费生殖健康检查和两癌筛查服务，按规定落实计划生育各项手术的免费服务，全面推行基本药物制度和药品零差率政策，基本公共卫生服务覆盖城乡居民。

社会保障　城乡居民养老保险共5387人，养老保险扩面53人，城乡居民医疗保险参保达10147人，参保率91.19%。城镇新增就业240人，城镇登记失业率控制在4‰以内。开发公益性岗位5个，推荐创业扶持贷款9笔，发放4笔。发放就业社会保险补贴4人次共计12368.8元。组织就业适应性培训50人次，组织新市民培训50人次。发放五保、低保、残疾人等各类救助资金278.41万元。七星镇慈善分募集慈善资金1.6万元。改造农村D级危房37户、残疾人危房3户，实施灾后倒房重建1户。硬化金柱村乡村公路3公里。

脱贫攻坚　坚持扶贫机构不撤、扶贫力度不减、政策不变、投入不降、措施延续。开展逐户调查和大数据比对，杜绝错评、漏评，实现应扶尽扶。扶贫对象结对帮扶全覆盖，因户因人施策，落实救助供养、大病救治、生活兜底保障等措施，实施种植中药材、桃李等产业帮扶，持续巩固脱贫成效。

【基础设施】

重大项目建设　实施乡村振兴战略，策划了“仁安天下　桃溪人家”乡村旅游，仁安村“冷泉天体浴场—七星七彩生态泳池”开工建设。建成平滩村便民服务中心。

场镇建设　完成农贸市场旱厕改卫生公共水厕1个，面积32平方米。修建“坝坝席”场地1个，占地面积703立方米，配备了专用灶台、洗碗池、固定的收运箱，通水电，安装遮阳雨棚475立方米；修建占地面积626立方米停车场1个，划定停车位20个。场镇范围内新安装消防栓12个，新增垃圾桶24个，新增垃圾车1台，垃圾箱6个。

美丽乡村建设　严格落实“河长制”，加强水环境质量监管。辖区内袁驿河花土大桥出境断面水质长期保持在Ⅱ类，平滩河高洞岩出境断面水质逐渐好转，由劣Ⅴ类变为Ⅳ类。关闭禁养区畜禽养殖场3户，加强同四川大竹的环保监测监管合作与环保联动防治。推广使用天然气清洁能源，推进工业、建筑等重点领域节能建设。

交通设施　318国道及G5515张南高速穿境而过，辖区内村组公路通畅率100%，公路硬化率80%。

【名胜旅游】

旅游景点　依托市级非物质文化遗产项目“二元纸”，打造以“仁安天下　桃溪人家”为主题的农村休闲观光养生基地。搭配七星七星彩水上乐园、四季桃林等休闲娱乐养生项目，在娱乐中更好的传承和保护非物质文化遗产。

土特产品　高接换种改造66.7公顷板栗园实现初挂果，引进试种的人头芋长势良好，正大力发展稻田养鱼、中药材、甜茶、花椒等生态产业。（七星镇）

新盛镇

【概况】　新盛镇地处梁平区北部，东起文化镇，南至龙门镇，西邻四川省达州市黄庭乡，北界四川省开江县新街乡、任市镇，区域面积68平方公里，下辖10个行政村、2个社区，104个村（居）小组，总户籍人口3.6万余人，基层党组织22个，党员983人。地形以平坝、浅丘为主，海拔最低处443米，最高处1015米。气候为亚热带湿润气候，年平均温度16.6度，无霜期272天，年平均降水量1242毫米。境内蕴藏着丰富的石灰石、煤矿和天然气资源，地下水、地表水充沛，土地肥沃，适宜农作物生长。

【经济发展】　新盛镇把发展经济作为第一要务，坚持发展经济与保护生态并举。2017年实现地区生产总值71532.2万元，同比增长11.68%；固定资产投资36656万元；社会消费品零售总额44558万元，同比增长49.9%；农业总产值22358万元，同比增长13.7%；工业总产值48710万元，同比增长7.99%；国、地税收241万元；农村常住居民人均可支配收入13978元。

农业　新盛镇是梁平区农业重镇，以水稻为主，其次是小麦、玉米、薯类，经济作物以黄豆、花生、青蒿为主，经济果林有梁山柚、柑橘、西瓜等，林木以慈竹、白竹和松树为主。2017年，全镇切实发展品牌农业，坚持市场导向，提升品质，统筹抓好提质增效。全年土地适度规模流转520.2公顷；推广各类农机新机具420台（套）；完成土地深松10公顷；农业耕种收综合机械化率达60%以上；打造杂交水稻制种233.3公顷，产值达1750万元；推广水稻机插秧面积800公顷，实施连片种植226.7公顷；试点水稻全程社会化服务134.2公顷；新发展竹荪菌种植基地1个，面积达3.7公顷，产值达323万元，并成功注册商标“云荪”。开展农产品质量安全执法检查52人次，检查农业投入品门市112次，建立农产品质量安全标准化检测室1个，完成农残检测抽样1455次；动物防疫率、普查率、消毒率、检疫率实现四个100%；完成7个村农村集体资产量化确权；新发展农民专业合作社1个，新培育家庭农场8家。

工业　镇内工业基础良好，重点以纸制品、建材、门窗、地砖、实木家具加工制造及大米加工、竹木器具加工、猪鬃加工等农副产品加工产业为主。扶持指导梁平县兴盛米业有限公司技改扩能，新建日产200吨大米的生产线；新增工业企业4家。

商业贸易　2017年，按照“市级边界市场”定位，重商贸，兴旅游。升级打造黄桷树商圈，新增商业面积5000余平方米；引进企业种植中药材黄精和牡丹等约13.3公顷；新增限上商贸企业1家，新增个体工商户155户；新增农村淘宝2家，繁荣了商贸，活跃了市场，正积极争创重庆市商贸百强镇。借助百里竹海景区发展契机，打造旅游经济。利用梁平狮舞、全国生态文化村银杏村及黄桷古树、银杏古树群等自然资源，打造精品生态文化旅游工程；在银杏村荒山种植银杏300株；启动银杏村入口处、指路碑、漫水桥等景点的前期工作；投入使用2.5公里绕坝公路、0.6公里河道整治、20盏太阳能灯等。

场镇建设　场镇规划区面积1.49平方公里，其中城镇常住人口1.5万余人，城镇化率41%。2017年，完成了长71米、宽16米的逐月桥及其附属工程建设；启动场镇绿化靓化工程，栽种桂花树、黄桷树1500余棵，安装路灯110盏，提升场镇品质。完成场镇44000平方米道路“白改黑”工程；完成场镇水篦子、排水管网安装等基础设施建设；完成廉租房广场、排水设施等建设；新建临时停车场1个。

环境整治　修复破损污水管网2.6公里，聘请专职污水管网巡查人员定期巡查维护污水管网；在全镇范围内设置垃圾箱30个，并及时转运垃圾；对原三河村垃圾填埋场用泥土全部覆盖，并植草种树予以恢复；督促邦国猪鬃厂采用干法设备、宏胜屠宰场新建污水沉淀过滤池、禁止鹏辉化工有限公司冷却水直排，工业污染源得到有效治理；关闭畜禽养殖场1家，治理滴水岩水库肥水养鱼1处；开展生态文明、环境保护宣传活动26次，发放宣传资料3000余份，提高了辖区群众生态文明和环境保护意识。

【社会发展】

文化艺术　“梁平狮舞”“薅秧歌”两项市、区级非物质文化遗产的保护和传承工作有序进行，建成新盛小学、乐都完小传承基地2个，年培训学员200余人；组织工会会员20人参加区四分之一马拉松比赛、组队163人参加区全运会10项，象棋获个人第三名，钱棍队获团体第七名，篮球队获团体第六名，参加全区老年坝坝舞“邮政杯”比赛获得第四名；新建600平方米塑胶篮球场1个，健身点1个，开展“政府购买公共文化服务演出”“送图书、送法规、送政策”活动50场次。

广播电视　现有数字电视中转站1个。2017年新增卫星“户户通”901套，广播村村响实现全覆盖，数字电视用户400余户。

教育　有中学1所，教师80人，在校学生857人；小学2所，教师105人，在校学生1707人；幼儿园2个，教师29人，幼儿687人。

卫生计生　有中心卫生院1个，病床80张，卫生技术人员60人。村级卫生室13个，乡村医生30人。全镇城乡居民医疗保险参保28672人，参保率达98.49%；办理异地就医报账审核330人，办理特殊疾病门诊治疗证215个，医疗机构（门诊部以上）完成诊疗1.76万人次。全年共落实各种计生奖励扶助对象1051人，其中新增对象110人；慰问帮扶计生对象46户。

社会保障　完成就业技能培训262人次、城镇新增就业563人，新增创业452人，办理发放小额担保贷款45笔，共计435万元，办理就业困难人员灵活就业社保补贴63人次，发放补贴18.59万元；城乡居民养老保险参保人数13272人、全年征缴保费150.4万元；为城市低保26户49人、农村低保417户740人，发放低保金180.5万元；发放临时救助金、各类抚恤金、困难生活补助等298.6万元；完成59名离岗乡村医生参加社会养老保险和医疗保险补贴工作；为敬老院安装监控设施和进行电路改造。

扶贫攻坚　针对261户贫困户发放产业扶持资金65600元；低保兜底32户104人；资助参保29名1380元；纳入D级危房改造贫困户2户；完成深度贫困组乐都10组的申报，并制定三年脱贫工作方案。

基础设施　2017年规划改造农村C、D级危房5户；完成新盛村提灌站建设，切实改善灌溉条件；完成金刚村、永兴村等10条18公里公路硬化或拓宽工程；完成乐都社区5万－10万立方米红庙水库整治。

【本地特色】

新盛镇是全国第二大纸花产业生产基地。已初步形成了以特色纸花产业为中心，涵盖香烛、黄表纸、寿衣、石碑等生产加工和乐队、吹鼓的祭祀产业专业市场。2017 年，纸花产业从业人员 7000 余人，年生产纸花 900 万朵，产值 1.67 亿元。（新盛镇）

龙 门 镇

【概况】 龙门镇位于梁平区西北部，东邻文化镇、城北乡，南接明达镇，西倚竹山镇、达川区黄庭乡，北连新盛镇，距梁平城区 32 公里，达万铁路开江火车站 9 公里，张南高速公路仁贤站 20 公里。政府驻地龙凤社区。1959 年 1 月建立龙门乡，1966 年 8 月改名为红日公社，1984 年恢复龙门乡，1992 年 10 月将拱桥乡、龙门乡合并成立为龙门镇。龙门镇辖龙凤、乐胜 2 个社区，以及文圣、明亮、河源、三官、河龙、沙井、拱桥、马鞍、花庙 9 个行政村，下设 84 个村（居）民小组。全镇辖区面积 53 平方公里，2017 年总人口 27782 人。

龙门镇地形呈南北走向，地势南高北低，海拔 452～952 米，平坝、丘陵、山区皆有，唯岭谷之间的平坝区域系梁平大坝向北伸延部分。气候属亚热带季风气候，年平均气温 17℃，无霜期 256 天，年降雨量 1200 毫米。境内有区级河 2 条 20.31 公里，镇级河 2 条 8.52 公里，村级河 21 条 55.5 公里，流域面积 104.2 平方公里。有小Ⅰ型水库 3 座，山坪塘 159 口，蓄水量 360.18 万立方米。龙门镇地处天然气矿“大天池”腹心地带，已建成气井 10 口，其中，生产气井 7 口，日产气量 25 万立方米，年产量 9125 万立方米，占全区产气量的 1/4。

【经济发展】

农业 全镇有耕地面积 2555.2 公顷，森林面积 1973.3 公顷，其中，优质粮油基地 1706.7 公顷。2017 年，粮食总产量为 1.52 万吨，水稻社会化全程服务 170.9 公顷，水稻机插秧 207.5 公顷，水稻保险 166.7 公顷。推进土地规模流转累计近 233.3 公顷，发展优质水稻、经果林、生态鱼虾蛙、竹木种植加工等特色产业。大力培育扶持各类企业已达 100 余家，部分新型工业企业产销旺盛。新增农业新型经营主体 27 个，推广农业新技术 20 余项，水稻无公害栽培 1066.7 公顷，测土配方施肥 866.7 公顷，农作物病虫害防治 1400 公顷次。2017 年，农业总产值实现 1.74 亿元，农村居民人均可支配收入达到 13850 元，同比增长 10.3%。

工业 全镇有微型企业 83 家，规模以上工业企业 1 个，其中，页岩砖厂 1 个。工业总产值达到 3.25 亿元。

商业外贸 境内有农贸市场 2 个，商业门市 600 多个，运输、餐饮、建筑等行业个体工商户 800 余户，从业人员 2000 余人，年营业额 2.9 亿元。

财政金融 2017 年，全镇实现地区生产总值 4.09 亿元，同比增长 9.65%；工业总产值 3.25 亿元，其中规上工业产值达 0.49 亿元，占比 40.3%；农业总产值 2.17 亿，同比增长 8.6%；人居纯收入达到 14427 元，同比增长 10.3%，完成固定资产投资 0.9 亿元，社会消费品零售总额达 1.25 亿元，同比增长 13.7%。

【社会发展】

文化教育 2017 年，有文化服务中心、广播电视站各 1 个，村级公共文化服务中心 11 个，村级农家书屋 11 个，文化活动场所 11 个。已对梁平癞子锣鼓、梁平抬儿调、跳端公等非物质文化遗产收集整理，建立非物质文化遗产传承基地，开办癞子锣鼓培训班，成功申报梁平傩戏、梁平抬儿调和梁平孝歌为市级非物质文化遗产。全镇广播电视覆盖率 90%。有小学 3 所，中学 1 所，幼儿园 6 所，在职专任教师 119 人，小学适龄儿童入学率、初中适龄人口入学率、小升初升学率、九年义务教育覆盖率均达 100%，龙门籍学生高考上重点本科线人数逐年攀高。大幅提升学校硬件设施，完成标准化塑胶操场、教师周转房和六大功能室建设。

卫生计生 有综合性卫生院 1 个，门诊部 5 个，床位 24 张，专业医务人员 21 名。村卫生室

16个，乡村医生28名。2017年，共开展健康教育咨询活动12次，健康知识讲座10次，发放宣传资料26000余份，65岁以上老年人免费健康体检1680人次，“两癌”筛查402余人次，国家基本公共卫生免费项目全部落实，逐步实现人人享有均等化公共卫生服务，群众的健康指数明显提高；新增奖扶对象68人，其中特扶5人，FIS系统数据清理万余条，信息覆盖率达98%以上。慰问贫困计生家庭、失独家庭和留守儿童26户，慰问资金18200元。

社会保障　2017年，全镇享受农村低保503人，累积发放资金120.84万元。发放各类救灾资金15.6万元，优待金、抚恤金等146万元。有敬老院1个，床位40张，供养农村五保人员15人。全镇参加养老保险15317人，城乡居民参加新型合作医疗实现全覆盖。

生态环境　大力整治面源污染，关闭煤矿1户、畜禽养殖场（户）6户，取缔2座中小型水库肥水养鱼。完成污水管网建设，建成龙门、拱桥污水处理厂2家，日处理能力分别为800吨150吨，运行良好，全镇污水收集处理率达到70%以上。逐步建立“户分类、村收集、镇转运、区处理”的垃圾收运体系。

安全稳定　2017年，重点抓好道路交通、建筑施工、建筑材料等行业领域安全生产和消防、森林防火、烟花爆竹销售隐患排查整治工作，整治各类隐患405处，罚款1.7万余元。做好群众来信来访工作，实现干部大下访364人次，走访案件284件，接访群众293人次，积案化解率100%。全镇未发生影响社会稳定政治事件，无集体越级上访事件。

【基础设施】

场镇建设　镇区规划面积4.5平方公里，其中建设用地0.14平方公里，城镇化率14.38%。深入推进龙凤场镇风情集镇建设，建成龙凤社区休闲广场，启动龙门镇公园（老邮政所处）建设。实施场镇主干道“白改黑”工程。实施乐胜社区路灯改造工程，对场镇主次干道、污水二三级管网、道路人行道、涵洞等进行整改维修，开展场镇“蜘蛛网”整治工程，场镇面貌进一步改善。完成拱桥片区环境连片整治项目，全面完善龙门场镇、拱桥场镇垃圾收运系统。聘请7名人员，专职负责场镇秩序管理，营造舒适、优美、整洁的人居环境。

农村公路建设　2017年，实施马鞍村5.8公里客运道路拓宽整治、龙中路2.8公里道路整治、沙井村2.3公里自力路拓宽、文圣村1公里道路硬化、河源村1.9公里道路硬化等公路建设工程，农村交通“四通八达”。

农民新村建设　完成三官村40户高山生态搬迁项目和花庙村“四山”搬迁安置点项目，并完善基础设施建设，彻底改善高山村民的居住环境；完成农村D级危旧房改造2户，帮扶困难弱势群体获得住房保障。

水利设施建设　2017年，整治山坪塘44口。实施自来水管网升级改造工程，完成马鞍村农村饮水工程，实施花庙村农村自留水饮水安全工程，实现了全镇人畜安全饮水全覆盖。

【特色产业】

竹编产业　镇党委政府以乐胜、拱桥等村为东片，花庙、明亮等村为西片，实施“两大片”战略，优化发展布局，做大做强竹制品加工主导产业。培育发展销售大户9户，区级龙头企业1户，发展收购销售经纪人15名，成立专业合作社4个，成功申办微型企业11户。产品有竹条、竹席、香签、花圈龙骨架、竹箱挞等品种，远销甘肃、新疆、吉林、黑龙江等10多个省市，带动农户3000余户，年销售产值近亿元。

生态农业　积极融入柑橘产业带，发展优质春见、沃柑6.7公顷，红心蜜柚、碰柑、桃、李21.1公顷。同时，积极发展地方特色产业，发展金丝楠木、红豆杉3.7公顷，绿色生态水稻66.7公顷、水稻全程机械化服务200公顷；发展生态青蛙养殖6.7公顷、鱼虾养殖26.7公顷。按照“三品一标一品牌”，的要求，注册了“娘佳人”紫米、红米，“鸿发牌”龙门大米，“乌啊蛙”

青蛙产品商标及营销 LOG 标志。“娘佳人”紫米、红米已申报无公害农产品认证。（龙门镇）

蟠龙镇

【概况】　蟠龙镇位于梁平区东南部，北距梁平区主城 12 公里，东距万州区 79 公里。东邻福禄镇，南接柏家镇、大观镇，西连梁山街道，北抵梁山街道和福禄镇，辖区在面积 96.27 平方公里。镇政府驻地青垭湾。

蟠龙于明正德八年（1513 年）设蟠龙铺，是梁山 4 镇 23 铺之一。清康熙二十一年（1682 年）是全县 22 铺之一。民国 24 年（1935 年），蟠龙隶属梁山县第一区。新中国成立后的 1950 年，设蟠龙区（第十区），1953 年蟠龙乡隶属于第十区，1959 年蟠龙乡隶属于福禄区，改乡为人民公社。1966 年更名为红旗公社，1976 年 12 月复名蟠龙公社，1984 年改社为乡。1992 年建制调整时原属福禄区的蟠龙乡与原属中城区的城南乡合并建立城南乡，1999 年撤城南乡建立城南镇，2003 年 5 月更名为蟠龙镇。

全镇辖五星、义和、老林、平安、聚水、新店、银河、扈槽、蟠龙 9 个村，80 个村民小组；1 个街道社区，9 个居民小组。

2017 年年末，辖区总面积 96.27 平方公里。总人口 25769 人，总户数 7808 户。其中城镇常住人口 1560 人，城镇化率 6.05%。总人口中，男性 13506 人，占 52.41%；女性 12263 人，占 47.59%。人口出生率 9.35‰，死亡率 7.64‰，人口自然增长率 1.71‰，人口密度每平方公里 268 人。

境内为神农架山脉延伸，有东山、外山一高一低两道山脉对峙，中间夹一槽相对平缓。地势东高西低、北高南低。山高坡陡，沟壑纵伸。地面高程从海拔 350 米上升到 1221 米，扈槽村的窄垭口海拔 1221 米，为全区最高点，最低点银河村，海拔 350 米。

【经济发展】

农业　2017 年，在保证粮食生产安全的基础上，巩固提升冷沙米，加快发展高山蔬菜，稳定发展油茶，培育壮大蟠龙西瓜、李子、柚子、砂糖橘等特色产业，打造绿色、环保、安全、诚信的特色农产品品牌，提高附加值，强化促农增收的产业支撑。一是巩固优势产业。实施扈槽村千亿斤粮食生产能力田间工程建设项目，新建机耕道 2 公里，渠道 1 公里，重推“冷沙米”品牌，以扈槽村为核心，巩固万亩优质稻基地，引导农户、专业大户实施无公害种植，依托电商平台，不断拓宽销路。二是培育高山无公害蔬菜。力促老林村千亩蔬菜基地提档升级，更新蔬菜大棚薄膜 30 个 9600 平方米，安装大棚喷滴灌设施 58 个，引进优良蔬菜品种 5 个，取得无公害蔬菜证书 10 个。三是狠抓油茶产业。组织全镇油茶种植大户及重点农户开展油茶实用技术培训，强化业主主体责任，并在银河村试点成立油茶抚育管护专业队伍，进一步加强对油茶产业的后期管护。四是培育产业集群。加大农业供给侧结构性改革，大力推进农业转方式调结构，积极培育新型经营主体，引导土地向大户和企业有序流转，先后引进业主在老林村发展李子 66.7 公顷，在银河村发展砂糖橘 33.3 公顷，在五星村发展花椒 13.3 公顷。五是加强科技推广。配合区农委农技推广中心在街道社区 9 组完成玉米机播、机收以及品比试验。完成机耕作业面积约 1660 公顷，机插秧连片作业面积 33.3 公顷，推广农机深松 17.3 公顷，实施水稻全程社会化服务项目 33.3 公顷，实施老林村水稻病虫害统防统治项目 87.8 公顷。精心培育优质梁平柚，选送平安村 1 组柚农李仁兴的柚子获全区柚王评选第二名。六是注重农产品质量安全。高效推进梁平区创建国家农产品质量安全县各项工作，建立标准化农药残留检测室 1 个，完成抽检样品数量约 8000 个。切实加强动物防疫工作，防疫生猪 24000 头、耕牛 632 头、山羊 4250 只、家禽 74500 只；完成生猪、山羊抽血送样测抗 395 份，监测结果良好；认真开展动物疫病普查，确保畜禽养殖健康发展。

工贸　通过积极扶持，引导现有非煤矿山企业整合资源，做大做强，促使企业进一步进行技改扩能、加大安全投入等，有序开发矿产资源，有效增强发展活力。加大招商引资力度，引进致远建材（沥青拌合站）落户蟠龙并正式投产、蟠龙村油茶加工企业已经建成并正式投产；积极协调用地等建设审批手续，支持吉福建材（机制砂）落户蟠龙并开始试生产。积极支持工商贸企业发展壮大，致远建材已成功申报规上企业，重庆农香稻商贸有限公司和重庆市梁平区久回味餐饮服务有限公司成功申报限上商贸企业。发展壮大微型企业28个，新增就业岗位100余个。

财政金融　2017年，实现地区生产总值4.24亿元，同比增长11.9%；工业生产总值4.07亿元，同比增长13.1%；农业生产总值2.19亿元，同比增长12.9%；固定资产投资2.4亿元；社会消费品零售总额12623万元，同比增长13.7%；税收首次突破千万元，达1027万元，同比增长26.8%；农村居民人均纯收入14310元，同比增长14%；城乡居民人均纯收入21570元，同比增长12%。金融机构存款余额达4.2亿元。

【社会发展】

文化艺术　组织“癞子锣鼓队”积极参与区文化委举办的“文化消费季癞子锣鼓展演活动”；积极参加区首届运动会，广场舞项目荣获区第二名，腰鼓队项目和武术项目荣获全区前八强；开展送文化下乡活动42场次；开展文化市场清理整顿工作，严厉打击“黄、赌、毒”活动。

教育　坚持优先发展教育，全镇学龄儿童入学率、学前教育普及率达100%；完成蟠龙初中道路油化、浴室改造和蟠龙中心小学电力设施改造。

医疗卫生　有镇、村（社区）医疗卫生机构16个，镇卫生院全年门诊就医5000人次，住院730人，药占比34%，报销比74%。持续加大健康教育宣传力度，发放国家公共卫生计生免费服务资料5000余份。对全镇65岁以上老人、慢性病管理者、计生特困失独家庭、精神病管理者、结核病管理者等进行上门式设点健康免费体检3000余人。孕妇管理189人，7岁以下儿童管理1213人，高血压管理1149人，糖尿病管理218人，重性精神病管理89人，传染病报告35人，结核病管理12人，预防接种2005针次，建卡贫困户基础体检1341人，家庭医生签约服务8876人。完成全镇符合规定的67名离岗村医养老医疗补足工作.

广播电视　到2017年年末，全镇累计安装户户通1710户；有线电视用户（包括数字电视和模拟电视）尚存100户。

社会保障　社会保障覆盖面进一步扩大，居保、医保实现全覆盖，低保、五保、社会救助、优抚等工作稳步推进。全年核查低保353户703人，发放低保金250余万元，节假日慰问费5.6万元；核查五保151户，发放五保供养金52.56万元；开展农村冬寒救助400余户1200人，发放生活救济款20余万元，开展大病医疗救助59户59人，发放救助金48.6万元，开展小额临时救助224户，发放救助金16.9万元，开展医疗救助资助参保1649人；核查优抚对象160余人，发放定补资金144万余元，节假日慰问金2.59万元，医疗费14.25万元，优待金17.6万元。办理“敬老优待证”88个。新增国家独生子女奖励94人，累计884人，发放奖励金132万元。

惠农政策　完成2017年耕地地力保护补贴登记6125户，兑现资金193.2万元；完成2016年度退耕还林延长直补申报2625户，兑现资金109.875万元；完成2017年度公益林森林生态效益补偿申报4402户，兑现资金49.27万元；开展实用技能培训100人，适应性培训227人，新市民培训50人，新增城镇就业156人，就业困难人员就业28人；办理小额担保贷款18笔210万元；发放农机购置补贴12.698万元；开展农机驾驶员培训4次240人。完成25家适度规模经营户发展试点建设项目任务，争取项目补助资金52万余元，做好金融支持农村一、二、三产业融合发展银企对接工作，实现担保贷款110万元。

【基础设施】

场镇建设　深入推进场镇基础设施和公共服务设施建设，全面开展场镇综合治理，在青垭湾场镇规划停车位200余个、新增停车场1处；聘请保洁公司专门负责青垭湾场镇环境卫生；拆除石垭子场镇人行道违法搭建的彩钢棚140个、消除临街搭建物14处；建成污水处理厂二三级管网；实施2个场镇路灯线路的改造；常态化开展场镇商贸执法行动，整治市场秩序。严格按照蟠龙镇总体规划和土地利用规划，严守耕地保护红线，进一步规范村镇建设秩序，全年规划审批建房22户，完成竣工验收29户。大力开展违法建筑专项整治，制止消除违法建设行为17起。

农民新村建设　加快扈槽村美丽宜居村庄项目建设，铺设仿青石路面0.8公里、仿古条石人行道1.25公里，治理村庄河道520米，规范田间地头680平方米，改造卫生厕所6户，绿化庭院20户，安装太阳能路灯20盏，修建休闲凉亭1座，仿木座椅1套，特色造型凳2个。

交通设施　完成二环路"蟠龙洞—青垭场—安乐场"路段改造16公里；新建蟠龙镇扈槽村—福禄镇大印村镇际间通达公路3.16公里；硬化红桐子树垭口—原蟠龙乡政府道路5公里；硬化街道社区（原南华）至五星村公路1公里；硬化五星村罗家湾水库公路1.2公里；硬化平安朱家湾至大观镇（11队垭口至煤炭洞子湾）公路1.7公里；硬化聚水村6组组级公路2公里。

水利设施　完成山坪塘整治30口，安装山坪塘安全防溺水警示牌50块。完成蟠龙供水改造主体工程。

【生态涵养】

水环境治理　全面落实"河长制"，划定镇级河流5条、村级河流16条，设置河长公示牌35块，落实镇村两级河长责任人36人，全年巡河864次。依法拆除禁养区养殖场5家，整治污染养殖场3家。加强水源地保护，坚决打击非法采矿，督促非煤矿山企业种草植树还绿，落实生态修复措施。严把新上项目环保关，严格执行环保一票否决制，加强生态红线区域管控保护。汝溪河、黄金河市级监测断面常年保持Ⅱ类水质。

森林保护　完成中幼林抚育任务466.7公顷。严格审批手续，查处林政案件2起。开展松材线虫病除治工作，除治病死松树1万余株，悬挂天牛诱捕器300个。完成小型农田水利重点县建设年度任务，全年疏浚河道45.4公里、清淤河塘49个，完成绿化造林157.3公顷。

【名胜旅游】

蜀道难景区　整合镇内的旅游资源形成"蜀道难"新景区，被区委、区政府纳入全区六大重点打造的景点之一。规划设计单位对蟠龙蜀道片区的道路、民房、闲置国有资产和自然资源进行了深度调查，初步编制了《重庆梁平蜀道难旅游景区总体规划》。

蟠龙洞风景区　支持蟠龙洞风景区提档升级，现已完成接待中心、洞内步道和灯光的改造。

蟠龙花海　支持重庆牧阳生态农业开发有限公司做大做强蟠龙花海景区，建成林下花卉、野生动物观赏、儿童室内游乐和水上乐园等项目，并正式收费营运。

唐家坡传统村落　对70户夯土民居开展科学调查，分析历史沿革，挖掘农耕文化，在保持其基本格局和原有风貌的基础上，开展保护修缮工作，并积极申报国家第五批传统村落项目，已通过市级审核，待国家住建部审批。同时，通过以奖代补的形式鼓励农户利用现有房屋开办农家乐，促进农户积极参与乡村旅游发展，建成"唐家坡印象"农家乐1家。（蟠龙镇）

星　桥　镇

【概况】　星桥镇位于梁平城区以北，东连合兴镇，西接安胜镇，南临城区，北依文化镇，幅员53.1平方公里，现辖7个村55个村民小组，1个社区10个居民小组，人口2.1万人，镇政府驻地星桥街道距城区5公里。因撤县设区，2017年

1月10日重庆市梁平县星桥镇人民政府变更为重庆市梁平区星桥镇人民政府，2017年1月18日正式挂牌。

星桥镇森林资源丰富，景色优美，环境宜人，交通便利，县道城文公路贯穿南北，“二环路”、达万铁路横跨东西。全镇基础配套设施完善，农业产业优势明显，建设有肉鸭良繁基地、高端食用菌基地、渔业养殖基地、时令蔬菜基地、经果林示范基地和土李子示范基地。

星桥镇地形起伏，以山丘地带为主，西南面为平坝。海拔高度最低处418米，最高处610米。城（北）文（化）县乡公路，达万铁路横穿镇内，距梁平火车站2公里。气候属暖温亚热带气候区，季风气候显著，春季气温不定，初夏多阴雨，盛夏炎热多伏旱，秋冬暖和。平均气温为16.5℃。常年降雨量1262毫米，无霜期270天，日照1500多小时，常年主导风向为北风。境内有河道长约18公里。有小Ⅱ型水库1座。

【经济发展】

农业　按照城市“后花园”定位，根据乡村振兴的要求，以实施特色效益农业提振工程为抓手，扎实推进农业侧结构性改革，打造梁平柚、李子、渔等产业园；以实施品牌农产品培育工程为抓手，扎实推进农业农村经济高质量发展，大力推进农业标准化生产，加强农产品质量安全监管，2017年完成10余项“三品一标”认证；以实施美丽乡村试点工程为抓手，扎实推进乡村绿色发展，加强面源污染防治，打造观光、休闲、果蔬采摘休闲体验农业。成功建成标准柚园66.7公顷，新栽油茶133.3公顷，经果林总面积近666.7公顷。粮食播种面积24666.7公顷，粮食产量1.35万吨。农民人均纯收入实现13948元，增长10.71%。

工业　2017年实现工业总产值9028万元，比上年增长11.5%，规上工业企业梁平区冠香食品有限公司实现总产值4508万元。

旅游业　乡村旅游有力推进。立足城市后花园发展定位，投入20万元修建旅游观光亭，完善产业园人行便道和产业便道，在“二环路”、城文公路沿线设置主要观光点指路牌，着力打造休闲观光旅游带，现已形成双桥、高都、两路、河井四个村五公里现代农业采摘观光带，3月到8月可以品尝到种类繁多、美味可口的水果，还可以欣赏到樱桃花、李子花、油茶花、油菜花、荷花等美景。以“休闲垂钓、赏花采摘、农家食宿”为主题的乡村旅游逐步形成。

商贸　2017年全镇经济总量达到2.73亿元，较上年增长10.99%；社会固定资产投资实现1.51亿元，增长2.42%；社会消费品零售总额实现6146万元，增长16.16%；全年新发展个体工商户28户，完成1家限上商贸企业申报工作。

财政金融　2017年公共财政收入1849万元。

【社会发展】　文化教育　有镇文化服务中心1个，镇文化站被评为三级综合文化站。社区文化活动中心1个，村级文化活动中心7个，公共图书馆1个，藏书3万余册，文化传播队伍11支，文化中心户12户，区级不可移动文物保护单位4处。成功举办“庆七一　感党恩”全民坝坝舞比赛；组团参加梁平区首届运动会，在游泳、铁环、掷千球、田径等比赛取得较好的成绩，荣获体育道德风尚奖。幼儿园2所，在园幼儿290余人，专职教师14人。小学4所，在校学生595人，专任教师42人。初级中学1所，在校学生165人，专任教师27人。小学适龄儿童入学率、初中适龄儿童入学率、小升初升学率、九年义务教育覆盖率均达到100%。完成星桥镇中心小学主体建设。

医疗设施　有各级医疗机构11个，病床32张，镇卫生院有x光机1台、心电图机2台、B超机2台、全自动生化分析仪1台，三分类血球分析仪1台、经颅多普仪1台、电解质分析仪1台和腰椎牵引床、中频仪等理疗设备若干，固定总产值260余万元。专业卫生人员16名，其中执业医师4名，执业药师1名，执业助理医师4名，执业护士7名。全年星桥镇卫生院（含门诊）诊疗1.2万余人次。

社会保障　围绕民生保障第一目标，坚持以群众需求为导向，扎实做好民生实事。救助困难群众360户1320人，发放救助金18.23万元。农村低保对象398户606人，发放低保金、慰问金及生活补贴235.16万元；城市低保对象32户40人，发放低保金、慰问金及生活补贴20.33万元。临时救助58人，发放救助金52.65万元。离任三职干部66人，打卡发放补助金6.18万元。重点优抚对象92人，发放各种定补和抚恤金、慰问金、优待金152.38万元。38位90岁以上老人，全年共发放补贴金及慰问金4.12万元。城镇新增就业437人，登记失业人员再就业19人，城镇登记失业率在4.0%以内。开展小额贴息贷款、技能培训、公益性岗位等政策性扶持工作，促进21名困难人员就业。开展企业拖欠农民工工资专项行动，走访、约谈8名企业负责人，全镇无拖欠行为发生。做好宅基地复垦验收工作，全镇退地资金1122万全部到位。新增奖扶、特扶78人；办理各种计生证件276个，落实“一对一”帮扶独生子女残疾家庭和丧独家庭。

【基础设施】　场镇建设　深化“三城同创”，持续开展场镇整治，拆除场镇彩钢棚2166平方米；设置小车停车位41个，摩托车车位18处，场镇基本实现畅通；聘请专业公司负责垃圾清运，做到垃圾日产日清，专人负责场镇污水管网维护；补植行道树、修复路灯、完善人行道透水砖、改造公共厕所，基本实现场镇“八有”。

道路交通建设　境内有城（北）文（化）县乡公路、“二环路”，达万铁路横穿境内，实现村村通公路，全镇公路里程达到103公里。机场至老城北客运线路运行良好。启动大长村、狮子村通客运项目及星桥车站建设。

生态环境建设　加大环保整改工作力度，完成烧结砖厂整改，关闭土法造纸作坊1家。认真落实河长制，对全镇区级河流、镇级河流、村级河流、水库进行摸底，建立“一河一档”“一库一档”，编制“一河一策”，制定了河长制公示牌，绘制河流走向图，配齐各级河长、库长。完成区下达的1家畜禽养殖场关闭、3家畜禽养殖场整改。完成河道清漂、清淤2.5公里。持续巩固乡风文明建设成果，配置了垃圾箱、垃圾桶，建立了农村生活垃圾集中收运体制和镇域内主要交通要道长效养护保洁制度。坚持村容户貌干净整洁评比，评选“干净整洁便民服务中心”“干净整洁示范户”“干净整洁户”，通过榜样引导文明习惯的养成。

扶贫攻坚　2017年新增贫困户7户18人，脱贫8户21人，稳定脱贫18户66人。投入区级扶贫财政资金15.9万元和4万元市级巩固脱贫成果财政资金，对全镇360户脱贫户、46户贫困户通过购买生产资料、发展青脆晚熟李、医疗救助、教育资助、技能培训、危房改造等措施进行帮扶，确保脱贫户不返贫，贫困户早脱贫。精准识别贫困组高都村7组，制定三年脱贫规划并启动，成立了梁平区斗梯子广子岭李子专业合作社，开展了李子除杂、修枝、施肥等产业培育，启动发展李子产业66.7公顷的退耕还林项目。

其他　有重银行分理处1处。邮政代办所1处，负责接送信件、书籍、报纸杂志等邮件。有快递点2处、电商点2处。

【特色产业】　观光休闲农业　在海拔500米，高都村高山晚熟土李子近66.7公顷，全镇土李子规模达到233.3公顷，新建成66.7公顷标准化梁平柚园。全镇着力打造以李子、梁平柚、樱桃、西瓜、草莓、梨、柑橘等多种水果和品质蔬菜采摘、观光、休闲为主的农业。（星桥镇）

曲　水　镇

【概况】　曲水镇位于梁平区东部，紧邻万州区分水镇，镇政府驻地黄泥堡，距梁平城区41公里，318国道贯穿全境，达万铁路、沪渝高速路经曲水，分水火车站、高速出入口距镇仅6公里。全镇辖区面积47.43平方公里，辖中丰、长榜两个社区和曲水、龙山、三合、宝石、聚宝、中鹿6个行政村共49个村民小组。2017年末，辖区总人口17031人，全年实现地区生产总值3.48亿元，规上工业产值2.6亿元，固定资产投资达9330万元，社会消费品零售额6749万元，农村人均可支配收入达15540元，一般公共预算收入达1686.24万元。

【经济发展】

农业　紧紧围绕“果蔬油”三大产业，建成沿白洋河畔蔬菜大棚集群、318国道沿线柑橘园、聚宝李子“一带四园”。做大做强李子产业，深入推进李子产业规模化、标准化、品牌化，注册“李果老”商标并实现线上销售，全年李子产业规模达506.7公顷，李子年产量达150万公斤。柑橘、辣椒、油菜、油桐等特色产业不断壮大。2017年新栽李树5000余株，新增农业公司3家、家庭农场4家、种养大户20户。成功申报绿色食品1个，6个绿色食品正在申报中。李子原产地保护申报工作已进入最后公示期。

工业　2017年实现工业总产值2.6亿元。成功申请限上商贸企业1家。昌鑫植物油厂完成1000万公斤油菜籽精炼加工项目技改，新建厂房200平方米。协调香顺调味品有限公司产权变更，协助其投入使用榨菜加工生产线，新增浸泡缸500个。

商贸旅游　聚宝村被重庆市建委评为“重庆市2016年度绿色村庄”，被住房城乡建设部办公厅评为第一批绿色村庄，被农业部办公厅评为“中国美丽休闲乡村”。景区配套基础设施进一步完善，建成枣子树垭口观景台，建成旅游停车场1个、旅游公厕10个并投入使用，油化观光大道2.7公里。成功举办第三届赏花节、第三届采李节及特色农产品展销会，吸引区内外游客2万余人，曲水乡村旅游品牌的影响力进一步辐射近郊区县。

生态环保　全面推行“河长制”，为辖区1条区级河流、5条镇级河流、14条村级河流和5座小Ⅱ型水库河（库）明确镇村两级河长13名。完成新一轮退耕还林3723亩规划设计，狠抓2.1万亩林地和天保公益林管护，验收合格200公顷森林抚育，全镇森林覆盖率达到54.8%。除治处理病死松树6709株，覆盖4个村、16个村民小组，松材线虫病疫情得到有效管控。严防森林防火，全年无重大森林火灾发生。

【社会发展】

教育　落实农村义务教育经费保障政策，中小学适龄生入学率达100%，巩固率100%，小升初100%，初升高在同类学校中名列前茅。

医疗卫生　落实好计生利益导向政策，2017年新增奖扶130人，特扶5人，参保资助928名计生奖扶特扶对象。稳步实施医药卫生体制改革，群众就医条件极大改善。城乡居民医疗保险参保率为100%，联合镇卫生院建立流动人口健康档案。

文化艺术　持续推进综合文化站免费开放和农家书屋规范管理工作，举办文化下乡活动16场，开展全民阅读活动，成功举办曲水镇第一届农民运动会。

社会保障　全年最低生活保障316人，参保资助746名民政帮扶对象。支持就业创业，全年新增城镇就业144人，新增创业63人，完成农村富余劳动力转移245人次。投入80余万元，新改扩建龙山、三合、宝石便民服务中心近500平方米，完成敬老院迁建并入住。改造农村危房4户。

【基础设施】　2017年，改扩建农村公路4公里，新修人行便道12.6公里，完成龙山村客运通工程1.8公里。整治山坪塘68口，新建集雨池22口，改造中丰社区、龙山村和曲水村自来水管网9公里。积极推进“三城同创”工作，完成场镇部分基础设施建设维护，新安装场镇路灯45盏，启动800平方米场镇人行道地砖改造工程，美化了行道树树池，规范了停车位。优化生活垃圾收运系统，补充配备5套垃圾箱。建立常态巡查机制，狠抓场镇违法建筑管控，拆除违法建筑260平方米。开展镇域河道集中治理4次。

完成龙山等 8 个村（社区）的村级规划编制，实现村级规划全覆盖。

【名胜旅游】

万善桥位于曲水镇中丰社区 5 组白杨河上，距离镇政府驻地 1 公里。该桥建于明清之交（1630—1650 年间），是一座空腹式的圆弧形石拱桥，桥体全部用石料建成，最长石条 4 米多，桥长 40 米，跨径 6.5 米，桥高 14 米，桥共 65 步台阶，相传为鲁班所建，于鸡鸣之时用一猪槽合拢，曾为万梁古道（西大路）繁华之处，孕育了白羊铺这一古镇。该桥保存完好，桥栏上“万善桥”三字、护栏等雕饰清晰可见。（曲水镇）

安 胜 镇

【概况】 安胜镇位于梁平区城西北部，距城区 6 公里，距全国第二高石塔文峰塔 4 公里，与梁山街道、双桂街道、星桥镇、明达镇、仁贤镇接壤。清光绪时为兴隆场，民国初置隆胜乡，民国 30 年（1941 年）安乐、隆盛 2 乡合并为安胜乡，1949 年前称兴隆场，1966 年 8 月更名为解放公社，1982 年复名为安胜乡。1992 年撤区并乡建镇时，为县直管乡。2002 年，13 个村合并为 6 个村委会 49 个村民小组。2009 年 12 月梁盐村 1 至 6 组和安复村并入双桂街道。2012 年辖梁安、金平、龙印、高峰、井坝 5 个村委会 38 个村民小组。2016 年 8 月梁安村完成村改居。2017 年撤乡设镇更名为安胜镇。辖梁安社区，金平、龙印、高峰、井坝村委会。

2017 年总人口 13470 人，男性 6956 人，占 52%。农业人口 12495 人，非农业人口 975 人，人口出生率 6.44‰，死亡率 6.23‰，自然增长率 0.21‰。辖区面积 28 平方公里，耕地面积 1528.8 公顷，人口密度 491 人/平方千米。

安胜镇地处梁平大坝腹心地带，地势东南低西北高，以平坝丘陵为主，海拔 443 米～638 米。气候属于热带湿润季风气候区，四季分明，气候温和，年均气温 16℃，年降雨量 1200 毫米，全年无霜期 270 天。境内有 1 条龙溪河横穿金平、龙印、梁安等村（社），有备战、团结、胜利小（Ⅰ）型水库 3 座，高峰小（Ⅱ）型水库一座，山坪塘 75 口，排灌水渠 65 公里。

【经济发展】

农业　2017 年，农业总产值实现 14582 万元，其中种植业 7385 万元、林业 685 万元、牧业 6105 万元、渔业 253 万元。粮食播种面积 1362 公顷，产量 7496 吨；油料作物面积 558 公顷，产量 1573 吨；蔬菜面积 735.5 公顷，产量 12102 吨；水果 2417 吨、肉类总产量 1623 吨、猪肉 989 吨、禽蛋 1305 吨，生猪出栏 13201 头、存栏 4102 头，家禽出栏 351723 只、存栏 162405 只。

2017 年，安胜镇持续培育农业产业，农旅融合发展雏形显现。一是效益农业初具规模。借助安胜良好的农耕条件和独特的区位优势，大力发展生态效益农业，目前已形成以印屏山杨梅基地为核心、以特色种植业为支撑，辐射周边村社发展杨梅采摘基地 86.7 公顷，蓝莓基地 13.3 公顷，绿色有机水稻 146.7 公顷，小米花生 220 公顷，绿色蔬菜 33.3 公顷，莲藕 106.7 公顷。二是加工工业企业正在积聚。在坚持生态环保，用地合规的前提下，充分利用农村闲置建设用地，积极培育发展农产品深加工及电子产品代加工产业，目前已培育“好地生”、名正电子等 2 家规上企业。三是农养医旅、农事休闲、农耕体验式的乡村旅游格局正在形成。通过对安胜辖区内资源禀赋条件的充分调研，结合安胜独特的城郊区位优势，整合挖掘出龙印山（印平山观万石耕春）、龙鼓泡（玄月山医旅休闲）、龙印（溪谷）、井坝（梯田）、龙印（稻乡）、金平（芙蕖）等自然农耕景观，为下一步整体开发打造，积聚资源，奠定基础。

工业　2017 年完成工业总产值 14585 万元，同比降低 19%，实现销售收入 14585 万元、利税 150.24 万元，其中规模以上工业企业 2 个。

2017 年，全镇聚焦工业发展，特色工业发展态势良好。一是工业企业运行良好。通过培育壮大、牵线搭桥，成功孵化名正电子、引进惠梁机电落户区工业园区。二是招商引资成效明显。采取政府主导，通过以商招商，引进线上规模企业1家。引进玄月山生物科技公司整体开发龙印村凤凰山区域，打造休闲养生风景区。

财政金融　2017年全镇财政总收入1379.7万元。实现社会消费品零售总额6285万元。

【社会发展】　2017年，全镇城乡居民医疗保险11982人，城乡居民养老保险参保人数达5888人。全年共办理农村低保204户376人，城市低保24户30人，孤儿3人，优抚对象共计103人，特困人员83人，其中集中供养4人，分散供养75人。建成残疾人康复社区1个，82名残疾人享受贫困残疾人生活补贴，123名残疾人享受重度残疾人护理补贴，完成1户灾民倒房重建工作。

全镇有文化站1个，电子阅览室1个，图书室1个，农家书屋5个，广播站1个，中学、小学各1所，卫生院1所。

【基础设施】

交通建设　实施27.6公里“小康路”建设。实施安胜至城区农村客运公交化改造。拓宽改造井坝至星桥狮子村道路，完善安保设施，力争开通农村客运。

场镇建设　实施芙蓉广场二期建设，完善健身器材、运动场地、健身步道等群众活动设施。改建公交客运站，增配公共停车场。完善场镇“平安天网”监控网络。新建两座公厕。实施梁安河堤整治工程。探索建立场镇整治长效机制，确保场镇畅通、整洁、美观。

居住环境　全面竣工投运高峰水厂，解决高峰井坝及场镇用水问题。改建住房19户。健全完善垃圾收运系统，建立日常清扫保洁长效机制，规范运行集镇污水处理设施。实施“零容忍”环境处罚措施，倒逼畜禽养殖业关停搬迁工作。完成金平村农村垃圾治理、景观改造、河道治理等基础设施建设，打造美丽宜居示范村庄。健全村（社区）保洁体系，开展垃圾分类处置试点，农村垃圾无害化处理达90%以上。

乡风文明　继续实行“主要领导包片、分管领导包村、一般干部包组”的模式，充分发挥村组干部、党员的模范带头作用，从卫生习惯入手，从村办公场所做起，全面深化村容村貌整治。持续清理龙溪河支流沟渠垃圾和淤泥，建立沟渠清洁维护长效机制。开展孝道、守法乡风宣传教育主题活动，拓展乡风文明内涵。（安胜镇）

铁门乡

【概况】　铁门乡位于梁平区东南边陲，东邻大观镇、忠县金鸡镇，南与垫江县普顺镇接壤，西与云龙镇、北与和林镇为邻。乡政府驻新龙村，距区政府驻地22.1公里。1958年9月设立铁门公社。1984年2月改为铁门乡。2017年年末，辖1个居民委员会，2个村民委员会，11个居民小组，13个村民小组。

铁门乡大部分是低山，少部分为平地，地势为西高东低。东西两山夹一槽，俗称“槽里头”，最高处海拔1120米，最低处海拔为680米。气候属温带季风区中的大陆性气候。春季少雨，夏季雨量集中，常伏旱，秋季温和凉爽，冬季干冷少雨。多年平均气温16.5℃，年均降雨量1200毫米。境内无河流、湖泊，地面水和地下水均外流其他地方。矿产资源主要为石灰石和煤，石灰石储量1亿多立方米，煤炭隐藏深层难以开采。

【经济发展】

农业　全年农作物总播种面积1203公顷，以种植水稻、玉米、红苕、洋芋为主。2017年第一产业生产总值6921万元，其中农业2385万元，牧业2796万元，林业1338万元，渔业335万元，农业服务业66万元，农民人均纯收入13158元。畜牧业以生猪、山羊、肉牛、家禽养殖为主。全年生猪出栏6536头，存栏1822头；山羊出栏3073头，存栏1288头；肉牛出栏467头，存栏

236头；家禽出栏24996只，存栏15441只。

工业　全年工业产值1.25亿元，规模以上企业—超凡粮油贸易公司，占地0.6公顷，总投资600万，年产值3612万，规模以上企业—新益石材，占地6.7公顷、生产规模达100万吨/年，总投资2000万元，年产值3140万元。全社会完成固定资产投资总额7120万元，社会消费品零售总额4330万元，比上年增长14.4%。

旅游业　小白水景区在2017年国庆期间开园并取得良好效益；毛庵寨（乾丰农业）农业观光景区全年完成油茶园（100公顷）、百果园（13.3公顷）、灌木花园（6.7公顷）的种植以及停车场的建设（2400平方米），完成了沟渠整治和土地改良等工程；天荡湖景区投入近200万元，实施山坪塘修建、毛坯道路开挖、果树种植等基础建设；大白水景区投入100万元整修河道；探索特色生态发展路子，整合全乡优势资源，发展生态鱼、蜂蜜、老荫茶等特色旅游产品。

财政金融　2017年财政总收入1178万元，同比增长14.37%。金融机构年存款余额5900万元。

社会发展　全乡有文化服务中心1个、有村级活动中心3处，各类文化专业户9户，各类图书室5个，藏书21余万册。幼儿园3所，在园幼儿81人，专职教师5人；小学2所，在校生232人，专职教师23人，小学适龄儿童入学率100%。各级医疗卫生机构5个，门诊部5个；专业卫生员18人，其中执业医师3人、助理医师3人。新型农村合作医疗参保达到全覆盖，2017年城乡居民社会养老保险投保4840人。乡内有1个敬老院，床位10张，收养农村五保户4人，其余15户为分散供养。农村和城市最低生活保障77户。国家抚恤、补助各类优抚对象53人，抚恤事业费支出335390元。

【基础设施】　境内有青（垭口）铁（门）路、云（龙）铁（门）两条区级公路与周边县、镇相通。梁忠高速公路横贯乡境，并设有出口，与乡内交通网线互通，车行20分钟可到城区。2017年全年整治完成并投入使用山坪塘4口；完成公路通达工程3公里，硬化生产便道9公里；完成铁门社区幼儿园建设并投入使用；天然气用户超过600户；争取市级资金近1200万元，着力实施水土保持项目和高效节水项目；整合各方资金新建铁门社区便民服务中心；争取资金45.6万元，改造完成C级危房30户、D级危房11户。

【脱贫攻坚】　深化精准脱贫，严格落实“双组长”制，签订责任书35份，落实对建卡贫困户月走访和精准帮扶制度，明确扶贫成效考核办法，确保扶贫工作落到实处；严格扶贫对象动态调整的标准和程序，以是否解决“两不愁、三保障”为基本原则，按照程序开展工作，精准识别新龙村6组为贫困组，精准识别出贫困户2户4人，贫困户退出2户7人；认真开展稳定脱贫标注工作，实现稳定脱贫28户70人；整合各项资金，解决群众行路难、用水难、住房难、用电难等问题；鼓励发展肉牛、山羊养殖和水稻、玉米种植，为贫困户发放产业扶持资金1.5万元；为全乡脱贫户和贫困户发放了精准脱贫保保单，对缺乏劳动力的贫困户落实了低保兜底，全年发放慰问品、慰问金等共计2.8万元；大力宣传扶贫政策，确保贫困户家庭享受到各类政策资助；加强扶贫资金项目管理，严格公开公示制度，做好扶贫资金自查自纠工作，做到扶贫资金专款专用，无违规使用扶贫资金、无贪污挪用挤占扶贫资金等现象发生。　（铁门乡）

龙胜乡

【概况】　龙胜乡位于梁平区西北部，东毗竹山，南邻袁驿，西北接虎城，距梁平城区36公里，距梁忠高速公路袁驿出入口7公里，省道S410穿境而过。全乡辖区面积36平方公里，其中耕地面积916公顷，森林面积2374.8公顷，森林覆盖率达64.51%。辖龙胜社区居民委员会和公平、双凤、新口、三和4个村民委员会，7个居民小组和15个村民小组。辖区总户数2631户，户籍总人口8473人，其中男性4486人，占53.0%，女性3987人，占47.0%，有非农业人口548人，农业人口7925人。人口出生率6.0‰，死亡率6.4‰。人口密度为每平方公里235人。

龙胜乡属典型丘陵山区，海拔高度407米～1086米。气候属亚热带季风气候，四季分明，气候温暖，雨量充沛，日照偏少。年平均气温16.5℃，无霜期年平均270天，年降雨量1100毫米。境内有主要河流3条，河道长约41.7公里，小Ⅱ型水库2座，山坪塘39口。矿产资源主要是煤炭、矿石，煤炭初测储量达1000万吨。竹类有寿竹、白竹、慈竹、罗汉竹、水竹、苦竹等20多个品种，树木有松树、柏树、杉树、丝栗等60余个品种。

【经济发展】

2017年实现地区生产总值21859万元，比去年同期增长（下同）10.2%。

第一产业总产值达到11240万元，其中农业3992万元，林业3168万元，牧业3927万元，渔业153万元。粮油播种768.8公顷，粮食总产量2691吨。开展农业支持保护补贴，完成粮食综合直补2233户，面积257.6公顷。

全年净增各类新型市场经营主体27户，总量达243户，增长17.09%。

2017年，财政收入1022万元，国地“两税”收入49.54万元。完成固定资产投资8130万元，增长95.71%。全社会消费品零售额达到4807万元，增长14.9%；农村常住居民人均可支配收入预计14066元，增长12.8%；城镇常住居民人均可支配收入预计19086元，增长10.1%。

【重点产业】

甜茶　甜茶富含钾、镁、磷、铁等多种元素，具有清热解毒，减肥、降脂、降压的保健功效。“梁平甜茶”成功注册国家地理标志证明商标，正在申报绿色食品、有机农产品、生态原产地保护产品等“三品一标”认证，万亩甜茶基地正有序建设。有甜茶市场主体17个，其中公司3家、家庭农场13家、专业合作社1个，注册商标2个。新栽种甜茶11.7万株、90公顷，建成甜茶加工房1座，新修产业便道5公里、灌溉水池12个，建成梁平甜茶母本园育苗基地1个3.3公顷。

竹产业　全乡有竹林面积1696.2公顷，2017年实施低效竹林改造400公顷，新造竹林100公顷。年销售竹制品万余吨，产值1200余万元。辖区内4个竹制品生产企业，带动450余人就业。

中药材　2017年，全乡有中药材种植专业合作社1家，散户200余户，中药材种植面积10公顷，以九节风、独角莲、白芨、老虎姜、百部等为主，总产量约39吨，产值达195万元，带动农户增收。

【社会事业】

文化艺术　有乡文化服务中心1处，村居文化活动中心5处，农家书屋5处，各类文化中心户7户，全乡藏书达22000余册。拥有梁平区不可移动文物保护名录2处（双凤村3组向炳桥、三和村1组李培夫妇合葬墓）。全乡有音乐、美术、书法、摄影及文学业余创作队伍30人，体育场5个。2017年开展文化下乡26场，安装户户通300余台。

教育　全乡有中心小学1所，村小2所，在校学生409人，教师31人。有幼儿园6所，在园幼儿112人，教师8人。小学适龄儿童入学率、小升初升学率、九年制义务教育覆盖率均达100%。

医疗卫生　全乡有卫生医院1个、村居卫生室5个，其中标准化卫生室4个，病床9张，专业卫生技术人员15人，村医生8人，家庭医生签约率50%以上。2017年参加城乡居民医疗保险7679人，参保率100%。

民生保障　完成CD级危房改造92户，6户22人建卡贫困户脱贫越线。落实供养五保、低保、优抚对象和残疾人员504人次，发放各类生活补助金165万余元。完成80岁以上老人高龄补贴申报，落实43名享受计划生育利益导向惠民政策对象资格审核，城镇新增就业110人。

【基础设施】

场镇建设　完成场镇白改黑、修建行道树池、花台、规划停车位、拆除街面洗衣台，实现场镇绿化、亮化和美化。完善政府文化广场配套健身设施，改善场镇居住环境。

交通建设　新建新口村公路桥1座，公路拓宽硬化11.5公里，完成农村公路安保工程10.5公里，启动三和村至虎城镇大荣村公路硬化1.5公里，维修双凤村通乡公路4公里。基本解决群众出行难问题。

民生工程　按“五有、三无、四化”标准分步推进特色风情集镇建设，整治并绿化场镇河堤1.07公里。启动坝坝席场地、场镇公厕、社区广场及污水管网建设。　（龙胜乡）

复　平　镇

【概况】　复平镇位于梁平区东北边陲，距城区19公里。东连万州区余家镇，南靠梁山街道，西接合兴镇，北临四川省开江县广福镇。1966年前称复平公社，1984年改名为复平乡，2017年撤乡设镇。2017年辖小山社区和永和、安平、大龙3个村委会，33个村（居）民小组。2017年，面积32平方公里，户籍总人口8606人，男性4532人，占52.66%。人口出生率9.27%，死亡率6.29%，人口密度为每平方公里269人。

复平镇地处深丘，间有低山，北高东低，海拔高度最低处315米，最高处1118米。气候属暖湿亚热带季风性气候，四季分明，无霜期较长，湿度大，云雾多。多年平均气温16.7C，无霜期年约300天。年降雨量1100毫米。境内有两条河流，一条是普里河，从复平镇永和村1组入境，自南向北，在大龙村7组漫水桥出境，境内河道长8.6公里。另一条是李家河，属普里河水系，境内河道长6公里。森林面积2165公顷，其中，生态林1184公顷，镇经济林311公顷，退耕还林670公顷，森林覆盖率达68.2%。

【经济发展】

农业　全镇农作物总播种面积1415公顷，种植水稻、玉米、青花椒、小麦、薯类、豆类、花生、柚子、油桐、烟叶、茶叶等作物。2017年农业总产值9069万元，种植业6112万元，林业125万元，牧业2446万元，渔业12.9万元，农业服务业71.8万元，农民人均可支配收入1.22万元。粮食总产量4391吨，小麦53吨，水稻2285吨，玉米669吨，薯类664吨，油菜籽158吨，蔬菜2426吨，水果及瓜果239吨。生猪出栏4069头，存栏1356头，家禽出栏2万只，存栏2.9万只。栽种油桐133公顷，建成油桐基地1个，新培育占地40公顷的标准化柚园2个，33.3公顷花椒基地1个山羊、肉兔、肉牛产业持续发展。

工业　2017年，实现工业总产值2200万元。境内有木材加工厂1家，焊接部1家。全年完成固定资产投资总额4250万元，社会消费品零售总额4252万元。

财政金融　2017年地方财政收入1086.35万元，社会消费品零售总额4252万元，比上年增长14%。2017年，新增个体工商户3户，新增微型企业1家。

乡村旅游　黑天池景区建设已初显成效，已完成1.41公里景区道路硬化。已培植1125株高山紫杜鹃，1万株观赏油桐景观树，景区水域已拓宽至3.7公顷，建成1000平方米全木质结构具大自然风味的接待中心、完成3公里环湖登山步道建设、安装防护栏2.1公里，水、电、气、信及污水处理设施在建中。

【社会发展】

脱贫攻坚　2017年集中捆绑、统筹整合专项扶贫、行业扶贫、社会扶贫资金30.47万元，向市级贫困村（小山社区）和所有贫困家庭在产业发展、低保兜底、扶贫技能培训等方面给予倾斜；帮助新增的21户57人贫困户加快脱贫进程。

文化艺术　2017年，有镇综合文化站1个和文化广场1个，村级农家书屋4个，藏书3000余册，文化传播队伍2人，文化中心户2户。文化站免费开放，文化微型企业2户。举办了癞子锣鼓、秧歌、钱棍等艺术演出，开展了送文化、送电影下乡等活动。

教育　幼儿园1所，在园儿童115人，专任教师5人；小学1所，在校学生378人，专任教师26人，小学适龄儿童入学率100%、小升初升学率100%。

医疗　卫生院1个，有病床10张，固定资产230万元。专业卫生人员1名，其中执业医师2名，助理医师4人。村卫生室5个，其中标准卫生室4个，共计门诊部1个，药房7个，镇村医生8人。医疗机构（门诊部以上）全年诊疗2648人次。

体育　有农体工程4个，永和、大龙、安平等村建成篮球场和乒乓球场。开展了田径、运动、竞技等农民体育活动。

广播电视　广播电视站1个，实现了广播“村村响”，电视“户户通”。4个村共安装20对高音喇叭，场镇安装了3个立体音柱。电视户823户，无线地面卫星接收装置850套。

社会保障　居民全部参加城镇居民合作医保，参保率100%。2017年，农村最低生活保障117户232人，支出86余万元，医疗救助510人次，民政部门资助参加合作医疗535人次，城市最低生活保障6户6人，共支出2.3万余元。国家抚恤、补助各类优抚对象84人，抚恤事业费支出58余万元。敬老院1个，床位10张，收养农村五保人员2名。参加城镇居民养老保险4082人，参保率93.73%。

【基础设施】

场镇建设　2017年，新建场镇污水处理站1个，铺设雨污分流管道4.2公里，将场镇清洁卫生外包，新增停车位15个，整治公厕2个，对场镇实施规范化管理。完成场镇及公路沿线天然气安装并投入使用。投资40万元在人行道安装透水砖及补植树苗200株。

农村居住环境建设　开展村容整洁卫生保洁行动，全镇聘请保洁员10名，随时清扫，在各村公路沿线及场镇增设垃圾收运箱共计22个，定时定点处理垃圾；完成全镇1700多户一户一档资料，每月严格开展乡风文明督查考核。完成危房改造5户，其中D级危房改造1户，C级危房4户。成功关闭昌鑫煤矿和红岩砖厂。

交通设施建设　省道S303云复路升级为国道G243，线路穿越复平镇3个村。2017年全镇村级公路80余里，其中村级公路硬化30余公里，组级公路开始硬化，村公路畅通率100%，组公路达通率100%。2017年，完成各村村级公路安保工程，投入10万余元对各村农村公路进行养护和管理。

（复平镇）

紫　照　镇

【概况】　紫照镇位于梁平区东南边陲，距离区城39公里，西接柏家镇，东连忠区金声镇，北倚石安镇，南靠忠区兴峰镇、官坝镇。辖区面积36平方公里。

紫照乡原名耙子丘，始建于清嘉庆年间，1992年撤区并乡为县直辖乡，2017年4月乡改镇。现辖4个行政村41个村民小组，总户数4123户，户籍总人口14451人。境内海拔高度为308米～695米，地处深丘地带，地势东高西低，年均气温17℃，年降雨量1100毫米，土地肥沃，气候温和，物产丰富，盛产水稻、小麦、玉米、油菜等粮油作物和柚、柑、桃、李等水果，矿藏丰富，以页岩气和页岩为主。镇内生态蔬菜种植已成规模，榨菜和矮子青菜成为特色产品。202省道贯穿全境，全镇村村组组通公路、电话，现有耕地面积1100.6公顷，林地面积1781.2公顷，森林覆盖率达48%～50%。

【经济发展】 2017年实现地区生产总值3.51亿元，同比增长10.03%；社会消费品零售总额6480万元，同比增长16.17%；农民人均可支配收入12548元，同比增长10.24%。全年大力推进贫困村和深度贫困组基础设施完善和产业发展，全面完成桂香村整村扶贫任务，积极推进贫困组脱贫攻坚任务，拟定大丘村1组贫困组三年脱贫规划，整合资金210余万元，积极推进产业发展，公路拓宽、人行便道硬化等基础设施建设，改善贫困组的落后面貌。

农业　2017年粮食播种面积2102.9公顷，总产量23120吨；年生猪出栏2.54万头、生猪存栏1.29头，较上年增长2%；山羊全年存出栏2万余只，发展榨菜和矮子青菜66.7公顷，凤凰李33.3公顷；完成了513.7公顷的农资直补兑现工作，直补资金123.3万元；加大科技推广力度，全镇新推广590台新型农机具，直补兑现给农户资金达26万元，农业耕种收综合机械化率提高5个百分点；完成了农业部万亩小麦高产示范片建设，小麦亩产达到285.3公斤；动物重大疫病防控工作实现四个100%目标。

工业　培育重庆香香嘴农业科技有限公司，新发展榨菜、酱干菜生产线1条、200吨的冷藏库一座，并成功申报成为科技型企业，积极开展“三品一标一名牌”申报认证工作，推进产品QS认证。

商贸流通　现有农贸市场1个，山羊、生猪交易市场2个，新增企业3个，个体户29个；成功培育梁平区旭源商贸有限公司申报成为限上企业。2017年持续发展特色镇村旅游，3家农家乐被评为星级农家乐。

财政金融　2017年全镇财政收入1090.4万元。全镇设有金融分支机构1个，2017年年底居民银行存款余额达到2.45亿元，较上年增长2850万元。

【社会发展】

文体　文化服务中心持续发挥作用，4个村均设有农家书屋，配备文学、科技、政治等书籍3000册。镇文化健身广场1个，设有篮球场、羽毛球场、乒乓球台、各类健身器材；村级文化活动广场1个，切实方便群众开展体育锻炼和精神文化活动。

教育　有中心小学1所，村小3所，幼儿园1所，教职员工50人，在校学生892人。大力推进素质教育，加强教师队伍的培训。

医疗卫生　现有中心卫生院1所，病床16张，医技人员15名；村级公共卫生服务机构7所，从业人员12名。全镇新型农村合作医疗参合率达到了100%，村级卫生服务实现全覆盖。

广播电视　有加密卫星接收系统1套，加密电视用户1000余户，卫星地面接收设施2500余套，广播系统5套，实现了广播电视全覆盖。

社会保障　落实农村低保和城镇低保的各项政策，共涉及220户555人；不断完善救灾、救助政策，落实措施，切实关注困难群众，全年发放救灾救济资金31.47万元，救助200余人；认真落实优抚政策，全面落实城乡居民养老保险和医疗保险，全镇贫困人口参保率100%；通过结对帮扶、节假日慰问等方式加大对留守儿童、农村困难空巢老人的关爱、关心力度。

【基础设施】 新建青锋、先进、大丘人行便道6公里，维修公路堡坎塌方35处，整治山坪塘60口，对桂香村6－10组进行农网改造。

场镇建设　2017年新建场镇一处70.86平方米的公厕，对场镇人行道、街道绿化及行道树进行了维护，保障街道路灯亮化率达100%；完成场镇白改黑1公里。

农民新村建设　新建先进村文化活动广场，丰富群众活动场所。推进农村危房改造，18户D级危房得以重建。

交通设施建设　对紫照至石安联网公路进行了维护，养护农村公路18.89公里，确保村民出行安全；启动1.6公里“农村四好公路”建设，争取扶贫资金50万元对1.06公里村级道路进行硬化。

水利设施建设　持续保障全镇近万人的安全

便捷饮水；充分调动群众参与积极性，切实抓好山坪塘整治工作，完成了60口山坪塘集中整治任务，整治效果得到群众认可。

【特色产业】

山羊产业　持续推进传统黑山羊养殖业，利用“专业合作社＋农业公司＋农户”的模式，2017年存出栏2万头。抓好养殖户技术培训，全年开展“扶贫开发培训”“田间学校”等实用技术推广培训20多场，累计培训村民800多名，有效地提高了村民的养殖能力。

榨菜产业　做大生态蔬菜产业，采取“公司＋农户”的发展模式，切实做好种植技术培训和土地育肥管理，并免费提供种子，发展200公顷榨菜和矮子青菜，推进无公害绿色蔬菜基地建设。

李子产业　完善33.3公顷青脆李标准化建设，积极开展“撑、拉、吊”管护技术培训，现场指导，培训修枝整形技术，传授水肥管理、病虫害防治等多方面的知识，同时成立“扮蛮匠李子专业合作社”，加强李子园的统一建设和管理，积极推进股权化改革，让农民享受到真正的利益。

（紫照镇）

网言网语·语丝

外交部前部长李肇星，总是能机智、巧妙地回答记者提出的一些尖锐问题，新闻媒体给了他一个美名：“铁嘴钢牙外交官”。

有一次，有位美国记者问李外长：“听说中国进口的一架大型客机上被装上了窃听器，你对此有何评论？”李肇星说：“说点尽人皆知的事实，我们进口商品，是要付费的，我们未付款的东西，也不希望别国免费赠送。”记者为之折服。

又有一次，一位记者提问：“请评论一下台湾前领导人陈水扁夫人因经济原因被起诉之事。”李肇星回答：“地方官员家属的经济问题，不属于外交事务，我不予回答。”众人大笑。

文　献

三百里竹海旅游度假区竹丰湖景点

文　　献

梁平区政府工作报告（节录）

——2018 年 1 月 12 日在梁平区第十七届人民代表大会第二次会议上

蒲继承

我代表区人民政府，向大会报告工作，请予审议，并请各位政协委员提出意见。

一、2017 年工作回顾

过去一年，我们深学笃用习近平新时代中国特色社会主义思想，深入学习贯彻党的十九大精神，认真落实习近平总书记视察重庆重要讲话精神，紧紧围绕习近平总书记对重庆提出的“两点”“两地”定位和“四个扎实”要求，坚持稳中求进工作总基调，坚定贯彻新发展理念，按照市委、市政府决策部署和区委要求，着力推进供给侧结构性改革，统筹做好稳增长、促改革、调结构、惠民生、防风险各项工作，较好地完成了区十七届人大一次会议确定的主要目标任务。

全年实现地区生产总值 298.1 亿元，同比（下同）增长 8.9%；工业增加值 123.9 亿元，增长 9.4%；固定资产投资 247.6 亿元，增长 9.6%；一般公共预算收入达 21.5 亿元，增长 10.4%；实现社会消费品零售总额 103.2 亿元，增长 14.3%；常住人口城镇化率 44.7%；城镇、农村常住居民人均可支配收入分别达 31599 元、13671 元，增长 9%、9.5%；经济社会发展质量呈现稳中向好态势。

——过去一年，是产业转型提质增效的一年。我们坚持质量第一、效益优先，聚焦推动产业转型升级，调整优化区域主导产业发展方向，完善城市功能布局，紧扣经济社会发展主战场，理顺工作体制，严明工作责任，细化工作举措，集聚要素，精准发力。三次产业结构比调优为 14.2:54.5:31.3。亿联智慧小镇等重大项目落地，实施工业技改项目 77 个，特色工业产值占比提高到 51%，功率半导体封测基地获批国家高新技术产业化基地，启动建设国家知识产权试点城市。新认证“三品一标一产地一名牌”农产品 88 个，特色农产品销售突破 10 亿元，农业增加值增长 5.1%。实现电子商务交易额 19 亿元，增长 59%。新培育市场主体 6517 户。

——过去一年，是生态环境显著改善的一年。我们坚持生态优先、绿色发展，大力改善人居环境。成功创建国家园林县城、国家生态原产地保护示范区。获批国家绿色村庄 6 个、中国美丽休闲乡村 1 个，镇村环境更加干净整洁。龙溪河、新盛河水质从Ⅴ类改善到Ⅲ类，全区河流水质均达到水域功能要求。城乡集中式饮用水源地水质达标率 100%。城市污水处理率达 95%，生活垃圾无害化处理率达 100%。城区空气质量优良天数达 326 天。

——过去一年，是民生福祉明显增进的一年。我们坚持以人民为中心，聚焦城乡融合发展和民生改善，实施以治污、通畅、增绿、添设施为主的老城“双修”，开工建设城市一环路及干线公路，改造城市棚户区 17.7 万平方米。双桂湖国家湿地公园建成开放，区人民医院整体迁建营运。新建农村联网公路 100 公里。区全民健身中心投用，成功举办区第一届运动会。

一年来，我们主要做了以下工作。

（一）致力结构调整，产业发展迈上新台阶。

坚持以创新驱动为动力，促进特色工业加快集聚。引进工业项目90个，利用内资314亿元，增长30%；工业园区新入驻企业40户（突破200户），全区规上工业总产值达210亿元。新增国家高新技术企业8家、市级高新技术产品45个，市级高端和新型研发机构各1家。效益农业稳步提升，双桂田园综合体获批市级试点建设；新改建标准化柚园2万亩；改造提质鱼（鳅）池5000亩；建成连片花椒产业带2万亩。土地适度规模经营率提高到40.8%。现代服务业快速发展，帝豪·时代城和梁平南站商业区相继投用，村级电子商务服务点突破200个。滑石古寨获批4A级景区，双桂田园桂香人家等即将开园。全年接待游客360万人次，实现旅游总收入13亿元。银行业存贷比突破40%，实现保险业收入5.5亿元，华西证券网上交易结算中心落户梁平。

（二）聚力“三城同创”，城乡面貌呈现新气象。

坚持以人为本，统筹推进城乡一体化建设，城镇综合承载能力不断增强。新城开发扩容提速，梁平南站综合枢纽基本建成，城市主次干道、地下综合管廊、地税业务用房等公建项目加快建设。实施植绿增绿，人均绿地面积达36.6平方米。建成窝子溪等一批公园。城市配套设施日臻完善，入驻市场主体1267户，人气商气加快汇聚。老城治理全面启动，新改建城市污水管网55公里，改造老旧小区38个，整治背街小巷80条、违法建筑26万平方米；新建停车场、公厕、菜市场等公共服务设施，居住环境有效改善。集镇整治持续开展，12个乡镇集镇达到“九有六无四化”建设要求。金带、屏锦市级特色小镇和竹山市级全域旅游示范镇创建工作有力有效。

（三）坚持绿色发展，环境改善实现新突破。

持续实施环保“五大行动”，城乡环境明显改善。绿色低碳循环发展经济体系逐步构建，实施循环化改造项目10个，单位地区生产总值能耗降低2%，工业固体废弃物、农作物秸秆综合利用率分别超过82%、80%。全面推行“河长制”，水环境质量明显提高。整改销号中央环保督察反馈问题25个，落实措施20项。完善20个乡镇污水管网，实施25个行政村环境综合整治。关停搬迁畜禽养殖场97家，整治烧结砖厂36家，依法查办环境违法案件54起。划定生态保护红线，突出东山、百里竹海等国有林培育管理，实施天然林管护67.8万亩、森林提质3.7万亩、国土绿化5万亩。

（四）改善社会民生，人民群众有新收获。

坚持以群众需求为导向，推进教育、卫生、就业、社保、文化、体育、信访、民族、宗教、妇女、儿童、老龄、残疾人等社会事业稳步发展，扎实做好重点民生实事。深化精准脱贫，实行“双组长”制，落实区级扶贫专项基金3000万元，精准识别贫困组18个，精准脱贫522人，巩固提升9567户28073人脱贫成效，返贫率为零。建成双桂小学知德校区等学校5所。区精神卫生中心一期投用，升级村卫生室60个。城区文化馆图书馆免费开放，原创梁山灯戏《好人邓平寿》实现公演。建成50公里农村公路安保工程，17个行政村开通客运。实现村村通光纤，全域干道通信4G信号全覆盖。保障性住房分配入住3947套，新改造农村危房261户。新增城镇就业1.2万人，城镇登记失业率控制在3.5%以内；城乡居民养老保险、医疗保险参保率均超过96%；低收入群体保障水平稳步提高。推进平安梁平建设，抓实安全生产领域改革，开展大排查大整治大执法专项行动，安全生产事故、死亡人数分别下降25%、28%。深化“七五”普法，群众法治意识和法律素质不断增强，全区信访总量持续下降。加强社会治安综合治理，群众安全感不断提升。

（五）聚焦深化改革，区域发展增添新动能。

农村改革试点有序推进，完成316个村（社区）集体资产股份合作制改革；农村承包土地经营权抵押贷款余额达7500万元；农村集体产权制度改革等3项经验获农业部肯定。全面完成承担行政职能事业单位改革试点和城市管理体制改革。医药卫生体制改革不断深化，公立医院综合改革顺利实施，医疗联合体运行机制不断健全。“放管服”改革取得明显实效，编制并运行权责清单，完成行政许可标准化建设，群工系统高效运行；全面推行“双随机一公开”抽查监管和“多证合一”等商事制度改革，为企业减负超过1亿元。深化国资国企管理体制改革，40家区属国企整合重组为10家，健全国企“四自”机制，推动实体化发展；探索建立“投融建、借用还”一体化体制机制，规范推进全域旅游、生态环保等领域PPP投融资项目建设。

（六）狠抓作风转变，政府自身建设取得新进步。

认真落实全面从严治党要求，巩固深化“两学一做”学习教育成果。自觉履行党风廉政建设“一岗双责”，坚决整治“四风”，政风建设取得新成效。坚持依法行政，提请区人大审议议案15件，自觉接受人大、政协监督，认真办理人大代表建议和政协委员提案。严格执行重大行政决策法定程序，健全区政府议事决策机制，不断提升行政决策科学化、民主化、法治化水平。深入实施“互联网+政务服务”，强化行政监察、审计监督和政务督查，加强对公共资金、招标投标等领域监管，政府服务水平和效能明显提升。

各位代表！过去一年，我们乘势而上、攻坚克难，朝着实现全面建成小康社会目标又迈进了一大步。我们深切感受到，梁平所有的发展进步，是以习近平同志为核心的党中央坚强领导和习近平新时代中国特色社会主义思想正确指引的结果，是全区各级各部门深入贯彻中央大政方针政策和市委市政府系列重大部署的结果，是93万梁平人民扬鞭奋蹄、苦干实干的结果。在此，我代表区人民政府，向在各行各业辛勤劳动的广大干部群众，向人大代表、政协委员，向民主党派、工商联、人民团体和社会各界人士，向驻梁部队和武警官兵，致以崇高敬意！向关心支持梁平发展的市级各部门驻梁单位，向在梁投资创业的企业家和各界朋友表示衷心感谢！

我们也清醒认识到，梁平尚处于欠发达阶段、属于欠发达地区，发展不平衡不充分的问题仍很突出，主要是：经济总量不大、规模企业不多，发展质量和效益不高，经济转型升级任务繁重；城市偏小，以城载产能力不足，以产促城动力不够，内生消费层次偏低，动力变革迫在眉睫；创新能力不强，创业氛围不浓，新产业新业态新商业模式和民营经济发展相对滞后；基本公共服务与人民群众期盼有较大差距，在就业、就医、教育、养老等民生领域还有不少短板；政府职能转变还不够到位，一些部门和工作人员贯彻新发展理念还缺乏自觉性主动性，对市场主体服务意识、担当意识不强，能力和水平亟待提升。我们将始终坚持以造福人民为最大政绩，直面挑战、敢于担当，一步一个脚印，踏踏实实干好工作，不辱时代使命，不负群众重托！

名词解释

1. 重庆“两点”“两地”定位：“两点”即西部大开发的重要战略支点，“一带一路”和长江经济带的联结点；“两地”即建设内陆开放高地，成为山清水秀美丽之地。

2. 四个扎实：扎实贯彻新的发展理念，扎实做好保障和改善民生工作，扎实做好深化改革工作，扎实落实“三严三实”要求。

3. 三品一标一产地一名牌：“三品”即无公害农产品、绿色食品、有机农产品；“一标”即农产品地理标志；“一产地”即生态原产地保护产品；“一名牌”即重庆市名牌农产品。

4. 老城“双修”：指城市生态修复、城市功能修补。

5. 三城同创：创建国家卫生区、国家森林城市和国家生态园林城市。

6. 九有六无四化：“九有”即有公共水厕、有“坝坝席”场地、有垃圾收运设施、有污水收集处理系统、有保洁机制、有停车位、有文体活动场地、有店招店牌、有农贸市场；“六无”即无占道经营、无暴露垃圾、无新增违法建筑、无乱停乱放、无“蜘蛛网”、无“牛皮癣”；“四化”即人行道规范化、街面绿化、路灯亮化、河道净化。

7. 脱贫攻坚“双组长”制：指地方党委、政府主要负责人共同担任扶贫开发领导小组组长。

8. 多证合一：指证照整合改革，将工商营业执照、组织机构代码证、税务登记证等整合到营业执照上。目的是使企业在办理营业执照以后，减少审批环节，迅速达到预定可以生产经营的状态。实现企业一照一码走天下，使一照一码的营业执照就像身份证一样，成为企业唯一身份证，使全国统一信用代码成为企业唯一身份证代码。

9. 国企“四自”机制：指企业自主经营、自负盈亏、自我约束、自我发展。

10. PPP 投融资：*Public*（政府）*Private*（企业）*Partnership*（合作）的字母缩写，是指政府与私人组织之间，为了提供某种公共物品和服务，以特许权协议为基础，形成合作关系，并通过签署合同来明确双方权利和义务，以确保合作顺利完成，最终使合作各方达到比单独行动更为有利的结果。

11. 经济工作“六有”要求：指投资有回报，产品有市场，企业有利润，员工有收入，政府有税收，环境有改善。

12. 农业“接二连三”：通过“农业一产种植养殖连接二产加工、三产销售和旅游观光”，形成三产融合。

13. “六全”理念：指全景式规划、全季节体验、全社会参与、全产业发展、全方位服务、全区域管理。

14. “八个一”旅游宣传活动：包括形象定位一句话，形象宣传一张片，旅游资讯一个网，导游导览一张图，旅游氛围一首歌，旅游故事一本书，旅游宣传一批策划，景区营销一系列活动。

15. 城市工作“一尊重、五统筹”基本思路：“一尊重”即尊重城市发展规律。“五统筹”即统筹空间、规模、产业三大结构，提高城市工作全局性；统筹规划、建设、管理三大环节，提高城市工作系统性；统筹改革、科技、文化三大动力，提高城市发展持续性；统筹生产、生活、生态三大布局，提高城市发展宜居性；统筹政府、社会、市民三大主体，提高各方推动城市发展的积极性。

16. “铁公水”多式联运物流：指铁路、公路、水路集装箱无缝联合运输。

17. “双高”企业：指国家高新技术企业和市级高成长性科技企业。

18. 鸿雁计划：重庆市为全市重点产业发展提供人才智力支撑，大力引进海内外紧缺高端人才，决定实施引进海内外英才“鸿雁计划”。

19. 双总“河长制”：即地方党委、政府主要负责人共同担任当地总河长。

20. 丘区乡野湿地：即丘陵地区乡村湿地。

21. 七有：指民生领域幼有所育、学有所教、劳有所得、病有所医、老有所养、住有所居、弱有所扶。

22. 社区养老服务千百工程：重庆市计划在三年内，新增1000个社区养老服务站，并重点打造100个市级示范社区养老服务中心，构建政府基本公共养老服务保障体系。

23. “四好”农村路：2014年3月4日，习近平总书记指出，农村公路建设要因地制宜、以人为本，与优化村镇布局、农村经济发展和广大农民安全便捷出行相适应，要进一步把农村公路建好、管好、护好、运营好，逐步消除制约农村发展的交通瓶颈，为广大农民脱贫致富奔小康提供更好的保障。

24. 雪亮工程：以县、乡、村三级综治中心为指挥平台、以综治信息化为支撑、以网格化管理为基础、以公共安全视频监控联网应用为重点的“群众性治安防控工程”。它通过三级综治中心建设把治安防范措施延伸到群众身边，发动社会力量和广大群众共同监看视频监控，共同参与治安防范，从而真正实现治安防控“全覆盖、无死角”。

25. 公安“三所一队一基地”：指拘留所，强制隔离戒毒所，看守所，武警中队，民警战训基地。

26. 两不愁三保障一达标：“两不愁”即不

愁吃、不愁穿；“三保障”即义务教育、基本医疗和住房安全有保障；“一达标”即农村建档立卡贫困户家庭年人均可支配收入稳定超过当年全国扶贫标准。

重庆市梁平区人民政府关于印发梁平区进一步推动金融服务实体企业发展的实施意见的通知

（梁平府发〔2017〕41号）

各乡镇人民政府（街道办事处），区政府各部门，有关单位：

《梁平区进一步推动金融服务实体企业发展的实施意见》已经区十七届人民政府第17次常务会议审议通过，现印发给你们，请认真贯彻执行。

重庆市梁平区人民政府
2017年8月25日

梁平区进一步推动金融服务实体企业发展的实施意见

为进一步加强财政奖补政策与货币政策工具运用的协调配合，不断引导金融资源向全区实体企业配置，切实解决中小企业融资难题，促进实体企业转型升级和持续健康发展，结合我区实际，现提出如下实施意见：

一、做实政银企对接服务。在区政府主导产业中选择一批具有发展前景的企业，由企业开户银行牵头、企业配合、部门协作、区金融服务中心协调，通过循环贷款、展期续贷、应急转贷等形式，给予企业有力支持，做到资金稳、服务稳、预期稳。对“一支柱四集群”特色工业龙头企业和拟挂牌上市企业库中的企业，“一对一”建立服务专班，协助企业融资发展。（牵头单位：区金融服务中心）

二、帮助企业做实资产。对工业园区外规模以上和园区内“一支柱四集群”特色工业企业以及拟挂牌上市企业库中的企业，建成且用地合法的生产用房和生产生活配套用房，由区经济信息委和工业园区管委会双牵头、企业配合、区国土房管局等部门协作，按照从宽灵活高效处理的原则和尊重历史、立足发展的思路，妥善处理历史遗留问题，创造条件“一企一策”支持和帮助企业加快办理各类产权手续，增强企业融资发展的底气。（牵头单位：区经济信息委、工业园区管委会、区农委）

三、加大企业贷款补贴力度。区财政每年筹集1000万元，对工业园区外规模以上和园区内“一支柱四集群”特色工业企业，以及区内高新技术企业（国家级、市级）和拟挂牌上市企业库中的企业，在区内银行贷款（合同金额不低于50万元，含短期贷款、中长期贷款、融资租赁）的，区财政按不高于人民银行同期同档次基准利率的50%给予企业贴息，每年贴息金额最高不超过100万元（其中：国家级和市级高新技术企业以及区拟挂牌上市企业储备库中的企业，每年贴息金额扩大到最高不超过200万元）；有区属融资担保机构提供担保贷款的，区财政按不高于担保费的50%给予企业补贴，每年补贴金额最高不超过10万元。（牵头单位：区经济信息委、区财政局）

四、发挥融资担保和保险职能作用。区属融资担保机构对工业园区外规模以上和园区内“一支柱四集群”特色工业企业，以及区内拟挂牌上市企业库中的企业，执行不超过2%的担保费率和不超过5%的客户保证金标准；对国家级和市级高新技术企业，执行不超过1%的担保费率和不超过3%的客户保证金标准。区财政按照年度在保余额的1%对区属融资担保机构给予担保费补贴。积极引导和支持保险机构创新产品和服务模式，着力营造保险支持经济社会发展和改善民生事业的良好氛围。（牵头单位：区金融服务中心、区财政局）

五、引导银行加大实体企业信贷投入。在区级层面新设立1000万元中小微企业续贷周转资金池，支持全区中小微企业续贷发展。设立2000万元中小微企业融资扶持资金，建立政银风险分担机制，带动实体企业信贷投放。细化300万元农村产权抵押贷款风险补偿专项基金条件、标准和程序，发挥政银担风险分担机制应有的作用。不断做大创业担保贷款规模，将创业担保贷款额度上限由10万元提高到15万元，10万贷款（含）以内由中央、市级和区级按规定予以贷款贴息，超过10万部分贷款的利息由区财政按照50%予以贴息。积极引导和支持新鑫公司按照市场化可持续原则，参与处置和化解区内金融机构、企业和社会有关不良资产。（牵头单位：区经济信息委、区财政局、区就业局、区金融服务中心）

六、鼓励支持企业直接融资。对主动提交挂牌上市时间、路径等详细规划和有关财务资料并经区级相关部门评定纳入区拟挂牌上市企业储备库的实体企业，同时与区挂牌上市工作牵头部门签订《助推企业挂牌上市协议》，区财政给予5万－10万元的挂牌上市前期支持费用（OTC5万、新三板8万、主板创业板中小板10万）。对以挂牌上市为目的的企业，因股改时实施内部资产重组、股权重组或转让、利润调整、财务调整、资产评估增值、产权变更等而发生的相关税费，以及改制时追溯调整前三年依法补交的历史欠税，在股改完成并变更注册后，区财政给予企业区级留成等额资金扶持。企业挂牌上市后，3年内企业缴纳的税收超上年增量部分，区财政给予企业区级留存等额资金扶持。对在重庆股份转让中心（OTC）成长板、科创板挂牌成功的企业，区财政给予挂牌中介机构费用全额补助、最高不超过100万元（与券商团队签约后兑现5%，股改后兑现25%，备案通过后兑现70%）；在全国中小企业股份转让系统（新三板）成功挂牌的企业，区财政给予200万元奖励（与券商团队签约后兑现5%，通过券商内核并报送挂牌备案文件后兑现25%，正式挂牌后兑现70%）；在上海证券交易所、深圳证券交易所（主板、创业板、中小板）及中国香港地区、新加坡等境外交易所首发公开上市的企业，区财政给予500万元奖励（与券商团队签约后兑现5%，通过券商内核向重庆证监局提交第一份《股票发行上市辅导报告》后兑现15%，向中国证监会提交拟发行股票并上市的申请受理后兑现30%，企业完成首发上市后兑现50%）。（牵头单位：区金融服务中心、区财政局）

七、发挥各类股权基金作用。设立2000万元创业种子投资基金，并适时做大基金规模，通过免息信用贷款等方式优先重点支持创新性小微企业发展。主动对接国开发展基金、农发建设基金和市级各类政策性投资基金，全力帮助实体企业争取期限长、成本低的政策性基金投资入股。鼓励引导风险投资基金、创业投资基金等各类投资机构支持区内实体企业股改和挂牌上市。（牵头单位：区科委、区发展改革委、区财政局、区金融服务中心）

八、引进金融机构激活全区金融市场。积极引导区内金融机构有序汇聚新区园区，对区外金融机构来梁新设分支机构的，按照“一事一议”原则给予政策激励。（牵头单位：区金融服务中

心、区财政局）

九、帮助企业完善内部管理。在企业自愿、配合的前提下，由区财政局牵头组建全区实体企业财务规范化辅导小分队，帮助区内具有发展前景的重点企业按照现代企业方向，完善公司治理结构、建立现代企业制度、规范内部管理和财务核算、加强资产管理和运营等，推动企业规范发展，为企业便利融资做实基础。（牵头单位：区财政局、区经济信息委、工业园区管委会）

十、营造全区良好信用环境。加快全区社会信用体系建设，开展诚信守法宣传和失信行为人媒体曝光，认真落实国务院、市政府和区政府关于失信联合惩戒相关规定，让守信者一路畅通、失信者步步难行。建立金融案件处置绿色通道，严肃查处金融机构不合理收费行为，严厉打击恶意逃废金融机构（含融资担保机构、小额贷款公司）债权的违法犯罪行为，切实保护金融机构合法权益。（牵头单位：区发展改革委、人行梁平支行、区法院）

各乡镇人民政府（街道办事处）、区级相关部门、有关单位要进一步增强对金融在供给侧结构性改革和经济新常态下支持实体企业发展重要性的认识，切实加强组织领导，完善工作措施，对企业融资发展开辟“绿色通道”，做到特事特办、急事急办，积极为企业融资创造条件、营造环境。

原区政府有关企业股改、挂牌上市、贷款贴息等政策与本意见不一致的，按照本意见执行。企业在享受本意见政策期间，同时享受国家、市级同类政策。

本意见自发布之日起30日后施行；实施过程中如遇上级政策调整，按新政策执行。

重庆市梁平区人民政府关于印发重庆市梁平区国有土地上房屋征收与补偿实施办法的通知

（梁平府发〔2017〕19号）

各乡镇人民政府（街道办事处），区政府有关部门，有关单位：

《重庆市梁平区国有土地上房屋征收与补偿实施办法》已经区十七届人民政府第8次常务会议审议通过，现印发给你们，请认真贯彻执行。

重庆市梁平区人民政府

2017年5月12日

重庆市梁平区国有土地上房屋征收与补偿实施办法

为规范我区国有土地上房屋（以下简称“房屋”）征收与补偿活动，维护公共利益，保障被征收人的合法权益，根据《国有土地上房屋征收与补偿条例》（国务院令第590号）、重庆市人民政府办公厅《关于印发〈重庆市国有土地上房屋征收与补偿办法（暂行）〉等有关办法的通知》（渝办发〔2011〕123号）等规定，结合实际，制定本实施办法。

一、房屋征收补偿的原则

国有土地上房屋征收与补偿应当遵循决策民主、程序正当、结果公开的原则。

二、房屋补偿方式

被征收人可以选择货币补偿，也可以选择房屋产权调换。

（一）被征收人选择货币补偿的，按照评估的被征收房屋价值，一次性向被征收人支付被征收房屋补偿费。

（二）被征收人选择产权调换的，应计算、结清被征收房屋价值与用于产权调换房屋价值的差价。用于产权调换的房屋价值，由具有相应资质的房地产价格评估机构评估确定，政府特别规定的除外。产权调换房屋实行先签约搬迁先选房的原则，签约期第一天及以前签约的以抽签方式确定顺序。

三、补偿内容

（一）房屋价值的补偿。

对合法建筑进行补偿。

被征收房屋的价值，由具有相应资质的房地产价格评估机构按照《重庆市国有土地上房屋征收评估技术规范（试行）》评估确定。评估机构由被征收人按照《重庆市国有土地上房屋征收评估机构确定办法（暂行）》通过协商、投票选择或随机选定等方式确定。

房屋征收范围确定后，不得在房屋征收范围内实施新建、扩建、改建房屋和改变房屋用途等不当增加补偿费用的行为；违反规定实施的，不予补偿。

（二）装饰装修补偿。

被征收房屋的装饰装修由具有相应资质的房地产价格评估机构评估确定补偿价值。被征收人的合法住房室内装修评估价值低于50元/平方米，按建筑面积50元/平方米标准给予补偿。

（三）附属设施补偿。

选择货币补偿的，其附属设施按以下标准据实予以补偿：独立水表1200元、独立电表660元、独立气表3500元、有线电视户550元。

选择产权调换的，其水、电、气、视等附属设施按原有房屋的实际情况予以恢复。超过应恢复数量部分，由被征收人按上述标准补缴相关费用。

（四）非住宅停产停业损失补偿。

被征收人选择货币补偿的，按房屋评估价值的6%一次性给予停产停业损失补助费。

被征收人选择产权调换的，每月按房屋评估价值的0.5%支付停产停业损失补偿费，停产停业过渡期限为两年，两年之内按实有月份数量结算。在过渡期限内，征收主管部门按征收的建筑面积提供了非住宅临时安置房的，不支付停产停业损失补偿费。过渡期限延长的，自逾期之月起每月按房屋评估价值的1%支付停产停业损失补偿费；因被征收人原因拒不接房的，自通知接房之月起不再支付停产停业损失补偿费。

四、补助及奖励

（一）搬迁补助费。

住宅：100平方米以下1000元/户·次、100平方米以上1500元/户·次。

非住宅：按40元/平方米·次计算。

空调移机：200元/台。

选择货币补偿的计算一次，选择产权调换的计算两次。

（二）货币补偿补助费。

被征收人选择货币补偿方式的，按以下标准给予货币补偿补助费：住房按被征收房屋评估价值的20%给予补助，不足3万元的，补足3万元；非住房按被征收房屋评估价值的10%给予补助，不足3万元的，补足3万元。同一产权内既有住宅也有非住宅的，合并给予一次补助，不能分别补足两次。

（三）临时安置补助费。

被征收房屋为住房，被征收人选择产权调换的，按原房屋合法建筑面积3元/平方米·月计发，第一次临时安置补助费按12个月预发，过渡期为自搬迁之日起24个月，超期按有关规定办理。

因被征收人原因拒不接房的，自通知接房之月起不再支付临时安置补助费。

（四）提前签约奖。

房屋合法建筑面积100平方米以下的，签约期限为15天；房屋合法建筑面积100平方米以上的，签约期限为20天，在规定签约期限内，每提前一天签约，奖励200元。

五、特别规定

（一）被征收住宅建筑面积公摊系数低于15%的，按15%的公摊系数计算应补偿的住宅建筑面积，被征收住宅建筑面积公摊系数高于15%的，按实际面积计算房屋补偿。

（二）征收范围内的个人住宅，经申请并审查公示，以产权户为单位，家庭实际居住且在他处无住宅的，按前款规定实施补足后，被征收住房建筑面积不足45平方米的，按建筑面积45平方米给予补偿。

（三）未经登记的房屋，由区规划局、区国土房管局、区城乡建委等部门进行调查、认定和处理。

（四）征收直管公房应坚持依法补偿产权人、适当照顾承租人的原则。征收直管公房时，实行产权调换，产权调换房屋由承租人继续承租，房屋产权归原产权人。如承租人自愿书面申请选择货币补偿且保证不再申请廉租住房及公共租赁住房保障的，按照被征收房屋货币补偿金额的30%给予房屋承租人弃租补偿，同时解除承租关系。

六、本办法自公布之日起施行，原《梁平县国有土地上房屋征收与补偿实施办法》（梁平府发〔2015〕27号）同时废止。但在本办法执行之日前已经批准实施的房屋征收项目，继续按照其原补偿方案实施。

重庆市梁平区人民政府办公室关于印发重庆市梁平区农村承包土地“三权分置”改革试点实施方案的通知

（梁平府办发〔2017〕84号）

各乡镇人民政府（街道办事处），区政府有关部门，有关单位：

《重庆市梁平区农村承包土地“三权分置”改革试点实施方案》已经区十七届人民政府第8次常务会议审议通过，现印发给你们，请认真贯彻执行。

重庆市梁平区人民政府办公室

2017年5月4日

重庆市梁平区农村承包土地“三权分置”改革试点实施方案

为探索农村承包土地“三权分置”机制，维护土地流转各方合法权益，发展多种形式适度规模经营，根据《中共中央办公厅国务院办公厅关于引导农村土地经营权有序流转发展适度规模经营的意见》（中办发〔2014〕61号）和农业部等十三部委《关于第二批农村改革试验区和试验任务的批复》（农政发〔2014〕5号）精神，结合我区实际，制定本实施方案：

一、总体要求

（一）指导思想。

全面贯彻党的十八大和十八届三中四中五中全会精神，按照稳粮增收、提质增效、创新驱动的总要求，坚持和完善农村基本经营制度，努力在农村土地制度改革上寻求新突破，在农村承包土地“三权分置”的实现形式上开辟新途径，在提高土地利用率和粮食生产能力上挖掘新潜力，在促进农民增收和农村社会稳定上获得新成效，在促进农业现代化和新型城镇化上迈出新步伐，为全市乃至全国农村改革发展探索路径、做出示范。

（二）基本原则。

1. 依法依规，主体自愿。严格执行法律法规和政策规定，按照程序操作，发挥基层群众首创精神，尊重农民意愿，维护农民权益，把选择权交给农民，由农民选择而不是代替农民选择。

2. 政府引导，市场主导。农村承包土地（包括农户家庭承包土地、自留地、自留山和其他方式承包土地）经营权流转和规模经营，是农村承包土地“三权分置”实现的必要条件。政府要积极引导，挖掘典型示范，把握改革方向，不搞强迫命令，不刮风，不一刀切，充分发挥市场在资源配置中的决定性作用，鼓励基层积极探索、大胆创新。

3. 循序渐进，坚守底线。坚持循序渐进，不搞大跃进，把握经营规模先大后小、流转期限先长后短、主体需求先急后缓、工作推进先易后难和试点范围先点后面的方法，积极稳妥推进改革，颁发农村土地经营权证。在改革过程中，决不能把农村土地集体所有制改垮，决不能把耕地改少，决不能把粮食生产能力改弱，决不能损害农民合法权益。

（三）目标步骤。

2016 年，在屏锦镇万年村、礼让镇川西村选择有意愿办理农村土地经营权证的农业经营主体开展试点，同时在全区范围内选择有意愿并且规模经营 100 亩以上耕地或 300 亩以上“四荒地”的农业经营主体试点，颁发农村土地经营权证，直接用农村土地经营权证抵押担保融资实现突破。

2017 年，在总结试点经验的基础上针对全区有意愿办理农村土地经营权证的农业经营主体面上推开，到年底力争实现利用土地经营权证抵押担保融资 1 亿元以上，土地适度规模经营占比明显提高，农民财产性收入明显增加，农业效益明显提升，农村经济社会发展明显加快。

二、试点内容

（一）落实集体所有权。农村土地集体所有是我国宪法明确的基本经济制度，落实集体所有权是“三权分置”的前提。要确保所有农村集体经济组织的集体土地所有权证准确发放到位。发包方享有农村集体土地所有权，对农村承包土地依法享有占有、使用、收益和处分的权利。农村土地集体所有权的核心是处分权，是土地承包权、经营权的基础，要充分发挥所有权的独特效用，规范和约束承包权和经营权的不规范行使。农户承包权的获得、转让、互换、退出等权能的行使，应体现农民集体意志，土地经营权的使用和流转，农村集体经济组织享有知情权和监督权，以防止毁损、闲置和浪费土地资源。承包土地经营权流转应报所在农村集体经济组织备案，转让、再流转、抵押应经所在农村集体经济组织同意。［牵头单位：区国土房管局，责任单位：区农委、区林业局、区水务局、区统筹办、人行梁平支行、梁平银监办、区金融服务中心等，各乡镇（街道）］。

（二）稳定农户承包权。稳定农户承包权是“三权分置”的基础。基础不牢，地动山摇。要对照农业部等六部委《关于认真做好农村土地承包经营权确权登记颁证工作的意见》，进一步深化完善农村土地承包经营权确权登记颁证工作，真正让农民吃上“定心丸”，放心流转承包地，为“三权分置”顺利推进创造有利条件。土地连片流转、实行规模经营、地块界线已经打破的地方，在征得相关承包农户同意的基础上，可以进行“确权确股不确地”，以提高土地集中度和生产效率。要切实维护承包方对承包土地的占有、收益、处分等用益物权，维护承包方流转承包土地经营权的自主决定权、土地流转收益权、承包土地征占用补偿权。土地经营权再流转和抵押担保融资应征得所涉承包方同意，并不得妨碍所涉承包方足额获得、处分流转收益。承包方在不影响经营主体经营权的前提下享有转让、互换、退出农村土地承包权的权利。（牵头单位：区国土房管局，责任单位：区农委、区林业局、区水务局、区统筹办、人行梁平支行、梁平银监办、区金融服务中心等，各乡镇（街道））

（三）放活土地经营权。放活经营权是“三权分置”的核心。允许农村土地承包方自主流转土地经营权。规模经营农村承包土地的主体，持通过有关机构鉴证备案的农村土地流转合同和所在农村集体经济组织、所涉承包方同意土地经营权再流转、抵押担保融资的书面材料（流转合同中已明确允许土地经营权再流转、抵押担保融资内容的，无须再提供所涉承包方同意的材料），可以申请区人民政府颁发农村土地经营权证。新签订土地流转合同时，要积极引导流转双方通过协商，在流转合同中明确允许土地经营权再流转、抵押担保融资内容，改土地流转费用“先用地后支付”为“先支付后用地”。家庭承包的耕地流转期限不得超过2027年9月30日。土地规模经营主体按流转合同约定，依法享有流转期限内的土地自主经营权，任何单位和个人无权干涉；依法享有农业生产的收益权，投资形成的青苗等生物资产及附着物、农业设施的处分权；享有土地经营权再流转、继承、赠予、抵押担保融资权；享受政府对经营产业的支持补助政策；享有生产经营受到自然、人为侵害时获得救助、补偿的权利。[牵头单位：区农委，责任单位：区国土房管局、区林业局、区水务局、区统筹办、区工商局、人行梁平支行、梁平银监办、区金融服务中心等，各乡镇（街道）]

三、工作重点

各级各部门要在放活土地经营权上做文章，在保护规模经营主体的土地经营权上下功夫。

（一）进一步完善农村土地流转“三大体系”，发挥体系联动功效。构建区、乡、村三级农村土地流转服务体系，健全区乡两级土地流转交易市场，规范农村土地流转入场交易行为；构建区、乡、村三级农村土地流转管理体系，强化土地承包管理、流转备案管理、流转统计监测、流转风险防控等职能；构建区、乡、村三级农村土地流转纠纷调处体系，妥善处理流转纠纷。[牵头单位：区农委、区国土房管局，责任单位：区统筹办、区林业局、区水务局、区司法局等，各乡镇（街道）]

（二）建立健全土地流转相关制度。建立区、乡二级土地流转备案和档案管理制度；完善土地流转合同管理制度，统一使用市工商局、市农委联合下发的土地流转合同文本；建立健全农村土地流转主体资质审验、信息收集发布、竞价流转、交易鉴证、动态监测等制度。（牵头单位：区农委，责任单位：区国土房管局、区工商局、区林业局、区水务局等，各乡镇（街道））

（三）稳慎开展土地经营权确权颁证。开展土地经营权确权登记颁证，要严格按照本办法规定的程序操作。颁发农村土地经营权证前，新型农业经营主体应取得有关机构的农村土地流转交易鉴证书和备案证明，并征得发包方和所涉承包方对土地再流转、抵押担保融资的同意。率先在屏锦镇万年村和礼让镇川西村选择资信良好的规模经营主体，在其他乡镇（街道）选择符合条件的规模经营100亩以上耕地或300亩以上“四荒地”的主体，颁发农村土地经营权证。[牵头单位：区农委，责任单位：区国土房管局、区林业局、区水务局等，屏锦、礼让等相关乡镇（街道）]

（四）大力培育新型农业经营主体。培育发展家庭农场，使之成为引领适度规模经营、发展现代农业的主体；培育专业大户和新型职业农民，帮助农户采用先进科技和生产手段，增加技术、装备等资本要素的投入；发展和引进农业企业，发挥其建设现代高效农业的示范带动作用；规范发展农民合作社，提高农业的组织化程度和规模化经营水平；培育社会化服务组织，弥补家庭经营本身带来的不足，把千家万户农民做不好、做不了、做了不划算的事，交给服务组织去干。积极发展农民股份合作，创新农村土地经营权股份合作的模式和机制，切实引导农村土地经营权入股农村集体经济组织、农民合作社、农业企业，发展农业产业化经营。（牵头单位：区农委，责任单位：区工商局、区供销合作社等，各乡镇（街道））

（五）完善农业支持保护政策体系。建立健全农业支持保护政策体系，在投入、补贴、金融、保险等方面发挥政策支持的导向和激励作用。加强农村实用人才培训和新型职业农民培育；对农业适度规模经营优先完善水利、交通、电力、通讯等设施，优先规划高标准农田建设、中低产田改造、土壤地力提升、畜禽污染整治等基础设施项目的配套，以改善生产条件，提高耕地质量；积极争取发改、财政、农业、环保、土地、交通、水利、林业、科技、工业、商业、供销、农综、移民、扶贫等部门的支持与配合，整合项目资源，打好组合拳；出台有利于规模经营发展的金融扶持政策，经营主体可以直接以农村土地经营权证抵押融资，并享受利率优惠和财政贴息，解决经营主体融资难、融资贵问题，建立适应规模经营主体需求的农业保险政策，切实降低其经营风险。（牵头单位：区发展改革委，责任单位：区财政局、区经济信息委、区科委、区交委、区农委、区商务局、区人力社保局、区国土房管局、区环保局、区水务局、区林业局、区统筹办、区供销合作社、区工商局、人行梁平支行、梁平银监办、区金融服务中心、涉农银行、涉农保险公司、担保公司、梁平供电分公司等部门和单位）

四、保障措施

（一）加强组织领导。全区要在区农村改革试验区工作领导小组的领导下开展农村承包土地“三权分置”试点工作。区级相关部门要高度重视农村承包土地“三权分置”试点工作，根据各自的职能职责，大力支持，协调配合，确保试点工作积极稳妥有序推进。乡镇人民政府（街道办事处）负责组织实施，要切实加强对农村承包土地“三权分置”试点工作的组织领导，组建工作班子，组织专门力量，及时研究解决工作中存在的困难和问题。（牵头单位：区农委，责任单位：区发展改革委、区财政局等，各乡镇（街道））

（二）加强工作督导。加强对试点工作人员的业务培训工作，强化业务指导。建立区、乡改革试点工作的上下联动机制，加强业务沟通，对农村集体承包“三权分置”改革试点的经验做法、问题困难要及时上报、及时研究、及时处理，确保试点工作顺利推进。区里组建专项工作督查组，定期不定期地深入乡镇村社督导检查，确保改革方向不偏、程序不乱、底线不突破。（牵头单位：区农委，责任单位：区政府督查室等）

本文件自公布之日起施行，原《梁平县人民政府办公室关于印发梁平县农村承包土地“三权分置”改革试点实施方案的通知》（梁平府办发〔2016〕150号）同时废止。

重庆市梁平区人民政府办公室关于印发重庆市梁平区棚户区改造直管公房补偿 安置办法（暂行）的通知

（梁平府办发〔2017〕79号）

各乡镇人民政府（街道办事处），区政府各部门，有关单位：

《重庆市梁平区棚户区改造直管公房补偿安置办法（暂行）》已经区十七届人民政府第8次

常务会议审议通过，现印发给你们，请认真贯彻执行。

重庆市梁平区人民政府办公室
2017年5月3日

重庆市梁平区棚户区改造直管公房补偿安置办法（暂行）

为保障棚户区改造工作的顺利实施，维护承租人的合法权益，切实改善棚户区直管公房承租人的生活环境和居住条件，根据《重庆市梁平区人民政府关于印发重庆市梁平区国有土地上房屋征收与补偿实施办法的通知》（梁平府发〔2017〕19号），结合实际，制定本办法。

一、安置补偿原则

遵循决策民主、程序正当、结果公开的原则。

二、补偿安置对象

（一）直管公房产权人（即公有房屋管理所，简称房管所）。

（二）房管所对公房承租人实行补偿安置。

三、补偿安置方式

（一）棚户区范围内的直管公房的征收实行货币补偿，征收补偿按照《重庆市梁平区人民政府关于印发重庆市梁平区国有土地上房屋征收与补偿实施办法的通知》（梁平府发〔2017〕19号）执行。

（二）房管所对承租人实行货币补偿，按照承租房屋评估价值比例一次性支付承租人补偿费。

四、房管所对承租人的补偿内容

（一）货币补偿安置。住宅承租人实行货币补偿安置的，按照被征收房屋货币补偿金额的30%给予房屋承租人弃租补偿，解除房屋租赁关系，5年内不再申请廉租住房及公共租赁住房保障；非住宅承租人补偿按照被征收房屋货币补偿金额的15%给予房屋承租人弃租补偿，同时解除房屋租赁关系。

对符合廉租房、公租房居住条件的可纳入优先安置，但不得享有货币安置补偿，保留租赁关系不变，重新签订租赁协议，按照住房保障有关规定重新确定租金。

（二）无证房屋及装饰装修补偿。按照棚户区改造相关政策执行。

（三）附属设施补偿。选择货币补偿的，其附属设施补偿按以下标准据实予以补偿给所有权人：独立水表1200元/户、独立电表660元/户、独立气表3500元/户、有线电视户550元/户。

五、补助及奖励

（一）搬迁补助费。住宅：100平方米以下1000元/户·次、100平方米以上1500元/户·次；非住宅：40元/平方米·次；空调移机：200元/台。实行货币补偿和一次性现房安置的计算一次。

（二）临时安置补助费。对符合廉租房、公租房居住条件的承租人，在规定的过渡期间内按原承租房屋面积3元/平方米·月计发。因承租人原因拒不接房的，自通知接房之日起不再支付临时安置补助费。

（三）提前签约奖。房屋合法建筑面积100平方米以下的，签约期限为15天；房屋合法建筑面积100平方米以上的，签约期限为20天，在规定签约期限内，每提前一天签约，奖励200元。

六、本办法自公布之日起施行，原《梁平县人民政府办公室关于印发梁平县棚户区改造直管公房补偿安置办法（暂行）的通知》（梁平府办发〔2016〕38号）同时废止。

统计资料

郑渝高铁、沪蓉高速贯穿双桂湖景区

统计资料

2017 年重庆市梁平区国民经济和社会发展统计公报

（梁平统计发〔2018〕12 号）

梁平区统计局

2017 年，全区深学笃用习近平新时代中国特色社会主义思想，深入贯彻党的十九大精神，认真落实中央和市委、市政府的决策部署，紧紧围绕供给侧结构性改革推动高质量发展，转型升级成效明显、新动能加快成长、质量效益不断提升、民生福祉持续改善，全区经济运行稳中有进、进中提质。

一、综合

初步核算，全年实现地区生产总值 2981012 万元，比上年增长（下同）8.9%。按产业分，第一产业增加值 424141 万元，增长 4.8%；第二产业增加值 1624863 万元，增长 9.9%；第三产业增加值 932008 万元，增长 9.0%。三次产业结构比为 14.2:54.5:31.3。

年末全区常住人口 65.33 万人，其中城镇人口 29.19 万人，占常住人口比重（常住人口城镇化率）为 44.69%，比上年提高 1.61 个百分点。

年末户籍总人口 929227 人。其中，城镇人口 374656 人，乡村人口 554571 人。男女性别比 108.99（女性为 100）。年内出生 10881 人，出生率为 11.70‰；年内死亡 10093 人，死亡率为 10.86‰；人口自然增长率为 0.85‰。

全年全区各级公共就业服务机构免费办理各类人员求职登记 5416 人次，免费开展职业指导 5365 人次，成功介绍 3500 人就业。全年实现城镇新增就业人员 11807 人。城镇登记失业人员实现就业 4282 人。年末城镇登记失业 2077 人，登记失业率 3.46%，增长 0.49 个百分点。

全年一般公共预算收入 214568 万元，增长 10.4%。其中税收收入 116520 万元，增长 13.0%。一般公共预算支出 634714 万元，增长 11.4%。

2017 年，全区共发展各类市场主体 6857 户，比上年增长 34.11%。其中，内资企业 1044 户，个体工商户 5721 户，农民专业合作社 92 户。全年新发展微型企业 455 户。

二、农业

全年实现农林牧渔业增加值 429896 万元，增长 4.8%。其中，农业 271593 万元，增长 4.5%；畜牧业 106875 万元，增长 2.4%；林业 17537 万元，增长 15.0%；渔业 28137 万元，增长 12.8%；农林牧渔服务业 5755 万元，增长 3.5%。

全年全区农林牧渔业总产值达 637086 万元，其中农业、林业、牧业、渔业、农林牧渔服务业产值分别为 367246 万元、25778 万元、198805 万元、37438 万元和 7819 万元。

全年粮食播种面积 113.6 万亩，增长 0.18%。油料播种面积 13.9 万亩，增长 1.5%。蔬菜播种面积 27.9 万亩，增长 2.4%。水果种植面积 12.3 万亩，增长 10.1%。

全年粮食总产量达 39.3 万吨，增长 0.8%。其中，夏粮产量 3.39 万吨，增长 0.3%；秋粮产量 35.9 万吨，增长 0.8%。全年谷物产量 31.2

万吨，增长0.6%；其中，稻谷产量22.2万吨，增长0.5%；小麦产量0.8万吨，减产11.1%；玉米产量8.0万吨，增长0.2%。水果产量11.8万吨，增长12.0%。

全年出栏生猪71.2万头，下降1.6%；出栏羊3.6万头，增长9.9%；出栏家禽1321.3万只，增长1.1%。

表1　2017年主要农产品产量

产品名称	产量	比上年增长（%）
粮食（万吨）	39.3	0.8
蔬菜（万吨）	53.8	4.8
水果产量（万吨）	11.8	12
出栏生猪（万头）	71.2	-1.6
出栏羊（万头）	3.6	9.9
出栏家禽（万只）	1321.3	1.1

三、工业和建筑业

全年实现工业增加值1239325万元，增长9.4%，占全区地区生产总值的41.6%，工业对GDP贡献率达43.6%。规模以上工业企业总产值增长13.7%，其中园区增长17.4%，工业园区规上工业总产值占规上工业总产值比重为80.3%，比上年提高8.0个百分点。高技术制造业总产值增长37.4%，占规上工业总产值的19.6%。全年规模以上工业企业产品销售率99.3%，提高0.2个百分点。

全年实现建筑业增加值385538万元，增长11.5%。全区30家资质内建筑企业，建筑业注册地产值达1325879万元，增长13.8%。

四、固定资产投资

全年完成固定资产投资总额2476260万元，增长9.6%。其中，第一产业投资139287万元，下降3.1%；第二产业投资671848万元，下降12.4%；第三产业投资1665125万元，增长23.6%。

其中，基础设施建设投资1162500万元，增长37.6%，占全区固定资产投资的46.9%；民间投资1665015万元，增长5.3%，占全区固定资产投资的比重为67.2%；工业投资671848万元，下降12.4%，占全区固定资产投资的比重为27.1%。

全年房地产开发投资255632万元，增长10.6%。其中，住宅投资164005万元，增长1.2%；商业营业用房投资60696万元，增长16.9%。

全年全区商品房销售面积76.6万平方米，增长6.1%。其中，住宅66.7万平方米，下降0.2%；商业营业用房9.3万平方米，增长106.5%。

全年全区商品房销售额37.4亿元，增长23.2%。其中，住宅30.0亿元，增长22.6%；商业营业用房7.3亿元，增长29.2%。

全年完成棚户区改造17.74万平方米。完成农村危旧房改造555户。

五、贸易

全年社会消费品零售总额增长14.3%。在限额以上法人企业商品零售额中，通信器材类企业增长22.9%，文化办公用品类企业增长23.0%，饮料类企业增长26.3%，烟酒类企业增长29.6%，中西药品类企业下降1.7%，汽车类企业增长41.7%，建筑及装潢材料类企业增长25.1%，家用电器和音像器材类企业增长24.7%，化妆品类企业增长18.0%，日用品类企业增长14.3%，金银珠宝类企业增长45.3%。

全年进出口总额达到21407万元，下降5.0%。实际利用内资3141550万元，增长30.0%。

六、交通、邮电和旅游

全区公路通车里程2815.6公里，其中高速公路通车总里程92.6公里。全区铁路运营里程达到81.5公里，其中高速铁路营运里程46公里。全年完成公路货物运输量1954万吨，增长4.9%，公路货物周转量279035万吨公里，增长12.6%；完成公路旅客运输量954万人次，下降37.3%；公路旅客周转量44522万人公里，下降39.8%。

年末全区汽车拥有量53400辆。公共汽车营运车辆724辆，其中客运车辆452辆、公交车98辆、出租汽车174辆。全区行政村公路通达率100%，行政村公路通畅率为100%，行政村客运班车通达率为100%。

全年完成邮电业务总量39529万元，增长7.9%。邮政业全年完成邮政函件业务31868件，包裹业务3250件，快递业务量330931件。年末固定电话用户68488户，下降0.1%；年末移动电话用户554462户，增长4.8%。年末互联网用户100600户，增长17.2%。

2017年，全区共接待游客364.9万人次，增长21.6%，其中国内游客接待364.9万人次，增长21.6%；旅游总收入13.2亿元，增长31.8%。全区4A级景区1个，星级宾馆3家，旅行社2家。

七、金融

2017年年末，金融机构各项存款余额3788584万元，比年初增加193904万元，比年初增长5.4%；各项贷款余额1558231万元，比年初增加368430万元，比年初增长31.0%。

全年实现保费收入58498万元，增长13.2%，其中人寿保险40715万元，增长16.8%，财产保险17783万元，增长5.8%。全年保险赔付22913万元，下降11.8%，其中人寿保险赔付15523万元，下降16.3%，财产保险赔付7390万元，下降0.4%。

八、人民生活和社会保障

全区常住居民人均可支配收入21395元，增长10.6%。按常住地分，城镇常住居民人均可支配收入31599元，增长9.0%；农村常住居民人均可支配收入13671元，增长9.5%。全区常住居民人均消费性支出15804元，增长4.9%。按常住地分，城镇常住居民人均消费支出21164元，增长2.9%；农村常住居民人均生活消费支出11747元，增长5.4%。

表2　**2017年常住居民人均可支配收入**

指　　标	全区常住居民		城镇常住居民		农村常住居民	
	绝对量（元）	比上年增长（%）	绝对量（元）	比上年增长（%）	绝对量（元）	比上年增长（%）
人均可支配收入	21395	10.6	31599	9.0	13671	9.5
工资性收入	10247	10.6	16749	8.8	5325	9.0
经营净收入	4409	10.8	4748	12.5	4153	9.1
财产净收入	1478	8.6	2782	6.6	491	4.6
转移净收入	5261	10.7	7321	8.3	3702	11.4

全区城镇企业职工基本养老保险参保人数6.4万人，增长5.0%。参加城乡居民社会养老保险人数34.6万人，下降0.2%。城镇职工基本医疗保险参保人数5.6万人，增长7.0%；城乡居民基本医疗保险参保人数78.8万人，下降1.2%。工伤保险参保人数4.77万人，增长17.0%。生育保险参保人数5.6万人，增长82.0%；0.3万人次享受生育保险待遇，增长50.0%。失业保险参保人数2.56万人，增长5.0%。

九、教育、科学技术和文化

全区共有中等职业学校3所，普通中学33所，小学69所，幼儿园90所，特殊教育学校1所。在校生122706人，毕业生32707人；中等职业学校招生2245人，在校生5786人，毕业生1593人；普通高中招生5045人，在校生14605人，毕业生5344人；普通初中招生9363人，在校生26379人，毕业生8481人；普通小学招生

7277人，在校生54929人，毕业生9212人；学前教育招生7769人，在校生20911人，毕业生8060人；特殊教育招生14人，在校生96人，毕业生17人。

2017年，我区新认定2家市级新型研发机构，实施市级以上科技项目17项，新认定高新技术企业8家，高新技术产品45个。全年共受理专利申请882件，其中发明专利151件；获得专利授权338件，其中发明专利15件。截至年底，我区有市级专家大院4家，高新技术企业达到19家，高新技术产品117个，专利授权数1806件，其中有效发明专利71件。全区共有注册商标4117件。共有驰名商标1件、著名商标17件、地理标志量10件。

区级广播电视台1座，影剧院2个，文化馆1个，乡镇综合文化站33个，农家书屋313个。公共图书馆1所，藏书80000册。非物质文化遗产保护中心1个，青少年儿童体育学校1个。全年有线广播电视实际用户在册107050户，其中数字电视实际用户在册82096户。广播人口综合覆盖率98.53%，电视人口综合覆盖率达到95.55%。

十、卫生和社会服务

年末全区共有各级各类医疗卫生机构（含村卫生室，个体办诊所）604个。共有医疗卫生机构床位数3890张，其中医院床位1970张。全区共有卫生技术人员3448人，其中执业医师和执业助理医师1225人，注册护士1448人。

年末全区共有4057人享受城镇居民最低生活保障，发放保障金1987.6万元。18758人享受农村居民最低生活保障，发放保障金6619.8万元。特困人员供养3538人。城镇居民最低生活保障标准为500元/月，农村居民最低生活保障标准为350元/月，特困人员最低供养标准为650元/月。全区建有28个敬老院，1个社会福利院，1个福利中心，拥有床位2750个，集中供养547人，社区活动服务中心75个，网络社会服务站75个。

十一、资源和环境

全年水资源总量173719万立方米，增长68.6%；年平均降水量1507.6毫米，增长31.9%；全年总用水量16666万立方米，增长0.9%。全区森林面积84409.5公顷，其中新造林4000公顷。森林覆盖率达到44.67%。

2017年全年环境污染治理投资总额达5332万元。城市生活污水处理量1119.39万吨，下降6.7%。全区区域声环境噪音平均等效声级为54.8分贝。全年空气质量满足优良天数326天。环境空气细颗粒物（PM2.5）平均浓度为40微克/立方米。

注：

1. 本公报中2017年数据均为初步统计数，部分数据因四舍五入的原因，存在着与分项合计不等的情况。

2. 地区生产总值、各产业增加值绝对数按现价计算，增长速度按可比价计算。

3. 常住人口是指在本乡镇（街道）居住半年以上的人口，或虽居住不满半年，但离开户口登记地半年以上人口以及户口待定人口。外出区外人口是指户口所在地为重庆市梁平区，现居住在重庆市梁平区外，离开户口登记地半年以上的人口。区外外来人口是指户口所在地为重庆市梁平区外，现居住在重庆市梁平区内，离开户口登记地半年以上的人口。

4. 基础设施投资是指建造或购置为社会生产和生活提供基础性、大众性服务的工程和设施的支出。本文中的基础设施投资包括交通运输、邮政业，电信、广播电视和卫星传输服务业，互联网和相关服务业，水利、环境和公共设施管理业投资。

5. 民间固定资产投资是指具有集体、私营、个人性质的内资企事业单位以及由其控股（包括绝对控股和相对控股）的企业单位建造或购置固定资产的投资。

6. 行业统计标准：

规模以上工业：年主营业务收入2000万元及以上的工业法人单位。

有资质的建筑业：有总承包、专业承包和劳务分包资质的建筑业法人单位。

限额以上批发和零售业：年主营业务收入2000万元及以上的批发业、年主营业务收入500万元及以上的零售业法人单位。

限额以上住宿和餐饮业：年主营业务收入200万元及以上的住宿和餐饮业法人单位。

房地产开发经营业：全部房地产开发经营业法人单位。

规模以上服务业：年营业收入1000万元及以上或从业人员50人及以上的执行企业会计制度的法人或视同法人单位。包括：交通运输、仓储和邮政业，信息传输、软件和信息技术服务业，租赁和商务服务业，科学研究和技术服务业，水利、环境和公共设施管理业，居民服务、修理和其他服务业，教育，卫生和社会工作，文化、体育和娱乐业；以及物业管理、房地产中介服务等行业。

资料来源（以文中数据为序）：

本公报中人口数据来自区公安局；就业、失业、社会保障数据来自区人力社保局；财政数据来自区财政局；各类市场主体、商标数据来自区工商分局；城市棚户区和农村危旧房改造数据来自区城乡建委；交通数据来自区交委；民用汽车数据来自区交警大队；邮政数据来自区邮政局；通信数据来自区电信、联通、移动公司；旅游数据来自区旅发委；金融数据来自人行梁平支行、保险数据来自区金融服务中心；教育数据来自区教委；科技数据、专利数据来自区科委；文化数据来自区文化委；卫生数据来自区卫生计生委；最低生活保障标准数据来自区民政局；水资源数据来自区水务局；林业、森林数据来自区林业局；水质、噪音、空气监测数据来自区环保局；其他数据来自区统计局、国家统计局梁平调查队。

2017年梁平区各镇乡经济总量及排位情况

单位：万元

镇乡名称	2017年	2017年位次	镇乡名称	2017年	2017年位次
双桂街道	700210	1	金带镇	38745	18
梁山街道	535431	2	和林镇	37468	19
屏锦镇	132784	3	柏家镇	35953	20
袁驿镇	119641	4	荫平镇	34855	21
礼让镇	80109	5	竹山镇	33369	22
云龙镇	77260	6	曲水镇	31587	23
回龙镇	73459	7	大观镇	29441	24
聚奎镇	69355	8	安胜镇	27196	25
新盛镇	69259	9	星桥镇	27176	26
虎城镇	65884	10	文化镇	25937	27
福禄镇	54850	11	石安镇	25016	28
明达镇	53896	12	龙胜乡	21851	29
碧山镇	51933	13	七星镇	19018	30

续表

镇乡名称	2017 年	2017 年位次	镇乡名称	2017 年	2017 年位次
仁贤镇	49267	14	紫照镇	16912	31
合兴镇	47619	15	铁门乡	14852	32
龙门镇	44738	16	复平镇	12285	33
蟠龙镇	42423	17			

注：双桂街道经济总量包含工业园区数据

网言网语·语丝

不受待见的讽竹诗

自古以来,吟篁咏竹的诗词文章不计其数,且几乎都是赞慕之语,有许多流传至今,脍炙人口。

然而事有例外。清朝中叶出了一唱反调之人。此君不留姓名只留诗,他写的《讽竹诗》是:“竹似伪君子,外坚中却空。根细善钻穴,腰柔惯鞠躬。成群能蔽日,独立不禁风。文人多爱此,想来声气同。”

诗的指向十分清楚。但由于它对竹全盘否定和排斥,人们并不买账,以致几百年来知之者甚少。

光 荣 榜

雾漫山乡

光 荣 榜

中共重庆市梁平区委　重庆市梁平区人民政府关于表彰2017年度优秀工业企业、优秀工业企业家、金融支持实体企业　先进集体及先进个人、招商引资突出贡献人员的通报

（2018年4月11日）

2017年，全区上下深学笃用习近平新时代中国特色社会主义思想和党的十九大精神，认真贯彻落实中央精神、市委部署，坚定贯彻新发展理念，坚持生态优先、绿色发展，坚定不移走“工业强区之路”，以提高发展质量和效益为中心，努力推动质量变革、效率变革、动力变革，积极培育新增长点、形成新动能，推动工业经济持续保持稳中向好态势，其间，涌现出一大批优秀工业企业、优秀工业企业家、金融支持实体企业先进集体和先进个人，以及招商引资突出贡献人员，他们立足岗位、敬业奉献，为推动我区产业转型升级和工业经济高质量发展作出了积极贡献。

为表彰先进，树立典型，推动工业经济发展再上新台阶，区委、区政府决定，授予重庆梁平海螺水泥有限责任公司等12户企业“2017年度优秀工业企业”荣誉称号，授予李述洲等10名企业家“2017年度优秀企业家”荣誉称号，授予重庆农村商业银行梁平支行等3户金融企业“2017年度金融支持实体企业先进集体”荣誉称号，授予唐君祥等5名金融工作者“2017年度金融支持实体企业先进个人”荣誉称号，授予刘涛等10名招商引资突出贡献人员“2017年度招商引资贡献奖”。

希望受表彰的先进单位和先进个人珍惜荣誉，再接再厉，再创佳绩。希望全区广大干部职工和企业界人士以他们为榜样，凝聚心气，汇聚力量，务实创新，奋勇争先，为推动我区经济高质量发展、创造高品质生活作出新的更大的贡献。

2017年度优秀工业企业名单（12户）

梁平海螺水泥有限责任公司
中石油西南油气田分公司重庆气矿梁平采输气作业区
重庆市邵新煤化有限公司
重庆平伟实业股份有限公司
重庆啤酒股份有限公司九厂
重庆真本味食品有限公司
梁平县奇爽食品有限公司
重庆梁平天然气有限责任公司
梁平双胞胎饲料有限公司
重庆捷尔士显示技术有限公司
重庆生搏饲料有限公司

国网重庆市电力公司梁平供电分公司

2017 年度优秀企业家名单（10 名）

李述洲　重庆平伟实业股份有限公司董事长
刘昌仁　重庆真本味食品有限公司总经理
陈剑英　梁平县奇爽食品有限公司总经理
周远付　重庆梁山群星装饰建材有限公司总经理
孙祥敏　重庆捷尔士显示技术有限公司总经理
王　鑫　重庆生搏饲料有限公司总经理
袁　东　重庆市蜀达饲料有限公司总经理
任志强　重庆市梁平区宏美达纺织有限公司总经理
谭天胜　重庆天胜电子有限公司总经理
李开平　重庆市鹏宇五金制品有限责任公司总经理

2017 年度金融支持实体企业先进集体（3 个）

重庆农村商业银行梁平支行
中国农业发展银行梁平支行
中国农业银行梁平支行

2017 年度金融支持实体企业先进个人（5 名）

唐君祥　重庆农村商业银行梁平支行行长
吴哲贵　中国农业发展银行梁平支行行长
方天勇　中国农业银行梁平支行原行长
李振宁　中国工商银行梁平支行原行长
张培术　中国银行梁平支行行长

2017 年度招商引资贡献奖名单（10 名）

刘　涛　山东天华集团董事局主席
胡维维　天津亿联控股集团副总裁
张蜀平　原中国人民解放军装备部电子采购合同办公室主任
胡　钢　重庆平伟光电科技有限公司总经理
陈金才　重庆市奇爽食品有限公司董事长
宋　杰　中贸投集团人力资源公司副总经理
廖　欣　重庆蝴蝶谷旅游开发有限公司总经理
游高军　云维集团云南飞虎化工有限公司总工程师
余　健　重庆融康彩印包装有限公司董事长
余孔义　重庆长鸿环保科技有限公司总经理

网言网语·人生

1.1%的人是吃小亏占大便宜,99%的人占小便宜吃大亏。

2.成功的前提,是要有能力改变自己。

3.自己选择的路,跪着也要把它走完。

4.不要生气要争气,不要看破要突破。

5.如果觉得所有的人都对不起你,那一定是自己错了。

6.在人之上,要把人当人;在人之下,要把自己当人。

附 录

落日前的双桂湖

附　　录

2017年梁平区建制村、组和（社区）一览表

序号	乡镇、街道名称	村、居委会名称	组数	村、居委会名称	组数	村、居委会名称	组数
1	梁山街道办事处	清都村	10	群益村	5		
		梁山街道八角社区	8	云佛村	8		
		迎水村	6	梦梁村	9		
		上八村	6	梁山街道蓼叶社区	12		
		梁山街道大福社区	11	天鼓村	12		
		沙坝村	9	金桥村	9		
		东山村	10	龙磨村	10		
		土桥村	3	南华社区	4		
		时代村	4	北池社区	5		
		东明村	6	大众社区	4		
		西池村	3	双桂社区	5		
		石马村	4	西池社区	5		
		白沙村	9	石马山社区	4		
		罗汉村	6	文峰社区	4		
		梁山街道辖18个村委会、129个村民组，10个社区、62个居民组					
2	双桂街道办事处	松竹村	11	盐河村	6		
		兴隆村	5	凉水村	13		
		安宁村	9	大河坝社区2－5组	5		
		响水村	9				
		千明村	8	回兴社区	9		
		牛头村	5	皂角社区	5		
		黄泥村	9	新民社区	10		
		安复村	5	张桥社区	9		
		正龙社区	10	太和社区	8		
		双桂街道辖10个村委会、80个村民组，7个社区、55个居民组					

续表

序号	乡镇、街道名称	村、居委会名称	组数	村、居委会名称	组数	村、居委会名称	组数
3	蟠龙镇	五星村	9	新店村	7		
		义和村	8	银河村	7		
		老林村	14	扈槽村	11		
		平安村	8	蟠龙村	8		
		聚水村	8	蟠龙镇街道社区	9		
		蟠龙镇辖 9 个村委会、80 个村民组，1 个街道社区、9 个居民组					

2017 年梁平区行政区划一览表

序号	乡镇、街道名称	村、居委会名称	组数	村、居委会名称	组数	村、居委会名称	组数
4	合兴镇	大梨村	7	天龙村	7		
		合兴镇护城社区	12	龙滩村	7		
		银恒村	5	雨家村	7		
		南普村	6	合兴街道社区	10		
		合兴镇辖 6 个村委会、39 个村民组；2 个街道社区、22 个居民组					
5	仁贤镇	仁贤村	14	仁贤镇五一社区	15		
		白鹤村	14	广福村	12		
		宏山村	11	仁贤街道社区	4		
		长龙村	12				
		仁贤镇辖 5 个村委会、63 个村民组，2 个街道社区、19 个居民组					
6	金带镇	仁和村	9	石龙村	9		
		金城村	10	石燕村	8		
		千河村	7	双桂村	8		
		滑石村	7	金带街道社区	3		
		金带镇辖 7 个村委会、58 个村民组，1 个街道社区、3 个居民组					
7	聚奎镇	聚奎村	11	桥铺村	7		
		青龙村	7	石牛村	6		
		海峰村	12	长岭村	8		
		安寿村	11	大来村	6		
		高碑村	12	顺安村	9		
		爱和村	11	聚奎街道社区	5		
		席帽村	9				
		聚奎镇辖 12 个村委会、109 个村民组，1 个街道社区、5 个居民组					

续表

序号	乡镇、街道名称	村、居委会名称	组数	村、居委会名称	组数	村、居委会名称	组数
8	礼让镇	老营村	10	玉石村	8		
		川西村	9	凤凰村	7		
		同河村	8	新华村	8		
		新拱村	8	民中村	10		
		河川村	9	礼让街道社区	4		
		礼让镇辖9个村委会、77个村民组，1个街道社区、4个居民组					
9	明达镇	明达村	8	长久村	12		
		福来村	8	新益村	9		
		坪山村	7	明达镇天台社区	13		
		红八村	11	龙马村	5		
		字库村	8	明达街道社区	2		
		朝阳村	6				
		明达镇辖9个村委会、74个村民组，2个街道社区、15个居民组					

2017年梁平区建制村一览表

序号	乡镇、街道名称	村、居委会名称	组数	村、居委会名称	组数	村、居委会名称	组数
10	龙门镇	文圣村	4	沙井村	7		
		明亮村	10	龙门镇乐胜社区	7		
		河源村	8	拱桥村	10		
		三官村	12	花庙村	4		
		马鞍村	7	龙门镇街道社区	10		
		河龙村	5				
		龙门镇辖9个村委会、67个村民组，2个街道社区、17个居民组					
11	新盛镇	新盛村	9	高升村	10		
		联盟村	9	银杏村	9		
		永兴村	12	铁树村	9		
		万炉村	8	金刚村	9		
		三河村	9	新盛镇乐都社区	10		
		五福村	6	新盛街道社区	4		
		新盛镇辖10个村委会、90个村民组，2个街道社区、14个居民组					

续表

序号	乡镇、街道名称	村、居委会名称	组数	村、居委会名称	组数	村、居委会名称	组数
12	文化镇	三寨村	8	和平村	8		
		合家村	9	双盐村	5		
		齐发村	7	长春村	5		
		永远村	6	文化街道社区	6		
		文化镇辖 7 个村委会、48 个村民组，1 个街道社区、6 个居民组					
13	屏锦镇	屏锦镇屏锦社区	10	明月村	7		
		笋沟村	8	龙溪村	7		
		柏树村	8	七桥村	8		
		龙河村	7	屏锦镇和睦社区	10		
		楠木村	10	屏锦镇万年社区	9		
		腰塘村	10	湖洋村	7		
		新合村	9	桂湾村	11		
		芋禾村	10	四方村	10		
		横梁村	7	兴平社区	10		
		竹海村	9	新桥社区	10		
		天生村	8				
		屏锦镇辖 16 个村委会、136 个村民组，5 个街道社区、49 个居民组					
14	回龙镇	回龙村	10	八一村	5		
		云阳村	6	山河村	8		
		回龙镇安居社区	5	民胜村	7		
		鹞子村	6	兴农村	10		
		寒岭村	6	回龙镇杨柳社区	5		
		清平村	8	红星村	7		
		双龙村	6	天福村	7		
		青杠村	7	回龙街道社区	3		
		回龙镇辖 13 个村委会、93 个村民组，3 个街道社区、13 个居民组					

续表

序号	乡镇、街道名称	村、居委会名称	组数	村、居委会名称	组数	村、居委会名称	组数
15	荫平镇	新拱桥村	7	光华村	7		
		三坝村	9	荫平镇太平社区	9		
		七斗村	8	大坪村	6		
		乐英村	8	群乐村	7		
		双寨村	8	荫平镇街道社区	14		
		荫平镇辖8个村委会、60个村民组，2个街道社区、23个居民组					
16	云龙镇	云龙镇龙溪社区	9	东风村	6		
		陡梯村	6	三清村	7		
		东平村	14	人民村	11		
		红旗村	9	宝花村	7		
		双河村	8	云龙镇护云社区	11		
		大石村	9	云龙街道社区	5		
		云龙镇同心社区	8				
		云龙镇辖9个村委会、77个村民组，4个街道社区、33个居民组					
17	和林镇	和林村	12	大冲村	9		
		蔡家村	9	万安村	7		
		和林镇福和社区	8	茂林村	4		
		爱国村	6	三龙村	5		
		和林镇平都社区	11	和林街道社区	4		
		和林镇辖7个村委会、52个村民组，3个街道社区、23个居民组					
18	袁驿镇	兴山村	9	民主村	8		
		石榴村	9	胜名村	7		
		邵兴村	5	响滩村	6		
		袁驿村	8	柳河村	6		
		叶岩村	10	袁驿街道社区	6		
		清顺村	8				
		袁驿镇辖10个村委会、76个村民组，1个街道社区、6个居民组					
19	碧山镇	小河村	5	龙桥村	9		
		新元村	8	川主村	7		
		碧山村	7	水岩村	7		
		金屏村	6	平桥村	5		
		碧山镇清平社区	10	碧山镇街道社区	12		
		碧山镇辖8个村委会、54个村民组，2个街道社区、22个居民组					

续表

序号	乡镇、街道名称	村、居委会名称	组数	村、居委会名称	组数	村、居委会名称	组数
20	虎城镇	礼仁村	9	八林村	10		
		五角村	6	千丘村	8		
		大兴村（同名村，同大观镇大兴村）	8	大荣村	10		
		永和村	10	集中村	4		
		聂家村	11	虎城镇陈家社区	8		
		清河村	7	楚家村	5		
		桐子村	12	河口村	6		
		水口村	8	虎城镇砂石社区	8		
		波漩村	11	虎城街道社区	15		
		虎城镇辖15个村委会、125个村民组，3个街道社区、31个居民组					
21	竹山镇	竹山镇猎神社区	4	邵沟村	3		
		大塘村	5	正和村	4		
		竹山镇竹丰社区	4	竹山镇街道社区	4		
		竹山镇正直社区	7				
		竹山镇辖3个村委会、12个村民组，4个街道社区、19个居民组					
22	七星镇	金柱村	12	仁安村	4		
		马梁村	8	七星镇街道社区	7		
		平滩村	5				
		七星镇辖4个村委会、29个村民组，1个街道社区、7个居民组					
23	福禄镇	光荣村	5	乐园村	4		
		月亮村	6	紫龙村	7		
		青桥村	9	福山村	6		
		辣坪村	10	陆坪村	7		
		天塔村	7	九龙村	8		
		福禄村	7	大印村	7		
		四安村	5	福禄街道社区	4		
		和平村	6				
		福禄镇辖14个村委会、94个村民组，1个街道社区、4个居民组					
24	石安镇	龙坪村	7	翟溪村	10		
		里程村	8	荷叶村	5		
		骆马村	5	莲花村	7		
		联丰村	9	牌楼村	7		
		南溪村	9	石安街道社区	4		
		石安镇辖9个村委会、67个村民组，1个街道社区、4个居民组					

续表

序号	乡镇、街道名称	村、居委会名称	组数	村、居委会名称	组数	村、居委会名称	组数
25	柏家镇	中心村	12	白仙村	13		
		三新村	10	伍通村	12		
		龙峰村	13	桂花村	9		
		柏家镇龙江社区	12	柏家街道社区	3		
		柏家镇辖6个村委会、69个村民组，2个街道社区、15个居民组					
26	大观镇	新路村	7	大兴村	8		
		大观镇安乐社区	12	大观镇千福社区	8		
		大观村	7	庙坝村	6		
		梅花村	11	大观街道社区	5		
		桐岩村	5				
		大观镇辖6个村委会、44个村民组，3个街道社区、25个居民组					
27	星桥镇	星桥镇星桥社区	10	横山村	6		
		双桥村	7	狮子村	7		
		高都村	7	两路村	12		
		大长村	7	河井村	9		
		星桥镇辖7个村委会、55个村民组，1个街道社区、10个居民组					
28	复平镇	复平乡小山社区	9	安坪村	7		
		永和村	10	大龙村	7		
		复平乡辖3个村委会、24个村民组，1个街道社区、9个居民组					
29	安胜镇	金平村	7	高峰村	9		
		龙印村	10	梁安社区	2		
		井坝村	10				
		安胜乡辖4个村委会、36个村民组，1个街道社区、2个居民组					
30	铁门乡	长塘村	7	新龙村	6		
		铁门乡铁门社区	11				
		铁门乡辖2个村委会、13个村民组，1个街道社区、11个居民组					
31	龙胜乡	龙胜乡龙胜社区	7	新口村	4		
		公平村	4	三河村	4		
		双凤村	3				
		龙胜乡辖4个村委会、15个村民组，1个街道社区、7个居民组					
32	曲水镇	曲水村	5	聚宝村	5		
		龙山村	6	宝石村	6		
		曲水镇中丰社区	7	曲水镇长塝社区	7		
		三合村	7	中鹿村	6		
		曲水乡辖6个村委会、35个村民组，2个街道社区、14个居民组					

续表

序号	乡镇、街道名称	村、居委会名称	组数	村、居委会名称	组数	村、居委会名称	组数
33	紫照镇	桂香村	10	先进村	12		
		紫照乡青峰社区	11	大丘村	8		
		紫照乡辖3个村委会、30个村民组，1个街道社区、11个居民组					

2017年梁平区建制村汇总一览表

单位：个

序号	乡镇街道名称	村民委员会		社区居委会		序号	乡镇街道名称	村民委员会		社区居委会	
		村	组	居	组			村	组	居	组
1	梁山街道办事处	18	129	10	62	18	袁驿镇	10	76	1	6
2	双桂街道办事处	10	80	7	55	19	碧山镇	8	54	2	22
3	蟠龙镇	9	80	1	9	20	虎城镇	15	125	3	31
4	合兴镇	6	39	2	22	21	竹山镇	3	12	4	19
5	仁贤镇	5	63	2	19	22	七星镇	4	29	1	7
6	金带镇	7	58	1	3	23	福禄镇	14	94	1	4
7	聚奎镇	12	109	1	5	24	石安镇	9	67	1	4
8	礼让镇	9	77	1	4	25	柏家镇	6	69	2	15
9	明达镇	9	74	2	15	26	大观镇	6	44	3	25
10	龙门镇	9	67	2	17	27	星桥镇	7	55	1	10
11	新盛镇	10	90	2	14	28	复平镇	3	24	1	9
12	文化镇	7	48	1	6	29	安胜镇	4	36	1	2
13	屏锦镇	16	136	5	49	30	铁门乡	2	13	1	11
14	回龙镇	13	93	3	13	31	龙胜乡	4	15	1	7
15	荫平镇	8	60	2	23	32	曲水镇	6	35	2	14
16	云龙镇	9	77	4	33	33	紫照镇	3	30	1	11
17	和林镇	7	52	3	23	合 计		268	2110	75	569

2018 年 1 月重庆市梁平区
市管领导干部名册一览表（34 人）

序号	姓名	性别	现任职务
1	杨晓云	男	中共重庆市梁平区委书记
2	蒲继承	男	中共重庆市梁平区委副书记，区人民政府党组书记、区长
3	陈孟文	男	中共重庆市梁平区委副书记
4	张子玉	女	中共重庆市梁平区委常委、宣传部部长
5	孙代勇	男	中共重庆市梁平区委常委、组织部部长
6	李钟斌	男	中共重庆市梁平区委常委、统战部部长
7	李德平	男	中共重庆市梁平区委常委、区纪委书记，区监委主任
8	陈道彬	男	中共重庆市梁平区委常委，区人民政府党组副书记、常务副区长
9	毛大春	男	中共重庆市梁平区委常委、政法委书记
10	付　云	男	中共重庆市梁平区委常委、区人民政府党组成员，工业园区党委书记、管委会主任
11	郑云山	男	中共重庆市梁平区人大常委会党组书记、区人大常委会主任
12	李志祥	男	中共重庆市梁平区人大常委会党组副书记、区人大常委会副主任
13	扈先斌	男	重庆市梁平区人大常委会副主任（兼），梁平中学校长
14	李庆双	男	中共重庆市梁平区人大常委会党组成员、区人大常委会副主任
15	屈　猛	女	中共重庆市梁平区人大常委会党组成员、区人大常委会副主任
16	戴晓稳	男	中共重庆市梁平区人大常委会党组成员、区人大常委会副主任
17	唐　军	男	中共重庆市梁平区人民政府党组成员、区人民政府副区长
18	唐诗平	男	重庆市梁平区人民政府副区长
19	胡　立	女	中共重庆市梁平区人民政府党组成员、区人民政府副区长
20	雷旭东	男	中共重庆市梁平区人民政府党组成员、区人民政府副区长
21	徐　勇	男	中共重庆市梁平区人民政府党组成员、区人民政府副区长
22	邱树洪	男	中共重庆市梁平区人民政府党组成员、区人民政府副区长，区公安局局长、督察长（兼）
23	周仁胜	男	中共重庆市梁平区政协党组书记、区政协主席
24	廖文宪	男	中共重庆市梁平区政协党组副书记、区政协副主席
25	陈命安	男	中共重庆市梁平区政协党组成员、区政协副主席
26	王峻波	男	重庆市梁平区政协副主席（兼），区人民法院副院长
27	蒋明书	男	中共重庆市梁平区政协党组成员、区政协副主席
28	唐天敏	男	重庆市梁平区政协副主席
29	周　毅	男	重庆市梁平区政协副主席（兼），红旗中学校副校长
30	石溅泉	男	中共重庆市梁平区人民法院党组书记、区人民法院院长

续表

序号	姓名	性别	现任职务
31	王鸣隆	男	中共重庆市梁平区人民检察院党组书记、区人民检察院检察长
32	徐向阳	男	中共重庆市梁平区公安局委员会副书记、区公安局政委
33	吴　晓	男	重庆市梁平区人民政府享受副厅级待遇干部
34	陈祖保	男	重庆市梁平区政协保留副厅级待遇干部

2018 年 1 月梁平区区级部门（单位）领导干部名册一览表（397 人）

序号	姓　名	性别	现任职务
1	彭　彬	男	区纪委副书记、区监察局局长
2	唐　红	男	区纪委副书记
3	罗小松	男	区纪委副书记、区直机关工委委员
4	廖猛娟	女	区纪委常委、区监察局副局长
5	汪元凤	女	区纪委常委、区监察局副局长（享受正处级待遇）
6	杨红军	男	区纪委常委（享受正处级待遇）
7	李　波	男	区纪委常委
8	王茜婷	女	区纪委常委
9	曾小东	男	区委巡察办主任
10	吴　惠	女	区委巡察办专职副主任
11	贾　云	男	区纪委党风政风监督室主任
12	任　丽	女	区纪委案件监督管理室主任
13	徐晶晶	女	区纪委纪检监察干部监督室主任
14	唐俊梅	女	区纪委办公室主任
15	李成毅	男	区纪委组织部部长（挂职）
16	张鹏	男	区纪委第一纪检监察室主任（挂职）
17	彭峰	男	区纪委信访室主任（挂职）
18	罗　勇	男	区委办主任
19	熊　健	男	区委办副主任兼区委研究室主任
20	潘文芳	女	区纪委驻区委办纪检组组长

续表

序号	姓　名	性别	现任职务
21	曹刚静	女	区委办副主任，区委机要局（密码管理局）局长（兼）、区委保密办主任（兼）、区保密局局长（兼）
22	曾庆华	男	区委办副主任（挂职、保留正科级）、区委督查室主任（挂职）
23	邓宣波	男	区委研究室副主任（挂职）
24	陈学仁	男	区委组织部常务副部长，区委巡察办副主任（兼）、区委考核办主任（兼）
25	王文波	男	区委组织部副部长、区委非公工委书记，区残联副主席（兼）
26	廖　宇	男	区委组织部副部长，区直机关工委书记（兼）
27	聂月红	女	区纪委驻区委组织部纪检组组长
28	李超洪	女	区委考核办专职副主任
29	王　淼	女	区委非公工委专职副书记（挂职）
30	徐文峰	男	区委宣传部常务副部长，区文明办主任（兼）
31	唐仁平	男	区委宣传部副部长、区电视台党组书记、台长
32	孙光琴	女	区委网络安全和信息化领导小组办公室主任
33	屈刚	女	区委宣传部副部长、区直机关工委委员 ，区残联副主席（兼）
34	孙艾华	女	区纪委驻区宣传部纪检组长
35	邓达国	男	区文明办专职副主任
36	周祥文	男	区委网信办专职副主任
37	陈焰	男	区委统战部常务副部长，民宗办主任、社会主义学院副院长（兼）
38	柏林	男	区委统战部副部长，侨办主任、台办主任（挂牌）
39	王安华	男	区纪委驻区委统战部纪检组组长
40	李剑勤	男	区委政法委常务副书记
41	吴玉玲	女	区委政法委副书记，区委防邪办主任（兼）
42	刘成	男	区委政法委副书记、区综治办主任
43	黄家云	男	区委防邪办副主任
44	魏国	男	区法学会秘书长、区委政法委政治处主任
45	段道余	男	区综治办副主任
46	周娇	女	区纪委驻区委政法委纪检组组长
47	侯　江	女	区编办主任
48	刘　峰	男	区编办副主任
49	唐 梅	女	区编办副主任

续表

序号	姓 名	性别	现任职务
50	周 斌	男	区信访办主任、党组书记，区委办副主任（兼）
51	钟大明	男	区信访办副主任、党组成员
52	钟进	女	区信访办副主任、党组成员
53	李明川	女	区信访办信访督查专员、党组成员
54	肖后祥	男	区信访办副主任、党组成员
55	王海波	男	区信访办信访督查专员（挂职）
56	易小波	男	区委老干局局长，区委组织部副部长（兼）
57	孙建明	男	区委老干局副局长
58	王显贵	男	区人大常委会党组成员、区人大常委会机关党组书记、办公室主任
59	周 丽	女	区人大常委会机关党组成员、区人大常委会办公室副主任
60	徐继春	女	区人大常委会办公室副主任
61	张修刚	男	区人大常委会办公室副主任
62	楚德海	男	区人大常委会机关党组成员、区人大法制委主任委员，区人大法制委办公室主任（兼）、区法学会副会长（兼）
63	李家玲	女	区人大法制委专职副主任委员、区人大法制委办公室副主任（兼）（保留正处级待遇）
64	胡发海	男	区人大常委会机关党组成员、区人大财政经济委主任委员，区人大财政经济委办公室主任（兼）
65	李立华	男	区人大财政经济委专职副主任委员，区人大财政经济委办公室副主任（兼）
66	姚新政	男	区人大常委会机关党组成员、区人大农业农村委主任委员，区人大农业和农村委办公室主任（兼）
67	张天文	男	区人大农业农村委专职副主任委员、区人大农业和农村委办公室副主任（兼）
68	唐尚芬	女	区人大常委会社工委主任
69	黄 涛	男	区人大常委会社工委副主任
70	梁培春	女	区人大常委会人代工委主任
71	鄢 顶	女	区人大常委会人代工委副主任
72	杨衡山	男	区人大常委会预算工委主任
73	谢正光	男	区人大常委会预算工委副主任
74	许有学	男	区人大常委会信访办主任
75	石光富	男	区人大常委会信访办副主任
76	谭洪彬	男	区人大常委会机关党组成员、区纪委驻区人大机关纪检组组长

续表

序号	姓　名	性别	现任职务
77	谭佐祥	男	区政协秘书长、党组成员、区政协机关党组书记
78	刘京贵	男	区政协副秘书长、区政协办公室副主任（兼）
79	刘　华	男	区政协机关党组成员、区政协提案联络委主任
80	吕春坪	女	区政协提案联络委副主任
81	杨学伟	男	区政协机关党组成员、区政协经济委主任
82	盛如春	男	区政协经济委副主任
83	周中建	男	区政协经济委副主任
84	陈果立	男	区政协社事文史委主任
85	谭红梅	女	区政协机关党组成员、区政协社事文史委副主任
86	唐仕富	男	区政协机关党组成员、区政协法制城环委主任，区法学会副会长（兼）
87	邹晓燕	女	区政协法制城环委副主任
88	袁德川	男	区政协法制城环委副主任
89	毛子书	男	区政协机关党组成员、区纪委驻区政协机关纪检组组长
90	刘明山	男	区政府党组成员、区政府办党组书记、主任
91	朱均燕	女	区政府办党组成员、副主任、区直机关工委委员，区残联副主席（兼）
92	范峰波	男	区政府办党组成员、副主任，区政府督查室主任（兼）
93	滕厚斌	男	区政府办党组成员、副主任，区政府法制办主任（兼）、区法学会副会长（兼）
94	汪建祥	男	区应急办副主任
95	唐泽利	男	区政府办党组成员、区纪委驻区政府办纪检组组长
96	胡晓中	男	区发改委党组书记、主任
97	李秀才	男	区发改委党组成员、副主任
98	常金芳	女	区发改委党组成员、区纪委派驻区发改委纪检组组长
99	张永红	男	区发改委党组成员、副主任（试用期 1 年）、区投资项目服务中心副主任（兼、主持日常工作）
100	张云屏	男	区发改委副主任
101	唐俊义	男	区财政局党委书记、局长
102	王炳坤	男	区财政局党委委员、副局长（试用期 1 年）
103	罗东升	男	区财政局党委委员、副局长、区委非公工委委员
104	龚朝芹	女	区财政局党委委员、区纪委驻区财政局纪检组组长
105	罗勇杰	男	区财政局党委委员、副局长，区残联副主席（兼）

续表

序号	姓　名	性别	现任职务
106	龙伦奎	男	区财政局党委委员、区国库集中支付中心主任
107	易光大	男	区经济信息委党组书记、主任
108	蒋明号	男	区经济信息委党组成员、副主任（保留正处级待遇）
109	徐朝寿	男	区经济信息委党组成员、副主任（保留正处级待遇）
110	杨长平	男	区经信委党组成员、副主任
111	程霞飞	女	区纪委驻区经信委纪检组副组长（保留正科级）
112	周　刚	男	区委教育工委书记、区教委主任
113	常金亮	男	区委教育工委副书记，区教师进修校党总支书记（兼）
114	徐云豪	男	区委教育工委委员、区教委副主任，区总工会副主席（兼）
115	江云辉	男	区教委副主任
116	谭尚前	男	区委教育工委委员、区教委副主任
117	黎小金	女	区委教育工委委员、区纪委驻区教委纪检组组长
118	郭培元	男	区科委党组书记、主任
119	谭　飚	男	区科委党组成员、副主任
120	刘启楷	男	区科委党组成员、副主任
121	孙　涛	女	区科委副主任
122	李定贵	男	区城乡建委党委书记、主任，区民防办主任（兼）
123	唐高寨	男	区城乡建委党委委员、副主任
124	刘明清	男	区城乡建委党委委员、副主任
125	李红波	女	区城乡建委副主任
126	刘国云	男	区交委党委副书记
127	邱章俊	男	区交委党委委员、副主任
128	刘圣全	男	区交委党委委员、副主任
129	孙作平	男	区交委委员、区纪委驻区交委纪检组组长
130	陈泽田	男	区委农工委书记、区农委主任（农综办主任、移民局局长）
131	常迎春	男	区委农工委副书记（保留正处级待遇）
132	冉懋国	男	区委农工委委员、区农委副主任
133	黄大权	男	区委农工委委员、区纪委驻农委纪检组组长
134	张照权	男	区委农工委委员、区农委副主任
135	胡文祥	男	区农委副主任

续表

序号	姓　名	性别	现任职务
136	唐　红	男	区商务局党委书记、局长
137	高健华	男	区商务局党委委员、副局长
138	李淳	女	区商务局党委委员、副局长
139	薛　奎	男	区商务局党委委员、区纪委驻区商务局纪检组组长
140	唐峰	男	区商务局党委委员、副局长
141	张存寿	男	区公安局党委副书记、常务副局长，区法学会副会长（兼）
142	石　毅	男	区公安局党委委员、副局长，区综合执法局副局长（兼）
143	高武军	男	区公安局党委委员、副局长
144	石慎丰	男	区公安局政治处主任、党委委员
145	陶远见	男	区公安局党委委员、交巡警支队支队长
146	徐　晓	男	区公安局党委委员、区纪委驻区公安局纪检组组长
147	罗兴义	男	区公安局党委委员、警令处主任
148	陈宗镇	男	区公安局警令处政委
149	涂善志	男	区公安局警务保障处政委
150	李　舫	男	区公安局治安管理支队政委
151	陈厚清	男	区公安局刑事侦查支队支队长
152	李辉斌	男	区公安局刑事侦查支队政委
153	陈小林	男	区公安局禁毒支队支队长
154	秦　俭	男	区公安局禁毒支队政委
155	杨君凡	男	区公安局特警支队支队长（警卫处处长）
156	彭文昆	男	区民政局党组书记、局长
157	谭　荣	男	区民政局党组成员、副局长、区委非公工委委员
158	李　伟	男	区民政局党组成员、副局长
159	祝顺利	女	区民政局党组成员、副局长
160	欧诗云	男	区司法局党组书记、局长
161	罗华英	女	区司法局副局长，区法学会副会长（兼）
162	谭　幸	男	区司法局党组成员、副局长
163	李承兴	男	区司法局党组成员、副局长，区法学会副会长（兼）
164	王江凌	男	区人力社保局党委书记、局长，行政学校副校长（兼）
165	韩晓燕	女	区人力社保局党委委员、副局长

续表

序号	姓　名	性别	现任职务
166	魏德明	男	区人力社保局党委委员、区纪委驻区人力社保局纪检组组长
167	郑绍东	男	区人力社保局党委委员、副局长
168	杨　西	男	区国土房管局党组书记、局长
169	李发友	男	区国土房管局党组成员、区纪委派驻区国土房管局纪检组组长
170	郑　权	男	区国土房管局副局长
171	唐天平	男	区国土房管局党组成员、副局长
172	周红兵	男	区国土房管局党组成员、副局长（试用期1年）
173	伍元中	男	区环保局党组书记、局长
174	池清刚	男	区环保局党组成员、副局长
175	周祥芬	女	区环保局党组成员、副局长（试用期一年）
176	张　钊	男	区环保局党组成员、副局长（试用期一年）
177	陈世康	男	区规划局党组书记、局长
178	唐胜利	男	区规划局党组成员、副局长
179	王久新	男	区规划局党组成员、副局长
180	杨代斌	男	双桂新城管委会副主任、区规划局副局长
181	黄朝国	男	区城管局党委书记、局长，区综合执法局局长（兼）
182	雷仁友	男	区城管局党委委员、副局长
183	刘正辉	男	区城管局党委委员、副局长，区综合执法局副局长（兼）
184	贺华政	男	区城管局党委委员、副局长
185	陈宝涛	男	区水务局局长、区工商联主席
186	赵洪越	男	区水务局党委书记，副局长（兼）
187	张海泉	男	区水务局党委委员 、副局长
188	孙金华	男	区水务局党委委员、副局长
189	蒋邦全	男	区水务局党委委员、水文管理站站长
190	邱报平	男	区文化委党组书记、主任
191	杨小军	男	区文化委党组成员、副主任（保留正处级待遇）
192	赵德波	男	区文化委党组成员
193	李永畅	男	区文化委党组成员、副主任
194	罗　春	女	区文化委副主任
195	李泓波	男	区卫生计生委党委书记、主任

续表

序号	姓　名	性别	现任职务
196	梁明	男	区卫生计生委党委副书记（保留正处级待遇）
197	石思燕	女	区卫生计生委副主任（保留正处级待遇）
198	李耀昕	男	区卫生计生委党委委员、副主任
199	高小俐	男	区卫生计生委党委委员、副主任
200	谭　平	男	区卫生计生委党委委员
201	朱正萍	女	区卫生计生委党委委员、区纪委驻区卫生计生委纪检组组长
202	涂善俊	男	区审计局党组书记、局长
203	程伟	男	区审计局党组成员、副局长
204	高保勇	男	区审计局党组成员、副局长
205	刘　坚	男	区审计局党组成员、副局长
206	廖忠文	男	区审计局党组成员、纪检组长
207	唐光艳	男	区安监局党组书记、局长，煤管局局长（兼）
208	高小勇	男	区安监局党组成员、副局长
209	阳明胜	男	区安监局党组成员、副局长
210	吴杰流	男	区安监局副局长
211	楚德云	男	区统计局党组书记、局长
212	胡　波	男	区统计局党组成员、副局长
213	肖中杰	女	区统计局副局长
214	黄素琴	女	区统计局党组成员、副局长
215	龚绍军	男	区林业局党委书记、局长
216	丁昌全	男	区林业局党委委员、副局长
217	董海斌	男	区林业局党委委员、副局长
218	王光会	男	区林业局党委委员、副局长
219	刘　原	女	区旅游发展委党组书记、主任
220	王良平	男	区旅游发展委党组成员、副主任
221	叶兴义	男	区旅游发展委副主任
222	方　潇	女	区旅游发展委党组成员、副主任
223	唐奇利	女	区机关事务管理局党组书记、局长
224	谭春玲	女	区机关事务管理局党组成员、副局长
225	吴大雄	男	区机关事务管理局党组成员、副局长

续表

序号	姓 名	性别	现任职务
226	杨 柯	男	区机关事务管理局党组成员
227	张 川	女	区机关事务管理局党组成员
228	卢剑波	男	区人民法院党组副书记、副院长，区法学会副会长（兼）
229	胡 松	男	区人民法院党组成员、副院长
230	陈龙明	男	区人民法院党组成员、纪检组长
231	龚 专	男	区人民法院党组成员、政治处主任
232	刘晓峰	男	区人民法院审判委员会专职委员
233	邓先富	男	区人民法院审判委员会专职委员
234	许 锋	男	区人民检察院党组副书记、副检察长
235	谭永东	男	区人民检察院党组成员、副检察长
236	舒国兵	男	区人民检察院副检察长，区法学会副会长（兼）
237	陈栋梁	男	区人民检察院党组成员、政治处主任
238	王诚林	男	区人民检察院党组成员、纪检组长
239	罗 健	男	区人民检察院党组成员、职务犯罪侦查局局长（试用期一年）
240	黄晓丽	女	区人民检察院检察委员会专职委员
241	唐林祥	男	区人民检察院检察委员会专职委员
242	黎克全	男	区总工会党组书记、副主席
243	王益术	男	区总工会党组成员、副主席（保留正处级待遇）
244	周江平	男	区总工会党组成员、副主席、区委非公工委委员
245	周万莲	女	团区委党组书记、团区委书记
246	张 旺	男	团区委党组成员、团区委副书记
247	王素华	女	区妇联党组书记、主席
248	邓 蒲	女	区妇联党组成员、副主席（保留正处级待遇）
249	田正慧	女	区妇联党组成员、副主席
250	黎万刚	男	区科协主席
251	田世君	男	区科协党组成员、副主席
252	向时明	男	区工商联党组书记，副主席（兼）、区委统战部副部长
253	陈代平	男	区工商联党组成员、副主席
254	秦建国	男	区工商联党组成员、秘书长、区委非公工委委员
255	石辉健	男	区侨联主席

续表

序号	姓　名	性别	现任职务
256	陶玉翠	女	区侨联副主席
257	高文辉	男	区残联党组书记、副主席、理事长
258	周世波	男	区残联副理事长
259	唐思禔	男	区红十字会党组书记、常务副会长
260	郑　平	女	区红十字会党组成员、副会长兼秘书长
261	杨荣忠	男	区计生协会党组书记、常务副会长
262	唐显平	女	区计生协党组成员、副会长兼秘书长
263	曹宏钧	男	区计生协会党组成员、副会长
264	彭　莱	男	区社科联主席
265	邓清洪	男	区社科联副主席兼秘书长
266	唐诗雷	男	区文联主席
267	李　静	女	区文联副主席兼秘书长
268	张　成	男	区法学会常务副会长
269	丁　远	男	梁平工业园区党委副书记、常务副主任
270	李定川	男	梁平工业园区党委委员、管委会副主任
271	唐永鸿	男	梁平工业园区党委委员、管委会副主任
272	王洪洋	男	梁平工业园区管委会副主任
273	王　瑶	女	梁平工业园区党委委员（保留正科级）、区委非公工委委员、区总工会副主席（兼）
274	张洪恩	男	区行政服务中心管理办公室党组书记、主任，区公共资源交易中心主任（兼）
275	李望军	男	区行政服务中心管理办公室党组成员、副主任
276	阮正礼	男	区行政服务中心管理办公室党组成员、副主任
277	余　辉	男	区档案局（馆）党组书记、局（馆）长
278	丁廷东	男	区档案局（馆）党组成员、副局（馆）长
279	钟　岚	女	区档案局（馆）党组成员、副局（馆）长
280	文小琴	女	区档案局（馆）党组成员、副局（馆）长
281	张幸玮	女	区供销社党委书记、主任
282	黄珠邦	男	区供销社党委委员、副主任，区供销社监事会主任（兼）
283	徐向荣	男	区供销社党委委员、副主任
284	朱濒涛	男	区供销社党委委员、副主任

续表

序号	姓　名	性别	现任职务
285	于成林	男	区委党校党委书记、常务副校长、行政学校常务副校长、社会主义学院常务副院长
286	沈海林	男	区委党校党委委员、副校长，行政学校副校长（兼）、社会主义学院副院长（兼）、区直机关工委委员
287	段郑洁	女	区委党校党委委员、副校长，行政学校副校长（兼）、社会主义学院副院长（兼）
288	黄运勇	男	区委党史研究室主任
289	粟先敬	男	区委党史研究室副主任
290	蔡志刚	男	区广播电视台党组成员、副台长
291	李铁军	男	区广播电视台党组成员、副台长
292	姜升辉	男	区广播电视台党组成员（七级职员）
293	高小华	男	区新闻中心副主任
294	刘　辉	男	区新闻中心副主任
295	周爱华	男	区新闻中心副主任（挂职、七级职员）
296	吴朝杰	男	区政府办党组成员、区金融（区国资国企）服务中心常务副主任、党委副书记
297	冯波霞	女	区金融服务中心副主任
298	欧阳	男	区金融服务中心副主任（挂职）（七级职员）
299	李万祥	男	区电子政务中心副主任
300	刘　键	男	区电子政务中心副主任（挂职）（七级职员）
301	蒋和波	男	区电子政务中心副主任（挂职）（七级职员）
302	高义君	男	区投资项目服务中心副主任
303	胡长平	女	区投资项目服务中心副主任（挂职）（七级职员）
304	唐文书	男	区人力社保局党委委员、区社会保险局局长，区残联副主席（兼）
305	周汉权	男	区社会保险局副局长
306	黄秦光	男	区社会保险局副局长
307	徐小玲	女	区社会保险局副局长
308	蒋凤翼	男	区土地储备中心主任，土地房屋征收中心主任（兼）
309	唐智勇	男	区土地储备中心副主任
310	洪建军	男	区土地储备中心副主任
311	向帮秀	女	区土地储备中心副主任
312	谭功胜	男	区投资促进中心党组书记、主任

续表

序号	姓　名	性别	现任职务
313	刘小毅	男	区投资促进中心党组成员、副主任
314	邓履娟	女	区投资促进中心党组成员、副主任（挂职）
315	章华	男	区投资促进中心党组成员、副主任（挂职）
316	卿生金	男	区公共资源交易中心副主任
317	黄俊锋	男	区公共资源交易中心副主任（挂职）（七级职员）
318	唐　清	女	区委党员教育中心主任（挂职）（保留正科级）
319	陈代立	男	区政协社情民意信息中心主任
320	舒宗全	男	区人力社保局党委委员、区就业和人才服务局局长，劳务经济发展局局长（兼）
321	刘　勇	男	区城市管理综合行政执法支队队长
322	孔令伟	男	区交委党委委员、交通行政执法支队队长
323	黄豫峰	男	区交通行政执法支队副队长
324	袁利平	女	区交通服务中心主任（六级职员）
325	陈长江	男	区环境行政执法支队副支队长
326	文国锋	男	区文化委党组成员、文化市场行政执法支队队长
327	高亚君	男	区卫生计生监督执法局副局长（主持工作）
328	罗朝国	男	梁平工业园区党委委员、工业园区企业发展服务中心主任
329	吕万清	男	双桂新城党工委委员、双桂新城开发建设服务中心主任
330	曾海平	男	森林公安局教导员
331	石　勇	男	森林公安局局长
332	赵月明	男	新梁（集团）公司党委书记、董事长
333	单新奎	男	新梁（集团）公司董事、总经理
334	胡显平	男	新梁（集团）公司监事会主席
335	欧胜富	男	新梁（集团）公司党委委员、董事、副总经理
336	易同仁	男	新梁集团公司党委委员、董事、总经理助理
337	陈廷轩	男	新梁投资公司党委委员、董事、总工程师（试用期1年）
338	李纯林	男	工业园区建设开发有限责任公司董事长
339	蒋模琴	女	工业园区建设开发有限责任公司董事、总经理
340	冉瑞武	男	工业园区建设开发有限责任公司党委委员、监事会主席
341	刘红钧	男	工业园区建设开发有限责任公司董事、副总经理

续表

序号	姓 名	性别	现任职务
342	宋代洪	男	工业园区建设开发有限责任公司党委委员、董事、副总经理
343	郑波	男	工业园区建设开发有限责任公司党委委员、董事、总经理助理
344	唐 云	男	重庆市梁平区交通建设开发有限公司党委书记、董事长、总经理
345	刘红钧	男	重庆市梁平区交通建设开发有限公司董事、副总经理
346	张春华	男	重庆市梁平区交通建设开发有限公司党委委员、监事会副主席
347	唐满涛	男	重庆市梁平区丰瑞建设开发有限公司党委书记、董事长兼总经理
348	张高成	男	重庆市梁平区丰瑞建设开发有限公司董事、副总经理
349	钟雅平	男	重庆市梁平区丰瑞建设开发有限公司监事会副主席
350	肖朝河	男	重庆市梁平区丰瑞建设开发有限公司党委委员、董事、副总经理
351	胡像微	男	区兴农融资担保有限责任公司董事、总经理
352	彭文福	男	区兴农融资担保有限责任公司监事会主席
353	王 涛	男	区新鑫实业有限责任公司党支部书记、董事长兼总经理
354	甘一春	男	区梁平中学委员（保留副校级待遇）
355	罗先林	男	区梁平中学党委副书记，纪委书记（兼）
356	王千秋	男	区梁平中学党委委员、副校长
357	龙礼波	男	梁平中学党委委员、副校长
358	龚骥	男	梁平中学党委委员、副校长
359	王立建	男	红旗中学党委副书记、校长
360	龙礼奎	男	红旗中学党委书记、副校长
361	蒋小林	男	红旗中学党委委员、副校长
362	陈启宏	男	红旗中学党委委员、副校长
363	屈小平	男	红旗中学党委副书记、工会主席
364	蒋开华	男	红旗中学党委委员、副校长
365	李少军	男	区职教中心党委副书记（主持学校日常行政工作）
366	黄图伦	男	区职教中心党委书记、副校长
367	秦洪学	男	区职教中心党委副书记，工会主席（兼）
368	谭永进	男	区职教中心副校长（挂职、保留副校级待遇）
369	乐发明	男	职教中心党委委员、副校长
370	孙 平	男	区实验中学党总支副书记、校长
371	全洪术	男	区实验中学党总支书记，副校长（兼）

续表

序号	姓　名	性别	现任职务
372	廖　爽	女	区实验中学副校长、工会主席
373	仇　晶	男	区实验中学党总支委员、副校长
374	盘会灯	男	区屏锦中学党总支书记、校长
375	徐春晓	男	区屏锦中学党总支委员、副校长
376	黄定军	男	区屏锦中学党总支委员、副校长
377	周承军	男	区屏锦中学党总支委员、副校长
378	唐　明	男	区教师进修校党总支副书记、副校长
379	张　安	男	区教师进修校党总支委员、副校长
380	李锡琴	女	区教师进修校副校长
381	罗伦斌	男	区袁驿中学党支部书记、校长
382	刘　辉	男	区福禄中学党支部书记、校长
383	杨学兵	男	人民医院院长
384	向朝辉	男	人民医院党委书记
385	李发安	男	人民医院副院长
386	薛南平	男	人民医院副院长
387	吴启斌	男	中医院党总支副书记、院长
388	康健民	男	中医院党总支书记
389	陈贵才	男	中医院党总支部副书记
390	刘大奇	男	中医院党总支委员、副院长
391	傅一会	女	中医院党总支委员、工会主席
392	唐发祥	男	中医院副院长
393	常金红	男	中医院副院长
394	谢崇凡	男	疾控中心主任
395	熊万珍	女	妇幼保健计划生育服务中心主任
396	丁思明	男	第二人民医院院长
397	任康明	男	精神卫生中心主任

2018 年 1 月重庆市梁平区乡镇（街道）领导干部名册一览表（317 人）

序号	姓名	性别	现任职务
一、梁山街道			
1	王建平	男	梁平区梁山街道党工委书记
2	唐小平	男	梁平区梁山街道党工委副书记、办事处主任
3	黄礼平	男	梁平区梁山街道党工委委员、人大工委主任
4	胡　平	女	梁平区梁山街道党工委委员、专职副书记
5	刘安俊	男	梁平区梁山街道党工委委员、办事处副主任
6	郎　琳	男	梁平区梁山街道党工委委员、政法书记
7	谢啟洪	男	梁平区梁山街道党工委委员、办事处副主任
8	古　勇	男	梁平区梁山街道党工委委员、纪工委书记
9	莫春丽	女	梁平区梁山街道党工委委员、组织委员
10	严一来	男	梁平区梁山街道党工委委员、宣传统战委员、武装部长
11	陈华东	男	梁平区梁山街道党工委委员、办事处副主任
二、双桂街道			
12	陶斯俊	男	梁平区双桂街道党工委书记
13	刘启明	男	梁平区双桂街道党工委委员、人大工委主任
14	刘安文	男	梁平区双桂街道党工委委员、专职副书记（保留正处级待遇）
15	陶诗勇	男	梁平区双桂街道党工委委员、政法书记
16	孙必飞	男	梁平区双桂街道党工委委员、办事处副主任
17	于　飞	男	梁平区双桂街道党工委委员、武装部长、办事处副主任
18	何一彬	男	梁平区双桂街道办事处副主任
19	范兴春	男	梁平区双桂街道党工委委员、纪工委书记
20	游念华	男	梁平区双桂街道党工委委员、办事处副主任
21	杜永平	女	梁平区双桂街道党工委委员（保留正科级），组织委员（挂职）
22	方　园	女	梁平区双桂街道党工委委员（保留正科级）、宣传统战委员（挂职）
三、蟠龙镇			
23	唐晓龙	男	梁平区蟠龙镇党委书记、人大主席（兼）
24	雷小平	男	梁平区蟠龙镇党委副书记、镇长
25	白　丁	男	梁平区蟠龙镇党委委员、人大副主席

续表

序号	姓名	性别	现任职务
26	陈为军	男	梁平区蟠龙镇党委委员、专职副书记
27	卢道炳	男	梁平区蟠龙镇党委委员、副镇长
28	陶晓琴	女	梁平区蟠龙镇党委委员、纪委书记
29	何传奎	男	梁平区蟠龙镇党委委员、副镇长
30	王海峰	男	梁平区蟠龙镇党委委员、武装部长，副镇长
31	刘兴炜	男	梁平区蟠龙镇党委委员（保留正科级）、政法书记（挂职）
32	潘　欣	女	梁平区蟠龙镇党委委员（保留正科级）、组织委员（挂职）
33	谭大德	男	梁平区蟠龙镇党委委员、宣传统战委员（挂职）
四、星桥镇			
34	徐耀华	男	梁平区星桥镇党委书记、镇长
35	刘登权	男	梁平区星桥镇党委委员、人大主席
36	张成华	男	星桥镇党委副书记、副镇长人选（主持政府日常工作）
37	高官寿	男	梁平区星桥镇党委委员、专职副书记
38	陶俊峰	男	梁平区星桥镇党委委员、纪委书记
39	唐万军	男	梁平区星桥镇党委委员、武装部长，副镇长
40	李仁菊	女	梁平区星桥镇党委委员、组织委员
41	陈兴国	男	梁平区星桥镇党委委员、宣传统战委员
42	许有蓉	女	梁平区星桥镇党委委员（保留正科级）、政法书记（挂职）
五、合兴镇			
43	张　涌	男	梁平区合兴镇党委书记
44	万明全	男	梁平区合兴镇党委副书记，镇长
45	邓海燕	男	梁平区合兴镇党委委员、人大主席
46	詹彩余	男	合兴镇党委专职副书记
47	刘良学	男	梁平区合兴镇党委委员、武装部长，副镇长
48	陈　勇	男	梁平区合兴镇党委委员、副镇长
49	彭小利	女	梁平区合兴镇党委委员、组织委员
50	张天国	男	梁平区合兴镇党委委员（保留正科级）、宣传统战委员（挂职）
51	黄　英	女	梁平区合兴镇党委委员（保留正科级）、纪委书记（挂职）
六、复平镇			
52	丁梦明	男	梁平区复平镇党委书记，镇长（兼）

续表

序号	姓名	性别	现任职务
53	刘清梅	女	梁平区复平镇党委委员、人大主席
54	宋雪梅	女	梁平区复平镇党委副书记（主持政府日常工作）副镇长
55	李良明	男	梁平区复平镇党委委员、专职副书记
56	唐先云	男	梁平区复平镇党委委员、纪委书记
57	刘海波	男	梁平区复平镇党委委员、副镇长、政法书记、宣传统战委员
58	朱占斌	男	梁平区复平镇党委委员、武装部长，组织委员
七、安胜镇			
59	张　健	男	梁平区安胜镇党委书记
60	蒋　洋	男	梁平区安胜乡党委委员、人大主席
61	袁华春	男	梁平区安胜镇党委副书记（主持政府日常工作）
62	余亚平	男	梁平区安胜镇党委委员、政法书记、副镇长
63	王　君	女	梁平区安胜镇党委委员、纪委书记
64	罗曰仁	男	梁平区安胜镇党委委员、宣传统战委员
65	蒋元涛	女	梁平区安胜镇党委委员、组织委员
66	周村红	男	梁平区安胜镇党委委员、武装部长、副镇长
八、仁贤镇			
67	邹正国	男	梁平区仁贤镇党委书记、镇长
68	谢荣禄	男	梁平区仁贤镇党委委员、人大主席
69	楚义武	男	梁平区仁贤镇党委副书记、副镇长人选（主持政府日常工作）
70	唐帮元	男	梁平区仁贤镇党委委员、专职副书记
71	卜华玲	女	梁平区仁贤镇党委委员、纪委书记
72	常正平	男	梁平区仁贤镇党委委员、武装部长，副镇长
73	王世玉	女	梁平区仁贤镇党委委员、副镇长
74	谢晓花	女	梁平区仁贤镇党委委员（保留正科级）、组织委员（挂职）
75	周强胜	男	梁平区仁贤镇党委委员（保留正科级）
76	盛文军	男	梁平区仁贤镇党委委员（保留正科级）、宣传统战委员（挂职）
九、金带镇			
77	陈游伟	女	梁平区金带镇党委书记
78	余绍涛	男	梁平区金带镇党委委员、人大主席
79	朱林军	男	梁平区金带镇党委副书记（主持政府日常工作）

续表

序号	姓名	性别	现任职务
80	曹学荣	男	金带镇党委委员、专职副书记
81	罗中国	男	梁平区金带镇党委委员、副镇长
82	陆元奎	男	梁平区金带镇党委委员、宣传统战委员
83	廖　铭	男	梁平区金带镇党委委员、政法书记，副镇长
84	陈秋枫	女	梁平区金带镇党委委员，副镇长
85	陈　瑶	男	梁平区金带镇党委委员、武装部长，副镇长
86	游　涛	男	梁平区金带镇党委委员、纪委书记
87	刘妮娜	女	梁平区金带镇党委委员、组织委员
十、聚奎镇			
88	黄　君	男	梁平区聚奎镇党委书记
89	孙泽高	男	梁平区聚奎镇党委副书记，镇长
90	魏智章	男	梁平区聚奎镇党委委员、人大主席
91	周飞云	女	梁平区聚奎镇党委委员、专职副书记
92	姜世荣	男	梁平区聚奎镇党委委员、副镇长
93	杨华林	男	梁平区聚奎镇党委委员、政法书记，副镇长
94	眭国俊	男	梁平区聚奎镇党委委员、纪委书记
95	刘明庆	男	梁平区聚奎镇党委委员（保留正科级）、武装部长（挂职）
96	廖芸良	男	梁平区聚奎镇党委委员（保留正科级）、组织委员（挂职）
97	高　燕	女	梁平区聚奎镇党委委员（保留正科级）、宣传统战委员（挂职）
十一、礼让镇			
98	刘友建	男	梁平区礼让镇党委书记、镇长人选（兼）
99	高仁平	男	梁平区礼让镇党委委员、人大主席
100	周淑平	男	梁平区礼让镇党委副书记，副镇长（主持政府日常工作）
101	丁　红	女	梁平区礼让镇党委委员、纪委书记
102	杨浪琴	女	梁平区礼让镇党委委员、组织委员
103	熊　鹰	男	梁平区礼让镇党委委员、政法书记，副镇长
104	张晓鸿	男	梁平区礼让镇党委委员、副镇长人选
105	郑高祥	男	梁平区礼让镇党委委员（保留正科级）
106	于兴中	男	梁平区礼让镇党委委员（保留正科级）、武装部长（挂职）
107	曾　涛	男	梁平区礼让镇党委委员（保留正科级）、宣传统战委员（挂职）

续表

序号	姓名	性别	现任职务
十二、明达镇			
108	兰家飞	男	梁平区明达镇党委书记
109	廖启树	男	梁平区明达镇党委副书记，镇长
110	游承权	男	梁平区明达镇党委委员、人大主席
111	陈传芳	女	梁平区明达镇党委委员、专职副书记
112	张奉文	男	梁平区明达镇党委委员、政法书记，副镇长
113	廖东升	男	梁平区明达镇党委委员、副镇长
114	刘连勋	男	梁平区明达镇党委委员、武装部长，副镇长
115	程国义	男	梁平区明达镇党委委员、副镇长
116	唐传红	女	梁平区明达镇党委委员、纪委书记
117	肖　娟	女	梁平区明达镇党委委员、宣传统战委员
118	游　涛	男	梁平区明达镇党委委员（保留正科级）、组织委员（挂职）
十三、龙门镇			
119	栾　红	女	梁平区龙门镇党委书记
120	刘中培	男	梁平区龙门镇党委副书记、镇长人选
121	熊朝树	男	梁平区龙门镇党委委员、人大主席
122	唐　毅	男	梁平区龙门镇党委委员、专职副书记
123	张道平	男	梁平区龙门镇党委委员、政法书记，副镇长
124	文明友	男	梁平区龙门镇党委委员、副镇长
125	唐　聪	男	梁平区龙门镇党委委员、纪委书记
126	郭　丹	男	梁平区龙门镇党委委员、武装部长，副镇长
127	杨昌树	男	梁平区龙门镇党委委员（保留正科级）、组织委员（挂职）
128	常　评	男	梁平区龙门镇党委委员（保留正科级）、宣传统战委员（挂职）
十四、新盛镇			
129	董成俊	男	梁平区新盛镇党委书记、镇长人选（兼）
130	任　翠	女	梁平区新盛镇党委副书记、副镇长人选（主持政府日常工作）
131	刘运凡	男	梁平区新盛镇党委委员、专职副书记、人大副主席（兼）
132	袁显明	男	梁平区新盛镇党委委员、纪委书记
133	贺燕平	男	梁平区新盛镇党委委员、副镇长
134	谢　松	男	梁平区新盛镇党委委员、政法书记，副镇长

续表

序号	姓名	性别	现任职务
135	廖茫茫	女	梁平区新盛镇党委委员、组织委员
136	邓惠国	男	梁平区新盛镇党委委员（正科级）
137	王文江	男	梁平区新盛镇党委委员（保留正科级）、宣传统战委员（挂职）
138	许　权	男	梁平区新盛镇党委委员（保留正科级）、武装部长（挂职）
十五、文化镇			
139	熊应坤	男	梁平区文化镇党委书记
140	王　谦	女	梁平区文化镇党委副书记、镇长
141	张高政	男	梁平区文化镇党委委员、人大主席
142	谢明友	男	梁平区文化镇党委委员、专职副书记
143	吴明成	男	梁平区文化镇党委委员、纪委书记
144	向　杰	男	梁平区文化镇党委委员、政法书记，副镇长
145	陈颖异	女	梁平区文化镇党委委员、组织委员
146	刘　伟	男	梁平区文化镇党委委员、武装部长，副镇长
147	谭锦绣	女	梁平区文化镇党委委员（保留正科级）、宣传统战委员（挂职）
十六、屏锦镇			
148	张刁腾	男	梁平区屏锦镇党委书记、人大主席人选（兼）
149	周龙举	男	梁平区屏锦镇党委副书记，镇长
150	周登顺	男	梁平区屏锦镇党委委员、专职副书记
151	胡培峰	男	梁平区屏锦镇党委委员、武装部长，副镇长
152	彭楷隆	男	梁平区屏锦镇党委委员、副镇长
153	高　丕	男	梁平区屏锦镇党委委员、纪委书记
154	李小燕	女	梁平区屏锦镇党委委员、组织委员
155	罗书兵	男	梁平区屏锦镇党委委员、副镇长
156	李　宁	男	梁平区屏锦镇党委委员、副镇长人选
157	艾文建	男	梁平区屏锦镇党委委员（保留正科级）、政法书记（挂职）
十七、回龙镇			
158	高保华	男	梁平区回龙镇党委书记，人大主席（兼）
159	杨德凡	男	梁平区回龙镇党委副书记、镇长
160	邓步福	男	梁平区回龙镇党委委员、人大副主席
161	蒋克琼	女	梁平区回龙镇党委委员、专职副书记

续表

序号	姓名	性别	现任职务
162	雷相国	男	梁平区回龙镇党委委员、政法书记
163	肖仁彬	男	梁平区回龙镇党委委员、武装部长，副镇长
164	谢华栋	男	梁平区回龙镇党委委员、副镇长
165	李安翠	女	梁平区回龙镇党委委员、组织委员
166	黄　鹏	男	梁平区回龙镇党委委员、宣传统战委员
167	陈定龙	男	梁平区回龙镇党委委员（保留正科级）、纪委书记（挂职）
168	唐　曦	男	梁平区回龙镇党委委员（保留正科级）
169	田小芳	女	梁平区回龙镇人大副主席（兼）（保留正科级）
十八、荫平镇			
170	姜在莲	女	梁平区荫平镇党委书记、镇长（兼）
171	李文胜	男	梁平区荫平镇党委委员、人大主席
172	李军奇	男	梁平区荫平镇党委委员、副书记、副镇长（主持政府日常工作）
173	石世文	男	梁平区荫平镇党委委员、专职副书记
174	尹泽平	男	梁平区荫平镇党委委员、纪委书记
175	鄢究生	男	梁平区荫平镇党委委员、政法书记，副镇长
176	黄德英	女	梁平区荫平镇党委委员、宣传统战委员
177	陶思涛	男	梁平区荫平镇党委委员、武装部长，副镇长
178	蔡俊勇	男	梁平区荫平镇党委委员、副镇长
179	刘　勋	男	梁平区荫平镇党委委员、副镇长
180	周建华	男	梁平区荫平镇党委委员（保留正科级）、组织委员（挂职）
十九、云龙镇			
181	周启荣	男	梁平区云龙镇党委书记
182	王任辉	男	梁平区云龙镇党委副书记、镇长
183	段云峰	男	梁平区云龙镇党委委员、人大主席
184	曹　祥	男	梁平区云龙镇党委委员、专职副书记
185	刘先才	男	梁平区云龙镇党委委员、政法书记
186	曹乾桂	女	梁平区云龙镇党委委员、纪委书记
187	黄　倩	女	梁平区云龙镇党委委员、宣传统战委员
188	温厚洪	男	梁平区云龙镇党委委员，武装部长、副镇长
189	周　军	男	梁平区云龙镇党委委员（保留正科级）

续表

序号	姓名	性别	现任职务
190	唐晓娟	女	梁平区云龙镇人大副主席（兼）（保留正科级）
191	徐召军	男	梁平区云龙镇党委委员（保留正科级）
192	谭佐林	男	梁平区云龙镇党委委员（保留正科级）、组织委员（挂职）
二十、和林镇			
193	高　翔	男	梁平区和林镇党委书记，镇长（兼）
194	邝胜国	男	梁平区和林镇党委委员、人大主席
195	谢文祥	男	梁平区和林镇党委副书记，副镇长人选（主持政府日常工作）
196	曹树林	男	梁平区和林镇党委委员、专职副书记
197	陈明君	男	梁平区和林镇党委委员、政法书记，副镇长
198	朱传楷	男	梁平区和林镇党委委员、武装部长，副镇长
199	李志明	女	梁平区和林镇党委委员、纪委书记
200	邱景娇	女	梁平区和林镇党委委员、副镇长
201	陈洪琳	女	梁平区和林镇党委委员（保留正科级）、组织委员（挂职）
202	邓天宽	男	梁平区和林镇党委委员、宣传统战委员（挂职）
二十一、铁门乡			
203	刘兴伍	男	梁平区铁门乡党委书记、乡长（兼）
204	陈代厅	男	梁平区铁门乡党委委员、副书记，副乡长（主持政府日常工作）
205	廖存静	男	梁平区铁门乡党委委员、专职副书记、人大副主席（兼）
206	张立进	男	梁平区铁门乡党委委员、政法书记、武装部长、副乡长
207	陈秋霞	女	梁平区铁门乡党委委员、组织委员
208	陈　云	男	梁平区铁门乡党委委员（保留正科级）、宣传统战委员（挂职）
二十二、袁驿镇			
209	邓顺友	男	梁平区袁驿镇党委书记、人大主席（兼）
210	蒋锡江	男	梁平区袁驿镇党委副书记、镇长
211	刘小波	男	梁平区袁驿镇党委委员、人大副主席
212	蒋方忠	男	梁平区袁驿镇党委委员、专职副书记
213	唐春水	男	梁平区袁驿镇党委委员、武装部长，副镇长
214	刘　干	男	梁平区袁驿镇党委委员、政法书记
215	郑小丽	女	梁平区袁驿镇党委委员、纪委书记
216	温中斌	男	梁平区袁驿镇党委委员、副镇长

续表

序号	姓名	性别	现任职务
217	陈传义	男	梁平区袁驿镇镇长助理（挂职）（保留正科级）
218	陈强毅	男	梁平区袁驿镇党委委员（保留正科级）、组织委员（挂职）
219	吕厚生	男	梁平区袁驿镇党委委员（保留正科级）、宣传统战委员（挂职）
二十三、碧山镇			
220	熊朝林	男	梁平区碧山镇党委书记
221	王家淦	男	梁平区碧山镇党委副书记、镇长
222	袁　挺	男	梁平区碧山镇党委委员、人大主席
223	李依周	男	梁平区碧山镇党委委员、专职副书记
224	秦德蓉	女	梁平区碧山镇党委委员、纪委书记
225	杨德智	男	梁平区碧山镇党委委员、宣传统战委员、人大副主席人选
226	刘人波	男	梁平区碧山镇党委委员、武装部长，副镇长
227	龙　娟	女	梁平区碧山镇党委委员（保留正科级），组织委员（挂职）
二十四、虎城镇			
228	钟贤波	男	梁平区虎城镇党委书记，镇长（兼）
229	成天鸿	男	梁平区虎城镇党委委员、人大主席
230	刘　波	男	梁平区虎城镇党委副书记，副镇长（主持政府日常工作）
231	贺旭红	男	梁平区虎城镇党委委员、副镇长
232	胡汉中	男	梁平区虎城镇党委委员、政法书记
233	何超边	男	梁平区虎城镇党委委员、纪委书记
234	熊国金	男	梁平区虎城镇党委委员、武装部长，副镇长
235	李文辉	男	梁平区虎城镇党委委员、宣传统战委员
236	张尚春	女	梁平区虎城镇党委委员（保留正科级）、组织委员（挂职）
237	蓝芳园	男	梁平区虎城镇党委委员（保留正科级）
238	何　妮	女	梁平区虎城镇人大副主席（兼）（保留正科级）
二十五、龙胜乡			
239	齐　峰	男	梁平区龙胜乡党委书记，乡长（兼）
240	屈超友	男	梁平区龙胜乡党委委员、人大主席
241	张　宏	男	梁平区龙胜乡党委副书记，副乡长（主持政府日常工作）
242	谢廷海	男	梁平区龙胜乡党委委员、专职副书记
243	熊中林	男	梁平区龙胜乡党委委员、宣传统战委员

续表

序号	姓名	性别	现任职务
244	黄存根	男	梁平区龙胜乡党委委员、纪委书记
245	李连松	男	梁平区龙胜乡党委委员（保留正科级）、武装部长（挂职）
246	王海兵	男	梁平区龙胜乡党委委员（保留正科级）、组织委员（挂职）
247	游中丽	女	梁平区龙胜乡党委委员（保留正科级）、政法书记（挂职）
二十六、竹山镇			
248	杨　颂	男	梁平区竹山镇党委书记、镇长
249	周宇婷	女	梁平区竹山镇党委委员、人大主席
250	李江山	男	梁平区竹山镇党委副书记、副镇长（主持政府日常工作）
251	王大会	女	梁平区竹山镇党委委员、专职副书记
252	张　勤	男	梁平区竹山镇党委委员、政法书记，副镇长
253	唐孝锋	男	梁平区竹山镇党委委员、纪委书记
254	曾凡林	男	梁平区竹山镇党委委员、组织委员
255	蒋涛军	男	梁平区竹山镇党委委员、宣传统战委员
256	陈　功	男	梁平区竹山镇党委委员（保留正科级）、武装部长（挂职）
二十七、七星镇			
257	秦华俊	男	梁平区七星镇党委书记
258	李　军	男	梁平区七星镇党委副书记、镇长
259	石思兵	男	梁平区七星镇党委委员、人大主席
260	黄运河	男	梁平区七星镇党委委员、专职副书记
261	张才上	男	梁平区七星镇党委委员、政法书记，副镇长
262	许明轩	男	梁平区七星镇党委委员、武装部长，副镇长
263	唐金星	男	梁平区七星镇党委委员、纪委书记
264	罗云锋	男	梁平区七星镇党委委员（保留正科级）、宣传统战委员（挂职）
265	李金龙	男	梁平区七星镇党委委员（保留正科级）、组织委员（挂职）
二十八、福禄镇			
266	刘　剑	男	梁平区福禄镇党委书记、镇长人选（兼）
267	万成龙	男	梁平区福禄镇党委委员、人大主席
268	童　俊	男	梁平区福禄镇党委副书记（主持政府日常工作）
269	陆朝江	男	梁平区福禄镇党委委员、专职副书记
270	周启华	男	梁平区福禄镇党委委员、副镇长

续表

序号	姓名	性别	现任职务
271	张元平	男	梁平区福禄镇党委委员、纪委书记
272	张元兵	男	梁平区福禄镇党委委员、政法书记，副镇长
273	李　汀	男	梁平区福禄镇党委委员、武装部长，副镇长
274	简安娟	女	梁平区福禄镇党委委员、副镇长
275	石小成	男	梁平区福禄镇党委委员、组织委员
二十九、曲水镇			
276	胡文胜	男	梁平区曲水镇党委书记、镇长
277	曹玖武	男	梁平区曲水镇党委委员、人大主席
278	杨宁春	女	梁平区曲水镇党委副书记、副镇长（主持政府日常工作）
279	程传义	男	梁平区曲水镇党委委员、宣传统战委员
280	陶明铨	男	梁平区曲水镇党委委员、武装部长，副镇长
281	谭凤明	女	梁平区曲水镇党委委员（保留正科级）、政法书记（挂职）
282	邓红丹	女	梁平区曲水镇党委委员（保留正科级）、纪委书记（挂职）
283	陈世斌	男	梁平区曲水镇党委委员（保留正科级）、组织委员（挂职）
三十、石安镇			
284	杨永洪	男	梁平区石安镇党委书记
285	罗世贵	男	梁平区石安镇党委副书记、镇长
286	郑延芳	女	梁平区石安镇党委委员、专职副书记、人大副主席（兼）
287	詹志明	男	梁平区石安镇党委委员、纪委书记
288	刘　江	男	梁平区石安镇党委委员（保留正科级）、政法书记（挂职）
289	陆顺才	男	梁平区石安镇党委委员（保留正科级）、宣传统战委员（挂职）
290	唐治权	男	梁平区石安镇党委委员（保留正科级）、组织委员（挂职）
291	姚平川	男	梁平区石安镇党委委员（保留正科级）、武装部长（挂职）
三十一、紫照镇			
292	邓元科	男	梁平区紫照镇党委书记、人大主席（兼）
293	廖廷鼎	男	梁平区紫照镇党委副书记、镇长
294	杨　军	男	梁平区紫照镇党委委员、人大副主席
295	肖　江	男	梁平区紫照镇党委委员、专职副书记
296	刘　建	男	梁平区紫照镇党委委员、宣传统战委员
297	张　静	女	梁平区紫照镇党委委员（保留正科级），组织委员（挂职）

续表

序号	姓名	性别	现任职务
298	舒　锐	男	梁平区紫照镇党委委员（保留正科级）、纪委书记（挂职）
299	胡显胜	男	梁平区紫照镇党委委员、政法书记（挂职）
三十二、柏家镇			
300	邓　卫	男	梁平区柏家镇党委书记，镇长（兼）
301	邓传祥	男	梁平区柏家镇党委副书记，副镇长（主持政府日常工作）
302	游祖华	男	梁平区柏家镇党委委员、专职副书记、人大副主席（兼）
303	黄麒麟	男	梁平区柏家镇党委委员、政法书记，副镇长
304	刘民兰	女	梁平区柏家镇党委委员，副镇长
305	黎林松	男	梁平区柏家镇党委委员、纪委书记
306	秦家寿	男	梁平区柏家镇党委委员、武装部长，副镇长
307	廖志群	女	梁平区柏家镇党委委员（保留正科级）、组织委员（挂职）
308	付　星	男	梁平区柏家镇党委委员（保留正科级）、宣传统战委员（挂职）
三十三、大观镇			
309	蒋方芬	女	梁平区大观镇党委书记，镇长（兼）
310	龙绍斌	男	梁平区大观镇党委委员、人大主席
311	郇秀斌	男	梁平区大观镇党委副书记，副镇长（主持政府日常工作）
312	陈　杉	男	梁平区大观镇党委委员、专职副书记
313	邱　田	男	梁平区大观镇党委委员、纪委书记
314	黄　妮	女	梁平区大观镇党委委员、宣传统战委员
315	李玉晓	男	梁平区大观镇党委委员、武装部长，副镇长
316	黎　夏	男	梁平区大观镇党委委员（保留正科级）、组织委员（挂职）
317	熊孟贵	男	梁平区大观镇党委委员（保留正科级）、政法书记（挂职）

梁平之歌

1=♭B $\frac{4}{4}$
♩=72 优美、抒情地

周廷发、李光飞 词
王祖皆、王泽亮 曲

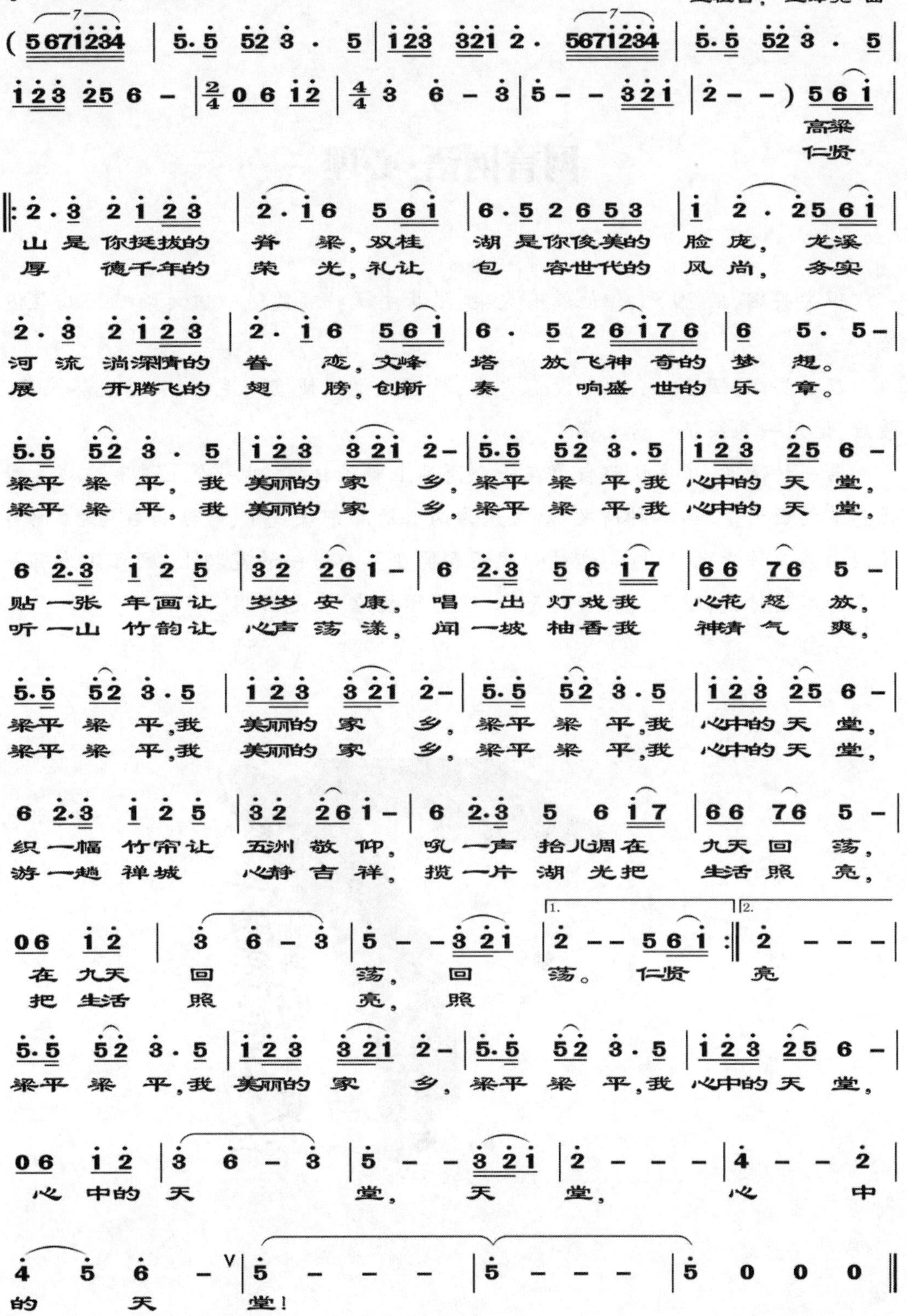

网言网语·心理

甲去买烟,烟 29 元,但他没有火柴,跟店主说:“顺便送一盒火柴吧。”店住没给。

乙去买烟,烟 29 元,他也没有火柴,跟店主说:“便宜一毛吧。”店主答应了。最后,他用一毛买了一盒火柴。

第一种情况:店主认为自己在一个商品上赚了钱,另外一个上没有赚钱。赚钱感觉指数为 1。第二种情况:店主认为两个商品都赚钱了,赚钱指数为 2。他自然倾向第二种情况。同样,这种心理还表现在买一送一的花招上,顾客认为有一样东西不用付钱,赚了。其实都是“心理边际效应”在起作用。